中国电影批评年鉴 2015

CHINA FILM CRITICISM YEARBOOK

贾磊磊　主编

中国广播影视出版社

图书在版编目（CIP）数据

中国电影批评年鉴．2015／贾磊磊主编．—北京：中国广播影视出版社，2016.9

ISBN 978-7-5043-7681-7

Ⅰ．①中… Ⅱ．①贾… Ⅲ．①电影评论—中国—文集 Ⅳ．①J905.2-53

中国版本图书馆 CIP 数据核字（2016）第 093184 号

中国电影批评年鉴·2015

贾磊磊　主编

责任编辑　史闻峰

装帧设计　亚里斯

出版发行　中国广播影视出版社

电　　话　010-86093580 010-86093583

社　　址　北京市西城区真武庙二条 9 号

邮　　编　100045

网　　址　www.crtp.com.cn

电子信箱　crtp8@sina.com

经　　销　全国各地新华书店

印　　刷　涿州市京南印刷厂

开　　本　787 毫米 × 1092 毫米 1/16

字　　数　602（千）字

印　　张　32

彩　　插　48 面

版　　次　2016 年 9 月第 1 版　2016 年 9 月第 1 次印刷

书　　号　ISBN 978-7-5043-7681-7

定　　价　150.00 元

《中国电影批评年鉴》编委会

《中国电影批评年鉴》编辑部

《解救吾先生》：王千源塑造的绑匪恶到了极致，但他的邪恶光谱立体而善变。

《解救吾先生》：影片日常化、简单化、写实化的处理，让人回归现实后恍然大悟。

《太平轮》：在该片被贴上“中国版的泰坦尼克号”标签时，无形之中也拉高了观众的期待。

《太平轮》：没有准确的类型定位和受众策略，再多历史沧桑和往事钩沉，也难以获得市场的接纳和观众的肯定。

《天将雄师》：近年来，电影中也有女性形象“阳刚化”的倾向。

《狼图腾》：在充分把握原作内容和精神的情况下，影片对原作进行了符合时代诉求的新阐释。

电影《狼图腾》研讨会：剧本改编以及文字的影像化改写，究竟是成功的突破，还是对于小说意境、甚至是主线的一种背离？

《狼图腾》：以狼为镜反观人性和自身，反思人类的行为和观念。

《狼图腾》座谈会上，中国电影股份有限公司董事长喇培康总结了该片在产业化方面的成绩。

《煎饼侠》：中国电影的"新一代喜剧"正在形成，它们虽未构成一种流派，但与旧喜剧的风格迥然不同。

《横冲直撞好莱坞》：无厘头的对白、方言、特技，一次特殊的好莱坞奇幻之旅。

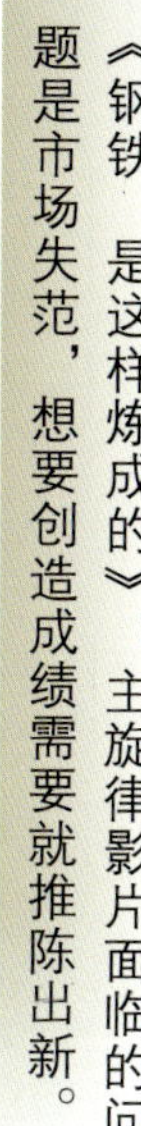

《钢铁，是这样炼成的》：主旋律影片面临的问题是市场失范，想要创造成绩需要就推陈出新。

《横冲直撞好莱坞》：片名中就透露着中国电影人长久以来意图抗衡好莱坞的愿望。

《微爱之渐入佳境》：综艺明星参演“粉丝电影”，颇有票房号召力。

《前任 2：备胎反击战》：“前任”、“备胎”这样的字眼，很容易吸引观众的心理。

《我是证人》：电影试图尽可能的渲染悬疑氛围以及表现紧张刺激的节奏。

《我是证人》：由原版导演拍摄，使得这部电影成为了韩国工业体系在中国的实验作品。

《大圣归来》：紧张的节奏和影像的奇观给观众带来强烈的刺激。

《西游记之大圣归来》：带有好莱坞的工业化色彩，但影片的故事源自中国传统文化。

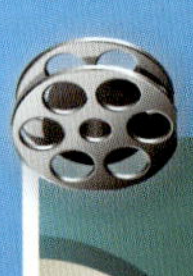

《战狼》：作为3D动作战争电影，该片拓展了中国战争片的表现方式。

战狼 WOLF★WARRIORS

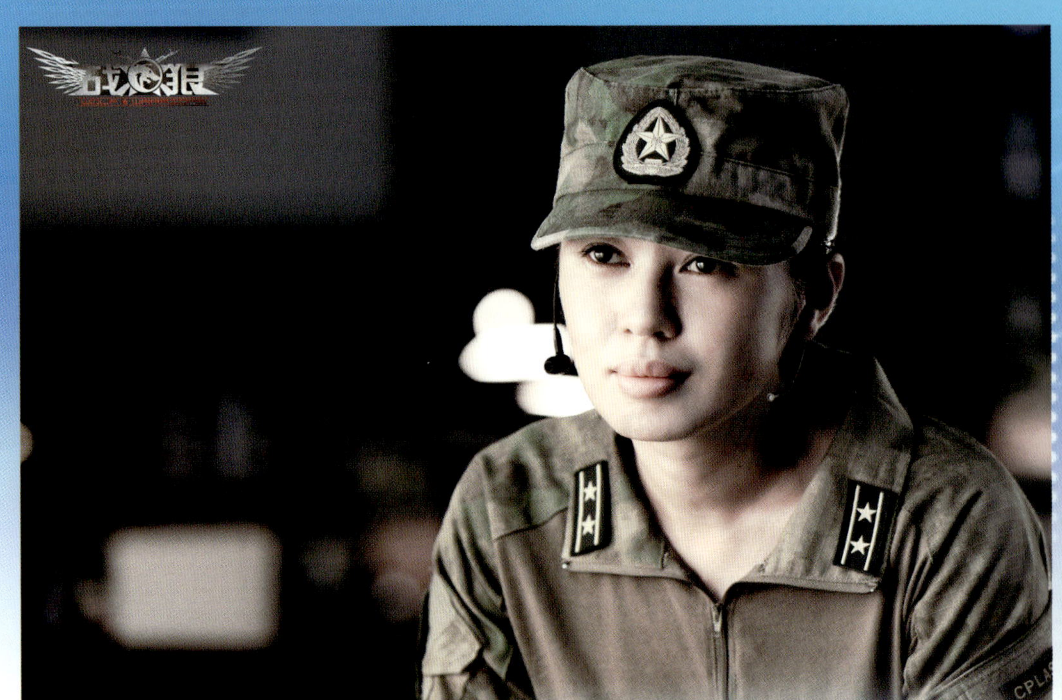

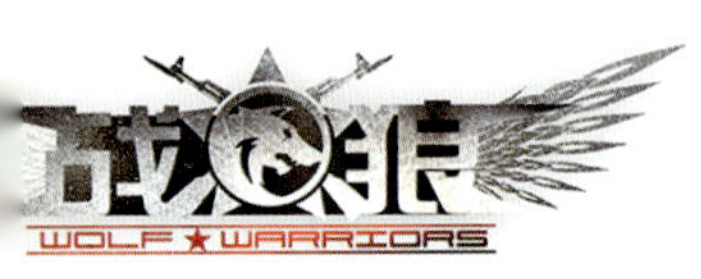

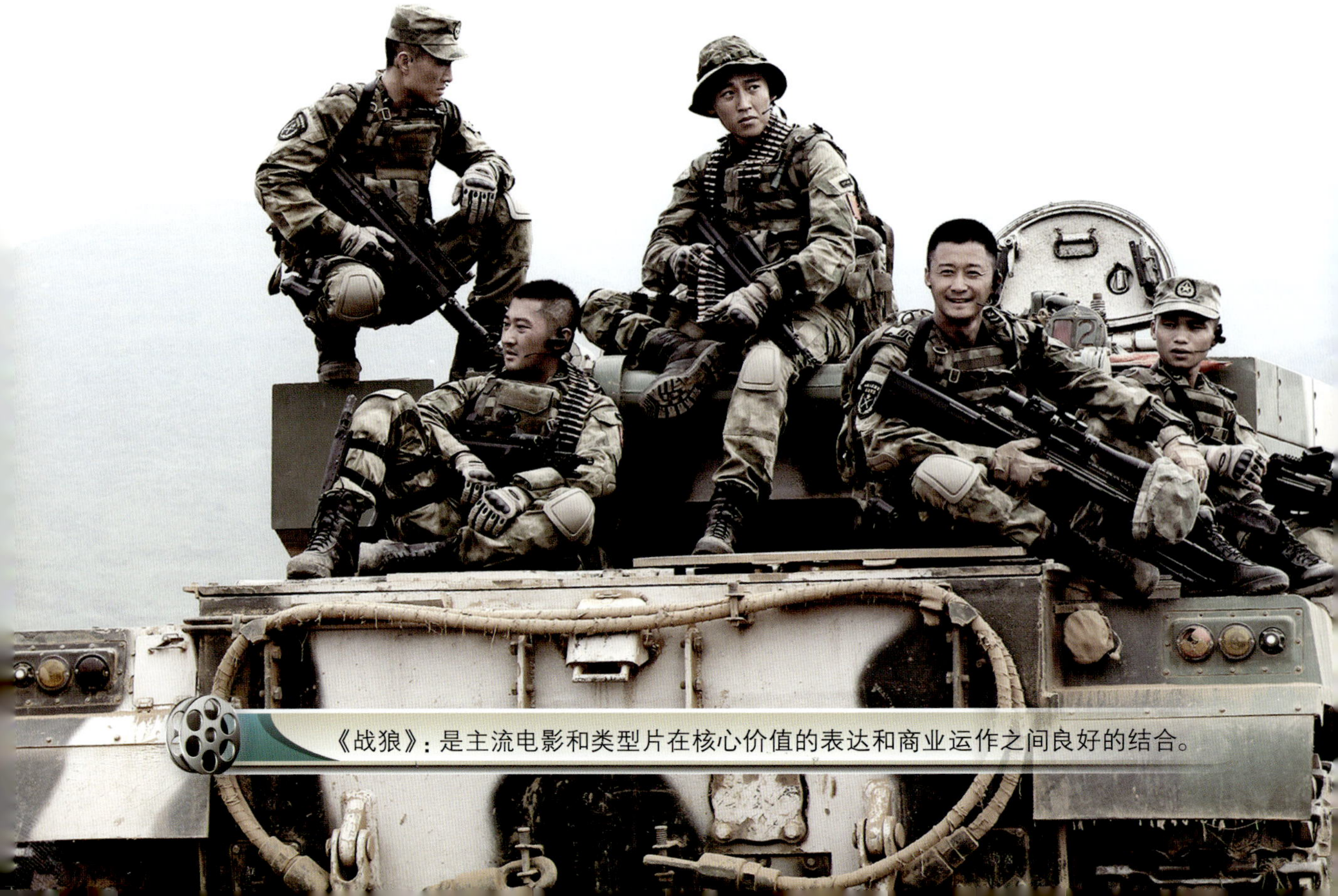

《战狼》：是主流电影和类型片在核心价值的表达和商业运作之间良好的结合。

《战狼》：作为以爱国主义为基调的超级英雄片，《战狼》把动作战争片提高到了电影工业化的标准。

《战狼》：该片的出现是观众欣赏口味的一个拐点，引导观众的审美往阳刚的方向转变。

《当代电影》杂志社承办的“中国电影新力量”论坛在京举行。

第 21 期电影学博士论坛上，与会者深入探讨了“新媒体语境下的电影明星、明星制与当代中国电影”的学术议题。

“纪念夏衍逝世二十周年暨 30 年代反法西斯电影研讨会”上，与会者就左翼文化及反法西斯电影等话题展开了交流。

以“世界反法西斯战争与中国电影”为论坛主题的中国电影史年会在京召开。

《老炮儿》(2015)被抛弃的无产者以悲剧英雄的姿态指认某种虚构的身份位置。

上影节成龙动作电影周：动作片是极具代表性的中国本土电影类型，图为第十八届上海国际电影节“成龙动作电影周之夜”现场。

《百团大战》：战争片的类型元素使电影抵达“好看”的观赏层面，充满真实感的英雄群像令影片实现了与观众“走心”的作用。

《百团大战》：中国抗战题材影片对法西斯的控诉多偏重于社会历史范畴。

《道士下山》：初入尘世的何安下，就遭受了内心多重情感的纠缠。

《道士下山》：周西宇的结局隐喻了武学的没落。

《道士下山》：用叙事来暗讽现实，而“悟道”的台词其实包含着对中国传统文化的阐释。

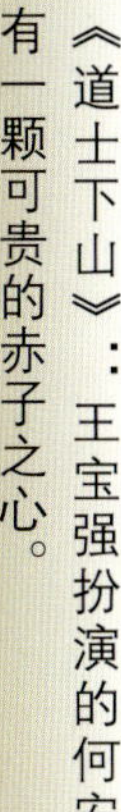

《道士下山》：王宝强扮演的何安下拥有一颗可贵的赤子之心。

《匆匆那年》：青春电影的票房奇迹成为国产电影的新宠。

《港囧》：爆笑的外壳包装伤感的内核，传递着中年之殇。

《港囧》：影片讲述了中年人的困顿，是一部商业性十足的“IP”电影。

《港囧》：满满的情怀被打包装入了电影之中。

《杨贵妃》：女主角的外在形象凸现了电影的商业诉求。

《王朝的女人·杨贵妃》：性与爱成为吸引观众眼球的噱头。

《王朝的女人·杨贵妃》：将爱与性的叙述主题融入一系列战争与宫廷阴谋的故事之中。

《九层妖塔》：数字技术与 IP 题材的结合虽为电影带来票房，但并未带来良好的口碑。

《九层妖塔》：影片融合了科幻与玄幻元素，为中国奇幻类电影打开了一条与国际接轨的路径。

《九层妖塔》：对流行文化的改编成为 IP 电影创作的主流。

《九层妖塔》：为中国奇幻类电影打开了一条崭新道路。

《冬》：对于国家文化软实力而言，电影的艺术属性与商业属性同样重要。

《闯入者》：该片将人们的视线拉回到文艺片上，网友讨论文艺电影的热度也随之上涨。

《冬》：作为寓言，想法太多，发散过大，缺少一个聚合点，最终削弱了影片的力量。

《万物生长》：用双重凝视下的死亡美学构成了对男性主体的间离。

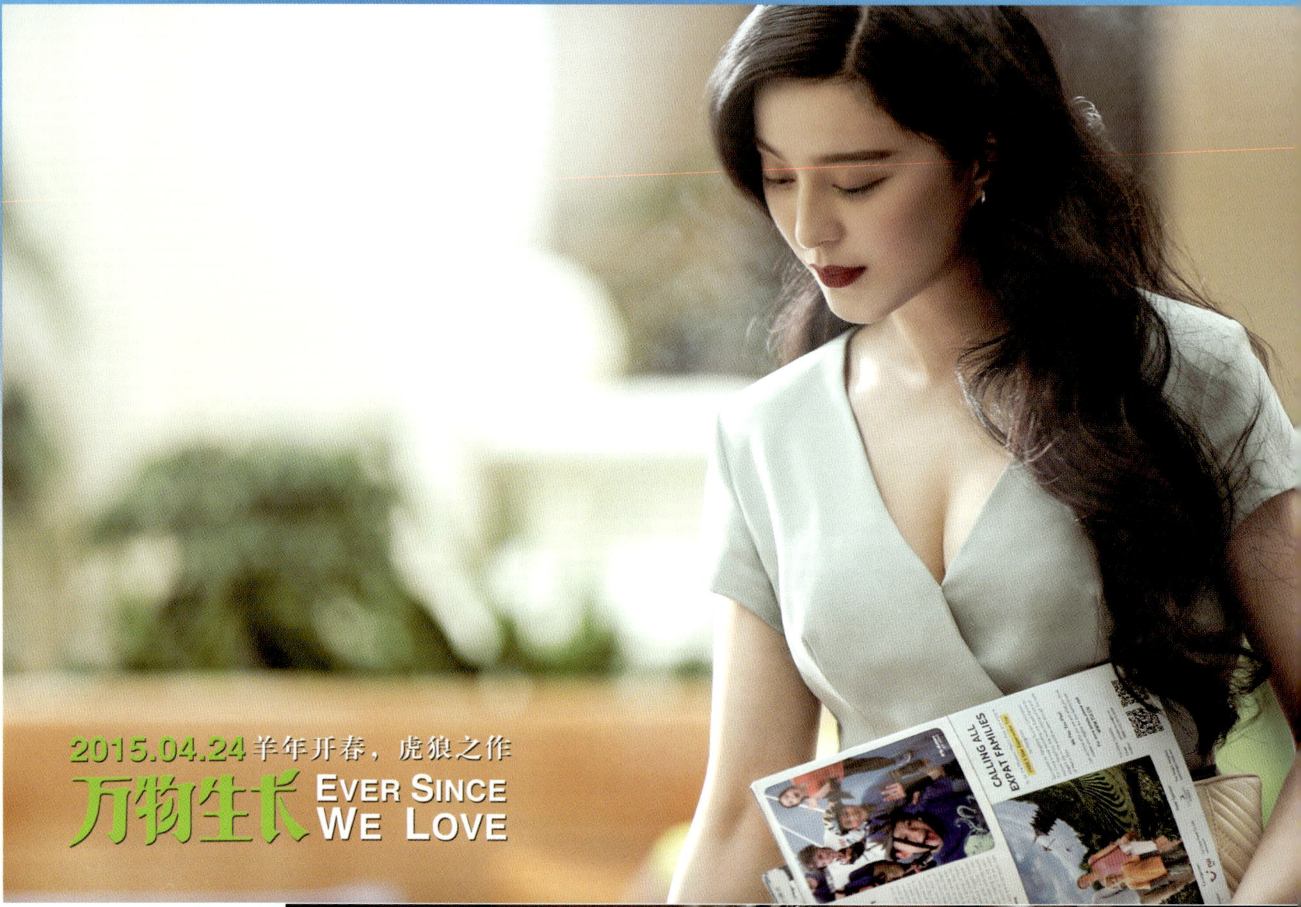
2015.04.24羊年开春，虎狼之作
万物生长
EVER SINCE
WE LOVE
CALLING ALL
EXPAT FAMILIES

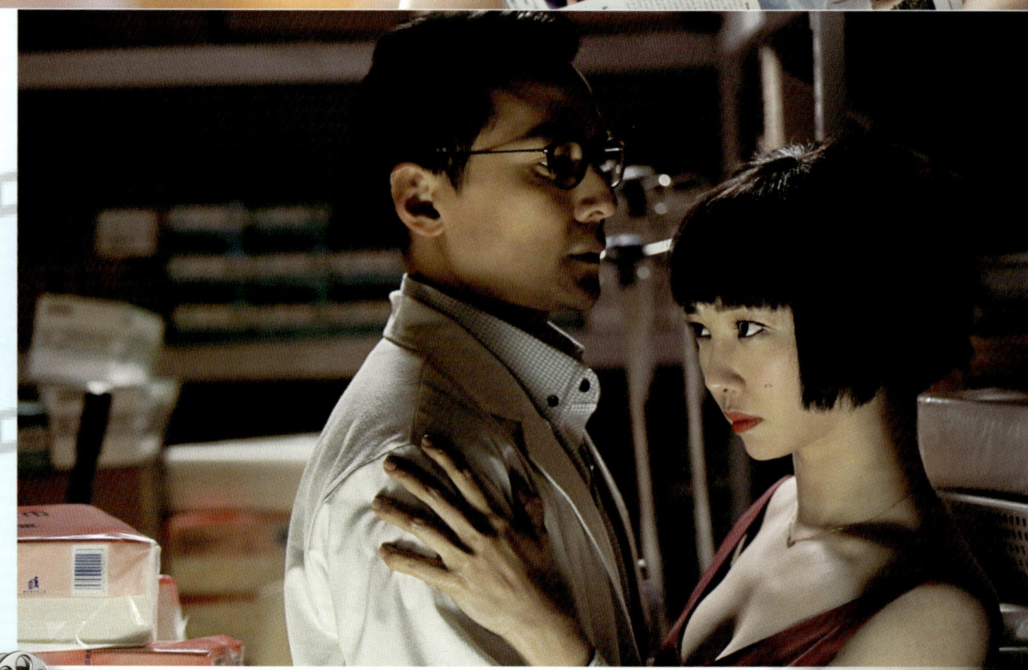

《滚蛋吧！肿瘤君》：用“二次元”的方式展现青年如何实现自我疗愈。

《滚蛋吧！肿瘤君》是对病痛的不亢，对生命浓重的珍视，还是为了立意而对死亡的“刻意柔化”？

《滚蛋吧！肿瘤君》：用幽默、积极的呈现方式关注个体的生存价值与意义。

《夏洛特烦恼》：该片契合了当下“得屌丝者得天下”的“真理”，其成功在于人物塑造及“开心麻花”丰富的剧场经验。

《夏洛特烦恼》：“屌丝逆袭”的故事获得了“现象级”好评。

《华丽上班族》：职场歌舞片拓展了中国类型电影的表现形式。

《华丽上班族》：用写实的手法和歌舞的形式冷嘲热讽金钱帝国的世态炎凉。

《命中注定》虽然有“冯式”幽默调节影片情节的推进，但还是无法隐藏叙事上的硬伤。

《命中注定》：用“冯式”喜剧的方式对置于西方空间的东方爱情进行诗意的述说。

《山河故人》：影片无论是开始还是结束，主人公的“初心”从未消逝。

《命中注定》：该片翻拍自美国电影《我心属于你》，描述了两个闺蜜寻找“命定爱人”的意大利浪漫之旅。

《破风》：在新的历史情境下彰显出不同于以往的文化身份与全球想象。

《破风》：一如林超贤导演一直以来的特点，情义和家庭元素贯穿始终。

《破风》：在彰显运动身体的青春活力的同时，影片更表现出了对于男性身体的沉溺。

《三城记》：影片在题材、风格上延续了导演的一贯风格，但体现出更多的历史与家国情怀。

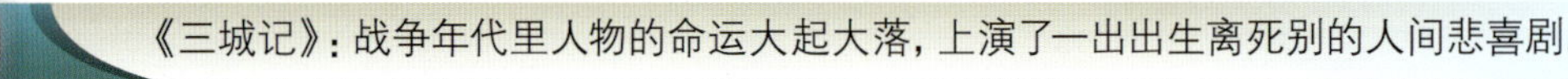

《三城记》：战争年代里人物的命运大起大落，上演了一出出生离死别的人间悲喜剧。

《三城记》：影片将一个并不特别的故事讲得颇具韵味，准确地表现出一代香港人的经历，为他们打造出一部影像传记。

《一步之遥》：癫狂的叙事节奏与马戏表演般的影像风格。

《智取威虎山3D》：杨子荣一角有样板戏中的英雄原型，有007的特工色彩，甚至还有美国孤胆英雄、超级英雄的影子。

《智取威虎山》：21世纪的世界反法西斯战争电影所以呈现出与过去不尽相同的文化视域，是因为整个人类社会对文化的深刻反省使然。

《智取威虎山》：从题材、内容到处理，都显示出 IP 的优势与动态特点。

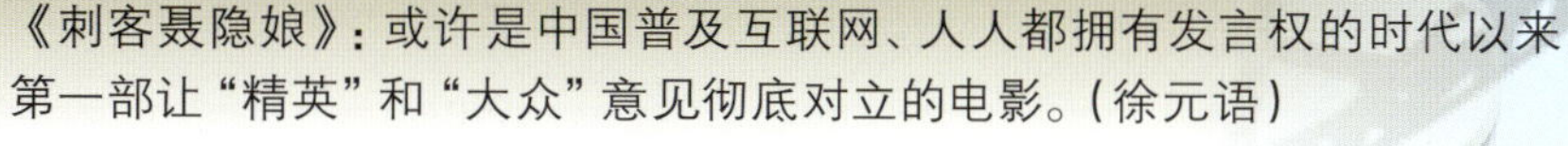

《刺客聂隐娘》：或许是中国普及互联网、人人都拥有发言权的时代以来，第一部让“精英”和“大众”意见彻底对立的电影。（徐元语）

《栀子花开》：近年来，彰显"中性"与"阴柔"气质的"小鲜肉"成为一时风尚。

《栀子花开》：流行歌曲作为"IP"越来越多的被开发为电影项目。

《栀子花开》：2015 年，青春片仍然是院线最吸金的电影类型之一。

《钟馗伏魔：雪妖魔灵》：魔幻的外壳之下，依然是关涉人性的故事。

《捉妖记》：表面极萌的人物在意识方面涉足了很多成人世界的冷峻。

《钟馗伏魔：雪妖魔灵》：魔幻题材影片带有浓烈的超现实寓言色彩和象征意味，但又依托于现实。

《捉妖记》：该片几乎具备了所有好莱坞奇观电影的元素。

《咱们结婚吧》：多线并行的爱情故事更好地撑起了影片的主题。

《咱们结婚吧》：该片在总结同名电视剧的经验基础上开发出一部适应市场的娱乐电影。

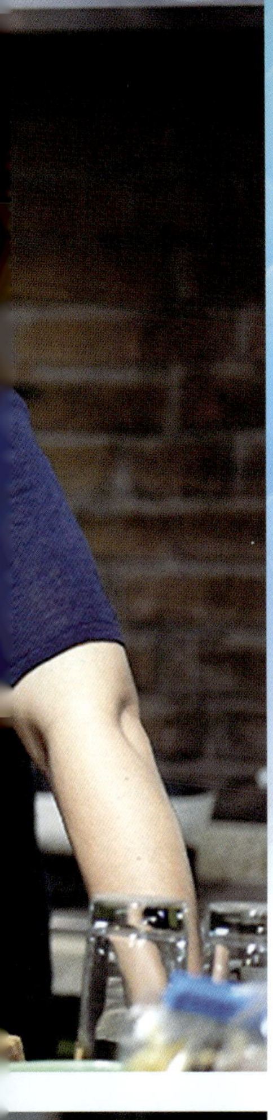

《浪漫天降》：讲述了一个“90 后二货空姐”的恋情进化史，也可以说是“霸道总裁遇到爱”的故事。

《十二公民》：提升中国影视文化的软实力，归根到底仍要靠提升创作的品质来实现。

《十二公民》：演员的表演非常出彩，尽管是翻拍，但也是成功的一次尝试。

《十二公民》：影片具有高度的舞台化风格，造型感强烈。

《烈日灼心》：题材沉重而严肃的影片最为吸引观众的往往是对人性的发掘。

《少年班》：当下某些国产青春电影的精神内核被商业化的娱乐所取代。

《少年班》：当下很多国产青春电影的抚慰流于形式，忽略了内容的丰富与充实。

目录

第六章　中国电影批评年度力作 /305

第七章　电影学著作中的电影批评问题 /361

前言

侯光明

受贾磊磊老师之托为呈现在读者面前的这本《中国电影批评年鉴》作序，于我而言既诚惶诚恐，又责无旁贷。我对电影批评研究浅薄，忝列本书顾问委员会主任委员一职，实是怀着对中国电影批评家们的勇于担当的钦佩之心，抱着认真学习的态度，来为这本有可能是有史以来第一部电影批评年鉴的出版鸣锣开道。

电影艺术有着独特的表现形式和综合表现手段，电影作品不仅仅是审美的对象，它还是文化产业的产品和文化交流的载体。这使得电影批评能够有别于其他艺术门类的评价标准，并与电影史、电影理论共同构成电影学术体系。电影批评通过对电影作品或电影创作现象的艺术意义进行分析、阐释和评价，提升电影艺术发展水平、辅助电影发挥文化传播功能，调节电影作品与观众的关系，还发挥着促进电影理论与电影史研究发展的作用。

中国电影批评的历史，最早可以追溯到1897年9月5日发表在上海《游戏报》第74号上的《观美国影戏记》，该文详细记述了影片内容和作者的观影感想。这种文风成了当时媒体对电影进行评介的主要形态。时至今日，各种报纸的副刊、杂志的娱乐版以及网络平台上对电影的报道和评论，仍可约略窥见《观美国影戏记》之遗痕。真正意义上的电影批评始于20世纪20年代初，确切地说是在1921年先后创办的《影戏丛报》和《影戏杂志》上发表的不少有关中外电影的专业评论文章，它们成为日后电影学术研究的重要资源。但可惜这两本杂志的发行时间很短暂，前者仅有一期，后者有三期。之后，中国电影走过了左翼电影运动时期、“十七年”时期和“文革”时期等发展历程，电影批评随之在响应时代号召和发挥社会功用的同时，也得到了较大发展。以王尘无、

侯光明，北京电影学院党委书记，教授。

茅盾、夏衍、钟惦棐等前辈为代表的批评家们为中国电影发展呕心沥血，留下了数量不菲的电影批评精品。

20世纪80年代，在宽松活跃的社会氛围中，电影创作发展繁荣，电影创作与电影批评间形成了积极热烈的互动和相互促进。一方面，余倩、倪震、郑洞天等批评家从传统电影批评的角度探讨了电影创作发展面临的问题，不仅为电影创作提供了滋养，而且为电影理论建设作出了贡献；另一方面，西方各种新思潮、新理论、新方法涌入，如语言学、叙事学、女性主义、精神分析、后殖民主义等，中国电影批评旧有的社会学视角和电影本体研究与之相融汇，迅速提升了学理性，诞生了贾磊磊、戴锦华、李奕明等批评家。建构在西方理论基础之上的这些批评，最终获得了截然不同的"中国化"的结果：一部分没有脱离西方电影理论窠臼，显得生硬晦涩，没有形成适合中国电影创作的批评话语方式，并不可避免地产生了一定程度的误读；一部分则结合中国美学传统和现实语境，形成了各有千秋的批评方法，初步展现出电影批评的本土化格局。

新世纪以来，互联网迅速发展，伴随而来的电影网站、论坛、博客、播客、微博、微信公众号等逐渐取代了纸质媒体而成为主要的电影批评阵地。网络平台使电影观众能够近距离接触百家争鸣的电影批评，使一批活跃于民间的"草根"影评人逐渐获得话语空间并积极影响着电影创作，但也常常不能避免成为某些观众发泄不良情绪的垃圾场，一些深入的思考和犀利的文字湮没于海量的冗余信息之中，降低了网络电影批评的信誉度。

躬逢中国电影产业发展的"钻石时代"，中国电影批评亟需而且能够拓展独特的学术视野、确立独立的学术品格。检视中国电影百余年发展历程中遗世的浩瀚影像资料，仍有必要以更多视角进行充分的客观评价；站在当前中国电影产业大发展大繁荣、成为世界电影产业发展引擎的重要历史时刻，我们迫切需要进行与之相适应的理论思考，确立新的评价标准，并进一步与世界电影批评体系相沟通交流；展望中国电影国际化发展的未来，我们负担着建构新的、具有中国特色电影批评体系的历史重任。电影商业化、国际化的运作体制给电影批评提供了更鲜活的对象和更宽阔的视域。在这种情况下，坚持从电影艺术自身的独特品质出发，坚持价值判断的科学标准、坚持学术研究的规则与尊严，是电影艺术研究者应当坚守的职业道德。

《中国电影批评年鉴》是以贾磊磊教授为代表的当代批评家们对中国电影业发展所表达的担当。本书对2015年度电影批评学术成果进行了检阅性、集中性的展示。学者们或以新的观念或方法对电影的跨国传播战略作了新的概括与揭示，或着眼于电影创作，从不同的角度表达了对当前电影艺术国际化传播趋向的敏锐观察与洞见。其中着重探讨了电影批评的方法与标准、批评的价值、批评的焦点、网络电影评论、论著中的批评问题、港台电影以及国外电影的批评发展情况等诸多问题。这些成果在反映电影批评研究的广度和深度以及电影艺术探索的独创性方面，都站在了时代的前沿，起到了对当代电影艺术创作的引领作用，《中国电影批评年鉴》不仅展现了当代电影批评家们在秉承学术理念之上的自觉与自律，也是他们在电影批评领域努力奉献的学术成果，使我们从中强烈地感受到电影批评界对创新和探索的愿望。

《中国电影批评年鉴》的出版有着深远的现实意义。它使我们在回顾过去一年电影与社会发生的碰撞与思考的同时，清晰地看到批评人选择的路径，并从中厘清中国电影的前进方向与路径。但这是一项苦行僧般不能立即带来很高经济效益的工作，它凝聚的是所有参与者与守望者的担当。尤其在和贾磊磊老师几年的交往之中，我通过诸多细节感到，他的许多学术洞见值得学习，他对电影批评不计名利的精力投入令人敬佩。

万事开头难。第一次编纂出版《中国电影批评年鉴》，难免有诸多不足之处。北京电影学院作为中国电影教研创一体化的最高学府，有责任凝聚以贾磊磊老师为主编的各位参与者的种种坚守，大力支持这项应该做下去并且不断完善的工作，更热忱欢迎同仁们一道来支持和参与其中。感谢所有支持我们的人，也真诚希望有识之士能不吝指摘，让我们在批评中完善《中国电影批评年鉴》，促进中国电影批评更好地发声，走向创作者、走向大众、走向世界！

第一章

共与影像论沧桑
——中国电影批评：2015

共与影像论沧桑——中国电影批评：2015

贾磊磊

在人类艺术发展历史上，一种艺术形态的变化往往要晚于社会历史的变化，这就是说，文化艺术的发展与社会历史的发展有时并不同步。同理，一种艺术批评阐释模式与评价体系的变化则比一种艺术语言形态的变化所需要的时间更为久远，因为它所需要的各种因素会更为复杂，也更为深远。它的演变需要时间之火的淬炼。

一

站在这种视域下审度2015年度的中国电影批评，任何结论性的观点也许还都为时过早。我的意思是我们不可能、也并不奢望对一个重要的历史年代的电影批评做出一种绝对正确的评述。尽管如此，在我们编撰《中国电影批评·2015》这部记录中国电影批评学术发展的历史文献时，依然能够感到有一种跨越时空的力量在融注其中。这种力量绵延千里，横贯天地……只有电影，这座21世纪人类的巴比伦通天塔，才能够汇聚如此众多的智者目光，并将他们对影像的神思见诸于笔端。

为了尽可能客观、公正地向大家展示2015年度中国电影批评的真实风貌，我们反复阅读、认真讨论了一年来发表在报刊杂志上有关电影的理论批评文章。无论这些文章采用的方法我们是不是喜欢，这些论文的观点我们是不是赞同，我们都尽力以一种客观的立场、公正的态度来审度这些作品。不论谁写的论文，只要是在学术的范畴内讨论问题，只要是在理性的意义上阐述己见，我们都会一视同仁，并以一种兼容并包的态度，选取来自不同方面的观点。即便就是某些一己之见，只要能够言之有物，言之有据，言之成理，我们都会将其收入其中，以此来体现本书公正、客观的学术立场。在此基础上，我们力求找到支撑这些观点的思想根基，找到批评者所信守的价值观。

贾磊磊，中国艺术研究院副院长，教授。

我们确信，就像导演的喜怒哀乐最终都会在银幕上展现出来一样，一位电影批评者的价值取向也必然在他的字里行间流露出来。在这种意义上讲，批评者留下的不仅是文字，而是对其内心世界的“真情告白”。对于一部学术性、历史性、文献性的专业工具书，我们所要做的就是将这种艺术批评的成果有序、澄明、严整地呈现给读者——仅此而已。

二

毋庸讳言，中国电影产业狂飙突进式的迅猛发展，中国电影市场日新月异地疾速增长，对于包括理论批评界在内的整个中国电影界都产生了强力的震撼！尽管我们同样期望电影批评的振翅高飞能够与电影产业的跨跃升腾同时出现，但是，理论思维的成就与产业飙升的业绩还是很难置放在同一个基准线上来审度。这并不意味着我们不能对这种历史境遇中的电影批评，提出在思维水平上的更高要求。况且，电影艺术发展面临的一系列问题需要理论批评予以深度破解，电影产业的急速推进需要理论批评来校正出现的某些偏差，电影本土市场的激烈竞争需要理论批评提供科学、有效的学理支撑。所有这些使命，都需要中国电影理论批评界“集体出场”。而对于学术自律的尊奉，对于艺术精神的坚守，对于正确价值导向的把握，更是整个中国电影批评要恪守的职业操守。我们不能说，每篇入选《中国电影批评·2015》的作品都是字字珠玑，可是，我们却能够说，这些通过作者认真撰写，我们反复阅读，不断遴选的论文，确实是一批无愧于这个年代的力作，他们为中国电影理论批评的史册写下了映照这个时代光彩的历史篇章。

其实，我们站在一种什么立场上来解读中国电影批评的历史文本，又通过一种什么样的标准来评判中国电影批评的学术价值，这些都是我们在着手进行本书的编撰工作之前就确定的。不管怎样，坚守学术评价的客观原则，坚守理论研究的学术标准，既是我们评判电影批评的首要原则，也是我们的最终标准。我们不能让一部以记录中国电影学术历史发展为宗旨的年度文献，在学术精神上自我消解。

三

回首 2015 年的中国电影批评，从学术的角度上讲，极其重要的内容是学者对于电影本体论、对于电影研究方法，对于电影批评标准等电影学基本命题的论述。这表

明中国的学者在电影产业纷繁复杂的现象面前，并没有迷失对于电影核心意义的探讨。有学者指出，相对于传统电影，现在的电影还是一种巴赞意义上的“完整电影”吗？“电影在本质上是技术的产物，‘表达’只是这种技术的功能，这种技术为人类欲望的实现几乎提供了无限的可能性”。[①] 基于当代电影的跨媒介传播，还有论者提出“对多屏并存和影像跨屏传播时代中‘电影’的界定”，应当以“‘影院性’成为‘电影’唯一区别于其他影像作品的特性”。[②]《当数码叠加民权：关于当下“电影本性”的几点思考》的作者认为关于电影本性的探讨应该“与时俱进地存在于当下，而不可能放之四海而皆准、置百年而不馊。”[③] 因此，“我们似乎就应该转变思路，把“电影是什么”置换为“电影能干什么”。”[④] 作者认为在市场经济发展到的今天，终端为王成为市场规则，电影作为一个产业也必须臣服这一规则。无视电影的艺术性，一味地跟着市场走，并不会成就电影走向繁荣。由此可见，在当今所展开的电影的本体论研究，不仅仅是对于“电影是什么”这样一个传统命题的追问，更为重要的是表现出力图透过影像去发现其背后的意义的努力。我们的电影批评开始摆脱多少年以来的对文学批评范式的依赖，去寻找电影批评本身的美学自律。而且，对本体论研究的视野也开始从传统的影像本体向社会、历史、文化领域延伸。“无论电影批评场域如何转换与变迁，从历史的角度，必须看到，经济、艺术、法律、政治、资本等众多社会场域都会影响它的走向”。[⑤] 这种意义上的本体论研究，比传统的电影本质的回答更加深入，也更加广泛。毫无疑问，这是中国电影批评的一种学术进步。在《当下电影批评的格局与再建构》中，讨论者围绕着当下电影批评存在的一系列问题，集中探讨了电影批评当今所应采取的对策，不管我们赞不赞同将现在看作是电影批评的“黄金时代”，这并不妨碍我们对当代电影问题的深入探讨。其实，我们倒更赞同中国电影批评“真正进入一个思想多样、话语驳杂、隐晦难辨的新时代”[⑥] 的说法。与美国电影评论那种阵地分割、营垒分明的态势相比，中国的电影批评界在主流媒体、学术媒体与大众媒体三足鼎立的格局下，却显示出相对一致的批评指向，大家只是在话语体系与表达方式上各有侧重，而在对电影的内容评价方面却显示出彼此接近的价值取向。比起美国那种不同媒体各说各话的情况，中国电影批评发展的总体态势对电影界的影响力更为有效。

---

① 李康生、卢康：《再论电影是什么》，《电影艺术》2015 年第 3 期。
② 尹鸿、袁宏舟：《影院性：多屏时代的电影本体》，《电影艺术》2015 年第 3 期。
③ 余纪：《当数码叠加民权：关于当下“电影本性”的几点思考》，《电影艺术》2015 年第 3 期。
④ 余纪：《当数码叠加民权：关于当下“电影本性”的几点思考》，《电影艺术》2015 年第 3 期。
⑤ 刘卉青：《中国电影批评场域的脉络流变研究》，《当代电影》2015 年第 1 期。
⑥ 李道新：《重建网络时代的电影批评》，《中国艺术报》2015 年 3 月 23 日。

四

中国电影批评年度佳作的精选是本书的标志性板块。我们必须要保证入选作品的专业性、独特性与权威性。就我们入选的论文而言，在总体上基本上能够体现出这些品格。其中《〈滚蛋吧！肿瘤君〉："二次元"的重构与精神疗愈》指出影片不仅是对"二次元"的漫画作品进行电影化改编，同时在影片中也加入了漫画的"二次元"思维进行叙事，"折射出'二次元'流行文化对于青年感受能力和认识方式的同化"。[①]；《〈黄克功案件〉：消费主义视阈下主旋律电影的"改造"》通过对《黄克功案件》影片的创作背景的阐述和叙事策略的分析，让我们认识到主旋律电影在消费主义文化视域下艺术表达的新的可能性，并对主旋律电影如何更好地进入市场提出了自己的见解。《〈推拿〉："盲视觉"与"看得见黑"的电影美学》对影片《推拿》如何呈现"盲视觉"以及"盲视觉"的电影语言美学价值进行分析，认为"电影史中从来不缺晃镜头，也不缺好声音，但在《推拿》中，形式和文本的含义形成了一次绝妙的呼应"[②]。《〈万物生长〉：双重凝视下的死亡美学》从劳拉·穆尔维的窥视理论出发，解读影片《万物生长》中的双向性别观看结构，深度剖析李玉导演作为一个女性与她采用的男性视点叙事背后所隐藏的意识形态裂缝，指出影片《万物生长》用这种双重凝视的"看"的方式表现"死亡"，是"李玉冲破父权'生长'幻象的最后方式"[③]。《〈少女哪吒〉：一场痛楚与愤怒的青春献祭》分析了影片中的少女形象所指涉的青春对抗、逆反、迷惘的姿态，通过对影片的场景分析，指出了影片对青春的诗意表达，挖掘出《少女哪吒》与其他青春类型的不同面向……所有这些观点虽然针对的是2015年的中国电影，代表的却是2015年中国电影批评的学术高度。

互联网时代的电影批评是2015年度被反复提及的命题。面对互联网上动辄就成千上万网民的呼声，我们发表在主流媒体上的电影批评，确实应当寻找更为有效的传播方式，建立更加开放的传播平台。然而，在话语表达方式上的隔阂并不是能够靠平台的升级换代就能够化解的，它还涉及到在互联网之外种种相关的社会的、政治的、经济的、文化的因素。《迷影：网络影评的时代》认为在互联网时代，网络"已经成为这个时代中电影言说与话语的最主要的生产场。"[④]《对近年来网络影评发展新态势的再思

① 聂伟：《〈滚蛋吧！肿瘤君〉："二次元"的重构与精神疗愈》，《电影艺术》2015年第6期。
② 陈捷：《〈推拿〉："盲视觉"与"看得见黑"的电影美学》，《电影艺术》2015年第1期。
③ 白惠元：《〈万物生长〉：双重凝视下的死亡美学》，《电影艺术》2015年第3期。
④ 唐宏峰：《迷影：网络影评的时代》，《电影新作》2015年第3期。

考》讨论了在新媒体中成长起来的网络影评的发展新态势，以及网络影评所存在的种种弊端。进一步地提出了对网络影评发展的思考，“网络影评人面对嘈杂、浮躁、喧嚣的影评原生态不断地捕捉电影在后现代语境中的‘碎片’，与传统影评一起改变着我们看电影、说电影的方式，它不屑传统影评，又与传统影评联姻，它自由随意却又真实客观。”[①] 在2015年中国电影批评的舞台上，对网络批评的再批评成为一个过去未曾出现过的理论交汇点。

五

坦率地讲，虽然我们的电影批评越来越显示出其个性化的学术锋芒，但是，在批评的美学体系上，我们还是没有形成真正的中国学派。我们没有类似于法兰克福学派、伯明翰学派、纽约学派那样具有相对学术独立性的批评群体。甚至我们就连当年钟惦棐老师创建的“电影美学小组”那样的打破了机构、行业、专业门槛的电影研究学术群体也尚付阙如。喊一句口号，发一番议论并没有什么难的，难的是能够践行自己的口号，能够兑现自己的诺言。电影批评界出现的问题，必须由电影批评界自己来解决。正像我们不能以好莱坞电影为参照系来衡量中国电影一样，我们也不能用电影创作的发展为基准来衡量电影批评的发展。对不同领域的不同问题不能够进行硬性的对比，这样会抹煞不同问题之间的内在差异而使问题本身被异化，即走向其正确解决方案的反面。

中国当代的电影批评乃至艺术批评目前并没有形成学科化、体系化的批评范式。现在，艺术批评的主要方法还是在艺术风格论的分析模式上，这种模式的分析母题基本上都是“文学性的”，像“思想主题”“情节结构”和“人物性格”等。中国当代艺术批评要建立属于艺术批评自身的美学范式，就要改变中国艺术批评文学性的分析模式，用艺术批评的美学概念去置换普遍使用的文学概念；同时改变艺术批评哲学化的表达方式，用一种诗意的、审美的表达方式去替换那种意念的、抽象的哲学表达方式；改变艺术批评从属于创作的附庸地位，确立艺术批评的独立存在价值，使其成为一种与艺术理论和艺术史学相提并论的学科体系；改变艺术批评单向度的评价标准，整合对艺术作品的综合评价标准，建立一种具有专业性、学术性、权威性、科学性的评价体系。

尽管我们努力在以学术的标尺来衡量2015年中国电影批评的水准，我们的选择也未必都能够摆脱客观环境的制约与主观视域的羁绊，好在世间的一切终究会在时光的

① 金丹元、田承龙：《对近年来网络影评发展新态势的再思考》，《电影新作》2015年1期。

照耀下原形毕现——时间不会受到任何其他因素的牵扯而止步,一旦进入了时光的长廊,包括我们此时此刻写下的这些符号无一能够逃脱历史的审定。所以，还是让我们共同走进 2015 年中国电影批评之中，沿着宽阔悠远的道路去感受一下用文字构建的电影精神世界，去领略一下那些建构在影像之上的思想田园……

第二章

中国电影批评的方法、标准及价值讨论

导　语

王　怡

电影批评不仅仅要关注电影作品，分析和评述数量庞大的文本，也还应该对批评本身有更多深入的思考和有建设性的展望。尤其在进入新媒体时代之后，电影批评要面对更多样化的受众、更复杂的审美需求、更丰富的传播媒体……这些都在改变着电影批评自身的生态，也因此使得电影批评呈现出前所未有的从形态到方式的变化。这主要体现在批评方法的更新、批评标准的再讨论与批评价值的再确定。

一、电影批评的历史定位与学术价值

今天的电影批评正处于一个前所未有的生态圈之中，电影的市场化和产业化、电影观众的激增、大众话语权的回归、文化多元化、媒体数量的膨胀和类型的繁多……这些都使电影批评原有的场域和格局发生了巨大的改变。在这场巨变中如何保持电影批评对电影创作和欣赏的正确引导，而不轻易放弃电影批评的学术精神，首先就要追根溯源，确定电影批评在中国电影发展过程中最根本的地位和作用。

学者们不约而同地将上世纪30年代和80年代视为中国电影批评曾经的两个黄金年代，这两个时期也正是中国电影艺术起飞腾跃的两个重要时期。尤其是80年代中前期，众多新的电影理论从西方介绍到中国，所有电影人和影评人都用尽全力尽情吸允着新知识的养分，展开了广泛而深入的学术讨论，而这些讨论又与当时电影创作紧密地结合，为中国电影史发展画下流光溢彩的一笔。这一时代的电影批评特点表现为：电影批评者试图更多地出入西方学术体系与宏大理论话语，并以此走向中国电影及其批评的“现代化”①。现在看来，这也是一个使命意识极为强烈，电影批评在观念、方法和效果等层面上也都较为鲜明的时代。

王怡，中国艺术研究院研究生院，博士研究生。

① 饶曙光、李道新、尹鸿、周黎明、杨远婴：《当下电影批评的格局与再建构》，《当代电影》2015第1期。

而进入到当下，电影批评的话语权有了大众声音的强力进入，除了传统的电影批评载体之外，电影批评可以通过新媒介通道渗透到学术圈、创作圈之外更为通俗的大众文化领域，引导着电影观众的欣赏，甚至可以左右作品的市场表现。正如刘卉青在《中国电影批评场域的脉络流变研究》[①]谈到的，无论电影批评场域如何转换与变迁，从历史的角度，必须看到，经济、艺术、法律、政治、资本等众多社会场域都会影响它的走向；但无论什么时期，电影批评都在不断地进行自身调整，或以原始的、淳朴的、相对具有独立自主性的状态，或以激励民众进行爱国主义运动的旗手姿态，或以关注电影本体和语言创新的精英知识分子身份，或以怀有对电影极大的感性热忱的迷影影评方式……无论如何，电影批评都是连结电影创作与电影接受之间的一个不可或缺的环节。

二、对本体论的新探索

这种不可或缺体现在电影批评对学理的不断追求，《当代电影》于 2015 年第 3 期组织了一次关于电影本体论的讨论，学者们针对新时期中国电影的发展，再次向“电影是什么”这个电影艺术永恒的命题展开了追问。

首先是对于电影本体论的寻根之路。今天的电影还是巴赞的“完整电影”吗？今天电影的本体论是否还能用最为经典的理论去阐释？如果我们能够重返巴赞谈本体论概念时的语境背景，会发现“本体论和‘完整电影’一样都受制于时代想象，关于本体论的认识和理解的探究还具有巨大的空间”[②]。

其次是电影的内容属性与接收渠道发生了巨大改变，使得对电影属性的确定成为一个新的命题。余纪在《当数码叠加民权——关于当下“电影本性”的几点思考》[③]中发出警示，科技发展已经走在了美学体系建设的前面，电影投资人和创作者对市场回报的重视与日俱增，而电影消费作为电影生存的重要支点不容忽视。进而，李康生和卢康在《再论电影是什么》[④]文中认为关于电影本体的纷繁的争论，起源于“粉丝电影”与“综艺电影”收获了惊人票房却无法令老一辈电影人认可的“电影”。电影在本质上是技术的产物，“表达”只是这种技术的功能，这种技术为人类欲望的实现几乎提供了无限的可能性，这是在思考“电影本体”时绝不可忽略的。尹鸿和袁宏舟在《影院性：多屏

① 刘卉青：《中国电影批评场域的脉络流变研究》，《当代电影》2015 年第 1 期。
② 王志钦：《再论巴赞的“完整电影”——本体论还是意向性？》，《电影艺术》2015 年第 3 期。
③ 余纪：《当数码叠加民权——关于当下“电影本性”的几点思考》，《电影艺术》2015 年第 3 期。
④ 李康生、卢康：《再论电影是什么》，《电影艺术》2015 年第 3 期。

时代的电影本体》[①]中继续对多屏并存和影像跨屏传播时代中“电影”的界定提出设问，认为“影院性”成为“电影”唯一区别于其他影像作品的特性，具体体现为对观众注意的“控制力”和吸引观众的“必看性”。

可以发现的是，在学者们的讨论中，电影的内核和外延都在发生着变化，电影之所以是电影而不是其他媒介或艺术，其最根本的区别标准和历史中的电影有了极大的差异。可以肯定的是，关于电影本体论的发展，过去的某些定论会随着时间推移而变得需要再探讨，2015 年这次关于本体论的大讨论最珍贵的，是观众、市场和技术高调地进入批评学界的视野——而这，会是未来电影身体中非常重要的 DNA。

三、电影批评当下的问题和挑战

学院派的电影批评一度在电影创作和欣赏过程中起到非常重要的旗手功能，但同时我们必须承认，时至今日，在新媒体和资本市场的双重考验下，传统的电影批评逐渐式微，甚至被认为面临失语危机。学术界对电影批评所面临的困境近年来有着持续的关注和热议。

首先，从外部条件来说，商业资本对中国电影的注入影响到电影批评的独立学术性；互联网、手机等新媒体终端，以及微博、微信等新媒介平台，使一种大众话语下的电影评论迅速崛起；3D、综艺电影等等电影新的技术和内容形式不断涌现使得电影批评有着亦步亦趋、理论追赶实践的被动感。

其次，从内部条件来说，一是传统影评自身话语权威的丧失以及公信力的下降，一直以来传统的影评人一直以“体制内”高级知识分子自封，“居高临下”、“俯瞰众生”、“耳提面命”[②]式的说教式评论在人人都有电影看，随时都能看电影的今天显得十分不讨好；二是传统电影批评所依靠的纸质媒介自身存在滞后性，面对新媒体崛起，报纸杂志已处于没落边缘。

再次，从电影评论本身特质来看，其对影片艺术效应所起到的延续、扩展和阐释、评判作用，几乎被其对票房召唤作用所遮盖。“换句话说，电影的艺术、技术与商业的三位一体特性，使电影评论极易商品化和娱乐化。”[③]掺杂了小道八卦的大众闲话式批评占据了大量批评传播通道。

正因为上述这些背景，使得当下电影批评暴露出很多问题，例如新媒体影评较低

---

① 尹鸿、袁宏舟：《影院性：多屏时代的电影本体》，《电影艺术》2015 年第 3 期。
② 金丹元、田承龙：《对近年来网络影评发展新态势的再思考》，《电影新作》2015 年第 1 期。
③ 蓝凡：《电影批评的纯度》，《艺术百家》2015 年第 2 期。

的准入门槛，大量的自由评论“脱离作品，脱离其结构、节奏、人物角色逻辑、影像元素等”[①]，是缺乏影视美学根基的个人好恶的随意抒发；例如传统影评常常会站在文化批评的高端立场对商业电影的批评“矫枉过正和以偏概全”，或是对“商业性和媚俗的错位批判”[②]；再如，对于备受网民关注的异军突起的微电影，对其所进行的理论、系统和前瞻性研究远远落后于微电影的生产状况[③]……

面对这些问题，在新的市场环境和媒体环境中，几代影评人都在积极思考电影批评的发展方向，重新整理和定位电影批评能够充分发挥作用的渠道。其中，以纸质刊物《北京电影学院学报》、《当代电影》和《电影艺术》等为代表的传统电影批评阵地不断调整自己在专业理论建设中的作用，在张智华和朱怡璇撰写的《中国当代学术刊物与电影批评及其价值取向》[④]文中这样总结：一是回归电影本体研究的学术论文多了，二是越来越多的电影批评开始高度关注一些电影的热点现象，三是对互联网影评更多的重视。而依托在互联网成长起来的新一代影评人，也在努力“克服大多数网络影评的瞬间感性、极端情绪和话语暴力，遏制其背后的权力运作方式和话语生产机制”[⑤]。

四、新媒体时代电影批评的发展机遇

对于当下中国电影及其批评，不同的人有不同的声音和判断。乐观者振奋于电影市场的扩大以及电影观众的膨胀，丰富的传播渠道极大扩充了电影评论的话语空间；也有悲观者认为相当一部分电影价值混乱、道德缺失，新媒体环境中的批评鱼目混杂，丧失了批评本应有的学术态度和精英立场。无论如何，新技术红利和丰富的社会文化语境带给中国电影批评更多的发展机遇，也使得当下被称为继上世纪30年代和80年代之后，中国电影批评经历重大转折的第三个黄金时代。

伴随互联网成长起来的年轻一代影评人，对电影的理解和阐释有了极大的不同。“在内容上，体现在专业主义色彩的淡化和感性的凸显，以及对小众化电影题材、非主流电影叙事的强烈兴趣；在语态上，体现出独特的叙述方式和写作语态，比如大量的网络语言进入影评之中，具有即时性、行文节奏很快等特点。”[⑥]其中更是日渐形成了一个相当稳定的、拥有较好电影素养的迷影影评群体，他们往往是热爱电影、乐于分享的

① 曹华飞：《影视评论岂能脱离作品本身》，《光明日报》2015年1月6日，第002版。
② 李云凤：《文化批评视域下的商业电影批评问题》，《电影文学》2015年第1期。
③ 李建强：《论中国微电影研究的缺憾》，《电影新作》2015年第3期。
④ 张智华、朱怡璇：《中国当代学术刊物与电影批评及其价值取向》，《艺术百家》2015年第1期。
⑤ 李道新：《重建网络时代的电影批评》，《中国艺术报》2015年3月23日，第006版。
⑥ 蒋桢：《青年亚文化视野中的网络影评》，《电影文学》2015年期9期。

年轻人，“具有较高的电影知识、大量观影经验、较好的艺术感受专业或半专业电影评论者、影迷”，提倡“用趣味性包装知识性”，怀有“积极引导观众和影迷的口味与眼界，努力建造和培育一种丰盈的电影文化”[①]的使命感。

除了以互联网、手机为主的发布和接受平台以及新一代影评人的出现，网络评分机制成为当下电影批评不能忽视的新现象。“在大数据的支撑下,这种‘排行’和‘打分’在网民和观众中有很高的认同度。它的评价不仅直接影响了观众和专业影评人对于影视作品的评价，而且直接影响到电影的上座率和电视剧的收视率”[②]，在口碑和从众的作用下，产生强大的蝴蝶效应。

因此，在互联的信息世界中，在文化国际化传播的场域里，中国电影批评的建构需要重新定位自己的坐标。这需要首先立足于中国电影市场和电影艺术发展的现实与实践情况，并充分“从中国文化传统、中华美学传统中吸取营养和智慧”[③]，而不是简单粗糙地复制别国的道路和模式。此外，不论是学院体系的批评、生产流通体系的批评、官方话语的批评还是迷影批评，都要面临更多的思考。正如尹鸿总结到：我们的批评是否能提供新知识，而不是炒冷饭、说感觉、讲常识？我们的批评是否能够提供新思想，而不是轻易地下结论、粗暴地抛概念？我们的批评是否能够勇于挑战权力，而不是做长官意志和市场利益奴隶？[④]

唯有如此，中国电影批评才能树立一个在商业成绩和政治成绩之外的独立的文化艺术标杆，无论是传统媒体还是新媒体，无论发声的平台如何改变，这才应该是电影批评永远追求的核心。

---

① 唐宏峰：《迷影：网络影评的时代》，《电影新作》2015 年第 3 期。
② 王俊秋、张遥：《网络影视评论的传播机制与社会功能》，《武汉大学学报（人文科学版）》2015 年第 9 期。
③ 饶曙光：《建构电影理论批评的中国学派》，《电影新作》2015 第 5 期。
④ 饶曙光、李道新、尹鸿、周黎明、杨远婴：《当下电影批评的格局与再建构》，《当代电影》2015 年第 1 期。

当下电影批评的格局与再建构

赵　寻（整理）

时间：2014 年 11 月 25 日

地点：中国电影艺术研究中心会议室

对话者：饶曙光（中国电影家协会研究员）、尹鸿（清华大学新闻与传播学院教授）、杨远婴（北京电影学院教授）、李道新（北京大学艺术学院教授）、周黎明（影评人）

历史定位与当下格局

饶曙光：众所周知，作为沟通电影作品与观众、产业及其艺术之间桥梁和纽带的电影批评，自电影产生之日起就是电影创作和生产之间不可或缺的重要环节。作为“反馈联系”机制的电影批评是联系电影文化各个领域、各个方面的纽带，把电影活动的所有领域有机联系在一起。

我个人对当前电影批评的看法跟流行的不太一样，社会上对电影批评更多的是持有悲观的态度和失望的情绪，我个人则相对持比较乐观和积极的态度。这十几年以来，电影批评跟着中国电影一起发展，特别是在促进中国电影的产业化发展、尤其是促进电影健康发展方面，电影批评发挥了很大的作用。

我个人一直在思考这样一个问题：事实上，我们现在对电影批评的很多观念、意识、态度及其方法，都自觉不自觉地以 80 年代的电影批评作为标准，自觉不自觉就习惯性地与 80 年代做比较。我们历史上号称有两个黄金时代，一个是 20 世纪 30 年代，一个是 20 世纪 80 年代。特别是 80 年代，我们相对更熟悉。在中国电影史上，没有任何时期如 80 年代前期和中期那样对众多的理论课题进行过如此广泛和比较深入的学术性自由讨论。80 年代的论争与电影创作上的创新浪潮紧密契合，相互促进，蔚为大观。

赵寻，北京大学艺术学院，博士研究生。

在座的杨远婴老师、尹鸿老师，包括我自己，都算是20世纪80年代的“过来人”。借用尹鸿老师曾经使用的“气场”这个词，当时的气场和现在确实不一样。我们现在的整个社会格局、产业格局和电影业的状态，包括电影批评与电影创作、电影观众的关系和80年代相比已经发生了很多的变化。伴随着市场化、产业化的历史性进程，中国电影面临着好莱坞电影、尤其是商业大片的冲击和挑战，面临着国内文化市场以及大众休闲生活多样化的影响，社会文化语境也呈现出了复杂、多元、众声喧哗的状态。中国社会的大众生活及其审美表现方式、文艺的价值取向等，都迅速地发生了前所未有的转换、转向、转型。存在于博客、播客、手机报等各种网络载体上的电影批评在短时间内迅速崛起，显示出了取代占领影坛百年、相对成熟的传统纸质电影批评的趋势，甚至是不可逆转的趋势。网络影评迅速以众声喧哗之势占据了批评话语的主流，已经在一定程度上改变了电影批评自身的生态。因此，不能简单地把80年代电影批评的标准作为当前的标准，因为批评的对象、批评的生态以及批评自身也在发展变化。

我个人认为批评在中国电影的健康发展中还是起到了非常积极的作用。可能现在批评不像80年代跟创作的关系那么紧密，能够直接对创作产生影响，但是如今批评的影响，支撑了一种更大的气场和一种新的社会氛围。在电影批评的发展和影响下，至少中国电影已经摆脱了80年代，开始了转型之初的古装商业大片的尝试，乃至整个电影产业都发生了有效的扭转。电影批评是一个多层次的系统工程，专业性批评、大众化批评、网络批评都有其自身的潜力和空间，都可以发挥各自的优势而对电影创作与观众欣赏产生影响。关键在于找准自身的“支点”、找准自身的位置和疆域，发挥自身的作用。我们应该采取兼收并蓄、博采众长的态度，努力建设一个开放性的批评体系，形成多元互补的批评形态和格局。

尹鸿：在当前电影大发展、电影市场大繁荣、电影传播全媒介自媒体化的大背景下，电影批评应该说正处在一个黄金时代。社会对电影批评有高度需求，而且能够对产业和市场发生作用。为什么能够发生作用？主要是因为在电影生产流通当中，批评已经成为整个生产流通环节的重要组成部分。很少有现在这样的时候，批评对实践有着重要的影响或者说有这么多的人能够参与电影批评。我们一直说电影批评影响不到创作者和生产者，其实恰恰相反，如果批评可以影响受众，反过来就可以影响创作者。为什么电影批评有一定的价值？这个价值来自于批评在整个电影生产、流通的环节中，已经成为一个不可回避的环节。难道说时光网、豆瓣网上的评论不影响生产者？不影响消费者吗？我认为都会有影响。

所以我认为，批评对电影生产的作用是存在的。比如说这十几年中国电影市场化改革，批评所起到的作用是不用回避的。我参与产业界的活动很多，这些产业界活动中有很多评论者、研究者都会影响到电影产业的发展和电影政策的制定。

电影批评处在黄金时代，当然怎么理解这个“黄金”还需要讨论。虽然这个黄金时代在理论上的建设成绩可能还不够突出，但是从功能和作用上来讲这确实是一个黄金时代。只要是电影大发展的时代，批评作为整个电影生态系统的组成部分，它一定也是大发展的重要契机。

杨远婴：对于目前电影批评的现状，我与大家的看法接近：现在是一个评论的黄金时代，繁荣时代。中国在电影理论方面缺少建树，但电影评论却一直发达。因为批评跟着创作走，有电影就会有评论。

回想中国电影批评的历史，马上进入脑海的是30年代的左翼评论、“十七年”的宣传导向、“文革”期间的“打棍子扣帽子”、80年代的新电影推介，这几个阶段历史背景不同，文化要求不同，写作内容方法不同，但都在社会上反响巨大。

80年代的时候，我们这些刚入行的电影学徒工有一条思路是非常明确的，就是决不能再走政治批判的路子，决不能再“打棍子扣帽子”，不能让评论的历史成为政治压迫的历史。所以当时就想学习新的阐释理论，用方法论冲击政治论，回到电影事实，回到行业内部规律。

经过三十多年的改革开放，现在成长起来的新人思维开阔、写作踊跃。媒体上的电影评论表现出多种角度、多种笔法，比如对《少年派的奇幻漂流》的索隐式解读，可以说是汪洋恣肆。最近的《星际穿越》，也是上天入地，引经据典。许多并非职业影评人的文章写得很好，电影知识丰富，镜头读解精细，文字生动，而且也顾及到了读者的不同层次，或者严谨论证，或者轻松活泼，或者嬉笑怒骂，读起来很有趣味。这些开放环境中长大的青年学子，在记忆力最好的时候看到了大师之作，懂得了电影生产法则，有些人还文理兼通，做影评的知识起点很高，让观众在他们的评论里读到了没想到和想不到的东西，这样的评论就是好影评。

李道新：我也想从电影批评历史的角度出发，来谈谈现在电影批评的问题。中国电影批评自诞生以来，一直到20世纪30年代进入第一个黄金时期，从其主流分析，是在面对国家和民族危机之时，在启蒙与救亡的双重前提下所进行的一种思想文化实践。这一时期里，电影批评者试图以马克思主义的、现实主义的思想武器，借用内容与形式的二分法来批评电影，夏衍、尘无等重要的电影批评家们，也因此获得了自身的主体性。这是一个使命意识极为强烈，电影批评在观念、方法和效果等层面上也都极为鲜明的时代。

到了20世纪80年代，中国电影批评进入第二个黄金时期。这是一个众声喧哗的杂语年代，也是中国电影批评者努力探讨电影本体和批评主体，寻求可以依凭的理论和方法的年代。这一时期里，电影批评者试图更多地出入西方学术体系与宏大理论话语，

并以此走向中国电影及其批评的“现代化”。现在看来，这也是一个使命意识极为强烈，电影批评在观念、方法和效果等层面上也都较为鲜明的时代。

回到当下。在市场化诉求、全球化格局与互联网语境之下，中国电影批评真正进入一个思想多样、话语驳杂、隐晦难辨的新时代。我认为这是中国电影批评的第三个黄金时期，也是一个电影及其批评都需要并正在重新定义的转折时期。令人感叹，也不无向往的地方在于：中国电影批评终于第一次在某种意义上超越了其不可放弃的使命意识及其始终跟随的西方视野；在面对复杂的电影现象时，各种批评主体都在充满自信地发出自己的声音。电影批评真正成为一个彼此商榷的价值建构方式与平等对话的话语生成场域。尽管这种失去焦点、缺乏权威甚至游戏对象的电影批评，经常会让习惯了经典批评的电影人和批评家满怀焦虑，但打破单一决定论和本质主义的思想文化模式，不也正是我们从 80 年代以来就一直期待的改革开放的成果吗？在我看来，中国电影批评确实需要在解构失范的政治权力与对抗弥漫的资本操纵的过程中，走向一个真正多元、宽容而又富含建设性的路途，现在的电影批评正在路上。在这方面，我也是一个乐观主义者。

周黎明：诸位老师从历史角度做纵向比较，那我把当下的中国电影评论跟美国的做一个横向比较吧。美国的电影批评主要来自三个领域：第一个是主流媒体，主要是平面媒体，论影响力是最大的，养了三四百人一个专业影评人团队，近年来受到网络冲击也最大，人数和影响力都大不如前。第二个是学院派，发表平台是学术刊物，对观众的影响微乎其微。第三个是网络，过去十几年对主流媒体产生强烈的竞争和挤压，这从烂番茄网上各方影评人的比例便可看出。中国的电影批评也可以分这三块，但我们这里互相渗透的情况比美国更常见。美国只有罗杰·伊伯特等极少数人能够（或愿意）同时跨越几个阵营，而中国的主流媒体评论，因为不需要专门养一批评论人，人才来自媒体内部、学界、网络等很多地方，反而门户的区分没那么明显。

但是，这三个平台（或称领域、阵营）所用的语言是不同的：学界有一套学术话语体系，而且有时跟官方体系相重叠；平面媒体需要深入浅出，用有限的篇幅争取获得较大的传播力；网络的竞争就更激烈了，面对语不惊人死不休的“标题党”，如何做到言之有物，而不是高喊口号，大家各出奇招。我发现，咱们有些评论者能熟练使用这几种不同的语言，穿越于几个平台之间，比如既拥有扎实的学理，又掌握活泼的表达方式，还有一点，就是对热门电影和电影现象及时表达自己的观点，而且敢于面对民粹汹涌的网络，提出跟多数人相反的意见，并用理性但并不学究的方式跟不同观点者进行辩论。

时代挑战与发展机遇

饶曙光：中国在这样一个转型升级的关键时刻特别需要电影批评，批评应该有建设性的态度，有力度、有温度地发出主流的声音。当下的电影批评应该怎么做？我认为，电影批评不应该有任何的禁区、禁忌。也就是说，批评只要坚持专业的立场、客观的态度、建设性的思路、具有辩证的方法，任何问题都可以讨论，任何问题都可以拿到桌面上谈。

当前文艺界都在深入学习习总书记在文艺工作座谈会上的讲话。谈到文艺与市场，特别是电影与市场的关系，确实非常复杂。可以说，电影与市场的关系是最紧密的，也是最富有变化的。我们一定要有辩证的思维、辩证的态度、辩证的方法，不能简单地拿一个作品作为个案来对整个的电影现象下结论。

我个人最近一直在思考一个问题，实际上也是中国电影的一篇大文章：《构建电影理论批评的中国学派》。我一直在梳理中国电影批评的发展历程，包括30年代和80年代。我在写作的过程中与罗艺军先生交换了许多意见。大家知道，罗艺军先生一直致力于电影民族化的研究，有很多深入的思考并且写成文章发表了。但客观地说，20世纪80年代的时机和条件并不成熟。因为当时电影实践是相对比较单向的，电影实践提供给电影理论的支持并不够。不管现在电影还存在什么问题，比如市场结构的问题、观众结构的问题、创作队伍创意能力不足的问题等等，但是我认为当下的中国电影现象是最复杂、最生动也是最具有活力的。这种最复杂、最生动也最有活力的电影实践，为电影理论批评的发展、为构建电影理论批评的中国学派提供了、奠定了一个很好的实践基础。

毫无疑问，构建电影理论批评的中国学派要借鉴西方的电影理论，包括核心概念、话语体系。但是，我们应该努力避免言必称西方乃至食洋不化的倾向，而是要更注重研究当下的电影作品、电影现象、电影市场。换句话说，我们要从当下的电影实践当中，来构建新的话语体系，使得我们的理论批评能够对当下的中国电影的发展起到理论支持的作用。

我曾经跟电影局张宏森局长反复交流、讨论电影理论批评问题。张宏森局长始终跟我提一个问题：你们是不是还能做出一篇像李陀、张暖忻那种《谈电影语言的现代化》那样的文章。我说这种文章我们一直在做，但在新的历史条件下可能不是一篇文章体现出来，而是有赖于电影理论批评工作者从方方面面的共同努力。

事实上，我们对自身的电影传统、自身的电影理论批评缺乏必要的关注和研究，始终没有建立起适合中国国情、适合中国电影实践的电影理论话语体系。巴赞也好，

麦茨也好，德勒兹也好，他们的电影理论都是他们面对他们那个特定年代的电影实践所做出的电影思考、电影思辨并且最终上升为一个比较完整的理论形态。而中国电影、中国电影产业化走过了一条具有中国特色的道路，西方的电影理论话语未必能做出准确、科学的解释和阐释。换句话说，中国电影理论批评工作者应该根据中国的电影实践对中国电影、中国电影产业化发展道路及其历程做出解释和阐释。

当前，全球电影进入了一个互联网电影新时代，大数据对电影产生的影响日益巨大，但互联网、大数据究竟会对电影产生什么样的影响，过去任何时代的电影理论不能提供答案。重要的是，对电影、电影产业的认识一定要与时俱进。因为任何过去的经典电影理论批评，都难以有效解释当下中国电影的现象。面对当下最丰富、最复杂也最伟大、最具活力的电影现象，最重要的是我们要从当前中国电影的丰富实践中打造融通中外的新概念，形成有中国特色的电影话语体系，建构电影理论的中国学派。事实上，当下中国电影与其他国家处于同一起跑线，具有一定的后发优势，提供了当今世界上最丰富、最复杂也最伟大的电影实践；而依据对最丰富、最复杂也最伟大的电影实践的理论思考、理论思辨，理应产生电影理论的中国学派，产生电影学的大师级人物。

所以我们要调整自身的观念，适应当下中国电影的发展现状。我们不能抱有一个固有的电影观念和电影标准来批评和理解当下的电影现象，我们自己也需要适应知识结构的调整，更加密切地关注与思考当下最鲜活、最具有活力的电影现象。只有这样，我们才能在转型发展的关键时刻大有作为，为今后构建电影理论批评的中国学派贡献力量。借用套话讲，我们现在是最接近中华民族伟大复兴的时期，现在的时机比过去任何一个时期都接近，从电影理论批评建构方面而言也是这样。总之，我们要从战略高度认识中国电影、讲好中国故事、塑造好中国形象、传播好中国声音，以更包容开放的态度面对当下最丰富、最复杂也最伟大的电影实践，更新我们的电影观念，开拓我们的电影视野，建构电影理论批评的话语体系，形成电影理论批评的中国学派，有效抓住中国电影、中国电影产业发展的“黄金机遇期”。

尹鸿：我认为当下的电影批评可以分为三类。一类是在学院体系内的批评。学院内批评是基于学术思想增长、来源于学术积累的批评形态。这种批评本来就不是以它能够对行业产生多大影响为前提的。这种批评一直存在，包括现在。从学术队伍来讲，实际上今天高校的批评队伍只会比过去更多而不会少。中国高校影视学会年会 2014 年度在南京召开，经过筛选，都有超过四百人参会，这还是推掉了很多参加者，这个规模前所未有。参与电影研究和电影评论的人，总体来说，越来越多。

第二类批评是一种在电影生产、流通体系内的批评，这一类的批评目前也相当活跃，只不过这类批评的主体发生了改变。学院内的一批人未必能够成为这类批评的主体。现在这个批评领域的人数也众多，既有自由撰稿者，又有媒体评论者，还有网络写手，当然还包括部分研究者，但是研究者在这个群体中的影响力相对比较低。

严格说还有第三种批评，就是官方话语的批评。除了学者批评和偏产业内部的批评，还存在官方话语批评。官方话语批评的情况比较复杂，有的是学者出身，是以学者的角度出发来表达官方立场和观念。还有很多从官员或者领导人角度出发的官方话语，就更多地偏向政治话语。学者化与政治化的官方话语之间存在一定的差别。官方政治话语的批评对电影产业电影市场的影响似乎不直接，但是对电影政策、电影舆论环境的影响很重要。

这三类不同体系的批评，参与者比较复杂，但是都共同面临着三个方面的挑战。

第一是新知识的获取。参与批评的人虽然很多，但是未必能够提供新的知识、新的知识角度、新的知识启发。目前批评炒冷饭、说感觉、讲常识的东西太多，缺乏真正的专业知识，在全民批评家化的大背景下，批评的权威性受到挑战。

第二是新思想的提供。我们的电影批评者，包括一些著名的电影评论家只提供观点，但是没有提供具有现实穿透力、逻辑思辨性、理论延展力的思想。对于电影批评而言，提供观点其实是很容易的，下判断非常容易，但是你的观点一定要有思想作为支撑。现在与过去的80年代相比，要说退步，我觉得首先是学院派的退步。学院派的批评者不再能提供新思想来支撑新观点，只是轻易地下结论，比如“全面堕落”、“全面坍塌”类似这样的观点背后没有思想体系来支撑，在学院体系内的思想积累还不够有充分的思想说服力。

第三是面对权力的挑战。领导人说艺术不能成为市场的奴隶，其实也不能成为权力的奴隶，包括长官意志、个人偏好。要尊重艺术的多样性，要通过商业市场和思想市场的竞争来繁荣电影批评。

现在对批评最大的伤害就是这两个“奴隶”：市场的奴隶和权力的奴隶。所谓市场的奴隶，不仅仅是说在价值观上偏向市场，而是说一部分批评者从一开始就知道他所说的话是违背自己的价值观，是红包换来的批评。我们不能让批评“公关化”，要以真实的价值观为基础，虽然不能说任何一个人的价值观就一定是绝对正确，但作为批评者至少不能说假话，说违心的话，说与基本常识判断背道而驰的话，否则批评将无以立足。人而无信不知其可的结果，就很难避免。

长官意志和市场利益驱动都对电影批评造成挑战。要改变这一现象，就要增加批评者的主体性。所谓增加主体性，不当奴隶当主人，就要解决几点最核心的问题。

第一是专业性。现在全社会都是评论家，有一些影迷的评论知识和专业水平一点不比我们这些搞电影专业的差。我接触过一些影迷，包括我自己的学生，二百多人的课堂上，总有十几二十个学生，看的影片比我还多。他们自发做的克里斯托弗·诺兰的研究，包括诺兰的作品、前世今生、幕后事迹往往比我知道的还多。在知识上，可

能我们跟观众影迷相比未必能够体现专业的优势。所以我们的专业性在哪里，能不能让我们跟普通的电影观众不一样，我们能不能体现出与普通影迷不一样的专业水准，应该是批评者自我反省的开始。

第二是学理性，我们需要一种学理态度。作为一个学者，与普通人不同，我们需要在纵横交错的认知框架当中去认识现象。但是现在我们的学者也有网民化倾向，把自己变成普通网民，扔观点，甚至是未经充分论证的语不惊人死不休的观点，以期一石激起千层浪。批评者不能简单地网民化，而是要靠学理的知识、观念和方法论来支撑。

第三是前瞻性。这是80年代电影批评留给我们的宝贵财富，80年代电影批评在这一点上做得很好。包括我们在产业化改革初期，前瞻性批评和研究也是走在产业发展前头的。但是最近这些年我们总是跟在行业后面研究产业问题，就显得不是很具有前瞻性。十年前从产业角度批评电影我们是前沿，但是今天再去研究产业问题，往往会走在公司和市场后面，所以我们需要寻找新的前瞻性的突破点。

第四是话语权。我们要鼓励更多的批评者在新的媒介环境之下去适应新媒体、互联网媒体。这个问题不改变，话语权就永远争不下来。从我自己的经验来看，新媒体的批评往往会与传统媒体之间形成良性互动，对创作、产业和消费产生影响。今年，我多次因为在社会化媒体上发表对电影的评论，引起了创作者和企业家的积极反馈，后来在《人民日报》《北京青年报》等传统媒体刊发了一些重点批评文章，包括与创作者的对话，都引起了比较大的社会反应。积极利用新媒体平台，是发挥批评作用的重要途径。

杨远婴：我认为批评就应该是百无禁忌、百家争鸣。评论就是随便说，是个轻灵的传话筒，也是个海纳百川的大平台，观众的意见、专家的想法、相关领导的官方声音，不同的立场、不同的感受、不同的要求，都要汇聚在这里。而正是通过不同评说者的多样表述，我们才可能完整捕捉一部影片所造成的文化影响。

从国内外的影评历史看，批评方法取决于媒体立场，也取决于个人文化气质。

“二战”以后，法国影评话语主要掌握在几家电影杂志的手中，这些杂志的发行量不大，但个个都是理论生产机器，很多文章在西方影评界都极具影响。而美国影评人的阵地主要在大众媒体，如《时代》《纽约时报》《纽约客》，影评就是影评，更多地和电影工业相关。因为东海岸是美国的文化重镇，所以纽约影评人协会的影响力大，精英气足。而在电影中心西海岸的洛杉矶影评人协会，则毫不掩饰以奥斯卡奖为代表的加州品位。

把评论理论化的巴赞对影评写作有这么几点要求：（1）写作平台必须是专业期刊，而不是以明星八卦为主的通俗刊物；（2）评论要帮助创作者了解自己作品的缺陷；（3）既要推广优秀影片，也要抵制低廉制作；（4）不追赶时髦，避免一窝蜂，否则会造成评论水平低下。因为是为期刊写作，所以这样的影评时效性很差。但巴赞认为这反而可以不为权力服务，不为片方效力，逃离商业运作。

而美国的宝林·凯尔则追求通俗晓白，声称不为读杂志的知识分子服务，只为看电影的观众写作。60年代以来影响最为长久的宝林·凯尔是一位充满争议的反智主义影评人，她文风泼辣，笔调尖刻，个性鲜明，不受任何派别和理论教条的束缚，影评崇尚感性，她的电影评论集的书名就显示出这个特点：《在电影中失去童贞》《亲一亲；撞一撞》《在电影院里的5001个夜晚》《吹灯作伴》《上瘾》等等。还有被总统奥巴马称为美国电影代名词的罗杰·伊伯特也以“快餐影评”著称。伊伯特的历史贡献被归纳为，为新好莱坞保驾护航，为新人击掌叫好。他在长达二十几年的时间内为芝加哥地方电视台出镜点评电影，好电影“拇指向上”，坏电影“拇指向下”，风格即兴幽默，“罗杰的大拇指”成为其声名远扬的代表性标签。罗杰·伊伯特是第一位获得普利策评论奖的电影人，是全美最具影响力的影评人。

或许，巴赞可以称为学院派批评，宝琳·凯尔、罗杰·伊伯特可以代表媒体批评。

在中国当下，新媒体的急速扩张也大大改变了原有的批评格局，网络批评崛起，学院话语式微，而且“短频快”的网络批评对电影推介也更加有效。相对于学术研究，批评就是急先锋，是轻骑兵，从中可以看到即刻的情绪表达，未经过滤的社会趣味，搂不住的情感爆点。新媒体是空间的延伸，也是时间的缩减，它确实挑战了期刊和报纸，推动了电影批评的多样发展。

李道新：我赞同杨远婴老师说到的，批评的特性应该是百无禁忌。我理解的“百无禁忌”，其实就是百家争鸣、百花齐放，这是中国电影及其批评工作者一百多年来的追求，也是我们的文艺政策一以贯之的鼓励和张扬。为了追求这一目标，中国电影及其批评工作者曾经付出了巨大的代价。

在电影本身与人类社会都面临巨大转型的这一令人难以把握的历史时期，对话与宽容变得更为重要。在当下，电影是什么？批评何为？这种原初的、但也是根本的问题，尤其迫切需要从理论上予以深广的分析和讨论。只有在这样的基础上，才能真正面对当下的电影批评状况，对各种电影批评现象进行简单的情感认同和单一的价值判断，都是不符合批评精神的。

因此，针对当下的批评环境来说，不同的批评主体能够各司其职就已经非常正态了。从这个角度看，政界、业界与学界用自己的方式去组织批评、引领批评并以此争夺各自的话语权，原本无可厚非，但也需要注意有可能带来的负面效果。其实，文化实践与话语生产均有自身的特点，组织式、引领式的方法需要做到潜移默化、润物无声才行，否则比“不作为”还要糟糕。“文革”已经证明了这一点。

周黎明：跟过去相比，现在的电影批评应该算是比较自由的，多数影片都可以发

表任何观点的评论。据我观察，近年来几次现象级的影评事件，其评论数量之多、观点之杂，使得影片被更广泛的人群所关注。《色·戒》《让子弹飞》《少年派的奇幻漂流》均产生了诠释和解读的狂潮，不仅网络评论以数万、几十万计，平面媒体都会连发多篇评论。即便像《星际穿越》《分手大师》《小时代》系列，影评的观点相对统一，但因为观点的鲜明和对立，引发出爆炸性的纷争。这样的事件对于电影批评的地位是有提升的，让大家认识到不仅观影是有价值的，观影后的评论同样有价值。其实，现在有些人碰到烂片，觉得吐槽的乐趣远大于观影本身。

对于电影批评的最大挑战和威胁，我认为是独尊某个人或某一派，以前这个人可能来自官方体系或少数专家，现在可能是上千万的网民或粉丝。网民有一种强烈的民粹意识，简言之就是票房便是硬道理，是最客观的影评，卖得好的电影就是好电影。从本质上讲，这跟一言堂是差不多的，都是建立在“只允许一种观点”的基础之上。与此相关，我觉得中国影评的最大机遇在于对商业片和类型片的关注，学界不能把自己关在象牙塔里，不能仅仅研究经典和分析文艺片，必须用大众语言或主流媒体的语言，介入中国电影类型片的崛起，敢于推荐优秀的商业片，也敢于批评劣质但大卖的商业片。电影批评不应该跟风，但也不应该对大众作品嗤之以鼻。罗杰·伊伯特和宝琳·凯尔影评集的翻译和引进，对于我们打破影评门派的藩篱是有益处的。

去中心化与多元建构

饶曙光：现在大家对批评还有很多误区。比如，电影市场电影创作的同质化问题，很多人都归咎于批评不作为，很多会议上都把批判的目标对准了电影批评，指责近年的电影批评无所作为。这个问题我们需要澄清，因为批评的疆域和影响力是有限制的。批评可以提出问题，但是并不能完全解决问题。毕竟，批评的武器不能代替武器的批判。这就需要顶层设计。

比如差异化市场体系建设的问题，我们现在已经在做这方面的工作。现在主流商业院线无疑是同质化的，无论是运营模式还是营销手段等方面。从市场层面而言，中国电影当务之急需要有差异化、特色化的院线出现。无论是法国还是美国，市场体系都是差异化、多样化的，这样就可以为差异化的电影创作、电影作品提供合适的空间，得到良性的发展。我原来在中国电影资料馆的时候，也在尝试推动电影市场体系差异化。众所周知，由于各种原因，我们现在的市场闲置、空置率也很高，比如影院的上午时间。那么，我们是不是可以用来做一些公益性的放映、低票价的放映，对闲置设备、资源进行有效地利用？我个人觉得完全是可能的。这就需要顶层设计，需要顶层设计下政府推动、市场运作、社会参与。

我们要有效改变中国电影的生态，有效推动电影市场体系差异化、多样化建设，还要推动全面的国民影视教育。全面的国民影视教育，就是全面推进电影文化体系建设，提高全社会的观影素质，形成全社会良好的电影文化氛围。什么样的观众决定什么样的电影，我们现在大多数观众就是娱乐、放松、非理性。所以全面的国民影视教育应该是一个大电影教育的概念，电影学院只是精英性的电影教育，但是整个国民的影视素质教育更重要。最近，国家新闻出版广电总局与国家教委签订协议要在高等院校建设6000块银幕，是一个非常有远见的举措。但是够不够？我个人认为还不够，还应该进一步推动影视教育走进中小学，做到影视教育从娃娃抓起。这样的话，我们全民的影视素质就会得到有效的提升，而全民影视素质的有效提升会反过来推动电影品质、质量的有效提升。

总之，我们不能把电影创作、电影市场体系的问题，统统归结于电影批评的不作为，电影批评的失职。事实上，如果整个观众结构没有更合理的改变的话，电影创作品质、质量提升根本就不可能。中国电影生态需要进一步优化和更加的合理化，就必须要构建大电影教育的概念，就必须从娃娃抓起。所有这些问题，没有整体的顶层设计，没有政府的推动和支持，则是完全不可能的。

无论如何，电影批评应该着眼于中国电影发展的大局。中国电影理论批评的目的，还是要为了推动和帮助中国电影更好、更健康的发展，因为只有这样才会给电影理论批评提供更大的话语空间。我个人觉得，对中国电影批评的非理性、情绪化批评比较严重，铺天盖地的毫无节制、毫无理智乃至狂欢式的批评，不利于中国电影的大局和长远发展。尽管电影存在很多问题，很多方面都还不尽如人意，但是我们现在处在从大国走向强国的关键时刻，电影理论批评还是要尽量发出建设性的声音，为中国电影的健康发展提供更多的理论支持。我个人始终坚信，推动中国电影更加健康、更加良性、更加优化的发展，是所有电影人的共同愿望、共同目的。

真正的电影批评需要电影批评家独立的品格，也要发挥电影批评家的创造性。对于批评家来说，既要注重审美经验的积累，培养良好的艺术感觉能力，又要不断提高自己的理论素养。当多学科的综合研究已成为当代电影批评的发展趋势时，更要求批评家尽可能多地掌握毗邻学科的理论知识，以开拓批评的思维空间，从多种角度、用多种方法去阐释和剖析影片。当下，优秀的电影批评家需要多方面的素质和素养，他们应该熟悉电影本体、通晓电影理论及其发展趋势，并且对电影高科技的发展也有前瞻性的思考和把握。更重要的是，他们具有独立的人品与文品，不为权力、金钱所惑。可以说，电影批评家自身人格的独立、崇高和完善，是重建电影批评公信力和权威的重要保障。

最后我想强调的是，中国电影出现的问题不仅在于中国电影产业化处于初级阶段、整个中国电影行业对电影产业化的认识也处于初级阶段，更在于我们还没有建立起与电影产业化改革和发展实践相适应的电影观念体系。其中最重要的就是还没有建立起与中国特色电影产业化实践相适应的评估体系，没有形成动态的、科学的评价体系、科学评价机制，对电影产业现状、电影文化现状无法做出比较有说服力的判断。中国电影理论界和评论界有责任、有义务在认真学习习总书记在文艺工作座谈会上的讲话精神的基础上，建立电影批评、电影评价体系的历史的、人民的、艺术的、美学的标准，建立一个可靠的、综合性的、符合中国电影实践的标准，以推动中国电影产业进一步健康发展。电影理论批评应该而且必须为中国电影可持续发展营造一个良性的生态环境，为推进和完善电影文化体系建设发挥主导性的作用。

李道新：实际上，我们仍处在反复调整自我意识，不断寻找批评主体的过程之中。

这种批评主体的寻找，不仅意味着批评者滑动不居的立场和定位，而且表现在相应的权力机关对各自话语权力游移摆荡的评估和博弈方面。这种复杂的、多元的批评状况，被纳入全球化与互联网这一倾向于抹除特性表达的共同时空之中，导致由政府、市场和学界、媒体等多种平台所呈现出来的一种去中心化的芜杂性：出现了一个众多主体彼此交锋，或者说单一主体普遍迷失的状况。这也导致文化生产与电影批评的话语耗散。

或许还是需要寻找批评自身的主体性，并获得某种可以展开交流对话的共识；需要在主体性的引领下，在共识的基础上创造新的中国电影，建立新的中国电影批评。但这种需要被寻求的主体性与获得的共识到底在哪里，以及到底是什么，这是我在讨论电影批评时最大的困惑，也是我最想要关注和解决的问题。尽管不可能有标准的答案，但我相信，只要保有开放交流的姿态与宽容对话的氛围，电影批评就是值得期待的。

尹鸿：批评不在于谁对谁错，而在于能够引起不同的观点冲撞和争议。新媒体网状传播的一大特点就是扩散性的，它能够进行重复性传播。这和传统媒体不同，传统媒体的传播基本上是一次性行为，谁看到就看到了，没看到的话就看消失了。但是新媒体不一样，一个观点能够不断地在社交网络上转载和出现。新媒体对旧媒体也具有反作用，传统媒体可以通过新媒体进行推动。网络是扩散性传播，影响力可以达到无边无界。我们需要研究新媒体的规律，应当引导评论与新媒体相结合，这方面我们做得不够，这个阵地似乎有点拱手相让。

互联网的电影批评也许未必能够完全形成共识，互联网是网状的，其实是一个场。这个场它是有淘汰功能的。网中什么东西被放大，什么东西被淘汰，其实它的每一个节点都会起作用。而这些节点构成了一个信息选择的场。所以我倒是觉得今天寻求共识的难度越来越高，寻求绝对共识是过去大一统思路下的产物。当下的电影批评，应该保持批评相对的独立性。绝对的独立是不可能的。虽然红包批评问题不可避免，但批评的相对独立性当然还是可能争取的。舆论市场对批评者是有淘汰性的，所以要相信舆论市场自身的淘汰功能。个人如果经常做“红包评论”，而放弃评论的基本伦理下线，批评者的地位一定会下降。万物生长是有其自身淘汰制的，其实信息也是一样。随着复杂的演化过程，一定会淘汰。我们做自己的批评，做有价值有观点有学理的批评。也许别人未必赞同你，但是在信息的进程中，求同存异、真胜假汰还是会显示出一定的规律性。

杨远婴：对于电影批评，很长时间以来就是两种观点：悲观的认为影评人作为生计无以为继，职业影评人已经不存在了；乐观的认为互联网上那么多热闹的博客，影评人活跃得很。其实只要有电影面世，人们就有谈论的欲望，有论说就有影评。学者朱大可曾说：中国的电影批评在很长一段时间内没有光荣。因为电影批评总是政治的传声筒，在其中我们很少感到趣味和智慧，而更多的是意识形态激情，是“作为工具的电影”的工具，是严厉的政治棍子。几次重大的电影事件都演变为政治事件。他梳理的是历史，但对现实也有警示作用。虽然近三十年来中国的变化可谓日新月异，但旧的思维定式有存活惯性，一些人依然用老条框考量出格的事物，用不接纳抵制刺耳的声音。

人人都能写影评，但不见得每个人都会写出好影评。大卫·波德维尔认为：如果一个影评人能做到“描述剧情、再现情景、评价赏析”三者合一，那么就可以说他对电影有一定的敏感度。宝琳·凯尔认为影评人的工作是帮助人们在电影中看到更多的东西。大卫·波德维尔对罗杰·伊伯特的赞美是：惊人的能量、敏锐的判断、广博的知识、探索的眼光、睿智的幽默感。总之，一个好的影评人需要具备专业知识、写作能力、艺术品味等基本素养，他应该帮助观众认识影片的思想要点，了解电影的艺术形态，揭示影像与社会的内在关联，提升视听语言欣赏的能力。

作为一种融汇情感与智慧的审美活动，电影评论同时也是孕育创作人才或研究学者的温床，过去产生过伟大的理论家安德烈·巴赞和成就斐然的导演弗朗索瓦·特吕弗，现在与将来也正源源不断地推出新人。

周黎明：平台的急剧变化，对于影评表达的方式、方法都有立竿见影的影响。80年代中国电影批评的第二个黄金时代，碰巧我在读研究生，学习和尝试学院派写作。2001年我大批撰写影评，刚好是中国媒体转型之时，那时我算是新生力量，据说属于“异军突起”，从行文到发表平台都十分吻合当时的主流，现在则明显感到来自更新力量的挤压，时刻会“被拍死在沙滩上”。这些年，我尝试过电视或网络视频的影像评论，效果不佳。我的朋友中有人采用脱口秀或cosplay的形式，将评论跟娱乐融为一体，这远远超出了我的能力。对于坚守13年的《看电影》专栏，我最近正式提出停写，因为明显感到受众在大规模逃离传统媒体。140字的微博评论，其实也需要特殊的写作技巧，我刚觉得心应手，那个平台已经不时髦了，要被淘汰了。

电影批评的内核是不会变的，一是独立性，二是见解，但主流平台是哪个，谁的独立表达最能适合那个平台（一定是新媒体，但新媒体也可细分），估计现在仍是“战国”时期，硝烟战火尚未退去。有人把中国电影的弱智化倾向归结于电影批评的不作为，这高估了影评的功能。电影批评不可能扭转商业化大潮，而且商业化本身未必是坏事，但电影批评应该树立一个商业成绩之外的标杆，让观众及电影从业人员都意识到，卖座的电影不一定就是好电影，最好是做到既叫座又叫好。这一点，无论表达平台怎样多变，都是电影批评应该追求的。

（原文刊载于《当代电影》2015 年第 01 期）

建构电影理论批评的中国学派

饶曙光

摘要：作为沟通电影作品与观众、产业及其艺术之间桥梁和纽带的电影批评，自电影产生之日起就是电影创作和生产之间不可或缺的重要环节。中国电影批评史上也有过两个黄金时代，即上个世纪 30 年代前期和 70 年代至 80 年代末新时期两个时代。当下及今后一段时间，将是中国电影理论批评的又一个黄金年代，更是一个关键时期。当下中国最复杂、最生动、最具活力的电影实践足以支撑中国人的电影理论思考，足以支撑我们打造融通中外的新概念、新体系，足以支撑我们建构电影理论批评的中国学派。

关键词：电影批评　黄金时代　电影实践　中国学派

一、中国电影理论批评的历史轨迹与经验

众所周知，作为沟通电影作品与观众、产业及其艺术之间桥梁和纽带的电影批评，自电影产生之日起就是电影创作和生产之间不可或缺的重要环节。电影批评作为“反馈联系”机制不可或缺的关键环节，可以有效地把电影活动的所有领域有机联系在一起，是联系电影文化各个领域、各个方面的纽带。美国学者帕姆·库克就认为，电影“不仅仅通过生产、发行和放映系统而存在，同样通过为它提供文化语境而使其从中汲取营养的评论圈而存在”；评论圈已成为好莱坞电影的“重要亚工业”。[①] 包括中国电影在内的世界电影发展的历史告诉我们，每一次电影艺术创作高潮的出现，每一次电影工业最富活力的出现，都离不开电影批评富有创造力的推动和引导。如果没有法国著名电影批评家安德烈·巴赞，就不可能诞生像法国新浪潮那样影响深远的电影运动。而上个世纪 70 年代末、80 年代初，如果没有安德烈·巴赞批评理论的译介及其“误读”，

饶曙光，中国电影家协会秘书长，研究员。

① 理查德·麦特白：《好莱坞电影》，华夏出版社 2005 年版，第 455 页。

所谓“中国新电影运动”或许是另外一种形态及其呈现方式。

电影史学家认为，中国电影批评史上也有过两个黄金时代，即上个世纪30年代前期和70年代至80年代末新时期两个时代。70年代末至80年代中，既是中国电影创作的黄金时代，更是中国电影理论最活跃、成果最丰硕的时代。电影批评在一定程度上影响并支配了电影创作的走向，出现了电影评论与电影创作和谐共生、相互促进的局面。更重要的是，电影批评本身常常引发经久不息的争鸣和传阅，形成了巨大的气场和磁场，如张暖忻、李陀的《谈电影语言的现代化》就是当时标志性的文本。[①]《谈电影语言的现代化》倾诉了渴望电影不再环绕着政治轴心旋转，渴望电影回归本体的心声，要求“形成一种局面，一种风气，就是理直气壮地、大张旗鼓地大讲电影的艺术性，大讲电影的表现技巧，大讲电影美学，大讲电影语言”。[②]文章还从世界电影史上几次重大的电影语言变革，论证中国电影形态落后之症结在于“还都基本上遵循所谓戏剧式电影这一种程式”，强调“当代电影在叙述方式上完全可以冲破旧框框，去探索更接近现实、更自如地表现电影艺术家对生活的认识手段”。[③]《谈电影语言的现代化》大力甚至是不加分析和思考地推崇巴赞的长镜头、电影造型、电影心理表现的理论。毫无疑问，这篇文章适应了当时一群锐意革新的中青年电影导演的美学追求，所以被人称为“第四代导演的艺术宣言”。不管怎样，这是电影意识，尤其是电影本体意识觉醒的重要标志。

而许多第四代导演如郑洞天、谢飞、黄健中等既用摄影机来表达美学追求，也用笔参与理论讨论。短短的七、八年时间，中国电影理论批评界先后展开过电影与戏剧离婚、电影的文学性、电影语言现代化、电影观念、电影创新、电影民族化等一系列相互关联的学术性论争，形成了中国电影发展史上一个令人难忘、至今回想起来都令人激动不已的独特景观。特别是1984年，钟惦棐先生在西影率先提出“立足大西北，开拓新型‘西部片’”[④]的倡导，号召中国电影人，尤其是西部电影人自觉挖掘和展示大西北独特的人文景观和自然景观，在中国电影界引起了强烈反响，成了很多创作者的自觉追求甚至是一生的追求。所有这些电影理论批评的讨论、论争，有力地扫荡了“文革”虚假矫饰的遗毒，对中国电影完成了一次重大的电影本体的补课，改变中国电影重叙事而轻造型的偏颇，突破了单一的蒙太奇理论、戏剧化模式一统天下的垄断格局，促进电影多元化的发展趋向，最终促使中国电影在艺术上取得了长足的进步。罗艺军先生对此作了如下的评述：“八十年代的论争与电影创作上的创新浪潮紧密切合，相互促进，蔚为大观，可谓中国电影理论的黄金年代。”[⑤]进入到上个世纪90年代，中国电影理

① 张暖忻、李陀：《谈电影语言的现代化》，《电影艺术》1979年第3期。
② 张暖忻、李陀：《谈电影语言的现代化》，《电影艺术》1979年第3期。
③ 张暖忻、李陀：《谈电影语言的现代化》，《电影艺术》1979年第3期。
④ 钟惦棐：《面向大西北，开拓新型“西部片”》，《电影新时代》1984年第5期。
⑤ 罗艺军：《中国电影理论研究》，《文艺研究》1999年第3期。

论批评界关于“中国电影与当代社会”“中国当代娱乐片的创作与走向”“后现代主义与中国电影”等一系列问题的讨论，也都在不同层面、不同纬度拓展了电影批评的深度和广度，为电影批评实践提供了理论武器，为电影创作提供了引导和智慧。从长远的、战略性的意义上看，电影批评、电影理论研究之所以有价值和意义，最终必然还是要对实践产生作用。“实践固然是第一性的，但是忽视理论，就容易陷入盲目性。而盲目性的实践，不但会削弱作品的思想性，而且还容易产生相反的效果，以致事与愿违。”①

二、“西方化”与“本土化”

毫无疑问，上个世纪70年代末、80年代初中国电影几乎是全盘向西方电影学习，可以说是到了饥不择食、寒不择衣的地步，并且出现了翻译、推介的高潮。1978年的改革开放政策以及思想解放运动使得中国电影呈现百花初放、百家始鸣的活跃乃至躁动的局面。西方现代人文思潮，西方电影和电影理论的批量化涌进，为中国电影的思想解放运动提供了源源不断的思想资料和精神动力。中国电影家协会主办的复刊改版后的《世界电影》等刊物大量翻译、推介西方电影理论及其电影批评家；一些长期从事介绍电影理论的翻译家也纷纷借助于比较系统地掌握外国电影、外国电影理论的资源优势而著书立说，如邵牧君的《西方电影史概论》《银海游》，郑雪来的《电影学论稿》，罗慧生的《世界电影美学思潮论纲》《现代电影美学论集》等。除此之外，尼克·布朗等一批美国电影学教授多次来华讲学，传播西方现代电影理论，包括笔者在内的众多年轻的电影理论批评工作者都是如饥似渴，生怕漏掉每一句话乃至每一个字。“在改革开放、思想启蒙的历史背景下，从20世纪70年代末期开始到20世纪80年代末期，中国电影界掀起了一股观念更新热潮。对法国学者安德烈·巴赞摄影影像本体论的热衷，对各种西方现代电影理论的争鸣，都构成中国电影理论发展历程中激动人心的部分。”②

但其实，“早在20世纪50年代，在主编《电影艺术译丛》与兼任中国电影出版社总编时期，程季华便已组织郑雪来、邵牧君、徐谷明、徐昭、李溪桥、俞虹、李小蒸、何振淦、罗慧生、戴光晰、富澜、陈笃忱、周传基等一批优秀的电影翻译家和电影理论家大量译介各国电影史论，努力推动中外电影学术交流”。③ 程季华先生自己总结说：“在我兼任中国电影出版社总编时期，这近30位同志，除了参与《译丛》编译工作，为《译丛》供稿之外，还为电影出版社翻译了一些电影艺术理论著作，为中国电影的

① 钟惦棐：《钟惦棐文集（下）》，华夏出版社1994年版，第192页。
② 李道新：《电影学术：无人喝彩的尴尬与渴望超越的焦虑》，《中华读书报》，2004年8月11日版。
③ 李道新：《程季华的中国电影史研究与中外电影学术交流》，《当代电影》。

理论建设提供了学习和借鉴的资料，为中外电影文化交流做出了贡献。”①

上个世纪70年代末、80年代初中国电影理论批评的活跃和繁荣与西方电影理论的大量翻译、引进、推介是分不开的。众多学者也都注意到了这一点。新时期以来，中国的电影研究和理论经历了巨大演变和的发展。其中，西方电影理论的引进对中国的电影研究和理论，甚至电影创作都产生了深远的影响，成为中国电影研究和理论中发展和演变的一个重要的催化剂。②郑雪来先生明确指出："从70年代末延续到80年代下半期的关于'电影戏剧化''电影文学性'及'电影观念'等问题的论争，既是长期以来我国电影'痼疾'所引发的必然反应，又是外国电影理论研究促进我国电影发展的一个明显标志。"③

80年代中期以后，一度在中国电影理论批评界如同圣经一般的巴赞热逐渐降温。西方现代电影理论诸如结构主义符号学、精神分析学、叙事学、意识形态理论、女权主义批评、阐释学、接受美学、第三世界理论、后现代主义、后殖民主义、文化批评等先后闪亮登场，令人目不暇接。事实上，进入90年代以后，作为整个国家社会经济体制改革，尤其是文化体制改革的组成部分，中国电影从生产、发行到放映都逐步但却是不可逆转的市场化进程。同时，伴随着市场化、产业化的历史性进程，中国电影面临着好莱坞电影，尤其是商业大片的冲击和挑战，面临着国内文化市场以及大众休闲生活多样化的影响，社会文化语境也呈现出了复杂、多元、众声喧哗的状态。中国社会的大众生活及其审美表现方式、文艺的价值取向等，都迅速地发生了前所未有的转换、转向、转型。但是，中国电影理论批评没有追踪电影实践的发展并且对新的电影现象作出及时的反应，却出现了学术化、学科化的转换、转向、转型，与中国电影实践不是相向而行而是渐行渐远。

随着大学电影教育和研究的推进，电影理论批评开始与相关的其他人文学科相"嫁接"，相继涌现出各种各样的批评学派如符号语言分析、精神分析、女权批评、意识形态批评等。电影理论批评开始舍弃过去专注探讨形式美学的本体研究而聚焦对电影叙事本文以外的社会体制和文化语境研究，并且不可避免地开始向着学科化、学术化迈进。罗兰·巴特、劳拉·穆尔维、麦茨、齐泽克、德勒兹作为现代理论家和批评家主要供职于大学，而他们的电影学术研究、电影理论批评活动在很大程度上成为一种内循环的知识生产活动，成为由学术出版、学术研究以及大学课程构成的研究类大学运作机制的一部分，主要满足学术机制、机构的要求和诉求。中国大学的电影教育和研究也

① 程季华：《祝愿更上一层楼——〈世界电影〉创刊50周年答本刊记者问》，《世界电影》2002年第6期。

② 陈犀禾：《红色理论、蓝色理论及蓝色理论之后——新时期以来中国电影研究和理论的发展和演变》，《当代电影》2004年第5期。

③ 郑雪来：《外国电影理论研究与改革开放后的中国电影》，《文艺研究》1999年第3期。

经历了美国大学电影教育和研究同样的过程，并且由于电影机构的结构性调整和变化在很大程度上成为中国电影理论批评的主流。更重要的是，中国电影理论批评在非常短的时间迅速完成了西方几十年走过的历程，很多东西都没有真正“消化”和“吸收”，更不可能与中国电影实践发展的具体语境相结合。越来越强烈的“理论化”“学术化”“学科化”倾向使得中国电影理论批评呈现出一种“新名称”“新名词”“新概念”层出不穷却又语焉不详的现象。“遗憾的是，由于缺乏作者论和文本分析的有力支持，中国电影理论往往因丧失电影特性而流于无的放矢；尤其当一批文学、文化学者以西方宏大理论介入电影研究并获得相当程度的话语霸权之后，中国电影理论几乎泯灭了立足本土的问题意识。”①

事实上，中国电影理论批评不仅受到了西方电影理论批评的巨大影响，甚至于中国有没有真正意义上的电影理论也都存在着很大的分歧和争论。②但无论如何，无论是电影的“本土化”实践还是电影理论批评的“本土化”努力都是存在着的。早在上个世纪 30 年代，中国现代电影先驱费穆尽管受过系统的西方教育，但美学风格仍然深受中国古典美学思想乃至中国传统戏剧艺术的影响。在费穆先生看来：“中国电影的最初形态，便承袭了文明新戏的‘艺术’而出现。这与其说是中国电影中了文明戏的毒，毋宁说是受了文明戏的培植。”③

新中国成立以后，以夏衍、陈荒煤、钟惦棐、于敏等人在文艺理论尤其是电影理论批评建设方面也针对十七年中国电影实践有过众多精彩论述。他们对于电影创作尤其是电影文学的论述，不仅非常精辟、实用，并且也相互联系、相互对照，虽然在理论形态上似乎没有形成完整的体系。于敏的《本末——文学创作的共同性和电影文学的特殊性》（载《电影艺术》1962 年 3 期）探索了电影文学的本质，是关于电影剧本创作理论的一篇有着广泛影响的重要文章。他的《探索》《工业题材一解》《心声》《求真》《树人》等一大批理论文章精辟地阐述了电影创作的规律和反映论、实践论的艺术观点，提倡电影文学创作形式、风格的多样化，提倡运用革命现实主义的创作方法。特别是著名电影批评家钟惦棐先生，则毕其一生致力于中国电影理论、中国电影美学的本土化努力。尤其是进入新时期以后，钟惦棐先生领导了当时颇有影响的“电影美学小组”，提出了“要研究电影思维”“尊重艺术规律”“不能用政治规律取代艺术规律”等主张。

① 李道新：《电影学术：无人喝彩的尴尬与渴望超越的焦虑》，《中华读书报》，2004 年 8 月 11 日版。

② 参见陈犀禾：《红色理论、蓝色理论及蓝色理论之后——新时期以来中国电影研究和理论的发展和演变》，《当代电影》2004 年第 5 期。上个世纪 80 年代初，在西方电影理论和文化思潮的冲击下，当时的电影理论界普遍认为中国长期用政治取代艺术，对中国是否有真正意义上的电影理论表示了怀疑。在当时编辑《中国大百科全书·电影卷》的一次编委会上，主编张骏祥就倾向于认为，中国没有真正意义上的电影理论；而中国电影史学家程季华则不同意这一观点。

③ 费穆：《杂写》。参见《中国电影理论文选（上册）》，文化艺术出版社 1992 年版，第 214 页。

绝大多数人只看到了新时期中国大陆的新电影运动受到了西方电影理论批评尤其是巴赞的影响，但在笔者看来，钟惦棐电影美学思想的影响恐怕更深刻、更长远。事实上，随着时间的推移，我们越来越强烈、越来越深刻地在实践中感受到，在理论中认识到。

中国电影民族化问题及其讨论是中国电影一个更具持续性、影响力的论争主题。罗艺军从上个世纪80年代初到90年代，先后发表一批有关论文，并且汇编为《中国电影与中国文化》。罗艺军先生认为：中国文化是一种与西方文化异质的文化体系；电影这种诞生于现代西方文明的艺术形式的引进，经过中国文化的选择，民族审美理想的熏陶，民族思维方式的改造后，在艺术内容、艺术形态和理论走向上，呈现出诸多民族特色。近百年的中国电影史，在文化层面上是东西方文化剧烈撞击和融合的历史。中国电影艺术和中国电影理论需要追随时代发展不断向现代化演进，但这种演进不是消融而是保持和发展其民族个性。在罗艺军先生看来，中国电影理论的主要特色，大体可概括为三点：（1）中国传统学术思想重传承而弱于创新，中国传统思维方式重实践理性而短于抽象的逻辑思辨；中国电影理论往往与艺术实践保持紧密联系，却缺少标新立异、气势恢宏的体系性理论建构。（2）中国文化传统重形而上之“道”，轻形而下之“器”，以及与“器”相联系的技艺。中国电影理论很长时期内，侧重于电影社会功能探讨，疏于对电影本体的深入研究。（3）20世纪的中国社会从始至终均处于剧烈震荡之中，主要环绕着政治轴心旋转。反映在电影理论上，各个不同历史时期都打上当年的政治烙印。①

无论是中国电影还是中国电影理论批评，在各个不同历史时期都打上当年的政治烙印，一方面形成了中国电影理论批评强烈的政治色彩，另一方面也因为政治及其时局的变化产生了某种“断裂”。事实上，无论是实践层面的民族化努力，还是理论层面的“本土化”尝试，取得的实绩、实效都不能令人满意。

“中国电影理论走过了与西方世界不同，也与许多发展中国家不同的道路，几乎尝试了所有主要的电影发展方式，由此决定了电影理论发展路径和主要特点。由于被分割成不同时期，致使电影理论发展时有中断，在社会变更方向时，理论往往另起炉灶，重新布局，对前面已取得的学术成果或推翻，或漠视，或曲解，重建的效率比较低。”②

三、中国电影实践与中国电影学派

历史的接力棒、历史的重担无疑落在了我们这一代人身上。

---

① 罗艺军：《中国电影理论研究》，《文艺研究》1999年第3期。

② 胡克：《中国电影理论的历史、现状与未来》，《当代电影》2010年第6期。

中国电影与中国电影理论批评发展不可能离开世界电影、世界电影理论批评的整体脉络，但是中国毕竟有自己的发展脉络和理论特点。一方面，我们必须尽快梳理中国电影理论批评自身的脉络，努力发掘其思想资源和理论智慧；另一方面也是更重要的，是必须对新的电影实践进行理论思考、总结和阐释，在新的中国电影实践基础上建立起具有中国精神、中国内涵的电影话语体系及其评价标准。早在上个世纪30年代，著名电影批评家王尘无先生就指出："只有建立起中国电影观和电影批评的标准，我们才能更具体的、更有计划的推动促进中国电影。"①

在所有的艺术中，电影与市场的关系是最紧密、最复杂，可变性也是最强的。其实，电影与市场的关系在很大程度上可以看成是电影与观众的关系，而电影与观众的关系问题是电影美学最核心、最本质的问题。电影作为一种科技化艺术、工业化艺术、大众化艺术、故事化艺术，在最大限度上是为观众创作和生产的，同时也在最大层面上受观众的制约。事实上，有什么样的观众，就有什么样的电影市场，就有什么样的电影创作、电影作品。电影发展的历史早就明白无误地告诉我们，电影创作必然要适应、顺应大多数观众的欣赏习惯，而观众作为一个群体的欣赏需求、审美需求必然对电影创作产生影响乃至决定性的影响。电影的创作和生产都是为着一定的观众群体的，只能在观众群体能够接受、能够认同的层面展开叙事，必须要满足或迎合一定观众群体的期待视野，而观众群体的期待视野最终对电影创作和生产产生决定性的影响，只不过很多时候创作者并没有明确意识到而已。因此，与观众作为一个群体的欣赏需求、审美需求达成"最大公约数"无疑是电影创作和生产的努力目标，也是电影作为工业、电影作为产业实现可持续发展的关键环节。正如梭罗门所说："看起来电影观众总是想要某种新的东西，但是又不要太新，以至无法为当代文化的主流所吸收。由于影业的成本异常高昂，对公众喜好的估计又一再失误，这就使电影业往往趋于保守。"② 克拉考尔在题为《电影，人民深层倾向的反映》的文章也指出："一个国家的电影总比其他艺术表现手段更直接地反映那个国家的精神面貌"，原因有二："首先，影片从来不是个人产品，其次，影片是面向大众的，要让大众喜欢"。③ 对电影与观众、电影与市场关系问题认识得最清楚、阐述得最深刻的是著名电影理论家、批评家钟惦棐先生。1957年，钟惦棐先生发表了电影界乃至文化界家喻户晓的文章《电影的锣鼓》，开宗明义就提出："最主要是电影与观众的关系，丢掉这一个，便丢掉了一切"。④

众所周知，这篇文章遭遇到了批判而不是批评，钟惦棐先生也因此"获罪"。钟惦

① 王尘无：《中国电影之路》，《明星月报》1933年第1卷第1、2期。

② [美]斯坦利·梭罗门著、齐宇译：《电影的观念》，中国电影出版社1983年版，第259页。

③ [德]克拉考尔著、李恒基译：《电影，人民深层倾向的反映》，载李恒基、杨远婴主编《外国电影理论文选》，上海文艺出版社1995年版，第270页、第271页。

④ 载《文艺报》1956年12月15日（第23期）。

棐先生后来在一篇文章中透露了他的心声："记得20年前，当《电影的锣鼓》受到的是批评而不是批判的时候，我曾打定主意沉下心来，尝试着写一本电影美学，拟定了一个提纲，第一章便是探索有关电影观众问题。后来尽管这个尝试变成了别的尝试，但观众在电影中居于很权威的地位，这个思想我一直是记住的。无论电影创作、电影评论和电影制片，无视观众的意向，是注定行不通的。"① 可见，在钟惦棐先生对电影本质、电影本体、电影本性的思考中，电影与观众的关系具有极端重要性。他并不仅仅把观众视为观众本身，而是把观众问题作为电影美学中的重要问题乃至本质问题来思考和研究的。俞虹女士在纪念钟老逝世六周年的长文《四十年的探求》中回忆说：钟老为准备专著《电影美学》的写作，先后撰写了《电影美学撰写说明》和《电影美学提纲》。从这两篇"说明"与"提纲"中，可以看出钟老始终把电影观众列为电影美学中的重要问题的思想从1957年开始到1984年,是一以贯之的。"说明"中,明确点明"本书在体制上将把观众置于首位，着重阐明电影与观众在电影艺术中的特殊意义"。钟老在"提纲"中列出市场学一章，点明"电影的商品品格与观众"是这一章的重要内容。1985年，钟老写下了《电影学的思考方向》一文，这篇文章的第二节《电影学面临的新课题》，钟老首先提出的就是"电影观众学的问题"。钟老引用了盛行于上世纪60年代，当时刚刚被介绍到中国的西方的接受美学理论的主要观点，指出这一理论中，"的确看到了以往史学家所遗忘的重要方面，就像社会史不是大人物史一样，读者观众史、读者观众学确实有研究的必要"，要我们考虑"今天的电影观众，有什么样的电影欣赏观念？他们在美学的期待视野如何？与前人有何不同？他们的内部又有多少不同的情况？对不同的片种有什么反映？他们的意见有无渠道表达，对作者有什么影响？这些观念与当前的社会各方面状况的关系如何？"② 遗憾的是，钟惦棐先生于1987年初突然离世，并没有来得及把他对电影与观众关系思考进行系统化的理论表述。也由于钟惦棐先生的突然离世，以他为核心、为灵魂人物的电影美学小组也不了了之，无疾而终，也没有对电影与观众的关系这样一个电影美学的核心问题进行更加深入和细致的阐释。更令人遗憾的是，很多电影理论批评家，尤其是言必称西方的电影理论批评家根本没有认识到钟惦棐电影美学思想的价值，甚至完全就是视而不见、听而不闻，构建电影理论批评中国学派的努力也就没有得以延续和传承。事实上，无论是电影叙事规则、体系，还是电影理论话语体系，都是西方建构的，并且主要立足于西方的电影实践。中国人也一直立足于自己的本土实践、文化传统、美学传统，试图对电影的本性、本质作出理论阐释。上个世纪80年代是中国电影理论批评的一个黄金年代，电影民族化问题也一度成为理论热点、焦点。不过，在笔者看来，当时较为单向度的创作实践对理论思

① 载《钟惦棐文集（下卷）》，华夏出版社1995年版，第27页。

② 俞虹：《四十年的探求》，《文艺研究》1993年第3期。

考的支撑毕竟有限。而当下中国最复杂、最生动、最具活力的电影实践足以支撑中国人的电影理论思考，足以支撑我们打造融通中外的新概念、新体系，足以支撑我们建构电影理论批评的中国学派。笔者坚定不移地认为，当下及今后一段时间，将是中国电影理论批评的又一个黄金年代，更是一个关键时期。

首先，构建电影理论批评的中国学派固然要借鉴西方电影理论批评的思想和资源，但必须立足于中国电影实践。众所周知，当下中国电影发展，尤其是中国电影产业发展出现了很多问题，并且是我们过去所没有遇到过的。中国电影、中国电影产业化走过了一条具有中国特色的道路，西方的电影理论话语未必能作出准确、科学的解释和阐释。换句话说，中国电影理论批评工作者根据中国的电影实践对中国电影、中国电影产业化发展道路及其历程作出解释和阐释。由于中国电影理论评论界存在着严重的言必称西方乃至食洋不化的倾向，对自身的电影传统、自身的电影理论批评缺乏必要的关注和研究，始终没有建立起适合中国国情、适合中国电影实践的电影理论话语体系，也没有建立起与中国电影实践相适应的动态的、科学的评价体系、科学评价机制，对电影产业现状、电影文化现状无法做出比较有说服力的判断。“中国电影理论界和评论界有责任、有义务对不同类型的国产电影建立一个可靠的、综合性的、符合电影产业化实践的评价标准，以推动中国电影产业进一步健康发展。电影批评应该而且必须为中国电影可持续发展营造一个良性的生态环境，为推进和完善电影文化体系建设发挥主导性的作用。”① 巴赞也好，麦茨也好，德勒兹也好，他们的电影理论都是他们面对他们那个特定年代的电影实践所做出的电影思考、电影思辨，并且最终上升为一个比较完整的理论形态。中国电影、中国电影产业化走过了一条具有中国特色的道路，我们不能期望、依赖西方电影理论话语能作出准确、科学的解释和阐释。

其次，构建电影理论批评的中国学派必须从中国文化传统、中华美学传统中吸取营养和智慧。中华民族在几千年的文明历史发展中，不断锤炼自己的审美认识，并融汇、改造外来的艺术形式，逐渐确立了自己独特的审美方式、美感构成和审美价值取向，具有某种约定俗成的美学传统、美学特质。“中国美学对中国当代电影有深刻的影响。中国美学除‘古典’概念外，也理应包括近现代的美学思想。中国美学又总是与中国文化有着千丝万缕的联系，所以它既是一个历时性概念，又是一个共时性概念。中国电影也是中国文化的一个部分，它无法摆脱中国人特有的民族性、审美嗜好和有别于西方的中国韵味，如果一点不受中国美学影响，那么严格说来，它就不是一部真正意义上的中国电影。”② 总体而言，“中华美学精神是一个内涵深刻、内容丰富的理论命题，又是一个对现在的文化实践或者说文艺创作和文艺评论具有指导性的实践命题，亟须

① 饶曙光：《重建电影批评体系和权威》，《艺术评论》2014 年第 9 期。

② 金丹元：《论中国当代电影与中国美学之关系》，《上海社会科学院学术季刊》2000 年第 3 期。

围绕中华美学精神的内涵、特征、内容，中华美学精神产生、丰富和发展的历程，如何发挥中华美学精神对各艺术门类创作和批评的指导作用，以及中华美学精神和西方美学在美学范式、标准和要求等方面的不同点等开展深入研究。”①

第三，互联网、大数据正在深刻地改变电影业态、电影生态，中国电影可以借助于后发优势推进电影产业升级换代，推进电影理论批评话语体系升级换代。2015 年 10 月 15 日，习近平总书记在文艺工作者座谈会上讲话中谈到：互联网、大数据等高新技术的发展在深刻地改变着文艺的生态、文艺的承载方式。我们必须深入研究，适应变化，有效应对。

在所有艺术形式中，互联网、大数据等高新技术对电影的影响是最大的。“当互联网企业不再甘于充当播出平台，而是涉足电影的融资、创作生产、营销发行等环节，将会怎样改变我国电影产业的格局？电影业是被动颠覆，还是顺势升级？互联网思维能否将中国电影推上一个更高的台阶？”②随着互联网 + 电影以及 IP 开发、电影众筹等新概念的出现，也随着中国电影、中国电影市场高速发展所引发的世界电影经济版图、文化版图乃至国际电影新秩序的结构性调整和变化，有关电影的新情况、新现象、新事物层出不穷，令人眼花缭乱、目不暇接。很多东西都是我们过去没有遇见过的，迄今为止我们还只能不断地感受到，但还不能深刻的理解和把握。可以说，中国电影面临着很多新的历史性特点，呈现出很多新的阶段性矛盾，也面临着新的历史性发展机遇。遗憾的是，有些电影理论家并没有做好与时俱进的准备，也不去更新自己的知识结构，而是采取所谓以不变应万变的策略，往往拿“历史”标准去观察、理解乃至评价一切，与不断拓展、不断丰富、不断复杂的电影现象渐行渐远。电影批评不能停留在情绪性的发泄和批判，而应该树立建设性的思维，寻找解决问题的途径和思路。作为批评家自身，则应该改善自己的知识结构，寻找新的工具和方法论，并且通过对当下电影作品、电影现象、电影思潮的理论思考，提炼和打造融通中外的新概念，建构电影理论批评的中国学派。更重要的，批评家要有学术定力、学术判断力，不能见风使舵，更不能为了吸引眼球哗众取宠，否则就不能形成电影批评的公信力和权威性。

更重要的是，互联网的迅猛发展也在很大程度上改变了电影的生存规则、生存方式。实际上，互联网就是资源的重新整合和匹配。换句话说，因为互联网的存在，资源的整合和匹配不仅更加容易实现，而且还能有效实现资源的增值乃至最大化、最优化。同时，被称为“网生代”的 80、90 后观众已经成了当下中国电影市场的主流观众群体，对电影票房的贡献率也已经超过了 80%。互联网对中国电影的影响、改变，超过

---

① 夏潮:《彰显中华美学精神,促进文艺繁荣兴盛——“中华美学精神”专题研讨会专家观点摘登》,《光明日报》,2014 年 12 月 26 日版。

② 《互联网 + 电影: 好戏能否上演》,《人民日报》, 2014 年 4 月 21 日。

互联网对美国好莱坞电影的影响和改变。或许，中国电影可以借助于这种后发优势为自己赢得先机，而不必亦步亦趋克隆、复制好莱坞的发展道路、发展模式。来者犹可追，一切取决于我们知识结构的不断更新以及建立在知识结构不断更新基础上的应变能力、智慧以及想象力、创造力。

无论如何，中国电影安身立命的根基是当下丰富多彩的生活和悠久的文化传统，中国电影理论批评安身立命的根基是当下中国电影丰富的实践。当下中国电影与其他国家处于同一起跑线，具有一定的后发优势，提供了当今世界上最丰富、最复杂也最伟大的电影实践；面对当下最丰富、最复杂也最伟大、最具活力的电影现象，我们应该而且必须更开放、更包容、更具建设性的态度去面对并理论思考、理论思辨，更新我们的电影观念，开拓我们的电影视野。最重要的是我们要从当前中国电影的丰富实践中打造融通中外的新概念，形成有中国特色的电影话语体系，建构电影理论批评的中国学派，形成建立在当下中国电影实践基础上的科学话语体系、评价体系和评价标准。可以说，时代提供了一个最好的历史契机，理应产生电影理论批评的中国学派，产生电影理论批评的大师级人物。

在中国电影发展的关键时刻，广大电影工作者尤其是电影理论批评工作者要深入学习习近平总书记在文艺工作座谈会上的讲话精神，运用历史的、人民的、艺术的、美学的观点评判和鉴赏电影作品，建立起科学评价体系、手段和标准，推动中国电影更好地、更有力度、更有温度地弘扬和传播中国精神、中华文化美学精神，体现中国电影实力和力量，为世界电影发展做出不可替代的“中国贡献”。

（原文刊载于《电影新作》2015 年第 05 期）

中国电影批评场域的脉络流变研究

刘卉青

摘要：场域理论是由法国社会学家布尔迪厄提出的，他把整个社会世界解释为诸多场域的集合，如经济场、艺术场、法律场等。电影批评作为文化艺术场域中的特定小场域，其内部组成、批评主体、批评语境、话语特征等，都有自身特定的发展规律。场域内部各种资本的交流、合作、竞争，都深刻影响到了中国电影批评场域的总体走向。特别是网络时代以来，平民话语的崛起，使得中国电影批评场域内部产生了较大的转换与变迁。

关键词：电影批评 场域 资本 脉络流变

一、关于场域理论

场域理论是法国社会学家布尔迪厄提出的，他把整个社会世界解释为诸多场域的集合，诸如经济场、艺术场、法律场、宗教场等。场域可以被比作游戏，但又“不像游戏”，它是社会关系网络中每一个成员所置身的空间，是“深思熟虑的创造行为的产物”。① 正如华康德对布尔迪厄观点的解读，他认为每个场域都要遵循各自的价值观，通过资本或权力的方式来相应地调整场域内部每个成员之间的关系，并“根据他们在空间里所占据的位置进行争夺”②，可以说，每个场域都是相对独立的。也有中国文化学者将布尔迪厄所谓的“场域”译作中文的“场”或“圈子”。在布尔迪厄的理论系统中，我们所处的社会是一个关系网络，由一个个互相勾连、错综复杂的场域所构成，每个人在其所置身的场域中占据特定的位置，而这一位置则是由不同权力地位所决定。

刘卉青，北京师范大学珠海分校，讲师。

① ［法］皮埃尔·布尔迪厄、［美］华康德著，李猛、李康译：《实践与反思——反思社会学导引》，中央编译出版社 1998 年版，第 135 页。

② 同上，第 17 页。

由此我们可以看到，与场域相关的另一个重要词语就是资本。布尔迪厄明确地表示场域与资本是息息相关的，它是为各种资本提供“相互比较、交换和竞争的场所”[①]。置身于特定场域之中的个体或集体依靠自身所拥有的资本进行话语权和利益的争夺，并进行资本的再分配。在此基础上，布尔迪厄认为，资本可以区分为经济资本、文化资本、社会资本和象征性资本四个种类。

借由场域理论，我们可以把电影批评视为艺术文化场域中的一个特定的小场域，它是连结电影创作与电影接受之间的一个不可或缺的环节。在这一特定场域中，电影批评的主体由专家、学者、传媒机构、电影制作单位的人员等组成，他们是电影批评的活动主体，是文化资本的创造者和拥有者。但是不容忽视的是，网络时代崛起的平民话语（普通网民、草根阶层）也开始通过 BBS 论坛、博客、微博、微信等网络传媒发出自己的声音。在网络时代的批评场域中，形形色色的批评主体通过创造文化资本进行各种利益的争夺和分配，他们之间彼此交流、合作、竞争，根据自己拥有的资本数量和种类，在批评场域占据了不同的位置。可以说，网络时代电影批评的场域发生了较大的转换与变迁。

二、电影批评场域自主性脉络流变

作为推动电影创作和产业化发展的重要力量，电影批评始终与电影创作如影随形。电影批评是电影创作和电影观众之间的桥梁和指引者，一方面反哺创作，一方面又同时引导着观众的文化和趣味选择。“中国电影从诞生之初到新世纪的发展历史，始终伴随着一些最基本的东西。其一是作为理想空间的全球性背景，其二是作为现实空间的时代政治经济力量，其三是作为真实空间的社会文化精神及其多元性的个性呈现。”[②]可以说，中国电影批评场域的形成即是在上述空间的交互作用下生成的。

纵观中国电影批评场域的变迁，可以说，自中国电影诞生初期至网络时代以来，自主性始终或隐或显地呈现于中国电影批评场域的建构之中。在布尔迪厄的场域理论阐释中就指出，任何场域都具有相对的自主性。对于中国电影批评场域来说，要实现良性发展，与创作、与观众形成良性互动，自主性的建构是必不可少的。在 20 世纪二三十年代，中国电影业刚刚起步，以上海为中心形成了电影创作、批评中心，一大批精英知识分子、爱国人士、实业家都聚集在这里，成立了“民新”、“联华”、“明星”和“天一”等有名的电影公司。与其他艺术不同，电影作为近代科学技术发展的产物，

① 高宣扬：《布尔迪厄的社会理论》，同济大学出版社 2004 年版，第 148 页。
② 丁亚平：《影像时代：中国电影简史》，中国广播电视出版社 2008 年版，第 2 页。

与时代背景及经济、工业发展密切相关。无论是“民新”还是“联华”等公司，其技术及资金注入都有明显的域外背景，并呈现出一种“南北合流、政经杂糅”的特色。加之当时上海的半殖民地半封建色彩，晚清至民国时期的政府热衷于权力争夺，在电影业的控制和管辖上存在空隙，权威话语尚未居于主导地位，因此，电影创作尚处于一种较为混沌、自由的状态，由于封建文化和帝国主义文化的不同影响，电影也产生了不同的创作分野，既有郑正秋等严肃的影戏创作，也有“欧化”风格的市民电影。

与电影创作并行的电影批评场域此时也处于一种原始的、淳朴的，相对具有独立自主性的状态。这种独立自主性使得电影创作和批评能够按照自身的特色和逻辑运行。按照布尔迪厄的观点，场域是从某种社会关系的角度进行思考的，其对于进入到场域内部的外来力量具有同化作用。当场域的自主性越强，外来力量就越难以对其进行干预；反之，外部力量则容易左右场域的运行规则。当然，每个场域在形成的过程中都不可避免地要受到社会发展的制约，场域的纯粹性和独立性需要场域内部力量的不断壮大，对制约其发展的社会文化因素进行不断的斗争。1897 年 9 月 5 日的《观美国影戏记》是最早的对电影进行评论的文章，当然，这篇文章更多地是侧重于观后感，还不能称之为真正意义上的电影评论。随后 20 世纪 20 年代初,《影戏丛报》和《影戏杂志》成为中国电影批评具有代表性意义的刊物，也可视为中国最早的电影刊物，其所发表的评论文章，则成为中国电影批评诞生的历史性标志。此时，各种权力场尚未对其进行实质性的掌控，电影批评主要以文学界、电影界批评家为主体进行话语生产，更多体现的是精英意识及其审美价值，如郑正秋等人的电影评论始终以教化民众为己任，并兼有对电影创作理论的探讨，具有知识分子的责任感与非功利色彩。其中有批评者对电影表演总体印象的评价，正如当时一篇评论所言：“影戏在今日，可以算得兴盛的时期，像上海是地位关系，所以很足以与京戏并肩；像北京，天津，汉口，也很发达。虽然他们的片子太不讲究，但是营业还是不差。这个是什么原因？照吾看来，就是因为影戏的扮演人，一举一动，都是和我们一样的，容易使得了解，不像我们中国的京剧，日本的和装旧派剧，都很须费了看客的思索，方才可以明白。”①

1923 年以后，电影的影响面变得显著，且受启蒙运动的影响，二三十年代郑正秋等人的创作观念以“教化社会”为主导（其早年即以“药风”为笔名从事戏剧评论），进行影片创作，如在《孤儿救祖记》中就得到了很好的体现。影评家顾肯夫在评论此部电影时指出：“凡为情节影戏者，必不少戏剧之性质。戏剧性质维何，即足以感人之情绪，是故批评影戏者，只须以能否感动为标准，即可知此剧之良窳。”② 同时也有对中国电影创作观念的指引，电影企业家周剑云在明星影片股份有限公司发行的《明星特刊》

① 君健:《影戏院应当注意的两件事》,《影戏杂志》第 1 卷第 2 号, 1922 年 1 月。

② 肯夫:《观〈孤儿救祖记〉后之讨论》,《申报》, 1923 年 12 月 19 日。

创刊号（1925）上，郑重提出了中国影戏发展需要注意的问题，指出“影戏为综合的艺术”[①]，在拍摄准备上，就应该注重美学、文学、心理学等基本文化素养的提升，并且要对制作流程进行详细的安排，并不是随意拍摄，这一观点表达了其“写真”的影戏观。同时，在这篇文章中，周剑云将电影提升到了综合艺术的高度，认真探讨了影戏观念，并提出了电影与观众的关系，这也是当时相当一部分从业者和评论者所秉持的真诚的、纯粹的电影批评观念。可以看出，最初电影的批评没有明确的组织和批评的原则，基本上以那些与文明戏有较深关系的、“五四”之前的旧知识分子为主导，他们虽呼吁“电影救国”，有时与政治联系，但又对电影艺术专心致志，充满了献身的热情。而田汉、洪深等新知识分子的影响此时还较小，电影批评场域在此时基本呈现一种自发性、自主性的状态。

30年代左翼电影运动时期，由于特殊的政治文化背景，电影批评更多的是作为鼓舞抗战的大旗，激励民众进行爱国主义运动，故在这一时期，电影批评场域的自主性状态遭到破坏，更多的是依附于政治场。而在“十七年”和“文革”时期，这种态势越发明显。

新时期以来，随着思想解放运动所带来的改革开放，政治解除了对艺术的直接干预，意识形态层面的话语权在电影创作及批评场域上的干预和渗透发生了变化。影视创作者及批评家认识到，以往我们总是把电影作为简单化的政治宣传工具，过分强调了电影的教化功能，而对电影的审美、娱乐功能过于忽略，因此，对于电影本体的关注、电影语言的创新、导演个人风格的确立、电影的商业特性以及广大观众的爱好与趣味的研究成为主流，特别是80年代以来西方文艺思潮的大量涌入，令电影批评场域焕发了新的生机，相对独立的批评话语场域被构建了起来。

与此同时，电影创作领域也迎来了方法论和观念的变化，论“电影语言的现代化”、谈电影如何“丢掉戏剧的拐杖”、“电影与戏剧离婚”、“重建中国西部片”等电影理论与批评的研究给电影批评场域带来了新的活力。作为批评主体的专家学者，在思想解放的社会环境中，大量译介及引进西方电影理论与评论的著作，令电影批评理论有了长足的进步，涌现了一批从电影观念到方法论上都令人耳目一新的批评文章，如邵牧君的《中国电影创新之路》、郑雪来的《现代电影观念探讨》、谢飞的《电影观念我见——在“电影导演艺术学术讨论会”上的发言》等。他们对电影本体论进行了严肃的思考，各抒已见，投入到了激烈的论争当中，形成了百花齐放，百家争鸣的繁荣局面。同时，关于电影“娱乐化”的争论也掀起了又一波电影批评热，涌现了《皈依与禁忌：娱乐片的双重抉择》《在娱乐中获得审美享受》《论电影的感性娱乐功能》等批评文章。这些

① 欧孟宏：《简论第一次商业电影浪潮中的古装片运动》，《云梦学刊》2008年第6期。

论争不仅直接促进了中国电影理论和电影创作的繁荣，电影创作、电影批评及观众之间也出现了少有的良性互动的局面，一部创新之作出现，马上会出现一批专业评论文章，电影制片方每拍完一部影片都会征集多方专家的意见，并虚心听取，争取进一步改进。导演也很注重影评人对电影的评价，除了获得电影局的许可及发行公司的投资外，更关注影片的艺术质量所获得的评价："听取批评家的意见，为影片的艺术质量定位……是艺术家所最关注的。"[①] 对于艺术的创新及电影语言本体的要求，成为艺术家自然而然的追求。同时，观众也十分注重专家的电影批评对于一部影片的解读，他们往往在看完一部电影之后，阅读相应的批评文章，以提升自身的鉴赏能力。另外，还有"金鸡奖"、"百花奖"等电影评奖活动，也可以视作是一种独特的电影批评方式，他们分别以专家话语和大众话语为导向，极大促进了电影创作的创新与繁荣。

与此同时，电影批评的话语权在专家和主流意识形态主导之外，有了大众声音的介入，各种背景下的批评力量分享着电影批评场域，曾是边缘化的民间话语进入到了电影批评场域之中，大众影评逐渐崛起，每出现一部优秀的影片，都会引发大众性的群体讨论，如对于《红衣少女》的大众电影评论，刊发在了《文艺研究》《电影艺术》《光明日报》《文汇报》《解放日报》等各大专业刊物和地方性党报之上。据统计，1986 年，"全国有各种类型的群众影评学会或社团两万多个，人数达三百万人次，而上海 12 月的影评组织更是活跃，有一千多个组织，上万名会员"[②]。全国各地的群众影评组织常年开展活动，影评"征文"活动成为常态化，影评征文活动的参与者，动辄数十万人甚至数百万人，可谓前无古人，后无来者，给电影批评场域带来了新鲜的活力。

遗憾的是，80 年代相对独立的批评场域只是昙花一现，到了 90 年代初，电影批评场域内逐渐显得景象萧瑟，江河日下，"幸存的报刊中除少数几种，也已不发表影评了"[③]。随着经济体制的改革，特别是网络等新兴电子媒介的兴起，使得社会的整体文化氛围陷入到喧嚣、浮躁之中，打破了原有的文化权利格局，经济权利也强势入侵到电影批评场域中，电影批评的国家意识形态逻辑逐渐向市场的商业资本逻辑转变，在利益的驱动下，许多就没有太多独立精神传统的知识分子纷纷转向，"思考的、严肃的、真诚的被压制，恶俗的、遁世的、虚伪的大行其道"。到了 20 世纪 90 年代末，大批娱乐刊

① 罗艺军在提及 80 年代电影批评对电影创作的指导作用时回忆道："有的导演说，带一部新片上北京，第一站是电影局，取得放映证；第二站是电影发行公司，为了要钱；第三站就是影协，听取批评家的意见，为影片的艺术质量定位。这最后的一站，是艺术家所最关注的。"罗艺军：《中国电影批评的黄金时代》，载李建强、章柏青编《中国电影批评（2000—2006）》，上海交通大学出版社 2007 年版，第 305 页。

② 汪方华：《一个渐渐消逝的声音——从第九届"金鸡百花电影节"看中国电影批评之现状》，《电影评介》2001 年 3 月 15 日。

③ 中国电影评论学会会长章柏青先生在提及 90 年代影评的衰落时曾不无遗憾地指出："与 80 年代相比，90 年代影评的确衰落了，当年数百种电影报刊已所剩无几，幸存的报刊中除少数几种，也已不发表影评了。"载李敬水《中国电影批评十年发展初探（2000—2010）》，《上海交通大学硕士论文》，2010 年 12 月 1 日。

物和报纸如雨后春笋般涌现，娱乐文化空前繁荣，及至新世纪以后，新兴传媒的崛起，打破了传统、单一的电影批评格局，走向更为多元的场域。

三、政治话语 VS 经济主导

中国电影批评场域的话语权转向对于中国电影批评场域内部话语权的争夺与变迁，最早可以追溯到20世纪30年代的左翼电影运动时期。1931年的“九·一八”事变带来了中国社会的巨大变革，改变了国内的政治局势，也由此推动了电影界的变革，对创作者及观众心理状态、思想内容、思维模式产生了全面影响。1932年初，发生在电影主要生产基地上海的“一·二八”事变对中国电影产生了更为直接的影响。首先是观众群体对于电影思想内容的呼吁，他们厌倦了鸳鸯蝴蝶派的卿卿我我，以及武侠神怪影片对现实的逃避；其次，电影公司经济上陷入票房的惨败，导致电影从业人员也开始呼吁电影在题材和形式上的创新；再次，进步文艺工作者进入到电影创作和批评领域，夏衍、郑伯奇、洪深、田汉、阳翰笙等人先后加入了电影编剧委员会或电影公司，并由此掀起了左翼电影运动。

随着改变中国电影状况的主客观条件的成熟及左翼电影运动的发展，中国共产党也加强了对电影创作和批评的参与，从思想内容和艺术方面改变着中国电影的面貌。他们不仅从编剧方面影响和改造电影创作，而且有目的地大量翻译介绍了苏联电影及电影剧本和理论，同时，电影批评工作也如火如荼地展开着，左翼电影人通过电影批评对这一时期的电影创作和欣赏进行指导，并占领了上海报刊的大部分影评阵地。1932—1933年前后，共产党的电影小组成立，并在国民党的文化围剿的严酷政治局势下发展起来，因此对于政治话语权的争夺成为这一时期电影批评场域的主要特征。《电影在苏联》这篇文章首次译述了苏联电影的重要指导方针，“将民族电影诉求及其启蒙使命转换为意识形态的政治力量介入，而其预设的理想空间则在向前苏联电影移动”。①

1932—1935年间，左翼“影评小组”与文坛“新感觉派”作家进行了声势浩大的“硬性电影”与“软性电影”之争。论争最初围绕着电影艺术探讨电影的功能和价值问题，随后，逐渐扩大到了意识形态范围，将电影艺术的理论问题升级为不同价值观和意识形态的交锋，涉及的范围极为广泛，对整个上海电影界乃至中国文化走向都产生了十分重要的影响。左翼电影及左翼影评人在30年代进行的这场电影论争，是站在无产阶级立场上对电影观念的一种实践，有力地推动了国内民众的抗日热情，并反映了社会

① 丁亚平：《影像时代 ：中国电影简史》，中国广播电视出版社 2008 年版，第 4 页。

现实存在的尖锐矛盾，“在民族存亡的年代，影评是爱国主义的号角，是传播与鼓动抗战精神的大旗”。[①] 左翼影评人站在启蒙者的立场上对大众进行政治启蒙和民族救亡，他们坚定地认为电影应该传递时代的思想，举起抗战的大旗，揭露社会黑暗，承担引导民众的功能。这些观念在30年代以来左翼电影人所拍摄的一系列影片，如《姊妹花》《马路天使》等影片中都有明确体现，它们或直接或曲折隐晦地表达了阶级压迫、宣传反帝抗日、民族救亡等思想。

在这一时期的电影批评场域中，左翼影评人偏重以其抗战救亡的政治意识代替对文学艺术的本体问题的思考。意识形态和话语形式为批判标准和运作方式，这成为左翼电影人在电影理论和实践中注入政治意识的有力保障。而与左翼影评人的“硬性电影”观不同，“新感觉派”更倾向于从电影的艺术本体方面来看待电影创作问题，启蒙固然是精英知识分子应承担的责任，但大众更喜欢那些能给人以欢乐和愉悦的电影。电影创作应从日常生活中汲取力量，反映大众的生存问题和真实社会生活。他们反对从阶级立场出发进行电影批评，反对以启蒙为己任的文艺观，认为左翼电影缺乏审美价值，是对观众“进行干燥而生硬的说教”。“软性电影”论者从审美价值和娱乐功能方面强调电影的形式问题，作为一种艺术观念，现在看来是可行的，但在当时特定的文化、政治场域中，这种观念则显得不合时宜，终以失败而告终。

1935年，“华北事变”之后，中华民族进入了民族存亡的关键时刻，“一二·九”运动的爆发，更是激发了民众的抗日热情，因此左翼电影运动及电影评论也出现了新的高潮。可以说，在民族危亡时刻，左翼电影人更注重的是通过电影来宣传抗日救亡意识，关于电影本体的探讨，反而显得不那么重要了。这种倾向被许多评论者认为带有功利主义色彩，凸显了劳动阶级的重要性而忽略了资产阶级，更多的是对共产党领导下的革命理念的宣传。不可否认的是，在中国三四十年代的特定历史时期，在社会动荡的时代，“软性电影”那种脱离意识而注重电影形式美的主张是很难有市场的。抗日意识需要被鼓舞，民族精神需要被振奋，《姊妹花》《渔光曲》《桃李劫》等电影轰动一时、广受欢迎的原因，就在于其昂扬的、催人奋起的精神。因此左翼影评对电影内容及意识形态的侧重是必然的，符合时宜的。左翼电影小组对于电影创作话语权的导向，在某种程度上也是意识形态的导向，卜万苍的《人道》和蔡楚生的《粉红色的梦》因此被指责为是对封建思想的宣扬，缺乏进步意识。这两位导演在受到批判之后，开始转变思路，以《三个摩登女性》和《渔光曲》来为自己正名，也显示出当时以左翼电影人为主导的电影批评场域的强制性，有导演甚至在电影中“生硬地加入几句口号”[②]，

① 章柏青：《中国电影批评：反思中前行》，《上海交通大学学报（哲学社会科学版）》2007年2月5日。

② 转引自孟君：《话语权·电影本体：关于批评的批评——“硬性电影”与“软性电影”论争的启示》，《当代电影》2005年第3期。

以此来体现自己要求进步的创作理念。左翼影评人在这场论争中取得了全面的胜利，其对于话语权的掌握也对当时直至以后的中国电影影响深远。

左翼电影运动及电影批评对中国电影所进行的意识形态的政治力量介入，对于此后的中国电影影响深远，这种工具性的思想，也跟新中国成立初期、“十七年”及“文革”时期的电影选择、艺术取向及观影经验紧密相连。而且从1949年以后的国产电影体制上来看，基本是照搬苏联计划经济体制下的电影经营与管理模式，电影生产主要由国家意识形态机器统管统制，强调指令性、计划性，从电影组织拍摄到发行、宣传、电影批评、电影接受，都由国家计划一体实行，形成了单一而严密的生产线体系。特别是在思想上、体制上彻底清除了好莱坞商业模式及其赖以生存的思想艺术土壤。

这种“一体化”的组织方式,使电影生产高度组织化,国产电影创作一片红色,如《红旗谱》《上甘岭》《烈火中永生》《南征北战》等影片是新中国的红色经典影片，同时也垄断了“电影批评场域”的文化生产，批评主体自身许多是文艺界或电影界的主管官员，他们拥有强大的文化资本，既是意识形态的领导者、话语权的把握者，同时又是电影批评的发言者，如夏衍、陈荒煤、张骏祥等。这种双重的身份，特别是官方意识形态与思想政策决策者的身份，往往让他们在电影创作上以权威的、仲裁者的角色介入，而在面向大众时，以宏观性、指引性的话语体现，并为其他影评确立政治方向与言论导向，这往往也阻碍了其他批评主体进入到批评场域之中。另外，其他精英知识分子及专业人士虽然仍掌握一定的文化资本，但是布尔迪厄认为，在任何场域中，都有统治阶级与被统治阶级;知识分子虽然拥有大量的文化资本，并以此被赋予某些思想、文化特权，但是，相较那些在政治和经济上，特别是意识形态领域握有掌控权力的人来说，他们又不得不被统治。由此看来，在以知识分子为主流的批评家中，所占据的文化资本及权威的建立是在其他权力场的干预,或者说是“屈从”于其他权力场的结果，实际上仍然是被统治的地位，这就使得电影批评场域的独立性、自主性遭到破坏。

“十七年”及“文革”时期的电影批评场域中，除了以上所述的主流知识分子作为批评主体之外，因为意识形态的政治力量介入，特别是党的各级领导人对电影创作及电影批评导向问题的关注，使得电影批评场域的生产受到空前的约束。在这一时期，意识形态的导向性和国家权力的宏观指导，使得电影及电影批评被作为阶级斗争的工具而频频使用，党的各级领导人通过讲话、座谈等方式不时地发表对电影创作问题的看法,形成了十分强大的“规范”力量,“甚至只有一种单一的政治评判”[①],对中国电影批评的发展造成了极大的阻碍。在1949—1976年之间，有人曾对报刊杂志上的影评进行了统计，有95%以上的电影批评都并非是对电影本身的谈论而是对政治问题的谈论，

① 章柏青:《电影批评:在反思中前行——中国电影批评30年的演进与嬗变》,《当代电影》2008年第12期。

电影评论家不能够真正掌控批评场域，影评对一部影片的评价结果是以政治上的对错为评判标准。特别是毛泽东主席对于电影《武训传》的批判，引发了全国性的政治运动，后来，更是为极“左”思潮所利用，成为政治运动扩大化的工具。这种国家对文化资源与文化活动全面控制的政治一体化导致了电影批评场域独立“游戏规则”的缺席，只能由政治领导人及主流批评家的批评话语为规范，媒体只是发表主流话语的阵地，而大众完全成为宣教对象，影评成为政府“传声筒”，呈现权威话语大一统的格局，电影批评场域至此已完全由政治权力场的意识形态话语所掌控，成为权力的附庸。

网络时代以来，随着中国电影产业化进程的加速，国产片渐渐兴起，逐渐打破了好莱坞大片一统天下的局面，国产电影的数量和质量都有了较大的改观，与之相对应的电影批评本应呈现一片繁荣景象，但令人奇怪的是严肃的电影批评的声音几乎消失，更多的是媒体占据了电影批评的主体地位，他们以便捷而广泛的传播优势，迅速掌握了电影批评场域的话语权，创造着关于电影创作，更多的是关于明星或八卦的各种话题。而官方意识形态也退居幕后，以隐形的国家意识形态统管文化、批评场域。在网络时代，事实上是以互联网为中心，构筑起了横跨多种媒体形式的全媒体平台，学者石川指出，网络时代“批评主体逐渐由政府官员和专家、批评家等精英知识分子转向了普通网民和草根影迷，影评的主要传播媒体也由过去的专业学术刊物、报纸等平面纸质媒体转移到以互联网的专业频道、BBS论坛、博客、微博、视频、播客为代表的大众传播媒介上”[①]。根据布尔迪厄的理论，“场域是一个充满了斗争与冲突的空间”，电影批评场域的变化，对于以往掌控话语权的知识分子、批评家而言，已经发生了改变，打破了他们所拥有的文化资本的格局。一方面，产业化进程的发展，使得电影票房收入成为重中之重，针对某部电影所举办的观众见面会和首映式等商业运作取代了专家的电影批评研讨；另一方面，电影批评自身也陷入到了炒作的境况，难以公正客观地评价，而是沦为吸引观众眼球的商业手段。同时，以前那种专家式的“一锤定音”的电影批评，也不再成为唯一的批评方式，观众和批评家之间难以达成共识，而批评家自身由于价值观念的多样化或着眼点的不同也存在分歧。在这种境况下，批评家所占据的位置及所拥有的地位也必然发生变动与位移，从而势必引发新一轮的资本竞争。有些批评家与电影制片方共谋，为电影获得轰动效应和高票房而制造宣传式的电影批评，以自己所占用的文化资本来夺取话语权，重新确立自身的权威地位；有些批评家则与大众传媒共谋，转向了电视传播媒介，通过“上镜率”和“收视率”来获得社会认可。有美国影评人指出，在网络时代的今天，“几乎没有哪位评论家仅仅栖身于印刷媒体或者网络。一些资深的印刷媒体评论家或是被迫——或是自愿——变成了全职的博主，而起于博客或者网站的

① 石川：《草根的狂欢：当下影评失序现象透析》，《文艺研究》2010年第6期。

评论家也在印刷媒体找到了工作，死硬派网络评论家偶尔也在电影杂志上亮相，即使最顽固不化的报刊评论家也乐于看到他们的评论出现在出版物的网站上”[①]。

与此同时，网络时代电影批评场域的变化也使得一直处于边缘地位的民间话语得到了发言的渠道，他们通过网络媒介迅速占领了实践话语权的战场，他们为了获得更多的文化资本和话语权，提高自身地位，在批评场域中占据一席之地而进行了激烈的斗争。所以我们看到了网络媒介中的这一股新兴力量，努力通过自己的差异性行为、标新立异的语言、创新思维模式以及点击量的累积和信息流量的扩张等吸引眼球的方式与主流话语做斗争，所谓的网络“酷评”、“劲评”即在此列。网络上各种尖锐甚至尖刻的批评甚嚣尘上，反而吸引了更多的观众涌进了电影院，针对一部电影，陷入了“评得越好，票房越低”，反之，“评得越差，影院爆满”的怪圈之中。同时，市场营销策略成为电影制作商所关注的环节，特别是网络时代以来随着电影产业化的深入，在利益的诱惑与驱动下，电影评论与广告合伙，与炒作相类，为电影的卖座摇旗助威。电影批评场域中的话语生产以市场经济性为指向，美丑的颠倒、价值判断的失误，也使得电影批评陷入了信任危机，而眼球经济，更多的是经济场域介入的结果，归根结底是为销售造势以获得商业利益的最大化。在这种情形之下，网络时代的影评在获取一定利益的同时出现价值滑坡的危机。

面对网络时代电影批评的怪象，布尔迪厄“败者为胜”的逻辑也许是当前场域当去奉行的规则。要想在场域中占据较高的地位，就必须独立于外部的政治经济权力，摆脱附庸的工具、商品的性质，当他遵循创作规律，专心于文学艺术本身的生产，不求市场回报时，其作品反而会被认为具有较高的艺术价值，与此同时，其学术地位也获得了相应的提高；若是以经济利益为创作取向，怀有功利性的目的进行创作，那么这种行为就成为一种迎合观众口味或经济利益的妥协行为，艺术价值自然不高。电影批评场域也应遵循这一场域规律，不盲目迎合，不与炒作合谋，不人云亦云，这样才能够获得相对独立自主的地位。

（原文刊载于《当代电影》2015 年第 01 期）

① 李建强：《中美“网络影评”发展之比较研究》，《当代电影》2011 年第 12 期。

对近年来网络影评发展新态势的再思考

金丹元　田承龙

摘要：今天，以网络为载体的新型影评形式已经渗入到公众日常的观影、说影等方方面面，对电影产业的发展也起着越来越重要的影响。凭借其“爱憎分明”的言辞、即时互动的形式、“海纳百川”的信息容量及亲切便捷的传播渠道受到了普罗大众的欢迎。同时，网络影评缘何“疯长”、近年来其自身暴露的弊端及其今后的发展走向也成了当下亟待学界专家学者共同研究探讨的课题。

关键词：传统影评　网络影评　大众文化　资本　联姻

自20世纪90年代始，在大众文化和新的科技力量的不断冲击下，中国公众已渐渐开始不仅仅满足于被动地接受信息，人们越来越倾向于主动地对社会、经济、政治、影视艺术等做出各不同层面的讨论，发出自己的声音。网络影评正是在这样的历史背景下发展崛起，并逐渐成为一种不可忽视的影视批评形式。影评话语权的不断平民化走向，多元影评方式的层出不穷，使得中国的电影批评变得五花八门、精彩纷呈，当然有相当一部分的网评，也作出了不少全面、客观、公允的评判。但同时它也正逐渐被资本塑造成一种新的权力结构，甚至陷入被资本“绑架”的困境之中。如何才能够将网络打造为真正的公共话语空间？网络影评的大众化、通俗化问题，阳春白雪和下里巴人的关系问题，传统影评何去何从的问题等都是摆在我们面前亟待解答的困惑。

一、网络影评疯长之势的缘由

互联网技术所带来的信息共享和数据爆炸，使得大众文化在中国也潜移默化地成

金丹元，上海大学影视艺术系任副主任，教授；田承龙，上海大学，博士研究生。

为积极参与和影响社会发生变革的重要诱因。如今，人们的观赏、谈吐、阅读、消费和娱乐，都无一不与大众文化所引领的新潮发生着千丝万缕的联系。以网络论坛、博客、微博、微信等为载体的影视批评就是近年来大众文化在影评方面崛起的表征，它们构成了一个相对独立、开放、自由、无所不包的意义空间，其自身特性和所表现的价值诉求在很大程度上体现着一般大众的欣赏品味和价值取向。

（一）传统影评之局限：公信力下降的说教与传播媒介的滞后

传统影评始终伴随现代电影的成长，在一定程度上可以看做是电影健康发展的“助推剂”。上世纪50年代法国电影“新浪潮”运动就是以《电影手册》杂志主编安德烈·巴赞为精神核心，弗朗索瓦·特吕弗、让·吕克·戈达尔等一批年轻影评人从评论切入创作，带动了整个欧洲现代主义电影运动的兴起。在上世纪30年代的中国，曾涌现出了像尘无这样至死遵循“若批评不自由，则赞美无意义”写作准则的电影评论者，他的每一篇充满真知灼见的影评，都程度不同地影响着那个年代电影人的创作。不过，直至上世纪90年代之前，我国影评工作者基本上都隶属于国家文艺单位，他们的言论基本上代表着国家电影理论的水准和要求，传递着当时社会的主流意识形态。

然而，时至今日，当电影越来越朝着大众艺术的审美属性、大众文化的需求转向之际，传统的电影批评方式和基本理论则肯定会被日渐边缘化，甚至面临失语的危机。在新媒体技术冲击和资本的考验下，传统影评暴露出了自身的诸多问题。首先是传统影评自身话语权威的丧失以及公信力的下降。一直以来传统的影评人一直以“体制内”高级知识分子自封，“居高临下”、“俯瞰众生”、“耳提面命”式的说教式评论在人人都有电影看，随时都能看电影的今天显得十分不讨好。同时，“红包影评”、“人情影评”等现象的普遍存在也极大地削弱了传统影评的本身的话语威信力。《南都娱乐周刊》曾刊载过一篇名为《中国电影需不需要影评人》的文章，其中写道：“枪稿、红包稿、人情稿，你是否觉得中国的影评‘交口’到泛滥的地步？坏品位、做宣传、博口碑，你是否会认为中国的影评人已经处于变质的地步？从超级影迷到电影论坛活跃分子、从为自己热爱的影片泼墨到开始拿片商的红包码字，从笔名的唯一性到同时拥有几个‘马甲’，影评人这三个字，在业内已经接近贬义词。”[①] 其次，传统影评依靠的纸质媒介其自身存在的滞后性。传统影评一般多见于专业杂志、报纸、学术期刊乃至学科专著，而此类纸质媒介因其发表文章往往需要层层筛选、慢慢打磨，并有一定的发行周期，所以常常无法及时地反映时下的热门电影。况且纸质媒体在新媒体的冲击下已经处在没落的边缘，很多杂志报纸都需要靠单位的集体订阅或者捆绑式销售才能卖出，在这种

① 李博：《当下中国影评的现状、问题和出路》，《中国艺术报》，2012年11月28日。

媒介上发表动辄上万字的长篇大论，配合佶屈聱牙的专业词汇、难懂的哲学思辨、“鲜为人知”的引经据典自然会把相当多的普通观众拒之门外，而成为小圈子里的“自说白话”。

（二）网络影评得宠：契合数字时代观众的接受与表达习惯

电影已经成为目前人们日常生活中最普遍的一种娱乐消遣方式，对电影的评头论足也自然成为人们参与社会公共话题的一种行为。其实电影和电影文化从来不是金字塔尖的精英消遣，它自诞生起始终和民间、草根有着不可分割的联系。借助于网络技术的突飞猛进，曾经被文化精英强占的影评权利重回大众手中，这无疑是一种历史的必然、文化的进步。自1998年12月“后窗看电影”论坛面世后，“电影夜航船”、“新浪影行天下”、“雅虎电影论坛”、“网易影视论坛”等先后问世。2002年开始，影评博客也在中国快速发展起来，不少专业影评人也开始转战博客平台，通过自己的博客发出自己的声音。新浪微博以一种允许用户及时更新简短文本并可以公开发布的博客形式受到广大网友的追捧，在SNS社交网站、腾讯等各种聊天软件上都出现了类似微博的“记录”、“状态”、“说说”等发声平台。越来越多的电影发烧友、影评人以及广大普通观众在自己的博客、微博，在名家影评博客、权威电影资讯网站的讨论区中撰写着属于自己的影评，随时随地、畅快淋漓地发表对电影的见解和看法。

网络影评受到大众的追捧是由网络独特的性质决定的。它的自由开放性打破了传统的“一言堂”式传播，给大众提供了自由发表自己意见的机会。任何人在任何时间和任何地点利用任何网络客户终端都可以通过电影论坛、微博状态、评论板块，对于任何一部电影本身或者他人的影评发表任意形式的评说。正如尼葛洛庞蒂在《数字化生存》一书中提到的，网络使得传统的“推传播”转型成为当今的“拉传播”，大众从原本接受推送信息的单纯接受者转为可以主动提拉出自己所需信息并发表言论的发布者。其次，网络所具有的互动性又助推了这种“拉传播”的几何级增长。在电影网站、博客微信、影迷论坛中，大量的跟帖与评论成为一道靓丽的风景，直抒胸臆的表达，朴实无华的口吻，幽默调侃的文字随处可见。网络上也流行着“自古评论多亮点”，“我就是来看评论的”此类调侃，更有“弹幕”这种即时发表评论的视频观看模式，可谓将网络的互动特性发挥到了极致。这些看似“不经大脑”的“冲动之语”具有很强的直觉性、真实性和煽动性，其中也夹杂着诸多黄色的段子和在影评时谈情说爱和“拉客”现象，于是评论也就成了一种天马行空般的自由的而且可广泛使用的工具。有时，借机发泄比之一本正经的评论或许更吸引年轻人的眼球，也更易产生共鸣。大众之所以倾向于网络，还在于网络给人们的日常生活所带来的便捷，网络云科技可以储存天文数字级别的信息量，为用户的即时上传、下载以及精确搜索自己所需的信息提供了各种可能性，即时的信息发布、灵动的点对点互动契合了当今人们快节奏的生活方式。根据第34次《中国互联网发展状况统计报告》，截至2014年6月，中国网民规模达到6.32亿，其中手机网民达到5.27亿，互联网普及率达到了46.9%，[①] 第35次的互联网发展状况调查已于2014年12月1日开启，估计中国目前的网络普及程度很可能又有了新的突破。网络正在成为中国大众的新选择，这就必然导致传统媒体的评论家式的影评慢慢走下“神坛”，网络的海量影评之风起云涌则变得理所当然，合乎人情，时至今日已呈不可阻挡之势，同时也更需要规范，需要有所指导。

二、网络影评所遭遇的尴尬与暴露的弊端

（一）深度缺失与语言暴力

网络影评创作主体大多数的普通电影爱好者，他们往往只是把自己对于某部电影或某种电影现象的感想说出来与人分享，这些随机的、即兴的感想大多鲜明地流露出诉说者的感性理解，语言大多带着民间生活的烟火味，呈现出鲜活、自由、松弛的特质，自我表达充分，个性色彩浓烈，其中不乏饱含智慧的调侃与褒贬。特别是依托网络的虚拟性和匿名性，使得广大网络影评者可以“知无不言，言无不尽”。然而影评要求写作者拥有一定学理性的思考和分析，影评的价值也往往体现在它能否与当下电影的作品、电影现象及其发展趋势提供相对可靠的事实陈述、逻辑思考、价值评判、因果阐释。如果从这一标准来检视今天网络影评的“草根化”的趋势，则网评的弊病就可谓比比皆是，举不胜举了。网络影评，特别是现在流行的“一句话影评”、“微评”、“酷评”往往篇幅短小，寥寥数语，虽然有时也会切中要点，在一定程度上表现来自大众的智慧与幽默，但更多时候是一些无营养、无意义、流于表面的文字，包括一些很庸俗的所谓“恶评”。如“豆瓣网”的“一句话影评”中诸多没有表达任何观点，无任何存在价值的影评往往大量充斥于网上。对电影浅显的“观后感”式表述，对电影某段内容或个别情节的粗糙描写，也是现在网络影评写作的典型表征。它的随便、马虎，且不负责任的言说，往往使得网络影评缺乏严肃性、厚重感和可信性。

同时，网络作为面向全体网民的一个自由开放的平台，评论者素质的良莠不齐是不可否认的事实。“影评话语权的转移还扩大了电影文化消费的外延，使其不仅集中于影片观赏一端，也将各种影片观赏以外的舆论言说、包括针对电影作品和电影人的议论、八卦、恶搞、谩骂，统统纳入电影消费的环节。电影舆论和批评也不再像传统影评那

① 中国发展门户网：《第34次中国互联网发展状况统计报告》，http://cn. chinagate.cn/reports/2014-07/23/content_33031944. htm. 2014.07.23.

样明确指向某部具体的作品、某些实在的现象，而演变成一场投射着言说者各自文化诉求，寻求心理宣泄的话语狂欢。”[①] 在一些评论中，对主创人员不尊重，进行人身攻击，电影从业者或讨论发起人被骂得体无完肤等现象不胜枚举，甚至很多人没有看过某部电影就开始对其恶语相向。在各大论坛都普遍存在着“网络喷子”，他们“唯恐天下不乱”，“语不惊人死不休”，可谓是网络中的“寻衅滋事者”。“似乎对于国产电影来说，咒骂总是比赞美更保险，更不会被回帖的人瞧不起。”[②]“冷面、冷血、冷刃、零情感操作，浑身锋芒，一路砍杀……用情绪代替判断，用谩骂代替观点，追求发泄的快感！意气用事，丧失理性。”[③] 李道新认为，网络暴力影评是“‘文革’期间电影批评话语的复活”，是“反智主义”的体现，“是人的本性和人在驱除各种掩饰之后的产物”[④]。在评论中“求同存异”寻找共鸣是值得提倡的，但是如果评论声音本身开始远离电影本体，一味地追求犀利、新奇，在语言上低俗有余、理性不足，那便失去了影评的意义，而至沦为一种市井小民的街头叫骂，其发展也必将难以维系。

（二）被资本绑架的网络影评

当下，互联网产业开始大举进军电影业后，BAT（百度、腾讯、阿里巴巴）都在构建新的大平台，力图将电影、电视、IPTV 和手机打通。在第 17 届上海国际电影节期间，博纳影业董事长于东就语出惊人：“未来，电影公司就是为 BAT 打工……未来电影公司的发展，就是满足 BAT 三家的需求，BAT 要什么就干什么。”[⑤]

随着电影产业模式的变迁和市场化趋势的日益深入，网络已日渐成为电影宣传推广的重镇，电影的操盘手和制作者，导演、编剧等都已清晰地嗅到了网络新媒体的推介能给自己带来巨大利益，也看到了普通大众对“网络影评”的追捧或喜好，于是纷纷对其进行最大限度的“利用”，主动培育“网络推手”和“网络水军”。在电影产业的庞大机器中，被认为已经脱离了“红包影评”窠臼的网络影评已经在相当程度上受到了资本和利益的操控，成为电影营销手段、发行环节的一部分。它们事实上都程度不同地受到了资本的操控，往往极易蜕变成制造话题、维持电影相关事件、吸引票房的手段。更可怕的是那些“不明真相的围观群众”，他们的盲从、跟风与反权威、标新立异的追求，使自己无形中也“被水军”了，或在“娱乐至死”的文化工业中逐渐丧失了作为个体的独立的品性。

① 石川：《草根的狂欢：当下影评失序现象透析》，《文艺研究》2010 年第 6 期。
② 唐宏峰：《网络时代的影评：话语暴力、独立精神与公共空间》，《当代电影》2011 年第 2 期。
③ 赵葆华：《网络影评的流行病》，《电影》2008 年第 6 期。
④ 李道新：《网络影评的话语暴力及其权力运作的生产机制》，《浙江传媒学院学报》2008 年第 4 期。
⑤ 虎嗅网：《“电影公司就是为 BAT 打工”将一语成真？》，http://money.163.com/14/0623/07/9VDHSPKA00253B0H.html.2014.06.23.

以 2014 年暑期档三部话题电影为例，它们的宣发、推广乃至诞生都与网络有着直接关系。《老男孩之猛龙过江》就是从网络这片“肥沃”的土地上孕育和衍生出来的。从 5 年前由“优酷”出品的微电影《老男孩》所创下的口碑以及累积超过 8000 万的粉丝的基础，到电影宣传曲《小苹果》走红所收获的来自各地广场舞大妈、快闪族，明星李小璐、李艾、柳岩等超过百条的网友改编视频，再到上映前后在诸如优酷网所推出的《王牌碟中谍》《优酷全明星》《星映话》等各种网络视频平台频繁露面，《老男孩》大电影可谓从前世到今生再到辉煌都离不开网络。正是借助网络新媒体对这部电影的炒作催促一批又一批的观众走进影院。《小时代 3：刺金时代》，在上映前后的很长一段时间内，郭敬明自己的微博大多都是围绕这部影片展开，无论是之前与片中演员的相互留言问候，还是上映后，对各种片场爆满及多项破国内影院记录的发布，落脚点都在于向广大观众推介。郭敬明在微博中说到：“感谢影评人，你们曾经的严厉，让我们变成了更好的小时代！感谢大家，继续加油！”他通过发布网络影评的方式，力图用网络影评的内容给潜在观众“指引方向”，在电影《小时代》的官方微博上贴出了大量来自网络的微评。同样，韩寒在其电影处女作《后会无期》点映场后的一条内容为“感谢相识不相识的朋友，因为是提前场，所以批评的声音一定会比较少。”这样，网络影评无形之中增加了很多既定观众的期待。如 @FrantGwo 郭帆说：“电影的世界很简单，只有两种电影，一种叫好电影，一种叫坏电影。《后会无期》是好电影。”作业本说：“《后会无期》影评：35 次小笑，6 次大笑，成了。”电影人程青松说：“今天看了韩寒导演的处女作《后会无期》，叙事能力秒杀《……》。这是一部充满诚意的处女作，关于成长的电影，80 后的‘出社会记’……”更早前的各种关于片场趣闻，以及与朴树合作电影主题曲《平凡之路》等相关信息在微博、微信等网络新媒体上的热炒和转载无疑也对电影的造势起到了很强的助推作用。这些网络影评将各自的“对象”打造成了“现象级”影片，收获了不菲的票房，而一种现象的营造，其幕后不得不说是被资本所把控了的。

三、对网络影评进一步发展的思考

网络影评是平民发声、平民狂欢的场所。网络影评使得拥有同样观影喜好的人形成自己的群落，成为凝聚业余电影爱好者的一种方式，同时也为普通观众的观影选择提供了参考意见。大众平时听说某部电影不错，信息来源往往不是专业的学术期刊，而更多的是朋友、同事间的耳口相传，或在网络新媒体平台各种电影资讯中的耳濡目染。特别是在没有既定观影计划而要临时选择观影对象时，时光网、格瓦拉、猫眼、大众点

评等涵盖电影订票、电影资讯以及用户评价的网站或手机 APP 成为人们的首选，通过一目了然的评分系统加上三五七条只有一两句话的影评来决定自己的观影选择。那么“学院派”影评人难道要消亡殆尽吗？其实不然，在笔者看来，网络影评可能并没有很多人所想象的那样具有不可替代性，最起码不应该引起专业影评的过度“恐慌”。传统影评中的学术理性和专业高度绝不是一般网络影评能够达到的。网络影评有网络影评难以掩盖的缺陷，传统影评有其无法替代的优势，在现今中国的影评生态圈中，二者都不可离席。吴冠平曾表示更加多样化的批评环境更有利于中国电影的良性发展，他说：“随着国内电影产业的发展和舆论环境的进步，我们的影评人也会因为立场和话语方式的不同而逐渐产生分野，从而形成一个更加多样化的电影批评环境。”① 张慧瑜也曾认为：“就像电影在一百多年的发展历程中分化出很多种的类型一样，影评人也应经历一个细分的过程。”② 那么，如何才能够将网络打造为更加成熟的公共话语空间，使其能够与传统影评共存共荣，共同成为促进电影健康发展的有力推手呢？

一方面，网络影评的写作者要不断提升自己的文化品位和媒介素养，强化自己的影评主体意识，在批评活动中明确自己作为“批评者”的身份以及与此身份相应的责任意识、道德意识乃至法律意识，这也就是我们常说的文化自觉、文化自律的底线。不哗众取宠，不跟风盲从，不刻意追求特异，善用手中的批评权力，在审慎思考的基础上发表有见地、负责任的电影评论，保持作为影评参与者所必要的“独立性”、“公正性”和“客观性”。另一方面，作为身处文化高端精英知识分子的传统影评人也要“与时俱进”，完成从现代性实践模式下的立法者、评判者到后现代实践模式下的阐释者和参与者的角色转型。这一点正在被新一代的影评人践行着。早在 2007 年 4 月由新浪娱乐与中国电影评论学会联手打造的“中国影评家官网”就为“学院派”的专家、学者、教授、评论员提供了网络发声平台，他们可以通过自己的新浪博客从文化、产业、创作和评论体系等多个角度，就中国电影现状发表自己的看法，并与网民进行积极的交流和对话。近年来，诸多兼具专业知识素养和平民生活经验的电影学方面的专家、学者通过在网络上开设自己的博客或微博，扮演着詹金斯所言的电子媒介时代的“Aca-fan”（学者 + 粉丝）角色，发挥着公共知识分子的作用。他们凭借丰富的电影知识、大量的观影经验和一手的电影资料，观点独到、语言犀利、文采出众，赢得了大批的粉丝。同时，此类“接地气的专业影评”对于净化网络批评环境，拓宽电影资讯渠道，提升网民审美趣味无疑起到了重要的作用。第三，在“学院派”影评人走入网络的同时，网络影评人也应该主动亲近传统媒体，从而实现网络影评与传统影评的良性互动。早在 1997 年 8 月，美国影评人麦克 - 丹吉泽就因为自己创建了两年的个人影评网站——“看的人

① 李博：《当下中国影评的现状、问题和出路》，《中国艺术报》，2012 年 11 月 28 日。

② 李博：《当下中国影评的现状、问题和出路》，《中国艺术报》，2012 年 11 月 28 日。

太多”（The Man Who Viewed Too Much）广受欢迎而得到了为《娱乐周刊》撰稿的工作，并在2000—2004年期间担任了《超时纽约》首席影评家，之后又成为美国男性杂志领导品牌《时尚先生》的首席影评家。发迹于网络的影评人其实也已经看到了这样的契机，努力尝试着自己身份的转型。知名的网络影评人周黎明就是凭借在网易论坛的超高人气而在《看电影》杂志写了近六年的专栏，并结集出版《莎乐美的七层纱》。同期卫西谛的《后窗看电影》、毛尖的《非常罪非常美》、顾小白的《顾小白电影随笔》等也都成为书店的畅销书。在网络上已经塑造的知名度以及为数众多的粉丝为这些网络影评人转战传统媒体提供了极大的信心，使得他们在传统媒体上依旧可以“收放自如”。网络影评与传统媒体的融合无疑会将中国的影视评论带入一片崭新的领域，甚至使得中国独立影评人机制的建立看到了可能。

结　语

80年前，夏衍呼吁影评人应该以注释家、解剖者、警告者、启蒙人的姿态，去创造观众，同时要用专业知识和进步的世界观成为导演们的诤友和向导。30年前，钟惦棐期待影评人不仅要有广博的知识和批评的自由，更要让批评写作显现出人格与生命的底色。“每一种价值或价值的碎片都在仿像的夜空中一闪而过，接着便消失在无边的虚空中……这就是碎形的真实情景，也是我们当前文化的真实情形。”[①] 在今天网络影评崛起的时代，网络影评人面对嘈杂、浮躁、喧嚣的影评原生态不断地捕捉电影在后现代语境中的“碎片”，与传统影评一起改变着我们看电影、说电影的方式，它不屑传统影评，又与传统影评联姻，它自由随意却又真实客观。网络影评与传统影评接下来会碰撞出何种的火花，让我们拭目以待。

（原文刊载于《电影新作》2015年第01期）

① 胡继华：《赛博公民：后现代性的身体隐喻及其意义》，《文艺研究》2009年第7期。

再论电影是什么

李康生　卢　康

提要：电影本体是关于“电影是什么”哲学层面的探索，是形而上的哲思，而非形而下的策略。本体如同理念，是一切行动的先导，衡量是非对错的依据与价值标准。电影本体类同于世界观，而观念则是方法论，世界观决定方法论。电影本体的缺席，意味着世界观的缺席，没有世界观，如何能有方法论？

一

自新时期以来，随着“拨乱反正”的深入发展，电影开始了“电影是什么”的激烈探讨。这场近乎于“我是谁”式的讨论，意义非同小可！在当时的情况下，它的学术面孔后掩护着电影对“工具论”“服务论”的摆脱与挣扎，策应着当时文艺界对“文艺为政治服务”的不满和反抗。随着外来的一些电影理论的翻译和介绍，纪实美学的引进、电影与戏剧离婚、电影与文学关系的讨论，第五代导演由此脱颖而出，而《一个和八个》《盗马贼》《黄土地》《红高粱》等一批被冠以“探索片”的作品，则雄辩地证明着“电影是什么”。“电影是电影”，这句在大多数人看起来几乎等于没说的废话，则成了电影和电影人立身的品质和骄傲。不过，这场稍带“贵族”气息的讨论，在市场化的进程中完成了它“拨乱反正”的历史任务。

当下电影“跨界”[①]创作出现的“粉丝电影”偏火，以及受互联网、电视综艺节目影响的“综艺电影”的热卖，在冯小刚“对中国电影的发展产生了极其恶劣的影响，过分营销忽视主体”[②]的一席话后，新老电影人、官员、学者、影评人纷纷纳言，评判当下电影生产的是非黑白，从而引起了新一轮“电影本体”的论争。事实上，就某一电

李康生，四川省电影家协会名誉主席，编剧，导演；卢康，四川电影电视学院导演系，讲师。

① 石川：《国产电影2014：也是蛮拼的》，《北京日报》，2015年1月8日。

② 澎湃新闻网，http://www.thepaper.cn/news Detail_forward_1301447.

影现象进行论争或热议，是电影文化繁荣的表征之一，在一定程度上能够推动公众对于电影本体的深入认识，甚至会催生出新的电影观念与新的电影美学形态，一如纪实美学观念带来的讨论，促使第五代“影像美学”一批电影的出炉。因此，捋清当下电影本体论争的关键点对于当前文化语境下的电影生产乃至评价体系的建设都有一定的积极意义。

二

当下关于电影本体的论争尽管纷繁多言，起源却在于“粉丝电影”与“综艺电影”这些令老一辈电影人无法认可的“电影”却收获了惊人票房，惹出无穷的“羡慕嫉妒恨”。所谓“粉丝电影”[①]，主要指郭敬明导演的《小时代》系列及韩寒导演的《后会无期》这一类的“电影现象”，是畅销书作家向电影创作领域的“跨界”。尽管《后会无期》在承载 80 后“价值体系坍塌后迷惘追寻”的时代主题上有诸多可圈可点之处，但它依然和《小时代》一起被普遍认为其票房成功是韩寒和郭敬明两位作家原本粉丝群的功效。也就是说，即便《后会无期》《小时代》不是电影，而是一场话剧、一场真人秀，只要是韩寒、郭敬明导演的，依然会得到其各自粉丝群的追捧，会赚得银盆钵满，所以称之为“粉丝电影”，其侧重点是“粉丝”，而不是“电影”。而“综艺电影”[②]则主要是指近期的《爸爸去哪儿》《奔跑吧！兄弟》这类移植于热播的电视综艺栏目的新事物，它依赖于栏目热播期间良好的观众群基础，以短平快的方式快速制作长片，将原本在电视机前就吸引住的观众转移进电影院，大赚其钱，其影片风格与其说是电影，更像是在大银幕上播放的电视综艺节目，因此称为“综艺电影”。无疑，相较于传统较为严肃的故事片而言，两者都是在当下网生代泛滥的电影片种或类型领域的新物种。

一般来说，任何一种艺术形式在其发展过程中，传统艺术形式都会受到先锋派的挑战，或改变、或颠覆原有的艺术观念，或多或少产生一定的影响。如从古至今人们都认为艺术是“创造”的，但当马塞尔·杜尚将一个小便池取名为《泉》作为艺术品展出时，人们发现，艺术不但是可以“创造”的，而且是可以“发现”的，此一行为影响了整个现代艺术观念；音乐是有旋律的声音，此谓“乐音”，无论如何它得是声音，但约翰·凯奇的《4 分 33 秒》却是完整的沉默，这种颠覆性的行为使得音乐中至此就有了“无声音乐”一说。从上述例证反观当下的“综艺电影”与“粉丝电影”作为电影艺术形式的新探索并不是不能接受的，但“粉丝电影”“综艺电影”与《泉》《4 分

① 廖会杰：《国产电影中的“粉丝电影”现象》，《新闻世界》2012 年第 4 期。

② 黄启哲：《“综艺电影”火到无言以对》，《文汇报》，2015 年 2 月 4 日。

33秒》略有不同，后者本意就是颠覆传统，是艺术家的真诚，而前者表面上是电影的艺术形式，实质上却并没有电影美学的诉求，因此，以冯小刚为代表的老电影人才言“过分营销，忽视本体”，是对把一种“倾述方式”改造成“赢利模式”的苦恼和愤懑。总而言之，这两类电影艺术的“新片种”可以作为一个表征，反映出在当下的时代语境中，电影的商业观念走向了极端，商业利益成为最重要乃至唯一的诉求，从而遮蔽了诸如电影艺术性等其他观念的存在。然而，问题的关键是，究竟是什么导致了电影艺术某一种观念遮蔽其他而走向极端呢？

三

如果我们从百年中国电影史去追古知今就会发现，我们一直离电影本体很远。自电影引入中国以来，与近现代其他引入中国的西洋事物一样，我们总是乐于“拿来”为我所用，却鲜有从哲学本源上去探讨其本体存在，所以盛行的永远是诸种关于电影特性的观念。

上世纪初，电影作为新事物刚刚传入中国，便很快和中国传统戏曲结合了起来。所谓“影戏”[①]理论，即“影”是围绕着“戏”来建构的，“影”只是服务于“戏”的工具。这几乎是当时唯一的电影观念，是戏剧美学横行的时代，于是出现了一批二三十年代的经典故事片，如《孤儿救祖记》《姊妹花》《马路天使》等。紧接着，在抗日战争的大旗下，主流的电影观念是“电影抗战”，不论是故事片还是纪录片，电影都极致地发挥其纪录与直观的宣传功能，这是民族大义，时代使然，无可厚非。尽管上世纪40年代末有费穆等少数电影人也探索如主观叙事、诗化叙事等现代电影观念，但很快被建国后疾风骤雨般的政治话语所遮蔽。以“文艺为工农兵服务”的工具论为牛耳，历经“十七年”电影的是非与批斗，电影逐渐沦为政治工具，乃至文革期间的样板戏电影，终于发展到了电影政治观念的极致。新时期初开，我们曾经将西方几十年前的纪实美学理论称之为“新观念”引入，历经“电影与戏剧离婚”“电影文学性讨论”，出现了新的“影像美学”的创作观念，同时也出现了一批第五代探索片。这种局面有赖于当时的国营电影体制，也是最靠近电影本体的时候，但极致的探索观念也使得当时的电影远离了观众与市场。诸多几近零拷贝的电影在国际电影节上频频获奖，但整个中国电影市场却趋于崩盘。在培育市场的需求下，随之引进国外大片，电影商业与市场的观念逐渐盛行，“电影非但是艺术，首先应该赚钱”在国民经济飞速发展、全民弥漫着以财富

---

① 陈犀禾：《国电影美学再认识》，《当代电影》1986年第1期。

论英雄的时代语境下，越来越成为一种普遍的共识。从“合拍片”的融资到第五代下海的“武侠大片”，直至当下“粉丝电影”“综艺电影”的活跃，电影的商业属性被无限放大，进而走向“敛财”观念的极致。从上述的简单梳理可以看出，整个百年中国电影史，可以说都是被“观念论”所左右，并在一定程度上走向极致。而对于“电影是什么”的哲学本体探讨，却一直处于缺席状态。我们总是摇摆在“电影是艺术”，“电影也是政治”;“电影是商业”，“电影又是文化”;“电影是娱乐”，“电影也承载意识形态”;“电影可以具有戏剧性”，但“电影也未必非得有戏剧性”；“电影具有文学性”，但“电影的文学性又不同于文学的文学性”等等的观念论之间。反观当下电影本体论争的主要内容，并没有提出太多新问题，而是老问题在新时代的重现。概况而言，依然可以看到还是围绕着“商业与艺术”——赚钱欲望与美学诉求，即不管如何赚钱，首先得是电影，只要能赚钱，管它是不是电影；“电影与电视”——什么标准的片子才是电影、才能进电影院；“雅与俗”——承载时代精神与娱乐宣泄大众。可以看出，上述论争的问题依然不是电影本体，而是观念、策略，怎么办的问题，“过分营销，忽略主体”仍然是一种观念上的不爽。

事实上，纵观世界电影史，烂片多如牛毛，经典则沉淀为少数，中国电影也莫不如是。依照此理，中国电影中出现一些没有美学追求的影片，当属正常（或许不正常的是票房奇高），但正常的情况却引起了广泛的争论，这就说明争论本身即为问题之一。如果我们细数此次关于电影本体论争的一些内容，就会发现，诸多话语是不在同一频道上言说的。老电影人是从投资环境的角度说“综艺电影”会影响投资者心理，进而损害中国电影整体的艺术水平；主张包容此类“新片种”者，则是从电影生产应该多样性的角度，觉得存在即为合理；官员的表态，则希望电影人都忙于自己分内之事、少些闲言碎语。简单举此几例，我们就可以发现，你谈投资，他谈存在；你谈艺术，他谈工业。尽管落脚点都是说中国电影的发展，但相同或相似的评价标准、相同或相似的言说角度是不存在的，似乎都是各自站在自己职业的立场上进行抱怨、游说、论证，鲜有面对同一现象，运用公认的标准去衡量它。简而言之，即为统一或相对统一的评价标准与衡量体系在当下中国的电影评论语境中并不存在。以多样化的评论标准去衡量多样化的电影现象，到头来只能是公说公有理、婆说婆有理，怎么说都有理。

为什么会出现这种杂乱无章的评论现状呢？笔者认为，是电影本体意识不清造成的。电影本体意识的含混，我们就不能明确哪部电影更艺术、更电影，就无法建构中国电影的美学体系，同样无法建构中国电影工业的标准化体系，进而无法回答当下众多的影视学院所开设的“影视编导”专业究竟是电影还是电视？二者的区别在哪？甚至，我们也无法通过学校与非学校的教育向普通观众普及电影文化，才致使国人不能建构自己的电影艺术欣赏趣味，由此导致从普通观众到影评人、到电影人与官方的模棱两

可状况。在这个意义上，我们亟需真正的电影本体探讨与论争。

电影本体是关于“电影是什么”哲学层面的探索，是形而上的哲思，而非形而下的策略。本体如同理念，是一切行动的先导，衡量是非对错的依据与价值标准。关于电影本体论，“局部幻觉论”“蒙太奇论”“影像本体论”都不失为一说，目前的关键不是孰对孰错的问题，而是有与没有的问题，是电影本体探讨本身对于电影观念的影响问题。电影本体类同于世界观，而观念则是方法论，世界观决定方法论。电影本体的缺席，意味着世界观的缺席，没有世界观，如何能有方法论？所以，失去世界观的指导作用，中国电影的历史才会不断地在各种观念之间左摇右摆；失去世界观的规约作用，各种观念又极易趋于极致发展，乃至缺失底线。也正因此，我们很难讲近期的中国电影有自己的电影美学特色与体系，我们可以说日本电影、伊朗电影、印度电影乃至晚近的韩国电影是有自己民族电影特色的，但是除香港电影外，我们很难概括出当下中国电影的美学品格，因为我们从来没有从哲学的高度去思考电影究竟是什么？失去哲学本源的事物，必然只能是在价值混乱中左突右窜、众说纷纭、莫衷一是，恰如此次争论本身所表现出来的评价标准与衡量体系鱼龙混杂的状况一样。

每个时代都有每个时代较为凸显的艺术形式，电影应该是当下“现代—后现代”社会语境中较为显在的艺术形式之一，因为它迎合了当下“读图时代”的具象性（很难讲是谁催生了谁），同时又符合经济飞速发展、转瞬间沧海桑田的当下留存记忆、保存时间的内心驱动。不论当下的中国电影、相关于电影的论争呈现出怎样的特征，皆是时代文化语境的反映。艺术的俗反映出时代的俗，艺术的雅反映出时代的雅；奔放的画风，反映出时代精神的奔放；重金属与摇滚体现出时代的颓废与迷茫；表现主义电影的怪异与夸张反映出民众内心的恐慌。而当下由于电影本体意识缺席所造成的生产领域的某一种观念极致发展、论争的混乱无序等，则反映出当下时代语境的混乱与公信价值观的缺席，尤其是当下网生代青年，对于官方与权威的“不信”，似乎已经成为一种习惯性认知。如果继续深入探讨，究竟为什么中国的电影本体意识缺席，则只能上溯到更大的文化语境去追寻，和自近代以来引入国内的其他事物一样，我们在忙于“使用它”，而没有时间“思考它”，甚至从来都没有“认识它”。宏观上说，是我们的文化出了问题，将该有的哲学沉思，不知何时已经从我们的内心中统统破除，仅仅留下表层化、浅层化的致用观念与刺激需求。人们失去了追寻生活意义的诉求，即使活得大富大贵，又何谈幸福？就如同我们从来不去追问“电影是什么”的哲思，探讨电影赚钱、艺术、承载又从何谈起？

笔者认为，电影在本质上是技术的产物，“表达”只是这种技术的功能，这种技术为人类欲望的实现几乎提供了无限的可能性，这就是电影的魅力和诱惑所在，这是在思考“电影本体”时绝不可忽略的。事实上，正是技术的发展改变着电影的形态，就像当我们说“胶片才是真正的电影”时，胶片却已经开始消失了，而正是这种“消失”，才为“跨界电影”的出现提供了一种技术上的可能性。

由于过去相关理论对电影技术的忽略，专注于电影的“表达”功能，把“功能”视为“主体”，所以当“表达”一旦多元甚至紊乱，于是就感到“主体缺失”，如果是在这个前提下重新思考“电影是什么”，可能会走进死胡同。当年《甲方乙方》一上市就获得了可喜的票房，但资深的业内人士却不认可它的“电影”地位，今天的“忽略本体”会不会是当年的“情景再现”？纵观每年产出的数百部国产电影，其中的确存在着某种“缺失”，但这种“缺失”是与“精神家园的缺失”，甚至是“文化的缺失”相联系的，这就已经不是“电影是什么”的问题，而是“精神文明是什么”的大问题，它已是一个非本文能够承载的大题目了。

写到最后，我们感到几乎是自己给自己出了一道无解的难题。电影诞生在法国，开花结果在美国，有着哲学传统的欧洲电影人鼓捣电影的同时也在思考电影，于是就有了诸如“法国新浪潮”“意大利新现实主义”“德国新电影”等等，有特点却难以流行；一开始就把电影当作“玩意儿”的美国，本着“一招鲜吃遍天下”的生意经，很快就把电影变成了若干来事的“类型”，成为世界上的电影霸主。被视为缺乏哲学思维的中国，讲“礼乐”、讲“义理”，重点在于“做人”，没有穷尽物理的习惯，所以对电影的考虑多是如何“载道”，让其哲学式地思考“舶来”的电影“是什么”，确实有些为难人。况且今天的社会是实用主义盛行、焦躁日甚，谁还有闲心思去想那些“虚的”“玄的”？但这确实是个问题。

（原文刊载于《电影艺术》2015 年第 03 期）

当数码叠加民权：关于当下“电影本性”的几点思考

余　纪

提要：艺术门类的发展属于社会发展的范畴，不可能按照既定标准依葫芦画瓢，而只能是社会全体成员共同在实践中不断摸索前进。认清了这一点，我们似乎就应该把“电影是什么”置换为“电影能干什么”。与其围着一个永无结果的伪命题原地打转，不如换个角度去想想电影还能为人类提供什么新的服务。

一

30多年前，一位过世多年的法国人一声弱弱的发问“电影是什么”，从历史深处飞越半个地球飘到刚刚获得观赏八个“样板戏”以外的电影权利的中国大陆，犹如一记闷雷，炸得我等一干几乎每个礼拜六晚上都扛着木凳或顶着寒风，或冒着暑热，挤在学校操场双眼滴溜溜盯着露天银幕傻乐的大学生目瞪口呆。因为我们只知道看电影，却从来不曾追问过当然也就不可能知道“电影是什么”。与此相映成趣的是，那些年中国大陆年度总观影人次最高曾经接近300亿，也即人均一年看了将近30场电影！[①]

法国人巴赞连同他所代表的那一套关于“电影本性”的言说，在那样一个原本欢欣鼓舞的年代闯入了中国有关电影理论的论辩场域，犹如冷不丁一盆兜头的冷水，把这份欢欣鼓舞至少在电影理论精英心中浇得无影无踪。由此，一场延续近十年之久的关于“电影是什么”的追问，伴随着电影市场的盛极而衰，票房接下来一路暴跌而拉开了序幕。今天回望那时发生的一切，禁不住想起一个词儿来——历史的吊诡。

这种历史的吊诡，首先表现为那场追问是以一种中国式的否定语气开始的。从现

余纪，西南大学汉语言文学系，教授。

① 笔者注：据权威统计，1979年中国大陆电影观众总人次超过297亿。

今能够找到的历史文献来看，最早提出问题的应该是白景晟先生。1979 年第 1 期的《电影艺术参考资料》上刊登了白先生的《丢掉戏剧的拐杖》一文。白文的核心在于论证电影不是戏剧，所以，应该把我国电影中的戏剧因素彻底剔除。[①] 作为呼应，钟惦棐先生在一次谈话中提出了更为激进、也更为情绪化的观点："电影与戏剧离婚。"[②] 以钟老先生当时的威望，这一言论的发表迅速掀起一波又一波论证"电影本性"的思潮，能量之强大，可谓排山倒海，势如破竹。这其中，最系统的阐发应属张暖忻、李陀伉俪发表在 1979 年第 3 期《电影艺术》上的《谈电影语言的现代化》一文。

以上言说都是从"电影不是戏剧"这一论点出发，来试图回答"电影是什么"这一问题。在今天研习电影史的大学生看来，这些言说似乎都像是没话找话。谁不知道电影不是戏剧呢？然而，站在历史的角度则应该看到，上述言说有着很强的针对性和实效性，因为刚刚从"文革"中走出来的中国电影创作，受了十来年"样板戏""三突出"的宰制，甚至绝大多数项目本来就启动于"文革"期间，加上电影生产周期的制约，根本来不及完成美学上的转型，所以，创作手法单一，千部一腔、千人一面，而且舞台化倾向严重，加之主题思想上的极左残余，要说面目可憎、令人作呕，也一点不为过，如果不给予喝止和纠正，对于中国电影的发展的确是不利的。

不过问题在于，这种纠正所借助为武器的，却是长期以来形成并占据统治地位的、以走极端为尚的思想方法。这种走极端的思想方法最突出的特点，就在于设定一个自以为正确的终极目标，然后不看条件、不计成本、不顾后果、一根筋地走到底，不达目的誓不罢休，而且拒绝接受任何实践的检验。由此，也就不难理解，为什么这一思潮尽管热闹，影响也不可谓不大、不可谓不深远，但对于此后中国电影的发展提供的正能量并不如思潮发起人当初承诺的那么大，而且与其所产生的负面效应相抵扣，对于上世纪 90 年代以来中国电影运行体制的市场化转型所发挥的作用，恐怕更是掣肘大于推进了。

在那个年代，那种走极端的思想方法统治了我们社会生活的方方面面，无远弗届。人们总是在不懈追求"高纯度"，似乎任何事情的成败总是取决于其"纯度"的高低，于是，有了"革命动机"纯不纯、"革命队伍"纯不纯、"家庭成分"纯不纯的拷问。而事实是，上述问题本来就没有答案，如果硬要追问下去，就只能是一场没有终点的无穷动。于是，社会就在这永无休止的追问中陷入无限循环的周而复始，资源消耗越来越大，能量补充越来越少，终至于人神共愤，难以为继。历史证明，组织上解决"四人帮"的

① 白景晟:《丢掉戏剧的拐杖》,《20 世纪中国电影理论文选(下)》(罗艺军主编),中国电影出版社 2003 年版,第 3-8 页。

② 笔者注:钟惦棐的讲话未曾形诸文字,因而无法在文献中查到,但凡那个时代的过来人却无人不知。

问题只需要一个晚上，放弃“四人帮”的政治路线也不过用了五天，[①] 而要在思想上清除“四人帮”长期肆虐中国所依持的那种走极端的思想方法，说不定需要上百年。开始于1979年春天的那一场有关“电影本性”的追问，就是在上述那样一种思想背景下展开的，这就先天地为这场追问涂上了一层走极端的底色。

接下来，早年出版了《影戏剧本作法》的中国电影早期开拓者之一的侯曜先生就躺在坟墓里中枪了。而一段谁也没见过的纪录性影像，据传是京剧名宿谭鑫培为庆祝自己的50大寿，而邀北京丰泰照相馆于1905年拍摄的，也成为那一时期课堂上论证中国人冥顽不化坚持“影戏”观的确凿证据。其中的逻辑是，中国人一开始搞电影就拍了京剧，而人家法国人卢米埃尔一开始拍的可是《工厂大门》《火车进站》《婴儿午餐》！说这话的人似乎不应该不知道，早在任庆泰拍摄纪录影像《定军山》之前好几年，法国剧院老板梅里爱先生就创造了“乐队指挥视点”。

在计划经济环境中生活得太久的人，往往容易无视常识。凭借这无视常识的思想方法，一根筋往前推导，就会将这“影戏”之恶的源头指向中国传统文化中的“实践理性”。而据说欧美人之所以懂得视电影为电影，而不将电影视为“影戏”，盖因其文化传统中有“绝对理性”为之指引航向，从而不会沦落为迷途的羔羊。[②] 如果说“丢掉戏剧的拐杖”和“与戏剧离婚”还给出了一个可供选择的机会，那么，一旦被插上“文化传统”的标签就无从选择了，因为人的文化传统是不能选择的，这跟人不能选择父母亲是同一个道理。然而，如果真是别无选择，那么，这样的批判本身不也成了一场没有结果的无穷动了吗？还有什么讨论的必要呢？

这场看似一边倒的追问并非没有相反的意见。张骏祥在一次导演总结会议上直言不讳地指出：“舞台化一定要反对，反对对话多，反对表演上的夸大甚至程式化，反对三面墙的舞台框框……但是，我们不能为了反对‘舞台化’就连‘戏剧性’也反对掉，那岂不是倒洗澡水连盆里的孩子也一起倒掉了？目前，电影还是在剧场里向一群观众放映的，你不能不讲剧场效果。因此，‘戏剧性’这个拐杖恐怕还是不得不拄的一个时候。”[③] 张骏祥的发言一经刊出，立即引来强烈的质疑声。其中，郑雪莱《电影文学与电影特性问题——兼与张骏祥同志商榷》一文最具代表性。郑文从“关于‘文学价值’说”和“关于文学性和电影性”两个方面对张骏祥的讲话给予了批驳，指出：“电影的特性不在于镜头的结构，而在于镜头向镜头的运动，也就是在于蒙太奇。……电影不仅不是‘语言艺术’，甚至可以说，它主要不是语言艺术，它是把各种时间艺术和空间艺术集合于一身，把各种艺术复合体都按照自己的规律加以调动和运用、具有它自己美学

① 笔者注：中国共产党第十一届三中全会会期为1978年12月18日至22日，前后一共5天。
② 陈犀禾：《中国电影美学的再认识——评〈影戏剧本作法〉》，《当代电影》1986年第1期。
③ 张骏祥：《用电影表现手段完成的文学》，《电影文化》，1980年第2期。

特性的一种独立的艺术，与文学、戏剧、美术、音乐、舞蹈等艺术门类并列。”①

同郑文持相近立场反驳张骏祥讲话的文章很多，但和张骏祥讲话对照起来读，却都有一种鸡同鸭讲的滑稽感。张骏祥是站在一个艺术家兼行业主管部门领导者的角度来讲的，说的都是亟待解决的具体问题，也可以说，这些问题都是当时电影市场给逼出来的；反张的文章却无一例外都是学术圈中人士所作，满篇的引经据典，却刻意回避具体问题。这其中还有一个非常有趣的现象：坚持“影戏”观，同时也被看作是坚持用中国传统文化观念把握电影本性的张骏祥，却有着深厚的欧美文化背景。与此相反，倒是那些批判“影戏”观同时也反对用中国传统文化观念来把握电影本性的，却无一走出过国门，没有过欧美生活的经历，这一点至少在当时还是如此。

二

1958 年在巴黎出版的安德烈·巴赞先生的《电影是什么？》一书，直到 1987 年才在北京翻译出版，前后相距近 30 年。事实上，当这本在中国电影理论圈中脍炙人口的著作中文版付梓时，巴赞热基本上已经余温不存了。

加上《原序》，这本书一共收入巴赞 28 篇短文，其中大部分都是有关电影的评论文章，而其中被中国读者深入阅读和反复引用的不过 4 篇，都在本书出版之前就在相关刊物上刊出了，它们是《摄影影像的本体论》《“完整电影”的神话》《被禁用的蒙太奇》和《电影语言的演进》，加起来也不过万把字。平心而论，拿它和同时代欧洲大陆上那些学富五车的大学问家的著作相比较，既不能说是汗牛充栋，也很难说得上是博大精深。即便是和早已为中国读者所熟知的苏俄人爱森斯坦、杜甫仁科的相关著作相比，不说其系统性，至少在厚度上也差得远。

之所以中国读者对上述 4 篇文章给予了深入阅读和反复引用，是因为它们构成了巴赞学说完整的逻辑链环。这个链环的起点是巴赞所预设的“摄影影像的本体论”。巴赞说：“外部世界的影像第一次按照严格的决定论自动生成，不用人加以干涉，参与创造。……一切艺术都是以人的参与为基础的，唯独在摄影中，我们有了不让人介入的特权。”②

“摄影机镜头摆脱了我们对客体的习惯看法和偏见，清除了我的感觉蒙在客体上的精神锈斑，唯有这种冷眼旁观的镜头能够还世界以纯真的原貌，吸引我的注意，从而

① 郑雪莱：《电影文学与电影特性问题——兼与张俊祥同志商榷》，《电影新作》1982 年第 5 期。
② 安德烈·巴赞：《电影是什么？》，中国电影出版社 1987 年版，第 13、14、16、19、21 页。

激起我的眷恋。”[①] 因为，“摄影实际上是自然造物的补充，而不是替代。”[②] 为了给自己对摄影本质的上述判断找到理论依据，巴赞找来了20世纪的显学精神分析法，他认为："如果用精神分析法研究造型艺术，就可以把涂防腐香料殓藏尸体看成是造型艺术产生的基本因素。精神分析法追溯绘画与雕刻的起源时，大概会找到木乃伊‘情意综’。……这种宗教迎合了人类心理的基本要求：与时间抗衡。”[③] 因为人类本能地要“与时间抗衡”，所以有了木乃伊，有了绘画与雕塑，进而有了摄影，而电影是摄影的进一步延伸，所以，电影艺术的本性就来源于摄影的本性，反推到原点，电影的本性也应该是“与时间抗衡”。

为了完成对这一本性的皈依，巴赞给出了一个“完整电影”的神话："在起步尚难的物质条件下，大多数电影事业的先驱者便超越了各个阶段，直接瞄准较高的目标。在他们的想象中，电影这个概念与完整无缺地再现现实是等同的；他们所想象的就是再现一个声音、色彩、立体感等一应俱全的外部世界的幻景。”[④] “支配电影发明的神话就是实现隐隐约约地左右着从照相术到留声机的发明、左右着出现于19世纪的一切机械复现现实的技术的神话。这是完整的写实主义的神话，这是再现世界原貌的神话；影像上不再出现艺术家随意处理的痕迹，影像也不再受时间不可逆性的影响。如果说，电影在自己的摇篮时期还没有未来‘完整电影’的一切特征，这也是出于无奈，只因为它的守护女神在技术上还力不从心。”[⑤] 不知是巴赞的原话使然，还是翻译使然，上述两段话读起来有点搅，笔者不妨把它归纳一下。巴赞的意思是说，是一个完整的神话启动了电影的发明，并一直在冥冥中引导和规定着电影技术和艺术发展的方向，使之导向“完整电影”由神话成为现实；而当人类克服了技术上的障碍以后，“完整电影的神话”就会从天上降临人世。而巴赞所谓的“完整电影”，就是“再现一个声音、色彩、立体感等一应俱全的外部世界的幻景”。这种“完整电影的神话”的终极目标，是要让“完整的写实主义的神话”和“再现世界原貌的神话”最终成为一切电影的统治力量。

同郑雪莱先生的主张截然相反，巴赞为达至“完整电影的神话”所规划的技术路径非但不“在于镜头向镜头的运动，也就是在于蒙太奇”[⑥]，反倒是在于“被禁用的蒙太奇”。巴赞在那篇题为《被禁用的蒙太奇》的影评中明确指出："人们一再对我们说，蒙太奇是电影的本性；然而，在上述情况下，蒙太奇是典型的反电影的文学手段。与此相反，电影的特性，暂就其纯粹状态而言，仅仅在于从摄影上严守空间的统一。”[⑦] 巴赞进一步

---

① 安德烈·巴赞：《电影是什么？》，中国电影出版社1987年版，第13、14、16、19、21页。
② 安德烈·巴赞：《电影是什么？》，中国电影出版社1987年版，第13、14、16、19、21页。
③ 安德烈·巴赞：《电影是什么？》，中国电影出版社1987年版，第13、14、16、19、21页。
④ 安德烈·巴赞：《电影是什么？》，中国电影出版社1987年版，第13、14、16、19、21页。
⑤ 安德烈·巴赞：《电影是什么？》，中国电影出版社1987年版，第13、14、16、19、21页。
⑥ 郑雪莱：《电影文学与电影特性问题——兼与张俊祥同志商榷》《电影新作》1982年第5期。
⑦ 郑雪莱：《电影文学与电影特性问题——兼与张俊祥同志商榷》《电影新作》1982年第5期。

指出："想象的内容又必须在银幕上有真实的空间密度。在这里，蒙太奇只能用于确定的限度之内，否则就会破坏电影神话本身。"[①] 既然涉及"电影神话"这一终极性的问题，可见兹事体大，不可造次，于是，"教主"巴赞要为电影艺术立法了："如果我们现在力求对这个难题作定性的说明，我想，似乎可以将下述原则定位美学规律：'若一个事件的主要内容要求两个或多个动作元素同时存在，蒙太奇应被禁用'。"[②]

巴赞学说的引进，对于苏俄蒙太奇学派在我国电影美学领域占据多年的统治地位，的确是一场革命性的颠覆，对于那种把电影镜头剪辑技巧神化到荒谬程度的说辞，不啻为一种建设性的解构。不幸的是，巴赞学说的引进不是发生在理性的时代，而是发生在 30 多年前那个思想启蒙的初始阶段，那个启蒙者本身也亟待启蒙的年代。

所谓"启蒙"，乃是以理性为武器去开蒙启昧。如果理性精神尚未确立，则必然是以后一种蒙昧去覆盖前一种蒙昧。今天回过头去看，巴赞学说的引进尽管对于迅速扭转中国电影"假大空"创作倾向、剜除银幕舞台化的美学顽疾发挥了很好的作用，但如果我们将把握"电影本性"这一活动的宗旨，不是视为使电影这一"工具"更有利于为人类服务，而是将其视为高于人类自身的、可以超越人类价值的更高"目的"，也即当"目的"异化为"工具"，从而"工具"反过来奴役"目的"，那么，这一活动本身的合理性就值得怀疑了。这也是老康德反复提醒我们"人是目的"的用心所在。

从一个极端跳到另一个极端的结果就是，当时一批开始重视娱乐功能、注重故事流畅感的电影，如《神秘的大佛》等，尽管票房很好，却因舆论痛加挞伐而灰头土脸。而一部分具有"学院派"背景的创作者，因为得风气之先，即时推出了一批电影，这些作品刻意淡化情节，而且暗中较劲看谁的镜头更长，以任性为时尚，却得到批评界的齐声喝彩。由于当时中国电影业整体尚处于计划经济体制之中，票房、利润之类纯经济学的范畴还属于资本主义的专利，不具有"政治正确性"，在和"正确"舆论的较量中尚属弱势一方，因而双方博弈的结果，是以张骏祥为代表的"文学"派完败，而高举巴赞旗帜的一方大获全胜。

但有一个历史的巧合却不得不说。不知是不是老天对任性的一种惩罚，正当整个中国电影行业陷入整体性疯狂的当口，一种全新的视听娱乐替代工具——免费电视——以迅雷不及掩耳之势普及到了中国的城市家庭，而这数以亿计的城市人口，却正是过去中国电影的基础性票仓。在月均收入不过十来个美金的岁月，每晚都能免费看到陈晓旭主演的《红楼梦》、张凯丽主演的《渴望》，谁还会傻乎乎掏钱进电影院买罪受？

---

① 郑雪莱：《电影文学与电影特性问题——兼与张俊祥同志商榷》《电影新作》1982 年第 5 期。

② 郑雪莱：《电影文学与电影特性问题——兼与张俊祥同志商榷》《电影新作》1982 年第 5 期。

三

必须指出，今天我们再次挑起有关“电影本性”这个话题的时候，绝对不能忽略我们所依凭的历史节点。那么，今天我们所依凭的究竟是怎样的一个历史节点呢？据笔者所见，在今日中国，电影处在一个数码叠加民权的时代，这是我们认知“电影本性”最基本的出发点与落脚点。

先来说说数码问题。巴赞美学体系的前提性预设在于摄影，因为电影来源于摄影，所以巴赞认为：“外部世界的影像第一次按照严格的决定论自动生成，不用人加以干涉，参与创造。……一切艺术都是以人的参与为基础的，唯独在摄影中，我们有了不让人介入的特权”。[①] 巴赞的这个预设在专业摄影家眼中显然是十足的外行话，试问古往今来，哪一幅有价值的摄影作品不是摄影师在镜头前和暗房中对光影和色彩反复调校的结果？这里，我们姑且承认在以胶片为记录介质的时代，人对于摄影作品的控制力相对于美术家、雕塑家而言，的确要弱得多。然而，仅凭这一点就足以支撑电影美学这一庞大理论体系吗？

巴赞显然严重低估了科学家的聪明才智和人类科学技术发展的速度。巴赞死后不到半个世纪，影像的记录介质就从胶片换成了数码，也就是说，电影还是电影，但摄影的科学原理却发生了颠覆性的革命。早在本世纪就有论者指出：“数字化时代电影与传统电影的本质区别在于，它给我们看的，可以不是被涂抹在带状透明醋酸片基上的溴化银粉末通过光学透镜与机械运动所纪录的现实物质世界中的光影变化，而是运用计算机通过数字组合而成的视觉魔幻。它可以弄假成真，把艺术家的视觉想象变成同我们在现实生活中的视觉经验毫无二致的视觉感受；也可以幻真成假，把现实的物质世界的真像在银幕上变得面目全非。由于有了这样的技术手段，现实中可能发生但不可能再现、或者有可能再现却又因传统工业技术的缺陷而不可能被记录的景观，具备了被展现出来的可能性；甚至，根本不可能发生在现实中从而被人类视觉所感知，而只可能发生在人脑幻想中的林林总总，也可以轻而易举地成为能够为人类视觉所感知的物化的电影信息。”[②] 由于数字化时代的不期而至，巴赞电影美学赖以起步的技术性预设已经不复存在，因此，如果今天我们对于“电影本性”的讨论还想将巴赞作为圭臬神条，那必将是驾南辕而蹈北辙。

再来说说民权问题。尽管“民权”一词因其出处而在我们的话语场域中处境尴尬，

---

① 安德烈·巴赞：《电影是什么？》，中国电影出版社 1987 年版，第 13、14、16、19、21 页。
② 余纪：《数字化生存中的电影美学》，《文艺研究》，2001 年。

往往欲说还休，但不可否认的是，自十一届三中全会以来，执政党的奋斗目标与奋斗路径，在本质上都与它的恢复和落实紧密相连。今天的中国，市场正在成为配置资源的决定性力量，而保障这一决定性力量正常运作的，是越来越深入人心的法治精神以及越来越健全的法制体系，这就意味着包括行政权力在内的一切公私权力，对于公民的基本权利，都必须保持绝对的敬畏。这不就是民权的时代吗？民权时代的民众首先获得的是用脚做出选择的权力。在依宪执政、依法治国的今天，如果不愿意，公民有权背过脸去；如果不喜欢，公民有权不掏腰包，而谁也无权对其施以强迫手段。

明白了这一点，我们就必须接受《小时代》《爸爸去哪儿》一类的“烂片”在中国电影市场大卖特卖的现实。你当然有权痛心疾首并大加挞伐，因为你有你的言论自由，但你不能指望有行政权力会出面干预市场的这一选择，因为那是于法无据的，即便你因为自己投入大量资金、心智和劳力而打造的优秀作品遭到市场的冷遇，从而感觉怀才不遇、天道不公。

这里之所以要不厌其烦地强调我们这个时代数码与民权相叠加这一基本事实，是因为我们在今天再一次追问“电影是什么”的时候，不希望重犯当年巴赞那样顾头不顾尾的历史性错误。第一，我们不能指望，还在飞速发展的科学技术会为我们的美学体系建设停下脚步，谁也无法预测若干年后电影会是什么模样，所以，我们美学前提的预设，绝对不能建基在当下科学技术所达到的水平上。第二，我们不能指望，今天的电影投资人、创作者还会拿某些权威专家的言说当回事儿，除非你能证明，你的每一个策划、每一个主意都能给他们带来丰厚的市场回报。第三，我们必须要把电影的消费者也即观众，作为这场追问中最重要的一个支点，给予审慎而全面的考虑，因为没有他们，电影就会寿终正寝，顶多会被送进历史博物馆，写入历史教科书。

行文至此，不由得再次想起当年张骏祥先生在30年前的那次发言，并且心存敬意。因为，当巴赞所依托的“摄影影像的本体”不复存在的时候，张骏祥所依托的“电影还是在剧场里向一群观众放映”的这一基本事实，却依旧彰显着当下电影[①]最本质的特性。也正因了这个特性，古今中外的电影都“不能不讲剧场效果”，无论是电影投资人、电影创作者，还是影片发行人、影院经理，总之一切相关责任人，谁要是不信这个邪，偏要拧着干，拿“剧场效果”当儿戏，那就是跟在自己的饭碗绝交。

其实，宇宙中任何客观存在之物本身并无所谓“本性”，而“本性”乃是产生并存在于人脑之中的一种认知性观念，属于意识形态的范畴。又由于认知对象和认知主体皆非一成不变，因此，事物的“本性”也就只能与时俱进地存在于当下，而不可能放之四海而皆准、置百年而不馊。既然“本性”产生并存在于人脑，而因为人与人所处

① 作者注：这里指的是院线市场上放映的电影，其他如“电视电影”“微电影”等，均不在讨论之列。

的地位不同、把握事物的角度不同，那么，欲求 60 亿颗人脑对某一事物的观念性认知完全一致，乃是绝对不可能之幻想，因此，所谓“本性”就必然千差万别。更由于人人平等乃是当今全人类公认的普世价值，故每一颗人脑中所产生和存在的认知性观念都有其存在的权利，由此，任何企图统一这种认知性观念的运作，都注定是徒劳，而电影作为宇宙中万千客观事物之一种，其认知性观念自然也不能超然于外。

本文无力对当下之“电影本性”给出肯定性答案，但认为，要想得出符合实际的认知，则须注意以下几点：

第一，电影不是上帝对人类的赐予，而是人类自身的创造物；它是人类的仆役，而非主宰，因此，电影的形态和功能应随人类的意志转移，而非人类需要去适应电影。当然，这里所说的“人类意志”是就整体意志而言，这种整体意志只能通过市场这只“看不见的手”去实现。迄今为止，任何企图绕过市场去左右电影的努力，都以失败而告终。

第二，电影以梅里爱所开发的剧场式放映模式得以大规模介入人类生活，这一模式至今没有发生根本性改变，尽管纪录的介质已经从胶片换成了数码。同样，作为视听信息传播工具，电视虽然比电影更便捷、更低廉，也因其服务于人类的方式与电影的这一差异，从而至今不能取代电影，如同大规模电视现场转播不能取代足球、篮球、橄榄球、拳击、冰球等主流赛事现场观看一样，因为，人是社会性动物，聚集是人类的天性。

第三，电影无论是作为一门艺术，还是作为一项技术和一个产业，目前依然处于生命周期的青春时段，其手段的提升和功能的扩展远未穷尽，从而，与时俱进和兼收并蓄依然是电影生命得以继续生长的基本能量来源，而技术上的固步自封和美学上的自闭提纯，都等同于自寻死路。

四

是的，笔者对关于“电影本性”的追问多少有几分不以为然，其中一个重要的原因就在于，这个追问在哲学上是经不起推敲的。

笔者坚持认为，作为认知的主体，人是有限的，而作为认知客体的宇宙却是无限的。人的有限性表现在空间和时间两个向度上。从空间上说，人的感知器官远不能穷尽宇宙的宏观和微观，即便借助超大功能的射电望远镜和电子显微镜，人还是只能观察到非常有限的空间距离和微观粒子。同时，我们又非常有把握地推测，在我们观察到的范围之外，应该还有无数我们观察不到的物质存在，但由于我们观测不到它们，因而我们不能肯定存在还是不存在。从时间上说，人的生命是有限的，个体的生命长不过百年，而具有正常认知功能的有效生命则更短，即便说人对宇宙的认知具有代际传递的功能，但和宇宙的长度相比也还是微不足道。因此，以人的有限去认知宇宙的无限，所获得的认知结果就只能是有限的。而就认知活动本身来说，人对于客体的认知是一个向前无限延伸的过程。人的认知总是在不断扩大和深化中趋近于客体的本质，却永远都不可能穷尽和囊括。

看清了主体有限与客体无限这一对关系，并不意味着人就应该关闭感官和大脑，停止我们的认知活动。事实上，认知是包括人在内的一切生命体的本能，不可能停止。因此，问题不在于要不要认知，而在于我们对于认知结果以及认知活动本身，是否能够给出一个恰如其分的定位。

回望 30 年前那段激情燃烧的岁月，不难发现一个有趣的巧合。正当我们这一小群人在一根筋地追问“电影是什么”的同时，中国大地还有更多的人在一根筋地追问“什么是社会主义”。处在变革初期的中国大地，时不时地总会有一些前所未见的新鲜玩意儿冒出头来，比如安徽凤阳小岗村的那张盖满血印的包产到户承诺书，又比如畅销大江南北的“傻子”瓜子。每当这个时候，总有人跳出来质询这些个新鲜玩意儿到底是“姓资”，还是“姓社”。而小平同志的意见是 ：“不争论。”

小平说 ：“社会主义的优越性，就在于能够集中力量办大事情。”在这里，小平没有正面回答“什么是社会主义”，而是从功能的角度，指出了社会主义优于其他社会制度的本质特性。小平的思想方法给了我们一个启示，即不能将社会发展视同为盖房子一类的工程建设，不能先画好图纸再动工 ；社会发展的每一步都不能无视社会成员的当下生存，越是美好的蓝图，越不可能在啼饥号寒中变成现实，这也正是“摸着石头过河”的深刻内涵所在。艺术门类的发展也属于社会发展的范畴，不可能拿着某位“先知”指定的标准去按图索骥，而只能是社会全体成员共同在实践中不断探索前进。认清了这一点，我们似乎就应该转变思路，把“电影是什么”置换为“电影能干什么”。与其围着一个永无结果的伪命题原地打转，还不如换个角度去想想电影还能为我们提供什么新服务。

相比四年一度的奥运会，四年一度的世界杯足球赛恐怕更能点燃全球 60 亿人众的澎湃激情。这种激情对于电视行业是一次疯狂捞金的大好机会，但对于电影行业来说，则无疑是一场挥之不去的噩梦。有购买力的观众飞临比赛现场去参与狂欢，没购买力的观众都被吸引到了电视机前，如此一来，电影院自然就门可罗雀，经营惨淡了。然而，谁也没有想到的是，刚刚过去的巴西世界杯期间，国内却同样有电影院赚了个银盆钵满。原来，这些电影院经营者开辟了世界杯赛事直播专场，将比赛直播的互联网数字信号接入电影院，通过电影银幕放映出来。由于比赛的视频是通过电影院的大银幕放映，而音频又是通过 5.1 甚至 7.1 声道环绕立体声扬声器播出，视听效果自然超出家用电视

机不知凡几，更重要的是，电影院是众多相互熟悉或陌生的观众相聚在一起观看，支持同一个球队的球迷可以包场，可以一起为自己所支持的球队加油，也可以一起为自己所喜爱的球星落泪，这样就能最大限度地模拟比赛的现场感，硬生生将电影院做成了世界杯足球赛的远程模拟比赛现场。

说不清这是足球对电影的入侵，还是电影对足球的殖民，但可以肯定这不是一场零和游戏，而是一对欢喜冤家的奇幻双赢。进一步说，如果我们没有充足的理由去指责电影与足球的那一场短暂恋情，那么，我们又怎能阻止《爸爸去哪儿》《爸爸的假期》等另类来影院同台竞技呢？

不得不佩服影院经营者的精明和智慧，他们以丰富的想象力构建了这样一种引领电影消费方式的崭新业态。然而，如果我们把这种电影新业态的产生完全归功于经营者的精明和智慧，那同样也会有失偏颇。试想，这种新业态在互联网诞生之前是可能的吗？这在影院数字化设备普及之前是可能的吗？也就是说，如果要公正而全面地对这种新业态的诞生给予描述，那么它应该是，全球联通的互联网技术使远程传输视音频信号成为可能，同时，由中国政府相关部门全力推进的数字化放映设备在全国影院的迅速普及，使这种信号作为影院放映的终端产品在这一届世界杯比赛期间成为可能，而将上述可能性与传统的影院经营模式相对接，才使得这种新业态成为电影市场的新宠，影院经营者的功劳在于他们抓住这个历史的机遇，踢了那临门的一脚。我们对这一新的业态大加赞赏，是因为它不但为电影功能的扩展开辟了一条新路，更为我们带来一个重要启示，那就是，其实电影在功能上还有着巨大的开发空间，倘使我们这个社会未来能激发出更多的创新精神和聪明才智，那么，电影还能为我们带来更多的快乐，也能为我们创造更多的财富。

从功能学派的角度出发，我们发现，电影的历史似乎还可以有另外一种写法，那就是电影技术的发明仰赖了卢米埃尔兄弟（当然还有爱迪生），而电影作为人类的宠儿，却诞生在以梅里爱为代表的一众将电影引入剧场的先驱者手中。乔治·萨杜尔指出："（从1895年12月算起）经过十八个月以后，观众对于卢米埃尔的'活动电影机'已经不感兴趣了。这种只能放映一分钟，而在艺术手法上又仅仅限于题材选择、构图和照明的照片，由于它的表现手法只是纯粹的平铺直叙，结果把电影导向了死胡同。"而"乔治·梅里爱的天才的主要标志，按他自己的说法，是他首先把电影引向了戏剧的道路。"[①] 在这里，我们不必过多地拘泥于梅里爱所出品电影的内容，而更应该看重其经营的业态。因为卢米埃尔所创建的那种游走于乡场间的"活动放映"业态，注定不可能承载足以长时间吸引消费者的放映内容，从而也就不可能为投资者带来丰厚的回报。梅里爱等

① ［法］乔治·萨杜尔著，徐昭、胡承伟译：《世界电影史》，中国电影出版社1982年版，第22页。

人将放映场地改成了剧院，这就逼迫经营者在节目中拿出能与戏剧竞争的内容来。而电影这一新兴技术的幸运，就在于梅里爱他们做到了这一点。正因为电影在内容上很快就追上了戏剧，才在 20 世纪前半叶将戏剧挤到了文化版图的边缘。

今天，卢米埃尔的发明早已被数字技术所超越，而梅里爱所创建的业态却依然是电影行业赖以生存的根基。即便是好莱坞，后电影产品收入已经超越了影院放映收入，但影院仍然是一切后续收入的出发点和动力源，没有影院的放映，后续的一切都免谈。其实早在 20 世纪 30 年代，同样是作为视听产品的电视就已经闪亮登场，而且越做越大，如今全球电视产业的产值和销量，不知大过电影产业多少倍。然而，电视却至今无法取代电影，而且在可以预见的将来也看不到这样的趋势。其中最根本的原因，还是电视不能动摇由梅里爱所创建的电影所独有的业态；而这一业态之所以不可动摇，是因为它契合了人类喜好聚集的本能。

中国的社会主义市场经济发展到今天，终端为王的市场规则已经不可动摇。任何产业要想获得生存的权利，都必须臣服于这一规则。换言之，不管你是谁，你都得诚心诚意为终端效劳，否则你就出局。说到这里，或许有人会说，电影是艺术，属于意识形态的范畴，因而不能成为市场的奴隶。这话没错，但却不能拿来当漠视终端的挡箭牌。诚然，作为意识形态重要组成部分的电影艺术，理应自觉担起服务社会、引领风尚、教化群伦的责任，其运行的每一个环节，都理应在道德和法律所允许的范围之内。如果为了票房而泯灭良知，无视伦常，甚至践踏法律，其结果非但不能赢得市场，反而会被社会所唾弃，甚至受到法律的制裁。到了那一步，需要讨论的就不再是艺术和市场的问题，而是道德和法律的问题了。

（原文刊载于《电影艺术》2015 年第 03 期）

第三章

中国电影理论与批评学术前沿

导 语

孙 婕

2015年，中国电影产业以稳健的步伐创造了新高点440.69亿元的票房成绩，总体上看，当前市场上的国产影片较于外国引进片，以较大的优势占据主导位置。可以说，电影市场上不断刷新的票房纪录显然与当前互联网环境有一定的关系，特别是近年来以BAT（百度、阿里巴巴、腾讯）为首的互联网公司加入并迅速推动影视产业的发展，其中最为突显的是由此引发的“电影IP”热潮，有不少学者认为电影IP这正影响着这当下电影生产的格局和发展。① 值得一提的是，2015年两会上李克强总理的政府工作报告中就鲜明的提出“互联网+”一词，正是互联网环境给传统电影发展带来了新突破，对于当前中国电影产业创新发展有重要的现实意义。当前，电影学界对中国电影发展的关注，也不可避免地从理论角度与批评方面着手考量，对一些重要问题进行讨论与论述，可以说，传统的学院派理论和精英知识分子思维的电影批评力量也遇到了前所未有的压力。

一、理论前沿——从“学院派”到“新学院派”

纵观2015年中国电影市场上赢得高票房的一批导演们的作品，如《捉妖记》《煎饼侠》《恶棍天使》等，相较于早期被称为中国的“学院派”——第四代、第五代中国电影人的优秀作品，表现出了很大的不同。在专家、学者们看来，当下这一批导演们自身多种学科交叉的个人背景，大多数都不再是电影学院的特属。追溯“学院派”电影人的发展史，一些专家、学者们定义且深度探讨所谓的“学院派”与“新学院派”电影人，针对“新学院派”电影人的身份并对其作品进行分析。其中，《北京电影学院学报》就

孙婕，华侨大学文学院，讲师。

① 以《当代电影》学术期刊为首的，就特邀相关专家学者、业内人士对”电影IP”问题送创作、产业、美学等角度对现在中国电影产业的IP转换进行深度解读，相关文章刊登在《当代电影》2015年第09期。

组织了以电影学院杨远婴教授为首的一批专家、学者，对传统的“学院派”以及当前被称为“新学院派”这一具有精英色彩的概念进行重新梳理和建构。[①]

关于中国电影的“学院派”和“新学院派”，学界一致认为是与北京电影学院为主的一些专业艺术院校的老师和毕业生有密切关系，如中央戏剧学院、北京电影学院等就被冠以“学院派”的称号。钟大丰教授指出了当前的新学院派需要有适应新环境的学理性基础，认为不同历史语境下“学院派”概念在内涵上有很大的不同，其认定“学院派”与当时中国电影的语境有关，是在20世纪80年代以后提出来的，有特定的历史指涉。[②] 当时，作为学院派的代表所追求的电影要有人文内涵和批判精神，在创作中将电影的精神追求到一个相当的高度。而如今专家、学者们所探讨的“新学院派”，是在当前中国电影飞速发展的“互联网+”新语境下出现的。关于“新学院派”队伍的建设，引发了杨远婴和陆绍阳教授的思考，他们认为“学院派”是一个发展变化的概念，并不是一个完全已有成型的现象，而在当前中国电影的新语境下，出现了市场的飞速发展、观众年轻化的现象，也出现了网络电影评价体系的重大影响力与传统、主流的电影评价和话语体系之间的脱节。诚然，目前学界的理论研究与电影批评也随之呈现出主流批评的学理性传统与市场变革发展的脱节，不得不承认的是传统“学院派”在电影界的声音日渐暗哑，从理论层面上考究其内涵也被边缘化、窄化，面对当前中国电影产业发展催发出对“新学院派”的探究，正是对中国电影发展于学理层面的思考。

涉及到“新学院派”的建构与历史使命问题，周星教授在《新视野的创作与包容性的研究——关于“新学院派”建设思考》一文中强调了当前学界对“学院派”的研究应侧重面向市场，看到作品创作中技术因素的比重和宣发策划的重要性，特别是对电影和观众学的研究他认为互联网时代数据的研究和粉丝的研究，是在对“新学院派”的建构与研究中所应重点关注的。[③] 尹鸿教授也指出当前探讨“新学院派”电影的时候所需要面对的新的语境挑战，即我们所处的“政治文化过敏期”和商业文化的泛化，在这样的语境中“新学院派”电影的影像存在较大的差异性。[④] 大多专家、学者眼中的“新

---

① 有王一川:《平面化浪潮下的深度重构——中国电影届的“学院派”与“新学院派”》,《北京电影学院学报》2015(Z1),第70–71页;尹鸿:《从“学院派”到“新学院派”:学院不存,派将焉附?》,《北京电影学院学报》2015(Z1),第73–75页;陆绍阳:《“学院派”传统与“新学院派”的突破》,《北京电影学院学报》2015(Z1),第76–78页;周星:《新视野的创作与包容性的研究——关于“新学院派”建设思考》,《北京电影学院学报》2015(Z1),第79–82页;钟大丰:《“新学院派”需要有适应新环境的学理性基础》,《北京电影学院学报》2015(Z1),第83–87页;吴冠平:《“新学院派”电影建构的维度》,《北京电影学院学报》2015(Z1),第88–90页;刘藩:《“学院派”电影的艺术使命和精神追求》,《北京电影学院学报》2015(Z1),第91–97页。

② 钟大丰:《“新学院派”需要有适应新环境的学理性基础》,《北京电影学院学报》2015(Z1)。

③ 周星:《新视野的创作与包容性的研究——关于“新学院派”建设思考》,《北京电影学院学报》2015(Z1)。

④ 尹鸿:《从“学院派”到“新学院派”:学院不存,派将焉附?》,《北京电影学院学报》2015(Z1)。

学院派”，多是以正值盛期的年轻编导曹保平、薛晓璐、王竞、张辉、梅峰为首的新生一代，这一批电影人就创作出不少鲜明的、标志化的电影作品，如王竞执导的《万箭穿心》。[①] 由此，对“新学院派”导演们的作品进行分析读解并由此诠释出他们在电影创作上的特征，反思在当前中国电影产业发展背景下这一批“新学院派”电影人需要创作出什么样的作品以此接受市场的考验。有专家认为：“需要解决现在所处的这个时代的命题，如‘虚拟现实’、‘体验感’、‘交互性’等，在作品中体现出前卫性和先锋性，实现突破，是‘新学院派’真正大有作为的地方”[②]，更需要重视当前数字技术发展下对电影艺术技术的创新。值得一提的是，通过对“新学院派”电影人作品的探讨，不少专家、学者也发现中国电影市场上高票房影片存在的诸多问题，如作品多偏商业性等待。可以说，在学界的探讨中出现了不少论述对“学院派”、“新学院派”的概念模棱两可。多数专家呼吁依靠学院精神的复兴，需要坚守人文主义、关注现实、追求跟社会的共鸣，同时要更多重视电影艺术技术的创新，需要进一步明确“新学院派”电影建构的维度，指出“新学院派”电影人所应承担的使命。[③]

站在当前电影产业发展的大背景中来看，传统的电影概念已被无限扩展，电影影像也出现了新传播场域——“互联网+”与电影产业的融合和碰撞。随着电影创作与新一代的受众之间的关系变化，强调“新学院派”当前需要重视“互联网+”背景下的中国电影发展业态是非常重要的。“新学院派”电影人也需要进一步思考如何在创作的影片中找到不丧失内容文化性的传播效果，思考所应建立的艺术美学目标、创作规范、文化逻辑等问题。不可忽略的是，当前处于产业高速发展亢奋的中国电影，有不少作品出现浮夸矫情、草率敷衍、急功近利，缺少人文内涵、社会关怀、批判精神、探索精神等等的情况。为此，重提“学院派”这一概念，由此明确在新环境下如何来界定并且建构“新学院派”，从理论层面上来看，也是对重要电影理论的纠偏，从另一层面来看，也有助于进一步深入思考国产电影在多元化的市场环境下如何提高作品的文化艺术品质。[④] 正如杨远婴教授所强调的，“‘学院派’是个具有精英色彩的称谓，对于电影来说……在年轻化、网络化、类型化、明星化、营销化、资本横行的今天，正是当前学界关心的重要问题之一”。

---

① 王一川：《平面化浪潮下的深度重构——中国电影届的“学院派”与“新学院派”》，《北京电影学院学报》2015(Z1)。

② 陆绍阳：《“学院派”传统与“新学院派”的突破》，《北京电影学院学报》2015(Z1)。

③ 钟大丰：《“新学院派”需要有适应新环境的学理性基础》，《北京电影学院学报》2015(Z1)；周星：《新视野的创作与包容性的研究——关于“新学院派”建设思考》，《北京电影学院学报》2015(Z1)；吴冠平：《“新学院派”电影建构的维度》，《北京电影学院学报》2015(Z1)。

④ 参考刘藩：《“学院派”电影的艺术使命和精神追求》，《北京电影学院学报》2015(Z1)。

二、"互联网+"时代下电影批评的建构

当前"互联网+"语境下的中国电影产业发展，在电影创作、制作与传播方面就出现了许多新的变化，可以说是打破了传统的电影思维。面对电影发展的新态势，有电影专家指出:"需要重建网络时代的电影批评"[①],指出传统的电影批评缺乏真正的评价标准，对于反思蓬勃发展的中国电影，特别是对于当前电影观影者来说，目前传统的影评不如网络影评的影响力大。这一年有不少学界专业期刊、学报就当前中国电影批评的历史发展与现状组织专家、学者们探讨。可以看到的是，在互联网时代下的电影批评出现了新的阵地,"随着豆瓣电影、时光网的发展成为中国电影版的 iMDb, 以及博客、新浪微博等网络的平台的诞生，随时随地发信息、微影评、开放的关系以及裂变式的传播,吸引了越来越多影评人参与表达,电影批评在互联网时代变得零门槛。"[②]。李道新教授认为在当前市场化诉求和互联网语境下，中国电影批评经历重大的转型，真正进入一个思想多样、话语驳杂、隐晦难辨的新时代。因此，就需要革新观念乃至重新定义中国电影及其批评，搭起网络时代的电影批评的理论建构的新框架。[③]

如前所述，我们可以看到依靠各大综合门户网站的影视论坛、影视官方网站、在社交网络平台上涌现出的各种形式的网络影视评论，不乏出现形成如蝴蝶效应的网络电影批评现象。可以说,"互联网+"环境下的电影批评，学者归纳出的影评形式的变化就重点体现在：一、短平快的影评形式；二、人人都是自媒体，影评的参与性和互动性日趋增强；三、多样化的平台涌现。[④] 伴随移动互联网的兴起，出现了电影批评的新阵地以及影评形式的变化之余，最突出的是"手机"已成为最强大的网络影视批评的平台，也有不少学者的研究涉猎到较为前沿的选题"手机发展与电影批评及其价值取向"，在手机与网络的跨媒体环境下来进一步探索中国电影产业发展的情况，在丁亚平主编的《大电影时代：异彩纷呈的热播影视》著作中就在大的新媒体环境下就对如何促进当前电影产业的发展深入思考，也有学者从手机技术角度出发拓展手机传播特性对电影产生的影响，其中，李建强的《网络影评的生存状态极其走向研究》(2010)是一部比较完整地论述网络影评的专著。[⑤] 在专业电影期刊中，如《当代电影》《电影艺术》《艺术评论》《艺术百家》有刊登不少专家、学者们所关注的"互联网+"环境,

---

① 参考刘藩:《"学院派"电影的艺术使命和精神追求》,《北京电影学院学报》2015(Z1)。

② 王宜文、张云:《互联网时代的电影评论》,《艺术评论》2015 年第 8 期。

③ 李道新:《重建网络时代的电影批评》,《中国艺术报》2015 年 3 月 23 日, 第 006 版。

④ 王宜文、张云:《互联网时代的电影评论》,《艺术评论》2015 年第 8 期。

⑤ 参考张智华、李金秋:《中国手机发展与电影批评及其价值取向》,《艺术百家》2015 年第 4 期。

特别是手机的出现对电影批评带来的新问题和挑战。[①]

值得引起注意的是，手机的发展也带来收视习惯的变化，促使在这一媒介上发表的电影批评随之兴起，可以说是拓展了电影批评的领域，丰富了电影批评的形式，使电影批评与电影创作之间的互动加强。梳理当前学界涉猎手机平台成为电影批评的新阵地的相关研究，有学者就指出了相关定义模糊，围绕这一主题开展的研究难成体系，需要进一步论述相关问题。在《手机发展与电影批评极其价值取向》一文中，学者对手机上的电影批评定义为："包括对影院电影、网络电影、微电影、电视电影、手机电影等的批评，大多有感而发、短小精悍、自由自在、不拘一格……"[②]，通过考察当前观众在手机上发表的电影评论内容，进一步指出手机上的电影批评相关内容的提供商主要以手机报、电影评论的相关手机应用 APP、微博、微信的关注和订阅为主的占有的市场份额影响手机电影的批评。[③] 当前网络影评于中国电影批评的重要位置，这是新时期所应有的电影批评的新形式，学者也表达出对网络影评包括手机影评的道德失序的担忧。关于网络影评具有的批评价值、学术价值的判定，应由批评理论本身的理论深度、独特视点以及运用的方法来决定，更重要的是扩展电影批评的学术视野，建立批评自身的美学范畴。[④]

有青年学者从网络电影评分体系中的新力量——"迷影"，考察其喜好偏爱是否在新媒体环境下成为制衡电影票房的重要力量，也着重探讨了当前中国网络电影评分的主要发布渠道 PC 终端以及 MID 移动终端为载体的手机 APP 应用软件。在《迷影偏好、观影取向与票房制衡——网络电影评分现状研究》一文中[⑤]，其认为当前电影网站为载体的上线电影评分体系用户数量庞大，形成了较为完善的机制，但同样具有电影评分功能的手机 APP 的应用软件较为欠缺。从电影评论的评分机制的新媒体平台这一角度考察，该学者看到当前"网生代"迫切需求，指出不可忽略研究网络电影评分机制及其影响力。当前学界不少涉及对网络电影批评、手机电影批评的论述中，或多或少提到了重视了解受众的需求，提到了新媒介在参与电影批评上更为广阔的话语空间，提出将手机上的电影批评纳入对电影文本的探讨之中。

① 张智华、李金秋:《中国手机发展与电影批评及其价值取向》,《艺术百家》2015 年第 4 期; 金丹元、田承龙:《对近年来网络影评发展新态势的再思考》,《电影新作》2015 年第 1 期; 唐宏峰、迷影:《网络影评的时代》,《电影新作》2015 年第 3 期; 王宜文、张云:《互联网时代的电影评论》,《艺术评论》2015 年第 8 期, 第 14-22 页; 齐伟:《迷影偏好、观影取向与票房制衡——网络电影评分现状研究》。见《当代电影》2015 年 11 期; 蒋桢:《青年亚文化视野中的网络影评》,《电影文学》2015 年第 9 期; 王俊秋、张遥:《网络影视评论的传播机制与社会功能》,《武汉大学学报(人文科学版)》2015 年第 9 期; 饶曙光、李道新、尹鸿、周黎明、杨远婴:《当下电影批评的格局与再建构》,《当代电影》2015 年第 1 期。

② 张智华、李金秋:《中国手机发展与电影批评及其价值取向》,《艺术百家》2015 年第 4 期。

③ 张智华、李金秋:《中国手机发展与电影批评及其价值取向》,《艺术百家》2015 年第 4 期。

④ 张智华、李金秋:《中国手机发展与电影批评及其价值取向》,《艺术百家》2015 年第 4 期。

⑤ 齐伟:《迷影偏好、观影取向与票房制衡——网络电影评分现状研究》,《当代电影》2015 年第 11 期。

也有学者从电影批评的历史发展与现状出发，来探索电影批评的纯度，在其看来，所谓的“电影批评”，不是去掉商业性的评论表现出对商业性的祛魅，应该针对电影特殊性的细分化进行批评，寻求一种迎合电影本体特征的批评，而纯度性就是电影批评的本体原则性。[①] 确实，“互联网 + ”语境下出现人人都是自媒体的现象，在电影批评上也呈现出影评形式的多样化，有带着方法论的体系和方法论的学理式的批评，也有从认识论的切入和认识论的争辩，可以说，以学术面貌、学术批评与评论，并且对某一电影创作现象的深入分析和评价，结合电影理论的连接已成为学界展开的电影理论与批评研究的重要空间。

诚然，中国电影产业飞速发展的过程中也必须面对电影与观众关系的变化，王宜文、张云在《互联网时代的电影批评》一文中透视新时期电影批评的建构逐步形成与发展，提出网络时代电影批评的亮点是“全民影评的时代”，即碎片化感想式的影评日趋增多，带动具有专业水平的业余影评人自发崛起，出现更多的是自由发表、水军泛滥的影评，产生了较为深远的影响。文章中强调指出“互联网 +”背景下，促使电影批评过程中观众的参与、互动、多元、民主等特征的突显，与此同时，该学者也并非乐观的看待在新时代中电影评论的话语空间开放，提出当前影评界需要新型电影批评方法的出现，需要进一步整合多元形态中的电影价值判断，需要对电影评论的写作和传播提供指导性意见。[②] 无论我们是否认同当前网络影视评论在当前中国电影批评的发展过程中逐渐成熟的现实，都不能忽视一大批具有深刻思想和理论水军的自身影评人以及他们较为成熟的批评形式，更为重要的是一些学院影评人也意识到了需要转变观念和话语方式，借助新媒体的强大平台为传统的电影批评注入新的生命力。[③]

三、电影批评聚焦“IP”热

当下影视圈中，知识产权（Intellectual Property，IP）已成为业内外人士探讨的又一热词，确实，随着互联网环境中大量业内外资本涌入电影行业的带动，2015 年国产电影就有不少由版权改编的影片获得不错的口碑和票房成绩，深刻地影响当下国产电影生产与发展的格局。以专业学术期刊《当代电影》为首的，就组织专家、学者就互联网语境下的电影 IP 转化现状、问题和未来发展趋势等问题进行深入探讨，有从借鉴好莱坞电影相关项目的研发机制出发的，以此比较当前中国电影产业 IP 的深度研发问

① 蓝凡：《电影批评的纯度》，《艺术百家》2015 年第 2 期。
② 王宜文、张云：《互联网时代的电影评论》，《艺术评论》2015 年第 8 期。
③ 王俊秋、张遥：《网络影视评论的传播机制与社会功能》，《武汉大学学报（人文科学版）》2015 年第 9 期。

题进行评述；也有从产业发展角度、创作、美学和文化角度对电影 IP 开发进行深入读解的。通过梳理专家、业内外人士对当前中国电影产业化发展情况进行评述的文章，有不少涉及对“互联网＋”环境下国产电影 IP 热的探析，其中就不乏学理性层面进行评述的文章。如有专家所指出的：“研究当前 IP 的开发应用、现状问题及其解决方法，进一步探索互联网与当代电影发展的关系，富有重要的价值”[①]，这也是业内人士聚焦对当下中国电影产业方向发展探讨中前沿的问题之一。

纵观好莱坞电影的 IP 开发和运营，最重要的一点就是利用优秀的原创 IP 制作电影以及在电影 IP 价值在后期开发中向相关领域的延伸，在开发探索中所树立并贯彻了一种“IP 思维”。有青年学者系统的梳理好莱坞的电影 IP 开发策略，指出在电影创作中的重要策略，其中以小说、漫画为主的电影剧本的跨界改编、翻拍或是拍摄续集为例，以发行环节为重点考察好莱坞电影 IP 价值的最大化，善于开发电影的附属产业链以及在电影营销中如何发展出一套成熟的机制为考察对象，挖掘值得借鉴于当前中国电影 IP 开发的经验。[②]

2015 年，电影市场上的国产影片制作中不乏有借鉴好莱坞电影 IP 开发和运营机制，出现根据网络小说等文学作品改编的电影，如《何以笙箫默》《匆匆那年》《寻龙诀》《九层妖塔》《烈日灼心》等，也有较为突出的，根据四大名著的《西游记》这一超级 IP 改编的动画电影《西游记之大圣归来》，刷新了票房纪录。围绕近年来电影 IP 热潮兴起的原因、发展现状、未来发展问题以及对策，其中《论互联网语境下电影 IP 转化的现状、问题与对策》一文，专家从文化产业的角度切入评述当前中国电影 IP 的开发与应用的现状以及优劣势，指出“互联网＋”环境下国产电影生产中存在的问题以及应对的策略。在其看来，值得欣喜的是当前互联网新媒体和移动互联网的兴起带来的动画、游戏、网络文学、综艺节目等电影 IP 的成功运作以及商业模式的建构，但也就互联网环境下电影产业高速发展所带来的电影 IP 的昙花一现的状况表示担忧。文中指出“IP 应用的话语实践同样可能仅限于一时的狂欢，渐显它的劣势，纷拥而上，会出现原创能力的下降，虚浮与苍白的自我自制盛行的现象。电影类型可能趋向单调”，[③] 认为当前 IP 作为电影产业重要的推动力量，改编和应用中就存在类型化不足与意识形态的问题。在面对市场以及“网生”力量所形成的共谋局面下，该专家提出了重要的应对策略：（一）加强电影的市场培育与提升电影商业化、类型化接受度；（二）在创作中融入文化与情感；（三）进一步探究电影美学的新发展并建立改编模型。从文化产业发展的角度上，对以互联网为基础的电影 IP 开发以及运用的考察，学者持乐观的态度看待当前电影 IP 的开

① 丁亚平：《论互联网语境下电影 IP 转化的现状、问题与对策》，《当代电影》2015 年第 9 期。
② 彭侃：《好莱坞电影的 IP 开发于运营机制》，《当代电影》2015 年第 9 期。
③ 丁亚平：《论互联网语境下电影 IP 转化的现状、问题与对策》，《当代电影》2015 年第 9 期。

发推动电影产业链的优化，认为这是对中国电影未来的发展起到创新开拓的先锋作用。[①]

此外，以《当代电影》专业期刊为首的，开辟出以访谈、座谈的方式展开对中国电影发展情况进行评介的新方式，邀请业内外专家以及相关领域人士讨论当前电影IP热潮兴起的背景、原因以及泛娱乐思维下的未来电影的发展。其中，清华大学新闻与传播学院尹鸿教授就携手制片人共同探讨当前电影IP转换兴起的原因、现状以及未来的发展，通过透视当前中国馆电影市场上的IP改编成电影背后的兴起原因、操作方式，尹教授指出当前电影IP大多数是营销概念的获取，在创作层面看，能将IP转换成为优秀电影作品的电影人寥寥可数，[②]在电影创作层面来看，其强调需要清醒地认知当前IP概念的转换制作电影作品的现状，真正意识到做好IP转换的问题。结合2015年国内电影市场上的国产片《捉妖记》《西游记之大圣归来》《煎饼侠》的成功案例，访谈的相关人士也从文化产品角度出发，指出在电影IP转化过程中所需的文化净化，进一步从价值观、美学观角度对电影IP转换为电影这一艺术形态进行判断和调整。腾讯集团副总裁程武与中国艺术研究院电影电视艺术研究所研究员李清就“电影IP热”、“互联网+”、“泛娱乐化”的发展进行探讨和评述，在围绕腾讯集团在电影行业发展中发布的“泛娱乐”战略和“IP运营”的情况所展开的对话中，深入当前“互联网+”语境，就电影IP如何实现生产与转换以及实现IP的真正价值的问题进行重点讨论，其中李清研究员提出了电影IP的朴实价值观、个性的精神内涵和具体的呈现方式以及开发过程中所必须具备的商业理念。在访谈中，重点落在以当前中国电影产业化飞速发展下以腾讯集团为首的进军影视产业为例，就腾讯集团如何打造电影IP，实现“泛娱乐”的商业战略，对电影IP的开发进行评述。

站在文化批评角度发声的，电影学者王臻真的《IP电影热——中国大众消费时代进行时》的一文，通过对近年来中国电影IP热所呈现的商业创作模式，透视当前主流文化的标志，且以电影的“大众艺术品”属性指出大众消费为目的的电影生产，导致大众创造属于自己的文化，可能出现颠覆电影行业发展的情况。该学者从电影艺术的角度考察电影IP作品改编的动机，认为电影IP在商业开发下过度娱乐化、市场化的发展会导致电影原创作品的缺失。同时，也提到电影成为传播流行文化的枢纽，是连接年轻人的小众文化转为大众娱乐文化的重要手段，指出当前流行文化崛起、业内外商业资本的大量涌入是电影IP热潮的主要原因。[③]在该文章的论述中，就有批判性指出电影IP热所带来的商业资本的狂欢可能造成市场上电影IP炒热，真正的电影艺术可能被忽略。在该学者关注电影出现越来越娱乐化的现象，缺少“严肃题材”的电影类型片，

① 参考丁亚平：《论互联网语境下电影IP转化的现状、问题与对策》，《当代电影》2015年第9期。
② 尹鸿、王旭东等人：《IP转换兴起的原因、现状及未来发展趋势》，《当代电影》2015年第9期。
③ 参考王臻真：《IP电影热——中国大众消费时代进行时》，《当代电影》2015年第9期。

认为电影投资的保守，可能导致优秀原创的电影越来越少。可以看到，在对电影行业中 IP 的未来发展持积极态度的同时，从文化角度思考当前电影 IP 其本身的意义，就如何做好电影 IP 的转换开发是值得重视的问题之一。

2015 年，学界的专家、学者们就当前“互联网 +”环境下新媒介的发展中所出现的一些新的内容展开深入论述，在理论层面的研究，有对“学院派”与“新学院派”的定义概念进行系统梳理，提出需要适应新的环境；电影批评方面，尤以网络时代的批评以及对电影 IP 热潮的探讨颇有规模，占据了重要位置。诚然，面对当前中国电影产业迅猛发展的局面，从电影的主创人员到观众都在快速地更新换代，业内专家、学者秉持学术精神，从多层面的思考中国电影，并展开广泛的理论研究与探讨，开拓了中国电影理论建设与电影批评的新视野。

参考文献：

（1）丁亚平：《论互联网语境下电影 IP 转化的现状、问题与对策》，《当代电影》2015 年 09 期。

（2）蓝凡：《电影批评的纯度》，《艺术百家》2015 年第 2 期。

（3）金丹元、田承龙：《对近年来网络影评发展新态势的再思考》，《电影新作》2015 年 01 期。

（4）蒋桢：《青年亚文化视野中的网络影评》，《电影文学》2015 年 09 期。

（5）李道新:《重建网络时代的电影批评》,《中国艺术报》, 2015 年 3 月 23 日第 006 版。

（6）刘藩:《“学院派”电影的艺术使命和精神追求》,《北京电影学院学报》2015（Z1）。

（7）陆绍阳:《“学院派”传统与“新学院派”的突破》,《北京电影学院学报》2015（Z1）。

（8）彭侃：《好莱坞电影的 IP 开发于运营机制》，《当代电影》2015 年 09 期。

（9）齐伟:《迷影偏好、观影取向与票房制衡——网络电影评分现状研究》,《当代电影》2015 年 11 期。

（10）饶曙光, 李道新, 尹鸿, 周黎明, 杨远婴:《当下电影批评的格局与再建构》。见《当代电影》，2015 年 01 期，第 007-008 页。

（11）唐宏峰，迷影：《网络影评的时代》。见《电影新作》2015 年 03 期，第 30-36 页。

（12）王一川:《平面化浪潮下的深度重构－中国电影届的“学院派”与“新学院派”》。见《北京电影学院学报》2015（Z1），第 70-71 页。

（13）王宜文、张云：《互联网时代的电影评论》，《艺术评论》2015/08 期。

（14）王俊秋、张遥：《网络影视评论的传播机制与社会功能》，《武汉大学学报（人文科学版）》2015 年 09 期。

（15）王臻真：《IP 电影热——中国大众消费时代进行时》，《当代电影》2015 年 09 期。

（16）吴冠平：《“新学院派”电影建构的维度》，《北京电影学院学报》2015（Z1）。

（17）尹鸿：《从“学院派”到“新学院派”：学院不存，派将焉附？》，《北京电影学院学报》2015（Z1）。

（18）尹鸿、王旭东等人：《IP 转换兴起的原因、现状及未来发展趋势》，《当代电影》2015 年 09 期。

（19）张智华、李金秋：《中国手机发展与电影批评及其价值取向》，《艺术百家》2015 年第 4 期。

（20）周星：《新视野的创作与包容性的研究——关于“新学院派”建设思考》，《北京电影学院学报》2015（Z1）。

（21）钟大丰：《“新学院派”需要有适应新环境的学理性基础》，《北京电影学院学报》2015（Z1）。

“新学院派”需要有适应新环境的学理性基础

钟大丰

一

要讨论“新学院派”，需要先对“学院派”这个概念，进行一些梳理。在不同的历史语境下，“学院派”这个词的内涵具有很大差异。

“学院派”的概念在传统人文科学领域内，与人们的想象和世界艺术史发展的范畴里，含义不完全一样。在人文科学领域里谈学院派，其实有三方面的内容：一是学理性，二是传承性，三是人文精神。它是有人文关怀，有学理的传承，以及理论化的积累和话语方式，这是在人文科学里通常所谈到的学院派概念。

但是从艺术史的角度来讲，“学院派”这个词在艺术创新发展体系当中，并不始终是一个褒义词。在音乐、美术领域一说学院派，很容易使人想到缺乏创造性。一位外国学者在一本论述明代绘画的书中，说到文人画和宫廷画之间的关系，文人画是写意画，宫廷画是工笔画。相比于着重抒发个人情怀的文人画，宫廷画是一种匠人的艺术，技术性非常强，做的非常工整，在艺术形式上非常有创造性，但是相对欠缺一种个性化和人文精神。在西方艺术史如音乐史和美术史，每一个时期谈学院派的时候，基本上是指这一类作品，它们技巧严谨、注重传承，但相对创新性不足。或者可以说，“学院派”在这里常常和墨守成规与匠气分不开。当然，“学院派”也产生了许多艺术巨匠。但他们与那些在思想和艺术上开一代新风的艺术大师们往往还是难以比肩。可见“学院派”在艺术发展史的过程中并不完全是一个褒义词。

而在中国电影历史中，“学院派”又有着其特定的历史指涉。中国电影的“学院派”这个概念是20世纪80年代以后提出来的，而且从出现就是一个褒义词，这与80年代中国的电影语境有一定关系。80年代的中国是一个变革的时期，当时的人们希望抛弃传统的“革命”现实主义，以及被文化大革命推到极致的、传统的艺术话语体系的束缚。

钟大丰，北京电影学院，教授。

以电影学院毕业生为主的一个青年创作群体，像文艺复兴时期重新发现古希腊传统一样，重新到西方的传统艺术理论中去寻找。人们有意避开此前的显学——蒙太奇学派，而去找另外一个传统。在这个过程中，我们找到的是巴赞的写实主义电影理论。后来巴赞的相关理论被陆续引进中国，与中国已有的革命现实主义中的“现实主义”耦合在一起，形成一个关于中国电影艺术回归本性传统的认识，并赋予了中国电影一个学理性的基础，这个学理性的基础一直影响到现在，成为我们的核心。这种变化，在当时有其时代的必然性，但也有基于现实需要对于学理传统传承性和完整性的有意或无意的规避。80 年代正处于一个时代变革的转折点，传统话语的权威仍然存在。引进巴赞的写实主义电影理论，虽然在深层内涵方面有着对以往革命传统规则的疏离和反叛，但由于其与传统的“现实主义”在称谓上的接近而获得了理论传承方面传播的合法性。这种对于电影的解释，符合改革开放的时代要求，也符合当时中国社会需要，重新认识人的主体位置的时代精神，所以它才成为一个时代里被大多数人所接受的传统。

二

在中国当代电影史的范畴里，由于首先是由北京电影学院的中青年教师为主的一个学术群体提出了对巴赞的“现实主义”传统的重新发现。这一创新群体与北京电影学院的学术渊源，以及其创作探索和理论论证互相推动，努力建构自己的创作探索在世界电影学术传承中的学理性和传承性的特点，而被称为“学院派”。

在这里，“学院派”被赋予了一种特定的含义。它从世界电影历史中找到了自己学理性和传承性的合法基础。其主要的学理基础是战后欧洲现代主义电影兴起时期的主流电影观念，其主要的学习对象也是“一战”后欧洲新现实主义和新浪潮电影。这使得带有明显艺术电影风格的现代主义追求成为“学院派”创作的重要特征。他们鄙视常规电影的叙事与影像构成的规则和模式，追求实验性的艺术创新。这正好符合那个时代追求变革的“改革”精神和放眼世界向西方学习先进经验的“开放”视野的时代精神。

从这里我们可以看到，“学院派”在上世纪 80、90 年代中国电影的历史语境中，虽然是以重新发现传统的方式出现，但是其核心却是对既有传统的反叛的一种表达方式。这种被称为“学院派”的所谓传统，的确是电影学院为主的一批人提出来的，但这些东西是他们在校时候所学吗？不是，他们在学校的时候学的是蒙太奇；相反，在实践中发现他们在重新建构一个传统，而这个传统恰恰是社会变化现实所需要的。其实在这个过程中，是我们赋予第四代、第五代以“学院派”的意义。学院派并不是通

常我们传统意义上所说的有学理性、传承性等本意上的“学院派”，而更多的是从整个学术传统和人们对电影认识规律的基础上，对于一个流派的认同。只不过北京电影学院的学术背景和这一流派的电影创新有着更直接的联系，因而赋予了它“学院”的名字。说穿了，是用一种发现或创造学理性和传承性来论证创新流派的合法性的一种方式。在这样一个语境下，第四代、第五代、第六代等这样一些“流派”先后对中国电影产生了三十年不同的积极影响。然而我认为电影是一个多元的组成，这种“学院派”传统尽管现在仍然是中国电影需要的一种东西，但是它已经不能够完全涵盖和适应现实中的中国电影的语境了。

我们现在讨论的“新学院派”，是在“中国电影新语境下”的“新学院派”。我们要把“学院、流派与新”这三个层面的东西融合在一起，我觉得认识这一点非常重要。对于我们需要一个什么样的新学院派，我很同意刚才杨（远婴）老师和陆（绍阳）老师说的，学院派不是一个完全已有成型的现象，而是不断发展变化的一个概念。现在我们希望像80年代定义传统的“学院派”那样，在今天的电影语境下找到一种认识电影的方式，一个符合我们认知的中国电影的市场发展、艺术发展、人文精神传递的新的学理性基础，并在这个学理性基础上寻找和发现可资借鉴的历史经验传承，从而找到新的电影创新的方向。当然，这种创作创新在艺术表达上可以是与以往“学院派”的理念和风格都截然不同的。

艺术史上所谓的“学院派”更多的是和传统而非创新联系在一起，其实与艺术家的经历是否经过系统的学术教育并无直接联系。比如新浪潮和新好莱坞，多数导演大都是片场混出来的，真正学电影出身的没几个人。它是在经典传统基础上的一次创新运动，但并不是完全另起炉灶。而在中国上世纪80年代以来，曾先后领过风骚的第四代、第五代、第六代等被认为是“学院派”的代表，更多的是理念更新和风格更替意义上的创新性潮流，其对所面临的主流传统是以反叛的方式体现其历史联系的。然而这种反叛并不完全按照创作者所意愿期待的方式实现，实际上其经历的学习和训练都潜移默化地影响着创作者对电影的认识和探索。这就出现一些有趣的现象，一些具有当时“学院派”的创新探索特征，而风格尝试又做得比较极致的影片，却常常不是由学院出身的创作者做出的。如黄健中的《一个死者对生者的访问》、李小珑的《鼓楼情话》等，影片创作者都不是所谓传统电影学院出来的。所以我认为“学院派”更多的是一种对待电影认识方式的学理性基础，而且这个学理性基础建构了我们电影的传承性。而所谓“新学院派”需要的正是针对中国电影的新语境发现与之适应的学理性基础和传承性经验，让中国电影走上健康的创新之路。

在这个基础上，我们再看所谓中国电影的新语境是什么，我觉得一个是市场发展、观众年轻化、网络电影评价体系的重大影响力与传统、主流的电影评价和话语体系之间的脱节;另一个是主流批评的学理性传统和市场变革发展的脱节。脱节并不等于错了,实际是说它没有进入一个对话体系,没有找到一个必要的、共同的学理性基础来进行讨论。所以我们会发现电影批评对创作越来越没有影响力,人家越来越不听你的,在这种情况下我觉得“新学院派”就是一个寻找和建构市场时代中国电影创新之路的学理性和传承性基础的创造性过程。“新学院派”需要根据我们对于电影规律及现实创作的基础来建构。

三

如前所述,中国电影史上的“学院派”传承的主要是欧洲艺术电影的学理性和艺术经验与观念,同时也继承了艺术电影的个性化视点和人文情怀的追求。在这一点上比较接近人文学术领域中的“学院派”的某些特征,这也使得这些创作比较容易受到人文学科知识分子的青睐。在上世纪 80 年代改革浪潮初起的时代,电影还没有真正被推入市场,其人文精神和艺术上的发掘和创新还是占主导地位的评价指标。尽管人们对思想和艺术的评价标准有很大差距和对立,但是认知却有接近之处,基本上都是按照精英文化的标准认识和要求电影创作的。

而中国电影的“新语境”与以往最重要的一点变化就是电影进入市场时代之后,精英文化的原则对电影的影响力日渐式微,而电影的大众文化属性却越来越明显地呈现出来。以往的主流电影批评,无论是官方的还是精英知识分子的批评,与创作和观众越来越远的现实,正是反映出只靠前三十年,电影学理性传统已经无法驾驭当前作为大众文化的中国电影新的现实。这正需要我们进行新的学理性思考和重新发现作为大众文化的电影的创作经验传承,以丰富我们对电影的认识和经验。

我个人认为“新学院派”的“新”就是应该在基本认同中国电影作为大众文化的现实,面对中国电影市场变化的前提,来建立我们创新性的学术思考。电影作为艺术和表达思想的媒介,是人类一百多年来的精神财富传统的重要组成部分。一百多年来,电影有着丰富的理论和实践探索,提供了多方面的思考和经验。“学院”的优势正在于其不仅提供电影制作方面的艺术和技巧训练,而且其提供的学术路径可以广泛接受和传承丰富的学理性思考和历史经验的借鉴。著名导演贾樟柯曾经说过,他认为自己在电影学院学习期间,觉得最有收获的课程是电影史课程。作为一个有才华的艺术家,贾樟柯正是从电影历史知识中体味和发现对自己创作创新有所帮助和可资借鉴的历史传承,从而走出了自己的创作道路。

依照现代的教育理念,电影“学院”的教育训练不是按照单一的电影观念和艺术

风格模式化地培养电影制作者，而是在扎实的基本艺术技能训练的基础上，让学生接触尽可能广泛、全面的知识传承和电影观念，让学生有目的性地选择，结合本人特点和喜好形成独特的知识结构和电影观念，走出自己的创作道路。这不仅要求学院有一种开放的学术思路和宽松的文化环境，更需要丰富的学术资源和良好的学术环境的引导。

完善学院的学术体系，给学生提供尽可能广泛全面的电影知识和历史经验，给他们提供更多选择的可能，以形成自己独特的知识结构和电影观念，为电影“双新”提供更扎实的基础。这应当是发展“新学院派”的出发点。在这样一个基础上，保持人文科学意义上具有褒义性的“学院派”传统追求，争取学理性、传承性、人文精神之间的统一，从而建立我们所期望的“新学院派”。

从学理性的角度来讲,我认为绝大多数知识分子对中国电影的认识,包括在以前“学院派”的理论体系里，一直比较缺少的就是把电影作为一种大众文化来认识的这一课，特别是在对中国电影的创作现实的认识方面。其中一个原因是我们的电影理论批评学理性基础基本上来自西方。而西方电影理论对于电影艺术的人文精神的关注主要始于二次大战之后，这时西方社会商品经济已经高度发展，大众文化作为社会主流价值的传输工具已经相当成熟。具有社会责任感的激进理论家对大众文化的麻醉作用的揭露成为批判理论的主流声音。而主要为主流社会运转服务的传统传播学研究，则在很大程度上是靠批判理论所揭示出的意义运作规律用于所需的传播效果的营造。这使得西方在 20 世纪后期的整个人文科学理论的发展，呈现出批判性理论占据学理性建设的主要地位，但其批判性的理论成果主要局限于学术领域。而面对大众的实际媒体操作则是着重基于传统传播学的学理性基础，将批判理论的成果应用于强化传播效果的建构性应用。这一点在影视媒体说服技巧的发展方面表现的特别突出。

但是在中国，这种学术领域的理论探讨和大众领域众媒体应用之间的分工从未真正实现。特别是在电影理论批评领域，由于市场机制长期未得到有效发展，造成主流批评话语被精英话语一统天下，却缺少基于传统商业电影经验的有效提高传播效果的建构性学术基础。当我们在上世纪 80 年代引进现代电影理论观念的时候，重点关注的是当时新兴的批判理论，而对更加关注隐性传播效果营造机制的传统传播学研究则选择了忽视。这多少是与这时的主要任务是冲破旧秩序的束缚，首要的任务是争取自由表达的合法性的时代任务有关。而这时西方批判理论的主要目标是，揭露资本主义商业文化高度发展的社会现实下大众文化对公众的询唤和麻醉机制，正好可以用来冲击中国创作者努力冲破的传统的政治话语方式。因此，这种理论借鉴对中国电影新潮的兴起起到了重要的推动作用。这也是我们需要充分肯定“学院派”的历史价值的所在。

但是，这些批判理论在西方的生存环境和当时的中国还是存在巨大的差距的。中国在改革开放开始之后，面临的首要任务是发展商品经济，用市场规律推动社会结构的变革和经济的发展。由于电影一直作为宣传和贯彻国家意志的意识形态工具，电影领域的经济体制改革和市场化过程比之经济领域推后了大约二十年的时间。这种差距反映在电影理论的学理性建设方面便是面向市场和大众的电影创作，在还没有真正发展和积累经验的时候就成了批判的对象。作为大众文化的电影如何在市场环境下运用，进行积极的人文精神的传播和建设方面却一直没有机会找到自己的学理性基础。这在上世纪 90 年代电影市场突然出现急剧滑坡时出现的主旋律、娱乐片和艺术电影的划分上可以反映出来。记得当年我们自己也曾在中国商业电影刚刚出现时，便搬用运用阿多诺、本雅明等高度发展的商业社会下的大众文化运作的理论，批评当时电影出现的变化。今天看来，那些批评的问题不是不存在，但是由于我们自己还身处旧的体制之中，恰恰是在不自觉之中反对着中国电影从精英文化转移到大众文化的历史趋势。这多少反映出当时电影理论从学理性上是跛脚的，缺少对于大众文化运作机制的比较全面的认识。它也使得中国电影在进行整个市场转型的过程中，一直缺少建构性的理论支持推动其健康发展。今天电影创作出现的许多乱象不能不说和我们这方面的学理性理论建设不足有关。

基于把电影看作大众文化的出发点建立认识电影的学理性基础，并不是排斥以往的认识，更不是否定电影的人文精神追求。而是寻找在大众文化传播体系中如何更有效地保持电影的文化品格和传播积极的人文精神。我个人认为，电影作为一个文化产业和大众文化，以商业类型电影作为主体存在方式并通过商业电影实现与大众的文化沟通，完成其人文内涵的建构和传播应是电影参与社会文化建构的主要途径。对于这方面同样需要学理性的理论建构和合法性的认同。这在今天电影市场环境下显得尤为重要。这方面应当成为“新学院派”学理性建设和经验传承中不应忽视的一个方面，也应当成为“新学院派”创作创新探索的一个组成部分。

无论我们今天是否认同当前中国电影的发展现实，谁也不能拔着自己的头发离开地面。所有的创新都需要是一个探寻如何使我们的电影创作既保持文化品格，又能在市场环境生存、有效地实现文化传递的过程。在数字代替胶片的时代，我们的学理性基础需要在适应现代技术和传播环境下的生存，也就是在这样的中国电影历史趋势的前提下，建立起一个新的学理性基础。如果没有这个前提，我们其实很难说真正实现了一个“新学院派”的创生。

总之学理性基础从哪里来，我觉得只能从既有的“新学院派”创作当中来。“新学院派”应当是一个开放而具有包容性的体系。不同的具体探索可以对电影传统中的学理性传承的不同部分进行有选择的吸收和借鉴，可以呈现出截然不同的面貌。但应当是在思想和艺术上有所创新的。现实的市场和创作的发展给中国电影提出了许多新的

课题，这需要我们用创造性的劳动来回应。也需要我们反思以往的一些电影理念。例如上世纪 80 年代的电影新潮中有一个很有影响的创作主张是反对“煽情”。这在冲破传统艺术经验束缚方面曾经起到了重要的积极作用。但是将其作为电影艺术表达的一个学理性基础就是值得反思的事了。不是说教，而是以形象传递思想，以情动人是艺术的基本规律。过多地强调理性的思想表达，实际上给影片创作带来了一个重要影响，即人们只注重情感里面讲出的道理，而不注重真正的情感冲击对观众理性认同的潜移默化的影响。每一个创作者都希望自己的思想让别人接受。但是怎样才能让别人接受，实际在于能否有效地呼唤人们的现实经验联想。事实上，在大多数电影中，表现的思想内容是否能影响观众，比的不是谁的道理讲得清楚，而是谁能以最具冲击力的方式建立有效的情感认同。我觉得在“新学院派”电影里，可能并不一定直接讲多少道理，但是它应当是更有效地传播积极的社会观念和人文情怀的电影。其艺术风格可以是写实的，也可以是极具风格化或想象力的。“新学院派”要对创作中一些有人文价值，又能产生有效的传播效果的影片进行研究，找出它们有效传达思想和情感的学理性规律。

整体来讲，我个人认为“新学院派”的建立，是希望能够通过多元的创作，重建电影在大众文化体系里，如何有效地传播积极的思想和人文精神的学理性传统，如何寻找和建构的这样一个传统。并且在符合这个传统、寻求这个传统的过程当中进行电影创作性的多元探索，这是“新学院派”需要寻找和思考的关键所在。

（原文载于《北京电影学院学报》2015 年 Z1 期）

从“学院派”到“新学院派”：学院不存，派将焉附？

尹 鸿

虽然电影一直受到工业和市场的推动和制约，但是具有某种知识分子的思想性和引领性特征的电影思潮，却一直是推动电影文化和电影艺术发展的重要美学力量。从最早期的表现主义、象征主义电影，但后来的意大利新现实主义、法国新浪潮、欧洲现代主义电影，在电影历史上都以其某种知识分子的“作者性”成为电影发展的里程碑。即便高度产业化的美国电影，新好莱坞的出现也体现了某种作者性对旧好莱坞的标准化生产的颠覆。而在中国，这种带有一定作者性的电影，由于与北京电影学院、中央戏剧学院等专业艺术院校的老师和毕业生有着密切联系，人们往往冠以“学院派”的称号，而以北京电影学院谢飞、郑洞天教授等为代表的所谓中国电影“第四代”，以及以北京电影学院78级毕业生张艺谋、陈凯歌、田壮壮、张军钊等为代表的所谓中国电影“第五代”在上世纪80年代到90年代初期的创作，则是“学院派”最典型的作品。

“学院派”电影的最大特点就是有一种美学自觉来引导创作。这种美学自觉，一方面来自于创作者自身的专业修养、文化知识和社会阅历，另一方面来自于与当时的文化理论思潮、理论评论界的知识互动。上世纪80年代到90年代的“学院派”电影创作，伴随着这种美学自觉始终会有一个自我反省的主体在电影中出现，体现出作者自我认知的过程。符号学、精神分析、象征主义、魔幻现实主义、存在主义等，这些文化理论观念、思想、话语概念等，都在作品中有不同程度的体现。学院性的知识体系引导“学院派”电影具有一定的思想深度和美学创新精神。虽然时过境迁，电影被产业化、市场化大潮所裹挟，但是大学在，“学院派”就会存在。学院毕竟是文化传承的一个枢纽，在大学中的电影人和从大学中走出的电影人，仍然可能具备某些“学院”特性。所以，“学院派”仍然还是一个开放的、正在进行的现象。而作为我们今天所讨论的“新学院派”

尹鸿，清华大学新闻与传播学院，教授。

电影，在一定程度上是在探讨在新的电影发展环境中，学院派应具有什么样新的时代特征。

如同在侯光明先生的文章《试论“新学院派”电影的产生、创作特征及其现实期待》中所阐述的“学院派”电影传统，从第四代到第六代导演，这三代导演虽然所处的历史环境、历史背景和现实命题有很大的差异，但它们有四个共同点，可能是一以贯之，也是今天我们在讨论“新学院派”电影时需要去归纳和研究的共同点。

第一，“学院派”电影最大的特点就是在开放的国际视野下融合中西文化。学院是文化的交流和汇集中心。从第四代开始，不管是长镜头美学，还是第五代影像美学，再到第六代电影，甚至直到今天宁浩对西方独立电影和商业艺术片的吸收，其实都体现了一个共同特点，就是中西文化的融合、中西影像的融合，这是“学院派”电影作品不同于一般创作的重要特点。自觉地吸纳世界电影的精华，往往使学院派电影体现出中国精神、世界价值的特点，这也是学院派电影比较容易在国际电影节获得认可的重要原因。

第二，学院派电影都体现了一种现实主义关怀。“学院派”电影虽然跟社会隔着一堵“墙”，自身不是处在利益变更最核心的地方，但是恰恰是这种“不在此山中”的旁观，使创作者会以更高的理想和更新的观念去看待现实。无论用什么样的艺术风格去表现电影，它的现实主义关怀始终是一成不变的。虽然学院派创作未必会采用传统的现实主义手法，也有用象征主义或新浪潮附带现实主义的叙事方式去表达艺术理想，但无论何种叙事方式都仍然充满着现实关怀。今天的《万箭穿心》《狗十三》都是偏重现实主义的作品，特别像《狗十三》这部影片，在现实主义中带有一定寓意象征性，体现了典型的学院派创作风格。

第三，学院派电影都体现了一种自觉的人文主义价值观。“学院派”电影创作者，由于其知识分子的特殊身份，往往会带有一种具有人类共同性的文化价值观念。当一些电影人“唯钱唯权”的时候，“学院派”电影人还可能更多地坚持着自己的人文主义理性，表现出对个体的尊重，对人性的悲悯，对社会正义的追求，对人人平等的迷恋，对诗意生活的想象。从第四代的人道主义电影开始，这种人文主义价值观一直贯穿到今天。虽然“学院派”电影今天也面临各种挑战和危机，但始终坚守人文主义价值观是并且也应该是学院电影的传统，其实这同时也是文化发展的内在精神。

第四，学院派都体现了电影美学的自觉性。学院派电影，由于其“大学”特殊的继承创新的文化定位，往往在电影美学上都会追求对传统的超越，对惯性的颠覆，试图用更“陌生”的审美经验来扩展电影的表意能力。从第四代的“反缝合体系”，到第五代的“丢掉戏剧的拐杖”，到第六代的“坚硬的写实”，都体现了学院派电影在美学上的创新意识，这也使他们的电影一方面并不容易被市场广泛接受，另一方面却作为先锋文化引领了主流电影文化的丰富和变迁。

而今天当我们在学院派电影的传统下，讨论“新学院派”电影的时候，可能会面对两个新语境的挑战。第一个语境就是当前我们所处在的“政治文化过敏期”。上世纪80年代到90年代，学院派电影的兴起，在很大程度上得益于那个取得了广泛共识的改革开放的黄金时代。一切都可以重新思考，一切都可以自由创造。但是，今天中国正处在一个复杂的社会转型阶段，社会矛盾错综复杂比，社会利益群体差异巨大，历史和现实纠缠不清，所以我把目前的这个状态叫做“政治文化过敏期”。这一“过敏期”不仅仅体现在政府管理机构，其实也体现在社会的各个方面，体现在理论家、批评家，体现在社会的普通电影观众都处于过敏状态，一有差异，观众、网民就会上纲上线、扣帽子。这种现象虽然在前三十年存在过，但在思想解放、改革开放时期我们基本上“脱敏”了，但最近十年我们又重新进入社会过敏期。比如对电影《归来》的批评就是一个非常典型的例子。许多批评其实根本不是政府有关部门的意见，也不是管理机构的意见，但是就会有一堆“过敏”的观众、网民对电影进行上纲上线的批评。这样的“过敏”会导致“学院派”电影从自我的生存到价值观的坚守和选择等一系列问题处理中，遇到一些困惑和压力。像曹保平导演的几个作品，都就面对着这样一些困惑，都引起了一些非常不一样的评价。从这个角度上来说，过敏的环境，对学院派电影的题材选择、主题开掘、意义表达都带来了种种超出以往的限制。

第二个语境是商业文化的泛化。电影需要商业，但是商业文化的泛化导致目前的电影人已经忘了电影到底是什么样的商品。电影作为一种商品它不是普通商品，而是艺术商品。离开了艺术，电影就成为了唯利是图的商品。但是，唯商品化、唯市场化、唯票房的倾向，对“学院派”电影的发展带来了巨大的影响。一方面，学院派电影人很难不被市场所诱惑，从而可能失去电影的艺术底线；另一方面，学院派电影很难被市场认可和接受，从而陷入创作生产和传播的危机。

正是由于这两大语境的影响，我们今天总结的这些所谓“新学院派”电影的影像，其实存在非常大的差异性，既有明显偏商业的作品，也有一些偏作者诉求的作品，还有一批现实主义作品。这三大类作品的混杂，导致学院派的边界也特别模糊。

可以说，社会过敏期、电影唯市场化这两大问题带来一个疑问，就是“学院不存，派将焉附？！”如果“学院”都不存在了，这个“派”怎么可能出现呢？换句话说，在讨论“新学院派”电影的时候，我们首先需要正视的是“学院”是否存在，或者是今天的学院是否还是昨天的那种学院？行政化、商业化对学院的影响，可以说也是前所未有的。在商业文化泛化后，一方面学院越来越开放、大学越来越开放，越来越跟社会互动。但另一方面我们会发现，学院也越来越像公司，越来越像党政机构的附属研究机构。在这种情况之下，我们“学院派”电影可能面临的冲击和压力是非常巨大。

争项目、谋利益、搏眼球、抢名利这些现象在学院中，越来越具有破坏力。学院作为世界文明的传承创新中心的地位本身就面临严峻考验。所以，在这种大背景下，“新学院派”电影的复兴，首先必须是学院精神的复兴。

在这种情况之下，我们今天讲“新学院派”电影，可能就需要在新语境之下重新去复兴“学院派”电影的四大传统。这四大传统在今天这样一个新的语境之下，如何能够发扬光大。人文主义作为一种尺度，不管哪个时代，都需要我们坚守。现实关怀和现实关注，我们今天也需要去关心，只不过我们用不同的影像方式去关怀现实，可以有多样性、差异性，但是不能没有对现实的关注，第六代影像的后期就有点脱离对社会的关注，更多的是在关注一些边缘、底层、非主流群体，导致了一定程度的与社会主流之间的隔绝。我们今天要重新关注现实、关注社会，关注大家共同关注的现实，使我们的影像作品能够像上世纪 80 年代那样有更大的影响。我们不一定追求高票房，但是我们要追求电影跟社会的共鸣，追求电影参与推动社会的进步。

同时，新学院派电影的“新”，要更多重视在数字技术影响下电影艺术技术的创新。随着新技术的出现，无论是制作、发行、放映，甚至到前期大数据对策划的影响，所有的这一切是我们学院的优势。学院要利用技术和艺术的专业性，提升我们电影的创新能力。尽管各所学院的今天，也许在政治和商业方面受到的阻力非常大，但是在艺术技术的创新方面可以扬长避短。人们通常说，纽约大学更偏重艺术电影，更偏重现实主义电影；南加大更侧重艺术技术创新，或者更侧重能够引领电影技术艺术变化的一些元素。那么中国的新学院派电影，也可以在美学上形成自己的独特性。如同社会需要大学一样，电影也需要学院电影。关键是，学院电影要为电影产业、电影文化、电影美学、电影市场带来不同的“学院”特色和创新。而学院派电影的复兴，更关键的是学院要有学院的精神，“独立之思想，自由之精神”存则学院之精神存，学院之精神存则学院派电影之灵魂存。

（原文刊载于《北京电影学院学报》2015 年第 Z1 期）

IP 电影热：中国大众消费时代进行时

王臻真

提要：从文化批评角度看，近年来中国 IP 电影热是中国电影商业创作模式成熟的表现，是属于年轻大众的流行娱乐文化成为主流文化的标志，也是中国第三消费时代即大众消费时代进行时的显著标志。在这个消费时代，电影充分体现了其“大众艺术品”的属性，以大众消费为目的进行生产；而大众也不再会追随“精英”层次的文化，而会创造属于自己的文化，同时还可能批判“精英”文化，从而颠覆整个电影行业。而在电影艺术自身方面，IP 作品改编为电影的原初动机已在过度商业开发下变了味；过度娱乐化和市场化行为可能会导致“严肃电影”的缺失，大量出现的改编作品对中国电影的原创进程也是一把双刃剑。在享受“投资 IP”热潮之余，电影人和投资人还需重新找回对电影艺术的追求，认真思考 IP 应该如何筛选、如何改编，平衡“精英文化”与“大众文化”的矛盾，同时也要考虑如何将电影尽快引入第四消费时代。

关键词：IP 热 大众文化 精英文化

在这个消费时代，电影充分体现了其“大众艺术品”的属性，以大众消费为目的进行生产；而大众也不再会追随“精英”层次的文化，而会创造属于自己的文化，同时还可能批判“精英”文化，从而颠覆整个电影行业。而在电影艺术自身方面，IP 作品改编为电影的原初动机已在过度商业开发下变了味；过度娱乐化和市场化行为可能会导致“严肃电影”的缺失，大量出现的改编作品对中国电影的原创进程也是一把双刃剑。在享受投资 IP 热潮之余，电影人和投资人还需重新找回对电影艺术的追求，认真思考 IP 应该如何筛选、如何改编，平衡“精英文化”与“大众文化”的矛盾。同时，也要考虑如何将电影尽快引入第四消费时代。

简要地说，顾名思义，IP 电影就是有知识产权的电影。IP 即“知识产权”一词

王臻真，北京大学城市与环境学院，博士研究生。

（Intellectual Property）的简写形式。近几年来，在《指环王》《复仇者联盟》等欧美 IP 电影席卷全球电影市场的时候，在经历了对国产古装大片的审美疲劳之后，人们惊喜地看到《失恋 33 天》《小时代》《煎饼侠》等改编自中国流行文化的 IP 电影也出现在了年度票房榜上，而应粉丝期待而诞生的电影，也为电影项目的设立打开了新的思路。同时，以 BAT 为主体的互联网公司也加速进入影视产业。他们以 IP 电影和 IP 网剧为主要产出内容，半懂不懂地投资、并购或主持开发着与 IP 相关的泛娱乐内容。通过视频网站、游戏、网络社交平台等产品，互联网公司能够充分获取用户流量和用户喜好大数据，从而能生产针对特定粉丝群的影视作品。加上其他金融资本也以各种形式涌入泛娱乐产业，电影在与其他娱乐产业和商业资本的关系越来越紧密的同时，似乎也逐渐处于了被动地位。与电影投资市场的热闹相对的，是传统电影人痛心疾首的控诉：冯小刚炮轰综艺电影是“电影的自杀”,[①] 王小帅在得知《闯入者》与其他网络文学改编 IP 电影票房 PK 结果之后，发表“拍电影以来最黑暗的一天”感言，称“这是商业片最好的年代，也是严肃电影最坏的年代”，并写下“请你挺我”的声明，表达了对严肃电影生存状况的担忧。[②] 侯孝贤也痛批电影圈的“产品经理导演”，说他们“每天忙着抓各种流行元素，这次想 10 亿下次想 20 亿……这不是拍电影，而是帮观众找东西凑合看”。[③] 本文将从分析当前的 IP 电影热出现的原因入手，探讨其背后的文化潮流，并对未来的 IP 电影做出期许。

一、流行文化崛起与商业资本涌入是 IP 电影热潮的主要原因

（一）流行文化的崛起

需要明确的是，如果单从定义来看，《红高粱》《霸王别姬》《让子弹飞》以及所有金庸小说改编的作品等也应该叫做 IP 电影。每年中国电影市场上都会出现几部这样从现当代小说改编的电影，并且票房都不错。而这显然不能准确描述当前人们普遍讨论的问题。所以，将中国当前的“IP 电影热潮”改叫做“从流行文化 IP 改编的电影热潮”似乎更加合适。本文中的 IP 电影将只包含“从流行文化 IP 改编的电影”。

1. 属于这个时代的流行文化崛起

---

① 《冯小刚炮轰综艺大电影〈跑男〉影响极其恶劣》http://ent.ifeng.com/a/20150206/42239056_ 0.shtml。

② 《王小帅告全国观众：请你挺我〈闯入者〉首日排片少票房惨》：http://news.mtime.com/2015/04/30/1542151.html。

③ 《侯孝贤做客北师大痛批“产品经理”导演》：http: //ent. Sina. com. cn/m/c/2015-06-20/doc-ifxefurt9517798.shtml。

2000 年，根据第一部华语热门网络小说《第一次亲密接触》改编的同名电影上映，但是反响并不热烈。十年后的 2010 年，根据热门小说《杜拉拉升职记》改编的同名电影上映，居然斩获一亿元票房。2011 年，根据网络小说改编的同名电影《失恋 33 天》于光棍节上映，迅速成为话题作品，收获票房与好评。正是以这部作品为显著标志，中国的 IP 电影热潮来临了。2012 年,《那些年,我们一起追的女孩》上映,与 2013 年《致我们终将逝去的青春》等电影一起炒热了怀旧青春风。2013 年，“小时代”系列开始上映，到 2015 年共出四部，都收获两极评价，显示粉丝电影开始获得关注。2014 年,《爸爸去哪儿》大电影上映。2015 年,《奔跑吧！兄弟》大电影上映。这两部热门电视综艺节目改编电影的上映,让部分电影人开始质疑 IP 电影的门槛是否过低。2013—2015 年,《狼图腾》《鬼吹灯》《盗墓笔记》《三体》等拥有各自粉丝的幻想作品影视化项目启动。粉丝们在网上对改编方式及主创团队猜测进行得如火如荼。2015 年，流行文化 IP 电影《何以笙箫默》《左耳》《小时代》《栀子花开》等上映，各自收获不俗票房。

以上表明，曾经一度被国产古装大片、进口大片、名导大片垄断的内地电影市场，开始被属于“年轻人”的电影打破格局。单纯从这一点上看，流行文化改编的 IP 电影热潮应当是一件大好事。改革开放以来,在国际流行文化进入中国之后,几乎可以用“厚古薄今”来形容当代中国人对待自己文化的方式。2009 年国家社科基金重大项目“我国文化软实力发展战略研究”进行的“全国大学生眼中的中国文化符号”调查[①]显示，大学生眼中最具代表性的中国文化符号主要集中在传统文化、政治文化和非物质文化符号上，而中国现代文化符号的认知度和承认度却比较低；2015 年北京师范大学首都文化创新与文化传播工程研究院发布的《外国人对中国文化认知调查报告》[②]中,排在认知度前几位的也是熊猫、绿茶、阴阳等。在美国有漫威、迪斯尼、好莱坞，日本有吉卜力、机器猫、《情书》的时候，我们的文化符号依然是老祖宗留下来的那些东西，电影院的票房冠军不是进口大片就是古装大片。而当代文化 IP 似乎一直处于一种自卑的境地。这种对我国当代文化的不认同和当代教育方式以及国内外媒体的宣传不无关系，也和当代流行文化自身吸引力有关。直到近些年以网络小说为代表的流行文化 IP 被搬上大银幕，国产电影票房夺得年度票房冠军、总票房超过进口电影，才意味着中国当代文化有了实质性进步，至少流行文化在影响力方面已经具有了与传统文化抗衡的能力。

2. 电影成为传播流行文化的枢纽

IP 电影的另一个成就，是将属于特定人群的小众文化，变成了大众娱乐话题；将小众流行文化，变成了大众流行文化。《小时代》《何以笙箫默》等小说在改编为电影

① 王一川、张洪忠、林玮:《我国大学生中外文化符号观调查》,《当代文坛》2010 年第 6 期，第 4-20 页。

② 靳晓燕:《〈外国人对中国文化认知调查报告〉发布》。见《光明日报》2015 年 6 月 12 日: http://stock.chinanews.com / cul/2015/06-06/7326654.shtml。

之前，是只属于其粉丝的作品；《三体》《狼图腾》《盗墓笔记》《鬼吹灯》的影响范围虽然已遍及各个教育程度人群，但关于它们的新闻从来只出现在读书资讯中，而不会出现在阅读量更广的娱乐新闻里。由于中国当代人阅读习惯的缺乏，即使这些小说能够被媒体宣传，大部分人也不会去读。直到这些小众文化在“电影”这一真正属于百姓的媒体上亮相，人们才会抱着娱乐的态度去关注，会想去看看现在的话题作品什么样。IP 转化本身就是跨媒介的事情，能够促进不同媒介受众群体的文化交流，而 IP 电影则是将属于年轻人的小众文化转为大众娱乐文化的最有效手段。

3. 精英文化边缘化，而流行文化成为了“大众主流文化”

然而，上述两种变化却导致了“精英文化”脱离主流关注，年轻人喜爱的“流行文化”成为大众关注的焦点。中国电影正在进入这样一个阶段——电影不再是高学历、高收入人群的专享，随着三四线城市流行文化和电影的普及，电影已经成为以年轻人为主要受众的大众娱乐活动；而第五代、第六代等被认为是“精英”的导演及其作品也逐渐不再占据主流电影市场，取而代之的是年轻电影人和更加娱乐化的作品。由于整体经济水平上升，普通大众的消费选择也不再受“精英”“权威”左右，开始遵从自己和大众人群的喜好。甚至会出现“精英”人士推荐什么，就偏偏反对什么的“反智”情况。约翰·R·霍尔曾将这样的社会情况称为“消费史上第三个时刻”①，日本学者三浦展将其称为“第三消费时代”②，即大众消费时代。第一消费时代为少数中产阶级享受的消费，第二消费时代为经济高速增长下以家庭为中心的消费，第三消费时代使得个人化消费成为时尚，第四消费时代属重视“共享”的消费社会。在这里谈论的第三消费时代，各个消费水平人群的观念意识会随着大众文化的普及而得到快速平均化，在一定程度能够减少“文化代沟”问题。但与此同时，精英文化和个性文化却会在这个时代被暂时雪藏，直到下一个消费时代萌芽时。由此可以推论，IP 电影热潮的涌现，堪称中国大众消费时代进行时的一个显著标志。从往昔精英引导的消费转向了当前大众自己娱乐的消费，中国的大众消费时代不仅来临而且正当其时。

（二）商业资本的狂欢

IP 电影热将电影与商业资本更加紧密地结合在一起。之所以引进 IP 一词来代替“名著改编”“小说改编”等原先的说法，一是因为被改编的原作还可能包括音乐、戏剧、舞蹈、游戏、动漫，甚至一个概念、一个形象；二是需要以此区分原作为古代和现代作品（没有著作权）的改编作品，例如《捉妖记》（改编自《聊斋》）、《大圣归来》（改编自《西游记》）等。IP 电影由于需要在著作权法和改编协议的限定下进行改编，因此会具有以

① ［美］约翰·R·霍尔、玛丽·乔·尼兹著，周晓虹译：《文化：社会学的视野》，商务印书馆 2002 年版，第 144 页。
② 参照［日］二浦展著，马奈译：《第四消费时代》，东方出版社 2014 年版。

下两个特点：

1. 当前中国电影的投资人大部分都并非电影人，而是商人、互联网人或者跨界经营者，因此他们投资的IP首先要契合他们划定的、市场回报最高的受众群体：85—95后年轻人、二三四线城市居民、网络使用者——他们不仅是以BAT为主体的互联网行业的主要用户，也是近几年来中国电影观众增速最快的群体。[①] 以这种标准筛选出来的IP作品通常是人气很高的网络小说、热门动漫游戏和影视作品、流行音乐等等属于年轻人的文化产物。

2. 由于作品需要在获得改编权后一定时间内出作品，否则改编权将会收回；并且版权费有可能随着时间的推移和竞争对手的增多而越来越贵——比如网络小说影视改编权从二三十万元到两三百万元只用了短短五年——因此电影投资人和影视公司会敏锐地嗅出市场上还没有"主"的IP作品，第一时间将其版权买下然后像原材料一般囤积起来，并第一时间将消息发布于媒体进行造势。至于什么时候上映、之前囤积的"原材料"由谁来做成"成品"、"成品"是什么样子等等，就是可以暂时不考虑的事情了。等到期限将近、即使还没找到合适的主创团队，投资者也可能急急忙忙地要求项目上马，草草将影片做出来；又或是做不出来而放弃项目，白白浪费了IP保鲜期，也耽误了其他人改编的机会。

由于IP一词本身就包含了商品的含义，因此IP电影从来都和商业关联紧密。从电影史的角度来看，IP电影有着越来越商业化的特征，其IP开发产物也越来越多样化，电影作品的主导权也从电影人手中逐渐挪向了投资人。

（1）电影人与资本在电影作品主导权上的博弈

IP电影热潮其实体现了电影人与资本在电影主导权上的博弈，这一点早已铭刻进世界电影史的进程中。1915年，格里菲斯将当时的热门小说和舞台剧《同族人》改编为电影《一个国家的诞生》，成为世界上首部真正的商业电影，也是广义上第一部商业IP电影。[②] 这部电影的立项、融资、购买版权等事宜以及编导工作全部由格里菲斯自己进行。1940年，根据畅销小说《飘》改编的同名电影上映；1936年5月，经纪人凯伊·布朗阅读了未出版的小说之后建议塞尔兹尼克国际电影公司购买版权并改编为电影。2001年，根据英国"哈利·波特"系列小说改编的同名系列电影开始上映。这部美国华纳公司出品的作品在作者J.K.罗琳的要求下，起用了大量英国演职人员，并几乎全部在英国取景。J.K.罗琳还担任了电影的编剧，全程深度参与了电影的制作。与此

① 见中国电影家协会、中国文联电影艺术中心产业研究部《2015年中国电影产业研究报告》，北京，世界图书出版公司2015年版。该结论通过对2010-2015年报告数据对比而获得。

② 在此之前格里菲斯还拍摄过一些名著改编的电影，但没有记录证明是否存在版权购买行为，是否获得票房也无法得知。

同时，日本的电影市场基本被各种IP电影占据，2014年日本票房排行榜前20位的本国电影中，竟然没有一部是原创电影，[①]且一大半为动画电影。可以说由于日本内容产业太过发达，一旦哪部动漫或小说火了的话，后续IP开发工作就会毫无意外地、按部就班地由版权所属公司（通常是出版社或电视台）开始进行。2008年，迪斯尼收购漫画公司漫威，获得了绝大部分漫画角色的所有权。2012年，《复仇者联盟》将之前上映作品的主人公连带大部分主演史无前例地聚集在一部作品里，延续电影的设定，成就了一部巨星云集的超级IP电影。2006年，中影公司买下了畅销小说《狼图腾》的版权，但直到2009年才确定主创团队，并选择了著名的擅长拍摄动物的导演让·雅克·阿诺来执导。2010年，导演滕华涛读完《失恋33天》小说后，立刻通过出版社找到了作者鲍鲸鲸并确定了合作。20世纪70年代导演徐克第一次接触了样板戏《智取威虎山》，从此一直希望能将其改编成电影。2009年，博纳影业获得了原版小说的改编权，2014年年底电影终于上映。2013年，《鬼吹灯》宣布了电影化的消息。原作者天下霸唱表示自己没有深度参与制作，两家制片方各自全部包办。[②]另一方面，作者自己将担任编剧和导演推出《鬼吹灯》的网剧。2014年，“腾讯电影+”公布了即将开发的一大批IP作品名单。然而之后很长一段时间也没有主创团队进驻的消息。

IP电影的操作流程主要有四个环节：确定改编意向、购买版权、组建班子筹备制作、上映。从历年IP电影的过程来看，根据商业资本在何时进入项目、是否有主导权，可以将IP电影的操作过程操作分为电影人主导型，以及投资者主导型两种：第一种，电影人主导型，也可以叫做创意主导型，即作品的改编意向由电影人发起，随后资本在购买版权之前或之后进入IP改编流程。但是组建主创团队、筹备制作等仍然由电影人主导或与投资伙伴协商进行。电影人是贯穿IP改编全过程的人，他们会按照自己的艺术追求决定怎样拍摄。早期的电影和大部分艺术电影以及现在的独立电影都是这样的流程。第二种，投资者主导型，也可以叫做商业主导型，即IP原作的改编意向由投资人或影视公司发起，在解决版权问题之后，才会让电影主创参与进来。而且电影主创团队人选的决定权在投资人或影视公司手中。商业资本全程掌控IP电影的项目进展，而电影人才是中间加入的打工者。电影人希望怎么拍摄电影，需要向投资人进行协商。这也是商业电影的一般操作方法。当前大部分被热烈讨论的IP电影都属于投资者主导型，即由商业资本而不是电影人决定电影是否拍、由谁拍、怎么拍：我们常常听说一部小说要被改编成电影了，但是可能很长一段时间之后才会获得由谁来导演、谁来主

① 根据日本映画制作者联盟（映连）在2015年1月27日公布的数据，http://www.eiren.org/toukei/index.html。

② 《写新书、编剧本、参加选角……天下霸唱忙得焦头烂额电影〈鬼吹灯〉今年开拍》。见《扬子晚报》2013年3月11日，http: //epaper.yzwb.net/html-t/ 2013-03/11/content-61403.htm?d iv=-I。

演等消息。中国近年来电影市场井喷，互联网及娱乐产业迅猛发展，大量企业与投资进入影视行业寻找机遇的现象也证明了中国电影产业的商业化程度又上了一个台阶。

（2）投资者主导型 IP 电影会更迎合市场的期待

投资者投资电影的动机，自然是获得丰厚的回报，希望电影能够带来令人满意的票房、足够的传播效果以及品牌的增值。由于 IP 本身就拥有一定影响力，改编为电影后也能保证一定票房，属于高回报、低风险的极好投资对象。相比无法判断回报率的原创电影，投资者自然会优先选 IP 电影。至于选择哪个 IP 进行投资，则基本有以下几个特征：① IP 原作要有一定的影响力，例如在网络文学网站要有点击量和回复量，在贴吧和论坛上要有粉丝群等等，如《盗墓笔记》、《鬼吹灯》。粉丝们会希望自己喜爱的作品被更多人欣赏，从而会自发地成为电影的主要消费者和民间宣传员。② 如果 IP 原作的受众群体和电影的主要受众群体人口特征一致，则优先选择。比如《小时代》《何以笙箫默》等以小城镇年轻人为主要观众群体的电影。③ 如果是优秀但不流行的 IP 原作，除非能够满足“有名导感兴趣”或“产生话题”两个条件之一，否则不能轻易电影化。但是可以先将版权买下来囤积，《狼图腾》就是最好的例子。可以认为，随着资本的持续进入，会有越来越多根据观众口味定制的电影上映。这是市场的选择，也是中国电影商业化进程的必经之路。

二、市场炒热了，却冷落了电影艺术

IP 电影虽然火了，对电影市场行情或电影商业来说是好事、甚至是大好事，因为并不强大的中国电影或中国民族电影产业特别需要在与好莱坞电影的票房肉搏战中守住阵地并夺取胜利，但是电影商业成熟并不代表电影行业成熟，更不能说明中国电影艺术是否有进步。相反，IP 电影的票房与口碑的两极化现象，却揭示出中国电影发展方向正在被流行文化和商业资本操纵着，甚至有可能朝着与艺术探索相反的方向行进。

1. 电影越来越娱乐，严肃题材靠边站

20 世纪最后一个十年中，冯小刚的一系列贺岁片，培养了中国观众将看电影作为娱乐消遣的习惯；21 世纪的第一个十年，张艺谋按照好莱坞大片的拍摄方式将古装大片带给刚爱上娱乐电影的中国观众，让他们体会到了“视听盛宴”的甜头；而在第二个十年里，IP 电影靠着雄厚的资本支持，将以网络文化为代表的流行文化带进了电影院，以逗笑观众为己任，誓将娱乐进行到底。虽有《亲爱的》等票房稍好的严肃电影存在，但整体文艺片市场仍然惨淡。而且从最近各大投资人与影视公司公布的 IP 电影计划来看，流行文化 IP 仍然占多数，在“腾讯电影 +”公布的未来 IP 电影计划中，甚至只有

莫言的《藏宝图》一部属于现实题材作品，其余的几十个 IP 全部来自游戏、漫画和网络小说。[①] 流行文化和电影投资趋势正在将中国电影的娱乐水平提升到新的阶段，中国消费者的口味也随之更加“嗜甜”。在许多人根本不打算将“看一部严肃题材电影”算作娱乐消遣的时候，我们只能期待严肃题材 IP 电影拍得稍微娱乐一些了。

2. 电影投资越来越保守，优秀原创靠边站

当投资方完全主导电影进程、电影人只能当打工仔的时候，电影人与投资人的话语权不平衡这种行业不成熟的体现，将会影响到处于弱势一方的电影艺术创新进程。主要体现有三点：（1）投资人可能根本没看过原作，只是“听说”这个 IP 很火；原作者不懂投资也不懂电影；而唯一可能懂的电影人却又处于打工仔的地位，在项目中期才会被招募进来。电影还要在版权期限内拍出来。在这种情况下，谁才能真正去思考怎样诠释原作？（2）对大部分投资人来说，“原创”一词和“高风险”可以画上等号。总是使用现成的热门 IP“走捷径”创作，虽然失败的几率降低了，但对于中国原创类型电影的探索却并没有益处。（3）IP 的质量来自原作的质量。相比欧美、日韩等发达国家，中国的当代文学、网络文学以及动漫游戏行业还在起步阶段，当前 IP 遍地开花现象可能只是泡沫，而真正的原创电影题材可能由于没有粉丝基础而被投资人错过。如果消费者觉得旧的工具好用并且用习惯了，很可能就不会去尝试新工具。如果电影被当前的流行文化 IP 电影培养得只剩下娱乐与现成 IP，那其他还在创新中的类型片该需要多长的时间才能重新被认同呢？

3. 大众文化会泯灭“原创”、孤立“个性”

关于这个时代的艺术品消费，德怀特·麦克唐纳的《大众文化论》中根据美国 20 世纪的文化现象，曾经做出这样的区分：“大众艺术品”是完全以大众消费为目的的；而为了获得最大利润，作品必然会有具有迎合多数人口味、迎合低层次文化、无法进行“独特”表达等特征。这大概也说明了当前的电影票房和口碑严重分离现象：票房是大众贡献的，而口碑却是少数有一定媒介话语权的人做出来的。电影作为“大众艺术品”只能选择大众而抛弃“少数人”。

4.IP 电影发展速度过快，改编人才和行业机制、行业认同跟不上

IP 电影的迅速发展，急需既懂原作，又懂电影的跨界人才。由于原作可能是动画、漫画、网络文学、甚至网络游戏，因此需要一段时间来培养能够改编这些作品的人才，整个行业也需要积累一定的 IP 开发经验。漫威的英雄漫画以男主人公肌肉发达、女主人公服饰性感闻名，而在改编成电影时，人物设定会既体现原作风格，又符合现实社会的审美；BBC 电视剧 *Sherlock* 将福尔摩斯的故事放到当代，刷新了全部设定，但却

---

① 《腾讯成立“腾讯电影 +”明星 IP 为核心布局影视》：http://games.qq.com/a/20140917/056540.htm。

获得了包括铁杆福尔摩斯迷在内的各个国家观众的疯狂热爱；美国的电视剧 *Elementary* 更是将华生医生变成了女性，却仍然热播了三季；电影《乔布斯》忠实地再现了原作，但却无法获得观众赞赏；于正版《笑傲江湖》电视剧，改得越雷越有人气；国产网剧《盗墓笔记》新增了角色，调整了人物设定，但却同时收获了破纪录的点击率和粉丝们的弃剧宣言……观众的期待与原作的改编存在一个微妙的平衡点，它是在继承原作精神与风格的基础上，加以能让观众惊喜的创新。而这个平衡点的具体位置，对被商业资本催促着发展的 IP 电影来说，还需要静下心来花一段时间去探索。

三、IP 电影：先做起来，进而再考虑怎么做好

待“IP 电影投资热”和“IP 让电影哭泣”的争论冷却下来，我们应该思考一下 IP 电影本身的意义。IP 电影是电影人对原作的电影化演绎，也可能是电影人从 IP 获得灵感创作的全新故事。不管是哪一种，其目的都应是为观众创造一个不同以往的体验经历，无论灵感来自剧本、小说、漫画或是游戏。电影作为一种神奇的语言，打破了小说、漫画、游戏受众群之间的壁垒，让这些人坐到一起参与这个体验。IP 电影现象还将伴随着文化创意产业的泛娱乐化现象更加普遍。但优秀的 IP 电影也需要整个泛娱乐行业对艺术追求的提升，以及电影人对跨界创作的更深理解。泛娱乐时代，电影的创新已经不止是电影人的事，更是文化创意产业全体的事情。三浦展描述了日本在“第三消费时代”之后进入“第四消费时代”的景象：除了满足“大众消费”需要的那一部分通用文化与艺术品外，个性化与小众化的内容秩序井然地同时生长着，两方的市场互不侵犯；文化和艺术更加倾向于探讨生存需求以外的问题，例如人与自然的关系、人与人的哲学。“精英”与“大众”也存在着“各司其职”“互相尊重”型的友好关系。应该对 IP 电影的未来持一种积极态度。互联网行业流行这样一个创业观点：先做起来，进而再考虑怎么做好。IP 电影的未来也应当如此，而且也将会如此。

（原文载于《当代电影》2015 年第 09 期）

好莱坞电影的 IP 开发与运营机制

彭　侃

提要：本文较为系统地梳理了好莱坞的 IP 开发与运营机制，包括跨界整合的集团化结构、严密的知识产权保护体系，以及好莱坞电影从创意、制作到发行、营销、衍生品开发的全产业链运营中所贯彻的 IP 思维，为正处于 IP 开发探索期的中国电影业提供借鉴。

关键词：IP 集团化　知识产权保护　跨界改编　系列化　扩窗发行　特许经营　联合推广

近几年来，IP 热在中国电影业愈演愈烈。IP，是英文单词 Intellectual Property 的缩写，指具备知识产权的创意产品。电影的 IP 开发包括两个层面，一方面是指利用来自别的领域的优秀原创 IP，制作出电影。另一方面是指当电影创作完成，进入市场后，其 IP 价值在其他相关领域的延伸开发。在这两方面，中国电影业都还处于热情高涨但缺乏章法的初级阶段。例如电影公司疯狂地收购能改编成电影的 IP 资源，将价格哄抬得节节攀升，但却不知对这些 IP 如何进行有效的开发。每一家稍有规模的电影公司都标榜自己在建构围绕 IP 运营的全产业链结构，而产业价值真正被开发的电影 IP 却少之又少。针对这些问题，本文较为系统地梳理了好莱坞的 IP 开发与运营机制，为正处于 IP 开发探索期的中国电影业提供借鉴。

好莱坞 IP 开发的两大基石

知识产权（IP）可谓好莱坞的核心所在。电影产业专家爱德华·爱波斯坦（Edward Epstein）曾以形象的说法指出知识产权对于好莱坞的重要意义："当代片厂所做的主要

彭侃，清华大学新闻与传播学院，博士研究生。

是在四处收钱——以他们手中的一笔笔知识产权，向各方收取使用费，再将收到的钱分给该笔知识产权关系到的各方，如创造、开发、投资的各方等等。”① 而好莱坞的 IP 开发之所以能顺畅运转，有两大非常重要的基础性架构，一是集团化的产业结构，二是严密的版权保护体系。

首先，在经历了长期的市场竞争和整合之后，好莱坞已经形成了非常利于 IP 开发的集团化产业结构。20 世纪 50 年代之前的“大制片厂时代”，好莱坞的市场为几大电影公司所控制，这些公司形成了制作、发行和放映垂直一体化的结构，并互相合作，因而取得了垄断市场的优势地位。但 1948 年的派拉蒙迫使这些大公司破除了垂直整合的结构，垄断格局被打破，随着 20 世纪五六十年代电视业的发展，好莱坞一度陷入低潮，股票严重下跌，但拥有很多地皮等不动产的制片厂成为了其他企业收购的目标。1962—1969 年，环球影业、派拉蒙、联艺公司、华纳、米高梅陆续被非电影行业的企业收购。如派拉蒙 1966 年被海湾西方石油公司收购，米高梅 1969 年被宾馆业和金融巨头柯克·科克里安（KirkKerkorian）收购。此后，尽管大制片厂所属母公司不断更替，但集团化趋势没有改变。如今，有好莱坞“六大”公司之称的迪斯尼、华纳兄弟、二十世纪福克斯、派拉蒙、索尼影业和环球影业都隶属于更大的集团公司：迪斯尼集团、时代华纳集团、二十世纪福克斯公司、维亚康姆集团、索尼集团和康卡斯特。不同于 60 年代收购好莱坞电影公司的企业集团，这些集团都聚焦于娱乐与媒体业经营，旗下业务覆盖电影、电视、出版、音乐、音像、游戏、主题公园等各种细分的娱乐和媒体产业。

以迪斯尼集团为例，其业务包括媒体网络、主题公园和度假村、影视娱乐、消费类产品和互动媒体五大板块，除了电影制片厂之外，还有 ABC、ESPN、迪斯尼环球等电视网，有全球六大迪斯尼乐园、有 359 家经营迪斯尼商品的主题商店、以及开发游戏产品的多个公司等诸多资产。

之所以形成这样水平整合的结构，是基于娱乐媒体各细分领域的产品具有很强的相关性和共生性。例如，一部在影院获得成功的电影往往也能在音像、唱片、玩具、主题公园等相关市场创造价值，而旗下横跨各个娱乐媒体行业的企业集团则可以将 IP 价值最大化，在母公司的协调下，旗下各个部门可以化身为以不同方式开发和推广同一电影 IP 的业务部门，影院不再是电影商业开发的唯一渠道，出版部门出版原著小说，唱片部门推出原声带，音像部门发行 DVD 和蓝光碟，广告部门推销电影植入广告，电视部门为电影提供播映平台和曝光宣传的机会，主题公园、衍生产品和互动媒体则将影视娱乐中的角色和故事开发成各种形式的消费体验或商品，将品牌的无形价值源源不断地转换为真金白银。

① ［美］爱德华·爱波斯坦著，宋伟航译：《大银幕后：好莱坞钱权秘辛》，台湾远流出版事业股份有限公司 2011 年版，第 118 页。

多种经营的开展为好莱坞创造出众多的“利润中心”，可以有效地缓解电影业的高风险性，防范单一项目运作不当给公司带来的灭顶之灾。[①] 好莱坞的电影 IP 开发也正是基于这种“集团化协调运营”的结构而得以发扬光大，变成了深刻影响全球文化消费的娱乐帝国。

美国严密的知识产权保护体系则为好莱坞的 IP 开发提供了另一重要的基础，知识产权，尤其是版权的保护，对于好莱坞电影而言有着“生命线”般的意义。因为创作出一部好莱坞电影的创意和制作成本非常高昂，但是复制拷贝的成本却非常低廉，因此必须通过版权保护限制大众随意复制和扩散的行为，从而保护片方的利益。

幸运的是，美国政府很早就认识到了知识产权的重要性，将技术和知识创新视为国家核心竞争力和最大财源。在 1789 年开始实施的《宪法》中，就明确指出国会有权保障著作家和发明人对各自的著作和发明在一定的期限内的专有权利，以促进科学和实用艺术的进步。在宪法的指引下，美国构建了一整套严密的知识产权保护法规体系。其中与电影业关系最为密切的法案包括《版权法》（*Copyright Law*，1976）、《视觉艺术家权利法案》（*Visual Art Right Act*，1990）、《电子盗版禁止法》（*No Electronic Theft Act*，1997）、《千禧年数字版权法案》（*The Digital Millennium Copyright Act*，1998）等。为了将这些法规落到实处，美国政府设立了诸多职能部门，其中国会图书馆下属的版权办公室负责版权的登记、申请、审核等工作；贸易代表办公室（USTR）负责涉及知识产权的国际贸易谈判；海关负责进出口产品的知识产权稽查，并于 2003 年联合其他十多个政府部门成立了全美知识产权协调中心，专门负责处理在进出口贸易中涉及知识产权的事宜。[②] 为了协调各部门之间的工作，近年来历届总统往往还会在白宫设立专门的办公室，如奥巴马内阁成立了美国知识产权执行协调办公室[③] 领导知识产权保护工作。这些部门各司其职又紧密合作，形成了一个完整的系统。而好莱坞为了增强对电影版权的保护，也付出了诸多努力。美国电影协会的一项非常重要的职能便是游说美国国会和政府，在版权立法和管理执行方面保护好莱坞的权益。2014 年 6 月，美国电影协会专门聘请了前国会议员霍华德·伯曼（Howard Berman），请其专门就与好莱坞的版权保护相关的事宜展开政府公关。[④] 这些努力颇有成效。正是在美国电影协会等利益集团的游说下，在过去四十年间，美国不断修订《版权法》，已将版权保护的期限延长了

---

① [美] 迪诺·贝里奥著，庞亚平译：《90 年代好莱坞的全球化》，《世界电影》2001 年第 6 期。

② 详细介绍可参见该机构的官方网站：http://www.ice.gov/iprcenter/。

③ 关于美国知识产权保护的具体职能部门介绍，可参见美国知识产权执行协调办公室制定的：2010 Joint Strategic Plan on Intellectual PropertyEnforcement, Retrieved from http://www.whitehouse.gov.

④ Julian Hattem, Ex-Rep. Howard Berman Lobbying forHollywood, The Hill, July 22, 2014, Retrieved from http://thehill.com/.

11 次，1973 年，创意产品的平均保护版权保护期限仅为 32.3 年，但如今平均期限已经延长到 95 年。[①] 这对于片库中有数以千计老电影的好莱坞大制片厂来说无疑意味着更多盈利的空间。也正是在其不断的游说下，美国法院增强了对盗版行为的惩处。例如奥巴马政府的司法部门已将专门从事版权保护的律师和 FBI 探员增加了两倍，用于应对数字化环境下的盗版问题。[②] 在国际市场上，美国政府和行业组织也通过缔结《与贸易有关的知识产权协定》等国际条约，设立专门机构来监视其他国家版权保护的执行情况，并发布专门报告，展开外交行动等方式，来构筑国际性知识产权保护机制，致力于维护好莱坞电影等创意经济产业的全球利益。

好莱坞 IP 开发的四大策略

电影创作中的 IP 开发——跨界改编与系列化在好莱坞电影的创作中，便蕴含着 IP 开发的思维，具体表现为电影剧本的跨界改编和电影作品的系列化。

好莱坞非常善于挖掘来自其他领域的 IP 资源，将其改编为电影作品。据 The Numbers 网站的统计数据，1995 年到 2014 年 5 月 15 日，好莱坞共公映了 10615 部电影，其中原创剧本电影 6842 部，占据 49.5% 的票房市场份额，而改编自其他来源的电影共 5703 部，占据市场份额 50.5%。改编的来源也非常多元化，The Numbers 网站列出了多达 20 类曾被改编为电影的作品来源。[③] 从与电影比较亲近的小说、漫画、电视作品，到看上去跟电影风马牛不相及的芭蕾舞作品、唱片、宗教出版物、玩具等，都曾为好莱坞所利用。

其中小说是好莱坞电影最重要的改编来源，如彼得·布鲁瑞（Peter Bloore）所指出的，相对于别的来源，小说是最接近于剧本的作品，能预先提供清晰的总体故事结构和调性，因而更受电影公司青睐。[④] 据研究者理莱内特·欧文（Lynette Owen）的估计，每年被好莱坞购买下优先改编权的小说达到 1 万至 2 万部，其中有 5%—10% 会进入到开发阶段，但最终只有 1% 会进入到制作环节。[⑤]1995—2014 年，好莱坞共有 2280 部改编自小说

① Lawrence Lessig, Free Culture: The Nature and Future ofCreativity, New York : Penguin Press, 2004, pp.134-135.

② Joe Satran, Obama Helps Hollywood: Aggressive IP PolicyAids Entertainment Industry , Huffington Post , September 7, 2012,Retrieved from http://www.huffingtonpost.com.

③ Retrieved from http://www.the-numbers.com/market/sources.

④ Peter Bloore, The Screenplay Business: Managing Creativityand Script Development in the Film Industry , London; New York:Routledge, 2013, p.12.

⑤ Edward Nawotka, The 1000-to-1 Long Shot: How HollywoodDecides What Books Hit the Silver Screen, Publishing Perspectives,May 17, 2011, Retrieved from http://publishingperspectives.com/.

的电影，创造了513亿美元票房，占据23.1%的市场份额，平均票房较原创剧本电影高出了39.6%。[①]

而漫画则在过去的十几年间迅速崛起，成为好莱坞电影改编的重要来源。从1995—2014年，好莱坞共有168部根据漫画或绘本改编的电影，数量并不多，但创造票房高达126亿美元，平均每部0.75亿美元，是原创剧本电影平均票房的4.7倍之多。漫画改编电影多是高投入的超级英雄电影，在2000年的《X战警》之后，其在美国市场迅速崛起。很多研究者认为这与2001年的“9·11”事件大有关系，这起震惊全球的恐怖事件，再加上经济衰退，让美国人民安全感暴跌，超级英雄们施展超能力，拯救世界的情节则非常契合人们渴盼安全的社会心理。再加上美国的漫画作品的版权大多掌握在以漫威和DC漫画为代表的几大漫画出版公司手中，权利界定清晰，也易于开发衍生产品。因此漫画改编电影变得深受好莱坞主流电影公司追捧。据统计，从2012—2014年，此类电影已连续三年占据美国电影票房市场份额的12%以上。[②]

除了跨界利用其他领域的IP资源外，好莱坞也善于运用已经成功的电影IP，翻拍或是拍摄续集等。在1995—2014年，好莱坞共翻拍了326部电影，创造了108亿美元国内票房，平均票房3313万美元，是原创剧本电影票房的两倍多。而系列化的电影更是成为了票房的主力军。在2012年票房前100名的电影中，续集的数量是1999年的5倍。[③]（2014年北美年度票房前20名电影中，有《饥饿游戏：嘲笑鸟（上）》《美国队长2》《变形金刚4》《X战警：逆转未来》《蜘蛛侠2》《霍比特人3：五军之战》《龙虎少年队2》《驯龙高手2》八部续集电影。好莱坞片厂还会不断培育新的续集电影品牌，以防观众厌倦了已有的续集电影品牌后出现“青黄不接”的局面，如2015年上半年，基于同名漫画的电影《王牌特工：特工学院》和基于英国绘本的电影《帕丁顿熊》便作为新的续集电影品牌出现。系列化、品牌化的做法，成为了好莱坞寻求市场稳定性的一种重要的策略。

电影发行中的IP开发——扩窗发行

在发行环节，为了将电影IP价值最大化，好莱坞也发展出了一套成熟的机制。首先，利用媒介技术的发展，好莱坞不断为电影拓展出新的放映渠道，从20世纪50年代的

① 同(8).

② Ibid.

③ Stephen Follows,Where do Highest Grossing Screenplays comeFrom , January 27, 2014, Retrieved from http://stephenfollows.com.

广播电视到80年代的有线电视、卫星电视，90年代的录像带，2000年初的DVD以及近年来的在线播映等。为了平衡这些渠道之间的关系，并使利润最大化，好莱坞发展出了发行“扩窗模式”（windowing release pattern），让电影沿着不同的发行窗口以不同的价格依次发行。其背后的逻辑在于针对不同消费者的意愿和习惯，利用价格和发行间隔期进行调控，从每一个观众的消费中穷尽剩余价值。

一般情况下，好莱坞电影会首先在影院上映，2—3个月后，会发行DVD和蓝光碟等音像制品，通过租赁店或是沃尔玛、Target等零售商进入市场。再经过大约一个月，进入到按次付费点播环节，电影公司将影片授权给电视或在线点播平台，观众每点播一次，都要付费，价格通常高于电影票价，而低于录像带/DVD的价格。一般来说，按照具体影片以及授权频道数量的多少（独家授权还是多家授权），电影公司能分得按次收费收入的45%—55%。再经过2—3个月之后，影片会被授权给付费有线频道或卫星电视频道播映，如HBO电影频道。一般情况下，付费有线电视频道为播放的电影支付的平均授权费在600万—800万美元之间，并根据电影的票房而上下浮动。在付费电视频道播出12—18个月之后，好莱坞电影将进入观众可免费观看的广播电视（四大电视网）和基本有线电视频道播映（如Lifetime、TBS、TNT、USA Channel等）。再然后，在电影影院上映2—3年之后，好莱坞发行商会把旗下多部电影的长期的电视播映权卖给电视节目辛迪加机构，收取一次性的授权费用。[①] 在海外市场，好莱坞电影也基本遵循着这样的顺序进行发行。

值得指出的是，好莱坞电影扩窗发行的顺序和间隔期并不是一成不变的，而会根据市场现实情况进行调整。如巴里·利特曼所指出的，当一种渠道所创造的每户净收益较高，或者总收益较高，那么就可能被移到放映顺序的最前面。[②] 例如，如果影片在影院上映后没有受到预期的欢迎，片方可能会缩短影院的上映时间而直接转入音像市场。而一些中小成本的独立电影则可能绕过付费点播和付费有线电视的播映，而授权给大的广播电视网直接播映，以获得较高的价格。

更重要的是，当有新的发行渠道出现，好莱坞会很快将其纳入到“扩窗”体系中，朝着利润最大化的目的调整发行序列和间隔期。例如近年来，为了促进新兴的电影在线点播市场的发展，好莱坞发行商开始压缩影院发行、DVD发行与在线点播发行之间的间隔期。据统计，美国年票房排行前100位的电影，其影院上映到在线点播发行之间的平均间隔期，已从2009年的195天减少到了2014年的119天。DVD发行到在线

① 参见［美］格里格雷·古德尔著，高福安等译：《独立制片：从构思到发行的全程指导》，北京广播学院出版社2004年版，第323—325页；［美］珍妮特·瓦斯科著，毕香玲、迟志娟译：《浮华的盛宴——好莱坞电影产业揭秘》，中信出版社2006年版，第119—127页。

② ［美］巴里·利特曼著，尹鸿等译：《大电影产业》，清华大学出版社2005年版，第75页。

点播发行之间的平均间隔期则从 2009 年的 78 天减少到了 2014 年的 18 天。票房前 100 位之后的电影，其影院上映到在线点播发行之间的平均间隔期，更从 255 天减到了 62 天。而其在线发行甚至已经领先 DVD 发行 33 天。[①] 正是这种根据市场灵活调整的"扩窗"体系，保证了好莱坞电影在影院发行之外创造了更广阔的获利空间。

电影附属产业链的 IP 开发——特许经营

除了电影本身通过各种渠道发行取得的收入，好莱坞也非常善于开发电影的附属产业链，即将电影 IP 授权给其他商家使用，生产相关的特许经营产品，创造收益。

衍生产业链的开发在当代好莱坞占据着非常重要的位置。正如好莱坞高管马丁·戴尔所指出的："电影工业的真正价值不在于影片本身能产生多少利润，而在于它为企业与其他领域合作提供多少机会。这些领域包括电视产品、主题公园、日用消费品、原声带、书籍、电脑游戏和互动娱乐。所有这些都降低了成本和风险，而增加了收入。电影为这个魔术般的王国提供了钥匙。"[②] 以《星球大战》为例，在创作这部电影时，卢卡斯主动降低了自己的工资，据说只有十万美元，条件是获得这部电影的特许经营权利。事实证明，这是一个非常聪明的决定，在影片上映后的六周时间里，《星球大战》就卖出了两千万件电影主题 T 恤[③]，随着《星球大战》续集的拍摄，特许经营产品越来越多，截至 2015 年 4 月，系列七部电影创造的总收入已经达到了 270 亿美元，其中只有 15% 是来自于票房收入，其余的 85% 都是来自于其他非票房收入。[④] 据国际授权衍生品产业联合会（International Licensing Industry Merchandisers'Assn.）2014 年 6 月公布的数据，2013 年，北美市场电影电视角色所产生的衍生品销售额达到了 514 亿美元。[⑤] 衍生品的开发为好莱坞电影创造了丰厚的额外收益，还能为某些电影筹集投资。例如《指环王》三部曲便有 10% 的预算是通过预售开发权利给游戏、玩具等衍生品公司获得的。更重要的是，这样的合作往往也能推动电影的营销。因为衍生品开发商往往会配合电影的上映启动大规模的促销活动。[⑥]

为了开发衍生产品，主流的好莱坞电影公司都成立了专门的授权部门来运营旗

① Michael J. Wolf, The Entertainment Economy: How MegamediaForces are Transforming Our Lives ,London: Penguin, 1999,p.228.

② Ibid.

③ 金冠军、钟瑾等:《电影创意产业》，东方出版中心 2009 年版，第 114 页。

④ Retrieved from http://www.statisticbrain.com/star-wars-totalfranchise-revenue/.

⑤ Todd Cunningham, TV, Movie Merchandise Revenue Hit $51.4 Billion Last Year, The Wrap, June 14, 2014, Retrieved from http://www.thewrap.com.

⑥ The Merchandising Process , Retrieved from http://www.filmreference.com.

下的电影版权，例如华纳兄弟成立的美国授权公司（LicensingCorporation of America，LCA）和迪斯尼的消费者产品部门。他们也越来越多地制作适合特许商品开发的“高概念”电影，尤其是G级或PG级的家庭电影，因为这类电影适合全家老少一起观看，尤其吸引青少年儿童观众，而这些观众是衍生产品最大的潜在消费者。据研究，如今一部吸引家庭观众的好莱坞原创剧本电影，往往能向五十家左右公司授权生产衍生产品。如果电影是卖座电影的续集或是根据某部畅销小说改编的电影，则能带来多达数百种的衍生产品。类似《侏罗纪公园》这样的重磅大片甚至能授权上百家公司生产一千多种特许商品。[①] 以至于有人评论“好莱坞电影已成为一种围绕原声唱片、仿真人偶、玩具、糖果、快餐以及一切你能想象到的消费品所展开的谋求利益的手段”。[②] 在好莱坞主流电影的运作过程中，衍生产业链的开发价值成为了一个重要的考虑因素。

电影营销中的IP开发——联合推广

IP开发的思维也同样蕴含在好莱坞电影的营销过程中，其中最典型的表现在于电影与其他品牌之间展开的联合推广合作。在好莱坞主流电影中，充斥着各种品牌的植入广告。据统计，2014年，全年登临票房周冠军的35部电影中，有464个植入品牌或产品，平均每部电影多达13.3个。其中植入广告最多的《变形金刚4》与多达55个品牌合作。[③]

对于好莱坞电影而言，品牌植入广告不仅仅是一种创收的方式，更重要的是为了获得品牌的配套营销资源。因为在好莱坞电影中露面的品牌，往往会配合电影上映的进程，推出包含电影元素的产品，并展开营销攻势，在宣传自己产品的同时，也帮助了电影的营销，尤其是快餐店、汽车商、全国性的连锁店、电子产品和移动服务提供商等，其拥有巨大的营销网络，能非常有效地帮助好莱坞电影进行推广。

据估计，一部好莱坞主流电影在发行过程中从其品牌合作伙伴那得到的配套广告宣传通常价值3000万—5000万美元，还有数以百万美元计的其他配套营销活动支持。[④] 例如在电影《变形金刚》上映前后，汉堡王推出了一套电影主题的儿童餐，在电视广告宣传的配合下销售了2500万套。卡夫也在长达五星期的广告宣传配合下，推出了

① Robert Marich, Marketing to Moviegoers: A Strategies andTactics, Burlington , MA: Elsevier Focal Press, 2008, p.132.

② [美] 迈克·麦德沃《飞跃好莱坞：麦克·麦德沃的电影人生》，中信出版社 2010 年版，第 93 页。

③ Abe Sauer, Announcing the 2015 Brandcameo ProductPlacement Awards , Brand Channel, February 20, 2015, Retrievedfrom http://brandchannel.com/.

④ 同(22)，第 183 页。

2500 万份包含《变形金刚》主题元素的速冻午餐。[①]每一份出售的货品都构成了对《变形金刚》的宣传。而在 2011 年《碟中谍 4》上映前后，这部电影系列的长期合作伙伴宝马模仿影片的名字展开了一场名为“驾驶使命”（Mission to Drive）的大型营销活动，包括在电视、印刷媒体、网络媒体上投放大量广告，在宝马全国门店里展开促销活动，为顾客组织了超过 200 场《碟中谍 4》的特别放映活动等。而作为回报，宝马旗下的诸多车型，包括宝马计划推出的概念车型 i8 成为了片子主角们的座驾，在片中的动作段落中得到了大量的特写镜头，并收录进了电影的宣传材料如预告片中。[②]这样的合作达到了一种强强联合的双赢效果。

基于其全球性的巨大影响力，好莱坞大片在选择植入广告合作品牌时往往有主动权，并不是只要品牌肯出钱便能轻易地进入到这些电影中。好莱坞制片公司会从多个角度来对备选品牌进行考察，包括品牌是否是行业中的领军品牌并有足够知名度，企业是否具备推广实力和营销思路，品牌形象是否符合故事情节，进而选择出合作的品牌。好莱坞大制片厂与很多品牌商间的合作也并不是一锤子买卖，而是长期战略性的合作。尤其在汽车、电子、生活用品等热门植入品类上，好莱坞大电影公司往往都有长期合作对象，且通常都是全球知名品牌。

这种品牌的联合营销，与电影片方为营销电影所进行的宣传活动，以及销售、推广电影衍生产品等行动一起，创建了一个电影销售的整体氛围[③]，起到了在情感和心理上强化观众的观影经验的作用，成为了好莱坞主流电影非常重要的营销工具。

结　　语

从以上的总结和分析可以看出，IP 开发的思维已深入当代好莱坞运作机制的骨髓。对于正处在发展井喷期的中国电影 IP 开发而言，好莱坞的 IP 开发体系有很多值得借鉴的地方。具体而言，有以下几点：（一）电影 IP 的深度开发，离不开跨界整合的集团化结构所提供的体制支撑。在金融资本和阿里巴巴、腾讯等互联网巨头的强势介入下，目前中国电影企业正在快速迈向被整合到更大的娱乐媒体集团的过程，而如何理顺集团各部门间的管理机制，真正发挥出协同共生的效果，好莱坞领军全球的六大娱乐媒体集团可提供很多有价值的经验。（二）严密的知识产权保护，是 IP 开发的生命线。尽

① 同(22)，第 98 页。

② Marc Graser, BMW Back for Film 'Mission', Variety ,November 6, 2011, Retrieved from http://www.variety.com。

③ 同(15)，第 231 页。

管中国近年来在知识产权保护方面有很大进步，尤其是法律体系的建构已比较完善，但还存在很多管理和执行层面的漏洞。例如因为部门利益纠葛而导致的管理混乱，地方保护主义导致的不作为等问题。针对这些问题，美国内阁专门设立美国知识产权执行协调办公室来协调各部门利益，领导知识产权保护工作的做法颇值得借鉴。（三）电影 IP 的开发是一个复杂的系统工程。对于正在从产业内部循环跨越式发展到跨界 IP 开发与运营的中国电影业来说，好莱坞电影从创意、制作到发行、营销、衍生品开发的全产业链过程中所贯彻的 IP 思维和运营机制，更有着重要的参考价值。

（原文载于《当代电影》2015 年第 09 期）

互联网时代的电影评论

王宜文 张 云

互联网为中国电影开启了一个崭新的时代。互联网之前，电影评论的发声权大多掌握在文艺界学者、媒体评论员和专栏作者等人手中，文章多发表在报纸的文艺版块和相关杂志上，普通观众鲜有机会在大众平台上呈现自己对于电影的反思、探讨以及评价，他们的意见往往被忽略。1998年，借着互联网逐渐走进千家万户的势头，以“后窗看电影”为首的一批电影论坛发展起来，首度成为网络电影评论发声的阵地。2000年博客诞生，影评人纷纷转向博客平台，借助新浪博客、网易博客等平台发表电影评论文章。2005年豆瓣电影成立，2006年时光网成立，两大网站很快成为中国版IMDb[①]，作为电影资料库和影评传播平台延续至今。2009年新浪微博正式开放，140字的微影评、随时随地发布、开放的好友关系、裂变式的传播机制，迅速吸引众影评人的目光，很快成为影评新阵地。人人都可参与，人人都可表达，互联网时代正让电影评论变得零门槛。

一、互联网时代对影评形式的影响

（一）短平快的影评形式占据半壁江山

与报纸、杂志上洋洋洒洒的影评相比，互联网时代大量影评文章呈现出短小精焊、通俗易懂的特征。长篇大论固然可以将影片各个方面分析得淋漓尽致，但在追求“更高、更快、更强”的信息时代，人们注意力时间缩短，直抒胸臆的短评反而更能达到传播的目的。

短平快的影评应运而生，其中打分及一句话影评应用最为普遍。当影评被简化为

王宜文，北京师范大学艺术与传媒学院，教授；张云，北京师范大学艺术与传媒学院，研究生。

① IMDb，互联网电影资料库(InternetMovieDatabase，简称IMDb)，是美国一个关于电影演员、电影、电视节目、电视明星、电子游戏和电影制作的在线数据库，在世界范围内也广受好评并且具有权威性，对电影的评分目前使用最多的就是IMDb的评分。

电影网站上的一个分数，每部影片都被贴上了质量标签，比如说 7 分意味着“不妨一看”，8 分默认为“公认的佳作”。这种评分方式虽然过于简单，具有较强的主观色彩，但这个方式保证了大多数影迷观众参与的可能性。除了用鼠标轻轻点击打分，一句话的短评也受到了多数网友的喜爱。一方面，一句话影评不需要观众具有电影专业素养，只要有自己的观点，嬉笑怒骂皆成影评；另一方面，一句话影评适应了网络时代传播规律，简洁表达、快捷分享、高速获取。因此，在电影的一句话标题中常常能够看到语不惊人死不休的标题党、时下流行的网络用语堆砌、贴标签式的定位帖，行文戏谑嘲讽，观点超乎常规。时光网就在首页的影片推介中使用网友的一句话影评，对于《末日崩塌》的推荐语是“有钱的爹不如救援队的爹”，以“拼爹”“有钱”等字眼紧贴着时下的舆论热点，用接地气的本土表达将一部“高大上”的好莱坞动作大片包装起来。另一部好莱坞特效大片《侏罗纪世界》的推荐语则是“霸王龙已经成为人类的好朋友了”，看上去虽与影评相差甚远，但口语表达符合年轻人的话语体系，很容易吸引其他人的眼球。

（二）影评的参与性和互动性日趋增强

互联网时代人人都是自媒体，影评阵地不再是影迷们自说自话的平台，每一篇影评文章自在网络上发布之后，都可以传递到不确定的大多数以及特定的部分人群中，同时进行二次传播。除了转发功能以外，值得一提的是，豆瓣电影还在每部电影的主页上开放了即时讨论区，即时讨论区就像曾经的聊天室一样，供网友进行同步讨论。

一种最新的影评方式——弹幕也逐渐风靡起来。在中国，弹幕开始于动漫网站 Acfun[①]，弹幕数量是考量一段视频的热度和关注度的重要标准之一，弹幕多的视频容易吸引更多的网友观看，同时弹幕多的关键剧情点也是大家最想吐槽的地方。如今弹幕已不再是 Acfun 特权，一些影院对于某些具有争议的电影专门设置了弹幕专场，以此来满足青年观众“不吐不快”的心理诉求。2014 年 7 月上映的动画电影《秦时明月 3D 电影龙腾万里》在杭州的电影院里首次使用“弹幕”技术放映，接下来《小时代 3》在全国其他地区出现了弹幕场。全场观众在观看影片的时候实时评论，这种方式不仅加强了影片和影迷之间的互动性，同时还将网络上风靡的互动技术开拓到现实时空，可谓是网络时代影评界的独特景观。

（三）多样化平台开启私人定制

影评人根据自身需求及喜好选择微博、专业网站、微信订阅号等不同的平台进行写作，优良的影评内容配合平台的优势特点不仅可以广泛积攒人气达到广度，也可以

① AcFun 是中国大陆的一家主要关于动画、游戏的弹幕式视频分享网站，最初为动画连载网站，现已转型为全弹幕视频网站。

通过私人定制的模式加强深度。

在新浪微博上，无论各大娱乐网站、新闻广播报纸媒体、还是独立影评人均可免费注册账号。以新浪官方账号为例，新浪娱乐粉丝量达到1500万，《看电影》杂志的粉丝数有222万，万达电影生活粉丝数有50多万，也就意味着每天有成千上万的粉丝在这些大V的传播半径之内，其影响力不可小觑。

除微博以外，微信订阅号也逐渐成为互联网影评中质量稳定、传播高效的组成部分。微信订阅号的传播完全依靠移动终端，相比于微博而言具有更高的信息到达率和客户忠诚度，同时还容易在朋友圈或者微信账号之间形成二次传播，所以这种“私人定制”的方式受到了越来越多机构和个人的青睐。专业的电影类杂志，如《当代电影》以及《看电影》选择用订阅号来扩大影响力，相比于传统媒体，网络的传播影响力则广阔而巨大；一些独立的电影人、自媒体也选择微信订阅号每天向用户推送信息，较为著名的有微博签约影评人“独立鱼”、立志成为人肉电影资料库的“桃桃淘电影”，他们的影评观点总能受到粉丝群体的追捧，在朋友圈形成广泛传播；还有一些公众号由电影专业师生进行专业运作，如北京大学非一流评论“左岸影视，右畔文学”，将微信公众号作为最新学术成果的发布平台，也受到了网友大量关注。

二、互联网时代的影评质量

（一）碎片化感想式影评日趋增多

在这个全民影评的时代，写作门槛的降低、网络平台的开放、影评形式的多样化极大程度上保障了每个网民发表自己观点的权利，同时也激发了网民发声的兴趣，一时间各式各样的影评充斥了各大电影媒体平台，从数量上看，其中绝大部分是碎片化的感想式评论。

以时光网、豆瓣电影、格瓦拉@电影这三个平台为例，碎片化的影评正与日俱增。这类感想式评论属于观众观片之后的第一感受，少则一两句话，多则两三段话，影评中虽然会涉及演员表演、剧作结构、情境设置、视觉特效、背景音乐等构成电影的各个方面，但缺乏电影理论的支持和系统性分析，多为戏谑的吐槽或者直接的赞美，甚至有些与电影无关。2015年暑期院线热门科幻惊悚影片《分歧者2：绝地反击》，截止到6月23日，即影片上映第五天，时光网上一共有微影评1775条，豆瓣电影上有短评3508条，格瓦拉@电影有2509条，有人评论“故事没内涵，人物没内涵，场景没内涵，最后谜底没内涵”，也有人评论“刚开始没看懂，觉得智商被碾压！”各式评论让人眼花缭乱，充分表达了观众对于这部影片的感想，是影迷心情的真实写照，只是这些碎片化的信息并不具有学术价值，很容易淹没在浩如烟海的网络之中。

（二）具有专业水平的业余影评人自发崛起

网络上还活跃着一批电影发烧友，他们凭借着浓厚的兴趣和一腔热情进行影评写作。这类电影发烧友大多并非电影科班出身，但具有一定的电影理论基础，自发地观看了大量影片并且反复拉片，在评析片中各个元素时充分结合自身优势和行业知识，将文学、哲学、天文、物理、心理等学科知识融入影评之中，反而通过学科间交叉和碰撞给网络影评带来许多火花。这类业余影评人大多将文章发表于豆瓣电影、迷影网和知乎帖子中，他们的研究纯凭兴趣而非职业性工作，不谋求经济利益，相比于一句话影评具有较高的专业水平和阅读价值。

还有一部分网络影评人，例如活跃在微博上的后窗、虹膜、迷影网等组织，知名影评人奇爱博士、桃桃淘电影、妖灵妖、magasa 等人，他们一直坚持着自己的写作操守，稳扎稳打地对电影展开分析，评价影片的镜头语言、美学价值、社会意义，透过影片在导演、摄影、编剧、音乐音响等各个方面的表现解释影片中所蕴含的主题思想，探讨影片的成败得失，提出自己的解决性方案。他们通过敏锐地洞察到互联网强大的沟通和传播能力，借力互联网作为自己的工作平台，积累了大量人气与粉丝。这类影评人撰写的影评所占比例较小，创作时间较长，但对于电影创作者具有指导性的影响，可以帮助他们开阔视野，提高创作水平，同时又能够帮助观众理解和鉴赏影片，提高观众的欣赏水平，对电影行业的良性发展有深远影响。

以下三个事例将结合具体影片讨论业余影评人的发展现状。

1.《环形使者》中美版本比较中的影评人力量

电影《环形使者》2012 年在国内上映时曾删减了 8 分钟的剧情，这 8 分钟不仅删掉了色情暴力以及吸毒的画面，同时也将男主人公的情感前史和性格转变动因完全抹去，以至于观众在观片之后大呼“看不懂”“没逻辑”，直接在时光网上给到 6、7 分的差评。

然而与此同时，《环形使者》在 IMDb 上曾一度达到 8 分。网友 gogocash 在没有看过美国版的前提之下，在时光网上发表文章《〈环形使者〉：删减坏了一部戏（剧透）》，文中将几处删节的剧情“脑补”出来，并且细致分析了人物心理动机、后续情节设置的合理性，帮助观众理解主人公的心理动机，一时间被网友热捧为“神评”。

2.《盗梦空间》之梦境和空间的读解

2010 年，克里斯托弗·诺兰的电影《盗梦空间》在上映时曾出现“一票难求”的观影热潮，影片奇特的时空结构不仅吸引了大量观众走进影院，而且还激发了许多心理学爱好者、逻辑学甚至哲学爱好者的影评热情，大家纷纷使用自己学科的知识解释

影片中的空间、时间、逻辑、结尾等问题。截止到 2015 年 6 月 23 日，豆瓣上共有短评 16 万条，影评 4500 多篇，可谓是一种奇观。在 4500 多篇网络影评之中，“黑白光影”撰写的《Inception 情节逻辑完全解析》被封为热帖第一条。他详细解释了片中梦境的规则设定以及情节逻辑，并且耐心解答评论中各式各样的问题，一万多人为其点赞；“高斯控”则聚焦于影片中数学和逻辑层面，撰写文章《Inception 中的数学原理和逻辑》；“Wiö”发挥英语才能，《IMDb 上翻译的影评！戒指是关键！》一文将 IMDb 上一篇文章完整翻译成中文，字句通顺，逻辑清晰，对于解释电影结尾处关于戒指的段落提供了非常有趣的研究方法。一部好的电影不仅仅是镜头语言及格的影片，其思想内涵也必将涉及人类、历史、社会等终极问题，同理，一个好的影评人要想站得高走得远必须具备各个学科的知识，这就对影评人的素养提出了更高的要求和挑战。

3.《星际穿越》，掀起科普热潮

2014 年，诺兰的另一部院线电影《星际穿越》又引来一大批天文学、物理学、科幻迷、诺兰粉的关注，他们一方面赞叹诺兰在科学方面的严谨性，同时也自愿撰写影评读解文中的时空线索，科普重力、时间、虫洞、黑洞等知识，这些正是专业电影影评人力所不及的地方。

影迷“刘伪冒”在星际穿越上映之前便在豆瓣发表文章《科普黑洞虫洞，备战星际穿越》。《星际穿越》中的物理知识基本上是基于美国理论物理学家基普·索恩的理论成果，作者将《黑洞与时间弯曲》这本理论著作中的科学概念进行整理，提前为观众们科普。“大夫唐”的文章《如何在不懂物理学的前提下看懂〈星际穿越〉的几个地方》用通俗易懂的语言解释了维度、惯系性、黑洞，并仔细阐释了影片中一些剧情。“白朗”作为了一个摄影迷，从《星际穿越》放映技术规格来说明为什么最佳观影体验非胶片 Imax 莫属，其中电影拍摄介质、画面宽高比以及放映分辨率是考察的重要指标。还有一名科幻爱好者 xxrock 撰文《爱是一种物理力量——科幻也需要情怀》，凭借多年阅读科幻小说、观看科幻电影的经验来分析电影《星际穿越》中的科幻元素，文中涉猎多部科幻作品，对解释维度、爱的物理属性、反向时间等剧情点颇有见地。

与此同时，迷影网上刊登了木卫二、李光爵、红袖添饭、magasa 等知名影评人的文章，多维度读解《星际穿越》这部里程碑式的作品。木卫二的文章《〈星际穿越〉：所有导演都在解决时间问题》从创作角度讨论这部科幻影片，他说在希望和幻灭之间，男主人公并非选择幻灭，而是通过世俗的爱来解决人类的终极问题，这是导演贯穿始终的剧作核心。台湾作者李光爵的文章《〈星际效应〉：自由爱，能成为穿越一切的力量》提出影片中的一个观点加以阐释：爱 / 亲情终究是突破物理 / 科学上的限制，诺兰用最简单的感性说辞改写了理性的极限。magasa 的文章《克里斯托弗·诺兰：庸俗的天才》则将目光聚焦到导演诺兰身上，作为好莱坞举世目属目的英国导演，他是主流商业电影的革新者和改良者，但并非是商业浪潮的颠覆者，这样的身份定位让他的创作能够一直保持良性循环。

值得关注的一点是，在网站 Bilibili 上，网友还自发制作了多个网评视频来解释和探讨《星际穿越》这部影片，并且通过弹幕和更多的视频观众形成呼应，也形成了广泛的讨论热潮。

（三）影评失真，水军泛滥

张扬个性、自由表达是网络时代电影评论的亮点所在，然而在一个缺乏有效的监管制度或者道德约束的环境中，一些人出于经济目的违背客观事实过分褒扬，还有一些人恶语相向失真评分，所带来的恶劣影响令整个影评界蒙羞。

保持客观公正的态度，坚守电影艺术的标准，是影评人公信力赖以生存和维系的基础。尤其是对于一些网络上的知名影评人来说，真诚的影评文章可以影响成千上万普通观众的观影行为或者电影的口碑传播；同样，失真的影评也必将给自己带来想象不到的信任危机。影评人收红包的事件却越来越普遍，“影评人”三个字开始变质，甚至出现了“体制内的影评人”一词。除此以外，礼貌性的好评文也成了影评圈不成文的规矩。片方在影片上映之前邀请媒体记者、制片人、影评红人提前观影，这些媒体利用自己平台对影片进行宣传推广，你来我往之间回避矛盾只讲优点的人情稿便成了业界常态。长远来看，资本控制下的影评失范现象将会影响到影评人的公信力，还会使电影创作团队滋长浮躁的风气，国产影片观众群体的流失，最终对国产电影造成负面影响。

更为严重的是，在各大电影网站论坛之中大量充斥着水军的身影，他们受雇于公关公司，通过大规模发帖和恶意评分打压同档期的竞争对手，并且毫无道理地哄抬自己影片的得分，致使某些影片评分一夜之间莫名降低或者攀升。面对激烈地票房大战，残酷的现实中谁能够在影片上映的一个月内成功吸引观众走进电影院，谁就是名留影史的真正赢家，因此雇佣水军引导舆论似乎已经成为圈内不用说的秘密。某些影片在上映之前便已给观众留下了低分的负面形象，一些导演和演员也毫无缘由地遭到恶语中伤。

三、互联网影评的深远影响

（一）互联网自媒体降低影评门槛

互联网技术的发展和普及极大地推动了互联网影评的发展。从电脑走进千家万户

到智能移动终端占据市场主流，从宽带上网到现今手机4G网络，互联网已经成为人们发布信息、获取信息、沟通交流最主要的渠道，去精英化的生态环境更促使每一个普通影迷都可以在网络上说出自己的心声。上个世纪90年代，电影还是人们很重要很普遍的娱乐活动，一些电影的观影次数远远超过现在，但是评论电影一直是一件奢侈的事情，只能够在报纸和杂志社上看到少数影评文章。互联网时代的到来极大地降低了影评的门槛，甚至已经是没有门槛，保证了每个影迷说话的权利。在时光网、豆瓣电影等电影网站，在微博上，在微信朋友圈里，在猫眼电影、格瓦拉@电影等购票平台上，每天都有数不胜数的观众自发给电影评分、写作、交流心得，影评也许正迎来最好的时代。

（二）对观众观影选择具有重要影响

如今同一档期几乎都有十部左右的影片上映，遇到暑期档、春节档，更是遭遇国内外大片争相上映的热烈厮杀，对于片方来说，如何使出浑身解数将观众拉进电影院已经事关生死存亡。纵使网上宣传、落地活动、艺人绯闻、票价补贴各种环节对观众观影都会产生影响，口碑仍然是其中不可忽视的力量，好口碑可以让一部宣传经费有限、排片不占优势的影片起死回生，力挽狂澜，凭借口碑效应实现票房反弹增长；而坏口碑则会影响影片在观众心目中的地位，票房涨幅逐渐走低，最终很快消失在新片的浪潮之中。如果说影评人最重要的任务曾经是分析影片的成败得失，以批判性的思维来研究电影工业、电影团队以及电影理论，那么现在的影评又多了一项崭新的作用，即通过口碑传播影响目标受众的观影选择，这对于电影营销以及发行放映来说具有非常重要的影响。

电影口碑的树立一方面依赖观众在现实生活中的朋友圈、身边的朋友相互推荐、口耳传播，从而刺激潜在观众的观影欲望；另一方面，大量观众在购买电影票之前会提前参考网站上影片类型、剧情以及评价高低，对影片形成初步印象之后再决定是否去电影院支持。抛开水军因素的影响，网络影评集合了众多热心网友的意见，所以相比于朋友圈来说更具有参考价值。

（三）对旧电影具有钩沉效应

美国影评人尼克·詹姆斯在《撕碎过去：重振电影评论》一文中曾提出影评人应当为自己的工作设定八大任务，其中第二项就是“推广不为人知的佳作”[①] 对于影评人来说，评论时下院线影片并不是影评的全部，回顾中外电影历史上的佳作，并将这些作品通过一定顺序和手段推介给观众也是他们的任务之一。

① James,Nick.(2009).RipItUp:RevitalizingFilmCriticism.FilmQuarterly,62(3),14-15.

在互联网没有广泛普及的时候，一部电影下线之后只能通过录像带、DVD 的形式继续传播，而互联网时代里信息更加畅通有效，人们有机会接触到不同时期、不同国家的作品，观众的选择范围极大地扩展，这时候影评人的推介便显得尤为重要。在 IMDb 上的“TOP250 为影迷们推荐了评分前 250 名的好片，时光网上也推出了“时光电影 TOP100”“华语电影 TOP100”“本周热门 TOP10”等，每到节日期间、年末时段或者电影节期间，很多影评人还会推出自己的推荐贴为网友们推荐自己喜欢的老片好片。这就让中外一大批旧片老片在互联网时代又迎来了第二春，尤其让一些从前难以和观众见面的独立制作、地下电影以及其他国家的优秀电影获得了重新被发掘、被关注和被讨论的机会。

（四）为电影大数据分析提供海量信息

面对纷繁复杂地的电影市场，如何评判一部电影的利弊得失在这个网络时代也加入了新的考量方式。以单篇影评来评析一部电影的艺术价值高低无法满足电影投资人的需求，从前依靠传统经验或者渠道反馈做决定的方式已经逐渐被时代淘汰，他们需要用更加明确的、精准的、具有预测性的指标来介入电影行业，因此互联网时代电影大数据应运而生。艺恩、超验等咨询公司通过分析互联网中的电影行为，为客户提供大数据分析、研究以及咨询服务，腾讯、搜狐、乐视、光线、爱奇艺等影视巨头也纷纷成立自己的大数据研究团队，以数据作为商业决策的风向标。2015 年 1 月，猫眼电影根据猫眼用户的购买行为发布报告《中国人是如何看电影的？ 2014 中国电影数据读解》，相比于讨论票房、上座率、市场占有率、片前广告价值的传统数据类型来说，猫眼报告中得出的结论更具有投资针对性。还有些业界人士通过挖掘大数据中的关键要素，推导电影投资与电影票房之间的计算公式，众多网友对于电影的评分评价、讨论热度者诚为大数据中考量的数据之一。

电影产业对于大数据的狂热也引发了一些业界人士的担忧。第一，从技术层面来看，电影行业大部分的大数据研究结果都是来自于百度指数，再综合题材、演员阵容等因素得出数据，缺乏系统的数据积累和合理的模型构建，结果的准确率都比较低，对现实的指导意义不大。2014 年“十一档”许鞍华的历史巨作《黄金时代》遭遇滑铁卢，虽然百度曾预测票房在两亿左右，但是最终以 4900 万凄惨收尾。积累每部电影的相关数据，培养计算机和数学专业人才，逐步完善大数据预测模型，这仍是一条任重道远之路。第二，从现实层面来看，《泰囧》的票房奇迹、《失恋三十三天》这匹淡季黑马成为了之后制作电影的榜样，许多投资人都希望通过研究这两部电影的数据得出商业成功的排列组合方式，以创造第二波的市场神话，然而现实之中，制作班底、演员阵容、剧本走向、市场喜好、天气状况等多方因素都在时时刻刻发生着变化，大数据到底能

够发挥多大功效还需要经过时间的验证。第三，从艺术创作方面来看，大数据固然具有风向标的作用，但若每个电影工作者都基于大数据进行模块化生产，剧情千篇一律，技术不求革新，只是一味从商业价值方面进行考量而缺乏对艺术价值的斟酌，从长远来看，只会让电影产业越走越慢。

四、结语

互联网改变着电影，也改变着观众与电影的关系，因而一种新的电影评论正在逐步形成和发展之中。这种改变与互联网的特质密切相关，电影成为互联网传播信息中的一个部分，而且是至关重要的源头性信息，互联网也成为电影产业中愈发重要的因素。“互联网之于电影产业……是由外而内，由下而上，在电影产业链的发行、制作、创作、资本以及服务的各个环节，正在全面吸收，改造和重建。”[①] 因此，互联网带来的参与、互动、多元、民主等特征均凸显在电影评论中，而互联网的不确定性、茫然无序等也比比皆在。

前互联网时代相对封闭、观念趋同的电影评论已成过去，当下影评界正呼唤着新型电影批评方法的出现，此类方法不仅符合互联网时代的特征，而且还可以归纳互联网时代的电影伦理，整合多元形态中的电影价值判断，对电影评论的写作和传播提供指导性意见。同时，面对纷繁复杂的网络现象，一味地褒奖或者一味地贬低都会对电影评论的正常发展造成损伤，只有最大程度上保持包容的心态，才能构建健康的评论生态。无论是严肃的影评人，还是热心的爱好者，每个人都应该在互联网的时代中保持一份客观而冷静的态度，真诚对待每一位影人，良心评价每一部作品，只有这样每个人才能够在互联网世界中各得其所，共同塑造良好的影评风气。

（原文载于《艺术评论》2015 年第 08 期）

① 赵婧、闫祥岭：《中国电影市场产值一天一亿》，《经济参考报》，2015 年 4 月 20 日。

论互联网语境下电影 IP 转化的现状、问题与对策

丁亚平

提要：本文综合梳理互联网与电影产业的关系，从文化产业的角度论述当前中国电影 IP 的开发应用现状，探寻互联网语境下中国电影生产存在的问题，并提出相应的对策，以期对互联网在重构全球化时代中国电影生产力、促进当代中国电影创意产业发展上有更新的认识。

关键词："互联网 +" IP 开发 问题 对策

互联网环境下的电影产业发展，相对于传统电影生产和传播，出现了许多新的变化。"互联网 +"给传统的电影思维带来突破，进而重塑了电影生产力。在互联网经济的冲击下，市场主体竞争加剧，网络媒介资源不断实现有效配置和整合，"互联网 +"创造了更多个性化和国际化的生产力。电影 IP 的转化，包含大量跨界资本的涌入与驱动，事实上已经是电影业发展的一个重要组成部分。研究当前 IP 的开发应用现状、问题及其解决方法，进一步探索互联网与当代中国电影发展的关系，富有重要的价值。

一、目前 IP 的开发应用及其优劣势

互联网无疆界、高传播的特质为包括电影 IP 的开发应用在内的产业化带来了新的局面，同时也给还不尽成熟的中国电影业带来新的挑战与问题。随着互联网的迅猛发展，互联网巨头纷纷"触电"，全方位介入电影产业。作为内容资源的电影 IP 的研发和再创作，近年成为热门现象，其体验与表现形态，与互联网的发展取向紧密联系在一

丁亚平，中国艺术研究院电影电视艺术研究所，研究员。

起。抓住IP源头，将在网络广受欢迎的文学、游戏、动漫以及视频改编成电影，“成为投资风险较小的一种IP孵化方式”。[①]IP的英文名称是Intellectual Property，即知识产权，或创意产权，优质IP或创意的运营和衍生品开发，路径开放而多样，具有巨大的潜力。中国电影IP开发应用，大体可以分为经典IP的开发和基于互联网与粉丝经济之上的电影IP转化。

经典IP和红色经典IP在中国很多都已家喻户晓，新语境为IP演绎提供了想象和内容形态不断扩充与多种转换的可能，叙事、人物处理有了新解与会通之处。这种转化与改编，在产业化的环境可以说是“进入了一个互文指涉和变异的漩涡”，[②]一个文本不断激发另一个文本的生产。

随着互联网新媒体和移动互联网的兴起，动画、游戏、网络文学IP的转化与应用成为众所瞩目的事情。近年，“喜羊羊与灰太狼”系列以530集动画片、七部大电影及衍生品开发，从而成为影视产业中的一个重要现象，也可视为“动画IP”的成功应用。值得重视的是，动漫、游戏、网络文学、微电影等与大银幕电影一样，都在多年市场培养与受众同谋之下形成了对题材、类型的细分，类型的划分自然而然地显见于知名IP转化与改编之中。赵薇导演的《致我们终将逝去的青春》、郭敬明导演的“小时代”系列、苏有朋导演的《左耳》、杨文军和黄斌联合导演的《何以笙箫默》，均改编自热门小说，虽都系导演处女作，但以青春做主题，依托其所拥有的极高人气和年轻的受众群体，获得了高票房收入。不少积蓄了人气的网络文学、动漫以至综艺电视栏目、电视剧、网络微电影，相继推出大电影版。如《失恋33天》《匆匆那年》《那些年，我们一起追的女孩》《等一个人咖啡》和《十万个冷笑话》《爸爸去哪儿》《奔跑吧！兄弟》《痞子英雄之黎明升起》《老男孩猛龙过江》等等，都先后成为票房大卖的院线电影。这些电影的制作规模与投入并不大，却依赖原生IP（原创小说、动漫以至综艺节目等）深入人心、成功的细节和庞大的粉丝群，得到高票房收入以至口碑。

游戏IP改编的电影也很多。[③]如“洛克王国”系列（2010—2015）、《龙之谷：破晓奇兵》（2014）、《摩尔庄园冰世纪》（2011）、《摩尔庄园大电影3：魔幻列车大冒险》（2015）等，也取得了成功。之所以获得较好的影响，与作品主创打破传统表现束缚，寻索自身艺术语汇的新出口紧密联系。相信通过这样的IP的成功应用实践，中国电影创作的新理念和面貌会渐趋多元，更具想象力。

IP的运营，实现进一步的IP应用和跨媒介整合，确实既有直接的整体的IP改编与

① 伊明：《国产电影进入IP时代》，《财经天下周刊》2015年第3期。

② 毛凌滢：《美国改编研究的历史沿革与当代发展》，《现代传播》2013年第9期。

③ 使用游戏IP改编的外国电影，像“古墓丽影”系列、“生化危机”系列以及《杀手47》等，都是票房口碑双赢的代表影片。

转化，也有不少体现在产品优化没有止境的操作和隐性的研发、借用与再生产上。徐克版的《智取威虎山》（3D）中，杨子荣一角身上有样板戏中的英雄原型，更有007的特工色彩，甚至还有美国孤胆英雄、超级英雄的影子。这种超级英雄，近乎一种事变性人物：像一个获得了支点的杠杆一样，去完成拨动事变与发展的任务。至于片中漂亮的动作设计和剪辑处理，无论是“打虎上山”，还是“威虎山卧底”“滑雪奇袭”等段落，IP转化、改良，特效与视觉化处理，以及将一场解放战争中的剿匪转化为游戏式的呈现，从题材、内容到处理都显示出IP的综合和转化的极大扩展的优势与动态等特点。

在世界影坛，好莱坞挖掘优质IP的价值和潜力，成效凸显，影响巨大。漫威公司超级英雄类型电影的改编和再生产策略为世界影坛所瞩目，获得无数观众的热捧。基于漫画基础之上的真人电影，在IP诞生之后，不止是大银幕电影，而且，它的版权所有者往往还会“生产游戏、玩具、图书等周边产品”，“电影在全世界传播后，又会反过来助推周边产品的价值拓展”。[①]

显然，跨媒介的商业运作与商业模式建构，已经成为一个现实的潮流与趋势，它的优势不言而喻。使用、竞逐IP无疑能调动各方积极性，并能够控制风险，增加生产与传播的效能。重视电影产品开发，借助资本话语和网络推手，IP衍生出各种各样的产品，为大众带来不同的体验。IP的积极效应与用户至上的理念不断显现。腾讯曾表示，他们所提供的IP，将会在其背后进行用户数据的调研，“用户更希望未来往什么方向走，包括电影演员、电影类型等方面，跟着用户的需求进行制作”。[②]对IP的聚焦与开放，还包括了中外电影合作，香港、台湾和内地三地合作以及国企民营企业之间的对话及其未来的演进。竞争与共赢是必然的趋向，香港、台湾和内地电影也会出现愈加密切的合作，港产片和内地片的界限已被打破，无界时代的充分、开放的市场融合合作，为IP应用带来了多维的生气与可能。

在电影产业高速发展的今天，就像互联网的融入与影响一样，电影IP的应用也引起人们的担忧和不同的认识。[③]假使说票房的吸引可能成为昙花一现，IP应用的话语实践同样可能仅限于一时的狂欢，渐显它的劣势。纷拥而上，会出现原创能力下降，虚浮与苍白的自我自制盛行的现象。电影类型可能趋向单调。而且，就所谓“网生代”观影群体而言，由于其特定的年龄阶段，快餐式消费与跟风热潮难免发生。有些电影

---

① 李博：《“兄弟”跑上大银幕，凭什么让观众买账？》，《中国艺术报》2015年1月28日。

② 纪佳鹏：《腾讯推出“腾讯电影+”打通泛娱乐平台》，《21世纪经济报道》2014年9月18日。

③ 有人认为，传统的电影人做的是作品电影，表达的是导演和编剧个性化的思想，这种电影更像是一种艺术品。另一种电影则是产品电影，通常围绕一系列热门IP来开发，针对的是满足主流年轻观众的胃口，注重带动粉丝的消费热情，内容只是其中的一个发动机，这种电影实际上已成为一种快消品，载李婧《无IP就做不成好电影吗？》，《中国文化报》2015年5月23日。

为迎合年轻观众的口味，一味恶搞，刻意制作低俗、搞怪的影片，引发话题争议，博取眼球，以取得眼皮底下的利益，将营销、高票房确定为方向性的思路，构成不少 IP 应用的电影信条。

正如一枚硬币的两面，这之中，问题和劣势与优势相伴，IP 应用的长处与短处同样共生一体。互联网与电影产业的融合，涉指并映寓新语境下中国电影发展所有的丰富、矛盾和冲突。

二、问题与对策：从“现象性 IP”到“现象创造 IP”

我们可以把 IP 的应用划分为：市场意义的 IP 应用和文化方面的 IP 应用。并且，将前者称为“现象性 IP”，将后者称为“现象创造 IP”。前者意指某一个 IP 的原生及其再生产影响并作用于市场的需求；后者则是基于事件（现象）之上具有创造意义的 IP，它的作用乃是商业、文化、智慧、情感、艺术创作能力融合使然，而不是由偶然、直接的商业化演绎或市场所促成的。也就是，IP 的生命力在改编和应用中能否“永葆青春”，还要根据时代变化与文化、审美情感适时地有所协调、有所创造。如果没有原生 IP 这一创造性再生产，IP 的演绎与发展进程将难获稳定的面貌，所觅获的结果和道路甚至会因之而完全不同。互联网与电影的跨界和融合，电影 IP 的应用，出现反转与负面效应是可能的，一个超级 IP 也可能搞成超级烂的东西，IP 作为电影产业重要推动力量与增长引擎的拓展，它们所存在的问题与应对方法寓示其中。显然，现在以至未来意义上的具有范式意义的作品（改编）创作，与“现象创造 IP”的基本电影相联系，并将以更加壮大、更加多元化的面貌迈上新的征程，其中的价值与方向性思路值得重视。

（一）存在问题

类型的问题。近年来，娱乐化思潮下的 IP 应用出现的第一个问题是电影作品的类型化不足。在粉丝电影、恶搞电影大事炒作之下，质量滑坡严重。如何形成对电影观众，特别是青年观众足够的影响力，类型化是必由之路。同时类型问题与对电影受众的定位有着紧密的联系。一些影片艺术创作态度严肃，甚至耗费数年之功进行创作，如《黄金时代》《太平轮》（上）以及前些年的《赤壁》（上、下），之所以没有获得票房预期，主要也还是在于它们或以沉重的意象，或以复杂的历史呈现，或以缓慢的叙事节奏和方式作为着力点，很难成功运用类型化手段，获得年轻观众的认同，显示出定位策略上的问题。在一个讲求游戏化和文化速食的年代，即使影片气势再宏大，再有多少沧桑历史和记忆往事钩沉，没有准确的类型电影和受众定位策略，[①] 也难以获得市场的接纳和观众的肯定。2015 年 5 月在北美上映的美国影片《完美音调 2》，情节紧凑，故事扎实，注重细节，音乐片的类型化成分完全覆盖了故事情节、人物性格，颇具观赏性。此片最后段落为世界合唱节比赛，美国大学代表队演出风格多变，高潮迭起，悬念包袱甩出之后，即戛然而止，和国内一些大片节奏拖沓、类型与形象没有得到强化和突出丝毫不同。《完美音调 2》上映后一举超越人气很旺的《复仇者联盟 2》，获得北美周冠军，与其并不空泛的定位策略有着直接的关联。

意识形态的问题。在 IP 应用以颠覆性理念为产业延展和扩张带来无限广阔的选择空间与前景的同时，意识形态与政治性无疑也会加倍地放大。有人甚至感叹，吃文艺饭的人难，这个不行，那个不能碰，连古代文艺作品中的形象都碰不得。仿佛什么都不是随便改的，有风险。当然，好莱坞行销全球后有意识地消减意识形态色彩显而易见，但隐含于影像、符号、叙事之后的意识形态宣传和反身性战略仍然是比较明显的，只是由于类型作用，而为受众习焉不察而已。IP 电影背后有营销战、商业战，也有思想战和它背后的国家话语作用，在这方面需要适度而不是失度。

改编的问题。互联网日趋火爆，一些公司愿意为产业搭建多元、合作共赢的 IP 孵化平台，纷纷选择 IP 开发新战略。但不少人对电影的 IP 应用一拥而上，急功近利，却对改编不予重视。有的吸收、囤积了一批资源，但没有能力与契机进行高水平改编；有的改编限于简单复述、拘泥原作；有的不知如何跨越两种、多种特质的沟壑，简单借用其商业手法，一味炒作，泥沙俱下。一些影片或者内容庸俗，内涵思想肤浅，或者高调宣传“高富帅”“白富美”的浮夸魅力，迷恋于感官刺激，或者为了吸引眼球，一味满足观众的猎奇心态，品质低劣，同质化严重，却借助花哨的形式和互联网进行“病毒式营销”，利用自媒体进行事件和明星炒作，可谓甚嚣尘上，真正重要的内容生产却被丢到脑后。像《爸爸去哪儿 2》这样的只用十天拍摄的电影，它的失败是一种必然。“电影最核心、最稀缺的就是好故事。”[②] 电影 IP 应用最终落脚点的内容、故事和“好”的编剧最为重要，要有更多的人对此去做深入的反思。

尽管市场和“网生”力量在 IP 应用与电影改编中已经形成一种“共谋”，所起作用不可小觑，尽管受到当下不同粉丝群体与价值认同的影响，发端于网络或新媒体原生 IP 的电影改编与传统意义的电影话语（包括电影编剧）有所不同，但是运用 IP 研发、改编商业电影，同样需要依赖于编剧，需要重视解决改编与创造的认知、能力和体系

① 类型电影往往是由熟悉的、基本上是单一面向的角色在一个熟悉的背景中表演着可以预见的故事模式，“它们在一种惯例化的形式、叙事和主题语境当中来进行重复……任何观众对于一种类型的熟悉都是一种累积的结果……随着不断地观看，类型的叙事线变得清晰起来并且观众的期待也逐渐成形”。见[美]托马斯·沙茨《好莱坞类型电影》，冯欣译，上海人民出版社 2009 年版，第 11、15 页。

② 腾讯副总裁程武语，载张攀《优质 IP 助电影突破互联网围剿》，《中国出版传媒商报》2014 年 10 月 21 日。

的建设问题。

（二）解决方法

1. 加强电影的市场培育与类型化接受

内容生产作为互联网产业的核心，IP 电影转化可视为重中之重。在当前电影生产和市场的发展中，IP 确实产生了强大的作用，但其间出现的忽悠和炒作问题，不无危害与挑战性。它可以充分利用观众对走红或好的 IP 的期待心理，为保持一个稳定的接受群体进行营销。但一味炒作，不注重提升、打磨，加入新元素和新理解，就只陷于旧形式的迷途之中，显然很难保证作品的最终成功。当然，问题再多，也不要去人为左右或呼吁行政大棒“打压”，让市场的问题回归市场。互联网金融、电商、大数据、新媒体技术、粉丝经济、线上线下融合等对市场产生的影响已经日渐显现。与网络营销等相比，作为电影业的新的融合与无界应用，IP 的运营与电影改编有效地延长了原生 IP 的生命周期，它的存在吸引了有实力的上游版权方及战略投资方的加入，但要加大电影的生产与市场传播的大众化效能，首先在如何提升电影的商业化和类型化水平下工夫。

有人指出，优质 IP 的电影改编在粉丝的转换率上虽趋稳定，但并非所有具备粉丝资源的 IP 都能顺利转换为有市场竞争力的电影。市场、传播和接受具有自身的逻辑。“《爸爸去哪儿》和《中国好声音》都有相当的收视人群，但是后者票房却不及前者十分之一。”① 而且，《爸爸去哪儿 2》同样遭遇滑铁卢。电影作为公共领域的大众传媒，无论作品的设计，抑或作品的生产，都需依据特定的生产与销售策略和规律进行。“大众文化这一可疑名称之由来就在于，它试图迎合教育水平较低的消费集体的娱乐和消闲需求，以增加销售，而不是将广大公众导向一种实质未受损害的文化。”② 将电影放到公共领域的传媒发展与类型生产上进行有效把握，实现资源的有效再生产，有助于提高国产 IP 电影应用在市场的竞争力和影响力，进一步加快电影发展升级转型的步伐。

2. 一定要有文化追求与文化主题的内涵融入

电影作为文化产业的重要形式，不仅具有经济与市场的效能，而且，它也融入文化与情感，肩负文化传播以至构建世界观的责任。互联网无疑为电影产业和电影创意注入了更多能量，但是内容为王，创作与影像如何内蕴思想以至推销意识形态，仍然有不同的传播与选择方法。徐峥在 2015 年 6 月第 18 届上海国际电影节的一个论坛上就谈到：“创作最后还是应该回到内容端，创作者要用艺术家的身份面对创作，应该有人文主张。”这是不能否认的。电影的创作，包括 IP 的应用倘没有这样的自觉是否有成

① 王楚婧：《“粉丝电影”产品逻辑初探》，《科技传播》2015 年第 3 期。

② ［德］哈贝马斯：《公共领域的结构转型》，曹卫东等译，学林出版社 1999 年版，第 191 页。

功的可能，笔者表示怀疑。

内容主题与普遍性的有效设定，更能于潜意识层被接受消化。美国超级英雄电影被反复制作，超人、蝙蝠侠、蜘蛛侠作为影片的主角，既具有非同寻常的超能，还有特定的英雄战衣和完整的视觉系统，但是在他们身上，更具有崇高的道德观念。这些超级英雄们不会滥杀无辜，为了正义和大众可以奉献自我牺牲自我。他们既具超越凡人的道德、文化选择，隐喻美国个人英雄主义精神，又被不断添加一些人性的弱点，特别是在近年来，后者的做法更为普遍，显得更为贴近观众。如徐克在影片《智取威虎山》（3D）中融合类型与IP植入，符合观众约定俗成的观赏期待，在叙事和视觉表现方面又做了相当程度的改良，在一定程度上消解了红色经典IP中的“政治性”与意识形态色彩，给予观众意料之外的对原型文本和模式的创新。具有互联网基因的公司及其作品，实际上同样需要找到它的意义，搭建多元、共赢的孵化平台与方法，进行技术与市场化的竞逐升级，成就文化的理想，指涉共同的社会议题，提供一系列的意识形态策略其实是一致的。

3. 探究电影美学的新发展与改编模型的建立

电影美学兼具叙事、视听等审美性，电影语言与美学的优化实施，不只是依赖于编剧的脑力智力，更依托于一个独特而适度的艺术创造的体系、一个“准备好了”的电影编剧工业。如果说有的综艺节目拍成的电影确实不值一看的话，那其中的规律性的东西更值得研究。IP应用与再生产中的改编，需要运用独有的思维方式，遵循艺术创造的一些特殊的规律，挑战艰难，成功地“将某一作品从一种类型改为另一种类型”。[①]电影怎么与原生IP建立互文性，对素材如何取舍，叙事机制及容量怎样转换，用什么样的新角度界定人物，如何将故事写得让人相信，这些都对“现象创造IP”来说意义重大。

以BAT为首的互联网企业向电影行业的快速发展，推动传统的产业结构走上升级与转型之路。目前，跨界的资本融合与并购在不断加速。伴随着跨行业资本的涌入，IP增长的势头令人瞩目。但如何在培育市场的同时，增进电影艺术自觉，推动IP在电影创作中的改编美学模型的建立，同时在面对始终不断的有关互联网与电影结合的质疑，进一步打破传统电影对网络新语境下电影产业的“傲慢与偏见”[②]时，怎样坚持辩证发展，组织实施好IP应用中的核心基础建设，以帮助中国电影创造属于自己的“枝繁叶茂的大树”，这些都是需要深入研究的重要问题。创造意义的探究电影美学的新发展的IP应用，并非就是认定原创等同于创新。尹鸿就认为：“原创也并不等于文化价值和市场价值。多数原创产品的影响力大大低于重拍、重排、系列产品。……熟悉的陌生与陌生的熟悉，

① 刘建明、张明根：《应用写作大百科》，中央民族大学出版社1994年版，第604—605页。
② 李敬泽语，参见李敬泽《网络文学：文学自觉和文化自觉》，《人民日报》2014年7月25日。

体现了文化创造和文化生产的辩证法。"[1] 这能够帮助我们厘清问题，抑制简单的空洞思维，探索电影创造与发展的特殊规律，取得价值观和对策的统一和共识，有助于我们更好地认识和把握未来。

三、文化自觉与互联网环境下电影创造的未来

福柯认为，话语的主要作用不在于反映现实，而在于生产出新的主体。互联网思维及其作用下的大数据、IP 转化、粉丝营销在电影中不断发酵与蔓延，传统电影的创作方式、观念得以改变，电影生产力逐步扩大。作为一个新兴潮流，电影、电视、动漫、网络文学、游戏及图书的融合，成为互联网新语境下文化产业发展的重要趋势，"这种模式突破了电影人传统思维的禁锢和'电影'的狭隘定义，创造出中国泛娱乐 IP 运营的新类型"。[2] 电影 IP 的应用容易一窝蜂，出现这样那样的问题，但 IP 的价值，"互联网 +"发展模式对电影产业的作用无疑正在日益显现，传统的产业结构升级与转型成为必然。在国家文化政策和新技术的驱动下，互联网与电影产业的对接、联姻和融会贯通将得到进一步的发展。互联网时代的媒介融合对推动传统文化单位发展互联网新媒体，推动传统媒体和新兴媒体融合发展具有重要意义。全面推进三网融合，推动下一代广播电视网和交互式网络电视等服务平台建设已经得以强力展开。在特定语境与政策导向下，产业结构的转型升级、电影制片模式的迭代更新、电影版权运营、电影发行与放映及电影体验的跃升，是一种必然。电影无疑具有商业属性和大众娱乐的特点，"从历史上讲，电影从未能够与其他系统——大众娱乐、其他大众传播形式、国家经济体制以及其他艺术形式——分离开来"。[3] 但仍然不能否认的是，电影是一种创意和文化产品。互联网思维和 IP 热存在认识风险，需防范公共兴奋与认识偏颇。"互联网 +"所引领的未来变革，电影生态的打造，从"大数据""电商平台""粉丝营销"到 IP 的应用，虽然着眼于具有较强市场竞争力的影片开发和生产，但仅仅将市场票房作为主要聚焦与参照目标，仅仅从整个电影产业链的联动着手还不够，还需要从创新与美学、文化品牌的建构及文化价值创造的积极意义上采取进一步的措施，发挥优势，以此为中国当代电影以至文化市场带来更多机会，增强进一步发展的后劲和活力。

电影深深植根于社会和时代。以互联网为基础的电影 IP 的开发和运用，作为文化

① 尹鸿：《2012 年中国电影产业备忘》，《电影艺术》2013 年第 2 期。
② 李博：《"兄弟"跑上大银幕，凭什么让观众买账？》，《中国艺术报》2015 年 1 月 28 日。
③ [美]罗伯特·艾伦、道格拉斯·戈梅里《电影史：理论与实践》，李迅译，世界图书出版公司 2010 年版，第 21 页。

创意产业的核心议题，不仅以追求市场效果与盈利为目的，它也更具有远大的意涵，体现了“一国的竞争力”。[①] 互联网，带领我们更贴近当下的电影发展的要义。互联网同样鼓励创新。互联网会不断重塑电影生产、电影文化与传播的流程。对于电影发展而言，电影的 IP 应用，实现版权资源各种形态的相互转化，促进整个互联网在市场意义上富有商业运行的效率，具有全球的市场、票房和比较强大的吸金力，为当代中国文化创意和电影产业生产率的增长提供了有力的支持。从文化发展的角度上看，在互联网基础上推动电影产业链优化，成就杰出的作品，真实而有探索性价值，更具持积极的深度变革的建设性，富有创新开拓的先锋作用和电影历史发展的未来意义。

（原文载于《当代电影》2015 年第 09 期）

① 迈克尔·波特（MichaelE·porter）在其《国家竞争优势》中指出：“一国的竞争力不可能由其国土的大小和军队的强弱来决定，因为这些因素与生产率的大小没有直接的关系。取而代之的是，国家应该创造一个良好的经营环境和支持性制度，以确保投入要素能够高效地使用和升级换代。”见［美］迈克尔·波特《国家竞争优势》，李明轩、邱如美译，华夏出版社 2002 年版，第 2 页。

中国手机发展与电影批评及其价值取向

张智华　李金秋

摘要：中国手机发展很快，在手机上发表的电影批评随之兴起，并且发展迅猛，在很大程度上拓展了当代电影批评的领域，丰富了电影批评的形式，使电影批评与电影创作之间的互动更为强烈。一些学者对手机与电影发展进行了深入的论述，给人启发很大。一些学者对手机的传播特性进行了探讨。手机网络影评与电脑网络影评有时同步进行，有时先后呼应，相互促进。中国手机电影批评的价值取向是多元化的。中国手机发展与电影批评及其价值取向还有一些问题值得继续探讨。如果多看看观众在手机上发表的电影批评，及时发现电影的得与失、利与弊，及时了解观众的需求，则一定会促进电影创作和产业的发展。

关键词：电影艺术　艺术创作　手机发展　电影批评　价值取向　及时互动

一

中国手机发展很快，在手机上发表的电影批评随之兴起，并且发展迅猛。手机在当代被称为第五媒体，是新媒体的一个分支。在当代中国，手机的发展速度伴随着日新月异的科技发展，已经从十年前的通讯设备，发展到现在的集通信与便携式多媒体终端为一体，成为人们生活中必不可少的一个“掌上媒体”。手机技术在发展到3G、4G智能手机之后，它的存在与现代人的生活方式紧密结合，不可分割，说它是当代人的一种生命延伸也有一定的道理。而手机技术和功能的发展与当代电影批评和价值取向也有密切的关系。手机改变了人们的生活习惯，也在很大程度上拓展了当代电影批评的领域，丰富了电影批评的形式，使电影批评与电影创作之间的互动更为强烈，同

张智华，北京师范大学艺术与传媒学院，教授；李金秋，北京师范大学艺术与传媒学院，博士。本论文为2012年度国家社会科学基金艺术学项目“中国当代电影批评及其价值取向研究”（项目编号：12BC021）阶段性成果之一。

时也带来了当代电影批评价值取向的多元化。

中国手机20多年来的发展，是一个超规模、跳跃式、成倍数的发展。其发展速度和规模举世瞩目。从1987年广东正式开通移动蜂窝式多媒体通信以后，中国手机经历了蜂窝移动、2G、2.5G、3G、4G等几个阶段，如今已经从单纯通信设备发展为集通话、娱乐、资讯、休闲、生活为一体的智能多媒体终端。手机用户的发展也从最早的高端阶层蔓延到普通大众，并且有越来越普遍之势。手机日益成为人们生活中必不可少的一部分。根据2014年工信部在3月6日公布的数据，2014年中国的手机用户规模已经达到12.35亿。"3月6日消息，据工信部统计数据，2014年1月底中国移动通讯用户达12.35亿。其中4.19亿（33.94%）为3G用户，8.38亿（67.80%）为移动互联网接入用户。"[①] 庞大的手机用户使用数量不仅显示出中国的手机市场已经是世界上最大的手机市场，而且在如此规模的手机使用数量下，当代人的生活也发生了巨大的变化。

手机技术变化带来收视习惯的变化。智能触屏手机的到来是一个里程碑式的技术变革。在三网融合的大背景下，3G智能手机以苹果手机的触屏技术为标志，使得人们的使用习惯、生活习惯有了颠覆性的变化，真正地把之前理论上的互动、碎片化时间运用以及新媒体、全媒体、自媒体的多种概念，带进了人们的生活。

目前，手机技术已经进入4G时代，更好地满足了人们使用智能手机随时随地"入网"的需求。手持一款智能触屏手机，随时随地看视频、玩游戏、刷新闻、购物、参与活动、信息共享、社交等等，人们在当代社会的种种需求，都能在方寸之间得到较大的满足。这种习惯自2009年之后，呈井喷式发展，如今已经成为大众生活方式中，特别是年轻主流大众的最有特色的一种。这具有一定的后现代生活方式特点。

我们给在手机上的电影批评的定义为：在手机上发表的电影批评，包括对影院电影、网络电影、微电影、电视电影、手机电影等的批评，大多有感而发、短小精悍、自由自在、不拘一格，成为电影批评的一个重要方面。

在中国手机上关于电影批评的内容提供商主要有：（一）手机报，例如《新闻早晚报》的娱乐版款。（二）电影评论相关的手机应用，例如时光网、豆瓣网、天涯的APP等。（三）微信订阅，例如银幕穿越者、编剧帮、艺恩咨询、剧角映画等。（四）微博、微信关注：1. 不二、剧角观察、银幕穿越者等影评或影视观察杂志；2. 著名影评人微博、微信，如魏君子、周黎明等；3. 影视公司官方微博、微信；4. 影视公司老板微博、微信，如王中磊、王长田等；5. 电影官方微博、微信，由营销方控制；6. 媒体微博、微信，如人民日报、南方都市报、新周刊、中央电视台等；7. 院线微博、微信，如万达、中影、今典等；8. 明星微博、微信；9. 与该影片利益相关者的微博、微信。

① 工信部：2014年1月中国手机使用人数达12.35亿。[EB/OL]. http://www.askci.com/news/201403/08/08/059584032.shtml, 2014 - 3 - 08.

内容提供商占市场份额会影响手机电影批评。内容提供商与在手机上发表电影批评者之间的相互关系多种多样，比较复杂。电影营销方是主推力量，他们给媒体、影评人、明星等发稿费，制造舆论，吸引观众。

二

一些学者对手机与电影发展进行了深入的论述，给人启发很大。丁亚平主编《大电影时代：异彩纷呈的热播影视》[①] 分析了近年来电影、电视、新媒体和海外剧等热播影视门类的发展情况。其中新媒体的部分探讨了在新媒体时代（其实其讨论的是跨媒体的时代）手机与网络，特别是网络如何促进和补充了传统的电影产业。书中举《纠结！爱的三人行》《爱的宣言》《11 度青春》系列等网络电影为例，提出网络电影如今的火热势头已经向我们宣告，影视界专业的壁垒已经相对消弭，传统的单一的审美取向正朝着文化多样化、艺术差异性的方向大步迈进。人人都可以通过网络来制作和销售电影，一个全民电影、全民娱乐的时代已经到来。

一些学者对手机的传播特性进行了探讨。李丹丹《手机新媒体概论》[②] 总结了在媒介融合背景下，手机作为一种新兴媒体形式的发展概况。除了分析手机的技术特点、其目前的生存优势和问题之外，书中还分门别类、比较详细地介绍了手机报、手机电视等手机媒介产品，特别是将“手机电影”独立出来做了分析。作者提出，手机电影“为电影创作打开了另一扇门”，并进一步说明在手机电影的创作中，其剧本应具有以下特点：（一）题材选择包容性大；（二）短时间抓住观众眼球；（三）叙事简洁紧凑；（四）应设置互动性、多结局的故事。靖鸣、刘锐《手机传播学》[③] 从手机的技术功能及其拓展、手机的传播特性、手机传播的意义与影响、手机与人际传播、手机与大众传播、手机传播中的法制与伦理问题等方面展开对手机传播规律的论述。既分析了手机技术上的便携性、移动性、贴身性、渗透性，又分析了手机作为电话的即时性、强迫性、聚焦性。特别是从手机短信的方便快捷、书面口语、去现场感、到达率高、选择恢复、保密性强、可存储性等特点出发分析了短信新闻、手机报、手机电视、手机广播和手机广告的发展。田青毅、张小琴《手机：个人移动多媒体》[④] 从手机作为一种个人移动多媒体的基本观点出发，分析了数字媒介变革时代手机媒体的发展。在书中第四章，作者提出了要加强

① 丁亚平：《大电影时代：异彩纷呈的热播影视》，文化艺术出版社 2011 年版。
② 李丹丹：《手机新媒体概论》，中国电影出版社 2010 年版。
③ 靖鸣、刘锐：《手机传播学》，新华出版社 2008 年版。
④ 田青毅、张小琴：《手机：个人移动多媒体》，清华大学出版社 2009 年版。

手机媒介的内容生产管理，认为“内容是一种创新”，在手机媒介内容生产泛工业主义的形势下要关注手机内容生产的逆专业化和去商业化。在第五章“手机作为个人移动多媒体的市场策略”中，作者认为，手机电视并非仅仅是传统电视媒介的补充，要充分发挥其自身特性，才能真正使手机媒体更好发展。

手机网络影评与电脑网络影评有时同步进行，有时先后呼应，相互促进。李建强《网络影评的生存状态及其走向研究》[①]是一部比较完整地论述网络影评的专著，其内容包括网络影评的兴起与发展，网络影评的多种发布渠道（如专业论坛与电影网站论坛、社交网络如人人网以及豆瓣网等平台），网络影评的受众与使用情况，网络影评的特征、优势及其与传统影评的比较，网络影评的作用、存在问题，以及国外网络影评的发展态势等等。作者认为，网络影评是一种更多元、更灵活、更开放和富于个性的影评形式，它扩展了言论平台、开拓了影评思维，为聚集和储备后备影评力量、繁荣和重塑电影文化起到了重要作用。但是，作者同时承认，网络影评目前的发展在主题上和客体上都存在着一些问题，存在诸如数量质量不高、存在网络话语暴力、其影响力尚弱、电影圈官方和民间对其重视程度普遍偏低的情况。匡文波《手机媒体：新媒体中的新革命》[②]将手机作为一种新的媒介载体，比较突出手机媒体的进步在新闻学研究上的意义。分析了短信、手机报、手机出版、手机电视、移动博客、手机广告和手机游戏等的发展情况，一方面肯定积极作用，另一方面也对手机媒体发展对社会控制的弱化——如对手机拍摄对隐私的侵犯等问题提出了担忧。在分析手机电视时，作者指出手机电视内容应注重个性化特征，追求新鲜、趣味、短小、精致的标准。并由手机电视引出手机电影的话题，认为手机电影以助卖广告、短版分集影片的形式对整个电影事业的发展起了促进作用。

当代电影批评的价值取向有多种，与手机发展相关的当代电影批评的价值取向是多元化的，并带着明显的后现代特点。许文郁著《解构影视幻境：兼及与文学、历史、性、时尚、网络的关系》[③]主要讨论影视语言与影视的发展，在最后一章“影视与网络的关系”中论述了网络对影视发展的作用。认为网络的发展使我们进入了“跨媒体时代的欢宴”，网络游戏与网络电影的风靡使当下影视的创作更注意题材上的创新和市场的良好互动以及表现主题内容的积极探索。

中国手机在当代的发展日新月异。如今生活在都市的主流群体，清晨睁开眼先看手机刷屏，晚上睡觉之前看最后一眼手机，已经是一种常见的习惯。通过手机随时随地的观看新闻、观看影视节目、共享信息、展示自我、手机下单购买食物、打车、买票，

---

① 李建强：《网络影评的生存状态及其走向研究》，上海交通大学出版社，2010 年版。
② 匡文波：《手机媒体：新媒体中的新革命》，华夏出版社 2010 年版。
③ 许文郁：《解构影视幻境：兼及与文学、历史、性、时尚、网络的关系》，中国社会科学出版社 2004 年版。

所有跟日常生活相关的内容，似乎都能在智能手机上得到满足。这种生活习惯的养成，其实也不过是近几年的事情，但它的发展速度却是呈爆炸式、几何式的，将中国大众的生活彻底带入了后现代语境之中。如果说后现代在中国刚刚进入21世纪之时，还只是少数大都市中的小众生活，那么当代的中国，普遍已经进入了后现代时代。从都市到乡村，后现代的影响体现在人们生活的方方面面。人们生活方式的变化自然而然带来电影批评价值取向的变化。

三

中国手机电影批评的价值取向比较复杂，可以说是多元化的。占市场份额多的内容提供商的价值取向比较明显，他们主要为了盈利，所写的电影批评更多带有宣传的色彩、营销的目的。其他内容提供商的价值取向大致如此，也是唯利是图，把商业利益看得很重。这样的案例较多，由于篇幅所限，暂不做分析了。一般来说，学院派人士或者电影专业人士在手机上发表的电影批评大多重视电影的艺术价值或者兼顾电影的艺术价值与商业价值。普通观众在手机上发表的电影批评随意性比较强，有的只表现喜欢或者不喜欢，有的谈电影花絮，有的比较粗浅甚至比较粗俗，有的调侃，有的谩骂，有的打口水仗。

社会生活的变化，一定会带来人们价值观、价值取向的变化。中国手机在当下的发展和它对中国大众生活的影响，直接体现在了当下人们的价值取向之中。讲究效率，愿意接受碎片化的信息，对短平快的追求，对理想的放逐、对责任的消解，都是人们的一种价值取向。而追求标新立异，追求符号化的外在，对宏伟、权威、经典的反抗和解构，也是新世纪以来人们艺术创作中的明显特点。

因此，新世纪以来人们对电影的批评和价值取向的选择，也走向了多元化。

一些学者对新媒体影评包括手机网络影评给予肯定。章柏青《中国电影批评的困境与突围》指出[①]，一种新的电影批评形式在这些年里正在生长，这里主要指的是新媒体批评。何谓新媒体，这里的“新”是区别于传统媒体而言，即那些以新型的数字技术作为支撑，新涌现的或改造过的，显示并传播信息的新媒介。网络是其中最主要的一种，借助于网络在新世纪迅速崛起的网络批评是新媒体批评的主要代表。在短短几年间它正以星火燎原的势头，逐渐占据了大众舆论的核心，稳操对电影市场的生杀之权。网络影评在短时间内，成为占领影坛百年、相对成熟的传统纸质影评的劲敌，这自然是

① 章柏青：《中国电影批评的困境与突围》，《当代电影》2011年第2期。

互联网的传播优势所致，但不容否认，这也是网络影评自身逐渐发展，其不容随意否定的独立个性、独立价值的体现。

一个时代有一个时代的电影，一个时代也有一个时代的电影批评。就网络影评而言，应该说，它是时代的产物，是新技术的产物。和任何新事物一样，它初起之时，难免出现某种不成熟、不规范。网络影评的某种随意、夸张、胡闹、恶评等等不如意之处是客观存在的，但如果我们不对这一新事物抱有成见的话，我们应当看见，它所独具的灵活性、互动性、开放性、便捷性也为其他影评形式所不及。我们应当看到它对促进影评样式的多样化与批评理论发展的创新意义，看到它对影评事业培养人才、促进电影文化普及、促进电影市场繁荣等方面所起的非传统影评所能达到的作用。正是从这个意义上，我把新媒体批评的出现看作是近几年中国电影评论的一件影响巨大的事情。

一些学者对网络影评包括手机网络影评的道德失序表示担忧，提出话语重构的建议。贾磊磊《媒体时代电影批评的道德失序与话语重构》[①] 对媒体时代的电影批评现状在整个社会文化语境变迁中的变化做了梳理和评价。他指出：如今大众传媒的商业取向使媒体上随意的吹捧与无端的指责处处可见，艺术批评已经成为一个可以随意进出的庙门。闲杂的电影批评有些直接照搬宣传资料，有些直接用个人的趣味判断取代电影的艺术价值判断。这种不负责任的批评言论使得电影评论的公信度越来越低。新媒体语境中的电影批评极度泛化，导致了一系列学术规则的废弃和学术尊严的失落。作者首先梳理了电影批评的历史格局，认为传统电影批评一种是伴随着电影艺术创作而进行的各种电影艺术本体的批评，一种是与其他人文学科相嫁接之后形成的各种批评流派，成为一种介于电影理论与文化批评中间的批评性理论。在对大众媒体时代的电影批评的描述上，作者认为现在的大众媒体是只关注批评的态度（赞成或反对），而不关注批评的内容（理由）。商业电影为了争夺观众，建立了营垒分明、二元对立的叙事结构；大众媒体为了争夺读者也在制造针锋相对的舆论擂台。针对这个问题，作者认为电影批评不能因为媒体自身的性质而改变批评的性质。如果艺术批评随着媒体的不同而随意改变自己的价值尺度和评判标准，那么这种批评就等于丧失了批评的基本原则和批评者的学术操守。作者认为批评的价值并不是由批评的对象决定的。批评是否具有学术价值，是由批评本身的理论深度、独特视点和运用的方法决定的。因此当代的电影批评最重要的是要在扩展它的学术视野的同时，建立批评自身的美学范畴。

① 贾磊磊：《媒体时代电影批评的道德失序与话语重构》，《艺术百家》2006 年第 2 期

四

通过以上评析不难发现，目前学界对手机的发展状况及其作为媒介对电影的批评已经有了一定的研究成果。将手机视为媒体的研究已形成部分专著，手机电影广泛受到关注，也有部分的单篇杂志论文可供参阅。但是同时又不得不说，迄今为止的研究还存在着一些问题，诸如定义模糊、难成体系、尚有未挖掘到的领域等等。具体说来，我们认为主要有以下几个方面值得继续做出努力。

第一，对于手机作为通信工具与作为媒体终端的两种定位之间的关系需要进一步进行辨析。

手机的这种双重身份看上去似乎是一目了然、不需要深入讨论的，但实际上我们认为手机作为通信工具与媒体终端的两种作用现阶段还存在着一种反向的撕扯。手机首先是作为一种通讯工具存在的，这种基本属性是被用户们广泛接受的，人们拥有手机必然是为了便于沟通联系，它能不能作为观看电影的媒介眼下并不是人们购买手机时关注的重点，这是手机作为通信工具与其作为电影承载媒体上的第一重分裂。另一方面，从目前的手机电影接触方式上来看，一般是由手机接入网络观看，这里就存在三个值得思考的问题：（一）现在专门主打手机电影或视频网站数量很少，其整体平台应该怎样发展？（二）是否以联网观看的方式观阅的影片都是手机影片？也就是说能用手机看的电影就是手机电影吗？（三）如果不接入网络，而采取如下载储存再播放的方式通过手机观片，那么手机是不是就和其他的移动播放设备无异？此外，手机作为通信工具是个人化的，具有私密性的，手机看电影如何保证信息的安全性也有待考量。

第二，由上一点的种种疑问自可引出，“手机电影”究竟是一个怎样的概念需要进一步讨论和界定。

手机电影与手机电视的主要区别是什么？研究手机发展与电影批评的关系，自然无法避开手机电影的领域，然而目前这个话题仍然是一片雾茫茫的荒原。各家对如何定义“手机电影”自说自话、众说纷纭、莫衷一是，也没法很好地自圆其说。用手机拍摄、用手机制作、用手机观看，这几点哪个是圈定“手机电影”的充分条件、哪个是必要条件并不明确，手机的其他特性是否对手机电影概念的说明有借鉴意义也少有涉及。总的来讲，就是现有研究中对手机和电影的结合基本都是物理性的叠加，没有彼此特性的本质融合。定义的不清晰也造成了现在对手机电影特点表述的不确切，手机电影是否必须是短片、是否可以放低对像素清晰度以及镜头场面调度等方面的要求，现有研究还是莫衷一是。

第三，言及电影批评方面，我们认为手机的作用尚未被很好地开发，手机在参与电影批评这一点上应该会有很多空间可以使用。

目前对手机参与作用开发得比较好的应该说是电视节目，它们很好地抓住手机在移动通讯中具备的短信的特性，通过短信发送意见、短信投票支持的方式，至少勾连了观众和媒介产品供应方，促使两者进行强烈互动。那么，电影产品能够寻找到一种类似的联系互动方式就非常重要了。手机用户是一个巨大的群体，电影不只要通过手机电影等等形式让这一人群成为电影产品的受众，更应该集思广益，看看如何将这些用户纳入到对电影文本的讨论中。

大众的声音也许观点不一，见解水平也参差不齐，但毕竟偏听则暗、兼听则明，了解观众的评点与想法对电影创作具有极为重要的积极意义。在手机如此盛行的今天，如果把观众视为沉默的大多数，没有充分倾听观众在手机上发表的各种评论之声，那么电影也必会陷入小圈子的闭门造车。如果多看看观众在手机上发表的电影批评，及时发现电影的得与失、利与弊，及时了解观众的需求，那么会促进电影的发展。

（原文载于《艺术百家》2015 年第 04 期）

网络电影评论概述

邓　豪　王凯洁

一、“网生代”电影评论

2015 年，中国电影实现跨越式的发展，越来越多的优秀国产电影给观众带来一次又一次的惊喜；电影产业与互联网行业保持更加紧密的联系。“据第 36 次《中国互联网络发展状况统计报告》显示，截止 2015 年 6 月，我国网民规模达 6.68 亿，互联网普及率为 48.8%；手机网民规模达 5.94 亿。随着手机终端的大屏化和手机应用体验的不断升级，移动商务类应用发展迅速，互联网应用向提升体验、贴近经济方向靠拢。手机作为网民主要上网终端的趋势进一步明显”[①] 人们越来越注重快速分享和互动的过程。网络成为更多人的信息来源的同时，也成为了更多人信息的发布渠道，这也为电影批评提供了新的场域。《2015 中国电影产业研究报告》显示，中国电影在创作主题、作品类型、题材风格和观影人群上都呈现出“网生代”主导的青春样态。[②] 在网络时代的大背景之下，对于电影作品的评论和批评随处可见，更多的学者、专业影评人，甚至观众都参与到对电影的评论中来。中国电影家协会理论评论委员会发布的《2015 中国电影艺术报告》指出，一方面互联网的普及很大程度上给予更多普通人表达文化权利的机会，另一方面电影市场近几年向中小城市普及，使得更多非大城市观众有了更大的市场决定权，我国电影文化“草根化”倾向浓厚。[③] 正是在这样一个新的社会语境之下，网络媒介上的电影批评成为了无法忽视的领域。

由于网络信息浩如烟海，本文的目的在于通过归纳和总结 2015 年中网络上出现的

邓豪、王凯洁，中国艺术研究学院研究生院，硕士研究生。

① 《中国互联网络发展状况统计报告》，http://www.199it.com/wp-content/uploads/2015/12/2015%E5%BE%AE%E5%8D%9A%E7%94%A8%E6%88%B7%E5%8F%91%E5%B1%95%E6%8A%A5%E5%91%8A_000004.png。

② 王品芝:《“网生代”主导中国电影格局:票房狂欢过后如何追求文化担当》,《中国青年报》2015 年 6 月 11 日，第 11 版。参见 http://zqb.cyol.com/html/2015-06/11/nw.D110000zgqnb_20150611_5-11.htm。

③ 中国新闻网:《〈2015 中国电影艺术报告〉发布“草根逆袭”网生代电影》，http://www.chinanews.com/yl/2015/05-12/7271345.shtml。

对于热点事件的评价，以及在网络环境下人们对电影重点评论的方面、所使用的方法，借此来对于 2015 年度网络批评的全貌有一个整体的印象和把握。

二、网络评论四通八达的平台

网络极大地拓展和丰富了我们批评电影的平台和方式。“大众发表影评的论坛和阵地以前所未有的速度增加，并且由于网络论坛、博客、微博等工具的出现，也使得大众影评的方式发生了变化，它不再只是借助于文字，不再一定要见诸报纸杂志，而是形式各异，丰富多彩。图文并茂、夹叙夹议的影评已是家常便饭；超文本链接丰富，可以随时进行互动，每个链接都包含着以多媒体方式所展现的文本、图形、动画和声音，随意点击浏览的方式也日益深入人心，并给大众带来更多的想象和创作空间。”[①] 网络评论渠道甚广，现阶段来说主要有以下几个平台。

（一）门户网站，公共论坛和社区影评

作为电影批评发布平台的门户网站、公共论坛和社区影评，按性质来主要可以分为两大类，一是以政府为依托的官方媒体，例如新华网、人民网、央视网（CNTV）等，但是电影咨询类信息多，评论内容少；另一类是民营媒体，例如 Mtime 时光网、豆瓣电影、TOM 影视之家、大众影评网等，对于电影的评论内容不仅包括热门电影、社会关注焦点，也有对于某一类电影艺术风格的讨论，同时聚集了众多学者，影评人和电影爱好者，这一类渠道以其综合性以及广泛性的影响力为支撑，引起的关注度较高。

（二）个人博客，微博影评和微信公共号

在当下媒介环境之中，自媒体不断涌现，越来越多的影评人通过自媒体的方式去发声。个人博客随着时间的推移，慢慢淡出了我们的视野，而微博微信更为符合当下的传播语境。微博和微信的发展为电影评论带来新的土壤和空间。

个人博客

博客影评作为博客主自由表达自己意见的阵地之一，由于其篇幅的自主性十足，影评内容可以对电影达到深度交流沟通的作用。“博客影评一般由学者博客、媒体影评人博客、其他名人博客和普通影迷博客组成。学者博客的兴起反映了电影批评专家学者学术视野的拓宽，为专家学者提供了新的话语空间。同时，得益于网络的传播速度和影响力，他们的批评话语在网络上影响了更多的受众。媒体影评人的博客主要用于

① 刘卉青：《网络时代：中国电影批评辨析》，中国电影出版社 2015 年 3 月版。

传播和介绍影视创作的一手资料，兼有创作者的个人体验。另外还有名人博客和普通影迷博客上的电影评论文字。"[①] 目前国内优秀的中文博客网有：新浪博客、网易博客、博客中国等。但是博客的书写很大程度上要依赖个人 PC 完成内容的原创、上传、转发等，在网络时代背景下，生活节奏的加快使得人们更愿意用简洁的文字表达自己的观点。

微博

根据《2015 年度微博用户发展报告》(年度)显示，2015 年，微博活跃用户明显增长，各大行业领域的覆盖面不断扩大，不仅在新闻舆论、综艺娱乐等方面保持重要影响力，同时，在体育、财经、旅游、电视剧等领域也得到进一步的延伸，微博的平台作用进一步彰显。[②] 微博内容的字数限制，反而因其短小精悍适应了人们当下的碎片化阅读习惯；广大电影爱好者对电影的评论和转发使人们对电影和电影评论本身有了更多的关注，也使微博成为电影评论新的传播平台。活跃在微博中的学者对电影的评论更多关注本体问题，评论内容比较客观，注重学理性；微博中聚集的一大批电影影评人，他们对电影的评论带有个人话语特色。影片上映前后基于自身的观影体验，为观众做出基本的观影推荐和指导；而广大的微博用户对于电影的评论从自身体验出发，并没有电影的专业术语和理论知识，多针对电影对自己带来的视听体验进行表达，多为非专业的短评。从影评形式看，微博的互动转发往往呈现出一种"元批评"的样态。网友转发并评论他人对影片的评价，在这一过程中既包含对影片的评价，也包含对评论内容的评价。而且评论往往产生在众多网友的合力之下，众多网友的不断回复使得对电影的探讨不断深入。

微信

2015 年是公众号取得快速发展的一年，微信公众号也成为网络电影评论的主要渠道之一。微信订阅号每天可以向用户推送一条消息，基本功能是向用户传达资讯，宗旨是为媒体和个人提供一种新的信息传播方式，构建与读者之间更好的沟通与管理模式。在众多微信公众号中，虹膜、文慧园路三号、电影公嗨课、电影山海经、桃桃淘电影等公众号以优质的内容吸引了众多用户的关注。

在微信订阅号中，有一类微信号的账号主体是市面上发行出售的报刊杂志，例如公众号当代电影杂志（dddyzz）的账号主体是《当代电影》杂志社，公众号中国电影（ChinaFilmNews）的账号主体是《中国电影报》社。这类公众号中关于电影评论的内容和杂志本身内容有较多联系和重合，是杂志在网络中的延伸。

---

① 刘卉青:《网络时代:中国电影批评辨析》,中国电影出版社 2015 年 3 月版。
② 知识库: 《2015 年度微博用户发展报告》(年度),http://www.useit.com.cn/thread-10921-1-1.html。

（三）视频和播客

网络极大地拓展了影评的存在形式。以往影评主要是通过文字来表达观点和感受，而网络传播媒介的盛行催生出对电影进行影像评论的新形式。这种形式将影像和评论以画面和声音的方式相结合，配合主持人讲解，画面剪辑感强，评论内容注重吐槽，给观众带来直观化的电影评论体验。代表性节目有优酷视频《暴走看啥片儿》，2015 年腾讯视频 V+ 原创平台自媒体推出的《周邹大电影》《老梁看电影》《龙斌大话电影》等。视频着力营造搞笑、讽刺的效果，但是传播对象和范围有限。

三、网络电影评论内容和焦点

（一）网络电影评论内容

在网络中大量电影评论的发布内容涉及到电影的方方面面。随着一部新的电影作品的上映，评论人或从不同的角度作为切入点对影片进行深度剖析，或对影片进行全方位的探究。影评人主要从以下几个角度对影片进行分析和评介。

1. 对电影与社会历史文化评论

在腾讯网电影版块子栏目“电影有内涵”中，用了 308 期、309 期、310 期、311 期四期的篇幅，从社会历史文化的角度来对电影进行分析。这四期网络评论均由腾讯网聘请的专业影评人进行撰稿，在“电影看二战”这个主题下评论电影。影评分别从中国、苏联、德国和美国四个国家，不同时期对于二战这一历史题材所表现的嬗变和特征进行分析。下面只就 308 期内容作为佐证来分析网络上对于影片社会历史文化的批评。

308 期[①] 主要分析中国电影对于二战的表现，标题为“从平民狂欢到诗史时代”。文章通过对于中国不同时期的二战题材表现的不同，进而分析社会文化的变迁和人们对于“战争”、“国家形象”认识的变化。这期网络影评主要例举了中国三个不同时期的大量影片来佐证每个时期的不同特色，第一个时期，1949—1966：贫民的狂欢，代表作品《小兵张嘎》《地道战》《地雷战》《平原游击队》《铁道游击队》，“这一时期的电影在精神层面上最显著的特征是革命乐观主义，很多人忽略了当时的社会背景，也就无法理解当时的抗战片，所以有了‘夸张雷人’甚至‘血腥残忍’的批判”；第二个时期，80、90 年代：史诗的重现，代表作品《血战台儿庄》《铁血昆仑关》《七七事变》《西安

① 电影说 308 期：《电影看二战：从平民狂欢到史诗时代》，腾讯电影，2015 年 7 月 6 日，http://ent.qq.com/zt2013/dianyingshuo/。

事变》，“改革开放之后，中国的所有政策都发生了180度的大转弯，过去的敌人成了朋友，过去的毒药变成了灵药，过去的以平民为主、具有革命乐观精神的抗战片，也变成了具有写实风格的大人物‘传记’”；第三个时期，2000年以后：市场的选择，代表作品《黄河绝恋》《风声》《南京！南京！》《鬼子来了》《色，戒》，“随着商业片在中国的高速发展，电影中意识形态和政府主导的传统渐渐褪去，具有鲜明市场特色的类型片以及借电影自我表达的导演大批出现，这既然是整个中国电影的变化趋势，抗战电影也不会例外”。

影评人李小飞在微信公众号人间电影指南的文章《〈道士下山〉：华语片中的道家文化》一文中以时间为线索对华语电影中道家文化的表现进行了分析和例证，认为由于其历史文化因素，道家文化在华语电影，特别是香港电影中，更多地成为了一种娱乐元素，一种噱头，并非是表现了道家的文化内涵，或深刻反映道家文化的精髓。①

爱与性通常是电影的叙述主题，国产电影中的性爱往往成为吸引观众眼球的噱头。2015年上映的影片《王朝的女人：杨贵妃》在上映前，网上流传了一段关于剧中男女主角在马上的一段激情戏。电影学者开寅在微信公众号人间电影指南发表的影评《国产电影里的爱与性，超出你的想象》中认为，“马震”是一次成功的电影营销宣传案例。笔者通过回顾建国到现在的中国电影历史，梳理发现“涉及男女关系的两性问题在中国电影中始终是一个敏感区域，而对待这个问题的尺度却经历了一百八十度大转弯，由历史上的‘绝对不能表现’而演化为在二十一世纪的今天各个制片方使出浑身解数绞尽脑汁采取各种显性和隐性的手段绕过广电总局的限制而利用观众眼中的‘情色禁忌’来炒作影片。”开寅在影评最后阐述了自己的观点，他认为“性”的禁忌和滥用是源于整个社会对于“性”观念的禁锢，而制作者正是利用了这种观念下“受众对于‘性’的好奇与窥探心理”。最后作者提出了正确对待“性”的建议：“该开放的不仅仅是尺度，更是我们自身的观念，只有让‘性’回归它在社会生活中的本来面貌，并以顺畅自然的方式在银幕上表达，才有可能使它不再同时成为中国电影中被禁止的对象和被利用的工具。”②

2. 对电影导演的评论

作为创作者，电影导演不可避免地在影片中带有个人的印记。从辩证的角度看，导演创作了电影，而电影诠释了导演。我们熟知的很多导演的电影带有强烈的个人风格，例如王家卫、侯孝贤、娄烨、贾樟柯等，他们的电影带有独特的艺术风格，学者和影评人对这类电影导演的分析通常从导演的历史作品入手，进一步阐释其作品的艺术风格，分析导演对电影艺术表现上的变化和突破。而随着中国电影的壮大，徐峥、陈思诚、

① 李小飞：《〈道士下山〉：华语片中的道家文化》，微信公众号人间电影指南，2015年6月17日。
② 开寅：《国产电影里的爱与性，超出你的想象》，微信公众虹膜，2015年2月22日。

郭敬明、忻钰坤、李玉等一批新的电影导演及其作品受到广泛关注，批评界对他们的评价则是鼓励和鞭策并举。

在腾讯“电影说”栏目下，每一期都是围绕明确的主题完成的。内容集中、主题性强，内容一般是由腾讯网组织专业的影评人进行命题写作。腾讯电影说第 289 期[①]内容为《贾樟柯：外国人了解中国的最佳途径》，在影评开头处，作者对贾樟柯进行了身份的界定——“汾阳小子、县城青年、戛纳柏林威尼斯电影节常客、第六代导演、七零后、双子男、西河星汇影业老板、艺术家、‘科长’、面馆老板，或者最简单朴素的‘导演’……当我试图从中找出最适合贾樟柯的那张标签时，我发现尽管这些标签虽然皆准确无误，但贾樟柯总比它们更多一些——于是我决定将它们尽数舍弃，为其度身定做一块新标签：‘译者’”。影评作者认为贾樟柯可以被看成是“当下中国最好的译者、这个巨变时代的同声传译者”。这是因为在贾樟柯的电影中往往能够看到社会变迁在人们身上留下的印记，而贾樟柯也最擅长将个体的、私人的经历与体验演变成一种集体的、共同的记忆。“擅于捕捉当下决定性的一刻、并将之置于历史的棱镜下考量，他常常能将一个角落翻译成世界或将世界翻译成一个角落，他热爱凝视那些经常被忽略的平常面孔，使用非职业演员，将普通人的生活翻译成某种生机勃勃的东西，某种更加形而上、而非物质化的东西”。在贾樟柯的电影中经常能够看到每个人记忆中的东西，而这种东西就像影评里写的一样是一种“共同记忆”。影评作者还从亲身经历出发，讲述了对贾樟柯的印象，充满个人化的表达，也从侧面表现出贾樟柯导演的个人性格，及其作品所表达的关于社会历史文化和生命的内涵。

3. 对电影美学与语言的分析

在时光网社区“天堂电影院”小组，网友“戒电影”于 2015 年 4 月 25 日发布了一篇名为《关于〈黄金时代〉的我的喜欢和不喜欢》[②]，文章从电影的美学特征上分析了《黄金时代》这部影片。影评一开头便直接表达了对于《黄金时代》这部电影美学特征上的“喜欢”，“我喜欢李樯的态度，对于一个人物传记电影，他放弃了主观的讲诉，选择了摆事实的手法。我不认为一个人能彻底地讲明白萧红，我也不认为一个人能真正讲明白那个时代。我们所触及的到的不过是落满灰尘的冷冰冰的史料，这都是经验性的。李樯在写《黄金时代》是小心翼翼的。我喜欢这种小心翼翼。就像我们在打桌球的时候，我们挥杆打红球，红球碰到白球，白球入洞。如果我们问，白球为什么入洞，你不能说是因为我挥杆的原因——因为你所看到的只是红球碰到了白球。对于萧红这个

① 电影说 289 期:《贾樟柯: 外国人了解中国的最佳途径》，腾讯电影，2015 年 5 月 12 日，http://ent.qq.com/a/20150512/008332.htm。

② 戒电影:《关于〈黄金时代〉的我的喜欢和不喜欢》，时光网社区，2015 年 4 月 25 日，http://group.mtime.com/filmov/discussion/3620874/。

历史人物，是同样的道理。我们不能拍着脑袋就说，她就是这样的，因为摆在你面前的只有史料”。影评作者表达了对电影导演、对这部影片、对人物塑造上“求证式”表达方式的肯定，认为电影采取这样的方式极大地还原了对于电影中人物的刻画，而区别于以往“拍着脑袋式的讲述历史人物的手法”。

而对于电影最后的表达方式，影评作者也发出了“不喜欢”的看法：“我尤其是不喜欢电影的结尾的。电影本就应该在萧红死去的时候戛然而止。一个生命结束了，就这么简单。导演借着萧红的口，又企图代替萧红说些什么；导演甚至借着萧红朋友的口，露出了对于萧红的评价。这就好像在一本宣扬纯理性的哲学著作的末尾加上了一段既具有煽动性和极感性的文字。这是一个愚蠢的自我解构。这也是一个愚蠢的对于萧红的自我代言。”对于导演在影片最后对于人物侧面的评价，作者认为是没有必要甚至“愚蠢”的。

影评中，作者由《黄金时代》出发谈及对于历史传记片的态度。“这其实涉及到一个根本的问题——我们应该如何认识历史传记片的态度。对于浩繁的历史，我们就如一个原子般渺小。我们所能接触的历史本来就是碎片化，甚至是断层的。试问作为一个编剧，他又能有多大的勇气拍着胸脯用自己的想象去完善那历史的缺损呢？我们是追求对于求真的勇气还是追求所谓完整性的意淫？”作者在影评中分析了《黄金时代》的美学特征，从而关照到历史传记片应该如何去表现历史、表现人物上，以及我们应该如何看待这一类影片。

影向标栏目其中一期请每位影评人从《刺客聂隐娘》中选择一场戏，用简短的评论来表达自己的观点。电影文化工作者妖灵妖谈到结尾处羊群的镜头时认为“羊群本身有其读解的意向，是否是聂隐娘的某种比喻，或者是桃花源式生活的比喻，或者有其他更有意思的内涵在里面，都交由观众自行去思考，而一般商业片的做法是希望简单明了地告诉你答案，本片会让你开动自己的想象力来填补这一空缺。在这样的情况下，你的观影过程不再是填鸭式的被动接受，而是与作品产生了某种心智层面的互动，由此超越了纯感官刺激的单一层面。”影评人云中则谈到聂隐娘的母亲送道姑公主出门的这个镜头——“近景是黄色暖调、装饰华丽的屋子，远景是冷调的室外绿树与马车。摄影机纵深的取景打通了室内外的空间，有唐代建筑典型的通透之感。更关键的是，这个取景把内外的空气、色调、声音都串联起来，人群在前景走向后景，道姑的白色衣服从暖调走向冷调，远处的马车和仆人在动，从空间上形成了极度自然的东方式的含蓄、雅致风格，这个属于唐代的生活瞬间在银幕上好像真的活了过来。与之类似，整部聂隐娘的内景，都不局限于封闭的室内，随处可见来源自室外的光线，几乎每个内景都会有风在吹动纱帘，伴随虫鸣鸟叫，镜框内是一个自由开放的空间，但处于其间的人物内心却又是隐忍不发的。用精确优美的空间设计来参与人物塑造、传达意境，正是《刺客聂隐娘》电影风格的出类拔萃之处。”另外，吴李冰等多位影评人从视听语言和美学风格进行分析，他们对电影镜头的解读一方面表达了个人的喜好和观点，另一方面丰富了电影的价值，引起观众对影片的向往。[①]

4. 电影主题与人物评论

电影的主题和人物是影片文本两个重要组成部分，主题的明确是对影片分析的一个基础，而人物是电影中的灵魂，对人物的分析能够更好地把握电影主题，理解创作者的意图，从电影中认识自己。但是需要明确的是，电影主题和人物的分析需要脱离传统的文学批评角度，找寻电影艺术的批评方法。

网友“风之影”2015年7月15日在时光网社区发布了一片名为“《〈少女哪吒〉：叛逆青春，‘自由’飞翔”》[②]的影评，作者从电影的人物入手，对电影的“叛逆”主题进行分析。作者指出影片中的两个女主角是“被导演贴上标签的‘哪吒’”，“在导演的镜语之下构筑了一个青春的沟鸿——叛逆”，而对人物叛逆的塑造则是通过“留白”的方式，“也正是这一留白的技巧，使得影片表现懵懵懂懂的青少年的情感更为的深刻，也极具批判色彩与反思韵味。”作者认为导演采用“留白”的手法刻画这两个青春期的叛逆少女的内心情感，将命运的结局大量留白，使影片主题更加具有张力。

微信公众号电影影评的影评《〈亲爱的〉，电影不只是娱乐，这部电影能带你找到回家的路》中，作者对《亲爱的》的主题和人物进行了比较细致的分析，文中认为，每个人都可以从这样一部影片中看到社会群像，感受到人性的挣扎，冷漠和温暖，丢失孩子和寻找孩子的故事也是创作者想要表达的“人来人往，我们迷惘，我们失去，我们的‘家’究竟在何方？”这样一个深刻主题，而影片中的田文军、鲁晓娟、李红琴等人物无不是在丢失和寻找中。影评重在对影片主题和人物的感受和解读上，试图引起读者共鸣。而另一篇《〈失孤〉：不是在活着，是在受罪》的影评同样对电影主题进行了深入地探讨，在强烈的个人观影感受的基础上围绕主题进行了观点的阐述，笔者认为在电影中同样反映了“失去和找寻”，但是侧重点在于揭示这一过程中人生的艰辛，呼吁人人都能够珍惜身边人，对他人充满关爱。[③]

（二）2015年网络电影评论焦点

1. 对中国类型电影的评论

青春题材电影

继2013年青春题材电影的兴起和2014年遍地开花后，校园青春成为广大观众追

---

① 影向标：《〈聂隐娘〉的这些镜头打动了我们》，微信公众号虹膜，2015年8月31日。

② 风之影：《〈少女哪吒〉：叛逆青春‘自由’飞翔》，时光网社区，2015年7月15日，http://group.mtime.com/movieview/discussion/3685036/。

③ 微信公众电影影评：《〈亲爱的〉，电影不只是娱乐，这部电影能带你找到回家的路》，2015年1月27日。

捧的电影题材，2015年，青春片仍然是院线最吸金的电影类型之一，电影多改编自文学作品，"IP"成为青春片的最大标签。《万物生长》《何以笙箫默》《左耳》《栀子花开》《陪安东尼度过漫长岁月》《我的少女时代》均收获了很高的关注，但是对青春片的评论呈现出集体的理性思考。

Mtime时光网站2015年2月刊登了《青春这股风——国产青春电影完全解码》一文，文章对青春电影进行了现象分析、观众分析、内容分析、营销分析，以及和国外青春电影进行了比较，对国产青春电影做出前瞻性分析。作者认为青春片的热捧有它的社会历史因素，而青春题材作为一种电影类型，它在中国这块土壤中正在找寻属于自己的多样化的表达方式，"没有人会永远18岁，但是永远会有人18岁，青春这股风，看来还要继续刮下去"。[①] 微信公众号娱乐一二说转载的《男性把持的影评界：怎么可能喜欢玛丽苏片〈何以笙箫默〉》一文中，文章作者从五个部分对中国青春题材电影的商业性与艺术性进行了"探讨"后认为《何以笙箫默》，《小时代》等影片商业定位明确，即创作者致力于为女性观众营造华丽的梦，导演在电影技巧上不成熟，对电影语言的驾驭生疏，电影的艺术性很低，但是重要的是他们能够准确判断影片的目标观众是谁，观众需要什么，想看什么。对于这类商业性浓厚而艺术性不佳的电影，笔者在文章结尾提出了明确的观点："中国电影商业化发展到现在，一共也没多少年，在这种乱而无序的市场里，大浪淘沙是大势所趋。至于在某一阶段，出现某一些形态各异的片子，并不是坏事，也不会是未来的常态，自信的创作者没必要去上纲上线的逐之骂之。业界对《何以》展现出一种如临大敌的状态，只能理解为，不够自信。"[②]

动画电影

2015年动画电影的重新崛起，是一个无法忽视的焦点。2015年相继上映的《大圣归来》《小门神》两部优秀的动画电影在网络上引起了热议。网友从各个方面对电影进行了讨论，如对于动画技术的讨论、动画电影对于现实的关照、动画电影对于传统文化的表达、技术发展对于主题表达的关系、国产动画的不足等等。

网友"羽轩"在Mtime时光网上发布的《是时候给〈大圣归来〉降降温了》影评中分析了《大圣归来》火爆的原因，"天时地利人和，有太多的因素会影响到一部电影的策划、制作和发行。如果没有导演和制作团队的坚持和努力，如果没有观众对于国产动画的急切期待，《大圣归来》也许就胎死腹中了，也许首映日因为排片过少就被挤掉了。无论《泰囧》还是《大圣归来》，它们至少都是认真制作的合格产品。毕竟烂泥

① Mtime时光网站：《青春这股风——国产青春电影完全解码》，2015年2月7日，http://news.mtime.com/2015/02/05/1539224.html。

② 爱微帮：《男性把持的影评界：怎么可能喜欢玛丽苏片〈何以笙箫默〉》，2015年5月7日，http://www.aiweibang.com/yuedu/25053274.html。

是怎么扶也扶不上墙的。市场传达给电影一个非常正面的启示，本本分分把活干好才是王道，观众最终会给予回馈的。那些坑蒙拐骗、投机取巧的粉丝电影最终将为观众所厌弃并且永远为人所不齿。”一部电影的成功的确是很多因素的合力，但是一部好的动画电影，应该是将更多地力气用在故事层面才是生存的王道。在影评中作者更是对于电影创作者提出忠告，“所有把《大圣归来》捧上天的观众有没有想过你们是在捧杀一部电影？以至于大圣刚刚归来就有可能歇菜了？这部电影的的优缺点同样明显，简单的说它的技术活完成的非常漂亮，但在艺术创作上并不出彩。尤其在剧作上，作为一部时常 90 分钟的电影，它的故事完全不合格、硬伤太多，和其精心呈现的视觉效果极不相称。”① 直接指出了《大圣归来》在故事上的硬伤。

总体来说，网友对于这部动画电影作品还是给予了较高的评价，让人们对中国动画电影重拾信心，但是其中不乏对于这两部作品的中肯的批评和意见。在网络这个自由国度之内，人们用轻松的语气评说着这两部作品，既让我们看到了草根民众对于中国动画电影的信心，也看到了影迷们对于中国动画电影的期望。

战争电影

《战狼》作为国内第一部 3D 动作战争电影，拓展了中国战争片的表现方式。新华网文章《国产战争片〈战狼〉票房过 5 亿，为影坛吹来久违“阳刚风”》从题材上分析影片对国产军事战争题材电影的意义。影片摆脱了以往同类型作品的“说教味”，为观众掀开了特种部队军营的神秘面纱，故事情节紧凑，成功运用好莱坞大片的元素，吸引了众多军事爱好者和年轻观众，同时为军事战争题材的创作提供了宝贵的经验。② 大众影评网影迷玛蒂尔达影评《给热血青年们无处安放的荷尔蒙一个落脚点》，文章从镜头剪辑、人物塑造、影片叙事上对电影的优点和缺陷进行了分析，但作者认为影片的开端和 3D 效果是影片的成功之处，而片中“人物脸谱化则是他最大的缺陷，也是他不够成熟的地方。”③ 影迷曹阿瞒在 4 月 3 日的影评《他是猴子请来的救兵》中则从个人的观看体验出发，对影片进行了全方位的吐槽，认为影片并没有出彩的剧情，故事性略显不足，影片开始强调的团队作战和个人英雄主义主题的前后矛盾，以及冷锋手刃老猫的反转情节太夸张。④ 微信公众号人间电影指南作者李小飞在《我为什么觉得〈战狼〉比〈杀破狼 2〉要好》一文中认为“《战狼》是合格的军事动作片，虽然它还比较平庸，

① 羽轩：《是时候给〈大圣归来〉降降温了〉》，Mtime 时光网，2015 年 7 月 26 日，http://i.mtime.com/caoyuxuan/blog/7911786/。

② 新华网：《国产战争片〈战狼〉票房过 5 亿，为影坛吹来久违“阳刚风”》，2015 年 5 月 1 日，http://news.xinhuanet.com/local/2015-05/01/c_1115153453.htm。

③ 玛蒂尔达：《给热血青年们无处安放的荷尔蒙一个落脚点》，大众影评网，2015 年 4 月 5 日，http://www.51oscar.com/review/4153.html。

④ 曹阿瞒：《他是猴子请来的救兵》，大众影评网，2015 年 4 月 3 日，http://www.51oscar.com/review/4144.html。

但他成为了一个开始，标志着中国电影也能拍出现代工业化标准的军事类型电影。”①

喜剧

2015年具有本土特色的喜剧轮番上映，《重返20岁》《煎饼侠》《夏洛特烦恼》《港囧》《万万没想到》《一念天堂》等喜剧影片为观众带来欢乐的同时，不少还成为了年度现象级电影，引起学者和影评人对中国喜剧电影的深入讨论。在影片的题材选取和叙事上，今年热播的喜剧电影有很多相近之处，《煎饼侠》和《万万没想到》是从网络剧改编而来，《煎饼侠》和《夏洛特烦恼》都基于一个屌丝逆袭的故事，《夏洛特烦恼》和《港囧》同样讲述了中年人的困顿，作品在拍摄前都已是比较成熟的“IP”电影，商业性十足。但是电影的艺术性仍是影评人评价的标准。对于喜剧这一主流的电影类型，影评人magasa在微信公众号虹膜的文章《强颜欢笑时代的两种中国喜剧》中指出，“中国电影中的‘新一代喜剧’正在形成，它们虽然尚没有构成一种流派，但与旧喜剧形成了迥异的风格。”②

微信公众号虹膜作者magasa在影评《徐峥「囧系列」的核心价值》中认为徐峥的《泰囧》和《港囧》的系列电影是在创造中国喜剧电影的品牌，而这一品牌的核心价值就是“试图创造出一个真正的‘喜剧明星”，能够观照和体味这个时代的国民级喜剧明星及相应的银幕形象。”就这个意义上，作者是愿意支持诸部电影，支持导演徐峥以后的创作。而电影的口碑和票房并没有创造出如《泰囧》一般的惊人成绩，在网络中批评的声音不绝于耳的原因是作为一部喜剧，它并没有带给观众强烈的喜剧效果，也正因为如此，电影中的种种缺点被不断放大。③ 相比之下，电影《夏洛特烦恼》得到了现象级好评，影评人悉尼卡通在《〈夏洛特烦恼〉和〈刺客聂隐娘〉是我最尊重的电影》文中认为，《夏洛特烦恼》契合了当下“得屌丝者得天下”的“真理”，它的成功是人物塑造的成功，以及开心麻花丰富的剧场经验。④ 但是在文艺青年聚集的豆瓣电影网络平台，对《夏洛特的烦恼》的影评呈现出对片中夏洛代表的“屌丝”的审视态度和生发出的对现实的珍惜之情。网友丁麟在《跑得赢时光，留得住初心》影评中抒发了自己对电影的观看感受，认为这是一部有情怀有笑有泪的诚意之作，也从影片中感悟出要珍惜自己拥有的一切。⑤

另外，影评人对《横冲直撞好莱坞》和《恶棍天使》两部影片进行了比较激烈的评价。微信公众号人间电影指南转载《大众电影》杂志《当情怀都懒得装的时候》文章批评

---

① 李小飞：《我为什么觉得〈战狼〉比〈杀破狼2〉要好》，微信公众号人间电影指南，2015年6月25日。
② magasa：《强颜欢笑时代的两种中国喜剧》，微信公众号虹膜，2015年9月26日。
③ magasa：《徐峥「囧系列」的核心价值》，微信公众号虹膜，2015年9月26日。
④ 悉尼卡通：《〈夏洛特烦恼〉和〈刺客聂隐娘〉是我最尊重的电影》，微信公众号虹膜，2015年10月9日。
⑤ 丁麟：《跑得赢时光，留得住初心》，豆瓣电影，2015年9月25日，http://movie.douban.com/review/7607536/。

了《横冲直撞好莱坞》的创作者“它确信无疑地相信一部好电影就是几个大明星 + 怪异无逻辑的情节转折（也许片方会认为这是高智商）+ 大场面 + 用嘴说出几句鸡汤就能组成。”[①] 有“毒舌”之称的影评人桃桃林林在微信公众号桃桃淘电影的评论《演员是傻子，观众全疯了！“恶棍，天！使里有毒！！！”》中对影片表现的低俗情节予以激烈地吐槽和批评，认为《恶棍天使》是一部“烂片”，片中人物塑造失败，行为“装疯卖傻”，用极其夸张的“所谓舞台喜剧表演方法”取悦观众，让人生厌。[②]

犯罪片和侦探片

《烈日灼心》《解救吾先生》《东北偏北》《我是证人》等影评拓宽了警匪、犯罪题材的视野，而《暴走神探》《唐人街探案》《侦探宅女桂香》的出现同样丰富了电影的类型。

迷影网网友张菁的影评《〈烈日灼心〉：国产犯罪片的伦理想象力》一文，笔者首先对犯罪片，以及中国审查制度对犯罪片的限制进行分析，在此基础上肯定了《烈日灼心》是一部“制作高水准的国产犯罪片”，而影片中对人性的塑造过于完美，但是在最后没有一个很好的对人物的解决方式和救赎方式，导致了“叙事价值观的暧昧”，没有让观众的情绪在结尾得到释放反而更加纠结。[③] 影评人 magasa 在影评《曾经，我们把警匪片叫做公安片》中认为，“《烈日灼心》表现了在中国电影里前所未有的一种警匪关系，而《解救吾先生》则塑造了一个非常独特的恶人形象，不像有的俗套电影那样以为让坏人带上点善，似乎就等于有了丰富的性格层面。并非如此，王千源在《解救吾先生》中演的绑匪恶到了极致，在他身上几乎看不到善，但他的邪恶光谱却是立体和善变的，因为恶远非只有一种。”[④]

同样表现复杂人性的侦探片在类型的创作过程中添加了大量喜剧元素，但最终呈现的效果值得思考。影评人胡欧美在虹膜的影评《有一种人会爱极了〈唐人街探案〉》中认为影片的喜剧风格和九十年代港产电影里的疯癫状态类似，但是影片仍然为国产侦探片树立了打造系列电影的“可效仿的标本意义”。[⑤]Mtime 时光网网友久阳暮已在影评《〈唐人街探案〉，也许会是国产推理戏的新模式呢？》中认为，片中的喜剧元素为整部影片增添了光彩，也并没有冲淡本格推理侦探片的实质，而导演陈思诚也在用自己的努力实现自己对电影的梦想。[⑥]

---

① 微信公众号人间电影指南：《当情怀都懒得装的时候》，2015 年 7 月 7 日。

② 桃桃林林：《演员是傻子，观众全疯了！“恶棍，天！使里有毒！！！”》，微信公众号桃桃淘电影，2015 年 12 月 25 日。

③ 张菁：《〈烈日灼心〉：国产犯罪片的伦理想象力》，迷影网，2015 年 9 月 19 日，http://cinephilia.net/archives/37547。

④ magasa：《曾经，我们把警匪片叫做公安片》，微信公众号虹膜，2015 年 9 月 22 日。

⑤ 胡欧美：《有一种人会爱极了〈唐人街探案〉》，微信公众号虹膜，2015 年 12 月 31 日。

⑥ 久阳暮：《〈唐人街探案〉，也许会是国产推理戏的新模式呢？》，Mtime 时光网，2015 年 12 月 27 日，http://movie.mtime.com/220627/reviews/7938490.html。

文艺片

2015年随着电影《闯入者》《山河故人》《老炮儿》《念念》的上映，将人们的视线拉回到一个我们似乎将要遗忘,又让人忘不了的电影类型——文艺片。随着电影的上映，网友们在网络上讨论文艺电影的热度也随之上涨。

网友“木同4146035”在时光网社区于2015年5月24日发表了《念念不忘 难有回响：从〈念念〉票房惨败看国内文艺片窘况》文章首先分析了当下电影市场文艺片的现状，国内电影市场文艺片被冷漠导致文艺片市场不断萎缩，《念念》上映最终也以票房失败告终，作者对于整个文艺片市场进行了一个大概的分析，得出文艺片势必不能得到市场的追捧。影评之后又从《念念》的主题情感出发分析影片，试图揭开生活和生命的脉络。作者认为文艺片以强烈的情感表达来引起别人的共鸣，但是要在这样一个视觉文化大行其道的年代，通过“含情脉脉”来打动大多数人似乎是一个比较难以完成的课题，“电影是作为一种特殊商品存在的，它同时具有作品和商品的双重属性。说到底电影终究还是商业，电影人的本质是商人、生意人。每一个投资人只会在计算好成本回收之后才会参与影片，没有人是愿意做赔钱的生意，文艺片自然相对不容易拉到投资，这也就输在了起跑线上。在用票房说话的电影市场，文艺片导演的一些情怀、能力都不再重要，因为影片更多是为大多数观众准备的。观众进入影院体验，是要获取视觉的冲击和观影的快感，文艺片在这方面的先天劣势，注定不会有所改观。许多文艺片都偏向揭露社会问题，这又与多数观众到电影院的观影目的相悖。既然生活已经如此艰难，还有多少人愿意选择在电影院被揭穿呢？”作者总结道,《念念》的尴尬处境虽然并不能代表整个文艺片市场，但是不得不承认的是文艺片现状确实需要得到发展，从网络批评的场域来看，文艺片能够引起网友们的讨论，重新进入大家的视野也是向前走了一步。①

电影《山河故人》上映后一大批影迷在网络上表达了自己对于文艺片《山河故人》的看法。网友“方圆”在时光网社区于2015年11月3日发表了《〈山河故人〉:道声珍重》影评。文章对于电影进行了详细的分析与解读，“影片完全在贾樟柯的‘控制’当中，每一个细节，一个情绪，一个画面都看出他的用心和用力”。作者认为这种写实般的电影并不好拍，更何况又要文艺，还要商业的文艺。“影片无论是开始还是结束可用平缓二字形容，留白很多。恐惧的是它像一种瘾，在你无法察觉的情况之下，已经不知不觉遍布你的全身，控制你的神经，让人动弹不得。”作者对扛大刀少年出现的两次场景做出评论，认为情节和“整部电影并没有什么关联，贾樟柯也说有时候需要在电影当中出现一些有的没的，调动观众的无限遐想。在影片中扛刀少年确实这么显眼的，真

① 木同4146035:《念念不忘 难有回响:从〈念念〉票房惨败看国内文艺片窘况》，Mtime时光网，2015年5月24日，http://group.mtime.com/movieview/discussion/3662732/。

实的存在过。在我们的生命当中是否也曾有过这样的路人甲乙丙丁，他们路过你的生命，有的走进你的生活还没有来得及把故事的开头讲好，就离开了，也许永远不会再见。或许，我们是别人口中故事的主角，别人心中念念不忘的对象。然而，跟我们又有没有关系呢？”作者用这样的一个情节对导演表现人和生命的方式说出自己的看法。作者还从电影的表现手法和故事结构上面进行了分析，“《山河故人》当中的场景和人物设置还原度非常之高。随便出现的一条弯湾曲曲马路，几十年不变的建筑物，一堆火，几个点燃鞭炮的青少年，一切都是感觉那么熟悉，那些事和那些路，似乎你我他都身临其境，当然除了 2025 那一段”。[①]

随着电影分众化的不断发展，各种类型的电影受众正以较快的速度在网络这样一个新的场域集合，网络上对于文艺电影的批评卷帙浩繁，对于文艺片各个方面都进行了讨论，总体来说，网络作为文艺片口碑传播的重要战地，优秀的文艺片一定会通过网络这个平台发挥出更大的光彩。

武侠片

侯孝贤的《聂隐娘》和徐浩峰的《师父》在 2015 年掀起了中国武侠电影的热议，影评人对武侠片的批评异彩纷呈。《聂隐娘》的票房表现不佳，一部分观众认为这部电影是部烂片，但是在影评界的口碑呈现出一致的称赞。徐元的影评《“撕裂族群”的〈聂隐娘〉》中认为“《聂隐娘》或许是中国普及互联网、人人都拥有发言权的时代以来，第一部让‘精英’和‘大众’意见彻底对立的电影。”[②] 实质上，《聂隐娘》倾向于文艺片的内核，而武侠片只是侯孝贤采用的形式。由虹膜、桃桃淘电影、文慧园路三号、电影公嗨课、电影山海经微信公众号和特邀电影学者，影评人临时客串的打分栏目影向标对《聂隐娘》和《师父》的评分分别是 8.4 分和 7 分，代表了影评人对这两部武侠片是普遍肯定的。[③]

网络中关于这两部影片的评论涵盖了影片的多方面，题材、主题、人物、镜头等等，但是评论的着力点仍在导演和影片的关系上，同时由这两部电影引发出的学者和影评人对中国武侠电影发展的讨论。影评人 magasa 在《说这是近年最好的功夫片并无疑问，但好在哪里？》中认为“《师父》的出现不是个案，应该把它和《一代宗师》《绣春刀》《聂隐娘》等新型武侠功夫片看成是一个整体的潮流，是对传统的香港武侠功夫片的改良。也只有不断更新其内涵，一种电影类型才有持久的生命力。”[④]

另外，体育和励志类型作品《破风》、职场歌舞片《华丽上班族》等电影开拓了中

① 方圆：《〈山河故人〉：道声珍重》，Mtime 时光网，2015 年 11 月 3 日，http://group.mtime.com/filmov/discussion/3715982/。

② 徐元：《“撕裂族群”的〈聂隐娘〉》，微信公众号人间电影指南，2015 年 9 月 8 日，原载于时光网。

③ 影向标：《除了一位毒舌，本片折服了所有影评人》，微信公众号虹膜，2015 年 12 月 14 日。

④ magasa：《说这是近年最好的功夫片并无疑问，但好在哪里？》，微信公众号虹膜，2015 年 12 月 15 日。

国电影类型的表现形式。

2. 对电影作者的评论

电影人才结构发生改变，对新人才的总结十分必要。《2015 中国电影产业研究报告》显示，中国电影在创作主题、作品类型、题材风格和观影人群上都呈现出“网生代”主导的青春样态。[①] 同时，徐峥、邓超、宁浩、陈思诚、郭敬明等 70、80 后的电影导演本身具有明星效应，源源不断的话题制造能力和拉动粉丝消费的能力。电影评论的内容之一就是对新作品，新导演进行分析。及时对新晋导演本人及其作品的分析更具现实意义，已有一定影响力的导演及其作品的分析也是电影发展的不可忽视的部分。王小帅、陈凯歌、徐浩峰、侯孝贤、贾樟柯、管虎等一批导演为中国电影的发展仍然贡献着自己的力量，而影评人也会对他们的每一部新影片进行全方位的探讨，同时将新片与老片进行纵向梳理，从而对导演的影片艺术进行总结和梳理。

回顾 2015 年中国的电影市场，贾樟柯是人们提及最多的导演之一。他的电影的个人风格体现在观众眼中总是在“自负”和“自信”这两个概念的里来回摆动，电影导演如果在影片中过度的追求“个人特色”或者说不顾观众感受的一味表达个人情感，就会陷入“自负”的自我欣赏之中。而由于网络环境的特殊性，网友们对于电影导演的批评往往“针砭时弊”，网友“臊子夹馍”在时光网社区于 2015 年 11 月 8 日发表了名为《〈山河故人〉：当做这电影失去先锋性》的影评，文章中指出 ：“去影院看贾樟柯的电影总是抱着一种去还债的念头，《二十四城记》如是，《海上传奇》如是，作为贾科长自《三峡好人》后时隔九年首次在大陆公映的剧情片，看《山河故人》更是如此。每每与人聊起贾樟柯，便会提到他尚在电影学院读书时拍摄的那部《小山回家》，因为在当时那只是一个习作性质的作品（或者称其为‘作业’更为恰当），所以也没什么机会向外人展示，片子完成后只能在宿舍的电脑上放给朋友们看，但贾樟柯却略带几分调侃地在宿舍的门上挂起了一张牌子，上面写着‘《小山回家》全球首映’。然而，就是这么一部彻头彻尾的地下独立电影，在贾樟柯凭借故乡三部曲蜚声国际之后却通过盗版碟片和下载等非法途径被国内文艺片影迷们反复膜拜和传播，《小山回家》才由此走向了全球。《小山回家》的命运只是贾樟柯电影在国内特有的传播模式的一个缩影而已，事实上，他所有的剧情电影都从未在国内进行过对外的正式放映，所以虽然有许多影迷都对《小武》、《站台》、《三峡好人》这些佳作如数家珍，但其实它们都属于‘公开’的禁片，因此这一次去电影院买票观看《山河故人》无可厚非得跟欠债还钱是一个道理。但是，观看不再意味着认同，更不代表义无反顾的盲目支持，时移世易，从《小山回家》到《山河故人》，一晃二十载，故人贾樟柯已不再。”文章一开始就“毫不留情面的”

① 中国青年报：《2015 中国电影产业研究报告：网生代主导中国电影格局》，2015 年 12 月 16 日，http://www.ce.cn/culture/whcyk/cysj/201512/16/t20151216_7592356.shtml。

说出“故人贾樟柯已不再”。而让网友发出这样的感叹的原因是因为在贾樟柯的电影中已经看不到原来那种个人人生经历呈现的真诚，而沦为包裹在作者电影外衣下的普通剧情片，从而失去了之前的先锋性。①

而网友“zerone”在时光网社区 2015 年 11 月 5 日发表的“《山河故人》：雕刻光影背后的沧桑”中却用“变”与“不变”来形容在《山河故人》中贾樟柯的个人风格，“从电影风格看，《山河故人》所体现出的贾樟柯的“变”与“不变”，亦有一种沧桑。从《小武》到《三峡好人》，贾樟柯始终坚持以一种缓慢、琐碎的纪实风格，展现中国现代化进程中低层普通人的生活状态。在这种风格中，导演始终把人物放在他和环境、时代的密切关系中，很少用近景和特写把他们提升出来，人为地赋予某种厚度、亮度或戏剧感。在前期作品中，人物形象并不占据核心位置，而且他们往往是复数的、群像的，缺乏个性的亮度，仿佛正是为了展现特定的生活环境和时代况味，他们才出现，才缓慢地游走在某个时空。从影像风格上看，这时期的作品大多以宽广的镜头视角、大空间场景以及长镜头远距离静观等为主要特点。这时，贾樟柯的电影更接近对某个生活空间或时代切片（而非聚焦几个角色）的社会学“深描”，对戏剧化叙事有一种自觉的抵制。当然，这可能也和他本人基本的生活体验有关：或许他看到就是这样一些吃力地行走在各自芜杂生活中的普通人，他们无法超然地把握或看待自己的命运，甚至不是自己生活的主角，而是众多旁观者中的一个。在《山河故人》中，贾樟柯终于把焦点转到了人与人的关系上，努力探究人物的内心和情感世界。于是，主角们的形象跃然于时代的背景之上，开始有力地撞击观众的心弦。为了适应这种焦点的转变，导演让镜头靠近人物，大量近景和特写出现，连镜头景深都变浅了，大量近景都集中在主角身上，细致地表现情绪变化，而背景虚化了。这时，贾樟柯的电影前所未有地依赖演员的表演。”而面对这样的“变”作者也找到了更加深层次的原因，“贾樟柯的变化并非一朝一夕完成。时间主题的凸显、虚构分量的加重，都是慢慢实现的，和他对何谓真实、如何处理纪实和虚构关系等问题的长期思考和实践不可分割。在《二十四城记》中，为了更生动凝练地讲述军工厂 50 年的变迁，他在 9 个讲述者中穿插了 4 个虚构的角色；在《天注定》中，他对四个新闻事件进行了虚构再处理。然而，到了《山河故人》，他已经不需要通过某些真实的素材（真实采访、历史材料、新闻事件等）或特定影像风格，来锚定自己作品的真实品格、现实质感，而更加从容地运用虚构故事展现自己对时代真实变迁的把握。就像他自己说的，由纪实技术生产出来的所谓真实，很可能遮蔽隐藏在现实秩序中的真实。而方言、非职业演员、实景、同期录音直至长镜头并不代表真实本身，有人完全有可能用以上元素按方配制一副迷幻药，让你迷失于鬼话世界。大跨度的时

① 臊子夹馍：《〈山河故人〉：当做这电影失去先锋性》，Mtime 时光网，2015 年 11 月 8 日，http://group.mtime.com/filmov/discussion/3717751/。

间主题在《二十四城记》中已经出现，但主要是以亲历者言说的方式呈现在语言形态之中；在《山河故人》中，时间主题终于以影像的方式，通过完整的故事、人物形象及关系的变化，直观地得以呈现。”导演的个人风格是一部作品得以成功的因素之一，而在影迷眼里作者风格的稳定是心理预期得以满足的保证。

而对于导演个人风格在电影中体现，网友们都呈现出不同的态度，既有对于作者风格坚定的支持者，也有对于作者创作风格随着社会环境和人生经历不断变化感到欣喜的。网络上对于电影导演的讨论异彩纷呈，但正是这种异彩纷呈成就了电影艺术风格的异彩纷呈。

3. 对影评人的评价

中国电影的繁荣带动着影评人的活跃和电影批评理论和实践的发展。2015 年中国电影取得了跨越式的发展。多屏时代下人人都可以随时对电影发表观点，电影批评的声音愈加激烈，影评人这一职业也受到越来越多人的关注。网络电影评论主体的增多，评论内容的多样化，网络电影评论的监管也成为了潜在的问题。《万物生长》制片人发文《影评人们说中国电影烂，但中国影评好吗？》，对影评人进行驳斥，迷影网屡次侵权影向标事件，11 月 18 日微信公众号虹膜被封号一周等等事件带出了中国影评人的生存问题。网络时代下不断充斥的电影评论拥有十足的草根性、娱乐性和商业性，在这样的背景下影评人应该坚持怎样的底线和标准，如何健康地引导观众，如何为中国电影提供宝贵意见，促进电影的发展已成为众多学者和影评人思考的问题。

微信公众号虹膜 8 月 8 日发布的文章《中国影评人缺少对专业的尊重》，文章对三位影评人卫西谛、magasa、木卫二进行了问卷调查，提问的内容大致包含是否鄙视“红包影评人”；影评为谁而写；网络影评的低门槛是否会导致中国影评陷入烂泥；中国影评人最缺什么；对影评人这一职业被鄙视的看法；不同介质的观影方式带来的感受；作为影评人是否有不满足的地方；对自己的电影评论进行打分；最怀念中国网络电影评论的哪个阶段，调查基本涵盖了影评人和影评行业当下的生存现状，影评人写作的出发点，以及对网络影评发展的回顾和对未来影评发展的思考几个重要的问题。其中影评人认为：“在网络时代写影评、就某部电影发表自己的见解当然没有门槛，也不应存在门槛，但如果把电影评论作为一种专业，那它和任何专业一样，其实是有门槛的。说目前的影评人 magasa 欠缺实力是符合实情的，中国的确缺少好的影评人。”影评人木卫二也认为：“中国挺缺影评人的，尤其是正大光明跟所有人说，我是影评人。所以，我觉得，中国影评人最缺人。曾告诫很多小朋友不要走这条道路，因为很苦也没有保障，但内心还是希望不断有人能进入这片荒芜之地。”①

① 微信公众号虹膜：《中国影评人缺少对专业的尊重》，8 月 8 日。

4. 对中国电影工业的评论

2015 年是中国电影工业取得巨大进步的一年。《狼图腾》《捉妖记》《西游记之大圣归来》《九层妖塔》《寻龙诀》等一批引领中国电影工业水准和技术水平的新型国产"大片"的出现，让观众对中国的电影更有信心，同时对中国电影工业也开始提出更高的要求。

人民日报人民时评专栏在 2015 年 12 月 9 日文章《靠什么拥抱中国电影"黄金时代"》指出中国电影工业正在迎来自己的"黄金时代"。[①] 百度百家文章《中国动画电影工业的春天来了吗？有个追梦人说，是冬天快过去了》中，介绍了动画电影人邹燚对动画电影工业的认识和他对中国动画电影的展望。作者认为，中国的电影缺乏的就是不断打磨的好故事和动画技术的进步，动画电影产业仍然需要巨大资金的支持和保障。[②]

虽然 2015 年电影工业以前所未有的姿态给观众带来一次次的惊喜，但是工业体系中的电影质量仍然是影片最重要的衡量标准。微信公众号虹膜 12 月 19 日推送文章《〈寻龙诀〉已封神，据说是因为它让中国电影进入工业时代》，作者首先对"电影工业"一词进行了概念的辨析，认为《寻龙诀》在资金、技术和故事三方面都基本达到了好莱坞工业的基本标准，同时在影片中加入了大量中国本土的情节元素。但是作者认为"中国观众的大片审美习惯完全被好莱坞化了，我们能轻松地接受各种西式的哪怕宗教意味浓厚的设定，却从来没有试过在大片中接受一种本土化的世界观氛围。未来的《三体》电影系列和一大波跟风《大圣归来》的三维动画片都将面临这个考验，《九层妖塔》就失败在这上面。"[③] 百度百家作者陈昌业发表的文章《中国电影工业该如何打通国产大片这一 HARD 模式》中首先谈到国家新闻出版广电总局局长张宏森在'中国电影新力量'论坛上提到的中国电影体系的失衡，'中国电影发展还很不均衡。我们看一个国家电影的发展程度，首先是看它的重工业推进水平，重工业推进往往才能带动其他产品的跟进，但是我们重工业的推进还不足。'"对电影工业对技术的高要求是打造中国式大片的一个基础。作者通过分析认为对 IP 原著的改编，对特效技术的精良要求，不断开拓影片的衍生价值是打造中国电影大片的三个重要方面。[④]

---

① 人民日报：《靠什么拥抱中国电影"黄金时代"》，2015 年 12 月 9 日，http://news.xinhuanet.com/politics/2015-12/09/c_128511378.htm。

② 陈昌业：《中国动画电影工业的春天来了吗？有个追梦人说，是冬天快过去了》，百度百家，2015 年 12 月 8 日，http://ccy.baijia.baidu.com/article/256302。

③ 微信公众号虹膜：《〈寻龙诀〉已封神，据说是因为它让中国电影进入工业时代》，2015 年 12 月 19 日。

④ 陈昌业：《中国电影工业该如何打通国产大片这一 HARD 模式》，百度百家，2015 年 12 月 16 日，http://hbresearch.baijia.baidu.com/article/265171。

附 表

2015 年豆瓣评分最高的华语电影

电　影	评　分
老炮	8.7 分
心迷宫	8.5 分
师傅	8.3 分
我的少女时代	8.1 分
十二公民	8.2 分
山河故人	8.0 分
解救吾先生	8.0 分
烈日灼心	7.9 分
一个勺子	7.9 分
闯入者	7.8 分

2015 年豆瓣评分最低的华语电影

电　影	评　分
汽车人总动员	2.1 分
奔跑吧！兄弟	3.4 分
何以笙箫默	3.7 分
王朝的女人·杨贵妃	3.7 分
恶棍天使	3.8 分
从天“儿”降	3.7 分
栀子花开	4.1 分

电　　影	评　　分
钟馗伏魔：雪妖精灵	4.3 分
九层妖塔	4.4 分
横冲直撞好莱坞	4.6 分

2015 年豆瓣最受关注的院线电影

电　　影	评　　分
大圣归来	8.4 分
王牌特工；特工学院	8.5 分
夏洛特烦恼	7.7 分
速度与激情 7	8.4 分
捉妖记	7.0 分
侏罗纪世界	7.7 分
复仇者联盟 2：奥创纪元	7.1 分
煎饼侠	6.4 分
港囧	5.9 分
烈日灼心	7.9 分

2015 年影向标评分最高的 20 部华语片

排　　名	电　　影	分　　数	评分人数
1	刺客聂隐娘	8.4	31
2	心迷宫	7.3	28
3	师父	7.1	21
4	老炮儿	7.1	29
5	解救吾先生	6.8	27
6	一个勺子	6.7	26
7	杀破狼 2	6.7	20

排　　名	电　　影	分　　数	评分人数
8	闯入者	6.7	20
9	西游记之大圣归来	6.6	22
10	滚蛋吧，肿瘤君	6.6	24
11	烈日灼心	6.5	31
12	十二公民	6.2	24
13	山河故人	6.2	25
14	华丽上班族	6.2	25
15	重返 20 岁	6.2	18
16	家在水草丰茂的地方	6.1	16
17	我的少女时代	6.1	20
18	狼图腾	6.0	21
19	寻龙诀	6.0	26
20	唐人街	6.0	18

2015 年影向标评分最低的 10 部华语片

电　　影	分　　数	评分人数
怦然星动	2.5	8
新娘大作战	2.5	10
宅女侦探桂香	2.8	9
奔跑吧！兄弟	2.9	7
栀子花开	3.0	5
恶棍天使	3.0	9
何以笙箫默	3.2	9
有一个地方只有我们知道	3.2	9
王朝的女人·杨贵妃	3.3	7
横冲直撞好莱坞	3.3	16
不可思异	3.3	6

2015 年影向标最受关注的 10 部电影

电　　影	评分人数
刺客聂隐娘	31
烈日灼心	31
老炮儿	29
心迷宫	28
师父	27
解救吾先生	27
港囧	27
碟中谍 5：神秘国度	26
一个勺子	26
寻龙诀	26

参考文献

1.《中国互联网络发展状况统计报告》，http://www.199it.com/wp-content/uploads/2015/12/2015%E5%BE%AE%E5%8D%9A%E7%94%A8%E6%88%B7%E5%8F%91%E5%B1%95%E6%8A%A5%E5%91%8A_000004.png。

2. 王品芝：《"网生代"主导中国电影格局：票房狂欢过后如何追求文化担当》，《中国青年报》，2015年6月11日11版，http://zqb.cyol.com/html/2015-06/11/nw.D110000zgqnb_20150611_5-11.htm。

3. 中国新闻网：《〈2015中国电影艺术报告〉发布"草根逆袭"网生代电影》，http://www.chinanews.com/yl/2015/05-12/7271345.shtml。

4. 刘卉青：《网络时代：中国电影批评辨析》，中国电影出版社2015年版。

5. 知识库：《2015年度微博用户发展报告》(年度)，http://www.useit.com.cn/thread-10921-1-1.html。

6. 电影说308期：《电影看二战：从平民狂欢到史诗时代》，腾讯电影，2015年7月6日，http://ent.qq.com/zt2013/dianyingshuo/。

7. 李小飞：《〈道士下山〉：华语片中的道家文化》，微信公众号人间电影指南，2015年6月17日。

8. 开寅：《国产电影里的爱与性，超出你的想象》，微信公众虹膜，2015年2月22日。

9. 电影说289期：《贾樟柯：外国人了解中国的最佳途径》，腾讯电影，2015年5月12日，http://ent.qq.com/a/20150512/008332.htm。

10. 戒电影：《关于〈黄金时代〉的我的喜欢和不喜欢》，时光网社区，2015年4月25日，http://group.mtime.com/filmov/discussion/3620874/。

11. 影向标：《〈聂隐娘〉的这些镜头打动了我们》，微信公众号虹膜，2015年8月31日。

12. 风之影：《〈少女哪吒〉：叛逆青春'自由'飞翔》，时光网社区，2015年7月15日，http://group.mtime.com/movieview/discussion/3685036/。

13. 微信公众电影影评：《〈亲爱的〉，电影不只是娱乐，这部电影能带你找到回家的路》，2015年1月27日。

14.Mtime时光网站：《青春这股风——国产青春电影完全解码》，2015年2月，http://news.mtime.com/2015/02/05/1539224.html。

15.《男性把持的影评界：怎么可能喜欢玛丽苏片〈何以笙箫默〉》，2015 年 5 月，http://www.aiweibang.com/yuedu/25053274.html。

16. 羽轩：《是时候给〈大圣归来〉降降温了》，Mtime 时光网，2015 年 7 月 26 日，http://i.mtime.com/caoyuxuan/blog/7911786/。

17. 新华网：《国产战争片〈战狼〉票房过 5 亿，为影坛吹来久违“阳刚风”》，2015 年 5 月 1 日，http://news.xinhuanet.com/local/2015-05/01/c_1115153453.htm。

18. 玛蒂尔达：《给热血青年们无处安放的荷尔蒙一个落脚点》，大众影评网，2015 年 4 月 5 日，http://www.51oscar.com/review/4153.html。

19. 曹阿瞒：《他是”猴子请来的救兵》，大众影评网，2015 年 4 月 3 日，http://www.51oscar.com/review/4144.html。

20. 李小飞：《我为什么觉得〈战狼〉比〈杀破狼 2〉要好》，微信公众号人间电影指南，2015 年 6 月 25 日。

21.magasa：《强颜欢笑时代的两种中国喜剧》，微信公众号虹膜，2015 年 9 月 26 日。

22.magasa：《徐峥「囧系列」的核心价值》，微信公众号虹膜，2015 年 9 月 26 日。

23. 悉尼卡通：《〈夏洛特烦恼〉和〈刺客聂隐娘〉是我最尊重的电影》，微信公众号虹膜，2015 年 10 月 9 日。

24. 丁麟：《跑得赢时光，留得住初心》，豆瓣电影，2015 年 9 月 25 日，http://movie.douban.com/review/7607536/。

25.《当情怀都懒得装的时候》，微信公众号人间电影指南，2015 年 7 月 7 日。

26. 桃桃林林：《演员是傻子，观众全疯了！“恶棍，天！使里有毒！！！”》，微信公众号桃桃淘电影，2015 年 12 月 25 日。

27. 张菁：《〈烈日灼心〉：国产犯罪片的伦理想象力》，迷影网，2015 年 9 月 19 日，http://cinephilia.net/archives/37547。

28.magasa：《曾经，我们把警匪片叫做公安片》，微信公众号虹膜，2015 年 9 月 22 日。

29. 胡欧美：《有一种人会爱极了〈唐人街探案〉》，微信公众号虹膜，2015 年 12 月 31 日。

30. 久阳暮：《〈唐人街探案〉，也许会是国产推理戏的新模式呢？》，Mtime 时光网，2015 年 12 月 27 日，http://movie.mtime.com/220627/reviews/7938490.html。

31. 木同 4146035：《念念不忘 难有回响：从〈念念〉票房惨败看国内文艺片窘况》，Mtime 时光网，2015 年 5 月 24 日，http://group.mtime.com/movieview/discussion/3662732/。

32. 方圆：《〈山河故人〉：道声珍重》，Mtime 时光网，2015 年 11 月 3 日，http://group.mtime.com/filmov/discussion/3715982/。

33. 徐元：《“撕裂族群”的〈聂隐娘〉》，微信公众号人间电影指南，2015 年 9 月 8 日，原载于时光网。

34. 影向标 :《除了一位毒舌，本片折服了所有影评人》，微信公众号虹膜，2015 年 12 月 14 日。

35.magasa :《说这是近年最好的功夫片并无疑问，但好在哪里？》，微信公众号虹膜，2015 年 12 月 15 日。

36. 中国青年报 :《2015 中国电影产业研究报告 : 网生代主导中国电影格局》，2015 年 12 月 16 日，http://www.ce.cn/culture/whcyk/cysj/201512/16/t20151216_7592356.shtml。

37.http://group.mtime.com/filmov/discussion/3717751/。

38. 微信公众号虹膜 :《中国影评人缺少对专业的尊重》，8 月 8 日。

39. 人民日报 :《靠什么拥抱中国电影“黄金时代”》，2015 年 12 月 9 日，http://hbresearch.baijia.baidu.com/article/265171。http://news.xinhuanet.com/politics/2015-12/09/c_128511378.htm。

40. 百度百家 :《中国动画电影工业的春天来了吗？有个追梦人说，是冬天快过去了》，2015 年 12 月 8 日，http://ccy.baijia.baidu.com/article/256302。

41. 微信公众号虹膜 :《〈寻龙诀〉已封神，据说是因为它让中国电影进入工业时代》，2015 年 12 月 19 日。

42. 陈昌业 :《中国电影工业该如何打通国产大片这一 HARD 模式》，百度百家，2015 年 12 月 16 日，http://hbresearch.baijia.baidu.com/article/265171。

第四章

中国电影创作纵横

导　语

林　琳

2015年，在多元化发展的电影创作格局下，电影艺术批评界针对时下盛行的有损电影事业生命力、有碍中国电影真正做强和走出去的“唯票房”趋势、影像品质粗糙化、电影叙事碎片化、创作手段同质化、审美趣味粗鄙化、价值判断流俗、文化精神缺失等一系列危机、问题发出了自觉的声音，从剧本改编、电影表演、声音制作等具体创作过程，到青春片、公路片、动画片、抗战片、喜剧片等类型角度，对其成因、表象、危害及对策给出了不同层面的判断和建议，并在此基础上发出了电影创作需要回归电影本体，关怀人文主义、现实主义，注重影像本质、艺术原创，坚持电影信仰，担当文化使命等诸多倡议，借此与时俱进地应对“电影网生代”、“屌丝文化”、“粉丝经济”、“互联网思维”、“互联网IP”等新情势，真诚地探索电影艺术，以高品质的作品，传达真情实感与思想力量，关怀映照现代人的精神生活。尤其在习近平总书记主持召开文艺工作座谈会一周年之际，中央政治局审议通过了《中共中央关于繁荣发展社会主义文艺的意见》，明确指出:“评价文艺作品，要以最广大人民的根本利益为出发点和落脚点，坚持把社会效益放在首位，努力实现社会效益和经济效益、社会价值和市场价值相统一，绝不让文艺成为市场的奴隶。”《意见》指明了中国电影创作要以社会效益为重的精神定位，“坚持以人民为中心的创作导向”，“创作无愧于时代的优秀作品”，真正使电影这一具有高度公共舆论影响力的艺术类型发挥积极的社会效用，促建向上的、向善的文化秩序，提升大众审美品位，担当起传扬中华文化和中华美学精神的艺术使命。

林琳，中国艺术研究院，副研究员。

尊重电影创作规律 追寻电影影像品质

穆德远

摘要：在中国电影发展的110年历程中，电影摄影在不同时期下都紧随世界电影摄影技术的发展并不断的探索取得了辉煌成就。从上世纪30、40年代中国电影的影像开始彰显民族特色；在“十七年”时期确立了一切摄影造型手段为影片主题服务的原则；80年代“电影语言的现代化”问题又引发了中国电影创作方法的大讨论，致使90年代中国电影在造型上各有特色，影像风格百花齐放。但在新世纪后，数字化电影进程的发展中出现了从造型、技术到创作观念诸多问题，导致影像品质下滑无法吸引观众，取而代之的是一些话题电影、粉丝电影现象，牺牲了影像品质、忽略了本质创作。于此本文从培养人才队伍、遵从创作规律和发展整体社会文化三点出发，呼吁中国电影和电影人注重影像品质。

关键词：电影摄影 影像品质 摄影技巧

纵观中国电影发展110年的历史，中国电影造型专业水准的发展与变化与国际电影艺术造型水准是一脉相承的。中国电影摄影具有良好的艺术传统，在不同的历史时期，中国电影摄影创作者都追随世界电影摄影技术的发展，在电影摄影造型艺术上进行着不懈地探索并取得了非常辉煌的成就。

电影事业发展初期，胶片的感光度低、感色性差，灯具几乎毫无用处，多数情况只能靠自然光满足曝光需求，包括摄影棚内都是用自然光。在当时的技术条件下，摄影师的主要精力只能放在底片曝光这样的基础问题上，无暇顾及光效和气氛等方面。1905年，即电影诞生十年之后，北京丰泰照相馆尝试拍摄了我国第一部戏曲纪录电影《定军山》，在没有师傅领路，没有经验传授的条件下，全靠自己摸索，这部影片就出现了甚至不能以正确的频率记录的问题。拍摄的手法也十分简单机械，以一个固定镜头全

穆德远，北京电影学院教务处处长，教授。

景一镜到底。1905 年《定军山》所呈现的影像技术特性，与 1895 年卢米埃尔的《工厂大门》如出一辙。

在 20 世纪 30 年代到 40 年代，中国电影的造型水准，影像艺术观念以及摄影技巧运用，开始彰显出鲜明的民族特色，造型语言的运用水准以及由此缔造的影像品质，能与同时期欧美电影艺术的影像品质相媲美。30 年代，中国电影走出了最初的拓荒期，逐步走向成熟，紧随世界电影的发展步伐。30 年代开始，一些优秀影片“在时空结构、造型表现力、声画蒙太奇等不少方面，都初步摆脱了初期电影中普遍存在的严重舞台化影响的痕迹，运用电影的特殊表现手段进行叙事，收到了较好的效果”。[①] 在电影作为一种新的媒介逐渐被认可和接受之后，电影创作者就开始着手寻找更新鲜的表现形式，积极探索属于电影自己的语言。在欧洲，1920 至 1930 年正是先锋派电影运动如火如荼的发展时期，好莱坞的摄影师们因为不再满足于平庸的自然光效，转向电影“戏剧光效”表现手段的探索。此时，“中国的电影工作者逐渐的从早期电影中的声色犬马之中走了出来，虽然在技术上一直相对落后，但在电影语言的表达上进行了积极地探索，为了表达人物的梦境或表现特定的场景，为了创造强烈的视觉效果，出现了多次曝光、停机再拍、逐格拍摄、倒拍、叠印等多种拍摄手法，具有深厚人文积淀的创作者们还尝试着把中国传统文化中的那种宁静、幽远、恬淡的审美意境深入影片创作中来”[②]，使得中国电影在这个时期展示出了特有的传统意蕴。

1949 至 1966 年的中国电影被称作“十七年”电影。这一时期中国电影摄影创作的主要成就在于：创立和发展了绘画派摄影实践，对摄影在电影创作中的作用和功效有了充分的认识，确立了一切摄影造型的手段技巧为影片主题思想服务的创作原则。这一时期国家刚刚从连年的战乱阴霾中走出来，物质经济条件十分有限，拍摄条件十分艰苦，“各个电影厂只能用从日本、国民党手中接收过来的老设备和过期胶片拍摄影片。……所有摄影师使用的胶片，几乎全部都是过期的”。[③] 即使在这样的条件下，这一时期也诞生了许多广为人知的伟大作品，此一时期的电影工作者接触到大量的前苏联电影，受前苏联社会主义现实主义影响比较多，比如《小兵张嘎》就是受到了前苏联电影《雁南飞》的启示，十分注重镜头的调度，在同一个镜头中人物有远景、全景与近景、特写的变化，由特写马上变换为深广而又有气势的大远景。中国电影造型语言艺术的发展不是完全照搬、跟风学习世界电影造型艺术发展，而是在学习世界先进造型语言的基础上，从中国电影的故事内容和人物塑造出发，展现出鲜明的民族特色，创造出中国特色的电影造型语言。

---

① 钟大丰、舒晓鸣：《中国电影史》，中国广播电视出版社 1995 年版，第 26 页。
② 郑国恩、巩如梅：《中国电影专业史研究——电影摄影卷（上）》，中国电影出版社 2006 年版。
③ 郑国恩、巩如梅：《中国电影专业史研究——电影摄影卷（上）》，中国电影出版社 2006 年版。

改革开放之后，中国由于“文革”与欧美电影造型语言艺术有了十多年的差距，这一时期世界电影语言艺术有了一个较快的发展，但中国电影造型能力处于停滞阶段，电影造型语言滞后带来的是电影影像品质的倒退。这一时期美国好莱坞电影也面临着同样的问题，由于电影造型艺术的僵化而失去了大量的观众，电影造型艺术的革命性发展是新好莱坞得以发展的基础。我曾做过统计，在 20 世纪 80 年代之前，美国奥斯卡最佳摄影的获奖者基本都是美国本土电影摄影师；而到了 80 年代，大量的欧洲电影摄影师摘取奥斯卡最佳摄影奖，经过新好莱坞之后的 90 年代，又回到大量美国本土摄影师获得奥斯卡最佳摄影奖的情形。这是因为在 80 年代美国本土电影造型语言出现了僵化，在经过向欧洲摄影技术运用和艺术表达的学习之后，加之美国广告摄影师将新商业电影造型语言与现实主义造型语言进行结合，美国电影造型艺术获得了较高的提升，挽救了好莱坞，获得了观众的认可。例如《九周半》的导演和摄影都是从事广告创作的，在《九周半》中商业性造型语言和现实主义造型语言的融合，极大促进了电影造型艺术的发展。

拍摄于 1981 年，北京电影学院青年电影制片厂制作的《沙鸥》，在自然主义用光上可以说做出了很大的贡献,在中国电影艺术发展史上《沙鸥》具有里程碑的意义。《沙鸥》导演张暖忻与李陀首先在中国电影创作理论上提出“电影语言的现代化”的问题，引发了有关中国电影创作方法的大讨论。这位才华出众的女导演，在电影人激烈争论如何让中国电影语言现代化的时候，她已付诸了实践。导演张暖忻意识到电影是用画面讲述故事，要突破必然离不开摄影造型。面对她的处女作《沙鸥》张暖忻找到了从没有独立拍摄过电影的电影学院摄影系教师鲍萧然，鲍萧然给导演拿出了天才摄影师阿尔芒都的巅峰之作《天堂岁月》，说“世界上还有这样一部影片，是这样拍的……”两人的创作构思一拍即合。当时该片使用了和《天堂岁月》一样的伊斯曼 5247II 型胶片，推荐感光度 100 度，但是由于保存条件和洗印条件的限制，有效感光度只有 64 度。为了解决曝光问题，摄影师借鉴了阿尔芒都对熟片后闪光、强显等技术处理，使得最终拍摄出来的影像真实自然、真切生动。当时剧组所配备的都是用于打直射光的常规灯具，为了寻求柔和自然的散射光，摄影师想方设法将灯光投射到大面积的反光体，甚至直接打到墙面上，造成漫反射的效果，用这种方法制造散射光，而这一做法在今天逐渐成为一种最普通的手段。在拍摄一场卧室戏的时候，传统的做法是使用道具灯，再用影视灯具单做光区，然而摄影师大胆的给道具灯换上了大功率灯泡，为了保证亮度不过曝，再做局部挡光，直接用道具灯进行照明，这一做法在当时受到了传统观念的质疑和不理解，但最终效果十分简约真实。整个影片没有明显的硬光造成的影子，人物脸上的光线也很柔和自然，大胆突破了光影明暗的极限，电影院看电影的一场戏，就采用投影方向的光作为主光，人物的光线在保证了美感的同时，没有破坏电影院特有

的光线气氛。这种唯美的且带有修饰感的自然主义用光影响了一代摄影师，笔者认为《沙鸥》的摄影用光在观念上是中国电影摄影用光观念的转折点，也因此算得上是那一时期的自然主义用光的代表作品。

中国电影造型语言艺术有了发展，且理论的发展马上用于造型实践之上。加上改革开放后，中国变得越发得开放，接触世界各种电影流派作品的机会也越来越多，涌入了大量的参考片。电影摄影的物质条件也有了很大改善，摄影师可以用到国际一线的器材和胶片，电影胶片的综合性能也越来越好，使用也越来越系统化、多样化，引进斯坦尼康摄影机减震器、各种摄影移动设备和先进的灯具，满足了一代摄影师积压已久的学习和创作的欲望，广为人知的“78 班”正是在这样的时代背景之下学习和成长起来的。

提到 20 世纪 80 年代就不得不提到“78 班”，而提到“78 班”则不得不提到《一个和八个》(1983)、《黄土地》(1984)、《青春祭》(1985)、《红高粱》(1988)、《晚钟》(1988)、《霸王别姬》(1993)，等等。电影《一个和八个》属于革命主义题材，影片巨大的突破在于造型，在于影像表达观念的突破，在于影像品质的突破，从此中国电影从造型表达故事发展到用造型本身的力度阐释内容，各种造型手段的丰富综合运用，产生了硬调子、大反差、固定镜头扎实、运动镜头流畅、构图对比强烈的影像效果，世界电影造型艺术都没有这样做过。

我们这一代电影人创造的《黄土地》《青春祭》等电影是传统唯美主义与表现主义，在扎实的现实主义造型艺术基础之上的表达。在色彩、人物、环境等电影内容的表现力度上、在电影造型语言的运用上，不拘一格，造型形式与电影情感、电影内容相融合。我们在拍摄《青春祭》时，对低照度摄影进行了积极的探索，在当时的设备条件下，采用蜡烛光作为主光源拍摄，不断吸取世界摄影经验，并与本土艺术内容和表达方式相结合。在洗印、大广角、间格拍摄等摄影技术运用上，虽然条件差，但都在努力探索中。这个时期的中国电影造型艺术水准是可以与世界电影艺术对话的。20 世纪 90 年代以《霸王别姬》为代表的电影摄影造型，是可以达到与国际性艺术较量的水准。我曾经在 90 年代拍摄《一代天骄成吉思汗》时，世界电影艺术出现了一部在电影摄影造型上的先进之作《勇敢的心》，我们没有盲目跟学，而是系统分析《勇敢的心》的造型运用特征，思考的是如何超越此片的电影造型。可以说，90 年代中国电影造型上是各有特色，展现了百花齐放的影像风格。

2000 年之后，在综合国力竞争的影响下，数字化电影发展进程中出现了电影造型跟不上问题。数字化电影语言的探索，数字化影像美学观念的发展，以及数字技术运用的研发方面都出现了滞后的现象，尤其在数字中间片技术方面出现了鸿沟。加之，中国电影产业大幅度市场化，电影票房至今不断突破人们的预期，电影投资大量涌入，电影数量跨越式发展，带来的是电影质量，尤其是电影影像品质的惊人下滑。

综合国力快速发展，但文化建设没有跟上；电影经济快速发展，但电影艺术没有跟上。经济高速发展速度与文化精神发展之间产生了巨大的失衡。电影的本质是什么？是用影像讲述的故事。而由于文化精神发展跟不上经济发展，产生了大量的话题电影与粉丝电影。吸引观众的法宝脱离于电影艺术本身之外，而转为话题电影引发的社会话题上。导演与演员的粉丝吸引了观众，而电影影像本身却吸引不了观众。中国电影正在不尊重电影创作的规律，正在牺牲影像品质，忽略电影的本质创作。影响目前中国电影影像品质下滑的原因的多元化的，这里分析几点重要原因。

第一，由于电影产业发展速度太快，专业性的电影创作队伍培养跟不上，电影创作基础建设的不重视，电影制作水准不断下降。电影产业经济的爆炸式发展引来大量不专业、非专业电影投资人的电影投机行为。电影的专业性表现应该在以电影为信仰，以电影为生。但大量的不专业和非专业投资方带着个人的情感，带着急功近利的心态，带着玩电影的娱乐态度，来对待需要精心和专业的电影创作。大量电影制作粗制滥造、缺乏专业性，电影摄影造型上缺乏艺术特色的电影依靠话题性和粉丝性占据了大量的电影票房。电影专业人才的培养是需要时间的，这与电影快速发展之间产生了巨大的矛盾。中国电影今天的现实是，高速发展建立的基础并不稳固。不专业和非专业性盲目涌入电影的制作，带来了制作水准的不断下降。中国电影所缺乏的专业性，除了电影投资的不专业外还表现在电影辅助人员水平的大幅度下降。摄影照明组、剧组厂工、摄影各级助理等电影影像制作辅助人员是电影制作专业性的重点。中国电影快速发展，加之电影门槛的不断降低，电影行业缺乏行业工会与协会的管理，没有入门标准，使得大量非专业和不专业的人进入电影行业。就像录音组，录音师专业，但话筒员不专业的情况，话筒的位置、角度就会出现问题。我曾经用过一名德国的推车机械工（名叫 KILL），在电影拍摄设备的选择阶段，KILL 就一直参与，并询问我外景情况信息，提前判断和准备拍摄设备，在拍摄阶段我给了 KILL 一个监视器，他看着拍摄对象，根据演员表演的节奏去推车，当摄影机运动停下来时候都是符合拍摄对象的最佳构图，这样一名推车机械工是具有摄影师的判断能力和修为的。另外有一场戏因为是补拍，场景已经换到另外一个城市，为了保证拍摄进度，KILL 根据新的外景落差，到附件教堂借来木头来填充落差，他的脑中是有创作的、有影像水准的、有修为的。一个这样的优秀、专业的机械工，既保证了运动摄影拍摄的品质与质量，又保证了拍摄的安全和保障了进度。

第二，不尊重电影创作规律，不尊重电影拍摄规律。由于经济效益的恶性竞争，使得中国电影创作越来越不尊重电影生产、电影摄制以及电影产业的规律。目前，真正专业性的焦点员、机械工、各级照明工，对电影拍摄和制作设备非常熟悉的电影专业

剧组在全国估计不超过5个组，但我们的电影产量目前每年差不多有600多部。投机取巧的小聪明代替不了行业的规律，不专业和急功近利，不尊重电影拍摄规律，会导致进度、经费的大量浪费。由于缺乏行业工会的保护，基础工人的工资和生活没有保障，剧组工作人员缺乏培养和梳理。电影创作规律的一个重要方面就是电影创作是有标准的，是需要时间的。现在中国电影拍摄为了经济效益，为了节约成本支出，影响的重点就是拍摄周期，接着影响服装、美术、道具等，影像的品质被不断牺牲。大量用于电影拍摄和制作的经费被用于演员效应和宣传效应上，这是典型的不懂电影创作规律。

法国电影工业具有高度电影传承精神，我曾经亲身去法国选择拍摄使用的道具，法国电影厂的道具库就是博物馆，就是文化。每一种道具都按年代放置好，需要什么年代的道具，道具师就会告诉你切实的那个年代道具的模样。尊重文化就是尊重电影艺术规律，而我们中国电影在爆炸式发展中，文化与精神断档。中国电影拍摄不按生产规律和方法影响了电影造型品质。服装、化妆、道具等都是摄影元素，都是决定影像品质的重要因素。外国的古装正剧的服装都是符合历史，具有历史质感的，而我们的古装戏要么造型离谱，要么缺少标准，不符合历史，不按规律来。很多拍摄时候，门窗的油漆都没干，甚至是喷色就拍了，不仅没有质感，连基本规律都不符合，这就是今天中国电影拍摄的现状。电影行业标准的缺失导致电影信仰的缺失，不尊重电影拍摄规律是丢掉了电影的本质，即电影品质。

第三，整体社会文化发展是影响影像品质的一个重要因素。社会的文化建设例如广告、MV的发展、绘画艺术的渗透、建筑的特色等等，都会影响影像的品质。现在中国城市形象建设的一个问题是缺乏特色，很多城市在建设上都一样，文化底蕴缺少了，环境特色没有了，文化特色也就渐渐丧失了，方方面面同质化现象突出。我认为特色没了，品质也就没了，大学和国家都需要文化特色。

中国电影急功近利，不扎实做基础建设，电影教育也存在不注重基础建设现象。偏重抓学科大发展，不抓课程建设。另一方面是大量的低品质影像充斥着电影市场，观众对电影影像品质的审美缺乏培养。中国电影竞争日益激烈，加上好莱坞电影增量进入，观众对影像品质的要求在未来肯定是不断提高的，低质量的影像品质将会失去电影观众的青睐。

丢掉影像品质即丢掉中国电影的未来，此文重点在于呼吁中国电影和电影人注重影像品质。在中国电影发展的历史上，电影造型艺术发展和影像品质水准是曾与世界电影造型与影像水准对话的。目前中国电影产业大发展，但影像品质不断下滑，电影造型艺术落后世界电影造型艺术水准，但事物发展是螺旋上升的，我们对电影的未来还是有信心的。电影的摄影基本表现手段是：光色造型、运动造型、光学造型以及视觉总体感受（重点是构图）。完善摄影造型表现手段课程体系建设，从学生拍摄作业起，树立以优秀影像质量讲述故事的思维观念，狠抓影像质量，不断培养观众对影像品质的欣赏水准，注重数字技术地研发、摄影观念与技术地推进才能推动中国电影影像品质追上甚至超越世界水准。

（原文刊载于《北京电影学院学报》2015 年第 02 期）

新世纪以来中国电影的表演美学及其生态研究

万传法

摘要：新世纪之后，中国电影发生了翻天覆地的大变化，在由电影市场→电影生产→电影内部结构的逐层渗透中，新世纪以来的电影表演美学也发生了很大的变化。其格局及特点表现为：伪戏剧化表演或亚戏剧化表演大行其道；生活化表演、无表演的表演渐去渐远，类型化表演、风格化表演抢占中盘；“轻表演”与媚俗化表演风头正劲。而上述诸种变化，正在深刻影响着中国电影的表演生态。

关键词：“刻奇电影” 戏剧化表演 类型化表演 风格化表演 轻表演 媚俗化表演

新世纪以来，中国电影所呈现出来的变化无疑是巨大的，特别是市场的重新被激活，直接导致了从生产制作到宣传营销，从创作队伍到类型开发，从观念更新到观众培育等全方位的变革。而在这个持续的变革中，我们不仅看到了电影产量、市场票房等的节节攀升，更感到了我们原先所称之为“电影”的那个事物，正在逐渐发生变异、裂变或位移。换句话说，“现在的电影”正在颠覆或者部分改变着“原先的电影”的内涵与外延，开始重新缔造一种新的电影美学和电影生态。最近两三年来，电影学术界所提出的现象电影、轻电影等等之类的新命名以及对其所展开的广泛讨论，恰恰说明了这一问题。那么，所谓的“现在的电影”，或曰“当下的电影”，到底是一种什么样的美学形态或生态样貌呢？我们又该给予其怎样恰当的命名呢？“现在的电影”与“原先的电影”到底又有什么不同呢？

之所以对上述问题进行追问，乃是因为对这些问题的解答，将直接影响到本文议题的讨论。但问题的吊诡在于，这或许是一个无解之解。因为“现在的电影”仍处在它的成长或发展期，对其过早地定位或命名，或许都会失之偏颇。但尽管如此，本文仍然认为，“现在的电影”所呈现出来的发展态势，仍是非常值得言说的。就目前来看，

万传法，上海戏剧学院，副教授。

这种态势正沿着后现代主义的发展轨迹，以时光倒流的方式，日益走向电影发明初期时的杂耍、自娱自乐，以及对于好奇的迷恋之中。在这里，好奇一词的主体不同于劳拉·穆尔维所强调的女性，而是一群日益壮大的粉丝，包括自粉，不过他们的指向是一样的，都是指向“一个秘密、一个谜、一种神秘”，[①]并连带性地，创造了一种难以掩饰的自我媚俗。若用一个名词对此进行概括，暂可以“刻奇”称之。在百度百科里，刻奇（Kitsch）被认为包含有如下层层递进的含义：（1）自我感动及感伤；（2）难以拒绝的自我感动和感伤；（3）与别人一道分享的自我感动与感伤；（4）因为意识到与别人一道，感伤变得越发加倍；（5）滔滔不绝的汹涌感伤最终上升到了崇高的地步，体验感伤也就是体验崇高；（6）这种崇高是虚假的，附加含义大过实际含义；（7）当赋予感伤崇高的意义后，容不得别人不被感动与感伤。谁要是不加入这个感伤的洪流，谁就是居心叵测；（8）这是最主要的，刻奇是一种自我愚弄。[②]在“现在的电影”中，《小时代》系列、《分手大师》等影片，正是这种“刻奇电影”的代表作，可以说，当下的中国电影多少都沾染上了这种“灵魂的虚肿症”，并满足于一种因傻瓜式的俗套逻辑而沾沾自喜。

这种“刻奇电影”的创作倾向，在有些人眼里被认为是中国电影在突飞猛进过程中的一个过渡阶段，不必大惊小怪。而在有些人眼里，则被认为是中国电影的一大倒退，是思想、价值，乃至于电影艺术本身缺失的一次严重退化。但不管怎么样，正如前文所述，新世纪以来的中国电影美学形态及其生态样貌，已在不知不觉中发生了巨大变化，并深刻影响到了电影制作生产的每一个环节，电影表演自然也不例外。作为缔造电影美学的重要一环，新世纪以来的中国电影表演，也在不知不觉中产生了如下变化。

一、伪戏剧化表演或亚戏剧化表演大行其道

中国电影自诞生伊始，由于受影戏观的影响，便形成了一套主流的依靠戏剧冲突讲述故事和表演故事的方式。[③]这种戏剧化表演，由于得到西方演技派和体验派两种表演理论的滋养，发展迅速，自20年代初期便开始逐步占据整个影坛。[④]一大批知名的电影明星，无论是以演技派（强调通过动作表现心理）著称的袁牧之、阮玲玉，还是以体验派（强调内心体验、想象）享誉的赵丹、石挥、郑君里，均为戏剧化表演正统地位的确立发挥了重要作用。新中国成立后，这种戏剧化表演虽受到部分抑制，但仍是

① ［英］劳拉·穆尔维著、钟仁译：《恋物与好奇》，世纪出版集团2007年版，第3页。

② 参考网址：http://baike.baidu.com/view/1563138.htm?fr=aladdin。

③ 可参考钟大丰：《“影戏”理论历史溯源》，载《中国电影理论文选（下）》，文化艺术出版社1992年版。

④ 可参考陈山：《花样年华：中国早期电影表演理论的初创与勃兴》，《当代电影》2009年第5期。

表演创作的主流，并在“文革”期间达到其高点。

新时期以后，伴随着纪实电影美学及电影语言现代化运动的兴起，戏剧化表演受到了严峻挑战，尤其是戏剧化表演中的舞台化倾向，更是遭到了严重抨击。其后，这种表演方式虽仍在一些电影中得以延续，但生活化表演、模糊性表演等渐渐取代了戏剧化表演在电影中的美学地位并占据主流。然而，随着新世纪以来商业电影的崛起以及戏剧电影生产创作的回潮，戏剧化表演再度回归。然而，由于创作环境、创作条件等的变化，戏剧化表演已不再是一般意义上我们所理解的样式，而是发生了严重退化，我们暂且称之为“伪戏剧化表演”或“亚戏剧化表演”。它们的不同，主要表现在如下几个方面：

第一，过分强调动作的动作性表现，却忽视了心理的刻画。由于心理的复杂性、细腻性不够，导致外部戏剧性与内部戏剧性失调，外紧内松或内外皆松的现象比比皆是。

虽然这种现象在戏剧化表演的经典时期也会出现，但新世纪以来的状况却是愈演愈烈。造成这种现象的原因是多方面的，既有长期以来对于戏剧化表演的排斥心理作祟，也有电影表演教学缺失、缺位的原因；既有戏剧性故事讲述能力的原因，也有演员多样化出身、多样化配置的原因；既有导演能力、创作周期、制作水平的原因，也有市场票房、市场风向的原因。如此等等，不一而足。因此，新世纪以来，除了陈道明（《一九四二》《归来》）、王学圻（《梅兰芳》《十月围城》）、张国立（《一九四二》）、孙淳（《秋喜》《辛亥革命》）、王庆祥（《一代宗师》）、吴刚（《铁人》）、蒋雯丽（《立春》）、章子怡（《一代宗师》）等演员在上述影片中较好地完成了戏剧化表演外，其他许多的演员，包括上述演员在其他的一些影片中，都大多存在用力过猛、力道不足等诸多问题。或仅仅只是呈现一种“状态”，或仅仅只是重复一种动作，一种表情，而忽略了心理表现或未能深入挖掘心理变化的情况多有出现。譬如在《满城尽带黄金甲》中，演技被广泛认可的周润发，却在一些戏剧性十足的戏份上未能充分深入，失去了展示演技、成功塑造角色的大好机会。以暴打小儿子一场戏为例，周润发的动作性可谓十足，但他却只展现了“狠”和“暴烈”的一面，而未能将他作为一个父亲爱恨交织的心理变化完整地呈现出来，从而导致这场戏外部戏剧性与内部戏剧性的失衡，外紧内松，既不感人，效果也差。再譬如同样也是知名影星的巩俐，由于在这部影片中过多依靠“手抖”这一重复而又缺少变化的动作来刻画心理，也造成了心理的扁平化现象。

这种现象不仅存在于一些创作经验、表演经验丰富的老演员身上，更存在于一些中青年演员或刚刚入道的年轻演员身上。正如前文所说，这些情况的出现也有剧本、导演等因素参与其中，但演员自身的问题也彰显无遗，此外，再加上明星效应、市场竞争、操作宣传、坊间误导等多方面的原因，使得这一漏洞越来越大，新世纪以来的商业电影难上一个档次，此为其一。

第二，台词表演愈益走向舞台腔的反面，吐字不清、声音造型能力差等现象相当明显。

戏剧化表演对于台词的要求是根据剧情的需要，既说出符合人物身份的话语，同时又能借助节奏、气息、音调变化等调动气氛、引起悬念并保持足够的戏剧张力。这套做法，可以说尤其适合于商业电影。只不过由于历史的原因，这套做法在“文革”前后，被过分使用和强调，从而走上了严重舞台化的倾向，不仅阻碍了正常的艺术创作，也导致了艺术家们的抨击和抵制。80年代初，由“丢掉戏剧的拐杖”所引发的大讨论，一石掀起千层浪，从此引发整个电影艺术界从美学到实践对于“戏剧”的程度不同的遗弃，并由此走向它的反面。

新世纪以来，伴随着电影的叙事主体逐渐向戏剧性讲述的回归，整个电影界也急需要大量优秀的戏剧化表演者。然而，就台词表演而言，由于长期以来过于规避舞台化、舞台腔，以致于许多演员在重新面临这种商业电影创作时，几乎不会开口说话了。他们的通病在于：（1）吐字不清，含含混混，若没有字幕，几乎不知道他在说什么；（2）没有重音，没有节奏，只是将一长串话背诵完而已，缺乏张力；（3）语音、声调、气息等缺少变化；（4）声音整体塑造能力差，有时是不符合人物性格，有时是缺少层次和造型。

这种现象，由于大量跨界明星的加入，使得本就良莠不齐的演艺界更显混乱。一时间，银幕上充斥着各种各样的方言、腔调，十足一个混搭，可惜的是，这种混搭在很多情况下并不是给影片增辉，反而是一种相互消解。尽管这种商业行为往往颇能奏效，但对影片本身而言，却很可能是一种伤害，并且极易造成一种假象，即只要成名，就能混入电影界。

第三，对于戏剧化表演的误读，造成对于“真实”的片面性理解。

长期以来，一谈到戏剧化表演，往往对应的就是假大空，但这种形式上的感觉无疑是一种错觉，因为不管是滋养它的演技派的表演理论，还是体验派的表演理论，其实都提倡一种真实自然的原则。譬如，中国早期的演技派表演理论的代表人物洪深，他所提出的表演三原则中，就第二原则“自然原则”和第三原则“选择原则”所做出的解释分别是：“演员所扮者，必合于大多数观众之习惯自然”；“演剧时之动作，非偶然也，须经过若干试验，始选择其最适当之一种”。[①] 由此观之，不管是自然原则，还是选择原则，都是一种合乎情理的真实再现。而斯坦尼斯拉夫斯基所开创的体验派，也是要求从生活的经验出发展开想象，从而在丰富的内心体验中完成角色的塑造。但不管是演技派还是体验派，都要求一种甄别选择、剔除杂余、凝炼传神的真实，正如章泯所言，演员创作时的舞台感情（包括镜头前的感情），与人们的生活感情是有区别的。舞

① 洪深：《课余漫笔》，《明星特刊》第1—5、7—9期，1925年5月—1926年3月，转自陈山《花样年华：中国早期电影表演理论的初创与勃兴》，《当代电影》2009年第5期。

台感情是由虚构激发起来的，它是根据演员的意志而产生，并且是受监督的，演出后无形中消失的。舞台感情是有选择的，是消除了一切多余东西的感情。在角色的总谱中，不应该有一点多余的感情，而只能有贯穿动作所必需的感情。舞台感情（包括电影创作中镜头前的感情）是由演员的有机的现实感情在创造工作中通过一个复杂的艺术（美学的）加工过程生成的。如果演员在舞台上处在自己真正的生活感情中，但却不能将它传达给观众，那就是说感情没有得到必要的技术加工，就不是舞台感情，不是演员创作中的情感。[①]

这种源于生活、高于生活的真实性追求，实际上是戏剧化表演的最高核心。但是这种共识，一直以来却受到人们的误解，并不断以假大空的名义对其进行口诛笔伐。因此，很长一段时间里，人们对于真实性的理解又回到了它的生活现实，“原始真实”“无限靠近的现实”等等一时甚嚣尘上。笔者并不否认这种真实美学作为一种理论所存在的必要性，但假如在表演上也力求回到这种“零还原”“零现实”，则仅仅适合于很少的一些影片片种，对于商业类型电影而言，则很不适合，因为它本身就是一个选择、提炼、重组的结果，而不是一段生活的原始记录。

但问题是，就目前的电影创作而言，一些演员所理解的真实，仍无限靠近零现实，所以在很多影片中，有很多演员仍将原原本本的现实照搬挪移到影片创作中，表演拖沓、乏味、冗长，可能真实了，但却毫无任何吸引力可言。

回顾当前混乱的电影市场，以及价值信仰的普遍缺失，追名逐利、急功近利创作心态的日益膨胀，使我们有理由相信，当下真正拿艺术当生命的演员已是少之又少。也正因为如此，才使得上述三种情况以及与之相关联的其他情况频频发生，而这些情况堆积起来，也便造成了伪戏剧化表演或亚戏剧化表演的大行其道。

二、生活化表演、无表演的表演渐去渐远，类型化表演、风格化表演抢占中盘

有研究者认为，粉碎“四人帮”后的中国电影表演，从总趋势看，在美学形态上大致经历了四个发展阶段，即反生活的模式化表演的延续阶段、向“十七年”表演水准靠拢的恢复阶段、追求逼肖生活原貌的纪实美学风格阶段和走向画面造型元素阶段。其中最值得注意的，是从第二阶段向第三阶段的转折——这是一个带有飞跃性质的转折。它萌发于关于电影要不要扔掉戏剧“拐棍”及要不要与戏剧“离婚”的讨论，继而从

① 章泯：《表演作为艺术——一九六一年对本院表、导系留校青年教员的讲课稿》，《北京电影学院学报》1985 年第 2 期。

纪实美学的大量引进中获得了理论支柱。[①]

此研究者的分期，大概可以截止到80年代末90年代初，但其所谓的“追求逼肖生活原貌的纪实美学风格”——也就是生活化表演，却要持续影响到新世纪前后。诚然，这种“适应于摄影机的纪实特性、对生活原貌形态具有高保真度的”[②]表演方法，无论就其美学价值还是实践价值，都是非常宝贵的。而在其美学原则指导下所拍摄的一系列影片，如《沙鸥》《邻居》等等，都对中国电影的发展做出了重要贡献。“对于无表演的表演的追求、对于无排练的即兴表演的追求、对于微相表演及‘冷面’表演的追求、对于非职业演员表演风格的追求等等”，[③]成为了新的表演美学标准。其后发展起来的画面造型元素阶段，则以第五代的《黄土地》等影片为标志。不过就其表演美学而论，它所提倡的“演员等同于造型元素”观念，是源发于对电影本体的思考，也是源发于对于现实生活的理解，只不过其表意功能更为显著罢了。

这种生活化表演、无表演的表演，在八九十年代盛极一时，不仅在美学上是一种革命，在创作上也是一种革命，所取得的成就举世瞩目。但是，时移世异，进入新世纪以后，这种表演美学，连同一直受宠的纪实美学，却遭遇了前所未有的尴尬。不仅产量锐减，其美学地位亦是大受冲击，除了张艺谋少量的影片（《一个都不能少》《千里走单骑》等）和贾樟柯的电影之外，我们也只能在《香巴拉信使》等影片中一窥其风貌了。而究其原因，除了大环境——商业电影的兴起——之外，缺乏票房竞争、缺少美学创新是其主要桎梏。而从世界范围来看，纪实美学的影片从来就不曾主流过，因此，在新的商业大潮冲击下，生活化表演、无表演的表演注定了是要渐行渐远。

取而代之的，则是类型化表演和风格化表演。相比而言，风格化表演有相对统一的定义，而类型化表演则没有，正如赵宁宇教授所言，中国电影在再次类型化的道路上，表演方面，并非适时确立了类型化的格局，而是如泥足巨人般难以割舍既往的影响。因而在一定的历史时期中，表演风格与技巧五花八门。传统与继承，往往发挥着正与反两方面的影响。随着产业的逐渐成熟和市场的不断反馈，类型化的表演创作方法初步呈现，亦推举了明星制的现实呈现和高片酬的畸形问题。[④]

尽管现实确实如此，但类型化表演依然有它可以把握的一些基本方向，就目前的情况来看，中国的类型化表演，正努力朝向这个方向：它在借鉴传统的戏剧化表演和

① 丁牧：《1986 年中国电影表演中的两种美学走向——兼论建立多元的电影表演观念》，《当代电影》1987年第3期。

② 丁牧：《1986 年中国电影表演中的两种美学走向——兼论建立多元的电影表演观念》，《当代电影》1987年第3期。

③ 丁牧：《1986 年中国电影表演中的两种美学走向——兼论建立多元的电影表演观念》，《当代电影》1987年第3期。

④ 赵宁宇：《轻电影与类型化表演》，《当代电影》2014 年第3期。

好莱坞方法派表演的理论和技巧的基础上，正愈益沿着类型影片的规制和要求，不断调整自己的表演技巧，以与类型影片相适应并最终确立自己表演风格的一种鲜明化定位及策略整合。

虽然中国的类型化表演还有很长一段路要走，但目前所呈现出来的蓬勃之势却使我们相信，未来必是类型片的天下。目前，虽然青春片、恐怖片、悬疑片、公路片等类型影片的崛起，打破了传统的武侠功夫片、喜剧片、战争片、警匪片等主要类型一统天下的局面，但显然这些还远远不够。而随着类型影片的不断开拓，对类型化表演者的需求也将会不断增大，这不仅会进一步打破目前香港演员占优的局面，也将会改变内地只有葛优、范伟等少数类型演员独撑大局的态势，而且，随着市场的进一步扩大和细分，演员的类型化也将注定是一个主动化的过程。而所谓风格化表演则是指“不以逼真地再现生活的原貌形态为创作的标准和目的，而是以夸张变形为手段，以集中概括为原则，在对某种人物和动作特点所进行的带有强烈风格化色彩的突出与强化中，达到犀利地揭示其内涵与本质的目的。它的生活真实性原则建立在表演的外在形态的非真实性与其内涵的真实深刻性的高度统一基础上”。①

这种风格化表演早已有之，就中国而言，新时期陈强、陈佩斯父子所主演的一些喜剧，如《父与子》等，便是这方面的代表作品。但由于影片产量以及质量等方面的原因，这一“风格化表演”虽展现了一种美学方向，却并未能形成气候。然而，新世纪之后，随着《疯狂的石头》《疯狂的赛车》《斗牛》《杀生》《三枪拍案惊奇》《人再囧途之泰囧》《厨子戏子痞子》《无人区》《西游·降魔篇》《逆袭》等一大批风格独特的影片的诞生，风格化表演迅速上位，成为新世纪以来表演风格最为亮丽的一道风景线，不仅催生了黄渤、王宝强、徐峥、小沈阳、刘桦等一大批优秀演员，更以其鲜明的特色和高票房的收入保证，成为新一代年轻演员争相效仿和学习的榜样。风格化表演可谓独领风骚。

由上观之，类型化表演、风格化表演取代生活化表演、无表演的表演，显然是一种市场抉择的结果，在此后的很长一段时间里无疑将占据电影生产创作的大盘，且必定会取得长足进展。而对于生活化表演、无表演的表演来说，作为一种美学，无论如何渐去渐远，它都将会永远存在，并在一定的范围和程度内影响着其他美学。

三、“轻表演”与媚俗化表演风头正劲

“轻表演”是伴随着轻电影的出现最近几年才出现的一个名词，至于如何定义，尚

① 丁牧：《1986 年中国电影表演中的两种美学走向——兼论建立多元的电影表演观念》，《当代电影》1987 年第 3 期。

不见方家。赵宁宇在《轻表演与类型化表演》一文中，虽未对“轻表演”下一个明确的定义，但他却如此来描述“轻表演”：曾几何时，我们认为性格演员的分量远远高于本色演员。曾几何时，我们认为只有充满了含金量的“重表演”才是电影表演的全部价值之所在。然而，时至今日，电影表演的世界已经发展得多种多样，五花八门。传统的充满含金量的表演自然当仁不让，但形形色色的表演形态都已经占据了一席之地。港台腔、民间艺术、部队文艺、稚嫩小清新等都已经融入了电影的大世界，并且发挥着越来越重要的力量。[①] 由此观之，“轻表演”的主要特征可以归纳为：（1）接近于本色表演；（2）含金量轻；（3）应属于稚嫩小清新范畴。

厉震林教授在《2013年国产电影表演美学述评》一文中，则将“轻表演”置于“减法美学”的范畴之下，并认为，这种表演更为强调造型功能而非叙事功能，富有身体美学的观赏性，显现出了一种较为显著的时尚感和清新感。由此，要求演员在形象上靓丽鲜明、台词上活泼易懂、情绪上高度外化、动作上外放夸张，注重明星效应、时尚流行、异域奇观等因素。[②]

通过上述两段引文，我们大致可以看到，目前大家所普遍认可的“轻表演”，具有如下几个共同点：（1）它接近于本色表演，但主要靠形象取胜，突出的是时尚感和清新感；（2）它是对“重表演”的减法和瘦身，它以舍弃社会、现实、思想、意义等丰富性为代价，换取效果的扁平化、简单化、直接化；（3）它追求立竿见影，所以情绪化、个性化突出，耍酷、率性是共性。

“轻表演”是青春片《致我们终将逝去的青春》《中国合伙人》《同桌的你》等出现后所引发的一种话题性产物，并由《小时代》系列推向高潮，在此之后，轻电影以及“轻表演”又多了一个特征，那就是它的粉丝性，因此，它的叙事以及表演，其实都是有针对性的，所以“轻表演”的“轻”，还在于它的针对性以及互动性，也就是说，在拍摄之前，创作者已经大致知晓他的观众会需要什么，在这种情况下，需要什么便提供什么，便变得相对轻松。而后来的《后会无期》也证明了这一点，在主人公不怎么需要表演的情况下，只需要说出粉丝们爱听的台词，也就足够了。

但不管怎么说，“轻表演”作为一种新的美学动向，在当下的电影市场上，正如鱼得水。不管评论家怎么批评，电影院里年轻的观众们，在看到《小时代》里每个酷毙的人物出场时所引发的阵阵尖叫，似乎已经说明了一切。当社会的各种压力如潮般袭来的时候，追求一种简单而又直接的宣泄，不也是一种正当要求吗？

不过，我们还忽略了一点，就是在上述影片里，我们都能或多或少地看到一些自恋的倾向，在《小时代》中则更明显了，那个“自恋的导演”正自恋地看着影片中他

① 赵宁宇：《轻电影与类型化表演》，《当代电影》2014年第3期。
② 厉震林，罗馨儿：《2013年国产电影表演美学述评》，《福建艺术》2014年第1期。

的倒影而心动不已。当然，笔者在此并不是批评这种自恋，而是认为，这种自恋倾向，正在滑向笔者所说的“刻奇电影”，并因其“轻”而逐渐地媚俗化。

所以，将《小时代》系列划归到“刻奇电影”中并不突兀。但在此必须补充的是，一些风格化较强的电影，譬如《三枪拍案惊奇》《厨子戏子痞子》等电影，其实也已经非常接近这种电影了，当然，目前最符合这类电影的当属《分手大师》。

通过前文对于“刻奇电影”的描述，再结合《分手大师》这一案例，我们可以为其对应的媚俗化表演梳理出如下特点：(1)超级自恋地凝视自己；(2)不遗余力地作贱自己；(3)自以为自己是一个英雄，并把自己设想得很崇高；(4)为自己的表演而感动，也希望别人为之而感动；(5)创作者也被自己的“谜”所吸引，并表现得十分好奇。

本文无意对此展开批评，但“刻奇电影”的出现，却表现出一种严重的自媚倾向，并或有可能开创一种新的潮流，因为当下正盛的轻电影，若一旦其“轻”轻到抓不住根基，又在必须赢得票房的前提下，何以为之？答案恐怕是：其“媚”必会自现。

结　语

通过上述分析，本文大致梳理了新世纪以来中国电影表演在美学以及创作实践上的一些变化，在此必须指出的是，本文所使用的一些概念，譬如戏剧化表演、生活化表演、类型化表演、风格化表演、“轻表演”、媚俗化表演等等，在概念的内涵与外延上，大多存有交集，譬如，戏剧化表演、类型化表演和风格化表演，这三者之间其实都有关联，而风格化表演和媚俗化表演，也仿佛一枚硬币的两面，存有互换的可能。因此，本文在使用这些概念上，并不在意一种截然的划分，而是针对不同的内容进行分类陈述而已。

此外，本文欲特意指出的是，目前的电影表演生态颇为混乱，这其中不仅存有美学观念之争，更存有内地、香港、台湾以及内地的京沪等地域之争；不仅存有学院派之争，更存有跨界之争；不仅存有年龄之争，更存有结构之争；不仅存有官方之争，更存有民间之争……但最可怕的是，正如前文所提及的，在商业大潮面前，在缺乏信仰、价值观混乱的前提下，在急功近利、追名逐利的心态下，在行业缺乏自律，演员价码差距日益增大的情况下，谁还会平心静气、苦练内功、内外兼修呢？

是以担忧之。

（原文刊载于《当代电影》2015年第03期）

重返“现实”：当前中国电影的一种发展趋势

詹庆生

产业化背景下中国电影现实主义精神的弱化

2014 年中国电影年度票房已达到 296 亿元，同比增长 36%。这一令人惊叹的数据，正是十年中国电影产业化改革狂飙突进的缩影——年均超过 30% 的增速已使中国成为仅次于北美的世界第二大电影市场，引发全球瞩目。票房的增长以及相应的国际市场影响力的扩张，已成为电影产业化改革的重要合法性支撑。随着市场的高速增长，中国电影的经济属性、商品属性以及娱乐功能被前所未有地强化，也出现了内容生产狭窄化、媒介功能单一化的另一面。尤其值得注意的是，百年中国电影悠久的现实主义传统在产业大潮的冲击下已经不断被淡化。

从民国时期的《神女》《渔光曲》《一江春水向东流》《乌鸦与麻雀》等左翼电影，到建国后“十七年”时期的社会主义经典电影，从新时期的《牧马人》《天云山传奇》《芙蓉镇》《高山下的花环》，到 20 世纪 90 年代张艺谋《秋菊打官司》、黄建新《站直了，别趴下》《背靠背，脸对脸》等系列影片，现实主义一直是中国电影主导性的创作观念之一，同时也是中国电影研究的主导范式之一。电影的“现实主义”主要是一种艺术观念，涉及对于电影的媒介认知和功能属性的定位问题。按照现实主义的艺术观，电影不仅是一种提供娱乐快感的工具，同时更是艺术家以实录精神反映社会、观照社会并进而改造社会、推动社会进步的重要方式。

然而在新千年之后，随着电影产业化改革的推进、电影艺术观念的嬗变，“现实主义”这个曾经在中国文化艺术史上影响深远的词汇在电影生产、创作和研究中已变得越来越陌生，越来越弱化。在艺术观念上，曾经作为主导的启蒙主义、理想主义的电影观被功利主义、实用主义的电影观取代，价值理性被工具理性所取代。由于产业突进、票房激增以及随之而来的名利诱惑，“票房”成了中国电影产业最大的关键词。它为整

詹庆生，解放军艺术学院，副教授。

个电影行业带来了巨大的动力，造成了巨大的压力，也形成了全行业的一种浮躁空气。票房成为衡量一部影片、一个导演成功与否的唯一标准，也成为电影人最大的挑战。一个不正常的现象是，电影导演、电影制片人开始耻于、羞于谈论艺术，倒更愿意谈论商业和票房。一个知名评论家在谈论《黄金时代》的票房失败时奚落道："管它什么模式，赚钱是硬道理。不赚钱的任何模式都是耍流氓！"

产业化大潮之后，类型化、商业化开始成为电影生产中占据绝对主导的意识，相比上世纪八九十年代，不得不说，中国电影的艺术探索、创新精神都有了较大幅度的下降。票房至上，娱乐至上，在这样的艺术观指导下，电影变成纯粹的用于赢利的娱乐工具，娱乐价值变成终极价值，而社会价值、艺术价值却变成被嘲讽的对象。这种实用主义和功利主义倾向甚至也延伸到电影研究当中，近些年来，电影类型研究、电影产业研究已成为主流的研究方向，成为显学，而电影艺术研究、电影文化研究则成为冷门和边缘。价值理性在实用理性、工具理性的全面冲击下已不断弱化。

娱乐是电影重要的功能，类型生产是电影产业的基础，票房则是维系、推动一个国家电影产业健康发展的关键，这些都毋庸置疑，然而，如果整个电影业都被商业和票房绑架，必定是不正常的现象。更为关键的是，在这样的电影艺术观、媒介功能观的指引下，社会价值被放逐，中国电影的票房越来越高，与现实之间的距离却越来越远，最后逐渐变成了现实的平行线。这种对现实的远离在产业化十年中，主要有以下几种表现：

其一，远离现实的古装大片潮。2002 年，张艺谋古装动作大片《英雄》横空出世，为刚刚起步的中国电影产业化改革注入了信心和活力，具有重要的标志性意义。但与此同时，本片也开启了持续至今的古装片热潮——从 2002 年的《英雄》《天下无双》《河东狮吼》开始，2003 年的《天地英雄》，2004 年的《十面埋伏》，2005 年的《无极》《神话》《七剑》，2006 年的《满城尽带黄金甲》《夜宴》《墨攻》，2007 年的《投名状》，2008、2009 年的《赤壁》《三枪拍案惊奇》《画皮》《功夫之王》《三国之见龙卸甲》《江山美人》，2010 年的《狄仁杰之通天帝国》《赵氏孤儿》《大笑江湖》《大兵小将》《锦衣卫》《剑雨》，2011 年的《龙门飞甲》《白蛇传说》《画壁》《武侠》《关云长》《倩女幽魂》《鸿门宴传奇》《战国》《武林外传》《最强喜事》，2012 年的《画皮 2》《四大名捕》《铜雀台》《王的盛宴》，直到 2013 年的《西游之降魔篇》《狄仁杰之神都龙王》《四大名捕 2》《忠烈杨家将》等片，连续 12 年，每年都有古装大片投入制作并占据年度票房榜的前列。根据笔者综合统计，12 年中合计 36 个三甲席位，古装片竟据有 21 席，占比达到 58% 之高，而古装片更有 7 年占据年度票房冠军宝座。作为一种类型的古装大片，其存在合理性本无可厚非，但具有如此持续性影响力的古装片热潮，放眼中外电影史上都是极其罕见的。这一热潮，是市场现实需求、经济赢利驱动、时代审美趣味、规避审查风险等综合因素的产物。虽然古装片的绝对比例并不高，但它们多为话题性强、影响力大的重磅炸弹影片，足以在观众心中造成强烈的印象，同时对于整个电影行业具有明显的示范效应和引领作用。

这些古装大片在形式语言方面越来越极致化，追求华丽的影像、繁复的造型美感、震撼性的视听语言、奇观化的观赏效果，对观众的感官冲击力已几近极限，然而在另一方面，这些发生在遥远过往、历史时空的虚拟故事，在其绚烂的外表下，或者充斥着抽象的人性主题、概念化的人物关系、造作的叙事动机（如《英雄》《夜宴》《无极》《满城尽带黄金甲》《王的盛宴》等），或者将历史变成戏说娱乐的舞台（如《白蛇传说》《画壁》《战国》《武林外传》《三国之见龙卸甲》等），这使它们变成了一个个仅仅承载感官欲望，与当下的时代心理、社会现实完全无关的空洞的能指，自闭式的自我循环。即使其中较为优秀者（如《投名状》《大兵小将》等），也因年代、主题等因素而与现实缺乏紧密的联系。

其二，现实题材缺乏现实主义精神。尽管古装题材影响力巨大，但单纯从比例上看，现实题材仍然是中国电影的主体。[①]

然而须指出的是，现实题材影片并不等同于具备现实主义精神的现实主义影片。对现实生活的精准描绘，对时代精神的传神把握，对于“影像—社会”“影响—干预”互动关系的观念认同，是现实主义精神的核心，而批判现实主义更是直指社会现实的种种问题、矛盾、弊端，期望通过影像媒介的传播，促进相关社会问题、矛盾和弊端的解决，借此推动社会的发展进步。

然而，回顾十年中国电影的发展，我们不得不承认，绝大多数的现实题材影片，无论是《脱轨时代》《过界男女》《百变爱人》《我的男男男男朋友》等都市爱情片，《夜半梳头》《闪魂》《笔仙惊魂》等惊悚片，或是《快乐到家》《一路顺疯》《爱爱囧事》《越来越好之村晚》等喜剧片，不论是都市题材还是乡村题材，这些影片往往基于某种肤浅的印象，对于社会的再现与表现是浮泛、浮夸、表面的，它们不是在描述世界的真实，反而是在堆砌甚至伪饰虚假的现实表象。

以《小时代》为例，尽管片名就贴上了“时代”的标签，但事实上本片与时代并无多少关系，与其说它是时代叙事，不如说是一个真空的超现实童话。奢华的宿舍，从不上课却全职上班的大学生，概念化的人物形象，那些草草编织的职场故事同样超越现实，严重缺乏生活逻辑。片中充斥着类似中学生笔记的人生格言，那些看似深刻却似是而非的隽语，浪漫诗意华美，然而空洞虚浮，那些“友谊”“梦想”“努力”“奋斗”

① 以2002—2012年十年间内地与香港合拍片为例，古装片仅占18.6%，晚清民国的近现代题材约占8.3%，其他都是各类型的当代现实题材影片。参见詹庆生：《产业化十年中国电影合拍片发展备忘(2002-2012)》，《当代电影》2013年第2期。

等字眼，不过是用以伪饰情感的添加剂。对于这部与现实无涉的超现实童话而言，“时代”不过只是一个美丽的标签，是漂浮在空中的炫目的泡沫，里面投射的不过是虚浮的幻影。

《小时代》引起争议的焦点并不在于其现实逻辑，而是其内在的价值观：对于物质和金钱的无节制的夸饰、炫耀，以及面对它们时时发自心底的由衷艳羡和倾慕态度。单价数千元的杯子和雨伞、昂贵奢侈的品牌时装、巨大奢华的豪宅、盖在“连棵树都不能随便移动的市中心”的绚烂玻璃别墅……影片用拜物教式的眼神，夸饰的镜头语言一一抚摸着它们，引发观众群体的视觉、心灵的震撼洗礼。

《小时代》的支持者常常辩解，认为对于物质的追求不过是对社会现实的真实表现。这种观点看起来有理，却忽略了一点：对于财富的所有合乎法律的追求都是合理的，表达对于财富的渴望甚至艳羡本身并没有错，但对于财富的无节制炫耀与夸饰在社会主流文化价值观中却并非是正面的，而这一点对于作为大众文化的电影艺术更是一个大忌。金钱与财富应当受到的价值贬抑，是电影价值观中具有强大惯性的“文化政治”，这种惯性即使在身处资本主义世界的好莱坞电影中也是绝对的主流。所以，当《小时代》带着对金钱和物质的无节制渴望和夸耀出现在大银幕时，它所引起的负面文化价值可想而知。而影片中这种不可扼制的物质主义倾向，是这个曾长期处于匮乏状态的国度在遭遇突然的物质大爆发之后的产物。它所引起的“价值观焦虑”，也是这个快速发展、多元价值相互冲突的变动时代所必然带来的文化症候。所以，与其说《小时代》反映了社会现实，不如说它本身的文化症候才是这个社会的缩影。

除了《小时代》，一些打着类型片旗号的影片，如以当下为背景的犯罪片《富春山居图》，其故事逻辑的混乱、人物形象的造作和单薄、现实背景的空洞和虚假，都到了令人发指的地步。《小时代》与《富春山居图》等影片或许只是当前中国电影中的极端案例，却也因此鲜明地暴露出当前现实题材影片的共同弊病：它们大多披着现实的外衣，却与真正的现实无关。

新千年以来的中国社会，经济高速发展，综合国力激增，然而贫富分化、道德危机、价值真空等社会问题也同时显现。随着互联网尤其是移动互联网的发达，资讯传播的速度、深广度也达到了空前的程度。各种震撼性的令人惊心动魄的社会新闻、时政新闻、财经新闻、军事新闻等每时每刻被推送到每一部手机上、电脑上，激发着民众的喜怒哀乐。然而，这些原本应是电影绝佳创作素材的内容，却尴尬地在中国电影中缺席了。十年来，能够关注现实、反映现实并引起社会强烈反响的现实主义影片，数量极为有限。

经典电影理论有将电影比作“镜”“梦”“窗”的譬喻，但十年来的大多数中国电影，它们既没有成为足以映照自我、发现自我之“镜”，也没能提供美轮美奂的“梦”，更没有成为透视社会的“窗”。这些影片与社会现实成了两条平行线，没有真正的交集，前者不过是后者虚幻的投影而已。真正具备现实主义精神的影片，对现实不美化，不浮夸，不伪饰，不遮掩。真实并不总是让人愉悦，可能充满刺痛感，却可以令人警醒，然而在产业化十年的大多数时间里，大多数影片的社会功能、审美功能乃至教育功能都已逐渐弱化甚至丧失，只剩下较低层次的无关痛痒、远离现实的逃避主义的娱乐。这就是为什么我们的影片绝大多数都是现实题材，观众却仍然感觉反映现实的影片如此稀少的根本原因。

中国电影产业化十年，在产业层面成就卓著、有目共睹，但另一方面，在内容生产上缺乏探索创新精神，缺乏与现实之间的紧密联系与互动，这也是不容回避的事实。但值得注意的是，近几年来，这种倾向开始出现了扭转的迹象，一些具有现实主义精神的影片开始出现，这使中国电影的现实主义传统在某种程度上开始得以复苏。

中国电影现实主义精神的回归

纵观产业化改革十年以来的发展，不难发现，现实主义电影创作经历了一个从“地下”到“地上”，从独立、边缘走向主流、中心，从小制作、小影响走向大制作、大影响的发展轨迹。产业化改革之前，一些更具现实主义精神尤其是批判现实主义精神的影片，大多以体制外的独立制作形态存在，如《小武》《站台》《盲井》《北京杂种》《东宫西宫》《儿子》《冬春的日子》《危情少女》《苏州河》《安阳婴儿》《日日夜夜》等等，但在产业化改革之后，随着制片门槛的降低，中国电影的行政管理也在一定程度上趋向宽松，贾樟柯、李杨、王小帅、张元、娄烨、王超等独立导演也随之浮出水面，开始拍摄体制内的影片，而他们的这些体制内作品，如贾樟柯的《世界》《三峡好人》《二十四城记》、李杨的《盲山》、王小帅的《青红》等等，大多坚持了导演们此前一贯的现实主义风格。

产业化十年前期，电影市场对于现实主义风格电影的反应并不热烈。贾樟柯的《世界》《三峡好人》票房都只有二三百万，哪怕后者摘得威尼斯电影节金狮奖，王小帅的《青红》在戛纳获奖，国内票房也仅有300万。但是，近两年来，现实主义风格影片的市场表现逐渐摆脱了此前的低迷，一再给人以惊喜。《观音山》《桃姐》票房均过7000万，《二次曝光》《白日焰火》票房超过1亿，《归来》《亲爱的》都接近3亿票房。这些影片不仅获得了此前难以想象的高回报，也引发了社会的高度关注，尤其值得注意的是，这些影片都不再是处于地下状态、文化边缘的独立制作、小众化影片，而是主流商业院线中的主流制作，这也说明了为何近两年来观众对于现实主义风格影片的接受程度越来越高，其社会影响力也越来越大。

此外，现实主义风格的导演群体也在不断扩张，除了从独立制作阵营走出来的导

演群体，一些曾经转向风格化大片的导演如张艺谋也开始再度尝试现实主义风格（《归来》），甚至自香港北上的导演如陈可辛也接连拍摄出被广泛认为“接地气”的现实主义风格作品或具备现实主义因素的作品，如《中国合伙人》《亲爱的》。

近两年来，中国电影已经到了转折性的时刻。2011 年，小成本都市爱情片《失恋 33 天》的异军突起成为一个标志性事件，此后三年以来，现实题材中小成本影片开始整体崛起，而大片尤其是古装大片开始走向式微。2011 年古装片有 14 部之多，但此后便急剧下降，每年都仅有 4 部左右，2014 年，票房前十名中只有 1 部古装片，票房前 50 位中古装片竟仅有 4 席，这是 12 年来的第一次，充分说明古装片在市场格局中的地位已经开始发生变化。可以预计，作为一种类型的古装片仍会存在，但其长期独领风骚的局面应该不会再现了。

中国影坛已进入到一个“改朝换代”的新时期，冯（小刚）张（艺谋）陈（凯歌）等大导演的影响力仍在，但较之此前已有明显下降，一批新生代青年导演，甚至包括跨界导演如赵薇、徐峥、韩寒、郭敬明、邓超等，都获得了票房的巨大成功。值得注意的是，这些影片未必都是现实主义作品，但确乎都是现实题材，它们与互联网时代的新生代观众有着天然的血缘亲近性。这样一个大的转折，预示着未来的现实主义电影创作将会有一个良好的基础。

总的来看，十年间的现实主义风格电影从数量、比例上看，并未占据主导地位，而且以目前的发展来看，或许还难称之为思潮，但至少可以肯定的是，现在已经开始出现了向现实主义传统复归的迹象。这些作品，不论是独立制作还是主流商业院线作品，综合来看在内容上至少有以下几种主要的倾向或特点：

其一，以影像记录中国社会的发展变迁，如《中国合伙人》《唐山大地震》《钢的琴》《二十四城记》《三峡好人》等等。这些影片大都有较大的时间跨度，通过个体在不同时代、新旧时期的对比，管中窥豹以点带面地展现国家和社会的巨大历史变迁。《中国合伙人》以“新东方”几个创始人为故事原型，通过个体的成长和发展，折射出改革开放三十年的发展变化，虽然片中带着稍显偏狭的民族主义情绪，也打上了鲜明的商业化烙印，但影片的确细腻地展现了这群年轻人在这三十年中经历的挫折、梦想、野心和成就。它是一部青春的成长史，也是这个国家的发展史。影片之所以能够在市场上获得巨大成功，是因为它引发了曾经历这一过程的一代人的强烈共鸣。这样既有强烈的历史感，又与现实有着紧密联系的作品在这十年中是极少见的。《钢的琴》《二十四城记》一为喜剧、一为纪录式电影，都再现了旧体制以及机械工业文明在新时代的失落，以及附着在这一体制及文明当中的万千个体遭遇的悲剧式命运。他们将一生交给一个野心勃勃的梦想，却没想到以一个铁灰色的惨烈结局告终。他们被甩下了一辆老旧过时的蒸汽列车，却再无力登上新时代疾驰的高速列车。这两部影片都饱含着历史的沧桑感和巨大的悲剧意识，呈现出现实主义的动人力量。《三峡好人》的表层结构是妻子寻找丈夫，丈夫寻找妻子，但其深层结构却是为三峡地区乃至为这个时代、这个国家的人、物、事留下一段影像的记忆——在它们被大水湮没、被时间遗忘之前。同样,《唐山大地震》聚焦一家人因大地震在几十年间的离合悲欢，同样折射了一个国家的沧桑巨变。这些跨越时光的影片，大多借助那些时代性的建筑、服饰、日用品、陈设、歌曲、历史事件等等，营造出强烈的怀旧气息，唤醒激发观众对于过往的记忆，以及对于时代变迁的感慨。历史与现实在作品中相遇，创造出其他作品所没有的时间厚度和历史份量。

其二，为大时代下普通人的情感和生命留影。卑微的个体往往被宏大历史叙事忽略和遗忘，而这些具有现实主义精神的影片，则记录下了他们平凡生命的点滴，卑微的幸福，以及苦痛忧伤。被城管收走了狗的老二,一心要将狗找回来（《卡拉是条狗》)；在世界之窗打工的打工仔与打工妹，看遍了全世界的风景，却依然过不好自己的人生(《世界》)；倔强要强的扁担女李宝莉，如何因为自己的个性，毁了他人，也毁了自己的生活（《万箭穿心》)；处于社会最底层的善良憨厚的看车人老杜，在即将迎来幸福的时刻，却又无奈地被一步步推向一个悲剧性的结局（《看车人的七月》)；牧区女人图雅顶着各种流言蜚语，提出再嫁的条件是必须带上瘫痪的丈夫，好容易遇到了能接受这个条件的男人，新旧两任丈夫却在婚宴上打了起来（《图雅的婚事》)；乡村孤独的老人，为了避免被火化，让懵懂的孙儿孙女将自己埋葬（《告诉他们，我乘白鹤去了》)；西北荒凉的黄土高原，一个男人与母女四人在数十年间剪不断理还乱的情感纠葛（《美姐》)；乡村的老光棍们，有着他们寻开心的方式，却也有着难以言说和排解的性苦闷（《光棍儿》)；一个父亲想尽一切办法拯救身患自闭症的儿子（《海洋天堂》)，一群老人，想要在生命的最后时刻，实现一个卑微的梦想（《飞越老人院》)……这些影片虽然都是体制内的制作，但却延续了《小武》《妈妈》等独立制作的精神品格，拒绝与商业妥协，直面人生的琐屑与创痛，饱含深切的同情和感同身受的体谅，为那些普通的生命作传，洋溢着现实主义与人道主义的光辉。其实归根到底，现实主义应该是一种人道主义。

其三，批判现实主义的锋芒。现实主义精神不仅是一种实录精神，同时更是一种反思意识和批判精神。虽然在商业大潮的裹挟之下，中国电影的现实主义精神的确出现了严重的退化，但它并没有完全丧失，仍然或明或隐坚韧地存在着。毫无疑问，在当前的中国，社会批判较之寄情娱乐，受到的外部控制相对严格，于是一些影片采用了某种机智的迂回策略。即使在一些商业类型片中,也不难发现对于当前社会问题的投影。比如作为一部黑色喜剧,《疯狂的石头》往往容易让人忽略它深藏其中的社会价值，在笑声背后，本片实际上触及了大量敏感的社会现象与社会问题，如国企破产、工人下岗、权力腐败、贫富悬殊、拜金主义、物质迷狂、性焦虑、犯罪频发、诈骗横行、道德滑坡、

假冒伪劣、诚信缺失等等，其内容之丰富几乎可以称为“中国社会学大全”，但影片的策略在于，对于所有社会问题皆点到为止，用表层的喜剧效果掩盖种种复杂社会问题的内在沉重性，令观众能够从中读出背后的潜在意味。采用类似策略的还包括喜剧《人在囧途》《手机》等等。而在宁浩的《无人区》中，在那个“几无好人”的西部绝域，人性的黑暗与倾轧，仍然是残酷社会的一个绝妙隐喻，不能不说这部黑色电影是包含着批判现实主义气息的。

另外一些电影并未采取这样的“迂回战术”，而是选择了直截了当的反思和批判态度。《天狗》抨击了乡村盗伐滥伐林木的问题，《可可西里》揭示了触目惊心的西部盗猎藏羚羊的现实，《我是植物人》聚焦医药行业的制假贩假黑幕，《最爱》描绘了乡村艾滋病蔓延的惨状，《碧罗雪山》表现了族群生存与环境保护之间的两难，《光荣的愤怒》揭露了乡村社会中权力与恶势力勾结后对百姓的欺凌，《人山人海》展现了公安司法的软弱与无力，《天注定》中民间的暴力与反抗如此惊心动魄……在这些影片中，近两年的两部作品《白日焰火》与《亲爱的》尤其突出。《白日焰火》讲述了一个峰回路转的犯罪故事，直到影片最后，观众才会发现它最终揭示的是因社会底层女性被污辱被损害而造成的连环式悲剧。与影片阴冷的整体色调一致的是其苍凉的主题：当社会问题与人性的阴暗面相结合时，这个世界就陷入了荒诞的失控状态。相比之下，影片《亲爱的》将电影的社会功能发挥到了极致。影片直面偷盗、贩卖儿童这一持续多年的严重社会问题，却在常规寻子故事结束的地方开启了后一段叙事:非法收养孩子的家庭，同样也失去了孩子。当影片主角从杨文君（黄渤饰）夫妇转换为李红琴（赵薇饰）时，这种双重叙事形成的对照和冲突的戏剧性结构，将影片的悲剧性、反思性、批判性进一步强化了。而黄渤寻子过程中一再被诈骗甚至劫掠的段落具有强烈的现实感，几乎令人感到绝望，产生了强烈的揭示和批判意义。片中一再展现城中村线网密布、相互缠绕的景观，它所隐喻的，正是当前中国错综复杂的社会现实。值得注意的是，《亲爱的》公映后产生的广泛社会影响，直接引发公安部对片中“失踪儿童 24 小时才能立案”的澄清，推动了失踪立案制度的落实。通过电影来干预和改变社会，这恰是现实主义电影创作的初衷。

其四，现实主义题材与手法的突破。尽管近年来中国电影的内容管理已经越来越趋向宽松，但当前电影创作仍存在某些表现禁区也是事实。但值得肯定的是，也有影片勇于挑战敏感题材，开拓了当下现实主义创作的新领域。2014 年张艺谋的影片《归来》便是这样的例子。这部根据严歌苓小说《陆犯焉识》改编的作品，出于可以理解的原因，将一部史诗般的知识分子受难史进行了大幅度改动，在交待故事缘起之后，直接略去了中间漫长的受难过程，转而讲述“归来”之后面临的无法治愈的创伤。由此，一部惨痛的知识分子受难史变成了一篇歌颂夫妻相濡以沫、情感永恒的温情散文。对于许多观众来说，这一“从史诗到散文”、从“批判到歌颂”的转换或许难以接受，但是，颂歌其实只是表象，因为创伤当中必然已经隐含着历史的反思甚至批判。在“文革”题材已经逐渐变得敏感的今天，《归来》表现了相当的勇气。其实，所谓“禁区”有时需要有人尝试、接近、触碰，即使在最微妙的地带仍然有可以表现的空间，《归来》便证明了这一点。

近十年的电影创作，从艺术创新的角度来看或许并不令人乐观，但是也有部分作品做出了积极的探索，比如《斗牛》《杀生》以及《Hello！树先生》等等。以后者为例，影片是当代题材中极为罕见的魔幻现实主义作品：树先生曾经历惨痛的家庭变故，在乡村里地位卑微，被权势者肆意侮辱轻贱，某天竟然神奇地掌握了未卜先知的特异功能，从此改变了自己的命运。然而影片结尾时暗示的是，这一切不过是他的臆想，只有在幻想当中，生活才可能是美好的、有希望的。这个魔幻现实主义的故事传达的是一个极度悲伤和悲观的主题：底层社会的被剥夺感、绝望感和荒诞感。树先生是一个个体，却是一个阶层的隐喻。在关于当下的电影创作中，或许再没有比本片更深刻，也更绝望的了。它或许消极，却深刻地揭示了当下中国社会的一种面貌。对于一部现实主义作品来说，能够真实深刻地反映社会的深层结构及社会心理，这就是它的价值。

结　语

对于提升中国影视文化的软实力而言，归根到底仍是要通过提升创作的品质来说话，如果仅仅停留在低劣的娱乐产品的层面，再高深的电影理论、再积极的产业政策、再高明的传播策略，都不可能达到提升国家文化软实力的作用。近几年来，中国电影在国内票房飙升的同时，在国际电影节以及对外传播上的表现却出现了急剧的下滑，这正是票房至上、娱乐至上、商业至上，而忽视艺术水准的必然结果。

中国电影产业化十年，经历了现实主义传统被快速远离，又逐渐缓慢复归的过程。作为一种电影艺术观念的现实主义是世界性的。当中国观众震惊于根据真实事件改编的韩国电影《素媛》的现实冲击力，津津乐道于韩国因为电影《熔炉》而制定“熔炉法”，《辩护人》推动电影人物原型在33年后洗清冤屈等电影文化事件时，这些被称为Faction（Fact+Fiction），即根据真实事件改编的虚构电影）的“改变国家的电影”一再提醒人们，电影不仅是赚取票房的赢利工具，也不仅是“镜”“窗”“梦”，它还可以是一把锤子，一把斧头，可以用来改造社会。电影不仅有其娱乐功能，同时还可以承载推动社会进步、维系公平正义的责任和理想，而这样的观念在中国，自电影产业化改革以来已经变得越来越遥远，越来越陌生了。

幸运的是，不管是前几年的《三峡好人》《图雅的婚事》，还是近两年来的《钢的琴》《万箭穿心》《白日焰火》《天注定》《归来》《亲爱的》等影片，我们已经可以看到中国电影加速向现实主义回归的趋势。十年以来，这些具有现实主义精神品格的影片为中国观众，也为世界观众展现了更为鲜活和真实的中国图景，通过那些普通人的故事，塑造着或冷峻、或温暖的中国形象。其实，国家形象是立体、丰富和多元的，只有阳面没有阴面的国家形象是扁平的，也是不存在，不真实的。同时，塑造国家形象应是一种结果，而不应是艺术创作的目的或初衷。讲述动人的故事，塑造真实的人物，展现丰富的社会生活，挖掘人性和社会的深刻内涵，这些才是电影艺术的根本任务。

（原文刊载于《艺术广角》2015年第02期）

网络时代与审美嬗变中的电影艺术

周 星

当今时代，网络与电影产生了千丝万缕的联系，并有力地助推了电影票房的增长，这是一个无可置疑的事实。但不少人担心互联网资本大鳄的介入将有损电影的艺术价值。我个人也对依存于互联网产生的大数据必然有利于电影生产传播不无疑虑。但时代显然发生了巨大变化，对当下电影的认识和思考，已经不能离开网络这一背景。因此，研究网络与电影的审美嬗变关系，乃是一个重要而且必要的课题。

网络改变行为方式，进而改变艺术观念

对越来越多的中青年而言，打开电视机已经是一件奢侈的事情，但电脑不可缺少，手机须臾不可离身。2013 年 7 月 22 日和 2014 年 10 月 20 日，微信上海突发设备故障问题，导致微信在相当区域内消失，网络上顿时出现一片“世界怎么啦”的惊呼声。互联网占据视觉的时代早已到来。近来，安静的校园变得不再安静，从某某学校的美女外语老师热火传播照片，到北师大女神火爆，再到美女生物实验老师网络走红，学子们因为网络蠢蠢欲动。我们还避得开网络世界的影响吗？显然不能。仅就知识获取与资料查询而言，网络搜寻具有无可比拟的便利性。哪怕只是成为“知道分子”，也不能不通过网络拓展获取知识的渠道和范围。

影像世界也是如此，互联网成为大大有利于影像艺术产生、发展、传播的媒介和利器。而移动媒体时代的到来，进一步改变了传统传播景观，数字技术成为强劲的产业发展驱动力。移动互联网时代改变了人类审美和认知世界的方式，电影文化也在新技术、新媒介的激发下发生了巨大改变。微电影、网络视频、粉丝经济、格瓦拉预订、网上浏览预告及传播影讯、发布权威影评等等，都是以往匪夷所思的现象。如果不看

周星，北京师范大学艺术与传媒学院，教授。

清这种发展趋势，就难免没有做错什么却无奈地铸成大错，就像诺基亚被微软收购时其总裁说出的那句伤感的话："好像我们没有做错什么，是世界变了。"

新一代人认识世界、把握世界的工具和信息传播渠道在变化，疏离了纸质年代逻辑联系的"知识成团"，分散的吸纳和时空跨越式的知识接受，成为碎片化看待世界的极迅捷的认知方式，这一点非常重要。80后，尤其是90后、00后，完全通过互联网来认知世界，这就导致移动互联网对人的交际、工作、心理产生巨大影响，人的观念、生活方式、认知方式也随之改变，而且这一改变会日益加剧。比如说谷歌公司开发了一种"谷歌眼镜"。它具有和智能手机一样的功能，可以通过声音控制拍照、视频通话和辨明方向，还可以上网冲浪、处理文字信息和电子邮件等。而美国军方为军人配备高科技含量的全彩3D可视头盔，功能与谷歌眼镜类似。据国外媒体报道，美国科学家研制一种iBrain头盔装置，它可以直接从大脑阅读信息。史蒂芬·霍金正在测试两枚硬币大小的小装置，这个小装置可以直接从他的大脑中读取思想，从某种意义上说，这可以让霍金恢复说话能力。虚拟技术和移动互联网带来的变化如此匪夷所思，我们岂能忽视？

网络时代，电影受制影响日渐明显

"前网络时代"或者说"浅网络时代"，电影还在胶片时代，依赖影院放映，注重单一性影院观众需要的电影感觉，尚没有考虑网络时代这种多样化的观影需求。观众虽身份各异，但其观赏趣味，显得单一明确。电影的判断标准虽不尽一致，但内容、故事的要素还是占据主体，传统的电影美学观念，依然还是靠拢审美这一方向。而电影专家、资深评论家的经验对于喜欢电影的大众具有指导意义。如今的网络时代，发生了许多改变。这种种改变是全方位的，包括从创作投融资、策划预测、宣发、创作内容、路演、确定档期与放映的样式、宣传介入跟进步骤、评价和后续走向（续集）等等，都或多或少牵连着互联网这一因素，受众的艺术素养也越来越和互联网密切相关。至于微电影，更直接和互联网相关。"互联网思维"的提出，虽然尚有异议存在，但的确需要正视。周鸿祎为"互联网思维"总结了4个关键词：用户至上、体验为王、免费的商业模式、颠覆式创新，这些提法的确需要引起我们关注和思考。就拿"免费的商业模式"来说吧，就很值得研究：一般而言，我们都认为商业行为必须讲求回报，所以应当存在直接的"付账关系"，但他认为花1000万创造一个在互联网上的免费产品让几千万人免费使用，比用同样的费用投入广告更有价值。这就体现了互联网思维：需要广泛传播就要造就粉丝，表面上似乎没有回报，其实后面隐藏着更大的潜在利益。其关键，是网络可以超越物与物的直接商业交易，用赢得关注和拥戴达到商业目的。这一思维导致的结果，可谓无为而无不为。比如杨幂当年出道的电影《孤岛惊魂》，成本仅几百万，但获得几千万的票房，就因为她的粉丝为影片奉献了70%的票房收益，相比之下，2014年暑期档中青年导演路阳认真创作的《绣春刀》，只有9000万票房，因为没有知晓度。

电影的艺术品质与市场票房：正在改变的关系

互联网和电影品质，互联网和票房，这是当下电影艺术不能回避的两大问题。电影依然是社会文化的重要组成部分，对于大众的文化影响很大，所以国家对于电影的支持，已经不是作为简单的文化产品或者产业，而是作为国家文化战略的一个组成部分。

当人们对兴旺的电影市场开始质疑的时候，电影品质话题凸显。品质是什么？一般人保持着电影的思想内涵决定论，这没有错，但以为品质取决于传统的电影规则和审美范式，难免和当下的电影太过疏远。电影的品质，一个重要的标准是其表达的情感思想和现代人的精神存在互通关系。为什么《失恋33天》成本859万（加宣发1500万），能获得3.46亿票房？因为黄小仙、王小贱们的情感生活打动了时代男女们。而7亿收入的《后会无期》，在某些专家眼里简直无可忍受，认为它不属于典型的公路片，有不完整、思路怪异等缺陷。这种批评之声有胶柱鼓瑟的嫌疑，更重要的是忽略了互联网时代的观众特点，即要满足电影用户的需要。对，是“用户”而非“客户”或“观众”。互联网上年轻人到处网购大大小小的商品，不合适就退换，不在于“最好”而在于“喜欢”，因此标准就大有差异，这就是祛魅年代无法定于一尊的审美概念，必须加以重视。前不久网络上疯传若干年前酒吧中两个女性因为撞衫而撕扯（旁边不相干的男人也打了起来），这显然体现出一种思维，但你无法判断其对错。这种现象的产生，原因在于要满足用户自由性和个性感觉的需要。我为此在《艺术评论》上发表了《换代历史中的影像表达观念分析》一文，试图辩证阐释当下电影现象，认为不必严守既有认识，而应当放在时代演进中看待文化审美变化。紧随我文章之后的一篇评论却提出：《一江春水向东流》才是电影典范。似乎不错，却显然时代错位，绝对不是互联网时代的基本认识。

互联网全面影响着社会生活。我从研究、撰写博客到投入微博、参与微信，观察其发展，的确看到互联网时代的一些新变化，比如你是不是被定为头条决定了你的关注度。学者喻国明最近有文章提及居民智能手机使用状况调查，其中中国智能手机下载的APP客户端平均23个，但每周至少点开一次的平均7个，其结论是不能进入人们选择的7个客户端，那就一周被人点开的机会都没有，你的价值影响力就无法实现。

他说："这就是寡头竞争的残酷。"所以他说互联网是一个重新聚合社会资源、市场资源的一种结构性力量，呈现出来的是和传统社会完全不同的面目。"如果我们还是把它仅仅看成是一个渠道、通路、手段的话，那我们是在犯一个历史性的错误。"

那么，在这个铺天盖地皆是网络的时代，电影到底受到了什么样的影响？

首先是资本介入的影响。2014 年，BAT（百度、阿里巴巴、腾讯）与电影生产、创作产生了更紧密的联系。近年来影视圈出现了一种新的态势，即超过千亿元的基金和互联网企业资金涌入电影市场。2014 年，几乎所有热映的电影都有金融资本和互联网企业的身影。64 起影视公司并购案，涉及资金近 680 亿元。比如 IDG 公司投资的《山楂树之恋》和《雪花秘扇》，"经纬创投"投资的《后会无期》，阿里巴巴娱乐宝联手乐视影业投资的《小时代 3》，百度百发有戏、优酷土豆、基石基金打造的《黄金时代》，乐视影业、儒意欣欣、优酷联合投资的《老男孩》等。中国电影市场已连续 6 年以 30% 以上的速度增长，金融资本和互联网企业已公开携巨资跨入电影行业，影视圈很可能迈入一个资本运作的新时代。

其次是策划的因素分析。互联网的大数据与电影生产的关系似乎是直线逻辑关系，但其中的人文思考值得注意。比如《黄金时代》曾经依赖大数据研究而计算出乐观的收获预期，但最终结果却大打折扣：票房仅仅五千万。在目前的中国电影市场，超过 5 亿才能计入票房前 10 名，不上亿元则羞于提及（2014 年过亿影片有 66 部之多），在这一整体状况下，《黄金时代》不仅显得票房惨败，而且连成本都没有收回。《黄金时代》这种低票房引发的反思是：大数据针对的是大市场大众，却未必适合小市场文艺！

在名家改编、名导执导下，原本以为历史文学名人复杂的人生故事会有良好的票房突破机会，但事与愿违。媒体分析个中原因，或认为其档期不对，或认为当下青年观众不熟悉历史，或认为故事片掺杂纪录片形态造成理解障碍。显然，这里判断电影的标准，完全与票房收益的高下保持一致，难道高票房就是胜利，低票房就是失败？有时我们已经形成一种思维惯性，难以把握到事情的真谛。实际上，《黄金时代》试图创作出一个影像世界，营造萧红那个时代灾难连绵的历史氛围，复现不可把控的人生命运和特别的人际关系。为了呈现萧红、萧军、端木蕻良、骆宾基等人物在历史的风云际会中的复杂人性和个体生命，影片又大胆地运用了纪录片的手法。此外，长达 3 个小时的长度，更加确定了这部影片的非商业性设计，也决定了这是一个更为顾及艺术追求的作品。在大市场走向的趋势中，换一个视野去看电影，未必一定要拿市场获利为评价的唯一标准。这也是一个完善的电影市场中人们应当具备的成熟心态。由此也可以说，低票房既是不幸，也是有幸，它告诉人们：电影创作之路未必只有一条，众说纷纭未必是坏事。

第三是网络粉丝不可思议的影响因素。粉丝是一种对于钟爱对象的群聚现象，其中最典型、最传统的，是明星崇拜。网络产生的粉丝，对于电影市场的消长不可小视，其好恶与取舍的坚定性，可以翻手为云、覆手为雨。除了上述所说的《孤岛惊魂》中杨幂粉丝的功劳之外，“杜汶泽事件”也从反面相当典型地表现了粉丝的影响。2014 年 4 月，香港影星杜汶泽和内地网民论战，称“内地网民自以为是，没多大本事”，从而激起群愤。他发出“有本事阻止我来内地”的言论，网友遂发起“阻止杜汶泽来内地”的活动。后来，杜汶泽主演的电影《放手爱》在内地公映，遭到网友及观众的抵制和罢看，因此票房欠佳。不少网友在微博留言呼吁：“别不小心买了票贡献了票房！”此后《人间·小团圆》等几部有他参与的电影也受到连累，纷纷取消上映——因发行商明白:杜汶泽在其中就无法保证票房。站在票房角度，已经无法忽视粉丝带来的巨大影响。互联网产生的大 V，在电影尚未出现就可能确立影响力。而大 V 本人的电影，又可以成为万众瞩目的聚点，郭敬明和韩寒显然得益于此：拥有近 4000 万粉丝的韩寒与 3300 万粉丝的郭敬明，让《后会无期》《小时代》这两部影片在宣传之初便风光无限。而此前赵薇《致我们终将逝去的青春》也借助网络影响力，进行有针对性的宣发，让票房如虎添翼。相比而言,其他电影的宣传,显然“少慢差费”。想想颇受非议的《分手大师》无论怎样被批评，却挡不住超越性的票房斩获，便可知其中道理。

第四是网络售票影响票房走向。互联网带来的效应，还有以往闻所未闻的网络在线团购售票。《后会无期》上映首日即揽获 7650 万票房收入。UME 影城负责人曹咏透露，该片借助多方合作，网络购票占比已超过 50%。而美团猫眼、格瓦拉以及网票网、时光网、豆瓣等众多网站，很可能被 BAT 三巨头提前收购。美团和《心花路放》制片方以“互联网（020 电商）+ 电影”的模式探索成为出品方之一。2014 年 9 月 22 日，电影《心花路放》制片方携手美团猫眼举办了首映仪式，这是电影制片方首次与电商 O2O 平台合力做宣发。以往有些片方采取“提前预售”的方式做一周左右的前期宣传，此次美团和片方推出 15 天预售期，创下了预售提前的最长纪录，也为影院提前排片开了先河。此举在一周内实现了 4000 万票房，也创下了未上映却有收益的影片票房纪录。据猫眼电影公关人士透露，截至 2014 年 10 月 9 日，通过猫眼售出的电影票已达 3 亿元，接近总票房的 50%。值得一提的是，作为目前国内最大的电影票销售平台，猫眼 2014 年已覆盖全国 70% 以上的 3000 多家影院，交易额达 50 亿元。一般认为，全国每售出 3 张电影票，就有 1 张来自猫眼电影。当然，也有人认为，最后所有的院线，所有的票务网站，所有的影视公司，都会成为 BAT 三巨头的打工仔。可对于正在娱乐产业布局的 BAT 来说，现在收购影视公司和视频网站都太贵了，而且它们的业务都离钱太远了，变现能力差。而在线售票网站就是未来电影行业的权力中心，并且离钱还最近在线售票网站可以直接收取票款，然后每个月给院线结算一次。相比之下，影视公司要靠院线结算完后打给国家规定上交电影基金的专项账户，然后趴几个月后再结算回来，太

漫长了。

第五是网络营销时代的电影宣传效果凸显。韩寒处女作《后会无期》于2014年7月24日全国公映，“国民岳父”再度成为网民热议的话题。拥有近4千万微博粉丝的韩寒深知互联网对中国受众的影响力，在电影制作阶段，韩寒团队就携手优酷、土豆展开合作。随着电影进入宣传期，韩导将互联网营销的天分发挥得淋漓尽致。《后会无期》上映首日，“韩寒电影卖得好，小野嫁妆少不了”“全国女婿祝电影《后会无期》票房横扫”的巨幅广告出现在《新京报》的整幅版面上，为韩寒的电影做了一次相当搞怪的宣传。“国名岳父”这一“美誉”本身，也是2013年光棍节韩寒在微博上发布女儿小野照片而“一发不可收拾”的结果。无独有偶，神曲《小苹果》在网络上的爆红，将《老男孩之猛龙过江》这部名不见经传的小众电影带入大众视野。而成为2014年第一票房电影（11亿）的《心花路放》，也造就了国庆档的奇观：相比2013年电影国庆档的冷清，2014年整个大盘在长假七天共收获10.8亿元票房，而功劳第一的就是《心花路放》，该片在国庆前一天公映，至长假最后一天，共收获票房7.57亿元。2014年国庆档前四天便已破了去年整个国庆档的票房纪录，由此也使得2013年内地市场全年217亿元的票房数字，在2014年国庆档期间被提前打破。《心花路放》一系列纪录，包括了成为华语片首周票房第一名，华语片总票房第五名，华语片中最快破2亿元、3亿元、4亿元、5亿元、6亿元票房纪录。就市场对路和受众欢迎而言，影片十分成功，策划从演员阵容已经可见：名导演宁浩集结了黄渤和徐铮两大笑匠，三人的名字已是票房保障，加上周冬雨等人气演员，电影的档期需要轻松搞笑，而公路片的类型比较地道，喜剧样式投合时代趣味等。尤其是适应网络时代电影受众的知晓、观赏和接受而采取的定位、广告植入和营销策略，保证了节节攀升的票房。大家可能不会忘记此前具有影响效力的几个事件：宁浩录播2014年8月30日中央电视台《开讲啦》，反复提及《心花路放》，靠口碑营销就已经让该片渗透到大批90后茶余饭后的谈资中。此外宁浩和演员徐铮、黄渤一同参加了《中国好声音》的录制，黄渤献唱一首《爱与愁》，录像被节目组剪辑到了9月19日的齐秦专场，黄渤那场的回访量，腾讯视频显示为1.5亿。至于“O2O”营销，即线上和线下的结合，更是适应时代特性，改变了电影发行和院线经营的传统模式。在9月16日，《心花路放》提早两周超前点映，全国总计350场，共有5.7万人观影，为这部国庆档才正式上映的电影，提前贡献了245万人民币票房。在这一背景下，猫眼等一些网络售票平台推出了最低“9.3元手机客户端专享优惠购票”的促销活动，片方和电商网站互利互惠。这个促销既为《心花路放》引爆预售热潮，也为“猫眼电影”的手机客户端做了推广。总之，从创作到营销，影片都落实在当下市场和文化需求上，由此有人认为《心花路放》堪称一部众筹营销电影的典范。

网络时代中电影艺术观念的嬗变

从影视角度讲，移动互联网时代带来的最大变化是审美观念的变化。1970 年，美国文化人类学家玛格丽特·米德出版了《文化与承诺》一书，提出了“前喻文化”“并喻文化”“后喻文化”三个概念。所谓的后喻文化，就是年轻人因为对新观念、新科技良好的接受能力而在许多方面胜过他们的前辈。以高科技、互联网为特征的当今时代，无疑地，就是所谓的后喻文化时代：老一辈的权威观点遭到挑战，周围充斥着老年人向年轻人请教的大量现象。年轻人使用新语词，他们自身的语言系统颠覆了传统审美，影视作品不使用新语词就不会被年轻人接受，从而失去年轻受众。当代艺术中很多影像的审美感知令老一辈电影人匪夷所思，他们认为不像电影的电影受到年轻人追捧，而新一代人在“匪夷所思的审美感知”中反而觉得满足。我认为，总体而言传统审美方式的基因还在，但传播方式、接受方式大量改变，不可避免地造成了审美变化。例如人们越来越多地在移动互联网上观看需要的影像，微电影随之兴起，它“短快平”的表现方式远比十年前的丑星、选秀带来的颠覆变化更大。

这个时代电子媒体取代纸质媒体，我们必须承认，传统媒体若不联动多媒体进行全媒体传播，必将受极大的削弱。现在电视媒体明显式微，被看作老年事业、客厅文化，就连代表主流媒体的央视也是“无可奈何花落去”。现在大学生就业更愿意选择网络媒体，地方电视台用人则朝不保夕，就业趋势在七八年间发生了巨大的变化。用户群体在新媒体上游弋，行业结构、媒体人地位也在发生变化。传统媒体要适应这样的变化，就必需积极寻找与新媒体融合发展之路。

现代新词“大数据”就是互联网产物，也只有互联网能够瞬间、精确地统计线上线下的数据。互联网不仅带来技术的变革，还带来新的行业判断。传统媒体的发展引入用户为先的理念，产品生产也要满足用户需求。

最近兴起的弹幕电影就迎合了移动媒体时代的青年人。在观看这种电影时，观众可以在电影院里使用社交工具，在大屏幕上交流互动，在他们看来，这些远比电影的剧情、桥段、艺术表现更为重要。但我认为电影发展到这种地步是一种堕落，电影作为一种艺术，不应这样发展，但不得不承认这种产物的出现超出以往人们的想象。

文化审美没有对错之分，但有雅俗之别。某一群体对某一文化现象有自己的独立态度，消除对错的判断，是很正常的，也是社会宽容、进步的表现。而且，越是和平繁荣、物质发达、文化兴盛的年代，越没有文化上的绝对对错之分。移动媒体时代多元、开放，艺术要坚守的原则是什么？同时，艺术需要哪些新鲜元素来适应这个时代的变迁？

首先要正视移动互联网媒体时代。世界景观发生变化，要跟上时代脚步，不能拿传统的审美标准整齐划一地要求这个世界。艺术要坚定一条原则，无论前喻、并喻还是后喻年代，人类要传承的文化，始终要有一个值得强化的核心价值。这个思想丰富的时代生成了新的语态和传播机制，人作为高级动物，一定会在丰富的多样性里寻找一个艺术文化标准。艺术文化中的正能量，对人类本性的、善良的、诚实的创作激励作用应当居于核心地位，对于艺术创作来说，最重要的是既能接纳多元又能凸显自身的特质。要逐步发现一个适应传播媒介的审美规律，而旧的审美规律也应进行一些调整变化。某些传统的理论家、电影人，处于一种焦灼状态，以某种“在过去是对的”观点来判断现在的电影，不免落伍于时代。

现在传统电影人和年轻粉丝在电影观念上失衡不谐，但我认为会找到一个统一的标准。人类的智慧会感知更优质的文化，寻求新的审美机制和规律，它可能是宽泛的，但只要是与人类精神正能量中那些崇高、伟大、真挚相结合，这种新的文化审美体制就能够建立，它还可以拯救我们整个社会的道德失范危机。文化审美需要有一个向上、向善的秩序，在这个过程中，无论是国家还是社会群体都要明确一点，那就是文化不能唯利是图。虽然包括电影在内的文化产品必然要在市场中生成价值，但它毕竟不是纯粹的物质产品，它还要承载一个民族精神上的种种神圣使命。我认为一个国家的文化慢慢可以达到有规则的趋利，或者说，追求物质回报和精神高度并不是一对矛盾体。而在未来相当长的一段历史时期，去除唯利是图，是市场环境下建设良好的文化秩序特别重要的原则。

2014 年是传统媒体与新兴媒体的融合元年，如何坚持艺术与传播比翼齐飞？移动互联网时代人们的视觉观感发生变化，我们持守的第一个关键点就是新媒体不可转移、无可替代，会对传统媒体产生影响。电视媒体仅仅依靠单屏失去了受众，所以必须和新媒体结合，向多屏变化寻找出路，这是趋势使然。在传统媒体和新媒体结合的大趋势下，艺术同样会受到影响。从《喜羊羊与灰太狼》在电视、书籍、电影等传播领域中大获成功的例子中，我们可以看到跨媒介的影响力。“酒香也怕巷子深”，电影上映需要在互联网上投入巨资，做相关宣传活动以吸引观众，赢得预期利益，这就是利用新媒体迅速传播、善于抓住受众眼球的优势。实践证明，观看影片的粉丝量不是电影本身的粉丝量，而是演员、角色个人微博、微信上的粉丝量，这就是电影粉丝经济。从艺术的角度来说，电影已经注定无法离开新媒体的力量。而在网络时代里，电影艺术会不断发生审美嬗变，走向颠覆想象、无限幻化的未来。

（原文刊载于《艺术广角》2015 年第 02 期。）

当下中国艺术电影的生存现状及发展策略

侯李游美

摘要：近年来，中国已成为全球第三大电影生产国、第二大电影消费市场，电影产量及票房实现了大飙升，在商业及产业化方面做出了惊人的成绩，中国商业电影显示出了无限生机和活力。与此相对应的却是中国艺术电影当下尴尬生存境域——于多元环境里相对萎缩的状态。电影的艺术属性与商业属性对一个国家的电影文化实力而言，同等重要，它影响到该国电影市场的全面竞争力和国家文化软实力。本文在考察当下中国艺术电影的尴尬生存现状之基础上，在国家文化内涵体现、艺术精神表达、产业化运作之关系等方面试图为其发展提供一种可行性策略。

关键词：艺术电影 生存现状 发展策略 软实力

中国电影在过去二十年里经历了飞速发展，自党的十六大以来，其发展成绩斐然，举世瞩目，电影产量和票房均以每年35%以上的速度提升，且提升比例仍在逐年增长。这种情况下，电影的产业化发展值得深思和研究。对于中国电影而言，“闭关锁国”的发展政策在当下显然不足取，因其不仅要面对全球激烈的市场化竞争，更要应对严峻的全世界民族之间的文化角逐。据于此，我们需要抓住当前电影发展亟待解决的问题，即回归电影的本体和主位来谈生存与发展。电影本身是一门综合性的艺术，所谓回归其本体，就是回归艺术电影来观照当下中国电影的现状。按照国际上对电影的类型化划分标准，中国电影的区分类型可分为三大类：主旋律影片、商业大片（以市场为导向，可转为文化产业，靠市场调节作用引导）、艺术电影（本文研究对象）。塔科夫斯基（Andrey Tarkovsky）说：“艺术最重要的任务，便是影响灵魂。”[①] 不得不承认，当下中国大部分影片缺乏来自影响人心灵或精神的哲学思考，另一方面中国又不缺乏具备前卫艺术创造生气的新锐导演。应该说，在不同风

侯李游美，成都大学艺术学院，讲师。

① ［苏联］安德列·塔可夫斯基著、陈丽贵等译：《雕刻时光》，人民文学出版社2003年版，第39、34、40页。

格、不同年代的艺术家之间，并非只存在一种“非此即彼”的单一美学选择，真正的“影响灵魂”呈现为在美学精神以及电影艺术叙事方式和表现形态上的独特个性、独家创意和独有魅力。只有在商业电影飞速发展的当下，为艺术电影的良性生存提供某种可行性策略，才能开拓中国电影的多元新生面，使其形成百舸争流、百川汇海的大气派，并最终扩大中国电影的文化吸引力和国际竞争力。

一、当下生存现状之“中国元素”不等于“中国符号”

中国电影在1994年以后受到美国电影的大片冲击，当时处于电影改革时期，过去由中影公司的统售统销，变成制片厂独立向市场发行之后，国有电影制片厂由于缺少资金，必须拍一些短平快、受市场欢迎的商业电影。党的十六大以后，电影产业化发展有了明确的要求，以《英雄》为首的大片开始兴旺，中影集团改革，由过去“买指标”变成“单分制”，最后承认“民营”的电影制片单位，由于这些改革，中国电影走到了高速产业化、出产率高的今天。但是，电影作为表现国家软实力的一种艺术门类，它在吸引观看、造就票房、形成话题、产生社会影响、引领社会风尚、进而改变人们行为观念的同时，更应该体现其独特的审美内涵，尤其是本国的悠久文化底蕴及思想价值取向。软实力的源泉来自内在性的精神力量，而精神性显著表现的一种形式是自由，“(自由)本身优先于文化”。[①] 在这里，对电影所实行的文化策略，须要注意传播、沟通、融合与个体选择的关系，不能违背艺术家个体的自由选择，如果把文化绑架在一个特定制度之下输出，对于艺术电影的观照又会进入到一个南辕北辙的境地。

众所周知，中国电影最早以功夫片进入世界电影视野。先有天才李小龙的开拓，后有成龙、李连杰的崛起，中国功夫电影一直是西方人认识中国电影的一个重要窗口。根据相关调查数据显示，功夫电影其实是中国电影唯一能成规模出口的类型片。在此我们尚不知中国功夫元素在国际影坛的热度是否只是暂时性的，它是否会形成产业发展的周期律。就功夫片本身来说，若要使其作为中国某种独一无二的电影类型走向国际，我们还得兼顾全球化和民族性之平衡。这里以功夫电影为起始，关注这些电影里中国元素所呈现的内容。应该说，从功夫片开始，其中的中国元素所涉及的并非等同于中国社会的现实所指，而是某种电影以外的“存在”，它甚至成了受到西方瞩目的第三种指认中国的方式——西方人于其中形成了对中国及中国文化

① 秦晖：《自由优先于“文化”(上)——关于“全球化和文化多元化”的网上讨论》，《社会科学论坛》2001年第5期。

的固有范式性体认，一如西方人眼中一系列中国电影，实则满足的是西方人旧有的东方主义印象（或者说镜像）。

一般而言，西方人眼中的中国电影更多的代表一系列中国元素，它们近似于符号性“存在”，而又不等于“符号”。就这里的“符号”而言，借鉴瑞士语言学家费德南·索绪尔（Ferdinand de Saussure）的著作《语言学教程》（1915）中相关符号学理论。他认为，词汇不是对应于指涉物（referents）的标记（symbols），而就是“符号”（sign），此符号由两部分组成（犹如一张纸的两面）：一是记号，叫做“能指”（signifier，或译“指符”），一是概念，叫做“所指”（signified，或译“意符”）。索绪尔的公式表达为：

“符号（SIGN）= 能指（signifier）/ 所指（signified）”①

中国元素已成为中国电影人手中吸引外国观众的一道利器，飞檐走壁的功夫、高山流水的琴瑟、袅袅的熏香、丹凤眼的冷面美人，轻舞飞扬的衣衫、茶道、书法、阴阳等等近似符号性的“存在”，频繁出现在国外上映的中国电影中，这些或生动或传神的镜像，是否在表达上存在过度与失真，我们这里暂且不论。由于电影创作者青睐中国文化，希望将中国文化传播到世界各个角落，于是中国元素的不断涌现，频繁进入到外国观众的视野。但从符号论本身来看，这些符号性“存在”的内部意蕴与审美内涵，与其外在表意，或索绪尔所谓的浅层象征的漂浮“能指”是背离的。更值得思索的是，对于外国电影而言，从《杀死比尔 2》到《碟中谍 3》，从《功夫之王》到《功夫熊猫》，或者到中国拍，或者拍中国，只要和中国沾边，似乎都能吊起中国 13 亿人的胃口。随着中国飞速发展，外国电影中的中国符号不断增多，中国的形象也在不断变化。在早期的西方电影中，中国的代名词是唐人街，那里呈现的是脏乱差的街道和面黄肌瘦的中国人，从那开始，西方观众对中国的关注就停留在猎奇层面上。他们对中国符号的固有印象，不仅呆板，甚或失真，用索绪尔的符号论来看，这些“符号”只是在他们解读中国与中国文化过程中“所指”（signified）缺席了的、且无内涵的一系列漂浮“能指”（signifier）而已。

随着中国综合国力的增强，在中国同西方不断碰撞交融的过程中，西方人越来越多地想去了解中国，中国的创作者也更多地挖掘、表现中国文化。但在这一过程中，由于创作者眼界和认识上的局限，出现在好莱坞大片里的中国符号仍然难以摆脱功夫、旧上海滩、古装人物等陈旧镜像，使用的手段也带有生硬的拼凑感，具有现代中国特征的中国元素始终远离西方观众的视线。大红灯笼、秦砖汉瓦、阴阳太极、汉服中医等，作为中华民族迥异于其他民族的视觉符号，固然有其内在的符号属性

① ［英］拉曼·塞尔登等著、刘象愚译：《当代文学理论导读》，北京大学出版社 2006 年版，第 78 页。

和民族元素，但我们更多的需要观照其对人类所共有且共用的精神价值，以及其抽象又鲜明的民族文化涵养。只有对本民族的哲学精神、审美特性等大文化审美所构成的潜在深层文化获得自我认同之后，才能使中国独特且独立的民族文化精神不至在“舶来品”——电影的世界里只剩下毫无生气的孤立“能指”，进而在西方强势文化输出中“失语”。当下的世界民族文化竞技场离不开“全球化”的大视域，而“全球化”本身对于文化发展来说是把双刃剑，弱势文化的民族性、传统性于其间是被流失在强势话语之中的，更谈不上挖掘其文化资源的宝藏。因而对于当下中国电影，特别是艺术电影而言，在光影闪烁的黑暗放映厅里，应该是把观众送进一种审美化的梦境里，电影艺术家通过与观众的精神交流，不仅实现对现实生活切入而又有距离的观照，更能对观众的疲惫心灵进行一种致幻剂般的慰藉，对富有意蕴的审美内涵进行一种“光影之梦”的表达。

从传播学视域来看，那些认识、理解和暗合受众心中的规则的符号，能够在传播行为上让受众首先产生选择性注意，进而实施选择性理解，最终让受众能够选择性记忆，这是符号传播与接受的规律。只是在传播过程中，其行为的实现需要切合受众的心理需求、契合其文化背景等，再通过一系列心理过程，如范畴化、映射、整合等得到概念性的理性指示。但就艺术本身来看，其审美内涵之实现显然有着比传播本身更微妙，且难以把握的“言外之意”。电影的表意方式比起文字书写或语言表达，因其操作技术与意蕴内涵的矛盾，显得更加复杂，其意义代码也更加隐蔽。但符号化本身的技巧性运用与电影的艺术性本质之间，二者并不冲突。庄子曾说：“言者所以在意，得意而妄言。”语言或符号本身，具有内在意指，或者说其有不同于浅层“能指”的内在“所指”。电影，作为一种通过镜头表现艺术的符号，其魅力，更确切说，艺术电影的魅力并不在符号本身，而在于符号所指背后的意蕴。只有那些多彩且诗性的、有着深刻中国烙印的视觉文化符号群，才能真正代表着丰富的中国元素。

与西方电影显性表现所不同的是，中国电影，特别是艺术电影更擅长从隐性、微细的视角入手，借助中国元素的符号化阐释，传达中国文化的审美意蕴，意寓深远地展现人于世界之中的哲学认知与价值取向。有评论者这样说：“（电影）《红高粱》经过编导心灵的过滤，情节人物已适度变形，加上蒙太奇的组接与造型、音响配合，将创造者心中的幻境还原为一种屏幕上人人可见的亦幻亦真之境——即‘造境’。”[①] 这样的艺术电影“造出”了一场场深具魅力的“幻境”，于其中有着人与感性生命之血肉关系的思考，更有着人性本身的狂放生命意识，对原始生命狂热挚爱的表达。

① 李彤：《〈红高粱〉，自己种的高粱》，《中国青年报》1988 年第 2 期。

最后留给观者的是无穷思考与无尽回味。到目前为止，各种被认可为成功的艺术电影，皆立足于本国的文化基础，自有一种不可替代、专属于本民族又具有普遍性的民族经验和民族感染力，其中既有琴棋书画的文化传统，又有风情古韵的审美要求，更有韵外之致的艺术趣味与天人合一的艺术理想。中国电影产量与票房极速飙升的现状背后，实则带来的是一种大分化。这种分化反映为，普通观众代表了大多数，他们工作之余意欲体验时尚、快乐，贡献了票房，是电影的最忠实观众；电影界沾沾自喜，清点票房，赚得盆满钵满；可一小群文化人则满含忧虑，他们坚守着文化的最后阵地，因其不崇拜收视率、上座率和票房，有着来自文化方面的居安思危与独立思考的声音。本文认为，电影快乐背后的文化品位，比快乐本身，对于当下的中国电影现状而言，更加重要。这种大飙升后带来的电影背后的分化问题，需要文化人与学者共同关注。

二、中国艺术电影于尴尬现状里之可行性发展策略

以艺术片《白日焰火》为例，该片在 2014 年第 64 届柏林国际电影节获得最佳影片金熊奖及最佳男演员银熊奖，这是第五部获得金熊奖的华语电影，也是华人演员第一次获得柏林影帝。然而该片在 2014 年春节后上映，并没有成为市场赢家。一些看惯商业片的观众，这次是抱着看悬疑惊悚电影的心态来的，没想到是部艺术片，影片的许多符号化表现形式，让不少观众心中出现了“十万个为什么”。可见，普通观众的审美能力还有较大幅度的上升空间，这需要文化人与电影人共同引导。就文化内涵、艺术品位与商业价值的关系而言，我们必须承认这样的事实：低票房艺术电影，往往不乏丰厚的文化软实力。对中国历史悠久且内蕴深厚的文化来说，当目前我们与发达国家进行文化交流与碰撞时，在以发达国家利益为主导的全球性规则面前，易于认同强势文化寓示的“现代化”、“发达的”、“新兴的”标签，在不自知地“买单”时，认同其价值判断，从而在急切的文化焦虑中乱了阵脚。麦克卢汉曾经预言：“只有等到艺术家创造出反环境之后，一般人才能够看清楚社会的普通程序和环境模式。在美国成为‘世界环境’之后，总需要一种手段来使它看得见，使它能够被评估、欣赏和批评。只有艺术家才能够承担这个任务。艺术能够使人理解集体和社群的东西，创造反环境，使之成为当前的镜子。”[①] 在放开美国大片准入制与以市场为导向的当前中国电影现状面前，我们应该为艺术电影的生存与发展提

① [加]马歇尔·麦克卢汉等著、何道宽译：《麦克卢汉如是说——理解我》，中国人民大学出版社 2006 年版，第 120 页。

供更加广阔的平台，始终保持自己的文化定力，坚守我们的民族意识与文化自信，只有这样，才能在外来文化铺天盖地涌入时，以自身丰厚的精神底蕴与鲜明的文化内涵展示中华民族不可替代的魅力，用本民族的艺术产品，赢得世界的认可，博得属于自己的话语权，而不至于以一种“仰望”的姿态“被洗脑”。

事实上，中国大部分艺术电影承担了引领中国文化“走出去”的任务。中国电影的海外传播主要有国际电影节和商业市场两个渠道。把20世纪80年代到2012年华语电影（包括港台地区）在国际电影节的获奖影片做个梳理，会发现占绝大部分席位的是艺术电影，它们对国际电影界有着不俗的贡献。反观国内电影环境，由于市场化的大潮越来越澎湃，艺术电影的生存现状并不乐观。

首先，对艺术片有着观影期待的观众，能在公共院线接触艺术电影的可能性非常小。在影片大产量的情况下，影院以追逐商业利润为主，再加上目前对海外电影引进政策的放宽，使艺术电影的生存环境更不理想。这需要来自文化管理体制方面的逐步“松绑”，更需要来自硬件与资金方面的支持。如果要实现艺术电影在艰难生存中的逆转，不仅要审视艺术与社会的内容，同时也要反过来验证接受者（观众）的意识、品位以及文化觉悟等，它们也影响着艺术电影生产和风格的变化。“艺术和科学一样，是类化世界的一种手段，是人类追求‘绝对真理’的过程中藉以了解世界的工具。”[①] 在西方发达国家，艺术生态是朝着多层次、多元化的格局在不断发展，艺术产业和艺术事业、大众艺术和精英艺术，甚至先锋艺术都处于平衡发展的势头。他们深谙到达“绝对真理”的路程不止商业这一条途径，所以我们在看到美国好莱坞电影和百老汇音乐剧为美国文化产业做出了巨大的贡献时，还要看到他们在保护并积极开展文化事业建构。

其次，提升中国艺术电影的生存现状，需要有一片优良的生存沃土——全国高校智性方面的支持与补给，以及一系列硬件建设的支撑。目前全国许多高校开设了从大专、本科，到研究生阶段的高等影视教育课程。媒介爆炸时代，大学电影的任务应立足于大众传播媒介，培养学生关于电影的立体思维能力，掌握更为多样的艺术表现手段，熟悉视听型思维方式。很多电影大师，在拍摄起初由于资本较少，被迫启用非职业演员，反而使其将更多精力放在原创和个人独特风格的追求上。同样，在中国这样庞大的高等影视教育氛围里，年轻人借助先进、简便的拍摄器材，创作出极具独立性、原创性、精神性的作品是完全可能的。另外，当下艺术电影评论也存在着一些问题，要么受市场化的功利性驱动，把极具内涵的思想引导成一种民族性的廉价广告，要么关起门在象牙塔里自娱自乐、自说自话。在操作上，可统计全

① ［苏联］安德列·塔可夫斯基著、陈丽贵等译：《雕刻时光》，人民文学出版社2003年版，第34页。

国大学的电影场地数字，进而为艺术电影做一个专门的大学院线，在全国范围内的高校放映低票价电影。放映后通过随之而来的评论、分析、研讨，从文化层面提升艺术电影的档次。艺术电影可能会因其视角和叙事只受用一类观众群，它不屈就电影的商业性潮流。艺术电影注重个性发挥与内涵表达，"作品"本身是其基本走向（商业电影以"产品"为基本走向）。贝拉·巴拉兹（Béla Balázs）说："电影艺术的诞生不仅创造了新的艺术作品，而且使人类获得了一种新的能力，用以感受和理解这种新的艺术。"[①] 艺术电影看似极简的矛盾两极，实则内含了丰富的艺术性与审美感。剧情可削弱到用几句话概括，但其独特的人文性质、影像价值却能让观众重新体悟电影本身的独特魅力，特别是那些文学性、哲学性的画面语言，使"镜头"本身独立为一种别样的艺术形式。当下对艺术电影作出的某些评论，往往站在"产品"角度而忽略了"作品"这一维，失却了巴拉兹所说的"感受和理解"的"能力"。

再次，商业电影以市场为判断指标，着眼于资本的投入产出比，对艺术电影而言，最基本的标准在于文化（艺术）法则，因文化（艺术）创作而来的"作品性"，断然不可与商业电影的"产品性"相比较。当下中国电影的潮流体现为强调产量与票房，过分屈就市场。塔可夫斯基曾发出这样的感叹："当代最令人悲哀的事情莫过于人类对于一切美的感受力已被摧毁殆尽。以'消费者'为诉求对象的现代大众文化和加工文明，正摧毁着我们的灵魂，使得人类不再探索其存在的决定性问题，不再意识到自己是性灵的实体。"[②] 塔氏的悲叹不无道理，在与繁荣的商业电影相竞争的情形下，艺术电影导演对观众更应该有一种特殊的责任。那些热闹、浅薄、看似逼真却虚幻的商业电影在未受过真正审美熏陶的观众身上所产生的奇妙作用，和艺术电影在更具审美判断力，更具审美情趣的观众身上衍生的效应，并没有太大不同。然而可悲的、决定性的区别是：如果说艺术能够激发情感和理念，大众品味的电影，因其平易而难以抗拒的效果，无可挽回地消灭了所有审美感受及审美思考的能力。人们不再感受对美感和性灵的需求，只关注那些就着爆米花的可乐型电影，如何刺激感官并制作一轮轮热门话题。据于此，艺术电影创作者须以充分的人文情怀与思辨切入艺术电影，耕犁观者的性灵，在精心架构的电影符码中让其多重解读、反复思索，这正遵循了艺术电影能经过时间洗礼后仍历久弥新的文化力量本身。由于在欣赏艺术电影的过程中必定具有省思和再观看的特性，这一点与电影作为娱乐消费形态的不经思索和单次观看特性截然相反。如果我们将商业电影的欣赏视为"娱乐"的话，欣赏艺术电影的心理状态则是"愉悦"。

最后，一般商业电影惯于用科技作为刺激观众的强烈助推剂，对于艺术电影而言，

① ［匈牙利］贝拉·巴拉兹著、何力译：《电影美学》，中国电影出版社 1986 年版，第 74 页。

② ［苏联］安德列·塔可夫斯基著、陈丽贵等译：《雕刻时光》，人民文学出版社 2003 年版，第 40 页。

其与科技的关系并非绝对的水火不容。比如美国电影《阿凡达》、《少年派》，很难断定它是商业片抑或艺术片，其高票房背后仍有着不俗的艺术性。中国电影发展到当下，已进入高产量、高票房的繁盛时期，然而如何合理、恰当地在艺术与科技之间，找到一个平衡点造福于艺术电影，是值得我们深思的一个问题。麦克卢汉曾分析海德格尔的作品《艺术品的起源》时得出："人的一切延伸都是我们存在的外在表达或外化，都具有语言的性质。无论这个延伸是鞋子、手杖、拉链还是推土机，一切延伸形式都具有语言的结构。就像一切语言形式一样，它们都有自己的句法或语法。在考察这些技术革新的结构时，我们得到了这个出人意料的结果：人的技术是人身上最富有人性的东西。一切形式和硬件都是最富有人性的东西。所谓硬件就是各种类型的机制，包括眼镜、话筒、纸张等。Utter（说出）这个词来源于outer（外界的），所以outering（外化）是技术的本性。甚至人们的器官延伸到环境之中都相当于一种形式的话语或表达。因此，在这些outer（外化）或utterings（说出）的技术里，总是存在着一个完全灵性的本质和模式。"① 可见，技术与艺术二者并不矛盾，艺术家能把硬件或装备转换成一种深思的模式，其间同样能够实现某种艺术化的人性与灵性。观者通过把握再现物象、事件的结构组合，犹如亲身体悟一种鲜活的意蕴，这种令人吃惊且极具诱惑力的特性，恰恰与艺术电影本身最具诗意的地方相契合。

综上所述，中国电影的强盛须要在文艺美学、文化美学以及商业美学等的指导下不仅考虑到电影文化产业的赢利问题和运作问题，而且要以美学精神为逻辑起点，不能忽视以更富美感和人性的方式支撑产业化运作，展现富有中国文化内涵的价值取向，最终达到同时符合创作主体与消费主体两者现实利益和审美需求的双赢状态。一个国家文化内涵的影响力和扩散性，是其文化软实力的重要方面，这种国家文化虽然表现形式多种多样，但实质体现为价值认同问题。中国艺术电影作为最能体现中国文化价值取向与认同的一张"文化名片"，若仅借助中国元素"的浅层性"能指"，就妄想在既多元又艰难的生存境域之中后来居上。只有通过文化管理体制方面的逐步"松绑"，进一步完善硬件与资金支持，借助文化人与学者共同努力，在高校优良的智性方面给予支持与补给，解决由商业手段日益膨胀所造成的理论困惑及艺术贫乏。同时在科技与艺术上获得平衡发展，培育电影内部的软实力、软技术和文化力，形成艺术电影的核心竞争力，才能由此成为提升中国艺术电影软实力的动力源，并最终扩大中国电影的文化吸引力和国际竞争力。

（原文刊载于《当代文坛》2015年第01期）

① ［加］马歇尔·麦克卢汉等著、何道宽译：《麦克卢汉如是说——理解我》，中国人民大学出版社2006年版，第290页。

电影导演代群耗散之后：创作流变与格局重组

陈晓云

以“代群”来研究某个特定时期的导演群体，并进而梳理电影历史的发展，是中国内地特有的现象。此种研究，在将电影导演研究清晰化为代际 / 块状结构并凸显其艺术 / 美学特征的同时，往往也会屏蔽掉某些“非典型”的导演特质，比如，作为“典型”的“第五代”的“黄土地美学”，至少忽略了或者屏蔽了吴子牛的《喋血黑谷》作为此代导演群体最早具有类型意识的存在。有意味的是，“代群”似乎在“第六代”出现之后便趋于消失，呼唤已久的“第七代”或“第八代”并没有在话语的喧闹中被催生出来。导演代群耗散之后，属于某一代的导演仍在创作行进之中，但与作为“代”的时候已然有了本质区别。代群的耗散，也从一个重要的侧面验证着当代电影风格与样式的趋于多元，以及导演群体的趋于复杂，“代”的概念已经很难包容日渐繁复的电影现象本身。近年来新生代导演“出身”之差异，则构成了另外一个意味深长的现象，传统的电影创作格局及艺术教育格局面临重组。

一、百年六代：电影代群的耗散

创作经历持续 30 多年的陈凯歌与张艺谋，一直被视为“第五代”的精神标杆，除了偶有作品出现的个别导演，他们是这一代导演中持续创作的硕果仅存者。他们同样以处女作确立了自己创作的高度，同样以 20 世纪中国历史背景下的个人命运叙事完成巅峰期创作，且屡屡有意无意形成相互 PK 的格局，形构了“第五代”乃至当代中国电影历史的一个独特侧面。这两位在 20 世纪八九十年代短短几年间以《红高粱》《秋菊打官司》和《霸王别姬》为中国电影赢得欧洲三大国际电影节大满贯，并以《菊豆》《大红灯笼高高挂》《霸王别姬》等影片数度入围奥斯卡最佳外语片；新世纪以来，又以

陈晓云，北京师范大学艺术与传媒学院，教授。

《英雄》《十面埋伏》《无极》《满城尽带黄金甲》实践着中国电影由艺术而工业，他们自身由电影节“英雄”向票房“英雄”的转型。同时却又迅即陷人了票房与口碑的巨大悖谬之中。而事实上，自他们出道以来，对其创作的争议则从来没有停止过，即便是在他们为中国电影赢得巨大国际声誉的那个年代。

在分别遭遇《英雄》《十面埋伏》《满城尽带黄金甲》《三枪之拍案惊奇》的叙事/文化/消费困境之后，张艺谋分别以《山楂树之恋》和《归来》之表象上的“爱情”或者“家庭”伦理故事，悄悄地触摸那段与他个人生命记忆相关的“历史”，尽管银幕上的“历史”陈述因被过度消释而似乎变得不可触摸。20世纪当代中国的政治历史之于张艺谋或陈凯歌，或者说之于“第五代”，已然铭刻于他们的文化记忆之中。历史的劫难总会在艺术中得以补偿，这至少可以解释在世界范围之内，对于“二战”的银幕书写从来没有停止过。而“第五代”的另一位导演，于这一代崛起之初堪称精神领袖的陈凯歌，却在《梅兰芳》和《赵氏孤儿》中分别完成了毫不逊色于前期创作的两个开头之后，再度迷失于《无极》开启的历史/文化/消费迷阵之中。《道士下山》与《无极》题材全然不同，而它们的叙事/文化困扰则如出一辙，以一个哲学般开始的创意与理念，最终迷失在混乱的叙事之中而遭遇自我消解，更遭遇与当下这个时代观众对话的阻断。

如果说，20世纪80年代末《孩子王》与《红高粱》在戛纳和柏林国际电影节上全然不同的遭际，事实上标示着“第五代”作为中国电影史上第一个具有“先锋”以及“现代”意味的创作思潮的分化与终结，也就是说，“第五代”作为一个具有清晰可辨的艺术/美学特征的现代电影思潮的终结。如果说，《英雄》开启的“国产大片”至少还意味着建构中国电影工业上的努力及其成效，那么，作为“第五代”成员的持续创作，也是硕果仅存的少数导演之一，陈凯歌在当下中国电影格局中的境遇，或许意味着，即便作为一种散在的存在，也就是说，作为“第五代”成员的个体存在，似乎也迎来了他的尾声。此处所谓“尾声”，并非单指创作数量，而是指某种精神状貌。

于导演本身，或者，于追随着“第五代”一同走来的人们，内心或许并不愿意承认这个现实，尽管它确确实实地发生着。相对而言，“第六代”作为“历史中间物”的存在，似乎是一个更加触目的电影现实。

关于“第六代”，网上曾经有过一种比较刻薄的评说，认为这一代还没有拍出代表作就已经结束了。话虽不免刻薄，却也包含着某种必须面对的实情。与“逆推”的“第五代”先有作品再有称谓不同，“第六代”是一个“能指”先于“所指”的创作代群，也就是说，“口号”先于实绩被预先指认。除了题材与风格上的明显差异，“第六代”遭遇的创作处境也与“第五代”全然不同。“第六代”毕业及出道之初，陈凯歌、张艺谋们已经在国际电影节上声誉鹊起，且在作为“第六代”主体之一的85级进入电影学院就读之前，导演系连续6年没有招本科生，这客观上使得“第五代”刚出道便身处“后无来者”的境地。“第六代”出道之初，恰逢中国电影体制改革，国营片厂不再如20世纪80年代般可以为电影创新提供基地及“零拷贝”的风险，加之时代风云变幻，以及创作者自身的选择，使得这一代导演中的相当一部分长期处于“地下”状态的游走。其中，参加国际电影节依然成为其主要通道，且常常成为一种被刻意表述的“姿态”，这使得我们更多时候在关注他们的“身影”，而非他们的创作。另一方面，如果说，“第五代”的背景，除了众所周知的北京电影学院“78班”，黄建新等导演也与电影学院之间有着种种姻缘关系，而“第六代”的状况则更显复杂，一个显见的现象是，中央戏剧学院毕业生（如张扬、施润玖、金琛等）成为其中不可或缺的力量。两大艺术院校之间的专业比较，也由表演而扩展至创作的其他领域。这种现象是意味深长的。当时的人们或许不会意识到，专业/创作领域的扩张，并非仅仅是艺术院校之间的竞争，20世纪70年代末80年代初在普通高校兴起的艺术教育由电影（电视）课程而至专业的变化，终于在本世纪蔓延为电影创作队伍更为显见的“跨界”现象。

与“第五代”顺利完成从国际电影节电影向市场电影的转型不同，一方面，“第六代”冲击国际电影节奖项之时，中国电影在重大国际电影节的地位，正被伊朗、韩国所取代，加之资讯及网络的发展，西方对于东方中国的异域想象，电影不再是主要更不是唯一的通道；另一方面，“第六代”的市场转型却遭遇了更多的尴尬，“艺术”与“商业”之间的游移不定，终是造成此种尴尬的原因所在。

二、跨界导演：创作格局的重组

《英雄》引发票房与口碑之间的悖谬，“不烂不看，愈烂愈看”“我想看看它到底有多烂”之类的诡异思维，成为许多观众走进影院的主要动因之一。而事实上，由观烂片而引发的吐槽快感，至少可以部分解释此种现象背后的某种引人思考的观片动机，当这种吐槽最终成为视觉化的“弹幕”的时候，其心理动因似乎便昭然若揭了。吐槽带来的巨大快乐，已经不仅仅限于电影领域。自然，这并非问题的全部。因为事实上收获高票房却被视为“烂片”的影片也仅占极少的份额。绝大多数影片，连进入院线平台的机会都不曾获得。对于它们来说，生产过程的结束，似乎同时意味着消费过程的完结。[①]

① 人们在多数时候所讨论的“烂片”，主要都是以院线放映的影片为对象，而数量更为庞大的无缘院线、甚至无缘电影频道的影片，它们的资金来源与创作状况，它们的投资与创作主体的诉求，是另一个富有意味的话题。

2015年暑假，《大圣归来》《煎饼侠》《捉妖记》这三部影片几乎同时出现，似乎在一定程度上改变着国产电影票房与口碑之间的悖谬关系，尽管它们在叙事上并非是无可挑剔的。但至少在大部分电影偏离关于电影的常识之时，它们努力回到“常识”。因而，这是一个水落石出的结果，而非水涨船高的必然。这使得人们似乎相信，有品质的电影终于有了它的“春天”。当然，我指的是票房意义上的。实际情形会如何发展，有待进一步观察及思考。

这几部影片所提供的另外一个重要信息是，其导演田晓鹏、董成鹏（大鹏）、许诚毅的名字，于普通观众而言是陌生的。而他们的出身，并非经典意义上的“科班”。他们不但学的不是导演专业，而且几乎与“艺术院校”四个字不沾边。田晓鹏毕业于北京工业大学，具有丰富的三维动画创作经验；董成鹏毕业于吉林建筑大学，因主持脱口秀节目《大鹏嘚吧嘚》而出道，2012年起自编自导自演搜狐视频自制剧《屌丝男士》；许诚毅毕业于香港理工学院，早在1989年就入职美国梦工厂成为动画师，参与创作了《怪物史莱克》等影片。

电影业的“角色反串”现象并非起始于当下。仅以“78班”为例，毕业于摄影、美术等专业的张艺谋、顾长卫、侯咏、何群、冯小宁等，先后都转行成了导演；姜文、徐静蕾、徐峥等则成为明星/演员转行导演的经典个案。但是，这些所谓的“角色反串”，通常还是在行业内部的不同专业之间展开的。如今我们似乎更多用“跨界”来形容“角色”之间的各种复杂景观。老板、作家、IT业人士，各色人等都在“跨行”成为导演，且票房不俗。

由此反观中国的电影教育，如果说，普通大学开设电影课程/专业，最初动因还是偏于鉴赏与研究，那么，随着数字与网络时代的到来，制作设备的轻便化与低廉化成为主导趋势，它在客观上降低了进入制作这个行业的门槛，全民影像写作在这个意义上成为可能。另外一个值得关注的现象是，去欧美学电影及传播类专业的学生有明显增长的趋势。也就是说，未来中国电影人才的培养，有可能形成国内艺术院校、普通大学及海外大学三足鼎立的新的格局。此种格局的雏形，在近年来国内外举行的各类短片/微电影比赛中可见一斑，艺术院校一枝独秀的局面，正被创作主体的多元化格局所代替。短片/微电影比赛/评奖的意义，并非仅仅在于褒奖一些优秀的作品及其创作者，而是为未来的电影艺术/工业提供人才储备。而事实上，它们也成为青年导演走向常规长片创作的一个主要通道。今日短片/微电影创作者队伍的多元化，客观上或许决定着若干年后中国电影创作主体的新的格局。

与之相关，类型意识及工业意识的觉醒，成为近年来电影创作之流变的一个标志性现象。当20世纪80年代中期人们以“娱乐片”这一内涵并不严格的概念来指陈实际上的类型片的时候，其对电影功能拓展的意图跃然纸上，它是对国产电影长期拘泥于教化功能的一种反拨，或许也是针对“第五代”早期影片票房惨淡的一种矫枉过正。教化与娱乐的双重变奏，这一中国电影史上的经典母题，在那个年代再次发出它的声响。一直到今天仍然在使用的“商业片”以及与之相对应的“艺术片”概念，仍然是在学理上很难界定的，虽然我们约定俗成地心领神会它们之间的分野。

类型片概念被广泛认同，以及专业院校教学由此产生的教学重心的位移，是建构电影工业不可或缺的。这个夏天受到票房与口碑共同赞誉的几部影片，几乎都有着清晰可辨的类型意识。近年来，诸如《疯狂的石头》《疯狂的赛车》《泰囧》这样的喜剧片，《画皮》这样的魔幻片，《孤岛惊魂》这样的恐怖片，《失恋 33 天》《北京遇上西雅图》这样的爱情片，《后会无期》《心花路放》这样的公路片，中国电影以某些类型为突破口，类型意识的渐次觉醒，以及与此相关的对于明星策略、工业意识的强调，《大圣归来》《煎饼侠》《捉妖记》的出现，在一定意义上看，似乎也是顺理成章的结果。

三、强化叙事：电影突围的路径

陈凯歌与吴宇森分别导演的《道士下山》与《太平轮》，票房或口碑在这个暑期档折戟沉沙，或许并不能简单归结为导演年岁意义上的“老”，或者说是某种“代”的“过时”。究其实，本质上乃是与当下社会、现实、受众之“对话”能力的丧失。当然，此种丧失存在于绝大部分国产片之中。多数时候沉迷于“历史”叙事的陈凯歌，曾一度以《和你在一起》和《搜索》试图以现实题材与触及问题的针对性来重构此种“对话”关系，但艺术创作的诡异之处恰恰在于，他的“历史”叙事却更有意味地对应着“当下”，触及着当下受众的观影心理，这再一次有力地支持了“重要的不是故事叙述的年代，而是叙述故事的年代”这样的观点。题材的“现实性”，并不必然决定着与现实中的人们的对话关系的达成。

“对话”，实际上至少意味着“双方”，即作为创作者的导演和作为接受者的观众的某种对等关系。就如中国电影工业仍处于进行时，中国电影观众同样是一个指向较为暧昧的群体。暧昧，指的是它的不确定性，它的变量。据说，近年来国产电影的票房突进，便与“小镇青年看电影”这样的新的观影时尚相关，这个庞大的尚未充分开发的观影群体，其文化趣味显然与“都市”里的观众形成群体差异。不确定性还有一重意思，是基于中国本土的类型电影创作尚未形成规模化创作 / 制作，与此相对应的是，指向某些电影类型或明星的相对稳定的观影人群，也没有完全形成，这会在一定程度上带来观影行为的相对随意与松散。从生产到消费的一个完整链条，形构了一个关于电影的生态系统，尚处于无序的正在建构的状态。从这个意义上看，近年来部分卖座

片可以视为“黑马”，或者说“意外”，而并非基于工业层面的精心策划的结果。

也正是在这个意义上，我们必须充分肯定《大圣归来》《煎饼侠》《捉妖记》等影片回归“常识”的努力。相比较于那些虽有票房却备受诟病的“综艺电影”或者“PPT电影”，它们在类型意识的清晰与坚持、影像质感和叙事能力的提升方面，都做出了可见的努力。但即便是在这样一些具有良好的票房与口碑的影片中，剧作/叙事问题，亦即中国电影最大的软肋，同样也是清晰可见的。回到“常识”，是中国电影趋向良性变化的开端，而并非结果。

韩延执导的《滚蛋吧，肿瘤君》当是这个暑期档带给我们的另一份惊喜。这位科班出身（毕业于中央戏剧学院）的“80后”导演，在一个极易狗血与煽情的故事形态里，显现出与其年龄与经历并不相称的对于叙事的节制与控制力。这个有着现实原型的故事和人物构架，指涉着一个被叙述过不计其数的“母题”，但与同类故事不一样的是，它以一个表象闹腾的喜剧，来呈现一种催人泪下的悲情效果。原来，在国产电影中缺失已久的“情怀”并非是多么宏大的概念，对于普通人生命的尊严与美好的尊重与表达，这就是最好的“情怀”。有意味的是，影片对于此种“情怀”的表达，是深植于一个“古老”的故事模式，一个在艺术创作中不断被“复现”的母题，一种更偏于类型的结构形态与人物塑造，而非人们常常不由自主地在理性上陷人其间的所谓“艺术电影”。在“类型”中寻求“艺术”的表达,在此前的《浮城谜事》《白日焰火》等影片中都可以见到端倪。

如前所述，剧作/叙事问题已然成为中国电影发展的一个无法规避的问题，即便是在让·雅克·阿诺执导的《狼图腾》中，类似的问题同样存在。叙事的无逻辑、悖常理，在国产影片以及准备投拍的剧本中比比皆是。如果说，“第五代”的前期作品主要是以凸显影像造型来对传统电影实施某种反拨的话，当他们进人被称为“国产大片”的运作时，叙事的硬伤便暴露无遗了。一个颇为吊诡的现象是，“第五代”的早期影片多改编自中国当代文学作品，而他们恰恰在改编中呈现出某种“作者电影”的风范；当他们进入更具工业/商业意义的“国产大片”的领域之时，恰恰却开始追求“原创”了，陈凯歌、张艺谋在继《英雄》之后的一系列影片中，都担任了“故事原创”或者“编剧”的工作。此种表述无涉他们自身的剧作能力，重点在于，商业化的类型片所要求的，恰是工业意义上的分工合作，而非追求所谓的导演个人“原创”。《满城尽带黄金甲》和《赵氏孤儿》到经典戏剧作品中寻求创作素材与灵感,以及此后的《金陵十三钗》《归来》《道士下山》等影片又到小说中寻求创作素材与灵感，或许可以视为对此现象的一种反拨，所惜结果并非理想。

也因此，在国产电影票房连年递增的同时，提升中国电影的剧作/叙事能力，尤其是类型片的剧作/叙事能力，以及与之相关的，可以将文字剧作演化影像作品（产品）

的现代工业生产能力，是寻求本土电影在好莱坞以及其他流行文化的挤压之下突围的一个重要而必须的路径。所谓“口碑”，首先是基于影片作为一个“合格”的叙事产品的存在。也许在目前的情形下，我们首先需要期待的并不是诞生多少“杰作”，而是先让作为市场主流的类型片的影像 / 叙事回到“常识”。电影首先必须是一个符合“常识”与“常理”的工业 / 文化产品，其次才能谈到价值观与情怀，而不是倒过来。

（原文刊载于《中国文艺评论》2015 年第 02 期）

魂殇：文化视域中的世界反法西斯战争电影

贾磊磊

提要：当代世界战争电影在坚持始终如一的社会历史判断的同时，也在寻找更为多重的叙事视点来展现战争电影前所未有的文化意义。这种文化空间的建构，是反法西斯战争电影极其重要的时代标志。如果说，战争中一个国家主权的沦丧、疆域的割裂是国殇，那么，战争中一个民族的文化被摧残、精神被颠覆则是魂殇。我们应当将批评目光聚焦到那个牵动着人类命运的文化视域，去正视那些在战争的烈火硝烟背后、在刻骨铭心的爱恨之间、在刀锋与利刃的交锋之中所呈现的文化冲突。

不论是像柏拉图那样把人命名为政治的动物，还是像马克思那样把人命名为社会的动物，或是像卡西尔那样把人命名为文化的动物，我们都不能否认：凡是有人存在的地方，人与人的冲突就不会消失。正如世界历史所呈现的那样，人与人之间政治的分野、经济的竞争、军事的厮杀、文化的对抗，始终就没有消歇过。尤其是战争，几乎覆盖了人类发展的全部历史……

如果说，战争中一个国家主权的沦丧、疆域的割裂是国殇，那么，战争中一个民族的文化被摧残、精神被颠覆则是魂殇。对于前者而言，随着战争的胜利，主权可以重新拥有，疆域可以随即收复。可是，对于后者而言，战争的胜利并不能马上治愈文化的创伤，在心理意义上讲，这种对于精神的伤害其实需要更为长久的时间、更为复杂的过程才能够真正治愈。现在，全世界的战争电影越来越多地涉及到不同层次的文化命题，只是对于涉及这类主题的影片的研究，过去不是被那些统计电影票房的经济指数所遮蔽，就是被那些社会历史的阐释所取代。现在，我们应当将批评目光聚焦到那个牵动着人类命运的文化视域，去正视那些在战争的烈火硝烟背后、在刻骨铭心的爱恨之间、在刀锋与利刃的交锋之中所呈现的文化冲突。

贾磊磊，中国艺术研究院，研究员。

反抗，就是选择一种崇高的死亡方式

中国抗日战争题材影片中有诸多震撼人心的经典之作。然而，我们对日本法西斯的揭露、对日本军国主义的控诉在电影中主要集中在政治军事的维度，偏重于社会历史范畴。尽管这些思想的表达至关重要，可是，就对日本侵略者罪恶本质的总体认知而言——特别是对日本这样一个具有深厚而悠久历史传统的国家，文化的视域更是不可或缺。在新时代的历史语境下创作的电影，如果还只是重复一个早已被历史事实证实了的社会政治命题，给那场侵略战争贴几个人所共知的标签，那么，不论就电影的历史而言，还是就当代文化的发展而言，都不能符合我们这个时代的诉求。

这些年，除了《太行山上》《南京！南京！》《金陵十三钗》等抗日战争的影片之外，台湾导演魏德圣 2011 年创作的影片《赛德克・巴莱》尤其值得关注。这部抗日战争题材的电影，在文化视域上实现了跨越式的升华。可以说，这是华语电影反法西斯战争题材的时代性、历史性作品。它与过去那些抗日战争题材的电影不同的是，该片在坚持反侵略战争的正义属性的同时，将一种宏观的文化视点“切入”到中国人民反抗日本帝国主义侵略的叙事文本之中，进而为我们从更加广阔的视野上认知日本帝国主义的侵略本质提供了更为真切的历史依据。其实，日本帝国主义在侵略中国的过程中，始终就没有放弃对中国文化遗产的疯狂掠夺，也没有放弃对中国文化精神的颠覆与诋毁。不论在内地还是在台湾，日本帝国主义的铁蹄所到之处，除了野蛮的绞杀与扫荡之外，就是对中国文化遗产的肆意毁坏，对中国宝贵文物的疯狂抢掠。现在所要强调的是，我们不能只看到日本帝国主义对中国疆土的霸占，对中国主权的剥夺，还应当看到他们对中国文化资源的大肆侵吞、对中国文化遗产的野蛮践踏。如果说，军事的侵略是灭国、灭家的侵略，那么，文化的侵略则是灭族、灭种的侵略！

正像魏德圣在《赛德克・巴莱》中所展现的那样，日本人用武力强占了台湾岛上的土地、矿山、森林，而且还强占了台湾人的“生活方式”。他们在雾社镇——这个在他们看来“最黑暗的心脏地带”设立了教育所、医疗所、警察所，他们还盖民居、修邮局、建旅店。表面上看，这些文明行为似乎是在帮助原住民提高生活质量，其实，他们的真正动机是想从根本上改变台湾人传统的生活方式，以及在这种生活方式中绵延的文化传统，进而斩断当地原住民的文化根脉。事实上，马赫坡人即便在物质上也没有因为这种所谓的文明的到来而比过去生活得更好，而是进入了一个比过去更加艰辛的时代。他们除了要付出比过去更多的劳动之外，男人还要低着头为日本人搬木材，女人要跪着陪日本人喝酒。男人必须服劳役不得狩猎，女人被派遣帮佣不能编织彩衣，

他们的劳动所得与他们作为人的尊严几乎都被日本人剥夺了。日本要把在台湾土生土长的原住民变成日本帝国的“臣民”。他们试图用日本式的现代文明强制改变马赫坡人的风俗习惯，“扭曲他们对祖先和彩虹桥的信仰，逼迫他们效忠于天皇和帝国的太阳”（尹平平、魏德圣：《跟自己的名字赛跑》《国际先驱导报》，2012-5-4）。与这种以“文明”的方式同步展开的，是日本法西斯用极其野蛮的方式对原住民的反抗进行血腥镇压。他们在丛林里投放重型炸弹、燃烧弹、毒气弹，昔日绿树成荫的宝岛上血肉横飞、毒气弥漫。在日本法西斯残酷的杀戮中，整村的原住民不得不离开家园、逃进森林。他们中间的母亲、妻子、女儿为了节约食物给男人吃，毅然集体自缢在苍茫的原始森林之中……

日本在台湾推行的殖民主义政策，其实质要么是将那些反抗的原住民斩尽杀绝，让他们变成累累白骨；要么就将他们的灵魂予以置换，让他们变成向大和民族俯首称臣的行尸走肉。这两种方式虽然在手段上有所不同，但在实质上却殊途同归，都是为了将台湾在政治上变成日本的殖民地，在文化上变成日本的附属国。显然，《赛德克·巴莱》除了对日本殖民主义军事扩张的揭露之外，还有一种对日本法西斯所推行的文化灭绝行径的深刻揭示。

一个向往着彩虹桥的民族，与一个向往着太阳的民族，自然界的胜景都是他们文化的徽号。可是，为什么其中的一个要被另一个灭绝？在莫道带领马赫坡的族人奋起反抗日本侵略的时候，他明明知道这是注定要牺牲（失败）的。他曾经被日本人带到日本去观光，日本人不让他们看日本的名山古寺、旖旎风光，而是让他们看日本的飞机、火炮、军舰。日本人无非是因为害怕他们反抗才用这种方式威慑台湾人。在马赫坡，没有人能够像莫道这样真切地了解日本。然而，这一切并没有吓倒他，反而使他的反抗意志更加坚定。其实，在军事实力上，不要说一个马赫坡，就是全台湾的民众武装起来也未必能够战胜武装到牙齿的日本法西斯。可是，莫道之所以毅然决然地要带领族人奋起反抗，不是他刻意要带领族人去赴死，而是因为他们已经被逼到了必死的境地。在日本警察吉村侮辱村民被痛打之后，吉村已经向县里的日本总部发了电报。日本警察和军队不久将开赴马赫坡。此时对全村人来说，与其坐以待毙，还不如以命相搏。事实上，自从日本人侵占台湾以来，台湾人与日本人的生死交锋已在所难免。所以，虽然莫道明白“日本人比繁茂的森林中的树木还多”，但是他反抗日本侵略的决心却“比高山还要坚定”。他确信今生今世面对日本人灭种、灭族的野蛮侵略，除了以死抗争已经别无选择。莫道面对同伴的疑问（为什么要去赴死）的回答是，“那是为了找回被遗忘的图腾”。他的同伴又问，“用生命换取图腾，那么，又用什么来换回这些年轻人的生命呢？”莫道毫不犹豫地说：“骄傲！”其实，血祭祖灵只是一个暴力反抗的神圣缘由，他们是在无可选择的境遇中选择了一种死亡的方式，即在慷慨赴死的过程中夺回做人的尊严。正像莫道所说："如果你的文明是叫我们卑躬屈膝，那我就带你们看看野蛮的骄傲！"如果说，过去抗日战争电影中的反抗是为了求生，那么，现在的反抗则是为了赴死；如果说，过去抗日战争电影中反抗的目的是为了重新收复失去的土地，那么，莫道的反抗则是为了重新获取做人的尊严！

政治的正义不能替代文化的平等

一般而言，战争影片的价值界限是划定在敌我之间——这就是说，电影的价值边界线是沿着敌我身份的依据而设定的。不论是哪个国家的战争电影，在价值取向上基本上都是采用这个标准。世界上没有哪个国家的电影会僭越这个边界。可是，如果世界战争电影不断重复的只是这样一个已经被人类历史确认已久的经验事实，简单地把人划分为两个善恶不同的群体就了事，不要说电影艺术的历史会对这种影片说"不"，就是电影的商业市场也会拒绝这样千篇一律的文化产品。所以，当代世界战争电影除了利用数字技术鼎力支撑战争场面的逼真视听效果之外，也在坚持始终如一的社会历史判断的同时，寻找更为多重的叙事视点，来展现战争电影前所未有的文化意义。这种文化空间的建构，是反法西斯战争电影极其重要的时代标志。

2006 年阿尔及利亚出品的影片《光荣岁月》（*Indigènes*）是一部讲述第二次世界大战末期（1943—1945）欧洲战场的故事。一群来自北非的阿拉伯裔士兵，不远万里到欧洲参加反法西斯战争。无论他们个人参战的目的是什么，最终他们都成为抗击纳粹德军的急先锋——在盟军进入战略反攻之际，作为法国殖民地的阿尔及利亚、摩洛哥等北非国家的人民应征参与到抗击法西斯侵略的战争中，解放他们心目中的祖国——法国。影片具有很强的反讽色彩，一个被殖民的国家阿尔及利亚却要去解放对自己实行殖民主义统治的国家——法国。按照正常的逻辑，他们首先解放的应当是他们自己，这就是说他们的敌人首先是殖民主义者，而现在一个连自己的国家身份都被改写的人，却要为自己的殖民统治者去打仗。如果说，敌人的敌人就是自己的朋友，就像当年美国和苏联有一个共同的敌人日本，为此他们成了朋友；而阿尔及利亚与摩洛哥，能和德国法西斯成为朋友吗？显然不行。这种伦理的悖论无疑是对人类固有的价值划分体系的一种挑战。为此，这部影片尖锐地触及到在多元文化的历史境遇中，不同民族、不同文化在相互融合的过程中潜藏着的深刻矛盾冲突。什么才是真正的自由与平等、光荣与尊严，难道因为拥有共同的敌人，所有的文化冲突与对抗就会烟消云散吗？难道大家在同一个正义的营垒里作战，所有的种族问题就会迎刃而解了吗？显然不是。对于那些需要用生命来换取的正义事业、尤其对于那些需要用民族与国家的命运来换取的

光荣事业，都在经受着人类灵魂的叩问……

在影片的整个叙事过程中，阿拉伯人实际上面临着双重的压抑。这种压抑一方面来自于国家政治层面，他们所在的国家是一个被殖民的国家，所以他们才会被征召到战场，替法国与德国作战；另一方面他们的压抑来自于民族文化层面，在法国军队的日常生活中，并没有明文规定不能把食物给阿拉伯士兵，可是做饭的法国士兵却不愿意把西红柿发给阿拉伯人。可见，在法国军队里对于阿拉伯人依然存在着种族的、文化的歧视，而不仅仅是一个国家意义上的身份的歧视。在现实层面上，阿拉伯人虽然拥有了法国国籍，却从未真正享受过与法兰西公民一样的权益。阿拉伯士兵为了争得与法国士兵同样的军人待遇，把不给他们吃的西红柿踩得稀烂；他们为了获得做人的尊严，不让法国人叫他们“奶油小生”，拔出匕首对着法国人的脖子；他们为了平等的待遇，宁愿被关禁闭、受处罚，也不愿意接受歧视他们的不平等条件；在战斗中阿拉伯士兵总被派往战斗的最前沿，有人说他们实际上被赋予了敢死队的任务，特别是在前方的战士冲锋陷阵的时候，法国军官却总是拿着望远镜、叼着香烟在观察所里观望；最后，在激烈的争夺战中，几乎所有的阿拉伯士兵都牺牲了，法国后续部队进驻后对阿拉伯人没有任何祭奠和赞誉，记者们忙着拍摄的依然只是法国军人。阿拉伯士兵梅萨乌德·苏尼与法国姑娘依莲娜的爱情是影片最悲凄的部分，苏尼带着浑身的创伤从被德国人的炮火轰塌的瓦砾中站立起来，他那种死不瞑目的神情难道只是对胜利的渴望吗？看着他在废墟中坚强地走出来的样子，我们感到他对依莲娜的思恋就是在他牺牲前的最后一刻也没有停止！他不是带着对战争的恐惧，而是带着心灵的痛苦离开了这个世界，对于一个为正义而战的士兵来说，这种痛苦是不应当留给他的。

站在当代文化批评的视域上来看，《光荣岁月》讲述的是一场在不平等的文化境遇下展开的反法西斯战争。作者对于多元文化世界的期许，并没有遮蔽对于法西斯战争的历史表述。影片中从贫民窟里走出来的阿尔及利亚老人慷慨激昂地说：“我们要用鲜血祭奠法国！”他们是心甘情愿地去为法国牺牲的，没有任何抵制和怨言，因为法西斯是人类共同的敌人。阿拉伯人以自己儿女的血肉之躯支持人类的正义事业，他们能够接受这种正义的使命，但是他们不能接受在执行这种正义使命时法国人对他们的文化歧视，这才是这部影片最具思想性的地方——就像《礼记·儒行》中所说的“儒有可亲而不可劫也，可近而不可迫也，可杀而不可辱也”。人类思想的光芒能够在远隔两千年的时光隧道里翕然相继，不能不说是一种文化的辉煌闪现。

法国是一个以人道主义和浪漫主义而著称的国家，自由、民主、平等应该是它的核心价值观，但是，为什么不能给那些为法国的解放事业而赴汤蹈火的阿拉伯战士以应有的权利与尊严？他们在为解放法国而战的时候却不能够与法国人一起得到食物；他们的士兵与法国姑娘的纯真感情得不到应有的尊重；他们即便出生入死，也得不到提升；他们中的个别人虽然顽强地活了下来，但在被他们解放的土地上过的却是单身的孤独生活、一生都在忍受战争带来的痛苦。影片中的五个男主角共同获得了夏纳电影节最佳男演员奖，我想，除了对他们精湛演技的赞誉之外，也包含更深的文化上的认同。影片还向世人昭示了法国政府在1959年阿尔及利亚摆脱法国殖民统治的时刻冻结了给步兵团的退休金。直到21世纪法国经过多次的听证会，政府才开始支付当年阿拉伯步兵团的相关款项，而这时却有人想来侵吞这些用来慰藉生灵的金钱。纵览整部影片，从始至终充满着对于文化平等与民族尊严的呼喊，充满着对于殖民主义的揭露与批判。身为法籍的阿尔及利亚裔导演拉契得·波查雷伯，这次将一种被人们所忽视的历史搬上银幕，无疑是对先辈英灵的深情告慰，也是对当今世人的坦诚劝诫。

以人性的尊严保持反抗的神圣性

从历史上看，战争是一个国家对另一个国家血债血偿的生死博弈。当年纳粹德国撕毁《苏德互不侵犯条约》，突然袭击苏联，直逼苏联首都莫斯科。两军在冰天雪地里展开了决定两国命运的生死绝杀，最后苏联红军反败为胜，直捣德国首都柏林，将苏联红军的战旗插在德国的帝国大厦上。美国的珍珠港曾经遭到日本的偷袭，险些使其太平洋舰队全军覆没，美国以同样的方式向日本的广岛和长崎投下两颗原子弹，强烈的核辐射与冲击波使这两座城市化作一片焦土……至今为止，谁也不能改变战争的这种血债血偿的历史逻辑，特别是正义对邪恶、革命对反动、民族独立对殖民主义的战争，更是获得了道义赋予的实施暴力的天理。然而，对于那些参与了正义战争的国家和民族，因为他们站在了正义的立场上，所有的问题就迎刃而解了吗？

过去，人们在战争中所经历、所遭受、所忍耐的一切，现在，在对战争的反省中都有进行倾诉的权利。不能够因为我们是正义的一方，就可以漠视战争的血腥、残酷；也不能够因为我们是胜利的一方，就可以忽略战争的沉痛代价。特别是在战争中人们所经受的情感的痛苦、精神的折磨，更应当得到历史的正视——不论出于什么动机都不应当成为阻止这种表达的理由。在这方面苏联及俄罗斯电影为世界反法西斯电影做出了榜样。他们在充分肯定反法西斯战争正义属性的前提下，深刻地揭示出战争给人类心灵造成的伤害，以及人们在残酷的战争中所付出的惨痛代价。2008年英国出品的影片《反抗军》(*Defiance*)就是一部深刻地触及反法西斯战争尖锐矛盾的作品。该片讲述的是德国入侵苏联的战争背景下，在纳粹对犹太人野蛮屠杀的过程中，一群为了逃命的犹太人背井离乡，从波兰逃进了广阔茂密的白俄罗斯森林，他们当中有木匠、农夫、教师、护士……他们在森林中顽强地挣扎着、拼死地搏斗着、坚定地忍耐着，这

一切都是为了一个目的——活下去。影片中这支反抗军的领导者图维亚·比尔斯基，对森林里顽强生活的人们说，“我们不能够失去任何人，因为活着本身就等于是复仇”——这就是他们进行的反抗。他们当初并不确信能够活到最后，但是，他们与其在村庄里、在城镇中等着被纳粹打死，还不如在与法西斯的拼杀中战死。《反抗军》所表现的反抗是一个逐步升级的演进过程。反抗的初级形态是报仇：他们杀死替德国人提供情报的苏联警察，以散兵游勇的方式伏击德军的车队，后来开始联合红军共同与德军作战。他们并不是天生的战士，战争迫使他们义无反顾地拿起枪，从一个普通的百姓逐渐成为抗击德寇入侵的英勇战士。

影片的主人公比尔斯基兄弟将拯救被纳粹追杀的犹太人当成自己的首要任务，为此，他们被奉为英雄。与辛德勒、拉贝不同的是，他们在用自己的生命去拯救生命。由于影片来源于真实的历史事件，所以，导演用黑白影像做序幕，逐步过渡到彩色的影像，最后又将彩色空间归于黑白世界，回到历史的真实叙述之中，这种循环的叙事结构既是在强调现在与历史的内在联系，也是在强调虚构的影像与纪录的事实之间的相互关联。那些曾经被反抗者拯救的犹太人的后代至今依然生活在我们中间，他们的生命之火依然在延续……

《反抗军》的重要文化意义在于，作者着意表现的并不只是战争的激烈与残酷，而是在这场反抗法西斯的战争中如何保持人性的尊严，即不要在与恶魔的作战中将自己变成恶魔。由于反抗军所处的环境极其恶劣，所以，对于每个人来说比尔基斯的命令“维持人性，不要变成禽兽”，对每个反抗者无疑都是终极性的考验。其实，反抗军一直在信守着一种反抗的神圣性。比如他们在战斗结束打扫战场时，得到比尔基斯的命令是：“告诉所有人，只取尸体身上的武器”。甚至在最恶劣的环境中，他们依然坚守着人道的精神。我们看到在正义营垒的内部，那些九死一生的犹太游击队员，后来参加了苏联红军，他们改变了自己的政治命运，成为反抗法西斯的坚定战士，汇入了正义的行列之中。然而，遗憾的是，他们的文化命运并没有得到根本的改变，依然受到种族歧视。他们对作战提出建议时，正确的意见并不能够被采纳；要去拯救队友的恳求，受到指挥官冷漠地否定；他们在生活上甚至不能够与其他人一样使用公用厕所。这样，对犹太人的歧视就不单是一个社会政治意义上的正义与邪恶的问题，而成为一个历史上的文化对抗问题。这种文化视点的引入，使影片的叙事没有限定在一个单一的社会政治视野上，显示出即便就是在反法西斯战争的战场上，在正义与邪恶生死角逐的疆域上，文化的冲突与对抗也依然深藏其中，而弥合这种冲突的使命任重而道远。

群体的力量是克敌制胜的法宝

电影，与其说是社会文化的产物，倒不如说它本身就是社会文化的一部分，因为它从来都不是脱离社会文化之外的孤岛。21世纪的世界反法西斯战争电影，之所以呈现出与过去不尽相同的文化视域，是整个人类社会对文化的深刻反省所致。联合国签署了一系列文化传承与保护的国际性公约，各国对于文化遗产的保护、传承越来越重视，特别是文化多样性已经成为一种普遍的国际共识。文化，不再被视为经济的附属之物，而被看作是一个民族赖以生存的根基，一个国家赖以发展的魂灵。这一切都会自觉而又不自觉地映现在电影的叙事文本之中，并以一种影像化的社会文本形式进入历史。

有时，战争影片的“主角”已经不是战争本身，而是作为一种映现人物内心世界的历史之镜。由法国、美国、俄罗斯联合制作的影片《兵临城下》（*Enemy at the Gates*）中的斯大林格勒战役其实是个在社会历史上没有任何悬念的故事。这次战役的重大历史意义已经在各种各样的历史文献被反复叙述，其中包括不同时代、不同风格、不同样式的电影故事。而法国导演让·雅克·阿诺是要从这场战争的烈焰与废墟中去挖掘人类尚未发现的历史遗存，还是要在血光四溅的战场上去探究人类战争胜负的终极原因呢？总之，导演在他人完成的社会历史意义的表述之后，还要向当代观众讲述的究竟是什么呢？

过去我们曾经将对人性的表达看作是一种肤浅的、甚至是错误的思维方式，其实，正视人性的普遍特征，并且正视人性独特的存在方式，才是艺术创作的至高境界。如果说，影片中瓦西里的性格中存在着某种人性弱点的话，那么，这种弱点从他在少年时代跟随着爷爷埋伏在雪地里狩猎的那一刻就暴露出来了。他面对恶狼时惊恐不已的神情表明他并不是个天生的狙击猎手，也不是一个被猎狼者的勇敢基因铸就的先天的勇士。要不是他爷爷在雪地里当机立断击毙了凶狠的野狼，他们家的白马不仅可能会被狼咬死，而且就连瓦西里和爷爷的性命也可能会受到伤害。瓦西里的这种性格起点，不仅没有伤害他的形象，反而突出了小瓦西里纯真、善良的天性。在这里，导演想要告诉观众的是，瓦西里不是一个天生的杀手（这点非常的重要）。事实上，越是那些具有人性弱点的角色，他们的形象越是容易引起观众的认同；而越是那些看似完美无缺的角色，观众反而会越觉得虚假。

处于全剧冲突焦点的人物是苏军战士瓦西里与德军少校康宁。一位是苏联红军中来自乌克兰的猎狼人的后代，另一位是纳粹党卫军中来自巴伐利亚贵族的猎鹿者的后裔。他们相会于1943年的斯大林格勒城下。尽管强调的阶级对抗并不是这部影片人物

设置的创作初衷，但是，作者突出人物文化身份的差异对于强化两人所代表的不同社会力量的冲突，对于提升不同人物个性之间内在的对抗性非常重要。猎狼与猎鹿本身已经隐喻地提示了两者内心世界的道德差异。他们的目光像耀眼的探照灯一样在斯大林格勒的废墟上来回搜索，他们的瞄准镜在刺骨的寒风中上下回旋，他们的子弹在熔岩般的火海中相互射击。最后，在瓦西里的征衣被破晓的微风吹动而发出轻轻响动之时，像狼一样机敏的少校立刻觉察到在他后侧的这个异常响动是致他死命的对手。瓦西里再没有给这个对手任何求生的机会就结束了他的性命，让他永远闭上了那双残害善良人类的凶恶眼睛……

从人物的行为方式上看，德国少校军官自始至终是独往独来——这位像狐狸一样随时准备去扑杀猎物的狙击教官，出人战场从来都是一个人。他的枪法之精准、战术之诡秘、谋划之周密，可以称得上是个顶级的狙击专家。在他进人战区不到两天的时间，先后就有六名苏联红军被杀害。就单纯的军事谋略而言，瓦西里根本就不是德军少校的对手，这点在他与少校交手之后就已经非常明白。他深知自己在完成的是一件“不可能完成的任务”。就个人的射击技术而言，少校能够在苏联狙击手跳跃断墙的瞬间精确地击中目标，高超的枪法显然也不在瓦西里之下。瓦西里最后之所以能够最终击毙少校，一方面得益于瓦西里精准的射击本领——他无愧于英勇的乌克兰猎狼人的后代，另一方面，还来自于他顽强的个人意志以及红军女战士达尼亚的炽烈情感为了不让达尼亚中了敌人的圈套，他向达尼亚发誓，一定要将刽子手送进地狱，更为重要的是孩子沙查从始至终为瓦西里提供德国少校的行踪，直到最后沙查被德国少校残忍地杀害；还有政委迎着敌人的枪口冲出去，以自己的身体引诱德国少校开枪暴露其隐蔽的位置，为瓦西里将其击毙提供了决定性的战机。这一系列的超越了瓦西里个人能力之外的因素，使这部影片的结局与好莱坞电影那种突出个人英雄主义的情节设计有所不同，它更强调的是团结的作用，突出的是群体的力量，而不是靠个人的单打独斗定乾坤。

当下，世界上许多国家为了纪念那些与法西斯浴血奋战而牺牲的烈士修建了纪念碑、陈列馆和烈士陵园，在那里燃烧着终年不灭的生命之火，寄托着人们对英魂的緬怀、对后人的警示。在莫斯科红场的无名烈士墓上，当年的苏联人雕刻着一行字：“你们的名字无人知晓，你们的功勋永世铭记。”这其实也是对全世界反法西斯英烈的共同赞誉。与这些纪念碑、烈士墓具有同样重要意义的是那些用影像构成的英雄纪念册，它们除了表达着对烈士的礼赞之外，还在人类的历史天庭上镌刻着正义终将战胜邪恶、人性必将战胜兽性、进步必将战胜反动的永恒信念！

（原文载于《电影艺术》2015 年第 05 期）

“学院派”传统与“新学院派”的突破

陆绍阳

摘要：“学院派”电影有三个传统，即人文传统、写实传统和现代主义传统，“新学院派”电影需要率先解决这个时代别的创作者还没有解决的问题，体现出前卫性和先锋性，如果创作者解决了“虚拟现实”、“体验感”、“交互性”命题，或许能够再一次引领时代的风尚。

关键词：新学院派 虚拟现实 体验感 交互式电影

“学院派”的电影传统是什么？“新学院派”之“新”表现在何处？这是摆在我们面前的问题。

笔者认为“学院派”的传统有三个精神来源，来自三条不同的创作路径，一是以谢飞电影为代表的人文传统。在《湘女萧萧》《本命年》《香魂女》《黑骏马》这些影片中，有三个明显的特点：一是表现传统社会对民族性的影响，不断反思民族性中的弱点和缺陷；二是从人的本性出发探索人的心理，从生存、死亡、性的角度出发剖析人的行为；三是直言不讳地揭示了人的欲望。挖掘人性的美好和鞭挞人性的丑陋是文艺创作中不能回避的，违背了这个规律就很难创造出真正有价值的作品，谢飞电影的价值就是对人性的深入探索。

第二是以郑洞天、韩小磊导演作品为代表的写实传统，代表作有《邻居》《鸳鸯楼》《见习律师》等，它解决的是“真实性”的问题。郑洞天导演把自己的人生遭遇和人生体验植根于中国的社会现实中，传达的是中国人特有的人生体验，是从“具有浓郁色彩的政治宣传走向艺术现实主义的深化”。在郑洞天的早期作品中，他有意使用纪录片似的创作手法来表现现实生活，用电影书写我们身边正在发生的历史。郑洞天影片体现的另一个特征是平民视觉，没有俯视和居高临下的优越感，而是实实在在地体验普

陆绍阳，北京大学新闻与传播学院，教授。

通人的情感世界，以一种东方式的达观、宽容来化解人生的诸多不如意。导演通过和普罗大众一起分享对世界和自我的理解，来达到情感上的沟通和融合。

第三是以章明导演为主的，拍摄的是现代主义色彩较浓的电影，如《巫山云雨》，当时他的艺术探索是走在时代前列的，这也是学院派电影的另一杆旗帜。为什么说章明的电影是现代主义色彩很浓的影片？是因为在章明那些关于中国人处境的电影中，有一些共同的特征：一是表现了个体生命的孤独、悲观与虚无的情绪，这是现代工业社会里，人与人之间关系的疏远与冷漠在电影中的表现，他拍出相当一部分中国百姓面临的生存环境的窘迫和压抑；二是加入了一些荒诞、抽象的表现手法。包括打破时空顺序，用意象、象征和意识流等手法代替传统情节剧的套路；三是在叙事上追求碎片化、片段化。比如，在《巫山云雨》中用三个既相互独立又相互联结的生活片段，讲述了被欲望折磨的几个普通人的生存状态。

现在我们提“新学院派”，它有意义，也有价值，它要解决的是我们现在所处的这个时代的命题，不管是“学院派”还是“新学院派”有一点是相通的，就是它是否率先解决了这年代别的创作者还没有解决的问题，这才是“新学院派”的价值所在。否则你解决的是前辈已个经解决的问题，就体现不出你的价值。“新学院派”是开风气之先的，创作者在创作实践上应该走在别的艺术家前面，在他的作品中能够体现出前卫性和先锋性。

那“新学院派”的创作突破点在哪里？

第一，如果说“学院派”解决的是“现实”的问题，那“新学院派”要解决的是“虚拟现实”的问题。

我们一直以来习惯的、倡导的是现实主义电影，认定它是主流。按照瞿白音先生的说法，就是我们的电影传统有两个：“现实主义精神的执著和民族化、群众化艺术手法的追求。”[①] 现实主义电影在中国电影中的位置和重要性不言而喻。无论是优秀作品的数量，还是它的影响力，都占绝对主导地位，代表百年中国电影最高成就的是现实主义作品，它带来的相应表现方式是描写，是记录，从人物到环境都要求和客观现实相符。银幕上的一切都有依据，创作者由“求真性”支配着，核心概念是“真实”、“典型环境”。在对待虚拟空间形态上，中国的艺术家就相对要谨慎，甚至拘谨得多，在绝大多数作品中，看不到由瑰丽的想象支配的华丽影像，也看不到利用现代科技手段提升电影艺术表现力的潜力。

在以虚拟空间为依托，以高新科技为支撑的新的电影形态中，有一个突出的变化就是幻象本身成为观众追捧和赞叹的对象。有的学者把这类电影命名为“奇幻电影”。

① 瞿白音：《关于电影创新问题的独白》，《中国电影理论文选》，中国电影出版社 2003 年版，第 528 页。

电影理论家李道新在研究了本雅明、德里达、让·波德里亚和吉尔·德勒兹等哲学家对仿像、虚拟现实、赛博空间和电子公民的探讨后，认为“仿像或虚拟现实将彻底打破人们在现实与幻觉、真实与虚假、原作与复制品之间所作的传统区分，并支持着社会系统、经济结构和意识形态的运作，成为后现代文化中最重要，也最具活力的一种空间生产方式。”[①] 而有的学者已经提出了更直接的看法，数字虚拟影像生成技术在电影中的广泛运用已经消灭了巴赞的“摄影影像的本体论。”[②] 这样的论断是否太绝对了，可以进一步商榷，但有一点已成为现实，奇幻电影已经强势登上舞台。

奇幻电影有它自己独特的美学特征，有的学者认为，它的呈现方式是“拟真”，是一种“仿像”。正如鲍德里亚在《仿真和拟象》中所说：“这已经不再是模仿或重复的问题，甚至也不是戏仿的问题，而是关于真实的符号代替真实本身的问题。”[③] 这是一种被刻意生产出来的“真实”，不是现实中单纯的现成物，甚至也找不到对应物。它造成一种陌生化的体验，创作者不是靠和现实的“相似”程度来吸引观众，甚至是反过来靠“不相似”来吸应观众，它创造的是一个虚拟的世界，这个世界有它自身的运行法则。它的魅力在于满足了观众对现实情景之外的想象空间的好奇心。

第二，如果说传统的“学院派”试图解决的是“认同感”问题，“新学院派”要解决的是“交互性”问题。

一般来说，传统的学院派电影要调动一切技术手段让观众沉浸在剧情中，导演替观众做好一个选择，即最佳的故事情节发展路径即可。而在新的电影形态中，导演要做角色转换，他不但是视觉设计师，同时也是交互设计师。

交互性是一个比较宽泛的概念，运用在不同的领域其含义是不同的，按照百度百科的解释，它原先主要运用于计算机及多媒体领域，即当你点击一个链接时到达一个新的页面。但在应用于电影中时，有学者就提出了交互式电影的概念，这个概念由北京电影学院孙立军教授于 2005 年提出，他提出要把观众从传统电影的单线性叙事模式中解放出来，让观众不再只是被动地观看影片，而要观众可以参与到剧情发展中去，跟电影即时地产生互动，观众可以通过互动环节参与到电影剧情的发展中去，电影的情节也随着观众互动的结果而改变走向，故而产生了多线程的电影情节结构。[④] 如果创作这种交互式的电影，那么，导演首先要做角色转换，他不但是一名视觉设计师，同时

---

① 李道新：《电影叙事的空间革命与中国电影的地域悖论》。EB/OL].http://blog.sina.com.cn/s/blog_48d9d5dd0100rpxr.html。

② 沈小风：《论数字技术语境中的电影美学构建》，《电影评介》2008 年第 21 期。

③ 汪民安、陈永国、马海良：《后现代性的哲学话语——从福柯到赛义德》，浙江人民出版社 2000 年版，第 33 页。

④ 中国经济网北京 6 月 17 日讯（记者 于小薇）专访孙立军：“数字交互式电影”是未来电影方向，2014 年 6 月 17 日 09:12，来源：中国经济网 http://www.ce.cn/culture/gd/201406/17/t20140617_2987396.shtml。

也是交互设计师。而且随着一个个技术难题的解决，交互设计师也要从人物、人机交互，进入到人脑交互时代。

具体来说，创作者要解决这些问题：首先，观众融入电影，成为角色之一，他怎么和演员进行互动？其次，观众有不同的偏好和需求，创意需要解决的是提供给观众多少种不同的体验。麻省理工学院媒体实验室联合创始人尼古拉斯·尼葛洛庞帝给出的答案是，在电脑上建造故事的模型，这个模型就像是故事的DNA，它可以以不同的形式来呈现。[①] 如果这个问题得到解决，那一千个观众有一千个哈姆莱特的说法就能够得以实现；再次，怎么样做到让观众在"虚拟现实"或"增强现实"中环游，创造出一种真正的"身临其境"的感觉。

第三，如果说"学院派"要解决的是"经验电影"的问题，那"新学院派"要解决的是"体验电影"的问题。

因为有了虚拟空间的构成，以及可以借助计算机技术打造这个空间，因此它实际上也完成了一种从"经验电影"到"体验电影"的过度。"经验电影"也就是我们习惯的现实主义电影，它模拟现实的表面，一种凭我们的日常生活经验可以共通的形态。在形式表达上，对主人公外在行动的看重高于内心世界的活动，对写实空间的看重高于幻想世界。而"体验电影"明显的是以对外观的体验为主，体验是在瞬间让观众接收到新奇的经验，通过视觉的奇异、壮观、千变万化来达到视觉的快感。

体验感是一个人"达到情绪、体力、精神的某一特定水平时，他意识中产生的一种美好感觉。它作为人们求新、求异、求奇、求美、求知的一种重要途径，它具有互动性和深刻的烙印性、经济价值的高增进性等。"[②] 而在一篇论及数字艺术审美体验的论文中，作者提出艺术品用特有的形式的可感性呼唤欣赏者的加入，这种形式可以是电影的蒙太奇结构，也可以是数字动画艺术的虚幻仙境。[③] 由观看而投入，由投入而沉浸，受众在"游乐场式"的体验中，充分享受听觉、视觉乃至嗅觉、心理的多重感观刺激。

随着体感设备、智能头盔等穿戴设备的研发成功，则会让观众更容易沉浸在尖峰体验中。现在的4D电影，有些体验可能还是依靠土办法，比如花朵开放时，整个影院里都充满了香气，如果有做饭的场景，就能闻到饭菜的香味。这些效果通常是由安装在坐椅底下的胶管适时释放一些香味，但现在科学家正在研发的是一种对人体无害的超声波，它通过一个特殊的发射装置，发射出一种对人体无害的超声波，刺激并作用于观众的大脑，唤起他们对于眼前景象的感官体验，让嗅觉的体验更逼真。照此发展态势，或许在不远的将来，影院或许会变成一个大的电影体验馆，那时，就要考验主

① 电影的未来：完全身临其境，http://www.1905.com/news/20140912/800092_2.shtml。

② [美]派恩二世、吉尔摩著，夏业良等译：《体验经济》，机械工业出版社2008年版。

③ 邱秉常：《数字动画艺术与体验美学》，《山东社会科学》2010年第4期。

创人员的创意能否跟上这些变化。

从世界电影发展的潮流来考察，电影的发展已呈现出一种多元共生的趋势，现实主义电影仍然有强大的生命力，仍然以它对现实的观照和干预，以它对生活的承担而打动人心。“新学院派”一方面要继承“学院派”的传统，继续通过讲述中国故事，在人性、真实性和现代性问题上做深入的挖掘，事实上，近年来，电影学院的王竞、曹保平、薛晓璐等导演的电影在这方面已经做得非常出色，像《万箭穿心》《烈日灼心》等作品已经将现实主义电影带到了一个新的高度；另一方面，如果创作者能够不断超越已有的认知，解决好“虚拟现实”、“体验感”、“交互性”等崭新的命题，或许我们能够闯出一条创作的新路来，再一次引领时代的风尚！视觉特效领域最传奇的人物、划时代作品《2001 漫游太空》的制作人道格拉斯·特鲁姆布一直在寻找电影的未来，他对从业者的忠告是“如果你想将观众唤入影院，那你最好做些不一样的事情。”[①] 或许我们可以从新的电影形态入手，做出一些“不一样的事情”，这也可能是“新学院派”大有作为的地方。

（原文刊载于《北京电影学院学报》2015 年第 Z1 期）

① 电影专家聚谈电影的未来，http://www.3dinnet.com/a/2014/people/0922/9090.html。

平面化浪潮下的深度重构：中国电影界的“学院派”与“新学院派”

王一川

这次由北京电影学院主办的“新语境下的新学院派”学术研讨会，论题本身就让我感觉很有意义，可以从此特定视角而对以北京电影学院教师或校友为主创作的电影作品，产生一种新鲜观察；并且可以把他们现在的创作同过去三十多年来的创作作为一个总的连续体而联系起来，作一次通盘的考察；甚至还可以由此而对这个学院教师们的电影理论与批评工作本身，产生一种连带的总体考察。尤其有意义的是，这个问题首先是由北京电影学院的领导和专家们自己提出来的，这显然是体现了一种清醒的自觉意识及建构愿望，所以是值得重视的。

“新语境”与“新学院派”这两个表述，是分别相对于“旧语境”和“旧学院派”来说的。中国电影何时才有学院派？我想，如果有的话，那么，它的真正的起点不应当从1949年起算起，而应当归结从改革开放时代之初算起。严格说来，在改革开放时代到来之前，中国电影是不存在真正意义上的学院派。因为，从1949年到1976年间，那时只存在几乎唯一的电影创作方法，这就是苏联的“社会主义现实主义”影响下的革命现实主义与革命浪漫主义相结合的方法，即“两结合”方法。自从改革开放时代开始，北京电影学院的教师们大胆解放思想，从事真正自主的电影美学思考和创作，由此诞生了一批又一批电影作品，这样才导致了中国电影学院派的真正意义上的诞生。

正由于如此，今天才可以来谈论中国电影的学院派。不过，总的来看，中国电影的学院派本身是有着一段虽然不长但却不能忽略的发展与演变历程的。简要回溯，北京电影学院为主导的中国电影学院派，至今经历过大约四个时段或者四代演变。第一代学院派是以20世纪70年代末至80年代前期语境下的第四代导演为主干，其代表人物有谢飞、郑洞天、张暖忻和黄健中等。第二代学院派是80年代前期崛起而后一度如日中天的第五代导演，有陈凯歌、张艺谋、田壮壮、李少红、黄建新、张建亚等。第

王一川，北京大学艺术学院，教授。

三代学院派是90年代兴起的第六代导演，如贾樟柯、王小帅、章明、娄烨等。第四代学院派，则是正在进行中或演变中的新生一代，他们多是21世纪初以来正值盛期的年轻编导，如曹保平、王竞、薛晓路、张辉和梅峰等。

要了解“新学院派”即第四代学院派，就需要对它的前辈做点适当回顾。第一代学院派的典范标记是对政治国家传统的影像反思。他们是一群通过影像而展开的政治传统反思者。在当时的文化启蒙语境下，他们尝试挣脱第三代导演的电影美学陈规，不惜大张旗鼓地集中运用蒙太奇和长镜头等新的电影语言，去深入反思他们所长期生活于其中的政治国家传统。其代表作有张暖忻的《沙鸥》和《青春祭》，黄健中的《良家妇女》，谢飞的《湘女萧萧》《本命年》，郑洞天的《邻居》等。第二代学院派则是影像语言中的生命体验者。他们以新奇的视觉语言，纵情张扬改革开放时代知识分子生成的个性与自由意志，强烈地反叛以往“以阶级斗争为纲”的过度政治化的政治国家传统，力图推动中国从政治国家到公民社会的转变。其代表作有陈凯歌执导的《黄土地》《孩子王》和《霸王别姬》，张艺谋执导的《红高粱》《菊豆》《大红灯笼高高挂》《秋菊打官司》《活着》，黄建新执导的《黑炮事件》和《背靠背，脸对脸》，张建亚执导的《三毛从军记》，田壮壮执导的《盗马贼》和《猎场扎撒》，李少红执导的《血色清晨》等。第三代属于日常生活的影像还原者。他们将镜头前所未有地对准未经修饰的日常生活边缘处及边缘人。贾樟柯的《小武》《站台》《三峡好人》等，王小帅的《冬春的日子》《十七岁的单车》《二弟》等，章明的《巫山云雨》，娄烨的《危情少女》和《苏州河》等，都从不同视角，借助新鲜的日常生活影像语言，暴露出个体在日常生活层面遭遇的深重危机。

第四代学院派，也就是“新语境下的新学院派”，可以被视为一群平面化影像浪潮下的深度重构者。“新语境”当然可以引申出多种不同的解释，但我想这里面应当少不了这一点：当今中国艺术与文化界的平面化浪潮。平面化浪潮（又作浅薄化浪潮），是指以往艺术品所常见的情感与思想等意义深度被无情地消解、人们在无深度或无意义的虚无中获得轻松愉快的状况。这种平面化浪潮的标志性作品，如《人再囧途之泰囧》《天机：富春山居图》《小时代》系列等，是要在无深度的意义虚无中享受个体的轻松和满足。而置身在这种新语境下，新学院派电影人则是有意识地要在当今商业电影的平面化浪潮中实施影像的深度重构。其一贯的聚焦点在于着力坚守文化价值，当然也顺任其商业价值。顺任商业价值，就是不仅不排斥电影的商业性，而且还尽力去适应它。准确点说，是在顺任商业价值的前提下着力坚守和张扬文化价值。这也就是通过平面化浪潮下的影像深度重构，坚持人文关怀，以特定的人生价值观去刻画当今社会现实，并做出自己的冷峻的评价。对这群学院派来说，在平面化浪潮下的深度重构，就是意味着把个性化的文化价值思考渗透进商业价值领域，也就是在中国式类型片框架中去

尽力传达个性化理念。他们的作品有王竞执导的《一年到头》(2008)、《无形杀》(2009)、《我是植物人》(2010)、《万箭穿心》(2011);曹保平执导的《李米的猜想》(2008)、《狗十三》(2013);薛晓路编导的《海洋天堂》(2010)和《北京遇上西雅图》(2013);梅峰编剧的《春风沉醉的晚上》(2009)和《浮城谜事》(2012);张辉执导的《衔香》(2014)等。

下面拟重点谈谈对第四代学院派即"新学院派"的突出美学特征的初步理解。深度重构,就是我所体会的"新学院派"电影的一个鲜明而突出的美学特征。这里可以以王竞导演的《一年到头》(2008)为例。影片抓住了家庭过节和团叙仪式作为焦点来叙事,讲述在春节期间,生活在同一个城市的三个互不相干的人——包工头张国栋、中学副校长白老师、心内科医生李家梁,这三个看似无关联的人物在春节期间偶然相遇,碰撞出一团团生命的火花,传达出当代社会中人与人彼此需要、相互平等的题旨。影片抓住了紧扣人们日常生活的敏感神经的焦点事件,试图重构一种人生价值和文化关怀。王竞 2009 年执导的《无形杀》,聚焦于网络人肉搜索这一时髦的题材,抓住在人肉搜索过程中,个人生命微薄的困境,来显示国际互联网特有的人肉搜索背景下个人遭遇的危机,并对个人生命的卑微和短暂发出一丝叹息和反思。这部影片的最值得注意的人物,不是被追杀的"偷情门"男女当事人、也不是主持正义的办案女警察,而是那两位网民追踪者。他们一个代表网站为谋利而行使假正义的伪善面孔,另一个代表充满正义感但又不辨是非、跟风说话的普通网民,都以媒体自由、公平、民主、正义等堂皇名义,对两位"偷情门"事件主角展开自发的追杀。而影片的真正主角其实是国际互联网这个传媒平台本身,也即号称自由、公平、正义的网络平台本身,它以似乎无限制的绝对的网络暴力而成为日常生活中的"无形杀手"。这部影片实际上可以让我们形象地和深入地反思国际互联网这一特大艺术传媒平台,及其在当今艺术公共领域建构中的作用。一方面,它似乎可以提供无限制的自由,也就是跨越国家意志和个人意愿之上的宽阔无边的自由;但另一方面,这种自由又往往可以无视乃至毁灭当事人应有的正当权利和自由,以及与此相关的他人的正当权利和自由。试想,当这个平台的网络暴力可以凌驾于道德准则和社会法律之上时,这个艺术公共领域、乃至这个日常生活世界,还能完整地存在并运行吗?还有王竞执导的《我是植物人》,聚焦于现在的假药,假药广告满天飞,导演或者抓住一些时髦的题材,或者是抓住牵动人心的社会问题,这都体现了一种人文关怀。

比较而言,达到一个新的突出高度的影片,是王竞执导的故事片《万箭穿心》。该片讲述上世纪 90 年代发生在武汉的"女扁担"李宝莉的悲惨遭遇。年近不惑之年的售货员李宝莉刚搬进据说会有"万箭穿心"厄运的新房,果不其然,接二连三的打击如预言般接踵而至:她一发现丈夫有了外遇,就打电话报警说有人卖淫,致使丈夫因此丢了名誉，并在得知真相后狠心跳河自杀；儿子因此对她心存怨恨，表面若无其事，却把仇恨深埋心底；个性倔强的她为维持生计、供儿子上学、供养生病的婆婆，毅然辞职做起了“女扁担”。十年的辛苦，换来的本来是儿子高考成功，但得到的却是其深仇大恨般的怨恨和疏远，这才真正令她产生“万箭穿心”般的深切创痛。这部影片正是通过讲述“女扁担”李宝莉的坎坷的一生，传达了当代个人日常生活的韧性、苦难与无奈。且不说女主演颜丙燕的演技在李宝莉身上表现得十分成熟和具有表现力，单说影片的特别精妙之处在于，结尾并没有把任何原谅的机会给予女主人公，而是集中显示了儿子对她的无情拒绝。这样的惨痛结尾的设置，凸显了编导对今天这个社会真正的危机的独到而深刻的理解——宽容已经消失，特别是家庭成员之间的宽容已经消失。这也正是最后让观众揪心落泪的焦点之所在。女主人公的这样一种内心被无情撕裂的深切创痛体验，被导演无情地展现出来。当然，在这种无情中，公众还是能体会到一种富有深情的人文关怀，特别是对普通人生命的深度同情。这一过程正体现了编导对人生意义的一种个性化的深度思考。也就是说，编导正是在这里着意建构一种新的意义深度。如果要突出“新学院派”电影的创作，要寻找一种标志化的作品，我觉得《万箭穿心》就是其中一个成熟的和鲜明的标志。

同时，该片的一个值得注意的关注点在于，谢飞导演担任其制片人（之一）和艺术指导。据侧面了解，他在影片创作等环节中的作用相当积极而又重要。这一点正体现了老一代学院派与新学院派之间的一种传承关系。我理解，逼真再现和深切反思社会现实中个体的卑微命运，可能正是贯穿于新老学院派之间的一根红线。谢飞导演当年的《湘女萧萧》（1986）、《本命年》（1990）和《香魂女》（1993）等成功之作，其共同点之一在于以独特的影像去深入反思日常生活中女性及男性的命运。其中的萧萧、李慧泉和环环的个人命运，深深地牵动着公众的心。而《万箭穿心》中的李宝莉，同样传承了这种关怀个人命运的美学传统，但以强大的美学与文化自觉，更加冷硬无情地揭示了当代境遇下刚强而又坚韧的女子的不幸命运，令人们不能不对当今社会现实中存在的深层次问题展开自觉的深度反思。这一回荡着一种在学院派与新学院派之间绵延而流灌的意义深度传统。

当然,我在这有限的时间里是来不及对所有“新学院派”导演们的作品都展开评说，而只能如上面那样简单提提。尽管如此，我想还是需要就我初步理解中的“新学院派”电影创作的另外一些美学特征：

第一，在电影美学上初步形成共同体的自觉性。编导们从一开始就应当有出于电影美学共同体的自觉意识，就像张暖忻和李陀于 1979 年合力写的文章《电影语言的现代化》。他俩既提出了理论，同时也将这种理论思考付诸影片创作实践中（如《沙鸥》《青春祭》等）。但是要判断这批“新学院派”导演是否可以归属于学院派传统的总链条，

我觉得首先一点就是要判断他们对自己做的事情是否有一种电影美学自觉或大体的电影美学自觉，也就是说是否对自己有一种明白的电影美学自我要求。假如没有这种要求，可能就达不到一个高度。我想正是因为他们对自己的影像美学和电影美学有着一种自觉追求，明确地知道自己在干什么，而且是在这个理念指导下，要去自觉实践，所以才会有一种共同体成员共有的电影美学思想的产生。所以这点可能是学院派共同需要的东西。其实，非学院派的创作也可以取得很高的成就，但是相对而言，他们可能没有这么明确的自觉理念，虽然他们也可能有自己的独创的思想和影像创新。也许他们少的就是自觉性程度偏低吧？此外，这种自觉的系统性和连贯性程度也可能存在一定的差别。

第二，艺术的原创性。“学院派”电影的创作者总想沿着自己研究的方向前进，开创一条原创的道路。也许他们创作的产量不一定高，但是他们自觉地想要去如此地创作，想要去做原创性电影，并且想将教学、研究融入到影片创作实践中。因此，我认为“学院派”电影应当有一种依托理论的原创冲动。

第三，自反性。所谓“自反”就是在一定程度上总要否定自己原来的作品，要不断地走上一条更加原创的新路，不断自我否定，又不断在否定中更新。

总之，关于“新学院派”电影这一话题，还可以说很多。他们的独特特征是什么呢？一个简要的归纳就是刚才提到的一点：平面化浪潮下的深度重构。今天，在越来越多的影片、尤其是陆港合拍片强调商业片和类型化的态势下，也就是突出意义的平面化或浅薄化的情况下，就会出现像《天机：富春山居图》等平面化浪潮的代表作。在这样的平面化浪潮下，逆流而上地从事深度重构，也就是在没有深度的年代里重新建构意义深度，就显得尤为可贵了。王竞的《万箭穿心》、曹保平的《狗十三》、张辉的《衔香》等，其共同特点就是在平面化浪潮下执着于意义深度的重构。当然，这些不同影片在深度重构上是程度不一样的，其所可能达到的高度也不尽相同。但无论如何，今天的中国电影急切地需要学院电影人共同体，面对风生水起的平面化浪潮，尝试探索新的深度重构的可能性，由此为整个中国电影的新语境下的情感与思想深度，拓展出新的空间。

不过，也应当同时提出来探讨的一点是，在影像世界重构意义深度本身固然有其合理性和必要性，但这并非就等于通向高品质影片的直通车。影像世界的意义重构，高度依赖于导演们基于当前生存语境而对所刻画的生活的深切体验、深入思考和个性化把握；否则，那种停留于生活表面的无关痛痒的意义深度重建，无疑是同真正的意义深度重构隔一层的。“新语境下的新学院派”假如要有更大的影像美学作为，想必首先需要真正沉到生活里面去而非浮在表面。

（原文刊载于《北京电影学院学报》2015 年 Z1 期）

新视野的创作与包容性的研究：关于“新学院派”建设思考

周　星

对于电影学院提出“新学院派”的倡导很为赞同，原因在于这是一种具有文化自觉的思考，是针对电影市场兴旺并日渐成为国家文化代表性对象，需要一种更高层面的认知和引导的努力。于是，我们赞许新学院派的认知，首先不妨来臆测其具有的意味。

一、三个尺度的理解

“新学院派”的提倡可以理解为三个方面：宏观上，电影需要具有学院文化气度的大格局；具体指向上，一是电影需要带有学院气质的创新；二是电影需要学院研究和理论有效的引导。

关于宏观层面未必是倡导者的初因，但提出这一号召就有别于以往的视野，因为电影不仅是操作的实际事务，不只是依赖技术堆砌的影像奇观，电影首先是一种文化景观，在中国电影跃进发展的时候，倡导高起点、高视野的文化期望，才是中国电影真正站到世界前列的基础。学院的文化气质无需避讳，就是一种文化追求，只有具备了自觉的文化创作的追求，电影的专业性才能在水到渠成中得以完成与体现。

“新学院派”自然涉及到创作。其实在以往的中国电影创作中，大学培养的各类人才一直是主力军，在导演占据创作主导位置的时代，代际导演中以第四代、第五代为标志，以电影学院的培育人才为主，构成了中国电影作为一种创作学派的存在核心。随着时间的推移，更为广阔的大学创作人才开始分担电影创作的重担，从戏剧学院开始，慢慢地，多样的大学影视人才出现在电影导演的创作位置。而随着数字技术的普及，电影多样人才更呈现出百花齐放的架势。尽管我们承认，专业化的电影学院依然是中

周星，北京师范大学艺术与传媒学院，教授。

国电影创作的主导核心势力，但多元化的走势已经不可阻挡。显然，这里的改变最为重要的是文化构成的改变，而综合性人才的创作局面已经显露。电影创作自然是电影类学院的本务，不管是现在“多样的”学院，还是过去“专一的”学院。但不能不看到，时代变化需要文化意义上不同以往的创作风貌，而倡导“新学院派”创作显然是应时之举。近年来，称得上扛鼎中国电影数十年的大导演的创作，逐渐被市场所淡漠，审美的风习转化，让依然坚守的导演们不知所措。新的一代受过专业影视教育的多样创作者显然占据了舞台中央，这里无论是专业院校还是并非纯正专业院校培养的影视人才，携带着和时代气息相融合的感知，不断创造电影的新票房奇迹。新的文化感知正是“新学院派”倡导的重要因素，培养适应市场、适应受众、适应视觉审美流变的作品、适应新技术表现的人才，正是“新学院派”创作的主导方向。

学院派的研究相应也随之变化，不用说，研究是学院的自身本务，但以往重创作而轻研究的风习，不能够适应时代变化自不必说；以往研究的艺术性自有其优势，但慢慢知道电影必须面对市场，必须看到创作中技术因素的比重和宣发策划的重要性，电影和观众学的研究必不可少，电影在互联网时代的数据研究和粉丝研究都不可或缺，“新学院派”的研究显然应该包含这些因素。其实研究是学院派增强自身创作性人才培养能力不可或缺的一个必然构成。世界发生了多大变化，兼顾创作和研究的一体化才是“新学院派”的内涵所在，大学既不是专门的创作公司或演艺公司，也不是专门的研究机构或风投机构，大学兼顾创作人才培养又需要理论支撑，新学院派研究自然要有兼容的综合性，而这恰好是现代电影创作人才需要的素养，无论你适应与否，观众和创作队伍已经倒逼着综合性才能出众者脱颖而出。若干年前，不断出现非导演专业者进入导演行业，后来是非专业院校者进入创作行列，现在是各式人才尤其是青年演员一个个转为导演并且大获成功。何也？在一定意义上说，都是在打破创作的单一性鸿沟上占据了先机，或者说现代电影可以实现跨界人才对于影像表达的意愿。而研究如果还津津乐道于固守藩篱，而不是倡导触类旁通的综合素养的激发，岂不是与现实背道而驰？

二、几重意义的分析

基于以上概念分析，需要探寻“新学院派”的施展天地，重点应结合“新学院派”的创作与研究，来阐释“新学院派”的内涵意味。

电影类的院校应当兼顾创作和教学研究两方面，但是这两者在凸显度上有冲突，所以需重新梳理几代人创作的学理、情感和精神世界。对于中国电影创作学院派的研究，我认为重点在于——结合创作。这一传统已经成为中国电影的人才培养取得优异成绩的必要条件，因为与个体创作不同，学院派创作一个非常重要的资质，就是它天生带有学理创作、培育创作和学理研究、体系研究相结合的气质。这在改革开放之初最为明显，随着中国电影打开帷幕看世界，电影学院重要的第四代老师们倡导新的理论和视野进行创作，既造就出理论研究兴旺的局面，也把第四代导演的创作推向高潮，更为第五代导演的培育成长造就了土壤。

学院派创作所依存的学理、才能和情趣，都与学院的气质相关联。过去对于学院派的研究，一般不会特别注明创作者的毕业学校和专业，或者现在任职的学校和专业。从研究者的角度来说，其实对于学院派的气质是一言以蔽之，那时的学院派是一种隐含存在。直到 20 世纪 90 年代，中央戏剧学院毕业的一些创作者，会特别介绍自己毕业于戏剧学院。

但是应该承认，作为具有学院气质的专业创作者，和一些出生于草野的、非专业性的创作者相比，学院派创作的凸显度是不够的，对于以文化和学理为要素的学院派要求，从没有像现在这样更为迫切。时代转换后，重新提出学院派创作的研究，事实上是要重新审视电影类大学的教育和学者的创作意义。这样的学院派倡导，才是站在文化集成的基础上，强化现代电影创作。大学是一个生生不息的创作和理论相结合的环境，受教育者一定是带有学理性的，在文化气质、精神情感上会对日新月异的市场要求和观众期望有所传承和创新。

实际上，在过去几年研究文本中，研究者不会忘却诸如“谢飞毕业于电影学院 65 届，黄建新毕业于电影学院进修班”等类似的介绍，而这就包含着研究者对于学院派的默认：因为他们是科班出身，经过系统教育培养出来的。此前，对于学院派的研究仅仅是点到为止，那么，重新提出学院派时，就需要凸显、强调“新学院派”本身的创作者、创作的风貌，作品中带有的学院气息、秉性和精神对于电影这样大众艺术创作的重要性。尤其在中国，文化的支撑还未被普泛性认可，人们还似乎缺乏理解，为什么西方国家的电影学科很多是出自响当当的综合大学，这一新学院派所涵容的文化创作的意味就更为重要了。

回到教育上来看待“新学院派”的认识意义。由于电影胶片基本被数字摄影所取代，由于市场取舍遮掩了艺术创作的自得其乐，由于网络新媒体对于电影创作传播和接受至关重要，于是我们需要注意电影新语境的变化，对于“新学院派”而言，最核心的一个冲击是新学院派教育的新语境面对的问题，需要处理好面向新语境的电影创作和人才培养的关系，则新学院派才能扎实确立。

第一，市场的新语境。前述在以往人才培养中，专业电影学院几乎承担着电影创作的全部责任，而苏式分科性质的人才培养造就了电影人才体系的一种学院派，于此我

们说学院派是在教学和研究中天然形成的，但显然这也导致了长处和短处并存的问题。比如，注重电影本身尤其是艺术电影规律的把握，专注于经典电影的介绍，形成所谓的学院派的特点。实际上，对于市场的忽视，有时导致学生抱怨在经济大潮里无所适从，我们固然可以证明学院派的某些东西是值得珍惜，其对电影本体的认识绝对有价值，也是几十年来电影人才创造出中国电影不少经典工作的基础所在。但随着新语境的变化、市场的变化，当研究者更多地拿市场数据来分析时，会稀释学院派一些好的东西。显然，新学院派人才培养需要新的学院派研究和教学来呼应，反思以往的长短处，适应市场需要的调整必不可少。

第二，观众的新语境。无疑，近年有一个非常重要的语境变化，是创作者和研究者都无法主宰的——新观众。据调查显示，学历越高的人看电影越多，收入越高的人看电影越多，越年轻的人看电影越多。“80 后、90 后”已经成为电影的主导观众，而最值得注意的是，这些观众的电影素养与学院培养渐渐疏离，越是精英教育式的艺术电影，却越是得不到市场观众的拥戴，以往学院教育所确认的电影艺术表现，却被庸碌的娱乐所取代。新一代人在市场接受上的集中表现是，对多数文化人所不屑的《小时代》的热捧，但年轻人却造就了票房的高倍收益。趣味的变化是因为娱乐正走向极端？似乎不能那样简单判断，但在不少青春题材创作中，学院教化的法则有些失效。实际上，他们通过网络接受大众文化，而网络从语言表达到粉丝盲从都是前所未有。“新学院派”的创作者和研究者必须认识到，新一代人的电影观众素养降低了，或者说接纳宽泛了。不理睬你的艺术高下，只要自己喜欢就去猎奇，于是似乎比过去传统学院派的观众素养低。但实际上是我们没有找到足以让他们改弦更张的好电影来吸引。无论如何，这一现象与“新学院派”期望高端电影和高技术电影之间形成反差。

第三，研究形态的新语境。在中国，电影政策机构、领导机构，以及专门研究机构的电影研究打破了传统学院派的形式。越来越明显的趋势是，有些研究院专事于产业研究，市场研究已经有不少报告开拓出了研究的新局面。但是学院研究应该作为电影研究的发动母机，这一点是被削弱的。它应该具有更大的开拓性，敢于独立市场，独立于指令，敢于独立于既有框架，独立于单一的政策要求，而进行探索性和学理性研究。新的研究语境不只是艺术创作领域，还应当结合市场、受众和网络传播。如果学术研究在学院派构架中被削弱，则是对学院派性质的淡漠。在多样的学术研究、媒介研究和针对创作的研究中，“新学院派”如果没有创新的开拓，或者就失去了学院特有的研究价值，所谓“学院派”的名称也就难副其实了。

必须强调，学院派研究还必须罔顾外在变化，坚持固有的学术研究气质，即最基本的是文化研究，它是渗透于学院派创作者之中的。例如，谢飞代表了一种文化气质，以及学术探究的精神，而不是服务于某种利益。学院派的研究应该特别尊重创作者的个体意识，鼓励他们思考，这一点在中国，在一个新的起点上，非常重要。同样，为了任务，为了既定目标，为了作为智库的意义等等所做的研究都很必要，但是也应尊重多样性的研究和创作。我认为“新学院派”要注意这点，才能具有创造性。

第四，多元性研究文化的语境。就文化环境而言，研究者强调研究成果的权威一致性，也希望成就自身权威性的认同，然而其危险性越来越明显。研究者自身为了写一个主流的报告，无形中会改变对于自身所有研究的独立思考。好的学院派应该倡导这样的主流传统：学院派的创作一定是尊重个性，尊重每个人的个性，即便是符合一定的主流形态要求，它的个性也要呈现出来，而不是一声压倒多元，“学院派”不能变成“政策派”。要有“我思故我在”自我体罚和思辨的精神，我认为这是关键。“新学院派”的超然性是区别于以往学院派的标志，“新学院派”的一个基本构成，就是各展其才的创造和思维理论的变异。

第五，网络新语境。毫无疑问，当下改变过去研究的突变因素就是互联网，网络尤其是移动媒体，对于电影的影响越来越重要，网络形成的观赏和接受环境，以及传播的新语境，对于电影的市场实现至关重要。只要想想“猫眼”等宣称在售票中占有一半以上的份额，就会明白网络推动市场的价值。强调网络非常重要的一点，便是新媒体可以整合创新如 IP、受众资源、粉丝、传播方式、评价途径、舆论引导等。所以必须把握社群意识，在网络中有一种新的社群意识、新的引导性样式，新的传播特点，才能不被时代所抛弃，这些都值得注意。

综上新语境的研究，最后从“新学院派”研究的角度来触发与“新学院派”创作之间的关系：

首先，独立意识。学院派的研究要有思想，这才能使得“新学院派”创作有新鲜的内容，不能拘泥于传统经典电影，也不能俯就市场热潮，应追求与众不同。对“新学院派”的研究，必须对传统学理的评价有新的危机意识，这样造就的创作才新鲜。

其次，前沿意识。学院派的研究和创作一样，要站在一定的高度，用学术语言表达，不是简单地顺从于现实和政策。比如，学院派应始终辅有一些相关文章，对年轻人未必喜欢的艺术电影，如《1942》《归来》《白日焰火》等的审美认知做剖解和分析，宣扬对这一种创作的理解。专家甚至需要对于复杂的“小时代”和“大时代”做文化批评，而不仅仅是做学院派的“艺术大帽子”的批评。

再次，创造精神。学院派要打破在大众中被淡漠的局面，由于学院派研究缺乏与大众市场的结合，是与缺乏创新精神、理论精神相关。“新学院派”要有理论创新点，最好能扣动时代的脉搏，能引发探究甚至争议。学院派始终没解决新媒体时代的问题，影像是今后主宰世界最重要的载体，而学院派研究仅仅把握影像的本体，对于其他艺术的影响力的把握还不够。

最后，系统性。毫无疑问，学院派的研究要具有引领性，要在不断研究中创设自身的系统理论。在借鉴影响了中国的外来电影理论基础上，找到和中国电影市场相匹配的理论体系。在学院派的研究中，缺少系统考查基础上的引荐，这对于创作的影响也是显而易见的。

总之，“新学院派”探究不仅是中国电影发展所催发的一种号召，也是中国电影跃进所需要的一种建设性思路，包容创作和研究的不同层面，应该有更为深入的拓展空间。

（原文载于《北京电影学院学报》2015 年 Z1 期）

第五章

中国电影批评论争

导　语

马晓超

纵观2015年度公开发表的中国电影评论性文章（截止于2015年12月18日）[①]，并综合考量影片自身的商业票房、业界口碑、学术评价等诸多因素，笔者择取以下5部影片为案对其评论性文章进行分析和评述：

序号	影片名称	上映时间	文章数量（篇）[②]	评论性文章数量（篇）[③]
1	《狼图腾》	2015年2月19日	214	123
2	《捉妖记》	2015年7月16日	91	68
3	《小时代4：灵魂尽头》	2015年7月9日	125	65
4	《西游记之大圣归来》	2015年7月10日	162	139
5	《滚蛋吧！肿瘤君》	2015年8月13日	38	26

通览这5部影片的评论性文章，大量文章依然以传统视角立足于影像美学、主题叙事、情节设置等层面对影片进行评述——《电影〈狼图腾〉的叙事改写与美学重塑》[④]、《从叙事结构浅析国产3D动画电影〈大圣归来〉》[⑤]、《从艺术本体论〈狼图腾〉的成功之道》[⑥]；还有一部分文章聚焦于分析商业运作、产业发展——《论文化产业视野中的中国动画电影——以最新动画巨制〈西游记之大圣归来〉为例》[⑦]、《电影〈捉妖记〉高票房背后的电

马晓超，北京电影学院科研信息化处，科研成果主管。

① 重点采集《当代电影》《电影艺术》《现代传播》《电影文学》《中外军事影视》《北京电影学院学报》《人大报刊复印资料》《人民日报》《光明日报》《中国艺术报》《中国社会科学报》《中国电影报》《中国文化报》及主流互联网上的电影评论性文章。

② 仅以CNKI数据（自2015年1月1日截止至2015年12月18日）为准，以影片名称作为关键词在篇名中进行检索的文章总数。

③ 经过手工筛选，确认关于该影片的评论性文章数量。

④ 李骥：《电影〈狼图腾〉的叙事改写与美学重塑》，《电影文学》2015年07期。

⑤ 李竺蔚：《从叙事结构浅析国产3D动画电影〈大圣归来〉》，《大舞台》2015年10期。

⑥ 吴玉霞：《从艺术本体论《狼图腾》的成功之道》，《贵州大学学报（艺术版）》2015年05期。

⑦ 沈诗妤、许爱珠：《论文化产业视野中的中国动画电影——以最新动画巨制〈西游记之大圣归来〉为例》，《南京师范大学学报》2015年05期。

影市场》[①]。

还有部分文章体现了近年的新趋势与新动向：其中《滚蛋吧！肿瘤君》和《捉妖记》两部影片的评论性文章更多共同关注于人文关怀——《〈滚蛋吧！肿瘤君〉："二次元"的重构与精神疗愈》[②]、《悲情的喜剧化表达——谈〈滚蛋吧！肿瘤君的〉创作理念》[③]、《捉妖记：不是所有的妖都叫奇幻》[④]；《西游记之大圣归来》和《滚蛋吧！肿瘤君》及《捉妖记》三部影片的影评共同涉及到关于互联网的探讨——《〈大圣归来〉互联网宣发撬动电影产业新生态》[⑤]、《〈滚蛋吧！肿瘤君〉：小妞电影的新拓展》[⑥]、《〈捉妖记〉：互联网思维与影像新元素》；《小时代4：灵魂尽头》和《滚蛋吧！肿瘤君》两部影片的评论文章共同将注意力移至"粉丝经济"：《"粉丝电影"市场下受众行为研究——以电影〈小时代〉为例》[⑦]、《〈滚蛋吧！肿瘤君〉：小妞电影的新拓展》[⑧]；《西游记之大圣归来》与《捉妖记》两部影片的评论则更多以动画造型、影音效果、动画特技为重点：《〈大圣归来〉中角色形象的传承与创新》[⑨]、浅析电影《西游记之大圣归来》的音乐魅力[⑩]、《〈捉妖记〉中"胡巴"形象的多重主题解析》[⑪]。

一、《狼图腾》：是应合电影本体表达的改编还是背离主线的导演个人风格彰显？

文学原著《狼图腾》自出版后畅销十年，再版50多次，国内正版发行近500万册，被译为30种语言，在全球110个国家和地区发行。[⑫]基于这样的小说原著，影片《狼图腾》的同名改编影片备受瞩目也在情理之中。影片《狼图腾》的剧本改编以及文字的影像化改写是否成功自然成为影评的重点。

《电影〈狼图腾〉的主题改写》[⑬]一文立足于畅销小说到电影剧本改编的角度，对于《狼

① 紫萱：《电影〈捉妖记〉高票房背后的电影市场》，《中国电影市场》2015年09期。
② 聂伟：《〈滚蛋吧！肿瘤君〉："二次元"的重构与精神疗愈》，《电影艺术》2105年06期。
③ 李浩：《悲情的喜剧化表达——谈〈滚蛋吧！肿瘤君〉的创作理念》，《青年文学家》2015年。
④ 山宗：《捉妖记：不是所有的妖都叫奇幻》，《齐鲁周刊》2015年7月24日。
⑤ 曾真：《〈大圣归来〉互联网宣发撬动电影产业新生态》，《现代电影技术》2015年09期。
⑥ 原文泰：《〈滚蛋吧！肿瘤君〉：小妞电影的新拓展》，《当代电影》2015年9期。
⑦ 马萧萧：《"粉丝电影"市场下受众行为研究——以电影〈小时代〉为例》，《新媒体研究》2015年06期。
⑧ 原文泰：《〈滚蛋吧！肿瘤君〉：小妞电影的新拓展》，《当代电影》2015年9期。
⑨ 曹翔宇 ：《〈大圣归来〉中角色形象的传承与创新》，《西部广播电视》2015年19期。
⑩ 黎静豫：《〈西游记之大圣归来〉的音乐魅力》，《当代音乐》2015年19期。
⑪ 张呈敏：《〈捉妖记〉中"胡巴"形象的多重主题解析》，《戏剧之家》2015年16期。
⑫ 龙仙艳、阳玉萍：《狼图腾或狼本能——影片〈狼图腾〉改编的得失与思考》，《四川戏剧》2015年10期。
⑬ 史可扬、康思齐：《电影〈狼图腾〉的主题改写》，《民族艺术研究》2015年03期。

图腾》影片的主题改写予以了肯定，从以下三个方面进行了论证："一、成长历程取代了寻狼之旅；二、悲悯情怀取代了顶礼姿态；三、和谐理念取代了图腾崇拜；作为一部由小说改编的电影，《狼图腾》在充分把握原作内容和精神的情况下对原作进行了重新梳理，调整了故事的人物设置和情节架构，从而改写了故事表达的主题，这种改编是根据电影这门艺术本身的属性和作品要面对的受众群体状况来进行的。作为一部商业电影，《狼图腾》在商业上是成功的，同时在艺术上也收获了不少的好评，无论是对于当下进行商业电影创作的中国电影人，还是对于今后的小说改编电影的创作而言，《狼图腾》都可以被看作是一个较为成功的范本。"①

《论电影〈狼图腾〉的不足》② 则认为导演阿诺过于强调个人风格与喜好，电影《狼图腾》以 1967 年中国文革中"革命小将"被遣散到"广阔天地"为背景，视觉上辅以一片红色海洋开篇，是对于表达影片核心"狼与人"的关系的一种疏离，削弱了全篇的感染力。而更大的诟病在于导演对主题的线索把握失准，非但没有把握住人们对狼的认知和态度的改变这一主线，反而将过多的笔墨用于描述打狼灭狼。最后，影片对于副线人物毕利格老人的草原智慧化身的身份也存在把握失准。

这两篇文章的争论焦点恰好重合于影片《狼图腾》对于小说的影像化改写，前者所认为的影像表达的必须性改写或者说是成功的突破，在后者眼中恰是对于小说意境甚至是主线的一种背离。

二、《捉妖记》：是超越好莱坞的魔幻现实主义温情表达还是披上"奇幻"外衣的成人世界中的冷峻现实？

电影《捉妖记》票房突破 24 亿，自开画以后，该片一直在打破华语片票房纪录，成为内地影史票房最高的影片。对于影片捉妖记的市场分析类文章占据了一定比例，但是更多的是对于中国电影首开"魔幻巨制"先河的各种探讨，以及对于卡通人物形象塑造以及其后副产品的营销策略分析。

《魔幻现实的正喜剧——〈捉妖记〉的多维解读》③ 认为影片"《捉妖记》是一部融合了多个笑点、泪点、女权主义、歌舞元素与哲学思考的优秀作品，这部作品在国产剧中以充满魔幻现实主义色彩的叙事、独特的角色造型设计、娴熟的特效技术获得了大

① 史可扬、康思齐：《电影〈狼图腾〉的主题改写》，《民族艺术研究》2015 年 03 期。

② 周康：《论电影〈狼图腾〉的不足》，《西部广播电视》2015 年 10 月。

③ 杨会：《魔幻现实的正喜剧——〈捉妖记〉的多维解读》，《电影评介》2105 年 7 月 23 日。

量观众的认可与称赞。”[①] 该文从以下五个维度例证了影片《捉妖记》的成功:(一)魔幻现实主义的象征;(二)富有趣味的喜剧;(三)符号化的造型设计;(四)文化女权主义的逆转;(五)永恒不变爱的旋律。[②]

《捉妖记:不是所有的妖都叫奇幻》[③] 主要对影片《捉妖记》提出了两点质疑,一是影片类型定义,对于“奇幻”而言,由于《捉妖记》“遵循基本的理性逻辑,处处折射现实社会,并且常常使用含混不清的时空表述,而非奇幻作品的具体描述”[④],所以它似乎更符合童话的面相。二是从人文情感出发,影片的一些桥段有悖伦理,“细思极恐的《捉妖记》:名义是捉孩子的眼睛,实际在捉大人的心,因为表面极萌的《捉妖记》在意识方面涉足了很多成人世界的冷峻和现实。”[⑤]

第一篇文章对影片进行了更多维度的剖析,恰好在两个角度与第二篇文章的观点形成了鲜明的对立。(一)《捉妖记》到算算不算奇幻影片?对于奇幻的判断究竟是至于对细节桥段的表现还是要追溯到理性逻辑的层面?(二)《捉妖记》是洋溢着情感,以永恒的爱为主旋律还是要强调“片中的登仙楼(实为食妖楼),何异于帕索里尼的索多玛?不过后者虐杀的是所谓同类,所以震惊了我们的‘正常社会’”[⑥]?

除了对《捉妖记》是否能够归属于“奇幻”类型片的探讨之外,两篇文章的核心论争更是集中在影片蕴含的是温情的人文关怀还是最终归宗于残酷的理性逻辑层?

三、《小时代 4:灵魂尽头》:究竟是在以女性话语权宣扬消费主义的诟病还是在通过对社会现实的映照完成对物欲的免疫与觉醒?

自从影片《小时代 1》上映以来,就引发了关于众多学者对于影片毫无掩饰甚至大肆宣扬的“消费主义”、“享乐主义”观点的批判,而相对正面的论析也往往集中在受众与市场机制的研究。2015 年度,对于影片《小时代》的评论性文章出现了两个新走向:一是从对其宣扬的消费主义观的单纯性否定,转向关注其背后的社会现实性以及合理性;二是对于受众与市场机制的研究,从简单的“使用与满足”移目于更为量化的文本类型、数据型的微观分析。

① 杨会:《魔幻现实的正喜剧——〈捉妖记〉的多维解读》,《电影评介》2105 年 7 月 23 日。
② 杨会:《魔幻现实的正喜剧——〈捉妖记〉的多维解读》,《电影评介》2105 年 7 月 23 日。
③ 山宗:《捉妖记:不是所有的妖都叫奇幻》,《齐鲁周刊》2015 年 7 月 24 日。
④ 山宗:《捉妖记:不是所有的妖都叫奇幻》,《齐鲁周刊》2015 年 7 月 24 日。
⑤ 山宗:《捉妖记:不是所有的妖都叫奇幻》,《齐鲁周刊》2015 年 7 月 24 日。
⑥ 山宗:《捉妖记:不是所有的妖都叫奇幻》,《齐鲁周刊》2015 年 7 月 24 日。

《小时代系列电影的女性主义解析》[①] 以“女性主义分析”为新的立意点，指出“抛却其广受诟病的浮华与失真及其背后所承载的价值观，单从女性主义的视角来解读该系列电影，却发现其蕴涵着别样的色彩，它跳出了传统电影赋予女性的固守形象，以女性作为影片的中心和行为主体，赋予女性以话语主导权，凸显出了其女性主义的思想。”[②] 并从以下三个角度剖析了《小时代》系列影片如何完成女性话语权的转移：“一、小时代系列的女性镜像表达与去他化；二、女性从被看到成为看的主体；三、女性观众的代入认同”[③]，满足了“小妞电影”的主体受众需求。

《意识形态之外是什么？或，如何“合理地”误读〈小时代〉》[④] 认为“与其说《小时代》系列影片宣扬的是个体性消费欲望的激活，毋宁说这种欲望的生产事实上已经成为当下极度宣扬个体性的消费文化的内在逻辑，《小时代》系列影片完成的仅仅是对这种意识形态的确认与再表征。难怪学者着力于这一系列电影的批判性解读，似乎，对于‘小时代’的意识形态解读能够作为当前‘时代的文化证据而保留下来’”[⑤] 该文章认为，《小时代》系列影片背离基本的叙事逻辑，充斥大量的奢侈品广告与浓郁直白的消费主义观。但是文章并没有止于对宣扬消费主义的诟病，指出这也正是当今社会现实的一种写照。同时，这样的社会现实并不应成为意识的终点，“《小时代》的真正作用，并不是让我们意识到我们被强迫性的置入某种统治性的话语结构之中，而是恰恰相反，当我们说意识形态不是真理，在意识形态的面具下我们仍然能保持自我的时候，才是意识形态发挥作用的时候。”[⑥]

两篇文章都认同了影片《小时代》系列成功地完成了对观众物质需求的诉求乃至对诸多女性观众的物欲唤醒，这确实也是当下社会现实的表征之一。究竟是止于对物欲的消费冲动还是选择成就“枪弹论”下的免疫反应，更应是影片引发的思虑。

四、《滚蛋吧！肿瘤君》：是对病痛的不亢、对生命浓重的珍视还是为了立意而对死亡的“刻意柔化”？

《滚蛋吧！肿瘤君》不但荣膺 5 亿票房，并作为 81 个国家和地区的最佳外语片选送第 88 届奥斯卡参赛影片之一，代表中国“冲奥”。除了在网络或者报纸上可循迹对

---

① 张娜：《小时代系列电影的女性主义解析》，《电影文学》2015 年 06 期。
② 张娜：《小时代系列电影的女性主义解析》，《电影文学》2015 年 06 期。
③ 张娜：《小时代系列电影的女性主义解析》，《电影文学》2015 年 06 期。
④ 戴宇辰：《意识形态之外是什么？或，如何“合理地”误读〈小时代〉》，《北京电影学院学报》2015 年 10 期。
⑤ 戴宇辰：《意识形态之外是什么？或，如何“合理地”误读〈小时代〉》，《北京电影学院学报》2015 年 10 期。
⑥ 戴宇辰：《意识形态之外是什么？或，如何“合理地”误读〈小时代〉》，《北京电影学院学报》2015 年 10 期。

该片的负面评论外，在业内学术性刊物上几乎是通篇对于“熊顿精神”以及“人文关爱”的褒奖与肯定。

《〈滚蛋吧！肿瘤君〉：小妞电影的新拓展》[①] 一文将影片《滚蛋吧！肿瘤君》归宗于在互联网时代衍生出的一部具有强烈互联网 IP 的小妞电影。该文认为影片的另外两个亮点是：“在影像的视觉表现层面上，《滚蛋吧！肿瘤君》用类似于《天使爱美丽》《白日梦想家》等影片的视觉手段为熊顿营造了两个世界，在现实世界（实）与心理世界（虚）的交叉中，为观众搭建起一个更加完整的人物形象”[②] 和它的“价值传递与人文关怀”。[③]

《评〈滚蛋吧！肿瘤君〉：死是悲剧 何必刻意柔化》[④] 的作者则认为“之常态，怕生病则是中国人的常态。对一个北漂女青年，《滚蛋吧！肿瘤君》却把这个悲剧事实给掩盖跟柔化了……对一个癌症病人的临床表现可以说是彻底失真的：就说表现尚佳的白百何，她也仅仅是剃了光头，从头到尾都是气色红润有光泽，敢情这是进医院治病还是去疗养了，简直有些不可思议。《滚蛋吧！肿瘤君》用讨巧的手法，顺利克服了这一层障碍，并让观众为一个别有新意的追悼会所打动。”[⑤] 该文对熊顿从心理到造型乃至做派的各个细节“揭露”了影片《滚蛋吧！肿瘤君》与死亡现实的偏离。

两篇影评在对于价值观的传递以及对于人文关怀的表达上产生了强烈的矛盾冲突，前者跟随影片的逻辑，认同“它用最为轻松的方式为观众讲述了一段内里非常悲伤的故事，用奇妙的视听语言将生死、现实与想象进行呈现，对人的生存意义、亲情、爱情和友情等进行了鲜活思考，是当下国产小妞电影中的一部佳作”[⑥]；后者则是离析出影片本身的故事讲述，更多地将现实生活与影片情节进行对于与参照，认为很多细节不符合现实，更不认同这种“刻意的柔化”手法。

通过对这 5 部影片的影评分析，可以管中窥豹，学术刊物发表的影评文章有角度多元化、挖掘数据化的趋势——从广度而言，相对于过去的仅限于剧情或者电影本体的评析，现在的影评文章延展至产业、受众、影音技术等各个角度及层面，涉及经济学、传播学、广告学、社会学、计算机应用学等诸多学科；从微观的数据分析深度而言，以往以票房数据为主的市场学分析类文章占据主体，现今的数据分析往往深入到文本层面，以数据作为支撑的判断更具有客观性。而互联网上的文章相对更加感性，情绪宣泄多于理性分析，但是作为一个广开言路的自由发声平台而言，很多学术性的研究也发轫于网络的论坛探讨，就此而言，互联网的补充作用不容小觑。

---

① 原文泰：《〈滚蛋吧！肿瘤君〉：小妞电影的新拓展》，《当代电影》2015 年 9 期。
② 原文泰：《〈滚蛋吧！肿瘤君〉：小妞电影的新拓展》，《当代电影》2015 年 9 期。
③ 原文泰：《〈滚蛋吧！肿瘤君〉：小妞电影的新拓展》，《当代电影》2015 年 9 期。
④ 木卫二：《评〈滚蛋吧！肿瘤君〉：死是悲剧 何必刻意柔化》，《北京青年报》2015 年 8 月 18 日。
⑤ 木卫二：《评〈滚蛋吧！肿瘤君〉：死是悲剧 何必刻意柔化》，《北京青年报》2015 年 8 月 18 日。
⑥ 原文泰：《〈滚蛋吧！肿瘤君〉：小妞电影的新拓展》，《当代电影》2015 年 9 期。

五、《西游记之大圣归来》：是一部充满创新的现象级电影还是遵循好莱坞叙事原则的超越了正义的“血腥暴力”片？

自《西游记之大圣归来》上映以来，除了引发业内的好评外，官方对于影片《西游记之大圣归来》也给予了充分的重视与肯定，2015年8月4日，由中宣部文艺局、国家新闻出版广电总局电影局主办，中国电影资料馆（中国电影艺术研究中心）承办的“国产动画电影《大圣归来》研讨会”在北京召开，亦将《西游记之大圣归来》誉为一部现象级的电影。

《用普世的手法讲好中国故事——〈西游记之大圣归来〉的启示》[①]的作者认为“尽管《大圣归来》设计了一个与以往不同的孙悟空，讲了一个《西游记》里并不存在的故事，但谁也不会否认这是一部地道的中国动画片。”[②]“《大圣归来》的成功在下面三个维度对国产动画电影的创作应该有所启迪：一、题材创新化；二、故事去低幼化；三、表现普世化。”

《〈大圣归来〉：消费时代动画电影的样本》[③]一文作者认为互联网环境改写了传统“叫好”的定义，“叫好”的发出者已经从专家学者、专业影评人转为网络影评人，而“好”的内涵也更多从对影片艺术性的肯定转变为只是对影片冲击力的感性评价。随后从三个切入点对《大圣归来》是否名至实归提出了质疑：“一、模式化的剧情；二、丑怪的人物造型；三、奇观化的影像——对血腥、暴力的过渡演绎。”[④]

两篇文章在两个论点上产生了针锋相对的观点冲突，前者认为影片《大圣归来》题材创新，讲的是一个前无古人的孙大圣的故事，但是后者则抛开了故事的内容而转向了讲故事的方法，认为影片对于节奏感的把握依然未摆脱好莱坞的经典模式。另外一个对立在于《大圣归来》究竟是在讲一个正义战胜邪恶的普世价值观的故事还是“一部披着‘暴力正义性’外衣的破坏性电影，为了场面的壮观，除了山崩地裂的场景外，还充斥了大量残忍的打斗场面，一部动画片竟被观众认为颇为‘血腥’，暴力的正义性变成了争议性。”？[⑤]

---

① 蒲剑：《用普世的手法讲好中国故事——〈西游记之大圣归来〉的启示》，《当代电影》2015年9期。
② 蒲剑：《用普世的手法讲好中国故事——〈西游记之大圣归来〉的启示》，《当代电影》2015年9期。
③ 杨新宇：《〈大圣归来〉：消费时代动画电影的样本》，《艺苑》2015年8期。
④ 杨新宇：《〈大圣归来〉：消费时代动画电影的样本》，《艺苑》2015年8期。
⑤ 杨新宇：《〈大圣归来〉：消费时代动画电影的样本》，《艺苑》2015年8期。

电影《狼图腾》的主题改写

史可扬 康思齐

摘要：电影《狼图腾》是对同名小说的再创作，对于原小说而言，电影《狼图腾》是取其形而另造其神，它对小说中的丰富素材做出选择性处理，对其中富有魅力而又符合时代诉求的部分进行浓墨重彩的铺陈和书写，而对于其中容易引起争议和质疑的部分则尽量回避或者从另外一种视角重新阐述。具体表现为从故事情节、人物关系、价值观等方面对这个故事进行了改写。

关键词：《狼图腾》 主题 小说改编 价值观 人与自然的和谐

电影《狼图腾》是一部备受关注的作品，它尚未公映便拥有了不少人的期待，其中一个重要的原因便是原小说《狼图腾》有着广泛的影响力和知名度。不过电影毕竟不同于小说，它只能通过视觉和听觉信息来传达内容，同时需要面对的是更为广泛的接受者，所以小说的电影化改编必然是一次理解消化之后的再创作。《狼图腾》的拍摄筹备历时 7 年，创作者们下了一番大的苦工夫，在深刻把握了原作精神和当下受众需求的情况下，大刀阔斧地对小说内容进行了重新整理。

小说《狼图腾》是一部以狼为叙述主体的纪实文学作品（即报告小说），其视角独特、观念新颖，面世以来一直十分畅销，受到广泛关注。对这部作品的评价却出现了两种截然不同的声音，一方认为它视角新奇、思维宏大、能够启人深思，另一方则认为它具有主观臆测、捏造历史、宣扬侵略精神等缺点。总之，小说《狼图腾》是一部富有魅力但存在不少争议的作品。这样一个题材是把双刃剑，既能让创作者们提前获得许多“预定观众”，同时也将它放置在各种不同目光的拷问下，因为许多观众将会带着自己的期待和理解进入影院观看。电影《狼图腾》虽然选择的是一个相对来说比较另类和小众的题材，但它的运作模式依然是商业化的，光是那高达 4100 万美元的投资

史可扬，北京师范大学艺术与传媒学院，教授；康思齐，北京师范大学艺术与传媒学院，硕士。

便在很大程度上确定了整部影片的主要诉求和目标，以便尽可能多地吸引观众来观看，所以电影势必要比原小说更大众化、形式更简洁、主题更温和。

电影《狼图腾》较之于小说，改动是比较大的，虽然故事的主干基本没变，片中的大多数情节也都是从小说中提炼出来的，但影片的主题旨趣却与原小说有很大的区别。因此，电影《狼图腾》对于原小说而言，是取其形而另造其神。电影的创作者们对小说中富有魅力而又符合时代诉求的部分进行浓墨重彩的铺陈和书写，而对于容易引起争议和质疑的部分则尽量回避或者从另外一种视角重新阐述。本文在对《狼图腾》小说和电影的充分理解和比较后，从以下三个方面来分析电影对小说主题的重新改写。

一、成长历程取代了寻狼之旅

虽然电影《狼图腾》的主要故事与原小说基本相同，都是讲述人和狼的一段关系的故事，但两者所处的主次地位全然不同。小说中，狼无疑是绝对的主角，陈阵只是作为一个发现者和见证者形象出现的，作品是通过他的视角来认识和了解草原狼这一神秘而富有魅力动物的，故事中始终是狼在左右着陈阵的精神和情感；而其他人物如毕力格老人、巴图、噶斯麦等，则几乎只是一种解释信息和引导思考问题的角色。一切叙事都围绕狼这个重心展开。因此，小说《狼图腾》可以被看做观者伴随着主角狼的一次寻狼之旅。而在电影里，故事是围绕着陈阵来讲述的，讲述的是陈阵这样一个来自都市的汉人知青在草原的插队生活中精神和情感世界的变化过程，叙事的中心不再是狼，而是人。尽管在故事中狼是非常重要的次主角，也是对主角情感触动很大的一个对象，但是它和片中的其他人物一样，都只是引起主角变化的一个客体对象。两个不同的叙事中心传达出了两个不同的故事主题，小说在对狼性的考察中反思人性，而电影中表达的则是人在不同环境中的蜕变与成长。

其实，《狼图腾》的故事叙事模式属于比较经典的闯入者式模式，在这种模式中，主角从一个阵营来到另外一个阵营，而两个阵营常常处于强烈的对立和冲突中，无论主角因何种动机和原因来到这个新的阵营里，都会逐渐背离自己在之前阵营里的价值观而趋向于新阵营的价值观，从“卧底”转化为“变节者”。有许多经典故事都是遵循这种模式叙事的，如《与狼共舞》《阿凡达》《最后的武士》等。任何一种经典的故事模式，尤其是能够长期畅销于世界的故事模式，往往都存在着一种普适化的价值观和广泛的审美认同，能够在很大程度上保证一部作品商业上的成功，因此，经典的故事模式也常常是电影创作者们会首先考虑的。在电影《狼图腾》中，创作者为了使故事更符合这种经典叙事模式的情节框架，强化了以包顺贵为代表者所持有汉族文明和以毕力格老人为代表者所持有草原文明的冲突。但是，与原小说中将两种冲突置放于广袤草原几千年悠久历史发展视野中不同，电影中的冲突集中于当下，情节紧扣故事当下的时代背景——“文革”，这样使得冲突更为集中、主题更加突显。创作者们巧妙地以视听语言来呈现两种文明的对立冲突，选择视觉冲突激烈的红色和绿色分别代表汉族文明和草原文明。红色是“文革”时期的最主要色调，也是片中多次出现的颜色:红色的旗帜、红色的拖拉机、红砖砌成的小房、红色的标语等，它代表着一种外来的浸入草原的力量。正是在那个特殊的年代里，人们对生态环境和自然规律全然漠视，因而草原的生存环境遭到了极大的破坏。绿色是草原的主色调，在视觉上给人予清新舒爽的感觉，因而故事中极力以绿色呈现草原之美。在电影中，两种文明常常处于不断交错和激烈的冲突之中，影片一开场就直观呈现出了这种冲突：从满眼都是鲜红旗帜和标语的天安门广场直接剪接到满目青葱翠绿的关外风光，将知青们迅速穿越两种文明恍如隔世的状况直接而强烈地呈现在了观者的眼前。陈阵起初是属于红色一方的，但是，在他进入草原的生活过程中，草原壮美的风光、狼性的魅力以及草原人的善良正直彻底地改变了他，使他在价值观上逐渐认同于绿色一方。无论是从历史还是现实来看，电影中红色一方罔顾自然规律、大肆破坏生态平衡的行为都是应该被批判、否定的，而绿色一方敬畏自然、崇尚自然的价值观是值得肯定的，因此，电影中陈阵的这种思想上的变化无疑是进步的，在不同的文明环境中，作为主体的人获得了心灵的净化和认识的提高，而狼只是他认识过程中的指引者，正如片中旁白所说的，狼是“走进草原人民精神世界的那一扇门”。

二、悲悯情怀取代了顶礼姿态

虽然同样是有着灵性的草原之狼，但是它们在电影与小说中被呈现的形象和唤起的感情却是不一样的。小说中处处展现出狼英勇的身手、出色的谋略、凶残的侵略性、铁血般的团队纪律，塑造成的是一种让人不得不对其充满敬畏的形象。小说中的主要正面人物如陈阵、毕力格等，对狼都有着一种宗教徒一般的顶礼膜拜心态。书中每当一写到历史上的强势人物或帝国时，总会直接或间接地从狼的形象上来引申，小说《狼图腾》中的狼是神圣的、强势的，象征着一种文化传统，唤起的是人的无限崇敬。而电影中，虽然也有许多场景表现狼的英勇善战，如围捕黄羊、攻击马群等，但是也仅仅只停留于影像呈现本身，并没有像小说中那样去进一步升华和拔高这种行为本身的含义。相反，在电影中，创作者们用了许多极为细致、传神的细节来表现狼的弱势，片中有大量反映狼的生存家园被破坏时的场景及这些场景中狼表情的镜头，如：母狼在狼崽被掏时无

可奈何的遥望，狼崽面临杀戮前那毫无所知的纯真可爱，面黄肌瘦的狼看到自己同伴被炸死时的悲戚哀伤等。这些画面无疑会极大地唤起观者对其的同情与哀怜。与小说中的崇敬心态不同，在电影中创作者是将狼看做一种与人平等的有灵性的生命来看待，甚至当做一种弱势群体来关怀的。之所以这样处理，还是出于影片主题表现的需要，因为悲悯情怀和生命意识是人类最基本和共通的情感和意识，也是最能直接打动观众的。而小说中所极力赞美的具有侵略精神的狼性则相对较为小众化，甚至会引起部分人的反感。在一部商业电影中，煽情自然会比赞美更容易直接打动观众，从而获得认可。这些充满煽情意味的场景也正是电影的创作者们最努力和专注设置的，为拍该片，光是养狼这一环节就耗时3年，为的就是能充分地表现出狼的灵性。用动物的表情而不是特效来叙事，是导演让·雅克·阿诺一贯所长，这一次他也同样收获了理想的效果，正如有的观众所评价的："片中的狼演得比人都要好"。

电影对小狼的生活这条线索所串联起来的叙事进行了一种十分大的改编，那就是陈阵所喂养小狼最终的结局。在原小说中，小狼由于久离狼群而不可能重返狼群，同时因为伤势加重而性命堪忧，陈阵不得不做出了痛苦的抉择，亲手杀死喂养了一年多的小狼。而在电影中，陈阵意识到一匹真正的草原狼是不可能被驯养的，于是接受了这个事实，一步步教会小狼独自生存的技能，希望它能重返草原，这个愿望最终实现了。这样的处理使得故事的主题指向更加集中统一，同时也使得影片的结局变得圆满，原小说的结局无疑是灰暗甚至令人绝望的，而电影的结局相对多了一些希望和光明的色彩。作为一部商业电影，这往往也是必然的选择。此外，与小说相比，陈阵与小狼甚至其他狼之间的交流和沟通更多了，在原小说中，陈阵主要是以一个实验者和观察者的形象出现的，和狼之间基本没有太多的交流。但是，影片中增加了许多他们之间双向度的交流，如小狼在不小心咬伤了陈阵之后露出的"羞愧"姿态，以及陈阵最后与处于绝境中狼王的对话。这些改编，既丰富了影片的内容和细节，同时也更加突显出万物有灵的生命意识。

三、和谐理念取代了图腾崇拜

"图腾"一词来源于北美印第安人的部落方言，它是一种符号和象征，是原始社会中人类文化的重要组成部分，与当时人的生活和生产有着密切的关系。"关于图腾的起源以及作用，有许多种不同的解释，在学术界也向来没有一个公认的定义。"①

① 王晓天:《图腾：古代神话还是现代预言》,《世界民族》2006年第2期。

小说中，作者选择了其中的一种定义，认为图腾是人类对于神灵崇拜的一种寄托，因此，狼图腾标识着草原人民的一种精神信仰。作者认为，草原人民能够在如此艰苦的环境中生存下来，并建立起曾经威震世界的蒙古帝国，都与狼有着密不可分的关系，狼图腾是草原民族的精神源泉。因此，在小说中，包括主角在内的许多人物都表现出对狼图腾的一种虔诚崇拜之情，这种崇拜如同对祖先和神灵的崇拜一样。书中的人对于狼的情感是特殊而复杂的，他们怕狼、防狼、学狼、护狼、敬狼。同时，在小说中，“作者并不希望将作品的征服力仅仅寄托在故事上”，[①] 因此，作者主动将对狼图腾的思考上升到历史和文化的层次，以强烈的反思和批判精神对游牧文明和农耕文明之间的关系进行阐述，将两者比喻成狼和羊的关系，积极肯定前者、批判后者，并由此形成了“狼图腾是科学的发展观”“蒙古草原狼是中国古代文明自然进化的发动机”等观点。但是，这些观点很多都是以发散式议论的方式表达出来的，既不是通过具体的故事表现出来，也不是通过科学严谨的研究论证出来的，有主观片面之嫌。其实，《狼图腾》一书中对于狼图腾的文化思考即便是在小说中都已大大超过了体裁本身的承载量，更毋用说一部容量更加有限的商业电影了。所以，在电影中，创作者们回避了书中对于文明思考的内容，正如有人所言，“《狼图腾》是一部‘环境文学’，而非‘兽 性颂歌’。”[②] 取而代之的是一种更加普适化、更具时代感的和谐理念。影片中所阐述的和谐理念包含两部分。第一部分是生态意识，即对生存环境的呵护。故事的主要空间是腾格里草原，它是片中人物和动物共同赖以生存的家园。电影中所呈现的腾格里草原是多姿多彩的，创作者们运用不同的色彩来展现草原的美丽妖娆：落日余晖下的血红、天光云影下的金黄、风雪之夜的湛蓝、春日和风中的碧绿等，同时还从各种不同角度、采用各种不同运动方式来表现草原的壮阔雄奇：推拉摇移镜头都用到，各种角度的摄影和景别一应俱全。在构图方面，充分利用透视原理，形成画面本身极强的纵深感，在不同场景中营造出不同的美感，形成了一种中国山水画般的意境：“高远者明了，深远者细碎，平远者冲澹。”[③] 这样美丽多彩的草原带给观众视觉上的审美愉悦感，因此，这片美丽的草原遭到破坏的镜头一出现时，便很容易唤起人们的痛惜之情和反思意识，影片中那个像天堂一样的地方天鹅湖前后两次出现的截然不同景况便能直接而深刻地刺激观众。这种视觉上的说服力，是小说很难产生而电影很擅长表现的。和谐理念的第二部分便是平衡共存的意识，“人，只是自然生态链中的一环，这种链条中的任何一环都不能过大”，[④] 同时，任何一环都不能够被轻易拿掉，否则这根链条就会因失衡而断裂。片中的狼和人

① 王学谦：《〈狼图腾〉与新世纪文学的生命叙事》，《文艺争鸣》2005 年第 2 期。

② 阎晶明：《〈狼图腾〉：电影美学新亮点》，《光明日报》2015 年 3 月 16 日。

③ （宋）郭熙：《林泉高致·山水训》，上海辞书出版社 2009 年版。

④ 周晏：《生态文学视阈下〈狼图腾〉的现实意义》，《文艺争鸣》2013 年第 13 期。

的关系其实并非一种势不两立的死敌关系：狼并非要主动攻击人，狼攻击马群是因为要报复人类偷了它们的食物并掏了狼崽，攻击羊群是因为人类对草原的破坏使得狼失去了自己的其他食物来源；相反，狼帮人类消灭掉不少黄羊，可以保护草原的“大命”，让人类得以继续放牧，而闻名世界的蒙古马也正是在与狼的生死竞争中练就了一身的本领。因此，狼与人的关系在草原上其实是相争又相依的关系，虽然会有利益上的冲突，但是如果彻底消灭掉一方的话，另一方也会失去自己的生存家园。这样一种主题同样可以引申到对于不同文化、不同意识形态之间如何相处的问题上来。作为一部由小说改编的电影，《狼图腾》在充分把握原作内容和精神的情况下对原作进行了重新梳理，调整了故事的人物设置和情节架构，从而改写了故事表达的主题，这种改编是根据电影这门艺术本身的属性和作品要面对的受众群体状况来进行的。作为一部商业电影，《狼图腾》在商业上是成功的，同时在艺术上也收获了不少的好评，无论是对于当下进行商业电影创作的中国电影人，还是对于今后的小说改编电影的创作而言，《狼图腾》都可以被看做是一个较为成功的范本。

（原文刊载于《民族艺术研究》2015 年第 03 期）

论电影《狼图腾》的不足

周　康

一部电影，开篇是他的重头戏。好的开篇，能够抓住观众，让大伙有兴趣看下去，这是电影的要素之一——“吸人”。

许多影片的开篇是悬念开片：设置一个特别大的悬念，让你揪心。如《失孤》这部影片里，开头的字幕还没出完，就在银幕上现出了一个大大的、非常非常可爱的孩子头像，旁边的字幕清晰地标注着：被人贩拐走，随之其影像渐渐“沙化”，飘散开去……，影片由此抓住了千百万观众的心，带领着众人走上了“漫漫寻亲路”。

还有一种开篇，是耀武扬威似的，让你羡慕崇拜。大家都非常熟悉的007系列，它总是在片头的3—5分钟的时间里，用洗练的镜头来表现英雄007能上九天揽月，能下五洋捉鳖的功夫，展现他在枪林弹雨中出生入死、扫清顽敌，最终安然回归的“惊人壮举”；而他还会像邻家“坏男孩”一样，“揽尽人间秀色”，从而引发我们对007的极大关注而乐此不彼地将电影看下去！

这，就是好的电影开篇。它达到了电影开篇的基本诉求：介绍背景，抛出悬念，抬出诱人的元素，为故事的展开打下基础。

好的导演，会从开篇开始，设置一个又一个的悬念，解决一个又一个的问题，丝丝入扣，环环相接。他将一个个悬念引出，又去探寻和揭示一个个谜底……

而有着畅销小说垫底，拍摄周期长达数年，遍请世界高手，投资额巨大，“完全尊重导演意图”的史诗般电影《狼图腾》，却没有“吸人”的开篇，没有丝丝入扣的主题设计，没有人与狼的矛盾和情怀的逐次展开、转变、升腾；我们看到的是纷乱杂陈的琐事，是自相矛盾的对狼的描述，是一厢情愿的对蒙古草原的诠释。

阿诺导演的《狼图腾》开篇，是一片红色的海洋，是一大群城市“知识青年”的遣送——它是以1967年中国文革中“革命小将”被遣散到“广阔天地”为背景来开篇的！

这样的红色场景，与草原上的人狼故事“相干”不大；而作为铺垫，的确小题大做了。

周康，四川广播电视台，导演。

唯一能解释的，就是导演阿诺自己的喜好。这样的喜好，让影片“跑题”，并削弱了全片的感染力。

实际上，导演阿诺在1988年执导的《熊的故事》里，就有过分灌输的痕迹，三场小熊“梦境”的表现，既没有给小熊的稚爱增色，又没有为故事的发展加瓦，实属多余。

如果本片是以几个初来乍到知青在草原上与狼的初次遭遇来开篇，展现狼的足智多谋、不断尾随；阵型有序、打而不乱；锲而不舍、坚定跟踪，从而形成挥之不去的恐怖气氛……；而知青在这种情况下的惊吓、反击；失利后的恐慌甚至绝望……，最后又以草原牧民在暮色中的援驰而收尾，那将是一场多么荡气回肠的开篇！

如果这样开篇，就为后面的惧狼、恨狼；打狼、灭狼；救狼、喜狼的故事，做了夯实的铺垫！

在这点上，阿诺导演并没有瞄准狼与人的故事来开篇，而是把全片第一场狼出场的戏处理成了一场“笑剧”。

狼，之所以引起人类重视，受到人们的极度关注，就是因为“狼，要吃人”！把几十只狼对一个“嫩仔”的围猎，拍成了一场“演习”，一场“游戏”，在单人的敲击马镫的金属声中，几十只饿狼就像古战场上的士兵一样“鸣金收兵”、“落荒而逃”。——这，可以说是导演的“创新”了。

我不去猜测导演这样处置的原因，也不去讨论这种事存在的可能（万事皆有可能。但哪些是常态，哪些是个例，还是有公论的）。但作为同行，我知道，在这情节之后你再向观众述说狼的“丰功伟绩”，再动用“狼演员”犯下“滔天罪行”，你再利用后期合成和动画来描述狼的坚忍不拔、凶残万分……都难以说服观众。

在一部描写狼、崇拜狼、最终“以狼为图腾”的影片里，在开篇仅十分钟里，这样的情节设置，难以将剧情引向高潮。

回看小说《狼图腾》，你会发现，在该书的前半截，都是描写狼的攻必克，战必胜，无往而不利……就是一群有经验的老猎人，如果没有武器，在狼的面前，也难讨胜算。所以，草原狼才成为了蒙古族牧民心中的阴霾，也才让狼成为我们今天议论的话题……

在一个时间有限的电影里，要让男主角从“惧怕狼”发展到“喜欢狼、爱上狼”，是一件很不容易的事，需要大量的篇幅。阿诺导演则另有侧重，他将篇幅放在了“男知青与牧民女”的草原欢爱之中，放在了“与狼生死搏斗”之上以及“盗挖黄羊”的深层细节展示中……

这些章节，在对后续文章的推进上并没有明显的推波助澜作用。

在27年前阿诺导演的《熊的故事》中，就有在叙事章节上的把控不佳的情况出现。

在那个片子里，猎人被感化而立地成佛离开了森林，却忽然冒出一段“美洲狮与小熊的生死劫杀”。该章节拍得出神入化，扣人心弦，给观众留下了难以磨灭的印象。

但是,作为《熊的故事》,这一段恰恰是狗尾续貂。起码,是导演的处置不妥而形成的“二个影片”硬剪在一起的感觉。

在《狼图腾》中,导演让主角陈阵在被狼群围攻、差点丢命的情况下,无源的、一瞬间就“爱上了狼”,不假思索地就要“要掏一只小狼崽来养”。这种无原因的“爱上狼”,的确显得唐突和冒失。

导演为了佐证陈阵的单相思,设置了“大地动容,苍天助阵”的情节,在天空中为陈阵描绘出了一幅“圣者”召唤图和一幅美丽的“狼图腾”云彩,以图呼应全片的主题,达到了极强的视觉渲染效果,但在情节设置的合理性上还是稍显不足。

电影里,男主角陈阵就像唐吉诃德一样执着而疯狂的“养狼”,其中狼崽二次伤人,引起二次救助。但这,都没有推进人对狼的新认知,只是强化了“狼要吃人”概念。养狼而没有新元素的出现,与平行推进的打狼剿狼,狼群的几次大规模反扑互不相干,影片设置“养狼”的巨量篇幅?

单纯的惧狼恨狼成不了故事,单纯的打狼灭狼也成不了故事,单纯的救狼喜狼还是成不了故事,只有将些事情巧妙地串连起来,展现矛盾、再现变化、最终让人们对狼顶礼膜拜,让“狼的图腾”真正飘扬在草原之上。这,才是一个好的故事。

按理,电影的篇幅有限,它的改编,主要是突出主线,把故事讲清楚。在影片中,人们对狼的认知和态度的改变,本应是主线,是主题!而这一过程,是有因的,是渐进的,是曲折和艰难的……因而最后对狼的理解和崇拜,乃至于升腾到图腾的境地,才能是刻骨铭心而又挥之不去的!

在本片中,惧狼恨狼的篇幅较少,打狼灭狼倒是用了不少笔墨,而对狼的描述,几乎就是空白。我们在影片中,看不到狼的悲欢离合,看不到它们的原则和追求,观众缺少了解狼的渠道,进而缺少“憧憬狼”的说服力。崇敬和膜拜,成了主角陈阵一个人的单相思。

导演在对副线人物的处理上与小说有较大的出入。在小说中,毕利格老人是草原智慧的化身,他热爱草原又熟知自然,他集一生的经验指导着人们的生产生活。他的关爱和影响,也让一群“知识青年”,对草原有了新的认知和热爱……

而在影片中,毕利格老人成了一位孤独的牧师,满腹经纶,却在大灾来临时却没有了踪影,最后还因为自己的经验不足而成为了人类暴力的牺牲品!

在影片中,毕利格老人几乎没有追随者,主角陈阵也是若即若离的,就连自己的儿子儿媳都“与父相背”,参加了掏狼窝灭狼仔的活动,牧民们就更是“惟命是从”地紧跟着包场长,几次与狼交手,几次失利,却不总结,无醒悟,依然紧随包场长,疯狂地和狼“干”上了……人与狼的对立和仇恨在加剧,人对狼的绞杀在加紧!而理解和共处就没有了空间。

不能不说，这部耗时7年、投资3亿、集国家各项优势予以保障的影片，从影片场景的宏大，到视觉效果、画面都无可挑剔，从某种意义上来说算是一部成功的商业片，但从情节设置和影片内涵来看却存在许多不足之处，这可以说是身兼第一编剧，担负着导演重任的阿诺先生的遗憾！

（原文刊载于《西部广播电视》2015年第10期）

魔幻现实的正喜剧：《捉妖记》的多维解读

杨 会

2015 年 7 月 16 日上映的《捉妖记》，是一部融合了多个笑点、泪点、女权主义、歌舞元素与哲学思考的优秀作品，这部作品在国产剧中以充满魔幻现实主义色彩的叙事、独特的角色造型设计、娴熟的特效技术获得了大量观众的认可与称赞。本片讲述了一个人类与妖精共存的奇异世界，在对立为敌的天师与妖精中，竟然因为妖精的善良与人类的正义，出现了人妖共存的奇景。新的妖王为了获取妖界的大权，通过各种途径追杀老妖王留下的孩子和余党，而人妖共筑的永宁村的守护者宋天荫因为机缘巧合孕育了小妖王，并在与小妖王的共处中培养出了独特的情感，因而一路保护并感化了小妖王，并以家传的斩妖降魔剑与剑法击毙了新妖王，使得妖界不再作乱于人间。在小妖王天真无邪的笑容与振聋发聩的哭声中，宋天荫逼着小妖王离开自己，独立成长。

一、魔幻现实主义的象征

魔幻现实主义隶属于西方现代派文学，“魔幻现实主义将社会现实投放到虚幻的环境和气氛中，展开无边无际的想象，并给予详尽的描绘，为现实披上了一层魔幻的外衣。既在影片中反映社会现实生活，又在叙事中插入许多神奇、怪诞的幻景，使整个叙事呈现离奇怪诞的情节和人物”[①]，带有浓烈的超现实但又依托现实的寓言色彩和象征意味。

影片的开端就创造了魔幻的色彩，在玄幻的场景中，妖怪横行，并相互厮杀，追赶老妖后。而在两位被抓的妖精的歌舞表演中，歌词处处指征人类的心酸与不易，使得作品的象征意味很强，而最后，改变人妖二界关系的小妖王则在无意中以食物子弹击穿了大 BOSS 的伪装：披着几层人皮的新妖王，在新妖王褪去人类伪装的动画设计片

杨会，常州信息职业技术学院艺术设计学院，讲师。

① 罗毅：《打破沉默的沉默〈宠儿〉的多维度解读》，西南交通大学出版社 2012 年版，第 45 页。

段中关于伪装终究被揭穿的象征意味与哲学意味都是比较典型的。

小妖王被推送至厨房做菜时则充满了奇幻色彩，大厨将小妖王扔下油锅煎炸，在大家揭开油锅之时，发现小妖王很开心地翻转了个跟头，并将油锅做为游泳池调皮地嬉戏其中。在蒸煮开笼后，则向着大厨口喷热气，导致大厨郁闷气结而辞职离开。小妖王在被放置于砂锅熬汤后将所有被熬汤的汤锅一并打破而救出其他小妖。这一系列的情节设计无不充满了超现实的神话色彩，与孙悟空之丹炉炼丹有异曲同工之妙。而在经历一系列的惊险之后，小妖王依旧天真善良，其内在的纯良天性与感恩的心使得作品主题的内在象征意味丰富很多。

二、富有趣味的喜剧

近年来，随着《泰囧》《西游降魔记》《心花怒放》等一系列喜剧影片的登场，喜剧影片以大众喜闻乐见的形式在嬉笑怒骂中将道理娓娓道来。从《捉妖记》的剧情设计、造型设计、演员阵容等多个方面综合来看，捉妖记毋庸置疑是一部诙谐而富有趣味的喜剧作品。“喜剧最初来自民间的诙谐表演，据说远在文明初期，人类童年时代的艺术中就有喜剧形式出现了，古希腊的喜剧起源于民众祭酒神时的狂欢歌舞以及民间的种种滑稽表演。”① 亚里士多德在《诗学》中已经谈到喜剧的特征，他认为：“喜剧是对于比较坏的人的摹仿，这里的坏是指丑相关的一种东西，其中的一种类型是滑稽。”② 本影片在幽默而又诙谐的氛围中，让观众在忍俊不禁之后陷入沉思，是一部正能量的喜剧，传达着正义、善良与爱。

影片《捉妖记》是一部典型的喜剧作品，作品以精彩的笑点设计，让观众切实地体验了喜剧的独特魅力，如罗刚在征服妖怪的过程中，确实打得妖怪满地找牙，其最后获胜时的双眼肿胀的造型与妖怪捂嘴逃窜而去的造型设计令观众忍俊不禁。而影片中的核心角色：小妖王也成功地创造了多个笑点，尤其是在妖王宴一戏中，百无一用的主人公在不得已中使用小妖王口喷食物子弹对抗天师们的大戏中，创造了独特而又幽默的氛围，在观众的捧腹中揭开了幕后主使者：新妖王的险恶居心，借助天师之力斩除老妖王的余党，从而也为剧中人与妖的和谐铺垫了情感基础。

影片为了营造作品的喜剧基调，使用了多名银幕上颇具声望的喜剧演员，他们的助阵也确实加强了作品的喜剧色彩，如姚晨对于大厨这一角色的精彩的动作设计与在与小妖王的对峙中遭遇挫败后的造型设计可谓精彩绝伦，也再次复活了人们记忆中所

① 朱克玲：《悲剧与喜剧》，文学艺术出版社 1985 年版，第 53 页。

② ［古希腊］亚里士多德：《学》，人民文学出版社 1962 年版，第 34 页。

熟悉的喜剧女神郭芙蓉的印象。而曾志伟及吴君如两位喜剧演员的助阵为影片带来了灵动而鲜活的“港式幽默”。优秀的表演团队及精彩的角色设计、动作、造型无一不展现了这部作品的喜剧魅力。

作品中始终贯穿了趣味性的歌舞元素，如在忠实护主的两妖被四钱天师罗刚抓获后，为了逃跑而精心设计了一番歌舞，有着好莱坞工作背景的许毅成导演在这一歌舞元素设计上沿袭了经典的好莱坞式歌舞模式，但在歌舞内容与动作设计上则入木三分地使用了国粹之精华，以谐趣幽默的歌词与无下限的恶搞与扭跳道出了人类心酸的心声，也道出了人界与妖界之情感共鸣之处，使得罗刚沉浸于人生百味之中，也正是在精彩的歌舞表演中混淆了天师的视线，两位妖怪伺机逃脱。

三、符号化的造型设计

影片中的动画角色设计及任务造型设计可谓别出心裁，尤其是动画角色设计均采用了符号化的造型设计风格，其造型具有鲜明的形象特征，是对现实中对象的浓缩与提炼，概括与强化，是突出与夸张其本质因素的一种表现形式。[①]影片中妖怪的造型设计匠心独运，且均以独到的色彩、造型及动作营造出角色特有的气质与特点。导演在谈及主角胡巴的设计时，曾言及去菜场买菜时看到白色大萝卜后激发出很多灵感。因而观众在观看胡巴这一角色时，我们会有似曾相识的感觉，其色彩设计为通白，造型则类似一个胖胖的白萝卜,头发则是短短的绿萝卜缨。这些精心的设计塑造了其矮矮胖胖、乖乖萌萌的造型；白色的色彩设计传达了天真单纯、善良可爱的性格；而其一系列的动作行为，如喝血、放屁等动作的设计也强化了其呆萌及淘气伶俐的特点。大闹厨房的一出戏更是彰显了其无所不能的变形能力与反攻击能力，为影片的喜剧性与剧情设计增色不少。小妖王两位母亲的造型设计也颠覆了观众传统认知的皇族形象所代表的美丽与端庄的形象,妖后以其胖胖的、类似于白色馒头的造型营造出善良而敦厚的形象；而后续承担孕育小妖王的母亲宋天荫则大众眼中是胸无大志，心怀善良，瘸腿的屌丝造型设计，这类反传统认知的角色造型设计使得我们的关注点聚焦于造型设计背后的内涵表达，也使得我们更易理解小妖王的成长环境。而忠诚而执着护主的胖莹，其粉色的色彩设计与圆滚滚的造型设计增加了这一角色的温暖感与可信任感。

影片中反面角色的造型设计与动作设计也不乏精彩之处，如一开始就追逐妖后的血妖，其形体庞大，五官的设计略丑但依旧萌态十足，动作尽管凶悍却依旧有着很多

① 曾思思:《动画角色造型设计》,上海人民出版社 2012 年,第 13 页。

童真之处，如胖莹诱惑其时，便沉迷于美色之中忘却追逐妖后，而在被罗刚打得满地找牙后，真的是捂嘴逃窜。而大反角葛千户的造型设计则体现了典型的反派特点，其怪物的造型设计丑陋，其最终的出场与其伪装的人物形象反差极大，也切实展现影片对于人物设计的寓意与象征所在，也许越是冠冕堂皇的正面形象背后越是不堪，正是应了“金玉其外败絮其中”这句古语。

四、文化女权主义的逆转

就文化艺术创作中的男女角色定位而言，无论中西都一直沿袭男尊女卑的传统。随着社会的发展，女性的地位逐步提升，因而女性角色与地位在文化艺术创作中出现了一定的变化。在本影片中，体现了文化女权主义，“文化女权主义寻求差异、弘扬女性特征的方法契合两性平等和谐的内涵，并论证了男女两性平等和谐的客观必要性”。[①] 就《捉妖记》而言，影片从开始就设定了女权主义的基调，如作为保长保护村民的宋天荫，在赶往闹事的大众中调停时，被罗大娘等人扔出人群，并被质问，是否为大家缝好衣服。就与传统的主角所面对的境遇截然不同，主角被设定为男性，但角色的基调与传统男性特质格格不入的设计。而在女主角出场后，更是强化了女权主义这一特点，如作品中男主人公视做菜及缝纫为自己的最高理想，男主人公承担孕育、教化孩童等责任，颠覆了传统的男女角色认知。影片成功地塑造出一位脉脉温情的全能父亲角色，温柔而包容，有爱且有趣，既包纳着如山的父爱，亦潜藏着有如水的母爱。正因为这一位独特的角色与小妖王的相遇，才使得小妖王始终保持童真，未忘感恩，选择善良。

尽管影片至始至终贯穿了女权主义，但在作品的结尾，我们却感受到女权主义的逆转及男性角色的回归，在以女权主义占据大篇幅的作品中，影片的结尾却悄然地改变了这一诉求，在依旧是男权占据优势的现实社会中，戏谑与调侃足矣，作品以男主人公的死亡告别了其原先所负载的身份与形象，以其复活重塑男性的角色与权威，在其复活后，以独特的剑法杀死新妖王并以全新的阳刚男性逼迫小妖王独立成长，在这一系列的转变中，女权主义已经在悄悄地消逝，在人妖的泪眼相望中，宋天荫恢复了传统认知的男性角色，作品再次以沉默而强大的男性权威包容了温情而又细腻的女性权威。

① 丁晓琪:《女权主义方法论意义的中国化解读》,《苏州大学学报(哲学社会科学版)》2009 年 03 期。

五、永恒不变爱的旋律

影片贯穿始终的主题，是关于人与妖的世界的对抗与共存。其实，很多时候，当大多数人站在某个立场，似乎出于大众群体的认知才是正义方，尽管小众群体放弃真实的自我，努力去生活，去依旧是被否定的一方，人与妖的世界的对立亦是源于此，但在大众方中依旧有很多曾经孤立无援但却善良的人们默默去保护着小众的弱势的那一方，很多时候，我们以为坚持了正义，也许铸就了伤害，很多时候，我们在界定的时候，只是站在了一个单一的立场，并未以不同的视角去看待事情，也并不够包容，其实太多的是非曲直的界限并不明晰，只是立场与观点不尽相同，但是爱与善良和包容才会使得世界多元化而非同质化。作品至始至终在嬉笑与诙谐中坚持着爱与真诚，也使得喜剧化的表达中夹杂着正剧的价值追求。

影片至始至终的旋律，亦是人类至始至终从未放弃的追寻：爱的主题。男主人公是一个看似胸无大志，但实质爱达天下的男人，因为这样一位角色而升华了作品的情感，在他的爱与包容中，小妖王开心而快乐地成长着，也是在他的呵护与陪伴着，小妖王迸发了人类所具有的一切情感，甚至在他两次离开时，小妖王都像一个被父亲遗弃的孩子一样放声大哭。影片中，当以爱包容一切时，这样的情感单纯而高尚，他以自己的血喂养小妖王，也告诉小妖王，不要再嗜血，他以父爱的宽厚，母爱的慈祥感化着小妖王，也为小妖王撑起了一片单纯而干净的天空。因而在这样环境里成长的小妖王单纯、干净、纯粹而快乐，调皮而活泼，它偷偷用牙齿咬了一家三口的图像，也正因此感动了女主人公，也正因为爱，人界与妖界才会因此而有改变。

作品最后的主题曲，配上天荫抽剑绝然地逼迫小胡巴离开的身影和小胡巴令人心疼抽泣的表情，使得爱的主题格外升华。正如影片的歌词所言：惟有当你“失去了保护，才可以迈向成熟。离开曾经靠倚过的大树，放开一切包袱，要义无反顾”。在动人的歌声中，《捉妖记》关于成长的主题，再次被点亮，也正是在逼迫胡巴离开时，男女主人公真正理解了自己父亲的良苦用心，每个人都得独立地面对世界，学会长大，学会成为真正的自己。

结　语

捉妖记是一部优秀的真人与CG动画完美结合的国产影片，故事略显简单，但叙事

风格奇异而玄幻，在流畅的情节设计中，节奏鲜明，其角色的个性突出，凸显了角色的性格。角色的动作设计细腻而动人，作品的特效设计部分亦完美地匹配了情节需要，使得作品的整体观感流畅而精致。

（原文刊载于《电影评介》2015 年第 14 期）

捉妖记：不是有妖的都叫奇幻

山　宗

《捉妖记》：中国奇幻喜剧"第一次"

《画皮》之后，国内能拿得出手的奇幻片乏陈可数，受特效、剧本、资金等各种方面的制约，奇幻题材电影在中国的发展步履维艰。《捉妖记》却做到了一个很好的平衡——既有特效和剧情上的关照，在剧情上，又做到笑点和萌点的兼顾。

导演许诚毅构建了一个全新的人妖共存的世界观，所有人类常理下的公式都必须推倒重来。电影开篇便用特洛伊战争般恢宏史诗式镜头，为观众展现一个妖的世界，短短几分钟的热开场便交代了世界的背景和故事的前言。

此后，随着影片推进，我们不难看出剧本的老练和精心。无论是看似疯颠颠的奶奶，还是力大无比的村民，或是家庭不幸的男主角宋天荫和故事结尾形成很好的呼应，都可以看出编剧在打造故事时花的一番心思。

剧本以类似公路片的模式展开，又以游戏打怪兽方式行进，为了弥补主人翁被打倒然后不断原地满血复活的狗血剧情，其间有夹杂各路大牌明星客串形成的喜剧段落：痴迷麻将的汤唯、臭美的大厨姚晨、想要孩子想疯的闫妮……都供应了应接不暇的笑点。

有了说得过去的剧情和大牌明星的加持，晋级成功的商业电影仅需要高标准的特效技术了。其实，无需等到《捉妖记》下线，现在我们就可以认定这是一部成功的商业片。

商业片观众并不需要深刻的文本价值，也不需要借助影片进行形而上的思辨，甚至连故事本身的精彩程度都没有那么重要，他们进入影厅其一是享受超现实的视觉冲击，其二是为了体验一种被讲述的倾听快感。这二者必须同时实现，缺失任何一点都会形成好与坏的分道扬镳：华语大片之所以烂片频出，往往就因为偏废其一，有的干脆两手都不硬。

本名段崇政，《齐鲁周刊》杂志社，编辑。

作为美国“梦工厂”主力军的“史莱克之父”许诚毅，归国搭档袁锦麟，用精良的CG技术创作出质感真实的“妖”，“萌态”审美特性准确匹配大众流行审美，与真人演员之间的无缝配合，更是突破了国产电影的技术上限。应该说接近世界一流水平的动画效果，是这部片子攻陷市场的最大法宝。

从剧本到特效，《捉妖记》是为中国奇幻影史的又一个第一次。

奇幻巨制还是儿童动画?

尽管好评如潮，在定义《捉妖记》为奇幻巨制方面还是值得商榷。

“奇幻”的概念来自英文中的“fan-tasy”，属于纯然的外来词汇。中国传统文学里只有志怪和传奇的说法，鲁迅则在《中国小说史略》中使用“神魔”指代。西方的奇幻源头可上溯至古希腊罗马神话和北欧神话史诗，后与中世纪骑士文学与近现代哥特文学的题材和元素不断结合于19世纪开始形成，20世纪中叶托尔金的名作《魔戒》被视为近代奇幻文学的鼻祖。

作为一种文艺类型，尽管奇幻尚没有一个明确定义，但许多明显的要素已成为约定俗成的判断标准：一个完整的非现实世界、许多共生的非现实生物种族、各种各样的超自然力，最重要的是这些要素都建立在一个全新而独立的价值体系与世界观基础上。

《捉妖记》的开篇已经将叙事空间奠定：“很久以前，人与万物共存，当中也包括妖。但人想独占天下，于是人向妖宣战，把他们赶进了深山大泽，从此人和妖划界而治。”也就是说，这是一个发生在现实世界里的故事。虽然妖拥有自己独特的形态和语言，但妖界的权力结构、繁衍方式、思维模式却是人类的——新妖王追杀怀孕的老妖后，一对旧妖臣保护小妖王，所谓“妖”其实只是拟怪化的人，或者类人化的异灵。

而当妖闯进人间，自身的一切是先验确定了的，其意义仅在于实现人类角色的成长发展：在捉妖与护妖的过程中，男女主角产生了爱情，捉妖师形成了对善恶人妖的正确认识，男主角实现了与童年和父辈的和解。捕杀买卖妖的产业链就是现实中地下经济的写照，全妖宴亦是食用野生动物的现实翻版。当反派千户露出妖的真容时，全片唯一的讽刺仍旧是紧密关照现实的：养尊处优的富人们为了各自的欲望消费昂贵，却不过是做了邪恶权力的屠戮帮凶。

童话虽然是超现实的，但遵循基本的理性逻辑，处处折射现实社会。而且童话创作中常常使用含混不清的时空表述，而非奇幻作品的具体描述。

这样看来，《捉妖记》似乎更符合童话的面相。

细思极恐的《捉妖记》：名义是捉孩子的眼睛，实际在捉大人的心

不屑细心留意，观过电影的看客们不难发现，表面极萌的《捉妖记》在意识方面涉足了很多成人世界的冷峻和现实。

残忍，是这部处处洋溢着呆萌面孔电影的另一面，因为它涉及到人类的党同伐异“本能”，并且强调出这种“本能”发展到最后的变态——

片中的登仙楼（实为食妖楼），何异于帕索里尼的索多玛？不过后者虐杀的是所谓同类，所以震惊了我们的“正常社会”；而在架空的“正常社会”典型城市顺安府中，妖物被虐杀乃是正常的，就像在电影以外的中国现实社会中，动物被虐食也不会引起多大波澜，如果你指责两句，必然会被网络公审为“圣母心”或不尊重传统的“公知”。

所谓文明时期的人类，对异类的同情心已经降至无。因此我们看到这个极端场景的出现：男主在代孕小妖王子胡巴的时候，完全不经思索地接受了天师霍小岚的建议，动身把肚中物带到城里去卖钱，无论他对此物多有感情。即使他知道了从小关爱他长大的村民都是“从良”的妖，即使他在抛弃小妖之前就回忆过自己儿时被父亲抛弃的痛苦，但他还是会稍经犹豫就把胡巴关进笼子卖给食材收购老板娘汤唯，无视胡巴将要被烹食的命运掉头而去。这一切，只因为“人妖殊途”这一观念早已根深蒂固。

至于促使两人反悔的诱因，也极其讽刺——不是因为胡巴的哭声，不是因为对另一个生命即将被虐杀的同情，而是因为看到妖的“归化”之举：它竟然像人一样，制作了一个歌颂“家庭”的艺术品。

这未免让人想到近年这个恐同社会的微妙变化，同志婚姻固然触怒了不少的极端卫道士，但它成功争取到不少中间分子的支持，有意无意使用的策略也是“归化”——“我们并非叛逆者，也是乐于建成家庭成为社会稳定的砥柱的”。如果不是这种态度，多数主流社会的直男直女们，还是会把同性恋者视为妖物。

且莫论人，甚至有的妖本身还嫌弃妖！电影最有用意的情节是：厨房里待宰的两只妖精，死到临头还在洋洋自得地向小胡巴炫耀自己的一身人皮，坚决不肯脱皮，还向残忍的厨师姚晨卖萌请求不要活宰，“能否把我们煮熟一点？”——如此台词，实际上是令人细思极恐的，观众们一片笑声之时，导演是别有深意的。至于大反派葛千户的现出原形，更是呼之欲出的一个主题：“恐同即深柜”，真正的异类，不惜以迫害同类来否定自己的异类身份。

好在，结尾的镜头终于提供了不一样的可能：妖们出发去重建他们的失乐园的群妖，并没有再度披上人皮，这是最好的结局——胡巴从来没有披上过人皮，也许从它开始，

妖不必认同人和臣服于人的逻辑。

作为一部历经“三灾八难”的大制作，《捉妖记》从点映开始就备受好评，正式上映后半天破亿，三天破5亿。无论是《捉妖记》的宣传文案，还是网友的评价，都把此片称为中国的奇幻大片。然而细观全影，《捉妖记》从中国传统志怪中汲取灵感，更接近童话的面相，而其引人深思的映射性剧情设置，更是一部成人世界的警示书。由此来说，市场为之定义“奇幻大片”的称谓，似乎并不那么熨帖。

（原文刊载于《齐鲁周刊》2015年第29期）

《小时代》系列电影的女性主义解析

张　娜

摘要：由郭敬明执导的《小时代》系列电影以总票房近 13 亿登上了中国系列电影榜单之首，然而围绕该系列电影的评价却冰火两重天。抛却其广受诟病的“浮华”与“失真”及其背后所承载的价值观，单从女性主义的视角来解读该系列电影，却发现其蕴涵着别样的色彩，它跳出了传统电影赋予女性的固守形象，以女性作为影片的中心和行为主体，赋予女性以话语主导权，凸显出了其女性主义的思想，这也是该系列能够牢牢锁定女性粉丝的一大法宝。

关键词：《小时代》 女性主义 “去他”化 代入认同

在当代社会，女性主义同后现代主义一样，已经成为一种活跃的社会思潮，尽管人们对于什么是女性主义看法不一，但“作为一种学术视角，女性主义以性别为镜头透视和分析历史与现状，并在这种透视中，通过批评和建构来刷新观念”。①“从狭义上说，女性主义就是站在性别视角看待和分析问题的一种方法论原则。”② 在女性独立意识日益觉醒的社会背景下，越来越多的电影不再忽视电影中的女性地位，开始在电影中有意识地体现鲜明的女性主义立场，站在女性的视角去看待和分析问题，通常表现为女性主体意识的觉醒、追求女性独立以及追求男女权利的平等。例如在张艺谋导演的电影《我的父亲母亲》里，青年母亲对郑昊的大胆追求；抑或是徐静蕾导演的《一个陌生女人的来信》，通过塑造痴情内敛的女性形象来表达女性主义的情感独立，都或多或少凸显了影片中的女性主义色彩，而把女性主义演绎得更为彻底的当属郭敬明的《小时代》系列。该系列以女性作为影片的中心和行为主体，赋予女性以话语主导权，使得影片具有别样的色彩。

张娜，南京理工大学设计艺术与传媒学院，讲师。

① 肖巍：《作为一种学术视角的女性主义》，《学习时报》，2005 年 7 月 4 日。

② 肖巍：《作为一种学术视角的女性主义》，《学习时报》，2005 年 7 月 4 日。

一、《小时代》系列的女性镜像表达与“去他”化

“他者”是西蒙娜·德·波伏娃在《第二性》中提出的概念，直译过来便是“另一个”，而主体则是父权中心文化。波伏娃曾引用拉康的“镜像原理”说明，每一个婴儿成长过程中自我认同的产生都要靠认识到他人目光中的自己来完成。而这个“他人”指的便是父权文化，也就是说，女性通常扮演着父权制社会给予她们的规定性角色。在电影中，这种“他者”文化通常表现在电影中的女性角色功能不断被弱化，最后沦为男性角色的附庸。在美国好莱坞的超级英雄电影中，男性通常扮演英雄的角色拯救世界，而女性则通常处在被拯救的弱者地位。而在中国电影中，这样的模式和套路比比皆是，例如《黄飞鸿》系列、“成龙电影”，其类型化的男女性别形象塑造和好莱坞英雄电影、西部片如出一辙。

现代女性主义在电影中的展现一般表现为男女平等，即挣脱父权社会给予女性的角色束缚，这种现象被称作“去他”化。在郭敬明的《小时代》系列电影中，这种“去他”化表现得十分明显。《小时代》从一开头即为女主人公林萧的单人独白，其他三位女主人公在她的介绍中依次出场，而她们的男朋友则是作为“绿叶衬红花”的陪衬而存在的。影片的情节发展虽然多以男女主人公的感情线为推动力，但男女纷争之后，女性的感情慰藉以及重振的力量源泉皆来自于伟大的友谊。在影片的人物形象塑造上，男女性别形象的对立也显而易见。女性是真善美的代表，她们具有传统电影女性形象的美丽善良，但却跳出了委曲求全、忍辱负重的固有性格特质。影片中的女性性情坚强、人格独立、珍惜友情；她们要做命运的主宰，而绝不依附于男人，寄生于社会。而影片所塑造的男性形象则往往站在恶的一面，形成了鲜明的对比。例如林萧和简溪的分手源于男友的背叛，而起到推波助澜作用的是二人的聚少离多，原因则是冷漠的男老板带给林萧的繁重工作；抑或者是南湘，对于这个角色来说，生活中的一切苦难都来源于她的前男友席城，后者甚至也祸及到了南湘身边的人。反观之，电影里出现的周崇光和顾源是为数不多的男性正面形象，最后前者死于癌症，而后者对于影片中面临问题的女主人公们常常没有任何帮助。

影片解构了传统社会对男女性别气质的固定位置，影片的四位女主公展现出了性别的双元性，她们既有女性的温柔细腻，又兼有男性的那种独立性和积极的行动力。整部电影的起承转合基本上都是由四位女性来完成，当她们遇到问题或困难时，常常通过相互帮忙和自身努力来走出困境。例如林萧举办的时装展因为暴风雪受到阻碍，是好友顾里雪中送炭，帮助她共渡难关；而后期郭碧婷的参赛作品遗失，也是四个女生迎着风雪一起找回作品的；甚至在男女主人公争吵后的情节处理上，也常常是在男性缺位的前提下，由片中的四个女性一起面对，并逐渐走向成熟。在这些情节处理上，《小时代》系列电影里的女性并不像传统的女主角那样，需要和男性达到一种和谐的状态来体现自己的作用与地位，相反，郭敬明电影里的女性角色不仅坚强独立，男性角色及其所代表的感情生活对影片中的女性而言，远没有她们的友谊重要。虽然这样的安排可能会使情节没有主线，感情戏虎头蛇尾，并且由女性主义所倡导的男女平等似乎又演变成了极端化的女权主义，但是《小时代》的内容却在一定意义上实现了女性主义的“去他”化，女性通过自身的价值实现完成了社会化以及自我认知。

二、女性从“被看”到成为“看”的主体

劳伦·穆尔特是早期具有代表性的女性主义电影理论家，他在《视觉快感与叙事性电影》一文中指出：“电影天生具有意识形态的意义，以无意识（即社会的主导秩序）的方式构成观看的方式和‘看的快感’（即人人都有窥私癖）。所以好莱坞电影，甚至是主流电影把色情编入了主导的父系秩序的语言里，只为迎合男性观众的需求，增加快感。”[①] 同时，穆尔特一针见血地指出：“在一个两性发展不平衡的社会里，‘看的快感’会分裂成‘主动的男性’和‘被动的女性’，男性会把自己的性幻想投射到女性的身上。”[②] 所以中外电影中惯常使用的伎俩就是用一些特写或大特写来展示女性的性感冲击力，比如陈规旧套的大腿特写，即使是在最新一部的007电影中，这些镜头也随处可见，还有《变形金刚》系列，关于女性的身体特写更是家常便饭。然而，在《小时代》系列中，“女人作为形象，男人作为看的承担者”的观看主体和对象发生了置换，女性从“被看”成为“看”的主体。

影片的开场镜头即是通过林萧的视角来介绍主要人物，林萧是整篇故事的叙述者，从而使得影片从一开始就奠定了女性“看”的主体地位。同时，郭敬明并未把女主角当成某种符号来进行展示，也未突出她们的性意味，相反，他在电影中把男性放在被窥视的位置上，例如林萧的老板宫洺，这个被设置成富有而冷峻的人物一直处在林萧好奇的窥视下；还有作家周崇光，他在第一部电影中的大部分镜头基本上都是在林萧的主视角中完成的，也就是说，他也处在一个“被看”的位置上。这种设置强调了女

① ［英］劳拉·穆尔维（Laura Mulvey，1941—）：《视觉快感和叙事性电影》，载《外国电影理论文选》，生活·读书·新知三联书店2006年版。

② ［英］劳拉·穆尔维（Laura Mulvey，1941—）：《视觉快感和叙事性电影》，载《外国电影理论文选》，生活·读书·新知三联书店2006年版。

性观看的主体意识，冲破了传统电影中女性被看的窠臼。

当然，在郭敬明的《小时代》系列中，女性依然是美丽的。然而这种美并不是通过展露肉体而实现的，而是通过妆容、灯光、服装与故事情节加以展现，并同时赋予其主体性。例如在各种特写、慢镜头中，女性角色常常处在镜头中的视觉中心，同时各种别具匠心的用光营造出女主人公各具千秋的美并烘托出不同的人物个性特点。林萧在四人中属于一个平凡的角色，一般她出现的镜头里的光为自然光，也就是暖光，运用软焦镜头与中近景来表现她的温柔与恬静；顾里出身富贵、为人高傲，打光常常是在人造灯光，例如镁光灯下，色调几乎都是明黄色，用来表现她身份的高贵与冷傲；南湘出身贫寒、富有才华，但天性冷淡，在镜头里常处于人造光中，色调基本为冷色，和暗色的衣服遥相呼应；唐宛如是四人中最不起眼的一个，因此特写镜头极少，不多的出镜通常伴随着其他三人，她身上的光来自于他人。

无论是情节、人物设置，还是镜头语言的运用，这种处处以女性视角为中心的处理方式颠覆了传统电影中赋予女性的位置，以往以女性形象为叙事中心的作品大多以女性形象为中介以达到表达传统男权意识观念的目的。这种对传统秩序的打破虽然不具有里程碑式的意义，但在电影中也是女性主义不容忽视的表现之一。但是在这里可能会产生一个疑问，在《小时代》系列电影中，如果女性因为情节的安排以及视听语言的运用减弱了本身所具有的性意味，也离开了往常电影中“被看”的固定角色，那么该系列电影又是如何迎合观众需求而占领市场的呢？这恰恰体现在郭敬明对女性观众心理的准确把握上。

三、女性观众的代入认同

关于电影中的女性主义与女性观众的关系，玛丽·安·多恩在《电影与装扮——一种关于女性观众的理论》中引用电影理论家麦茨的符号学理论、拉康的镜像理论以及法国女性主义学者的理论来探讨女性观众位置的问题。多恩认为：“电影提供了众多可供观看的东西，但这些值得看的东西往往是缺席的，不在场的。作为主体的观众的一切欲望都依赖于对缺席客体无止境的追求。而缺席本身就是一种存在于主体和客体之间绝对的、不可填补的距离。”① 对于以往电影中父系社会设定的女性角色，女性观众通常会面临两种选择：过度认同这种设定，在学术上也被称为“受虐”；或者是接受自己成为自己欲望客体的自恋，即假想自己是电影中完美的、富有幸福符号意义的角色。

① 玛丽·安·多恩著、李恒基，杨远婴译:《电影与装扮——一种关于女性观众的理论》，载《外国电影理论文选》，上海文艺出版社 2006 年版，第 679 页。

在《小时代》系列中，郭敬明聪明地为两种选择都找到了归属：面对认同父系社会角色设定的女性观众，女性在电影里通常扮演着真善美的角色，即便男性角色形象与功能遭到了弱化，但是女性的性格仍然保留了其性别特征，即坚强独立却也不失温柔可爱的一面，相当于有突破而不失本分。而对于选择假想的女性观众，这类观众通常也是西方"小妞电影"（Chick flick，青春爱情喜剧）的主要受众，但是郭敬明除了将电影的主题放在青春与爱情之外，他还聪明地将女性主义与消费主义联系在了一起。《小时代》系列电影中充斥着无数的物质符号，无论是名牌奢侈品的植入，还是名车豪宅，赤裸裸的消费主义在该系列电影里显露无遗。郭敬明聪明地把女性主义中女性个体意识的觉醒表现在了女性角色积极乐观地面对个人生活与工作，同时在电影里为她们安排了灯红酒绿、衣食无忧的生活作为她们应得的结局。因此代入性强的女性观众会十分乐意看到这种电影剧情，她们会将主人公的生活模式与自己联系在一起，因而产生引起视觉快感的心理"认同"，它通过自恋和自我发展而来，在这个过程中，观众的自我与银幕上类似他的人（理想的自我）产生认同，这正是穆尔维所探讨的引起观众心理快感的两种机制之一的心理"认同"。需要特别指出的是，郭敬明在电影中刻意放大了女性只要独立自主、积极努力即可获取不菲的物质成果，即强化了商品价值的实现，却缩小了获得这些成果所需要付出的代价。影片对于这种女性主义的展现，不是放大的女性主义，而是虚化的女性主义，是迎合女性观众的产物，将女性主义与消费能力画上等号，归根结底并不利于女性主义在电影中的发展，也可能会给受众带来价值观念上的偏差。

四、结语

虽然《小时代》系列因为影片中所展现的社会道德观与价值观而饱受争议，但是影片中所展现的女性意识的觉醒以及女性主人公面对现代社会快节奏生活所带来的压力，依然坚持自我所体现出的独立精神与乐观态度，却具有较积极的社会现实意义。郭敬明在他的电影里赋予了女性以话语主导权，让她们从传统的"被看"成为"看"的主体，走向舞台的中心，对于一个男性导演来说，是难能可贵的，这也是影片具有众多忠实女性粉丝的原因之一。如果郭敬明在接下来将要拍摄的电影中更注重在文化上达到两性角色的平衡与和谐，褪去广受诟病的"浮华"与"失真"，立足于社会现实，打造更具真实感、更接地气的作品，那么其电影应该会具有更强的社会意义和价值。

（原文刊载于《电影文学》2015 年第 06 期）

意识形态之外是什么？或，如何“合理地”误读《小时代》

戴宇辰

摘要：关于《小时代》系列影片所引起的文化讨论以及意识形态批判一直是近两年的热点话题。多数学者旨在批判《小时代》所宣扬的无节制的“消费主义”与“享乐主义”思潮，却忽视了此种意识形态与社会现实的连接机制问题。本文援引齐泽克所探讨的“犬儒主义意识形态”模式，旨在提出关于《小时代》的诸种解读与消费主义社会现实之间的张力，并以此为契机讨论当代中国的消费主义意识形态的现状。本文强调真正的意识形态需要以某种意识形态批判为内核的，需要借助个体想象性地对某种“伪意识形态装置”的疏离来完成意识形态统治。

关键词：《小时代》 意识形态 意识形态批判

“设一个谜底是‘棋’的谜语时，谜面唯一不准用的字是什么？”

我想了一会后说：“‘棋’字。”

这段妙趣横生的对话摘引自博尔赫斯的《小径分叉的花园》。而在刚刚结束上映的《小时代4：灵魂尽头》中，郭敬明也似乎遵循着此种“欲盖弥彰”的逻辑。由于主演之一——顾源的扮演者柯震东因吸毒事件而受到广电总局的“封杀”，整个影片的镜头剪辑便自然而然的围绕柯震东重新展开。在多数的画面中，我们看到的是各个主演与一个“看不见的”顾源的戏份与对白。镜头的剪辑恰到好处的避开一切能够展现柯震东脸部的画面：遮挡头部、远景、侧影、背影、倒影、秒速飘过、只闻其声不见其人等等。在临近结尾的一场顾源母亲与顾源的对手戏中，对话中的整个正反打镜头始终没有定格于顾源的脸上，这就形成了一种只剩其母（伴随着随对话推进的面部特写镜头）和顾源的声音（惰性的、无面部的特写镜头）对峙的尴尬场面。

戴宇辰，复旦大学新闻学院，博士研究生。

这种略显滑稽的场景却产生了悖论性的述行性（Performative）效果：它创造了它所需要隐藏的事物本身。换句话说，生硬的剪辑逃脱了其在能指/所指层面的自我指涉（Self-reference），而在符号域/社会实践之维产生了意想不到的效果。这种蕴含的述行之维始终贯穿于《小时代》的系列影片之中，而令人遗憾的是，在所谓的“小时代四部曲”期间，对于电影本身的诸多意识形态批判却始终专注与其文本层面的耦合，而忽视了此种意识形态与社会现实的连接机制问题。在本文的分析中，我将尽力扬弃这种文本/意识形态框架，以一种拉康式（Lacanian）的分析方法切入社会符号之域（Symbolic register），关注于有关《小时代》的诸种解读与消费主义社会现实之间的张力，而非单纯的停留在能指与所指一一对应的指认之上。

一

对于系列影片《小时代》画面在中即浓郁又直白的消费主义表露，已成为多数影评人普遍惊讶的反应，而正是在这种充盈着导演对上海的全部想象的“物质大片”中，一切的电影语法似乎已经完全失效。毫不夸张地说，在已经完结的《小时代》四部成片中没有一部有较为完整的剧情呈现。暂以第一部为例，整个影片被包裹在类似于MV画面感的镜头之下（这种画面感在最后一个镜头给了一个半裸上身的崇光回眸一笑中达到极致），人物初期的出场没有任何前置铺垫，而仅靠作为画外叙述者的引入作为画面讲解。这种突兀的叙事节奏在导演处理剧中人物与人物之间的关系之时更加格格不入：虽然郭敬明着手于塑造友情/爱情与物质之间的张力，但却是以角色之间充满断裂的感情起伏为基底的。无论是对于片中的情侣关系（林萧与简溪、顾源与顾里、南湘与席城）还是朋友关系（林萧、顾里、南湘、唐宛如）的感情纠葛的处理，总是以毫无叙事铺垫的逻辑来展开。剧中女主角顾里与男友顾源被描述为经历过高中时代的青梅竹马，这段感情因一次顾源母亲的阻挠而出现危机。但导演对这场感情危机的处理却十分潦草，因为在经历了大量铺垫后仅仅用了一个场景内的几句台词（顾里与顾源互相质问对方金钱与感情之间的关系）就宣布这段感情草草结束。与这种支离破碎的叙述伴随的是剧中主角大量文过饰非的电影台词，例如剧中男作家崇光在剧中高潮片段秀场的舞台上的发言，作为一个突发事件的应急状态（崇光发言并不是秀场安排的节目，而是顾里为了给南湘拖延时间而临时邀请），崇光却说出了诸如“我们活在浩瀚的宇宙里”等典型无病呻吟的台词。虽然能够起到导演穿插剧情的作用，但却丝毫没有最为基本的叙事逻辑。通过这种片段式的剧情与矫揉造作的台词，郭敬明似乎将电影完全带向了脱离文本的另一极。这也难怪在片尾的鸣谢环节会出现铺满屏幕的各大

品牌 Logo，诚如电影文本内容所要描绘的是一场时装秀一样，电影本身也成了这台秀场的绝妙注脚。

个体倘若苛责于电影所呈现的文本内容，便会迷失在汹涌的关于“小时代”系列影片与消费主义意识形态的抨击之中。显然，这一系列电影批评已经由大量的国内学者做出：有学者对郭敬明本身对奢侈品牌的堆积做出症候式解读，认为这种近乎偏执式的消费奢靡事实上是“把搜集来的品牌符号编织进故事，作为礼物送给读者，让他们分享占有符号的快感，以换取他们的尊重和认同”，从而完成的是“粉丝性缝合”的观影体验[①]。进而，这种以青春片为主要基调的电影被定义为“青春面纱下的消费盛宴”[②]，折射出的是当代青年生活的“物质与感情的双重焦虑”[③]。最终，这部消费盛宴的影片完成的是当下意识形态的重新锚定：“一是消费和创意文化已经超溢了生产，变成了时代的最为引人注目之处。二是个体性的自我感受超溢了群体性的历史感，变成了当下个人的选择”[④]。也就是说，与其说“小时代”系列影片宣扬的是个体性消费欲望的激活，毋宁说这种欲望的生产事实上已经成为当下极度宣扬个体性的消费文化的内在逻辑，“小时代”系列影片完成的仅仅是对这种意识形态的确认与再表征。难怪学者着力于这一系列电影的批判性解读，似乎，对于“小时代”的意识形态解读能够作为当前“时代的文化证据而保留下来”[⑤]。

然而，在沾沾自喜于这种自鸣得意的批判之前，我们有必要稍微放慢脚步，在这里做一个意识形态批判的简单并置：在早些年的电影《楚门的世界》（The Truman Show）中，导演似乎暗示了媒介乌托邦主义的致命僵局。主人公楚门生活在田园诗歌般的小镇上，每天的生活井然有序。但他渐渐发现他身边的生活都是伪造出来乃至于这整个世界，都是某一个巨大的真人秀节目舞台（当然，这个真人秀节目是为了电影中观看节目的观众而设计的）。主人公在经历了种种挣扎之后展现出解放性姿态——从这个封闭的舞台，或言意识形态矩阵中逃离出来，来到它的外部。这一“欢欣鼓舞”的结局被真人秀节目前的观众乃至电影前的观众拍手称快。我们是否可以断言，这是一次成功的突破技术意识形态幻象的尝试？或者恰恰相反，我们在这次行动之后反而被意识形态化呢？答案似乎非常含糊。

① 肖熹、李洋：《小时代：倒错性幼稚病与奶嘴电影》，《电影艺术》，2013 年第 5 期。
② 蔡骐：《被消费文化遮蔽的青春》，《文化纵横》2013 年第 5 期。
③ 陈海燕：《物质与感情的双重焦虑——《小时代》所映射的当代青年症候》，《西南石油大学学报》2013 年第 2 期。
④ 张颐武：《“小时代”的新想象 ：消费与个体性》，《当代电影》2013 年第 10 期。
⑤ 肖熹、李洋：《小时代：倒错性幼稚病与奶嘴电影》，《电影艺术》2013 年第 5 期。

二

毫无疑问的是,《小时代》的热映与其所产生的争议成为了近几年的一个典型的文化事件。这种不厌其烦地对于影片毫无节制的消费主义、享乐主义的批评最终统统指向了郭敬明导演自身。那么郭导是怎么回应这些批评的呢？这里引用其在一个电视访谈中的观点：

“我觉得说到价值观的问题，其实就是你的生活决定了你看到的《小时代》是什么样子。比如我那天网上看到一个微博的评论，其实特别触动我。它是一个初中生的小女孩写的。她说：你们都说这个里面拜金，什么名牌，她说我一个都没看到，因为我不认识那些牌子。我只觉得衣服很好看,我只觉得姐妹花很热闹,挺感动的。她们一起，友谊很感人。能够认出这些牌子的，不就是你们吗？你们之所以能认出这些牌子，不就是你们在用吗？你们一边用着这样的生活，一边说这样的生活是不对的，这个逻辑在哪里？”[①][②]

这岂不是说,《小时代》充当了某种类似于“罗夏测试”(Rorschach Test)的电影，它开启了普遍化的认知过程，以至于每一种认知结果最终都将返回读者自身？更进一步，在《小时代》中我们似乎遭遇了“确定否定”和“绝对否定”之间的某种裂隙：在我们的第一重否定中，这种批判似乎并没有造成巨大的分裂力量反而具有了某种预先确立的实证性的统一？我们对于消费主义的否定似乎实质上肯定了消费主义作为某种社会连结关系现实的实证表达？让我们牢记这一问题，因为我们将在必要的时候返回这里。

当然，这里首先需要处理的是关于“物恋”(Fetish)与“拜物教”(Fetishism)的清晰划分。某种天真似的质朴批评会将“拜金”与“名牌”的大量堆砌归咎于商品本身蕴含的“物神”般的魔力，也就是说，郭导不厌其烦的拜金描写只是限于其主体自身对于“物”——奢侈品本身的夸张想象。进而，关于电影的批评无一例外沾染了道德主义的标签：宣扬拜金主义、提倡享乐、损害社会风气……这种批评遗漏的显然是对于商品与其存在的社会体系的洞察。郭导的名牌之所以能散发出迷人般的魅力，恰恰在于其被体系化的差异程度。社会关系被体系化为一种围绕“名牌”所形成的差异化

---

① 参见郭敬明访谈优酷全明星2014，详见：http://v.youku.com/v_show/id_XNz Qx OTgy NDg4.html?from=s1.8-1-1.2. 2014-07-18。

② 关于这个例子分析的部分观点受益于广隶的一篇评论，详见：http://www.guancha.cn/Guan-g Li/2014_08_01_252021.shtml. 2014-08-01。

结构：一方是对奢侈品的绝对的享有，另一方则是绝对的无产。那么，关于名牌的拜物教显然是主体对于这种差异化体系的误认——亦即误以为是商品本身散发出迷人魔力。因此，“主体陷入到一个虚假的、差异性的、被符码化、体系化了的物之中。拜物教所揭示的并不是对于实体（物或者主体）的迷恋，而是对于符码的迷恋”①。

关于拜物教的深刻洞见显然关切到对于“商品结构之谜”的把握。它的基础是，“人与人之间的关系获得物的性质，并从而获得一种‘幽灵的对象性’，这种对象性以其严格的、仿佛十全十美和合理的自律性掩盖着它的基本本质，即人与人之间关系的所有痕迹”②。另一种误读显然来自于此，即对所谓的“物化意识”（Reified Consciousness）的过度迷恋。既然郭导或言《小时代》对于名牌的崇拜源自这种体系本身，那么个体为了参与进普遍的社会进程之中，就不得不停留于对社会最原始的“直观”（Contemplation）。个体为了适应已经普遍化的社会结构，为了对既定的对象世界（在这里当然是普遍的消费主义社会）的客观原则进行把握，不得不进行自我异化，将自我投入到商品拜物教的洪流之中。那么，这种以“自我持存”（Self-preservation）为根本原则的现代生活最终生产出了这样的局面：一方面是盲目的、机械的、以商品为内容的物的规律过程，另一方面是主体对这种人造的过程绝对崇拜③。

因此，关于《小时代》的意识形态批判呼之欲出。消费者或言崇拜的主体不仅陷入到这种对“物的过程”的惰性崇拜之中，而且根本不知道自己与这个消费社会是一种类似宗教崇拜的关系。这种合理化的过程使得消费者采取了纯粹直观的态度，成为了这个世界最纯粹的旁观者，只能适应于既定的合理现状，无力成为反思性的认识社会的真正主体。所谓的关于《小时代》的解读在于打掉这层物化意识，使得每一个阅读《小时代》的主体认清当前消费主义盛行的社会现实，并且从反思《小时代》的拜金场面去反思社会的普遍现状，从而达到真正的对于社会现状的理性认识。

但是，个人仍然会察觉到这两种意识形态批判的某种疏漏。也就是说，无论对于“物恋”与“拜物教”的详细区分，还是对于“物化意识”与“直观”态度的深刻批判，都无法彻底回应郭导在之前提出的那个问题，即：“你们之所以能认出这些牌子，不就是你们在用吗？你们一边用着这样的生活，一边说这样的生活是不对的，这个逻辑在哪里？”个体显然是洞悉了关于商品的拜物教之谜，显然了然于大量的奢侈品蔓延得

① ［法］让·鲍德里亚（Jean Baudrillard，1929—2007）著、夏莹译：《符号政治经济学批判》，南京大学出版社 2009 年版，第 78—79 页。

② ［匈］卢卡奇（Szegedi Lukács György Bernát，1885－1971）著：《历史与阶级意识》，北京，商务印书馆 2012 年版，第 149 页。

③ 关于“物化意识”与“直观”的概念，具体请参考：卢卡奇：《历史与阶级意识》商务印书馆，2012：149-183；关于“自我持存”的概念，具体请参考：马克斯·霍克海默、西奥多·阿多诺：《启蒙辩证法》上海世纪出版社，2006：22-34。

益于对于社会的“物化意识”，但却仍然投身于“一边用，一边说这样的生活是不对的”的古怪社会行动之中，这种行动似乎颠覆了马克思传统的意识形态场面，亦即“他们一无所知，但却勤勉为之”。每一个消费主体对当前的普遍社会结构“一清二楚”，但却仍然“勤勉为之”。

三

让我们从一个看似无关的例子谈起。约翰·卡朋特（John Carpenter）在电影《极度空间》（They Live）中讲述了一个简单的故事。主人公约翰·纳达（John Nada）无意间得到了一个有特殊功能的太阳眼镜。当他戴着眼镜走在路上时，他发现了一些奇怪的事。这副眼镜有着类似于“意识形态批判”作用的功效，它使你看到了在诸如广告、新闻、宣传表面信息下的潜藏含义。例如当纳达看到一幅旅游广告上写着“去享受你的悠闲假期”，他戴上眼镜后信息立即变为“去结婚和生育”，一幅政治竞选海报的文案在戴上眼镜后迅速变为“遵守”等等。根据传统的观点，意识形态是某种模糊我们现实感，扭曲我们视角的事物。而意识形态批判立足于打破这些遮蔽视角的事物亦即“摘掉眼镜”而让我们与世界自发的相连。但《极度空间》的悲观主义暗示却恰恰相反，意识形态恰恰是我们自发地与社会建立的关系，它告诉我们怎样去理解事物，怎样获得意义，怎样建立可能性的叙事。以至于如果我们戴上“意识形态批判”眼镜，整个世界都无法正常运转。在电影中，纳达与一个朋友爆发激烈的打斗，起因就在于朋友拒绝戴上眼镜。

抛去悲观主义的苦涩教训，《极度空间》唯一的警醒在于意识形态与社会现实之间的连结机制问题。也就是说，意识形态似乎是弥合既定社会现实裂口的某种机制。在“意识形态之镜”的帮助下，某种可能的、自然的“社会现实”才能向我们“袒露自身”。与其说意识形态是某种可以在“认识论”层面遮蔽我们现实感的虚幻手段，毋宁说意识形态就是这现实本身，正是借助意识形态，个体才能够打破社会现状的固有的“本体论”僵局，将其缝合为可能性的叙事。因此，在当代中国，意识形态的问题与其说在消费主义与普通大众的“盲目无知”之间，毋宁说在消费主义与普通大众“假装不知”之间。当然，这一“假装不知”的状况往往更加模糊。

在德国人反思极权主义意识形态的电影《浪潮》（Die Welle）中，我们似乎发现了更多的相似点。影片中，赖纳·文格尔是德国某所高中的老师，该学校正在进行“国家体制”的主题活动周，他负责讲授“独裁政治”的课程。文格尔别出心裁提出假想“独裁”的实验。在为期一周的实验中，文格尔被置于至高无上的地位，学生们对他要绝对服从。

从最初的玩乐心态，这些学生渐渐沉湎这个名为“浪潮”的组织中，他们体会到集体和纪律的重要性，却在不知不觉中滑向了“独裁”与“纳粹”的深渊。最终文格尔意识到组织已经无法控制而强行在公开集会中宣布“浪潮”解散，失望的学生蒂姆开枪杀死了一位组织成员然后饮弹自尽。影片在文格尔被警方带出会场在外界媒体的包围中落幕。

乍一看，“浪潮”这一组织显然是极权主义意识形态的化身，有着严格的组织、纪律和公开的领袖。但事实总是让人觉得并非如此。作为“领袖”，文格尔先生恰恰并不是亦步亦趋的履行领袖的职责。以至于在下班回家后，组织的学生蒂姆提出保护“领袖”的建议时被文格尔先生断然拒绝，文格尔先生告诉他：“这只是一堂课，下课了你可以回家了”。同样，在“浪潮”中有人质疑是否做的太过火的时候，一位男生却回答道：“这只是一场游戏，你别太认真了”。似乎，《小时代》与《浪潮》共享了同一意识形态基底的一币之两面。答案仿佛显而易见，在《小时代》中，我们保持了对意识形态的谨慎批判，以至于每个人对意识形态装置保有某种程度的疏离；在《浪潮》中，蒂姆无疑于完全认同于意识形态机制，以至于在《浪潮》解体之后，无法获得意义而饮弹自尽。但是，我们禁不住发问，如果事实截然相反，那又会怎样？

在《小时代》中，我们正因为保持疏离的姿态而在批判之后坦然地陷入消费主义洪流之中，以至于每一个人可以坦然地面对郭导提及的“你们一边用，一边说这样的生活是不对的，这个逻辑在哪里”；而在《浪潮》中，真正摧毁这一意识形态装置的是什么？恰恰是对意识形态教条绝对忠贞的蒂姆，无法面对组织即将解散的创伤性结果，而自杀身亡。他的死亡，揭穿了整个“浪潮”组织的无意义实质。我们甚至可以说，直接地、过度地对意识形态机器的认同反而瓦解了意识形态本身。同样，对于剩下的学生来说，什么是真正的意识形态？是这被瓦解的“浪潮”本身吗？还是在对“浪潮”保持着刻意的距离，而在“浪潮”瓦解之后重归那种混乱的、消费主义的、狂欢癫狂、无意义的个体生活这一体验之中？

所以，我们需要提及的便是齐泽克（Slavoj Zizek）的正确论断。在如今，这一后意识形态社会中，意识形态的有效性在于“单个人对他们的所作所为一无所知。意识形态并非社会的虚假意识，而是这种社会存在本身”[①]。齐泽克论及商品社会下个人的行为：“当个人在使用货币时，他很清楚，货币没有任何魔力性可言——货币，就其物质性而言，仅仅是社会关系的一种表述……个人很清楚，物与物之间的关系之下，存在着人与人之间的关系。问题是，在人们的社会行为中，在他们正在做的某事中……他们所‘不知道的’、所误认的、是下列事实：在其社会现实性上，在其社会活动——商品交换的

① ［斯］斯拉沃热·齐泽克(Slavoj Zizek 1949.3.21—):《意识形态的崇高客体》,中央编译出版社 2002 年版，第 28 页。

行为中，他们为拜物教的幻觉所支配”[①]。因此，在当代中国的消费主义视域下，“意识形态不是掩饰事物的真实状态的幻觉，而是构建我们的社会现实的无意识幻象”。所以，每一个行为主体的幻觉置位于行为的现实中。意识形态事实上“已经出现在现实之中，出现在人们正在做的事物和人们的行为之中。他们不知道的是，他们的社会现实本身，他们的行为是由幻觉和商品拜物教式的倒置所引导的”[②]。这一奇特的场景可以用齐氏另一个机敏的笑话概括：一个精神病人觉得自己是一粒稻谷而去找医生。医生经过努力最终使他确信他并不是一粒稻谷，病人出院以后又急忙跑回来。医生很不解，病人解释道：“我很清楚我不是一粒稻谷。问题是门外的鸡却不知道呀！”

四

让我们重新回到《小时代》的批判当中，真正的社会现实是怎样？不是每个人在思想上对消费主义保持绝对的遵从，而是相反，每个人对消费主义保持着足够的警醒，并且对郭导的《小时代》——这一伪意识形态装置（Pseudo-ideological appa-ratus）大加讨伐。但在讨伐之后，在真正的社会生活之中，人们仿佛无法意识一样，又重新陷入到所谓的奢侈品消费的浪潮之中。所以，意识形态的作用，或者说《小时代》的真正作用，并不是让我们意识到我们被强迫性的置入某种统治性的话语结构之中，而是恰恰相反，当我们说意识形态不是真理，在意识形态的面具下我们仍然能保持自我的时候，才是意识形态发挥作用的时候。真正动摇或者瓦解这一意识形态幻象的机制是什么？在《小时代》中显然是郭导对于消费主义的绝对直白的描写；而在《浪潮》中，显然是蒂姆对于“浪潮”组织的绝对忠贞，这种滑稽的、执念的、强迫性忠诚最终摧毁了“浪潮”这一意识形态大厦。《小时代》在某种程度上是一段后现代自我割裂式的宣言：我们再也不能保持着玩世不恭的、犬儒的心态来看待与组织我们的社会生活了。或者说，我们再也不能“假装自己不知道”了。巧合的是，在《皇帝的新衣》故事中我们发现了同样逻辑。问题不在于我们没有发现皇帝没穿衣服的这一“意识”，而在于我们执着于维持我们没有发现皇帝没穿衣服这一“意识”的“行为”。小孩的喊声一定程度上宣告了意识形态机器的崩溃，因为我们再也不能“假装自己看不见了”。

因此，与其说郭导的电影构筑了某种消费主义意识形态装置，毋宁说正是由于郭导

① [斯]斯拉沃热·齐泽克(Slavoj Zizek 1949.3.21—):《意识形态的崇高客体》,中央编译出版社 2002 年版，第 43 页。

② [斯]斯拉沃热·齐泽克(Slavoj Zizek 1949.3.21—):《意识形态的崇高客体》,中央编译出版社 2002 年版，第 44 页。

对消费主义意识形态“太当回事了”，反而倾覆了既存的消费主义意识形态装置。真正的意识形态需要以某种意识形态批判为内核，或者说，需要我们与其保持适当的距离，亦即纵然我们清楚我们陷入了所谓的消费主义社会之中，纵然主体知道除了消费主义就再也没有任何信仰可以保证自己存在。但我们仍然需要保持对这一意识形态刻意距离的姿态来“假装不知”。而这一姿态，这一社会连结关系就是彻头彻尾的意识形态。郭导的失误在于摧毁了这种姿态，亦即摧毁了这种刻意保持的距离，以至于亦步亦趋的模仿消费主义意识形态的要求而在社会中再现。人们不能忍受的是，居然有人将“消费主义”当真了，居然有人将消费当成生活全部的意义，居然有人将这种刻意的距离湮灭殆尽。

意识形态的真正的欺诈究竟发生在何处？与其说意识形态将某物当作“现实”来模糊我们的现实感，毋宁说意识形态将某物当作“表象”贡献出来，以保证表象之外的世界就是“现实”。我们面临的实际上是意识形态的双重欺骗，我们在识别了作为“表象”的伪意识形态装置之后恰好落入意识形态的怪圈，以至于我们走出意识形态的方式恰巧是落入其陷阱的方式。难怪鲍德里亚（Jean Baudrillard）对迪斯尼乐园的逻辑嗤之以鼻：“迪斯尼乐园被展现为一种虚构的幻象，以使我们相信余下的世界（The rest）是真实的，但实际上，它周围的洛杉矶和美国都不再是真实的，只是一种超现实的模拟的状况。”[①] 所以，迪斯尼的陷阱不在于它企图让我们相信园内的消费主义天堂是真实的，而是在于它企图让我们相信迪斯尼之外的世界，我们离开之后重新迈进的世界才是真实的。而事实上，在踏入园外之后，在面临一次又一次拟像（Simulacres）、无意义能指的冷漠轰炸之后我们才真正陷入了意识形态。

“当某种程序被指责为‘地地道道的意识形态’的时候，人们可以确信，它的倒置同样是意识形态的”[②]。我们显然需要坦然面对关于意识形态批判的尖锐难题:《小时代》之外，或言意识形态的背面，才是真真正正的意识形态。那么，真正的、“付诸行动”（passage à l' acte）的意识形态批判是什么？也许我们应该回到“否定之否定”的古怪问题之中。在马克·赫尔曼（Mark Herman）上世纪末的电影《奏出新希望》（*Brassed Off*）中，我们惊讶地发现了同样的逻辑[③]。男主人公在晚上约会后送一位年轻美丽的女士回家，在公寓门口，女士询问他：“要进来喝杯咖啡吗？”。男主人公回答道：“有个问题，我不喝咖啡。”她笑着回应道：“那不是问题，我也没有咖啡。”在第二重否定之后我们实际上得到了否定之外的，某种隐含的、崭新的回答。如果说当今的意识形态批判还有什么未尽之计（Unfinished Project）的话，那么诀窍也就在这里了。

（原文刊载于《北京电影学院学报》2015 年 Z1 期）

① Jean , Baudrillard .Simulations,Translated by Paul Foss, Paul Patton and Phillip Beitchman, New York: Semiotext(e), 1983: 25.

② 斯拉沃热·齐泽克:《意识形态的幽灵》;斯拉沃热·齐泽克等:《图绘意识形态》,南京大学出版社,2002 年版。

③ 这个例子受益于齐泽克，请参考齐泽克 2011 年 7 月在伦敦的讲座《拜物与犬儒》。

《滚蛋吧！肿瘤君》：小妞电影的新拓展

原文泰

电影《滚蛋吧！肿瘤君》是2015年暑期档一部具有话题性的作品。影片根据网络红人熊顿的真实经历改编而成，身为插画家的熊顿在患病之后，基于自己的真实生活创作了系列漫画《滚蛋吧！肿瘤君》，漫画主角是一个大大咧咧、善于自嘲的人物形象，跳脱出癌症病人的哀怨与悲情，而始终散发出乐观、勇敢的心态，感染和影响了大量的读者，在网络世界营造出热络的话题和现象。电影版《滚蛋吧！肿瘤君》同样用幽默、积极的呈现方式关注了一个罹患癌症的女性如何在生命的最后关头勇敢地面对人生、亲情、友情和爱情，将乐观的人生态度融入到对一个女性对自我生命体验的书写之中，从而成为一部正能量的电影。

一、互联网基因与小妞电影的类型特征

《滚蛋吧！肿瘤君》具备着相当浓重的互联网基因，其故事由网络文化衍生而来，基于原著漫画的内容积累和人气，创作者有机会创造又一个商业市场的票房胜利。从这个角度看，《滚蛋吧！肿瘤君》正是借助其互联网IP的身份，将网络知识产权进行影像化改造，尝试为年轻的观众打造一个新的消费场域。国产电影近些年涌现了IP热潮，体现出的正是网生代时期电影创作的转型，即大幅度地向网络文化靠拢。时下越来越多的热门电影都由网络小说、事件改编而来。其巨大的优势在于，因网络文本而集聚的巨大人气本身便构成了电影的潜在票房群体，而热衷于网络文化的群体，自身也具备着强大的传播意愿和能力，亦是电影“自来水”[①]群体的一部分，若影片本身素质

原文泰，西安建筑科技大学，讲师。

① 电影《西游记之大圣归来》上映时，“自来水”一词被影迷们大量使用，其意指“自发而来的水军”，属于影迷自发网络营销的一部分。“自来水”这个被网络时代意义重塑的词语的出现，说明国内电影观众对好电影有着清晰的判断，而观众的口碑力量也显得愈加重要。

过硬，这类群体可以有效地成为影片宣传的辅助。

《滚蛋吧！肿瘤君》定于 2015 年 8 月 13 日上映，但片方选择 8 月 8 日在全国范围内进行了大规模的点映，一方面体现出对影片质量的信心；另一方面，正是借助点映所获得的良好口碑，实现了话题的发酵，极大地提升了《滚蛋吧！肿瘤君》在社交网络上的人气。《滚蛋吧！肿瘤君》另一个鲜明的特征则来源于其类型。影片杂糅了小妞、青春、喜剧等多样化的类型元素，并对既有类型做了相应的延伸，呈现出一种独特的影像风格。而其主体类型则明显具备着小妞电影(Chick Flick)的类型特征。从故事来看，影片描绘的正是都市年轻女性的情感和人生故事，观影目标群体以都市女性为主，常常通过通俗情节剧（Melodrama）式的感情故事描写来获得观众的认同和回响。在承继小妞电影的主要类型特征的同时，《滚蛋吧！肿瘤君》还进行了一定程度的改变，小妞电影的特色之一是女性的成长以及甜美、圆满的结局，而本片的“死亡故事”则天生与此背道而驰，于是《滚蛋吧！肿瘤君》通过混合多种类型，消解了影片后半部分的“小妞”类型色彩，使得这一部分具备更多通俗情节剧的特征，以情感呈现和价值观传递为主。

于小妞电影而言，电影中的“小妞”是影片最为核心的人物，因此小妞电影常常采用明星策略。《滚蛋吧！肿瘤君》中饰演熊顿的白百何，从电影《失恋 33 天》开始，逐步成为国内女性中独树一帜的“小妞”形象代言人，其银幕形象与生活形象围绕着“小妞”特质达成了很好的契合，以至于观众一谈到小妞电影，就会想起白百何这样一个大大咧咧又异常勇敢的都市女性。《滚蛋吧！肿瘤君》中白百何继续饰演这类角色，而熊顿本人亦是乐观、乐于自嘲同时又非常爱美的女性，白百何从视觉形象到性格层面与角色都有很大程度的契合。

影片叙事大体可以分为戏剧化（Dramatic）的前部分，这一部分熊顿（下文中除注明外均指影片中人物熊顿）失恋、失业，戏剧性非常强，从这些大起大落的情节中，我们得以窥探电影中白百何饰演的角色所具有的性格特质，而当熊顿生病住院以后，影片本身可以进行戏剧化拓展的范围就变得非常狭窄，而且故事场景的发生地也多局限在医院的天台、病房等有限的空间中，在这样的前提之下，创作者还是充分利用了熊顿角色的花痴特质进行视觉场景的呈现，再加上白百何本身对小妞形象的深入揣摩，使得影片的后半部分变得非常充实和饱含情感。这也是《滚蛋吧！肿瘤君》在叙事上的突出特点，即相比于情节上的塑造，影片更加注重感染力的培养，这得益于影片文本对网络文化、类型的熟稔掌控，亦使得整个剧作并不单薄，反倒呈现出一种有力的情感冲击。

二、影像呈现：虚与实的互动

在影像的视觉表现层面上,《滚蛋吧！肿瘤君》用类似于《天使爱美丽》《白日梦想家》等影片的视觉手段为熊顿营造了两个世界,在现实世界(实)与心理世界(虚)的交叉中,为观众搭建起一个更加完整的人物形象。比如，当熊顿撞破自己的“渣男”男友出轨之后，落寞地走在大街上，此时路人、倾倒的咖啡、报纸等等我们在大街上常见的景致，在技术手段的处理下，都凝固结冰，唯独剩下熊顿一人在寒冷的冰雪世界里向前行走。这段漫画式的场景将“熊顿”分手之后所遭遇的内心痛苦用视觉奇观化的方式直观地予以展现。而在影片刚开始，创作者亦用同样的手法将熊顿有雄心大志却无现实赏识的尴尬处境描绘了出来。在现实与梦想的交叉中,《滚蛋吧！肿瘤君》的创作者便是多次用这样的蒙太奇手段将现实/内心的交叉世界造梦般地予以呈现，从而让影片具备了一种超出了现实主义的叙事风格，而“风格可以加强影片中情绪/情感的效用。”[①]

这些漫画式的创作手法并非简单的视觉奇观，其在影片中还承载了一定的叙事功能。熊顿对外部环境的心理感知并不是次次都相同，在这些“二次元”的场景中，熊顿也经历了失落和内心的恐慌，串联起电影角色的心路历程。可以说，通过这些异质场景的营造，创作者在影片中打造了现实的身体与意识的话语对话平台，从而让熊顿这样一个人物具备了相当程度的复杂性，几组北京都市地景国贸地区空镜头各有不同影调、风格的呈现，也是创作者用镜头语言进行叙事，表达出熊顿所经历的不同身体和内心状态，而影片中大量使用的红色，如红色围巾、红色假发、红色的塑料袋和红色的气球，实际上也暗含了熊顿对生命的一种热望。从影片对身体与意识这样现代性语汇的一种回应，我们得以看到《滚蛋吧！肿瘤君》在电影语言上所做出的尝试。但客观而言,《滚蛋吧！肿瘤君》也有一些缺陷，即将熊顿过多地描绘成一个神经大条、对病痛云淡风轻的女性，缺乏呈现角色对身体病痛和磨难的思索，使得这个角色自身在影片中与自我对话的力度显得乏力了许多，直到熊顿躺在自己母亲的怀里，向她说出自己银行卡密码的落泪场景时，这个人物在面对病痛时的复杂情绪才得以初步建立起来。

此外，这些虚实相结合的场景并不仅仅是视听语言上的技巧，同时也是影片对流行文化的回应。几段熊顿的幻想场景中，影片很明显地戏仿了韩剧《来自星星的你》和当下美国流行的僵尸题材影视剧，对流行文化的挪用显然是创作者有意为之，在提

① ［美］大卫·波德维尔(DavidBordwell1947—)、克里斯汀·汤普森著,曾伟祯译:《形式与风格》,载《电影艺术》,世界图书出版公司 2011 年版,第 358 页。

升话题度和观影趣味的同时，显然也有效地为影片注入了跨类型的元素，无论是《来自星星的你》的浪漫感情，还是僵尸段落的惊悚与恶趣味，都很好地体现出小妞电影这个类型“与时代特征（如后女权与流行时尚）密切相关,也与其他类型的时代特征（如黑色主题）密切相关”[①]的特点。

三、价值传递与人文关怀

《滚蛋吧！肿瘤君》表面上看是一部有关癌症和死亡的作品，但电影本身却并不悲观，丝毫没有韩国同类电影的煽情和催泪，在对情感的把控上，影片是内敛而含蓄的，熊顿父母在面对女儿身患绝症的消息时，并没有嚎啕大哭，影片反倒用一种相当隐忍的视觉策略将双亲内心的痛苦传递出来，达成了非常震撼的力量。而熊顿本人，则更是超出常人的积极和坚强。影片试图传递出的正是“最重要的，是怎么活着”这样的积极价值观。《滚蛋吧！肿瘤君》并没有试图去解决现实问题，而是对悲剧进行了一个颇具想象性的解构，撕去了癌症 / 悲剧表面的坎坷起伏，用积极的心态和人文关怀试图将其抹平。从而，影片中的熊顿代表了一种都市女性的独立与坚强。

因此，虽然影片中一些台词对于价值观的传递显得过于直白和说教，但《滚蛋吧！肿瘤君》依然还是时下国产小妞、青春等题材影片中，为数不多的具备着高度正能量的作品之一。影片从漫画家熊顿的亲身经历，试图探讨的便是如何更好、更从容地应对生活中的重大问题，而这显然是当下一个非常重要的社会性议题——都市青年们如何在激励竞争的社会中保持一个良好的心态，在拼搏向上的同时关注身体的健康问题，熊顿和《滚蛋吧！肿瘤君》则成为一个可以启发思考的例子。

对于主流商业电影来说，价值传递显得非常的重要。“价值观，人生的是非曲直，是艺术的灵魂。作家总是要围绕一种对人生根本价值的认识来构建自己的故事——人生的价值是什么？什么东西值得人们去为它而生、为它而死？”[②]而当下很多国产影片的根本问题就在于，创作者对于传递怎样的价值观并不清楚，因此很多作品便会遭遇拜金、物欲、三观不正等等批评话语的指责。“一部影片的文化价值观通常是通过其叙事方式来体现的。其中包括在人物的成功与制胜逻辑中输入正确的价值导向，引导观众向体现这种正确价值观的人物认同。”[③]在《滚蛋吧！肿瘤君》中，虽然主人公因为癌症最终去

① 李迅：《再谈电影观念：类型片的创作、产业和管理》，《电影艺术》2012 年第 4 期。

② ［美］罗伯特·麦基(Robert McKee 1941—)著，周铁东译：《故事：材质、结构、风格和银幕剧作的原理》，中国电影出版社 2001 年版，第 21 页。

③ 贾磊磊：《中国电影文化价值观的纵向重构与横向整合》，《上海大学学报（社会科学版）》2012 年第 29 卷第 6 期。

世了，但承载于其身上的生活态度与精神，则成为一种“价值导向”在引导着观众。

而从另一个维度看《滚蛋吧！肿瘤君》，也可以让我们感受到这部影片所承载的人文关怀。作为“北漂”的一分子，熊顿父母多次劝她回家，熊顿也面临着坚持在北京艰苦奋斗或者回老家安稳生活的两难选择。实际上，这类生存的困境亦是当下大多数都市青年们所要面对的选择题。影片在家庭的温暖与都市的繁华两种氛围对比中凸显不同空间的生活方式的迥异，比如，在老家是几代同堂围坐圆桌，而在都市则是另外一番景象。可见，空间呈现与生活方式的不同，正是寓意了中国都市化进程中超级大都市与其他城市的分野。而生活在如北京、上海等都市的青年们在压力面前所付出的辛苦汗水，便也成为《滚蛋吧！肿瘤君》有意呈现的。熊顿的好友，一个为了赢得拳击比赛被打得鼻青脸肿，而另一个则被外籍老板压榨，成为一个都市空间中的高级打工者。在都市魅惑、个体梦想、残酷现实的复杂图景里，《滚蛋吧！肿瘤君》亦体现了其对都市青年群体的关注。

整体而言，《滚蛋吧！肿瘤君》用最为轻松的方式为观众讲述了一段内里非常悲伤的故事，用奇妙的视听语言将生死、现实与想象进行呈现，对人的生存意义、亲情、爱情和友情等进行了鲜活思考，是当下国产小妞电影中的一部佳作。

（原文刊载于《当代电影》2015 年第 09 期）

评《滚蛋吧！肿瘤君》：死是悲剧，何必刻意柔化

木卫二

看完《滚蛋吧！肿瘤君》有几天了，然而，它并没有给我留下太深刻的印象。打开 PAGES 写稿，我极其自然地在第一行就打下了：《翻滚吧！肿瘤君》。

即便在有白百何出演的电影里面，《滚蛋吧！肿瘤君》大概是她到目前为止表现最好的一次——还是绝症女王的老角色。记得在韩延《第一次》里面，白百何还是一个既霹雳又可怕的摇滚女造型，灾难程度直接暴露了整部电影的糟糕水平。也就是短短三年间，白百何确实进步很大，直接把中国电影带进了票房的“黄白时代”（黄渤、白百何），近乎奇迹。

大概是联想到最近的动荡局势，我印象最深刻的却是片头的消防告示。知名小品演员朱时茂一如既往地说出了金句：做自己生命的导演，正能量永远第一。在这个时代，正能量等于安全。整部电影，就是一个“做自己生命的导演”的绝症故事。

在了解到电影的拍摄套路以后，《滚蛋吧！肿瘤君》的后半段，尤其是尾声，我压根不想看。熊顿的人生追悼会被很多人点赞，认为死得洒脱，活得精彩，甚至很多人也直观联想到了眼下的天灾人祸。可是，跟死神有过接触的人，真的是这样的异想天开、天真任性么？

去年美国有一部绝症电影叫《星运里的错》，主人公说出了一部绝症电影的情感精髓，那就是痛苦要求被感受到。《滚蛋吧！肿瘤君》则是反其道而行之，像文艺小年轻一样，列出了人生必须完成的清单，幻想与帅医生的浪漫爱恋，表达对父母的无限的愧疚。在那些乱入的画风中，有美剧的《行尸走肉》，有浮夸的韩剧，有科幻动作片，闯关游戏以及写真集……即便这一切完全没有发生，然而借助熊顿的浮想联翩，电影把一个寻常都市女白领的人生诉求，展现得五光十色。冰封的三里屯 SOHO，闪光灯的摄影棚，虚假的鹅毛大雪，令人恍惚是在看《小时代》。日暮又清晨的北京城，东三环

木卫二，网络影评人。

的城市景观与本土都市爱情片无异。

有人说，《滚蛋吧！肿瘤君》是在抗拒煽情。然而，我不知道把与死神的亲密接触摆放在这样一个刺眼又醒目的境况，它不是煽情又能是什么。或者，如果抗拒煽情，那么，电影里的医院就不应该是那样的超现实存在，一尘不染，有如发达国家的高级加护病房。要知道，《滚蛋吧！肿瘤君》并没有抛开至爱亲友团的身份职业，他们也只是这个茫茫都市里的小白领，然而，她们总是像进欢乐谷一样，布置着静安庄的租房，进进出出于光鲜亮丽的医院饭店。更不要说，从头到尾，熊顿家好像一点都没有担心过她的医疗费用。

怕死是人之常态，怕生病则是中国人的常态。对一个北漂女青年，《滚蛋吧！肿瘤君》却把这个悲剧事实给掩盖跟柔化了。即便它不是一部批判社会现实的电影，需要商业的包装，需要广告片一样的精致，可是，这些跟幻想画面一样不现实的现实场景，多少令人有些出戏。如同熊顿美化了自己的想象，韩延进一步在做的，也是美化了熊顿的人生现实，对一个癌症病人的临床表现可以说是彻底失真的，好似癌症也不过如此。就说表现尚佳的白百何，她也仅仅是剃了光头，从头到尾都是气色红润有光泽，敢情这是进医院治病还是去疗养了，简直有些不可思议。

真实的死亡，其实常人都是排斥的。《滚蛋吧！肿瘤君》用讨巧的手法，顺利克服了这一层障碍，并让观众为一个别有新意的追悼会所打动。实际上，熊顿所操心的依然是自己的小世界，劈腿的前男友，医院里的帅医生，病房的怪病友……她进入到常人所无法体会的另一个世界，傻笑连连。这种环保无害的健康姿态，似乎令人不忍去批评她，毕竟中国还有句老话：死者为大。

所以，《滚蛋吧！肿瘤君》所拥有的只是那些花式片段，是熊顿做了自己生命的导演。这种无害小白兔的制作手法，成功利用了电影的麻醉效果和解压功能。但光有这些，很难让它在深度上胜出别人一筹，更无法在泛滥的绝症电影里面脱颖而出。它所制作的不过是一粒苦味糖果，即便嘴里已经五味杂陈，脸上却得佯装出幸福的笑容表情。至少，观众所看到的是这样的，并且信以为真。

（原文刊载于《北京青年报》2015 年 8 月 18 日）

用普世的手法讲好中国故事：《西游记之大圣归来》的启示

蒲　剑

今天的中国电影市场，一部电影获得票房成功，可能是一件偶然的事；一部电影票房失利，倒是一件必然的事。换言之，失败是必然的，成功是偶然的。如不然，像“光线”这样的顶级影视公司为什么会中途退出《大圣归来》？虽然《大圣归来》被“自来水”们推向中国市场动画电影票房的冠军宝座，但此前包括投资方、发行方并没有看好这部影片，制作加宣发 5000 万元的投资，聚集了 11 家出品公司。据说投资最多的横店影视，也只占股 30%，并且也不是这个项目最初的发起单位。《大圣归来》被看作是国产动画电影的奇迹，国家宣传主管部门甚至出面为它举行高规格的研讨会。事实上，一部《大圣归来》并不能改变国产动画电影的现状，也并不能说明国产动画电影具备了与好莱坞动画电影竞争的实力。这部影片的创作团队对此表现出来的冷静和理性，倒是值得赞许。笔者认为，《大圣归来》的成功在下面三个维度对国产动画电影的创作应该有所启迪。

一、题材创新化

创新是这个时代的宏大主题。移动互联网不仅给整个中国带来经济的结构性变化，对社会文化也产生了颠覆性的深刻影响。文化消费的快餐化，犹如不断更新的菜谱，倒逼创作者们不得不苦心琢磨平均年龄 21.4 岁的“网生一代”到底想看什么。

《大圣归来》对《西游记》的题材创新是显而易见的。导演田晓鹏早年曾参加动画片《西游记》的创作。他当时只是代工帮别人做动画，但并不满意创作者的设计。他说，要是自己创作，肯定不是这样。根据媒体报道的各种材料，田晓鹏着手创作《大圣归来》

蒲剑，中国传媒大学戏剧影视学院，教授。

时，并没有很细致的商业分析。八年前，第一部具有票房号召力的国产动画电影《喜羊羊与灰太狼之牛气冲天》还没有上映。《大圣归来》截止上映之前的整个商业运作都不以信心为前提，自然也就少了资本对创作者的指手画脚。也许，这给田晓鹏和他的团队更大更自由的创作空间。

《大圣归来》除了影片中角色的姓名和孙悟空的前史与原小说《西游记》有关外，整个故事完全是重新创作的。在《西游记》中，新科状元陈光蕊获封赴任途中被强盗刘洪谋害，妻子满堂娇也被刘洪霸占。满堂娇后生下陈光蕊的遗腹子，为躲避刘洪诛杀，满堂娇将刚出生的婴儿置于江中木板，顺水漂流，被金山寺长老法明和尚救起，取乳名江流。江流十八岁长成，削发修行，取法名玄奘，即是后来的唐三藏。玄奘受唐王差遣去西天取经，途经五行山，救出被压山下的神猴孙悟空，孙悟空依如来佛主之言拜玄奘为师，一同踏上取经之路。电影《大圣归来》完全置小说于不顾，虚构了江流儿从婴儿时代就遭遇山妖的侵害，并将山妖的追杀作为一条贯穿线索。山妖的设计，显然是属于动画创作的需要。

在影视创作中，创意是一个故事的内核，是影片形成的源头。拍摄“西游记”题材的动画片显然不是什么新鲜的创意，最多因为题材的知名度可以轻易地消除观众对题材的陌生感，反过来，因为缺乏陌生感，也消解了观众对题材的好奇心和神秘感。这是一枚硬币的两个方面，很难说在商业营销上谁更能产生效益。《大圣归来》采用的是旧瓶装新酒的创新策略。题材是旧的，故事是全新的。电影上映后，观众在网上自发推荐这部影片，除了让他们吃惊国产动画的制作水准之外，一个和童年时代看的电视剧和动画片《西游记》都不一样的孙悟空的故事也让他们津津乐道。

二、故事去低幼化

国人对动画片的认识，中老年一代，来自电影院放映正片前的加映；年轻一代，是日本动漫和美国动画大片。中国传统的动画片观念认为动画片是给孩子看的，是看图讲故事的电影电视版。当好莱坞动画片以一种类型姿态进入中国市场并收获不错的票房时，我们才意识到，动画片也是可以做给成人看的。动画片要取得高票房，就要主打“合家欢”这张牌。

“合家欢”要求一部电影老少皆宜，不同年龄的观众都能在其中找到自己感兴趣的娱乐元素，而且还适合一家人共同观看。虽然《喜羊羊与灰太狼》系列动画电影取得了不错的票房成绩，但也招致低幼、粗糙甚至低俗的批评，显然它不能算是“合家欢”的动画电影。

如何才能让一部电影做到“合家欢”？笔者的理解是，除了思想上正面、积极、是非判断清晰之外，在叙事上要做到“成人的智慧，童心的表达”。简单粗暴的低幼化的东西，只不过是想方设法去还原孩童的言行，或者让孩童装成熟制造噱头。简单粗暴的低幼化是很难吸引打动成人观众的。要做到“合家欢”，首先要去掉简单粗暴的低幼化。所谓“成人的智慧”，是指电影中故事的主人公不管是小孩还是动物，他的行为逻辑应该是按照成人社会建立的价值判断和情感逻辑来设计。不能因为角色的年少或者是动物形象就可以无知而胡作非为。人物、情节、细节的设计体现出来的是一种成人的智慧，而非成人的简单模仿。“童心的表达”表面上看是幼稚可笑的行为，但真正契合的是伴随每个观众一生的隐秘的童心，让观众的童心在观影中大爆发。好莱坞动画大片，无论是《功夫熊猫》《马达加斯加的企鹅》,还是《冰河世纪》《飞屋环游记》《里约大冒险》等等这些“合家欢”的动画电影，无不是充满童心的成人化故事。

看《大圣归来》，首先让笔者想起美国电影《完美的世界》。这部电影中，凯文·科斯特纳饰演的越狱犯劫持了一个小孩做人质，同样缺少父爱的身世让两个人在逃亡的路上建立起了父子般的感情。笔者还想起另一部比较文艺的捷克电影《科里亚》(也译作《给我一个爸》)，一名拒绝婚姻讨厌小孩的大提琴家因为贪恋钱财与一位带着孩子的苏联女子假结婚，后来女子失踪，把孩子留给大提琴家，从讨厌排斥到两人建立起父子情感，最终母亲回来接孩子时，大提琴家对孩子已经难舍难分。《飞屋环游记》《神偷奶爸》等好莱坞动画大片，都是这样经典的叙事类型。

在《大圣归来》中，江流儿并不是原作《西游记》中真正意义的玄奘，他是一个崇拜孙悟空的少年和尚，保护被山妖抢夺的小女孩时偶遇孙悟空。这是一个少年崇拜落魄英雄的故事。英雄在失落中不改底色，最终以正义的化身战胜邪恶，拯救了被山妖抢夺的童男童女。一个很好莱坞的策略叙事，扫除了此前中国动画电影中絮絮叨叨的低幼化特征。

三、表现普世化

笔者一直不是很赞同“民族的才是世界的”这一说法。此番《大圣归来》票房上的成功，有人再次因为其与《西游记》的关联而用“民族的才是世界的”这一论断来佐证。前文的分析已经指出,《大圣归来》与《西游记》基本上也就是“一毛钱的关系”。这是一部满足了观众对当代动画电影观赏需求的影片，跟民族性基本没有关系。况且，这部影片仅仅在中国电影市场获得成功，离好莱坞统领的“世界”还有不短的距离。

笔者认为，普世的才是世界的。这个“普世”，不仅仅指影片表达的价值观具备普遍的认同，还包括动画形象、电影桥段的设计也易于为最为广大的电影观众所接受。

看过《大圣归来》的观众，第一印象是这个孙悟空与我们以前看过的孙悟空不同！中老年观众对万氏兄弟的《大闹天宫》印象深刻，基本可以认定那是孙悟空的唯一形象。后来真人六小龄童饰演的1986年版电视剧《西游记》中的孙悟空，也给观众留下深刻印象。这两个版本的孙悟空，都突出了孙大圣的“猴性”——无论从造型还是动作，刻意强调了猴子的一些特征。《大圣归来》中的孙悟空，脸被拉长，跟我们以前见过的孙悟空很不一样；而且这个孙大圣也不抓耳挠腮，猴急狗跳，总是一副忧心忡忡的样子。美术总监齐帅对这个形象的设计并无过多解释，他说他就是喜欢把人的鼻子画得很长。如果了解这部动画片的设计绘制人员除导演外都是80后，就不难理解其中的形象设计有着明显的日本和美国动画的痕迹。以85后和90后为主体的电影观众，真的不在乎这个孙悟空和以前孙悟空像不像。

很难讲这种模仿日美动画造型特点的做法对不对。毕竟顺应看日美动画长大、现在又是电影观众主体的一代人的需求，可以获得比较好的市场回报，但一味的模仿，是不是不利于我们创造鲜明独特的中国动画形象呢？喜剧性是动画电影的显著特点，幽默与夸张又是达到喜剧效果的重要手段。观看好莱坞动画电影，无论何种类型，幽默夸张必不可少。《大圣归来》显然很注重幽默化的表现。如江流儿的鼻涕掉到山妖嘴上，山妖很美味地舔食；猪八戒变成死去的黑店老板应付老板娘等等情节细节的设计，都充满喜感，让观众发出会心的笑声。

虽然国内对普世价值观这一说法有些争议，但在伦理道德、社会正义方面，普世价值还是有一定公认标准的。纵观这些年国内放映的好莱坞动画电影，基本上都有一个积极向上的主题——影片中的孩子或拟人化的动物在经历一番磨难之后，不断成长，最终形成积极正确的价值观；而动画片的成人角色，总是以完成自我救赎来结束影片。《大圣归来》中的孙悟空，从一名失落、排斥他人的迟暮英雄，被江流儿的救人壮举打动，最后与混沌展开决战，完成了一次人格的蜕变，在自我救赎中重新归来。这与传统《西游记》故事中大闹天宫、降妖伏魔的孙悟空完全不同，是

民族文化是一个民族的灵魂，对于有着五千年历
因的强大毋庸置疑。尽管《大圣归来》设计了一个与以
游记》里并不存在的故事，但谁也不会否认这是一部
的创意符号（比如秦腔）、情感方式（比如江流儿与法
国动画电影的创新之路，还是要向好莱坞学习借鉴，用

（原文刊载于

《大圣归来》：消费时代动画电影的样本

杨新宇

摘要：动画电影《大圣归来》在 2015 年暑期档取得了票房佳绩，它的剧情仍是模式化的，但节奏紧张，其丑怪的人物造型和奇观化的影像也给观众带来强烈的刺激，《大圣归来》势必成为今后中国动画电影创作的重要参照。

关键词：《大圣归来》动画《西游记》奇观化

2015 年夏，一个被网友戏谑为马脸造型的齐天大圣横空出世，以他为主角的动画片《大圣归来》成了暑期档最大的黑马。在口碑营销的成功推动下，虽然排片量颇为有限，但其电影票房却轻松过亿，并引起了评论界的极大关注。毫无疑问，《大圣归来》已成为一个不可忽略的事件，它的成绩和缺陷，都将为今后中国动画电影的创作提供重要的参照。从这个层面来说，《大圣归来》在当前消费至上的时代语境之下，具有某种典范意义，可以说是新世纪以来中国动画电影中里程碑式的作品。

通俗来说，对于一部电影的最高评价就是“叫好又叫座”，这一标准《大圣归来》可以说是双双达到。然而今时不同往日，当前网络环境下的“叫好”与传统的“叫好”已有很大不同，传统的“叫好”声往往是由专家学者、专业影评人发出，是对影片艺术性的肯定，一般不涉及影片的娱乐性，而今日但凡有些微文艺修养的观影网民都可成为网络影评人。他们的普遍“叫好”几乎就是“叫座”的互文（这里姑且不谈电影制片方雇佣的网络水军所进行的炒作），因此，他们的“叫好”未必关乎影片艺术性，很可能只是对影片冲击力的感性评价。普通观众对电影的高评价一般集中在这三个方面：引人入胜的剧情、演员精彩的表演及强烈的视觉冲击力（对更挑剔的观众来说，[illegible]视听冲击力），当然，视觉冲击力与弘扬影像本体的电影学学者所标榜的视觉艺术[illegible]着本质的区别。对于动画片来说，演员的表演则替换为动画形象的造型。那么，

[illegible]文系，副教授。

让我们从这三个角度来审视一下《大圣归来》究竟是否实至名归。

一、模式化的剧情

从故事层面来看，《大圣归来》借用了西游人物形象，在题材上具有先天的受众接近性。虽然有人指责《大圣归来》还是在重复被人拍烂了的题材，但其实也无可厚非。新世纪以来，国产动画逐步复苏，作品层出不穷，这其中不仅与小观众早已混得脸熟的《喜羊羊与灰太狼》《熊出没》《开心超人》等不断推出影院版，就连沉寂已久的上海美影厂也将《黑猫警长》《邋遢大王奇遇记》等重新搬上了银幕。以《黑猫警长》为例，影院版与电视版相比，几乎毫无改动，只是将当年的“电视会议”升级成了“网络会议”，未进影厅的学者对这种行为大加挞伐，“近年上海美术电影制片厂出品的几部有影响的动画电影，……基本上都是在‘炒冷饭’，利用已有的品牌和资源进行包装和变换，没有创造出新的形象，没有去开掘新的题材，更没有积极地呼应当下的现实”①。但他们可能无法想象《黑猫警长》的影院效果，影厅内儿童观众因熟悉而表现出的疯狂，令笔者终身难忘。从这个层面来说，《大圣归来》拿《西游记》作为消费时代动画电影的样本开刀，与《黑猫警长》等老电视动画的影院版重映，并无本质上的不同。所谓情怀、对传统的感情等，恐是溢美之辞。但其实《大圣归来》也只是借用了西游人物形象而已，因为故事本身除了被压五行山这一设定之外，与原作已经没有多大关系了，而总体而言，仍不过是“奥特曼打怪兽”的二元对立的烂熟模式。

当然目前的动画片，包括美国动画片基本上都是这个模式。突破这一模式固然可贵，但运用这一模式，也未必不能吸引观众，尤其是儿童观众。对于儿童来说，他们思维中的世界就是二元对立的，二元对立的剧情带来尖锐的戏剧冲突，精彩的打斗场面便必不可少，这些都是符合儿童倾向动感的一面的。《大闹天宫》如此，《功夫熊猫》《卑鄙的我》也如此。几乎与《大圣归来》同期上映的英国无对白动画“神作”《小羊肖恩》，总体上也如此。但模式虽老套，还有个故事怎么讲的问题。马识途的《盗官记》可以被拍成很正统的《响马县长》，也可以被姜文拍成邪典的《让子弹飞》。《大圣归来》的魅力首先在于它的喜剧化处理，唠叨的江流儿，不停问着“四大天王是不是兄弟？”、“二郎神真的有三只眼吗？”、“哪吒是男的还是女的？”、“托塔天王有没有塔？”之类问题，十分切合杂嘴子小孩的特点，引起影厅哄堂大笑，又很好地表现了江流儿对偶像的崇拜。喜剧化处理甚至突破了原作的逻辑，以大圣的威力，被大石头压住脚，有什么了不起，

① 龚金平：《从〈黑猫警长〉谈中国动画电影的价值定位与市场探索》，《电影新作》2010年4期。

这类场景显然是喜剧片中常见的“重复再重复”的桥段。

《大圣归来》最使观众满足的还是它快速的节奏，这充分体现了电影艺术的运动性。好莱坞电影横行全世界已不是一天两天，早在20世纪80年代，讨论国产电影可看性为何欠缺时，就有人以好莱坞为参照，指出好莱坞电影的优点在于镜头数量多，节奏明快。中国特有的水墨动画，艺术性虽高，如《山水情》，“豆瓣网”评分高达9.2，但其“虚实相间的空灵意境和轻灵优雅的文人格调”①，儿童观众根本无法领悟，它的精髓在于“静”，这与“动画”对“动”的强调是相违背的，笔者犹记童年最爱的只是《大闹天宫》《哪吒闹海》这种动感十足的动画，而最深恶痛绝的恰恰就是水墨动画。如今《大圣归来》可以说深得好莱坞电影的精髓，简直五分钟一个高潮，稍微几分钟的舒缓镜头或过渡场面，就又开始开打，牢牢地吸引了观众的眼球。

此外，细节考究，也使观众对影片回味无穷，如土地公的小动作等，甚至是一些观众不大注意的地方，也不放过，已有细心的观众指出，江流儿的光头，随着时间流逝，慢慢地长出头发，如此用心，确实难能可贵。当然影片也在一些关键点有欠缺，最严重的就是大圣莫名其妙地解除封印，实与猪猪侠变身为猛虎一样令人匪夷所思。

二、丑怪的人物造型

《大圣归来》不仅美国化严重，还被网友指出深受日本动画影响，最令人发指的就是混沌变身后的大肉虫造型，足堪与《奥特曼》里的怪兽相比美。中国电影早已不在外形上丑化反面人物，但不仅是决战时的肉虫造型，山妖、山神造型也好不到哪里去。“电影艺术概论”上反复强调，电影既是商品，也是文化。作为大众文化的最强势、最典型的载体，电影要以其通俗性吸引芸芸众生，但另一方面，电影不但要从民族文化中汲取养分，而且在历史的进程中，其自身也会慢慢进入传统，成为民族文化的一部分。中国动画是曾有鲜明的传统文化的印迹的，因之亦被称为“中国学派”，与“萨格勒布学派”一同成为世界动画电影中仅有的被命名的两个学派。自然，“中国学派”的形成要感谢社会主义计划经济时期，中国动画电影的探索不必过多考虑市场，今日若还想复制《山水情》的成就，难免不识时务。然而，《大圣归来》毕竟改编的是传统文化经典，固然《西游记》已是全人类文化遗产，谁来改编都无可厚非，但孙悟空对战大肉虫，这让中国观众情何以堪。郑保瑞的《大闹天宫》，早已被人骂得狗血淋头，一部中国传统经典，活生生被改编成了金刚与怪兽的对决，更可悲的是，这部糟蹋经典的烂片，

---

① 陈峰：《“中国学派”动画色彩运用中的视觉隐喻现象及启示》，《当代电影》2015年7期。

也曾创造票房纪录。

电影具有艺术、商业与社会的三重属性——一仆三主。过去很长时期，中国电影过度强调教化功能，固然失之偏颇，但教化功能实在又是不可避免的，对于儿童来说，动画片承载着潜移默化的审美教育功能。如今美、日动画，对少年儿童有着压倒性的影响，尽管它们确有诸多优点，但其中也充斥着许多造型丑怪，行为歇斯底里的动画形象。长此以往，儿童的审美观必将受到影响，而如今我们自己的国产动画竟然也亦步亦趋，怎不令人担忧。尽管不可能再沿着《山水情》的创作道路前行，但《大闹天宫》《哪吒闹海》的美学成就或还可以继承。《大圣归来》既然八年磨一剑，何不像《大闹天宫》一样打造传世之作？因为制作方是完全可以打造出更完美的影像的！有人就认为片中场景颇有山水画般的感觉，结果却功亏一篑，完成的只能说是缺憾颇多的流行作品。笔者 2000 年时年轻气盛，曾撰文苛责《宝莲灯》受到过多“迪斯尼”的影响，如今与《大圣归来》一比，《宝莲灯》倒还算是非常民族化的作品。

当然，这一部分的小标题“丑怪的人物造型”，也并不完全确切，江流儿、土地的造型都相当民族化，同样受到观众喜爱，网友以当下流行的“萌”字来形容他们的造型特点。想不明白的是：为什么创造者不能够在造型风格上保持统一呢？硬生生将影片中的造型塑造为两个相对立的系列，自然，马脸造型的大圣又属于第三种，他既不属于江流儿等“美”的系列，也不属于混沌等“丑”的系列，他是非主流，网上说得很清楚，《大圣归来》制作团队都很不满意大圣的形象，唯独导演刻意坚持。马脸造型体现了导演偏至的审美观，这或许是导演艺术个性的表征，但在电影已然产业化的背景下，不那么要紧的艺术个性或可收敛一些，至少笔者没有听到哪个观众赞美这一大圣的造型（当然，也很可能是导演剑走偏锋，试图超越以往经典的孙悟空造型）。当年刘镇伟的《大话西游》票房失利，很大程度就在于观众对孙悟空的怪异造型不敢恭维。

三、奇观化的影像

作为商业保证，《大圣归来》在技术层面相当精良，许多观众提到红绸飘逸的视觉效果。相比其它 3D 电影来说，《大圣归来》确是诚意之作，影像达到了奇观化的效果。奇观化的影像是好莱坞电影的杀手锏，但成也萧何，败也萧何，日本著名评论家佐藤忠男先生曾尖锐地指责好莱坞热衷拍摄“破坏性电影”，“好莱坞成功的电影都是大量破坏东西的电影，打来打去，很爽快，非常男性化，从破坏 50 辆车到破坏 100 辆车，

到破坏船，甚至到破坏地球，这在文化上是一种很不吉利的现象”。[①] 正是因为破坏性场面具有强烈的视觉效果，能够营造奇观化的影像，所以才受到好莱坞大片的青睐。而破坏性场面中必然会有大量的暴力呈现，暴力影像必须具有正义性和合理性，才能够为观众接受。成龙电影中的打斗甚至被称为是健康暴力，一则因为它具有正义性，二则因为它避免了流血等血腥场景的呈现。但《大圣归来》却显然是一部披着“暴力正义性”外衣的破坏性电影，为了场面的壮观，除了山崩地裂的场景外，还充斥了大量残忍的打斗场面,一部动画片竟被观众认为颇为“血腥”,暴力的正义性却变成了争议性。此外前文提到的丑怪造型的使用，无非也因其视觉刺激性强而已，山神竟然是由无数大石头垒成，照此逻辑，土地公公为什么不用一块块烂泥堆成呢？

或许也正是影像上的刺激，这部与其它动画片如出一辙的“打怪兽”式作品，被人欢欣鼓舞地称为“成人向”动画,并认为是中国动画的方向,但所谓“成人向”动画，基本上是一个伪概念。动画片必须是以儿童为本位的，世界动画史上，当然有成人动画，东欧捷克史云梅耶、波兰博罗夫奇克等艺术取向的动画作品，其实验性品质，就连一般成人观众也无法消受，遑论儿童；日本动画大师手冢治虫也曾创作过色情动画《哀伤的贝拉多娜》等，但这些是与儿童完全无关的；包括中国的《山水情》也超过了儿童的理解能力。但标榜“成人向”动画的学者、制片商和观众，所指的并不是这些，他们是以美国动画为参照的，但美国主流动画也首先是服务于儿童，而这一概念在中国则变了味，“成人化”势必成为过度商业化的借口。这个世界是由成人掌握话语权的，提出“成人向”的学者，不知他们家里的儿童答应吗？女权主义者捍卫她们的女性电影，儿童权益保护者也有义务捍卫儿童电影。相比“成人向”的说法，“全年龄段”的提法更加适当，但动画片是给儿童及葆有童心的成人观看的，即童话作家陈诗哥所说的“0 到 99 岁的孩子”。对于成人，不必苛求，更不必迎合，没有童心的成人，爱看不看，他们首先承担的是陪伴作用。笔者看过近三四年来影院公映的几乎所有中外动画，大部分时间都是在睡梦中度过的，但并不影响我对票房的贡献，只要身边的孩子爱看就行。英国低幼电视动画《天线宝宝》，被戏称为三岁以上观众绝对看不懂的“神作”，但在英国家喻户晓，且影响遍及全世界。至于《大圣归来》，从它的“血腥”场面来看，也不是全年龄段动画，反倒不适合儿童观众。前文提到的江流儿的唠叨，成人观众自然会联想到《大话西游》里的唐僧，但这一桥段并非专为成人观众设计，儿童观众同样会因江流儿的可爱而忍俊不禁。

在中国电影的平台已有较大提升的今天，实有必要重新审视好莱坞的影响，好莱坞是否应该成为中国电影看齐的标杆？尽管好莱坞称霸全世界，但从艺术价值来说，总

① 杨新宇：《新电影的发展——第七届上海国际电影节“金爵”国际电影论坛综述之二》，《电影新作》2004 年第 4 期。

体而言，远逊于西欧、东欧、拉美、日本乃至伊朗电影。即使学习别人，也应学其精华，而不应学其糟粕，奇观化固然吸引观众，但并不是只有破坏性的场面才能打造奇观化的影像。

结　语

王小波 1997 年时曾写道 ：“王童叫我回答一个问题 ：为什么中国没有科幻片。其实，这问题该去问电影导演才对。我认得一两位电影导演，找到一位当面请教时，他就露出一种蒙娜·丽莎的微笑来，笑得我浑身起鸡皮疙瘩。笑完了以后他朝我大喝一声：没的还多着哪！少跟我来这一套……吼得我莫名其妙，不知自己来了哪一套。”[①] 的确，那时中国大陆类型电影极不发达，没有的种类很多，但曾几何时，中国就进入了消费时代,这些类型电影都已急速发展起来。大概类型片中唯独较为敏感的警匪片还无起色，科幻片因技术含量高，虽还较欠缺，但也有了。“从 1993 年中国电影行业机制改革至 2014 年末，中国电影总票房已从当年的 28 亿跃升为 29 亿，特别是最近几年，中国电影票房总值更是直线上涨。……中国电影，从未像今天这样真正以一种‘产业’或‘工业’的身份和象征而引起人们的重视或被纳入人们的思考。”[②]

不仅是类型电影，与剧情片、纪录片、科教片同为电影四大片种之一的动画片，因其自身的商业潜质，也得到了蓬勃的发展。但近十年来标志性的能明显超出同侪的动画片确实没有，难得今年的《大圣归来》有所突破，使观众对国产动画信心大增，然而“这是一部优秀的电影,但离‘神片’尚有不小的差距,……对于该片的真实质量,《大圣归来》的导演田晓鹏有清醒的认识，‘国人可能压抑得太久，看到一个还凑合的东西，就过分褒奖’”。[③] 如果《大圣归来》的成功，刺激国产动画走向过度西化的不归路（这几乎是可以预见的），不知是幸或不幸？

（原文刊载于《艺苑》2015 年第 04 期）

① 王小波：《中国为什么没有科幻片》，《戏剧电影报》，1997 年 1 月 2 日。
② 周筱蕊：《两百亿背后 ：中国电影产业的经济学分析》，《当代文坛》2015 年第 4 期。
③ 曹心蓓：《又一次“报复性观影”》，《青年报》，2015 年 7 月 19 日。

第六章

中国电影批评年度力作

导　语

毛珺琳

2015 年，中文期刊发表电影主题文章 14653 篇，其中不乏优秀文章对这一年中的电影及电影现象进行了鞭辟入里地批评与分析。[①] 本章挑选出 10 篇具有代表性的优秀电影批评学术论文作为年度佳作呈现给读者。虽然在诸多作品中这只是沧海一粟，但却能代表本年度电影批评的学术水平和研究趋向。

这 10 篇文章的作者均为电影和人文艺术学科的学者或博士研究生，他们运用多种批评手法，对电影作品本身进行多方位的审视和分析。这些作者坚持电影批评的学术立场，从理论的角度对电影本体、电影创作、电影对社会的影响等多方面进行观照，体现出极强的理论整合和运用能力，并尝试与新兴话语和跨学科理论进行对话，丰富了电影批评理论，拓展了电影批评的视野，开拓了电影批评的方法与路径。

从写作特点上，这 10 篇论文大致可以分为两类。一种是较为“学院派”的写作方式，以电影理论为基础，运用电影叙事学、意识形态理论、女性主义理论、结构主义符号学等对电影进行理论批评，体现出学术层面的理论探索。另一种是使用较为通俗的语言形态，分析电影的视觉特征、情景设置、表现手法、类型特点等方面，更贴近社会现实和普通观众。这也代表了当下电影批评学术领域的两类论文特点。

从论文的论述视角上，十位作者分别着眼于电影的美学、创作、文化等各个方面进行批评。作者的切入点不同，对电影的评价和解读也有自己独到的观点，具备较为鲜明的个人特色，体现了当下电影批评的多样化特点和多元化发展态势。

最为重要的是，无论采用何种理论和方法进行电影批评，这些文章都秉承了以“社会效益为首位”的评价标准，坚持了电影这一艺术类型应具有的积极的社会效用，发挥了在电影批评、电影理论和电影创作的发展中应具有重要的作用。

毛珺琳，中国艺术研究院研究生院，博士研究生。

① 在中国知网收录的 2015 年度中文期刊论文中，以“电影”为主题词进行搜索，得到论文总数为 14653 篇。

《左耳》：青春的飞扬与隐痛

周　夏

2013年，赵薇的处女作《致我们终将逝去的青春》开启了“中国青春片”的序幕，狂破7亿元票房。曾经的“小燕子”赵薇成为目前华语票房最高的女导演，而“致青春”亦成为70末后心中永远的青春怀旧情结。两年间《小时代》《中国合伙人》《青春派》《同桌的你》《初恋未满》《匆匆那年》《何以笙箫默》等等一系列青春片蜂拥而上，且票房不俗，成为中国商业片中的强势类型，也成为跨界导演的首选类型，青春片一时怒放无限。近年，青春片的火爆，一是因为此类型投资相对较小，市场回报率高；年轻的80后、90后成为观影的主流人群，他们迫切需要在大银幕上看到他们的青春书写，以获得认同和共鸣；二是因为大多数创作者本身就怀有对青春表达的情结。改革开放之后的三十余年，中国经济上的迅猛发展和剧烈变化，使成长其中的70后、80后、90后都感同身受，物质膨胀、贫富差距和就业压力无不裹挟着正在成长的年轻人，青春的阵痛需要他们在创作中得以倾吐和释放。

2015年，紧随《万物生长》的脚步，作为歌手、演员的苏有朋也奉上他的处女作电影《左耳》。两部青春片都是由知名小说改编而来，所不同的是，改编自冯唐小说的《万物生长》主打的是“虎狼之恋，放肆青春”，采用的是男主人公秋水的叙事视角；改编自饶雪漫小说的《左耳》则放出90后爱的宣言：“爱对了是爱情，爱错了是青春”，采用的是第一女主角李珥的叙事视角。更不同的是，冯唐完全把小说交给李玉，由李玉改编为自己理解的“万物生长”；而青春文学教母饶雪漫则亲自操刀，担任《左耳》的编剧，使电影更符合小说原本的精神气质。饶雪漫非常了解电影删繁就简的精炼做法，她果断去掉小说中“吧啦的妈妈”和“吧啦的表哥”这样的角色，使吧啦的家长成为叙述中的存在；进而去掉了吧啦怀孕这套过于烂俗的情节；当然，最大的改编还在于叙事角度的转换和统一，原小说别出心裁地采取了三个人的叙事角度，分别是李珥、黎吧啦和张漾；电影中却只保留了李珥的叙事角度，使电影前后贯穿统一、首尾呼应、

周夏，中国电影艺术研究中心，副研究员。

有序不乱，况且内向乖巧的李珥相比其他角色来讲，更适合用画外音来表达自己的内心活动。

关于“青春片”的定义很多，在好莱坞类型片的体系中，从受众上来讲，“青春片（teen film or teenpic）是依据特定受众以及依据特定受众所集中的主题进行划分的电影类型，它锁定13岁至19岁的少男少女及更年长的青年（teenagers and young adults）为电影观众群，故事情节的建构迎合青春期少男少女的独特趣味”，[①] 从创作内容上讲，“青春电影，即是以青少年及青年为表现对象，以青年亚文化为鲜明特点，反映其由童年到成年这个过渡时期所特有的生活状态、心理特征和精神世界的电影”。[②] 其核心主题是成长，无论是从接受角度还是从创作主题上讲，《左耳》都是一部气质纯粹、叙事完整、类型成熟的青春片。影片从女孩李珥的视角出发，叙述了李珥、吧啦、许弋、张漾、蒋皎、尤他、黑人等海边小镇上几个年轻人的情感纠葛和成长经历，并且大部分都由90后新人出演。新鲜的面孔、青涩的质感，一反成人演员饰演高中生的矫揉造作，一切都显得那么亲切自然可信。整部影片结构清晰，层次分明，在将近两个小时的叙事中，以时间为轴线，从2005年的高考倒计时切入，叙事跨度从高中生到大学生一直到走向社会的职业青年，60分钟的小镇高中生活成为叙事的重点，45分钟的大城市大学生活成为情感的延续，10分钟的成人社会展现成了尾声，可谓是一部真正的90后青春书写，也勾起同龄年轻人对校园文化的共鸣和反思。

一、好孩子与坏孩子

影片开头，女生叙事的声音入画：“上帝作证，我是一个好姑娘。我成绩优秀，助人为乐，吃苦耐劳，尊敬长辈。”主人公李珥出场，她身着白蓝相间的校服，过耳直发，干净朴素，腼腆羞涩，一副乖乖女的模样。“遗憾的是，我的左耳听力不好……医学专家说，左耳靠近心脏，甜言蜜语要说给左耳听，如果有个人对我的左耳说甜言蜜语，即使听不见也没关系，我一直在等待那个人，17岁那年，他出现了……”这时的李珥正经历着一个青春期的变化，她悄悄暗恋着阳光帅气的许弋。与乖巧听话的李珥恰恰相反，黎吧啦表面看上去就是一个混社会的不良少女，浓妆艳抹、穿着暴露，抽烟喝酒泡吧唱歌赌牌，她自由奔放随意，天马行空、张扬霸道，不受任何拘束，富于挑逗性和攻击性，但就是这样两个完全不同本应成为情敌的女孩居然发生了奇妙的化学反应，成

① 转引自杜沛《近期台湾青春片的主题与类型研究》，《当代电影》2014年第6期。

② 吴倩的硕士论文《影像青年物语——新千年以来两岸青春电影比较研究》，转引自付宇《类型的困惑：青春电影火爆背后的创作迷茫》，《电影艺术》2015年第2期。

为了互吐秘密的“好朋友”。这也是此片最有创意的一条情感线索。相比异性恋情的捉摸不定，同性情谊来得更为纯净和坚定，何况吧啦身上自由洒脱、我行我素的气质深深吸引着正在发生微妙变化的李珥，而李珥的友善美好也带给吧啦从未感受过的温暖。

青春期最大的特点就是身体正在发育，生理和心理都在逐渐发生变化，性意识萌发，对异性产生莫名的好感，对性产生一种好奇和渴望，在踏进社会之前，主要表现为一种生理冲动和情感幻想。所以青春期少男少女的爱情大多表现为一见钟情，来源于一种纯粹的外表吸引。就像李珥一眼看到白衣飘飘的少年许弋，惊慌失措摔下了车；吧啦看到肌肉有力的张漾赤膊上阵、帅气进球时发出的高分贝尖叫声。只不过一个是在心里悄悄地生长出爱的嫩芽，一个是大胆疯狂的赤裸裸追求。这当然和家庭环境有关系，李珥从小生活在被爱包围的环境里，而吧啦父亲早亡，母亲在她 3 岁的时候就跑到了国外，不受管束、无所顾忌。但是正处于高考冲刺阶段的李珥，生理心理的微妙变化和外部社会学校的秩序和管束形成了隐性的冲突，而中国的家长通常不擅长和孩子做情感方面的沟通和疏导，受到制约和压抑的小耳朵内心自然羡慕自由奔放的吧啦，就像一个涉世未深的小女孩对成人女性的一种模仿，她渴望长大，渴望和许弋谈恋爱，尤其是当她心爱的许弋被吧啦追求到手的时候，她也试图学着吧啦的样子抽烟，渴望成为像她那样有魅力的女人。她在博客上写下：“原来许弋喜欢那样的女生……我忽然很想变坏，我固执地认为，只有变坏了，才可以得到我想要的自由。”内心的叛逆和对自由的向往让她和吧啦越走越近。

此时的吧啦甩了自己假意追求的许弋，无可救药地沉醉在张漾的爱情里。许弋和张漾也是一对好孩子和坏孩子代表。许弋家境优越、成绩优异、思想单纯，可惜经历了第一次恋情的背叛，就一蹶不振了。而张漾可谓是这部电影中最为复杂的一个人物，他外表冷酷，性格乖张，脾气倔强，有一股说不出来的狠劲。贫寒的家境使他性格早熟，单亲家庭的成长环境使他对“抛弃他的妈妈”怀着一股强烈的恨意，他拿吧啦的爱报复许弋，心计颇深；他与富家女蒋皎谈恋爱，更多的是一种被动的现实选择，可是骨子里他又好强上进，目标清晰，希望在社会上出人头地。他自己似乎也很矛盾：“我的心里有两个我，一个好的我，一个坏的我，两个我一直在打架。”但是吧啦真挚热烈的爱让他变得柔软，相比蒋皎，他更喜欢家境类同、骨子里相似的黎吧啦。表面玩世不恭放荡不羁的吧啦原来是一个纯情的处女，她把最好的自己给了自己最爱的人，对爱情的专一痴迷更增添了吧啦的可爱，“破处”的情节设置使吧啦和张漾的感情升华，也为后来的故事进展做了关键性的铺垫和伏笔。

正当吧啦幻想着和张漾去北京过幸福新生活的时候，一场“误会”的灾祸降临，台风将至，暴雨倾盆，被爱人骂为“婊子”的吧啦情绪失控地奔跑在大街上，最终一场车祸葬送了她的性命。这似乎是一场宿命，想起吧啦死之前的台词：“我爱一个人，

就可以不顾一切”，“爱对了是爱情，爱错了是青春”，“我这个人最不怕的就是危险”，“活着太累了，反正我是活不长的”，就隐隐感到那些不安的因素，全然付出的爱最终使她成为一个悲剧人物。不过，这次爱的代价似乎太沉重了，每个人都陷到无比的伤痛和忏悔当中。

二、青春之痛：吧啦之死

吧啦是影片中最鲜活的角色，也是全片的灵魂人物。随着吧啦的死，这群少男少女的高中生活也随之告终，进入第二阶段的大学生活，他们离开海边小镇，去了向往已久的大都市。为追随内心的白马王子，李珥选择了上海；而张漾和蒋皎也如愿地到了北京。这段生活采取了上海、北京两地的平行交错式叙事，大学生活看上去波澜不惊，实则发生了潜移默化的变化。吧啦之死深深影响着每一个人，成为他们心底最深处的痛，延伸到他们各自的生活中去。李珥学着吧啦的样子抽烟，模仿吧啦涂绿色的脚指甲油，还时不时发质问短信刺激张漾；而张漾也始终忘不了吧啦，最终和蒋皎分手；当许弋家庭败落，被人逼债时，李珥对自己的爱情也产生了迷茫，她情不自禁地发短信求助于“吧啦”，最终李珥替许弋还了赌债，成了许弋的女朋友；雪天，张漾偶遇流浪在北京的黑人，二人在涮锅店里为“吧啦”拼酒，黑人放下心中的仇恨，打开话匣，互诉衷肠，化解了长久的恩怨。在闪回的画面里，我们知道对吧啦一往情深的黑人由于自责，用刀剁下了自己的小手指；当李珥失恋，高烧不退，梦中出现的依然是吧啦挥之不去的身影，李珥对着镜中的自己抚看额头的伤疤，猛然间，一个诡异的镜头映入眼帘，镜中居然出现两个“吧啦”，一个是原本的吧啦，一个是被吧啦附体的李珥。李珥从梦中惊醒。

在两次回家乡的情节中，本来平行的张漾和李珥产生了交集，二人的关系随之也发生了微妙的变化。第一次回家乡，李珥替吧啦怀着对张漾的恨，和张漾是一种火药味十足的对抗关系，而得知自己身世的张漾此时已然放下心中的恨；第二次回家乡过年，张漾和李珥在“吧啦的天台”上看新年的烟花，二人敞开心扉，聊天谈心，关系得到缓解。在返家的路上，一辆车意外坠海，张漾奋不顾身地跳入海中去救人，水中奇幻的镜头出现，落水的女青年突然变成了“吧啦”，张漾微笑着向她游去……这次事件成为张漾获得心灵救赎的转折点，也成为张漾和李珥关系增进的催化剂，可谓影片的神来之笔。最后，在吧啦的墓前，张漾怀着深深的歉疚说“对不起”，而李珥则替吧啦说了一个善意的谎言，左耳失聪的她其实并没有听见吧啦临死前的遗言，但她告诉张漾：“她相信你，她永远爱你。”张漾痛哭流涕，最终放下心结，李珥替代吧啦完成了对张漾的谅解，二人都释然了。“再见了，我亲爱的吧啦。”李珥和吧啦做了最后一次的心灵对话，就此也向自己过往的青春期告别。

三、尾声：成长的一抹亮色

影片最后10分钟展现的是主人公的职场生活，他们终于度过了危险躁动的青春期，稳步地迈向成人社会，开始了人生的新起点。李珥的画外音又传来：“上帝作证，我仍然是个好姑娘……”此时的李珥成为上海一家出版社的编辑，而从大学期间就开始卖衣服的张漾成了一家购物网站的CEO，黑人成为他的合伙人，已经改名为蒋雅希的蒋皎成为了一名小歌星，而暗恋李珥的小表哥尤他也在美国成家立业……一切都向好的方向发展，影片的基调也从阴郁压抑变得越来越光明，越来越积极。片尾，李珥和张漾在天一中学偶遇，叙旧之后二人先后坐上了公交车，张漾对着李珥的左耳耳语。李珥莞尔一笑，巧妙地呼应了片头中李珥的期待，给影片留下了一个温馨明亮的尾巴，观众也心领神会地笑了。此刻，赵薇演唱的主题曲字字入耳：“听不清的耳语最诚恳，看不到的内心最忠贞……青春的旅途没有红灯，越走越快，你也成了过来人。”

从头至尾，《左耳》都紧扣主人公的心理变化，真实细致地描绘了90后少男少女的友情与爱情，他们青春期生理心理的懵懂与蜕变，对“成长”这个青春母题进行深度挖掘，情节扎实有力、人物个性鲜明。自由浪漫的吧啦、硬朗叛逆的张漾、善良清纯的李珥、从单纯走向堕落的许弋、骄纵任性的蒋皎、仗义的黑人、暖心的尤他都给人留下了深刻的印象。尤赞的是人物心理逻辑线索清晰，层层铺垫、细细编织、肌理分明，情感变化的结局虽然在意料之外，却在情理之中，丝毫不觉得突兀，令人信服。与之前一片浮夸煽情的青春片相比，《左耳》在“青春成长主题”上别具一格，是一部真正具有饱满质感、诚意十足、制作精良、接地气的青春片，难怪乎会获得票房和口碑的双丰收，同时也为“中国青春片”树立了新的标杆。

（原文刊载于《当代电影》2015年第06期）

类型开拓、身体呈现与全球想象：评析电影《破风》

李　宁

随着《证人》（2008）、《线人》（2010）、《逆战》（2012）、《激战》（2013）、《魔警》（2014）等影片的接连上映，以动作片/警匪片见长的林超贤俨然成为近年来最为炙手可热的香港导演之一。在港台导演北上拍片蔚然成风、华语电影共同体逐步建构的情境中，林超贤自成一格的动作影像彰显出其在港式动作片式微背景下的中流砥柱作用。而继电影《激战》聚焦拳击手的生存境遇后，林超贤在2015年的新作《破风》中再一次选择了体育/运动题材。在国产体育电影乏善可陈的当下,《破风》称得上一部"破风"之作。

一、类型突破与叙事缺憾

从数量上看，在恒河沙数的中外电影中，体育题材电影（仅就故事片而言）很难与喜剧片、爱情片等重要类型相提并论。不过放眼国外影坛，这一类型也堪称佳作迭出。尤其在商业气氛浓郁的好莱坞，《洛奇》（1976）、《愤怒的公牛》（1980）、《奔腾年代》（2003）、《百万美元宝贝》（2004）、《弱点》（2009）等数量繁多的经典体育片不断涌现，推动这一类型成为好莱坞类型电影的重要组成部分。而回顾国产体育电影，不仅经典影片屈指可数，而且类型创作经验上也较为匮乏。[①]

李宁，北京大学艺术学院，博士研究生。

① 关于中国体育电影的发展、演进与影像特色等可以参见李金宝的《体育影像传播：百年中国体育电影研究》（东南大学出版社2013年版）、赵宁宇的《中国体育电影概览》（《电影艺术》2008年第4期）、单万峰的《早期的中国体育故事片》（《当代电影》2008年第8期）、郦苏元的《"十七年"的中国体育故事片》(《当代电影》2008年第8期）、龚金平的《新时期的中国体育故事片》（《当代电影》2008年第8期）、刘海波的《早期体育电影与上海的现代性》（《当代电影》2013年第2期）、黄德泉的《抗战以前中国体育电影考述》（《当代电影》2013年第7期）等著述的梳理与阐述。

平心而论，自1928年由张石川、洪深联合执导的《一脚踢出去》成为国产体育电影的滥觞之作后，中国电影中也曾出现过《体育皇后》（1934）、《女篮5号》（1958）、《冰上姐妹》（1959）、《乳燕飞》（1979）、《沙鸥》（1981）、《黑眼睛》（1997）等风靡一时的体育片。而且步入新世纪之后，在中国获得第29届夏季奥林匹克运动会举办权的历史语境下，国产电影曾出现了体育题材的创作热潮。仅在2008年，就有《买买提的2008》《梦之队》《一个人的奥林匹克》《破冰》《旗鱼》等诸多体育片蜂拥而至。但是正如有论者所指出的，这些国产体育电影过于注重体育竞技中的胜负而缺乏情节的复杂性，过于注重在体育片中传达主旋律而忽略了娱乐性的营造，过于概念化和抽象化地塑造人物形象而忽略人物内心呈现。[①] 尽管这些年来也有《少林足球》（2001）、《头文字D》（2005）、《大灌篮》（2008）等努力在娱乐化、商业化方面投石问路，但上述影片对于奇观化影像营造的沉溺很大程度上遮蔽了对于体育运动的诠释，在类型规范上仍然捉襟见肘。

而在国产体育电影的谱系中，《破风》可视为类型化、商业化道路上具有开拓意义的一部作品。如果说影片《激战》仍然显示出林超贤对香港动作片经验的极大倚赖的话，那么《破风》则是他对体育电影的一次全新探索。影片在一次次热血沸腾的自行车比赛的串联下，展现了仇铭（彭于晏饰）与邱田（窦骁饰）两位自行车手的命运沉浮与情感纠葛。整部影片叙事节奏明快，快速剪辑与特写镜头、宏大场面与微小细节的交叉运用营造了一种铿锵顿挫、血脉贲张的速度感，展现了自行车运动的独特魅力。悬念手法的运用使得每一场比赛的过程扣人心弦、引人入胜，令影片高潮迭起。演员方面，影片聚集了彭于晏、崔始源、窦骁、王珞丹等具有票房号召力的当红明星，确保了影片的明星效应。尤其是彭于晏，在相继出演过《翻滚吧！阿信》《激战》等体育影片之后，他的硬朗阳光的运动形象逐渐深入人心。此外，整部影片的人物形象塑造鲜明，邱田的寡言少语与不择手段，仇铭的负气任性与求胜心切，郑知元（崔始源饰）的负才傲物与处变不惊等都塑造得较为到位，给人以深刻印象。

尽管《破风》的类型化创作值得称道，但影片在叙事上还是有许多不足。例如为观众所诟病的便是影片左右支绌的感情戏。不仅仇铭、邱田与黄诗瑶（王珞丹饰）三人之间的情感纠葛俗套无力，而且郑知元与陈意荞（欧阳娜娜饰）、邱田与女记者之间若隐若现的关系也未能铺展开来。影片的感情戏如同冗词赘句，与明朗快速的动作戏之间产生了一定的龃龉。不过，影片最大的叙事缺憾还在于对于冲突和困境的设置上流于简单。就体育电影的叙事模式而言，往往表现的是主人公在困境中坚韧不拔、奋发蹈厉的励志精神。因而如何设置困境，以此体现主人公迎难而上的奋发过程，就成

① 龚金平《新时期的中国体育故事片》，《当代电影》2008年第8期。

为体育片成功与否、动人与否的重要因素。罗伯特·麦基曾将故事中的冲突分为三个层面：内心冲突、个人冲突、个人与外界的冲突。[①] 影片《破风》主要表现了个人冲突，而在个人与外界的冲突表现方面寥寥可数，在内心冲突的表达方面则基本是付之阙如的。影片中，仇铭因火爆脾气与酒后出轨而孤立无援、邱田因服用禁药而一蹶不振，两位主人公的困境都是个人冲突的后果。尽管影片也有体现出仇铭与破风手之间的冲突，仇铭、邱田与郑知元之间的竞争等，但始终没有强有力的反面角色或外界冲突来营造一个困境，展现主人公的悲怆、艰辛与无奈。与此同时，影片也未能深入人物内心，展现人物在困厄中抑郁不平、心低意沮、艰苦砥砺的复杂心路历程。由此，影片所能带给观众的感同身受的情感共鸣也就大打折扣。

二、身体消费与创伤呈现

对于体育电影来说，身体话语的呈现无疑是叙事的荦荦大端。充满着速度与力量的运动身体（大多是男性身体）成为一种原始抒情的符号，表述着人类不可遏止的激情、欲望与快感。而在电影《破风》的身体叙事中，尤其值得探究的是影片对于男性身体消费与女性身体创伤的关注。

在消费主义无孔不入的时代，身体的消费价值已经被反复阐述与证实。正如迈克·费瑟斯通所点明的那样，消费文化以培养形象消费为内在逻辑，并“容许毫无羞耻感的表现身体”。[②] 对于明星而言，越是健康、美丽的理想化身体就越具有交换价值。而随着消费主义与女性主义的大行其道，女性身体被看的局面不断被扭转。“在电影院、电视和广告创意中，‘男性视线’的霸权被推翻了，我们不仅看到了‘女性视线’的崛起，而且还有对男人另类反映的不断出现，其中许多都明确表现为对男性气质陈旧形象的颠覆。”[③] 近年来，中国电影的“男色”消费风潮绘声绘色、愈演愈烈，尤其是彰显“中性”与“阴柔”气质的“小鲜肉”成为一时风尚。《小时代》《匆匆那年》《左耳》《栀子花开》等影像可为佐证。而在这种风潮之下，《破风》在彰显运动身体的青春活力的同时更表现出了对于男性身体消费的沉溺。影片中，彭于晏、崔始源、窦骁等青春活力的男性身体被淋漓尽致地展现。在呈现比赛与训练的场面时，摄影机有意地捕捉那些在视觉上充满欲望化的身体，不厌其烦地展现这些男性角色的身体线条与男性力量。尤其是

① [美] 罗伯特·麦基:《故事: 材质、结构、风格和银幕剧作的原理》,周铁东译,中国电影出版社 2001 年版,第 249—253 页。

② [英] 迈克·费瑟斯通:《消费文化中的身体》, 汪民安、陈永国编:《后身体: 文化、权力和生命政治学》, 吉林人民出版社 2011 年版, 第 332 页。

③ [英] 约翰·麦克因斯:《男性的终结》, 黄菡、周丽华译, 江苏人民出版 2002 年版, 第 68 页。

车手郑知元在浴池中斥责经纪人的一场戏中，韩国明星崔始源赤裸上身，健硕的胸肌、腹部被毫无遗漏地展现在观众面前。与观众凝视的目光宰制同步，男性角色也不断处于被影片中女性角色所观看的地位。邱田在比赛时不断处于女记者的视线之中，仇铭也被陌生女子所觊觎。显然，影片中的男性身体已经成为被窥视、被观赏的欲望符号。

与男性身体的欲望化书写不同，影片《破风》在表述女性身体时体现了对女性身体创伤的关注。影片中的女主角黄诗瑶出场时便是一位拥有创伤记忆的女性形象，曾因身受重伤而放弃运动生涯，即便恢复训练后仍然留下了不小的创伤后遗症。而在后来一次比赛中，她又意外出事，导致跟腱断裂。颇有意味的是，影片对女性的态度是首鼠两端的。一方面，影片借两次身体创伤表现出了男性对于女性的身体规训与拯救。在黄诗瑶恢复训练时，是邱田、仇铭在一旁加以指导，助其解决呼吸难题；在黄诗瑶跟腱断裂后，又是仇铭将自己的跟腱移植给前者，也藉此弥补了因仇铭出轨而带给前者的精神创伤。另一方面，影片又表现出了女性对于男性的精神拯救。仇铭、邱田二人之所以能够从自我导致的伦理困境中解脱出来、重新奋起，正在于黄诗瑶即便受伤但仍锲而不舍的精神的激励。从这个意义上讲，黄诗瑶这一女性角色之于影片叙事有着不可或缺的意义。

三、跨地叙事与全球想象

作为惯例和经验的系统，一种类型电影往往负载着固定的价值观念与社会功能，彰显出特定的文化身份。与此同时，又如托马斯·沙茨指出的那样："一种电影类型同时是一个静态又是一个动态的系统。一方面，这是一个关联到叙事和电影成分的熟悉的程式，其目的在于不断地重新考察一些基本的文化冲突……另一方面，文化态度的变化、新的有影响力的类型电影、工业的经济情况等，持续地改进着任何一种电影类型。"① 而《破风》则在新的历史情境下彰显出不同于以往的文化身份与全球想象。

回溯中国电影史，国产体育电影在不同历史阶段承载了不同的价值观念。民国时期，以《体育皇后》为代表的体育片以充满健康活力的身体形象表达着强健体魄、"体育救国"的愿望；"十七年"时期，以《女篮5号》为代表的体育片为新政权的合法性与欣欣向荣摇旗呐喊；新时期之后，以《沙鸥》为代表的体育片仍然是体现国家实力、展现民族形象的重要抓手。如南帆所言："体育与意识形态的关系已经为人们所熟知，体育竞赛的胜负时常被不负责任地与一个国家或者一个民族的强大与否联系起来，身体成为

① ［美］托马斯·沙茨：《好莱坞类型电影》，冯欣译，上海人民出版社2009年版，第24页。

国家与民族形象的粗陋象征，这毋宁说是意识形态对于身体内部力比多的巧妙征用。”[①]因而在上述体育电影中往往散发着浓郁的民族主义意味，蕴含着创作者身处殖民/后殖民立场上的一种对抗式的全球想象和民族认同。

而随着中国综合实力的提升与文化自信的提升，一种不同于以往二元对立式的新的本土性/世界性关系正在渐趋形成。在近年来中国电影全国化[②]的进程中，新的“世界主义”正在萌发，它是原有全球想象的再调整，表现的不再是好莱坞电影与民族/本土电影的对抗，而是一种合作与互渗。在《破风》的电影文本运作与电影制作方式中，我们能够清晰地看到这种变化。在制作层面，《破风》集结了内地、香港和台湾的演职人员，拍摄地遍及内地、香港和台湾，展现出中国电影“全国化”的风潮。而韩国偶像崔始源、自行车世界冠军鲁伊·科斯塔等国外演职人员的加入，则在展现出中国本土电影市场号召力的同时，也展现了全球化的资本逻辑。而在文本层面，影片并未借体育竞赛来彰显强烈的民族主义，而是以开放的姿态拥抱与融入全球化进程。影片的结尾是富有意味的:仇铭与郑知元二人成功加入一级赛事，在意大利的国际比赛开始前，两个人在熙攘的人群中相视而笑。在这个段落中，本土化运动员成为崛地而起的重要力量，改变着世界竞赛的格局，这里没有非此即彼的对抗，没有身份的焦虑，有的是从容不迫的自信。这是《破风》的全球化想象，也是一种新的中国想象。

（原文刊载于《当代电影》2015年第09期）

① 南帆:《身体的政治》，载汪民安主编《身体的文化政治学》，河南大学出版社 2004 年版，第 221 页。

② 张颐武在《“全国化”与电影》(《当代电影》2011 年第 6 期)、《“全国化”的“常态化”》(《当代电影》2012 年第 3 期)、《全球化的全国化: 2012 年的中国电影图景》(《当代电影》2013 年第 3 期)、《全国化的世界性: 华语电影新未来》(《当代电影》2013 年第 12 期)、《从“背面”认知电影: 一个中国角度的再思考》(《电影艺术》2015 年第 3 期)等一系列文章中提出了当下中国电影正处于“全国化”进程中的观点。他认为，“全国化”已经成为中国电影的主流形态，这种新的“内向化”趋向一方面是对华语电影格局的全面整合，另一方面也是对世界电影格局的重塑，并最终以一种新的“世界主义”的形态出现。

《滚蛋吧！肿瘤君》：“二次元”的重构与精神疗愈

聂　伟

提要：影片前半段以笑点累积的方式塑造了集银幕“玛丽苏”与绝命“励志姐”于一身的青年女性形象，部分实现了青年文化对社会现实的介入。影片结尾的情感转折在暴露结构矛盾的同时，也指出青年文化如何实现自我疗愈、自我修复乃至重新建构的可能与困境。

在国产电影的命名史上，以近似爆粗方式开画的《滚蛋吧！肿瘤君》（以下简称《肿瘤君》）堪称一道奇异的风景。从网络漫画到同名电影，一方面反映出文化主管部门更为开放、平和的阅片心态，使这位拥有纯正互联网血统的传奇女性在银幕上最大限度地得以精神性复活、充实，体现出网生内容向电影正能量的转化；另一方面，“银幕熊顿”自身携带了有缺陷感的文化能量，将这位“绝命励志姐”与“失落一代”或者说公众对 80 后青年的刻板印象鲜明地区隔开来。

讨论银幕熊顿之前，首先要辨析、定位《肿瘤君》的电影类型 / 亚类型归属。此前白百何凭借《失恋 33 天》《分手合约》《被偷走的那五年》等影片形塑了中国式小妞电影“小清新 + 野蛮女友”的独特气质，《肿瘤君》试图打破定势，加入原作漫画的“二次元”思维，完成银幕“玛丽苏（Mary Sue）”与绝命“励志姐”的混搭。前者延续并强化当前流行的“中二女生”气质，俨然青年女性的理想模板，后者则隐约透出青年群体聚焦内部世界、渴求自我疗愈的新执念。“银幕熊顿”之所以大受欢迎，90 后与 80 后两代青年群体贡献了将近 94% 的票房，[①] 这不仅证明当今电影市场主流观众对这一混搭式女性银幕符号

聂伟，上海大学影视学院，教授。

① 根据猫眼票房数据分析，截至 2015 年 8 月 31 日《滚蛋吧！肿瘤君》获得 4.8795 亿元人民币票房。其中 90 后观众的票房贡献为 55.53%，80 后观众的票房贡献为 38.25%。

的高度期许，也自反向说明此类叙事形象在当前中国青年电影创作中的极度匮乏。

《肿瘤君》与导演前作《第一次》存在明显的互文关联，角色与模式设定极为类似。相较而言,《第一次》用《比悲伤更悲伤的故事》的叙事手法再次复述《我脑中的橡皮擦》的情节内容，宋诗乔身患家族遗传病，终以孱弱之身实现舞蹈之梦，与男主角上演生死绝恋。宋诗乔的人生终结于舞台，而跳一段弗拉明戈却是熊顿“遗愿清单”的首项任务——此时，她的第二次生命刚刚拉开帷幕。故事中所有行为的主动权都掌握在熊顿自己的手中，即使“女追男”的过程屡屡露出女儿家姿态，但其人生态度和价值观念却丝毫不受爱慕对象的影响。梁医生对熊顿的帮助仅限于治病救人的物理层面；熊顿对梁医生的影响反而深入其精神肌理，令他得以重新开始以微笑面对世界，又在熊顿离开后暗自神伤。

除物恋式的爱情臆想外，影片的情节线索主要有两条：前一条线索主要讲述女主人公熊顿的绝症与病痛，后一条线索则是由多种特效场景拼接而成的杂烩桥段，计有漫画、韩剧、游戏（CS枪战、打怪、打僵尸）、清宫戏。值得说明的是，作为一部主打“励志正能量”的青春片，其前半段的叙事主线并非人物与疾病本身，而是由疾病衍生出来的想象以及漫画式的幻念。主要线索与次生线索的悖论反转，折射出“二次元”流行文化对于青年感受能力和认知方式的同化，如同一篇大张旗鼓的宣言书，一旦被宣读即已呈现80后长大成人的矛盾心态：面对自己已经被充分社会化的情感与身体，究竟能够秉持怎样的内省视角，又将如何进行银幕外现？面对生活执念与无法抵抗的现实矛盾，他们又具备哪些可资协商或调和的精神资源？

熊顿是继《分手合约》的何俏俏、《被偷走的那五年》的何蔓之后，白百何第三次出演身患绝症的银幕女性。巧合的是，熊顿、何俏俏、何蔓这三个女性角色都经历了身患绝症——暂时痊愈——病症复发——最终离世的人生曲线。不同之处在于,《分手合约》中的何俏俏两次因病逃离相处多年的男友，生命的最后时光只能拿来填补人生缺憾；《被偷走的那五年》中何蔓的人生遭际归结为其强势作风的“因果报应”，只能尝试寻回自己丢失的记忆来完成主体重建;唯有熊顿不因病魔而丧失生命能量,如同“励志姐”般生活得阳光灿烂、充满笑声。进一步将白百何在《失恋33天》饰演的银幕形象串联进来，或可从这几部影片中寻绎80后青年女性修复情感创伤的发展史：《失恋33天》中，尽管“王小贱”（王一扬）的男性气质乏善可陈，仍然凭借闺蜜型喋喋不休的“话疗”帮助黄小仙获得解脱，她像金鱼一样在短短的33天中迅速抹平情感创伤，有勇气面对下一场恋爱。《分手合约》中何俏俏与李行通过“食疗”/“时疗”相互谅解、慰藉，她以她的不离换取他的不弃，骨子里依然是期待男性拯救的“野蛮女友”。此间，那位男性气质不明的旁观者毛毛，充其量是以旁观者、协助者或暂时替代品等第三方角色参与情节。及至《肿瘤君》，熊顿的朋友圈构成更具象征意义：Amy是熊顿职场生涯的现实版本延续，也是其折射在“三次元”世界的倒影。当熊顿为Amy无休止的加班工作向外籍老板打抱不平并导致二者决裂时，事实上已经暗示两者间的不可通约性。即便此后两人各自单向寻求和解的机会，却已是南辕北辙、阴阳两隔。老郑如同荣格意义上的“阿尼姆斯”；以此类推，小夏如同与之对位的“阿尼玛”，他们构成了熊顿人格发展两端的参照物。反过来说，熊顿也成为了她周边朋友圈理想人格的模板。

影片上映后获得各方点赞，一个重要原因就是“用含泪的笑抵抗了悲情”。正如导演对“熊顿精神”的阐释，“生死无法避免，挫折无法躲过，我们没办法选择生死疾病，但可以选择自己的心态”。[①] 白百何也高调应和，不要以为演一个癌症病人的故事就准备来看一场大悲情，我们满满都是正能量。影片不止一次地以电玩打怪手法来表现人物顽强地对抗疾病，女主人公的病痛被具象化为丧尸的破衣烂衫、苍白污秽、奇形怪状，构成一组形象观感怪异的外化和投射。即使不得不正面对待人物因放疗化疗而脱发的事实，也会选在摄影棚拍时尚写真，以夸张的假发和炫目的服饰箱包，修饰出不受疾病侵染的完美身体假象。基于有限的乐观主义修辞，主人公的性格认知即为“生活吻我以痛，我却回报以歌”。假如换成更符合影片美学调性与人物形象设定的表述，则是“生活绊我一个大马趴子，我爬起来拍一拍再加上多一倍的嗨”。这位超现实、非常态化的“女汉子”，以一种“小写”的方式，将自身暂时圈定在疾患题材电影的情绪感伤之外。

“玛丽苏”与“励志姐”，分别指涉熊顿人生的想象界与现实界。影片不断复现熊顿性格超现实的那一面。开画时熊顿在餐厅遭遇男友变心（渣男劈腿），病情大白之后同样在餐厅，熊顿的朋友加病友联手对偶遇的前男友成功进行恶搞报复。两个桥段都以赢取观众笑声为目的，尤其后一场戏份还套用了男同角色在现行通俗剧中被歪曲为反性别形象的既定程式。作为第一当事人，熊顿在两个桥段中的表现如出一辙，都是抽身事外的“自我放空”。撞破男友当面撒谎时，熊顿头顶餐桌落荒而逃；在前男友被一干友人戏弄报复时，她同样选择在场静观，犹如隐身，随后又在突如其来的大雪场景中被俯拍镜头单独分割在狂欢嬉闹的友人之外，以画外音的独白方式抒发对于友谊的赞颂。

影片多次嵌套戏仿桥段，一方面让浸淫流行文化的年轻观众轻松地辨认出Cosplay的原版映画，另一方面则故意露出廉价降格的破绽，营造低龄观众智力优越感的自我满足，收获爆棚的笑声。笑声虽然可以掩盖部分矛盾，却无法改写这部以青年人物命运为核心主题的电影。当下的青年群体似乎尚未找到一种强有力的价值系统来对抗绝症带来的终极死亡威胁，片中人物面对生命意义的问答始终停留在“躁起来”的浅表处。作为一句在中国青年摇滚乐表演中常用的呼唤语，“躁起来”在影片中的英文字幕对应

① 赵丽、李霆钧：《专访〈滚蛋吧！肿瘤君〉导演韩延：不希望票房成为超越“熊顿精神”的东西》，《中国电影报》，2015年8月22日。

翻译为“to live the way you want to”，其内涵更近似方言应用的“造”，此后人物的种种行为也加以注释。病房里的高冷美女夏梦丝毫不顾及环境，烟酒不停、酒后飚车；熊顿和朋友们一路租华服、拍大片、逛商场、吃大餐，以极端物质化的生活方式刷取存在感。事实上，看似够躁、过瘾的放纵行为难以纾解人物内心的恐惧，“三十多年活得就跟没活过似的，即使死了，也对这个世界一丁点影响都没有。”影片前段一直未予以正面表现的疾病以及由此而来的死亡威胁，通过人物对话不经意地显露出来，而这恰恰是笑声所无法解决的难题。

当电影走向尾声，人物不得不走向终极时刻，笑声隐去，哭泣登场。陪伴在熊顿身边的是父母而非伙伴，环境也转回到一点也躁不起来的无名小城。尽管影片继续尝试运用特效镜头渲染、放大主人公重病期间层出不穷的白日梦，几乎每一个情节点都附加了脑洞大开的流行文化元素，然而，一旦回归到熊顿与家庭的原初形态，摄影机重新维持了高度的镜头写实，前述白日梦悉数失效。熊顿父母的脸上一直笼罩着无法淡化的悲戚，这抹挥之不去的悲戚在一部充满喜感的电影中起到了压舱石的作用，仿佛一根悬坠重物的系绳，给天马行空的想象加上了虽然沉重却不能忘却的生之出处。熊顿的痛哭发生在母亲的怀抱里，她回忆过往生活，回忆生命阴影，回忆其实并不那么愉悦的职场漂泊经历，真实的肉身经验在与母体接触的刹那引发了全面的情绪失控。唯有母亲陪同哭泣的画面反衬出一个无法回避的现实：局限在自我边界中的个体自我，终究无力穿越终极的虚无。

“二次元”世界引发的笑，在全面进入“三次元”世界后迅速噤声。表面上洒脱不羁的人生最终回归到原点，熊顿哀哭的不仅是即将失去的生命，也是未曾实现的梦想与生命价值。在摒弃特效而纯然写实的画面中，熊顿再度孤身一人返回父母身边。这一场景如同一个自反式的隐喻，提醒坚持“中二”属性的“自我”仍然只拥有自我本身，以及现实的缺陷。根本上说，死的意义是由生本身决定的，要想让死亡不因虚无而可怕，首先是让生的过程充满价值和意义。而真正有价值的故事无法被笑声所消解。

80后的成长伴随着电视机、游戏机等新兴大众娱乐方式的勃兴，他们是饱受互联网影响的第一代青少年，痴迷于娱乐与游戏，再加上独享恩宠的独生子女家庭背景，令这一代在长大成人后常常遭受“自私”“浮躁”等诘难，甚至被称作“失败的一代”。突然有一天这个群体被直接推向生死大限，刚开始他们习惯性地将自身暂时搁置在现实之外加以旁观与审视，用嬉笑的方式去解构恐惧，却很快地扑倒于现实的哭墙之下。相比用笑声来消解 / 回避矛盾，哭泣最初源自面对现实矛盾的无力感，以及对自身主体有限性的承认。尽管目前对熊顿的银幕形象塑造仅以个案方式出现，但不可否认《肿瘤君》的美学分水岭意义，将其与技术感强烈的通俗剧鲜明地区分开来。在以喜剧叙事悬隔现实却宣布无效之后，80后终于有意愿从银幕“玛丽苏”的形象虚构中解放出来，敢于正视该群体精神谱系的现实缺陷，以真实的哭泣标注寻求自我疗愈的新型路径——对疗愈系的国产青春片而言，当前最重要的或许不是如何设计自我疗愈的技术路线，而是要首先了解创伤的源头，了解我们内心力量的缺失与生长。

（原文刊载于《电影艺术》2015 年第 06 期）

《黄金时代》：一部不成功的野心之作

冯　妮

摘要：在萧红的“黄金时代”里，人与文、个体与时代、生活与写作、日常与革命之间始终存在着一种宿命性的连接，但许鞍华执导的《黄金时代》却只能触碰到其中一端，无力呈现二者间的张力。电影的叙述形式大胆突破了现实主义的限制，呈现出别具一格的风格化特征。从作者电影的内在脉络上看，《黄金时代》延续了许鞍华对日常细节的敏锐捕捉能力及其一以贯之的女性主义立场，极大地保存乃至艺术地“创造”出萧红独特的少女特质。

关键词：许鞍华 萧红 黄金时代 日常生活

一

香港导演许鞍华执导的《黄金时代》是一部风格浓郁的传记类文艺电影，同时还围绕着萧红独特的生命历程，编织起一幅三十年代中国现代文坛的璀璨群像。影片中相当多的情节取材自萧红自己的文章，大篇幅的独白、旁白乃至人物对白甚至一字不改，关于萧红一生经历的择取与讲述，也由各种传记、回忆录剪裁拼贴而来。因此，这部电影——不仅因其散文诗式的整体艺术风格——与文学走得如此之近，“刻板”也罢，“严谨”也罢，暂不评说。至少我们可以认为，它并不拒绝、甚至内在地要求一种文学式的批评，在本文看来，这种批评首先需要回答的，是如何理解所谓的“黄金时代”。

就萧红一生短暂的历程而言，“黄金时代”实际上从未真正降临，或许，比之更具概括力的，是她弥留之际那句：“半生尽遭白眼冷遇，……身先死，不甘，不甘”[①]，这一绝叹是如此痛楚，更像是对这一时代的凄切控诉。但无可否认的是，“黄金时代”又的确真实地存在于萧红的文学世界里——不仅仅是1936年深秋旅居日本时，在给萧军的

冯妮，上海交通大学人文学院，讲师。

① 骆宾基：《萧红小传》，北方文艺出版社1981年版，第103页。

信中所谈及到的“自由和舒适，平静和安闲，经济一点也不压迫”、却又不过是“笼子里”的短暂生活——在这封信里，萧红以她一贯的语气、略带一点距离地谈及自身正在承受的病痛、穷困以及寂寥，她感叹：“希望固然有，目的也固然有，但是都那么远和那么大”，尽管深信“生活是为着将来而不是为着现在”[①]，她却不得不悲观地承认，那么远、那么大的希望似乎并不足以支撑眼前的“生活”。换句话说，与同时代那些痛苦的先觉者一样，萧红也在近在眼前的生活与远在将来的希望之间“彷徨于无地”。然而，也就在写下这些话时的静谧瞬间，她不期然地遭遇到一个体悟的时刻，并敏锐地、充满欣喜地捕捉到它：“就在这沉默中，突然像有警钟似的来到我的心上：‘这不就是我的黄金时代吗？此刻’”[②]——这个瞬间，在失望与希望、现在与将来的巨大缝隙中，缺乏现实的过渡，但萧红却以她独特的直觉与勇气确认了这个看上去并不完美的“此刻”。这个时刻短暂、偶然、感性十足、对于萧红而言却极富象征性，事实上，对于这样一个从生写到死、“对创作有一种宗教感情”、视写作为最高意义上的“工作”的女性而言，“力透纸背”[③]的文学正是“此刻”的一再重现：正是受到“五四”文学的召唤和鼓动，萧红从旧式家庭包办婚姻中逃脱出来，辗转于中国苦难深重的大地上，在每一个身陷困苦和绝望的时刻，她拿起笔，仿佛唯一的武器，并继续以这样的方式安住于此生此世。可以说，正是藉由文学的方式，萧红得以介入、把握、讲述这一时代，经由这一个个主体性极强的文学时刻，萧红将自身深埋于时代内部，与一切粗糙的他者相互磨砺，直至血肉模糊不辨你我。这个“很弱的”、“半生尽遭白眼冷遇”的女人，身体力行的，在她的文学世界中抵达这一代人的“黄金时代”。

在这个意义上，爱情、精神、自由，这些价值对于萧红而言从来就没有被对象化，它们并不是外在的、可供“追逐”的他者，而是近乎天然地存在于她的写作（作为另外一种“活”）的坚韧性之中。文与人、个体与时代、光华与苦难、写作与活着、革命与日常，正是以这样一种独特的但在那一时代却又是如此普遍的方式纠缠在一起，相互辉映。倘若我们放弃从这个角度来整体性地理解“黄金时代”，那么，萧红孤寂的一生中所追寻的爱情、她与丁玲之间的相通与不同、鲁迅作为其精神父亲的象征地位、她在坚持写作还是直接上战场之间与萧军的争执，便只能退缩到一个狭隘的、封闭的个体层面去理解，而失去了从个体中跃起，进入人群，进入历史，直至瞥见一个“黄金时代”的可能。

直率地说，《黄金时代》这部电影最大的失败，就在于它无力想象这样一种文学，这导致许鞍华从一开始就失去了整体性地理解萧红的最佳路径。因此，这部以极端“文

---

① 萧红：《萧红全集：八月天》，凤凰出版社 2010 年版，第 168 页。
② 萧红：《萧红全集：八月天》，凤凰出版社 2010 年版，第 168 页。
③ 萧红：《萧红全集：呼兰河传》，凤凰出版社 2010 年版。

学”的方式来拍就的电影，却奇异地解构了自身，它越是严格、甚至偏执地引用海量的文学——一些文白相杂的书面语甚至都没有经过起码的口语化转换——越是加速将文学赶回故纸堆，还原为一个个孤立的句子，并为电影增补了略显过度的文艺腔调。对于不熟悉萧红的普通观众而言，却恐怕根本无从知晓许广平说的“萧红先生文章上相当英武”[①]究竟意味何在，而事实上，萧红生命中全部的光彩与谜语，都必须在这“文章的英武”与“女性的柔和”所构成的宿命般的张力中寻找。类似的，在一次访谈中，编剧李樯声称要“还原”一个不一样的鲁迅先生，“极其人情世故，极其日常”，然而，倘若鲁迅先生不是与他的时代、他的文字走在一起，那么，“走下神坛”的他，又有何力量能够摆脱各种“符号”的约束，难道就因为他是鲁迅吗？

自然，我们无需强求许鞍华在讲述萧红之前首先成为一名合格的文学史家，毕竟，在当下这样一个物质过剩、文学愈发退缩到逼仄角落的“小时代”，重新想象、唤起那曾经包裹一切、生长一切的“大”文学，一定非常困难。尽管有评论者不无严苛地将这部电影比作一篇“史料堆砌的论文”，但必须承认，许鞍华并不满足于此，在搜罗史料以外，她也有意识地在电影中表达自己的“史识”——比如影片后半部分显然刻意突出了萧红与“左翼”同人的内在分歧与渐行渐远的道路选择，许鞍华试图将这种分歧理解为萧红对“主流”意识形态的对抗,并与追求“自由”的个体精神特质联系在一起。这一角度固然突出了萧红的卓尔不群、遗世独立，但事实上，与“左翼”的亲近与疏离关涉到萧红从内在意志出发的对于作家身份与写作任务的独特理解，也是理解、评价萧红的重要关节点，仅仅从个体气质层面来阐述显然是不够的，但遗憾的是，恰恰是在这个有待深入挖掘、需要谨慎对待的问题上，一向注重留白的许鞍华，这一次却太快地给出了自己的见解。

因此,《黄金时代》遭遇票房滑铁卢（总票房仅收 5151.09 万），恐怕不能仅仅归因于“文艺题材”，事实上，当前足够多元的电影口味和足够庞大的电影市场并非没有能力消化这种“文艺”,而与年初的《白日焰火》相比,许鞍华和李樯显然更有票房号召力，电影前期宣传也做足了各种噱头。问题的关键或许恰恰在于,《黄金时代》既想做足文艺、又需兼顾商业、既追求学术式的严谨、又在关键问题上止步于业余，这便导致两面不讨好——对于并不熟悉文学的普通观众而言，这部电影确实太“专门”了，走马灯一样上场的作家们大都面目模糊，陌生感十足，就连“名头”很大的鲁迅，也突然变得无从理解，这导致上世纪三十年代的文坛群像反倒成为观影的障碍，而贯穿全剧的各种文学细节则缺乏情节和画面的连贯性，这类观众不免抱怨，如此“忠实文献”的电影仅仅是拍给“文青”看的。或许,许鞍华并非没有考虑到这一点,为了弥补因缺乏“专业”

① 王观泉编:《怀念萧红》, 东方出版社 2011 年版, 第 54 页。

知识而导致的观影落差，她似乎有意识地简化了历史与意识形态的复杂维度，也无意去勾勒大多数出场作家的“前史”，而是期望通过大量的生活细节来抓住萧红一生的种种瞬间，这正是许鞍华电影最为常见的手法。那么，问题在于，用细节的方法能否把握，或者说，能够创造出一个怎样的萧红呢？

二

让我们换一个角度进入这部电影，显而易见，艺术的任务是创造，而非临摹真实，从叙述形式的角度来说，《黄金时代》的实验性是有目共睹的。开场时，萧红平静地面对摄影机镜头说：“我叫萧红……死于 1942 年 1 月 26 日，享年 31 岁”，这一颇为荒诞而惊艳的亮相令观众对电影接下来的形式产生了很大的期待，这里似乎分裂出了两个萧红，一个萧红此刻正在讲述、回忆自己的一生，而另一个萧红尽管真实存在过，却神秘地消隐了。电影行进过程模仿了口述史的叙述方式，时不时地插入一位直接面向摄影机发话的讲述人，这些伪叙述者甚至不合情理地拥有全知全能的上帝视角，比如，萧红的弟弟张秀柯在与之会面结束以后，转身对着摄影机说：“多年后，我的姐姐把这次见面写进她的散文《初冬》。”因此，整部电影在伪纪录片的客观性与间离效果所产生的舞台感之间游走，大大有别于许鞍华此前大多数作品中强烈的现实主义、乃至自然主义的风格。通过这样的方式，许鞍华在观众与角色之间建构起谨慎的距离，她似乎是在宣告，电影无意去引导、启发观众获得一种代入式的情感体验，相反，不断闯入的叙述者时刻提醒着观众，这只不过是一个被他人所讲述、由若干当事者（可靠性存疑）的记忆所拼贴起来的女人的一生——那个“真实”的萧红并不在这里，或者永远地隐匿了，这种反身自指的方式泄露了许鞍华对一切历史叙述的不信任，关于二萧分手时的情形，电影甚至不介意给出两个截然不同的版本。显然，“真实”本身并不是许鞍华所要追求的，相反，罗生门式的叙述解构了真实，记忆和叙述可能导致的虚妄和错位，为电影笼罩上了一层反讽的面纱。

假如按照福柯所说，重要的不是故事讲述的年代，而是讲述故事的年代，那么，我们需要继续追问的是，《黄金时代》里，种种叙述实验和反讽形式最终想要指向什么？倘若说许鞍华创造了一个无法用“真实”来规范的萧红形象，那么，这种对于萧红的独特表达想要缅怀或建构的意义和价值又是什么？或许有必要先进入许鞍华电影的内在脉络，审视她一贯的关切所在。

众所周知，作为香港“新浪潮”电影运动唯一的女性导演，许鞍华始终没有放弃在镜头中关注和呈现女性的生存境遇。在颇具“新现实主义”气象的早期代表作“越

南三部曲"《来客》（1978）、《胡越的故事》（1981）、《投奔怒海》（1982）里，男性被投放于越战后激荡的大时代洪流之中，而女性则不自觉地在混沌中挣扎求生，即便如此，在许鞍华的镜头里，她们仍然像"伤疤"一样倔强，不容被轻易抹去。在两部改编自张爱玲小说的电影《倾城之恋》（1984）与《半生缘》（1997）里，虽然不免暴露出许鞍华在想象四十年代上海时的贫乏无力，尤其是在忠实照搬若干原著对白的《倾城之恋》里，明显"港味"有余而"海味"不足。的确，张爱玲小说中挥散不去的"浮世的悲哀"在许鞍华电影里已经稀疏了很多，宏大历史与一己之身参差对照下的形而上意识也作了淡化的处理，但我们仍可以注意到，许鞍华格外关注旧式家庭里无处安身，只能只身一搏的女性命运，屏幕上的白流苏是飘摇在大时代里无根的小人物，她在婚姻战场上左支右绌、往来突围，努力去抓住一点能安身立命的东西。比之张爱玲，许鞍华的色调更暖、更平实，她更愿意着墨于人生的"实在"之处，从而给出了她自己对于"传奇"的当代理解。

在讲述香港底层市井的《女人四十》（1995）、《天水围的日与夜》（2008）、《桃姐》（2011）里，许鞍华似乎找了一个更加本土、也更加舒服的摄影机的位置，这些镜头里的女性以一己之身担负起日复一日的百姓家常、吃喝用度，同时又在三代同堂的传统家庭结构以及商品经济的现代物质环境中与男性展开隐秘的较量、压迫、依赖、同盟等多重复杂关系，看似柔弱实则充满韧性。许鞍华尤其擅长在平淡如水的叙述中细密地织入海量的细节，但她极少用主观的方式抒情，也很少使用戏剧冲突，尽管与男性相比，女性往往更真切地感受到生活的限制乃至压迫，但许鞍华似乎更愿意呈现她们将生活开辟为战场的勇力和智慧。《女人四十》里，萧芳芳饰演的阿娥一出场时就在菜市场里大显神威，她一巴掌拍死一条活鱼，胜利的将其低价买走，类似这样的轻喜剧场景贯穿了电影中的生老病死。《天水围的日与夜》里，寡居的贵姐坦然顺命、豁然达观，尽己所能地完成作为母亲、女儿、姐姐的身份角色，既不论取舍也不言得失，或许正由于秉持"修身齐家"的朴实信念，她并无通常意义上的"现代性焦虑"。《桃姐》将目光聚焦在身份低微的老年女性身上，尽管也触及到了老龄化社会老无所依的冰冷现实，但仍在日复一日的家务劳动中慢慢生长出超越主仆关系的动人情谊。

与那些擅长在日常生活中发现冲突、展现张力的导演不同，许鞍华似乎更愿意在温和沉静的氛围中停驻的久一些，如果说张爱玲趋向于"用人生安稳的底子描写人生的飞扬"[①]，那么许鞍华则致力于将人生安稳的一面深深扎根于岁月的变迁和流逝之中。甚至可以说，许鞍华电影中的女性隐约呈现出一种连接时间、生生不息的"地母"品格，其平凡性与超越性皆由此而来。

① 张爱玲：《张爱玲全集：流言》，北京十月文艺出版社 2006 年版，第 13 页。

三

在一次与聂绀弩交谈的时候，萧红百感交集地说："女性的天空是低的，羽翼是稀薄的。……不错，我要飞，但同时觉得……我要掉下来"①。倘若从许鞍华电影一以贯之的女性意识和内在关怀来看，我们或许可以认为，《黄金时代》并不意在呈现萧红在"飞"与"掉下来"之间的悲剧性张力，而是试图将萧红从种种毁灭性力量中"保存"下来，让她在"女性的天空"中多"飞"一会儿。为了达到这个目的，许鞍华发挥了她对细节的强大捕捉能力，她常常调动摄影机跟随萧红的目光，饱含情感地凝视着生活中各种各样的物件，比如饿极时锅中的丸子汤、鲁迅家客厅里的万年青、炮火中病榻上的两个苹果，这些物件某种程度上便是生活的具象，在摄影机的凝视下，与萧红的内在意志互相激荡，彼此磨砺。电影有一幕，二萧逃难般地离开哈尔滨时，萧红意外地在大街上看到收破烂的车上挂着他们此前在旅馆里用来喝水的脸盆，她悲伤地停下来，而身边的萧军却对此视而不见。事实上，这短短的一幕来自萧红一篇名为《拍卖家具》的散文，在这篇小文章里，她充满孩子气地写到"永远不会再遇见，我们的小锅，没有钱买米的时候，我们用它盛着开水来喝，有米太少的时候，就用它煮稀饭给我们吃。现在它要去了！共患难的小锅呀！与我们别开伤心不伤心？"②，这种从粗糙生活中长出来的感怀与天真，饱含情绪，却没有一丝矫情，或许只有同为女性才会对这种朴素的恋物情感产生共鸣，某种程度上，这种对于细节的细腻体会正是许鞍华用以理解萧红、致敬萧红的方式。众所公认的，在鲁迅过世后所有的纪念文章中，萧红的《回忆鲁迅先生》最独具一格，因为它通篇都在描写一些亲切日常的细碎小事，据说，在萧红写作这篇文章时，一旁的端木不屑地表示"这也值得写，这有什么好写？"——此前萧军也不止一次当面贬低萧红的写作能力。面对男性对于写作和文学的规范性权力，在究竟什么是值得写、什么不值得写的问题上，个性柔弱的萧红始终保留着自己的态度，从未有过妥协，这或许也可以对应于《黄金时代》选择将什么纳入镜头，又将什么排斥出去。从这个意义上来说，许鞍华自觉地延续了一直以来的女性主义立场。

有意思的是，萧红本人却并非一个女性主义者，而她身上那种少女似的细腻、敏感在与坚硬的物质环境以及强势粗暴的男性权力相碰撞时，更显脆弱。长期以来，萧红的私生活都饱受舆论指摘，她总是太过轻易地把自己交出去，又不幸一再被证明所托非人，常有朋友批评她性格软弱，在与萧军分手不久又匆匆与端木同居之后，友人

① 王观泉编：《怀念萧红》，东方出版社 2011 年版，第 54 页。

② 萧红：《萧红全集：商市街》，凤凰出版社 2010 年版。

劝解萧红："你就不能一个人独立的生活吗？"而她却反问到："为什么我一定要独立生活？难道就因为我是一个女人吗？"从这种算不上辩解的辩解中，我们大概可以见出，萧红自身并不认可一种本质化的性别表述，她始终拒绝被他者强制规定的性别—权力关系，而是选择真实地直面自身的基本需要——她终生需要一个无条件爱她的男性——但这同时也意味着，在承担起种种生活的苦难之外，她还要担负因为"不独立"所招致的道德上的非议。但许鞍华却拒绝在电影里对萧红的软弱做出任何道德评判，她甚至有意识地避免将萧红直接放在生存和道德的两难境遇里做出选择——比如备受争议的两次生产、两次弃子、以及接受端木这样一个连萧红自己都鄙夷的男人——在这些残酷选择面前，摄影机只是悄悄地背过身去，在事件完成后淡淡地给出一个交代，而不是粗暴地将现实摆放在道德天平上再三打量，这种体贴的处理为萧红凄惨的一生保存了尊严，也有力地驱散了围观者的窥视目光。

众所周知，萧红多次被抛弃、背叛，可以说受尽了男性权力的碾压，唯有她敬爱的鲁迅先生，不仅于她有知遇之恩，并且给了她极大的庇护和温暖。因此，整部电影最温暖的颜色，是萧红向鲁迅展示红裙子时的一幕，那一刻她就像一个从未受过欺凌，从来都是这么无忧无虑的少女，这或许正是许鞍华用心良苦地去抚慰的那一个萧红。鲁迅逝后，镜头里并未出现太多哭声，只是缓缓地打向了客厅里那盆万年青，这个空镜头回味无穷，似乎在悼念一种无法重返的时光。随后，当电影终于交代完萧红的死亡之后，现实与记忆突然发生了交错，电影最后一幕在强烈的主观幻想中闪回到《呼兰河传》里那个"祖父的花园"，那里的时间仿佛还没开始走动，"我"用一种孩童的眼光新奇地看待着自然万物：

花开了，就像花睡醒了似的。鸟飞了，就像鸟上天了似的。虫子叫了，就像虫子在说话似的。一切都活了。都有无限的本领，要做什么，就做什么。要怎么样，就怎么样。都是自由的。①

通过回到时间的开始，电影在即将结束之际，天真地开启了一次全新的讲述，它最终让萧红在一个全然不同于现实的幻想时空里重新经历了开场时不久的一幕：在哈尔滨那个被洪水围困的下午，不同于《弃儿》里所描述的狰狞景象，镜头里白胖的小猪悠然地漂浮着，孩子们在洪水中嬉笑打闹，一匹马安静地在水中迈步，一切并不肮脏、混乱，相反却充满了一种奇幻般的静谧，少女萧红急切地从窗外跳下，她跳上了一条船——在写于1933年的散文中，萧红绝望地问"但是陆地在哪里？"②——而在许鞍华的电影里，她似乎满怀期待地将要开启一生的旅程，在那一刻看来，似乎一切都是自由的。

许鞍华用这样的方式讲述了她心中的黄金时代。

（原文刊载于《北京电影学院学报》2015年第01期）

① 萧红：《萧红全集：呼兰河传》，凤凰出版社2010年版。
② 萧红：《萧红全集：商市街》，凤凰出版社2010年版。

《黄克功案件》：消费主义视阈下主旋律电影的"改造"

原文泰

提要：《黄克功案件》对历史事件的视觉化改造，响应了电影市场和文化市场的消费主义热潮，影片从多角度对主旋律电影的呈现方式进行了尝试，使得影片具备了"商业电影"的外观，成为研读当下主旋律电影向商业电影靠拢的一个绝佳文本。

《黄克功案件》这部主旋律影片通过对历史事件的再创作，让很多观众对发生在1937年的这段"桃色事件"产生了研读的兴趣，同时对当下主旋律电影有了一些崭新的认识。尽管影片本身在商业票房市场上并不尽如人意，但影片对历史事件的承继和改写方式，却可以推动我们在消费主义文化视阈的角度下，去思考当下主旋律电影新的呈现可能。

历史事件的"选择性"改写

对于《黄克功案件》这部影片来说，如何进行"黄克功案"这个历史事实本身的改写，由于受到历史本身和意识形态的限制，创作者的自主范围是比较有限的。那么，如何在既定的历史文本和当下的文化语境之下，将历史事件视觉化呈现在大银幕上，就成为《黄克功案件》创作中所需要面对的关键问题。

谈论《黄克功案件》，显然有必要"重回历史语境"之下，去观看案件本身。黄克功案件发生在1937年秋，身为抗日军政大学15队队长的抗战英雄黄克功，因为求婚不成而将与自己交往不足两个月的女友刘茜枪杀致死。刘茜是为了革命来到延安的知

原文泰，西安建筑科技大学，讲师。

识青年，拥有一腔革命抱负的热血。可见这原本是一件案情清晰明了的因爱生恨的刑事案件，但由于特殊的时代背景和人物的政治身份，而承载了很多社会和政治意义。当时，抗日战争爆发，国共展开合作，陕甘宁边区面临从苏维埃革命政权向抗日民主政权转变的艰巨任务，而案件发生时正处在关键的时间点之上。审判此案的边区高等法院，此时成立不足三月。可见，在由旧向新的转型过程中，这个案件就具备了节点性的代表意义。

这样一个具备重要历史意义文本的视觉化改造并非易事，《黄克功案件》在承继了历史事实的基础之上，适当地做了内容上的取舍，从这些取舍中我们得以窥探到创作者的创作策略。

其一，刘茜与黄克功之间的恋爱关系被刻意淡化处理。黄克功与刘茜尽管相识时间不长，但两人的确存在一段短暂的恋情关系。[①] 而在影片中，这段情感隐匿不见了，除了一段黄克功主观回忆镜头中二人幸福的策马奔腾之外，整个影片给予观众的感觉便是黄克功是一个单恋刘茜的激进军官，而刘茜则并不属意于他[②]。但事实上并非如此，黄克功与刘茜有过几周的美好时光。那么，《黄克功案件》中男女之情的消隐，就说明创作者并不想消费原事件所蕴含的桃色元素，娱乐性退让给关乎法制建设、民主正义的主旋律需求，题材的敏感性督促影片坚持了思想层面对此题材的清晰理解和认识，从而导致一些更具商业性的元素在影片剧情中的退隐。

其二，在《黄克功案件》之前，这起杀人案的影响主要集中在法学界，盖因其承载的法律意义。从这个层面来讲，电影版本《黄克功案件》的创作思路正是对原事件精神内核的延续，但却跳脱出枯燥、乏味的罪责判定、法条引用等判案程序的呈现上，而是在这些过程中突出人与人之间的复杂情感关系，建构的是人性和人情，通过审判长雷经天、毛主席、贺子珍等人与黄克功之间的复杂关系，呈现出人性与理性在面对复杂情况时的对抗和矛盾，意图发掘出这段史诗所蕴含的文化力量。而影片也借助于此，为观众建构了一个伦理的选择困境，观众在观影的过程中，与故事互动，成为银幕外的审判者。《黄克功案件》用了较多的客观镜头和近景特写，其意图正是建构一种中立和客观的感觉，而特写镜头则有意引导观众的情绪走向，讨巧地让观众融入到影片的情境中去。影片的叙事是逐步推动而非生硬地讲道理，在多方的辩论和呈请中，观众才有了被说服的可能。

其三，正是为了突出影片在追求公平、正义的主旋律价值观，影片虽然叫做《黄克功案件》，但主要人物却是审判长雷经天，叙事的聚焦点主要集中在由雷经天所负载的人物关系和历史背景之上。影片中雷经天的出场充满了伦理情节剧的色彩，在一对

① 参考汪世荣、刘全娥：《黄克功杀人案与陕甘宁边区的司法公正》，《中国政法大学学报》2007年第3期。
② 参考影片对白“据刘茜的同学反映，黄克功一直追求刘茜，屡次遭到刘茜的拒绝。”

农村夫妻的离婚判案现场，雷经天做出了“我两碗水都要端平”的许诺，建构了这个人物的理想主义色彩，也为剧情后续雷经天为自己判“三个死刑”的微言大义埋下情绪伏笔。影片对雷经天的刻画从其对黄克功的私人情感，以及他个人身份所带来的社会职责的冲突而起，重点突出雷经天这个人物的人性化和理性化，他不再是既往主旋律电影中刻板的正面人物，而是一个情感充沛、在特殊时刻肩负了特殊任务的普通人。在情与理的矛盾冲突之下，个人情感最终退让给边区法制建设，宏大叙事也得以用理性和合乎逻辑的叙述方式，成为影片的最终结局，既尊重了历史本身，又巧妙地用故事的呈现淡化了意识形态的色彩。

类型书写与视觉策略

如果说对历史的“再造”是创作者在叙事文本本身寻求与时代共鸣的话，那么在影像风格和叙事手法上的策略，则是年轻导演王放放试图“笼络”年轻观众的另一种尝试。

《黄克功案件》电影的开场就极具商业电影色彩，雨夜、死去的女性、未知的凶手等等，配合特写镜头的交叉剪辑，多重意象营造出一种诡谲的神秘感。紧接着凶杀案浮出水面，边区、抗大领导们推理案情、寻找真凶，典型的侦探与悬疑杂糅的类型叙事风格。以悬念开篇，为观众设定了一个谜题，打开观众的窥视欲望，继而伴随着故事进程不断地寻找、探秘真相，走入影片的叙事深处。

谜题的设定、侦探类型的引入，使得影片对真相的探寻 / 破案与观众了解真相 / 解密达成了统一。在以时任抗大政治部副主任胡耀邦为首的破案小组的引领下，我们得以看到的是从细节、言语中抽丝剥茧、条分缕析的渐进式破案进程，而战地医生充当“法医”的身份扮演，更是给影片增添了侦探片的类型风格。尸体、案发现场、证据搜寻等叙事元素，都是侦探类型的必备，也是影片提升观看效果和氛围打造的关键。影片最后，审判地放在陕北公学的操场上进行公审，露天的场景设置汇聚了更多的旁观者，群情激愤的口号呐喊一方面想凸显的是民众对正义进程的亲历，另一方面也是创作者调动情绪的手段。而五位人民陪审员在室内的多方观点争辩，则让人想起了《十二怒汉》，陪审员定罪过程中的争论及至最终在追求法制、追求公平的框架下达成的共识，则是影片通过镜头调度、细节设置来增添剧情张力的方式。在类型杂糅的道路上，《黄克功案件》甚至还融合了多处青春爱情片的段落，在枪杀案发生之前黄克功对刘茜“你爱过我吗”的质询，以及在黄克功主观视角中二人策马奔腾的浪漫场景，很明显是一种对爱情片的画面风格的借用。

类型杂糅是当下主流商业片的趋势，多类型、多元素既是丰富影片内容的手段之一，也是满足观众观影想象和期待的有效途径。《黄克功案件》的尝试，响应的正是这样一种创作趋势。类型杂糅强调用统一的影像风格融合不同的类型叙事，而非多种类型的拼贴，其中文化内涵的主导就显得尤为重要。而就《黄克功案件》来看，在一种具备了历史真实主义影像风格的前提之下，各种类型的融合被巧妙地借助于故事的推进穿插起来，在交叉蒙太奇的多线索叙事中，观众能够极大地体会到这部主旋律电影带来的观影快感。

明星策略也成为影片视觉策略的一部分。饰演黄克功的演员王凯外形帅气，很多网友在评价这部电影时说“为了王凯我也要给这部影片打五颗星”，这种感性的、粉丝式的消费行为，却侧面地说明《黄克功案件》在视觉化上明星策略的成功运用。王凯尽管并非一线明星，但有特定的粉丝群体，而选用这样一个外形帅气的演员来饰演黄克功这具备反面色彩的人物，则凸显了创作者在影片视觉风格上的刻意选择，导演王放放曾说要拍出好看的主旋律电影，可见“好看”是影片在视觉效果上的创作诉求。《黄克功案件》开片不久，在一段高度情节剧化的段落中，黄克功以好莱坞英雄救美的方式出场，仰拍、眩光等镜头语言的运用，更加突出了黄克功的英雄形象和男性魅力。而在后一段落中，黄克功请求雷经天允许他在庭审前洗澡，雷经天则亲自为他擦拭身体，尽管创作者本意是要用特写镜头呈现这位抗日战将身上的枪伤、为革命所做的巨大贡献以及雷经天在面对昔日恩人时的矛盾心理，但在摄影机对男性身体的巡视和凸显下，画面暗含了一丝暧昧的气质，伤疤也成了增添男性魅力的一个辅助元素，这也让影片极大地响应了电影产业化背景下男色消费时代的特征。而作为一部主旋律电影来说，“身体的觉醒”显然是一个重大和前卫的突破。

消费文化与主旋律电影

主旋律影片往往难以逃避宏大叙事的争论，《黄克功案件》选择在12月4日首个国家宪法日上映，显露的正是其主旋律的宏大身份，也招致“奉诏应制”的指责。显然，在电影产业化以及消费文化兴起的大背景之下，既往的主旋律面临的问题便是市场失范，想要创造成绩就需要推陈出新。过去几年中，主旋律电影借助“大片化”的策略，诞生了如《建国大业》等现象级影片，但此类影片的成功对于一般的主旋律电影创作并不具备借鉴意义。

从这个角度来看，虽然《黄克功案件》的商业市场之路并不顺利，但影片的价值在于它极大地“消解”了主旋律电影的传统“红色气质”，一定程度上改变了观众对主旋律电影的刻板印象。自觉的类型化策略、市场热点元素、丰富的视听语言等手段扩展了这部电影的适用人群，而对于案件本身的公平价值和历史地位，影片也做出了客观和真实的呈现，相对合理地平衡了商业元素和主旋律需求。

此外，《黄克功案件》借助雷经天、毛泽东、贺子珍等人对于案件本身的矛盾和对黄克功本人的怜惜之情，适度地推展开了对人性的描绘。借由最终判决所引发的争论更是说明公平和正义并非是千篇一律、生硬和冷血的二元对立，而是蕴含于人性激辩和斗争中的最优选择，这对主旋律电影提出了一个很好的思考路径，即响应主流意识形态是无他的选择的话，那么讲故事就很关键，建构人的多样性和脆弱性，以及人物本身的成长，才是容易让观众产生共鸣的途径，这也符合商业电影线性叙事的成长法则，最终才能够在主旋律的题材严肃性和电影消费市场的娱乐性、快餐性中找到一个结合点。

遗憾的是，《黄克功案件》的努力尝试在市场上却并没有引起较大反响，存在的问题也值得我们深思。消费文化的市场语境使得“所有文化体验都卷入到商品化的漩涡之中”[①]，《黄克功案件》具备鲜明的市场意识，但从另一方面讲，影片筹备阶段由于题材敏感性所遭遇的拍摄阻碍等等，让《黄克功案件》又处于一种夹缝的位置，意义大于文本的思考方式似乎依然阻碍着这样一部影片的“商品化”进程。消费文化的重要意义在于借助大众的力量不断重写、重构当下文化，那么对于主旋律电影来说，在票房为王的电影市场法则的笼罩之下，衡量其是否成功的标准就不仅包含是否正确地完成了意识形态的询唤，同样也包括当主旋律电影走向消费市场之后，观众用脚投票所做出的这些影片是否满足其消费欲望的选择。

从这个角度来看，《黄克功案件》便是政治话语与商业消费话语的协商产品，导演王放放用年轻的团队将一个历史事件包装成了具备商业外壳的主旋律文化商品，但过多的外力导致了影片并不能沿着创作者的个人思考行进，这也是当下主旋律电影仍然面临的一个尴尬问题，“主旋律电影转向商业电影的探索是一种承认大众选择的民主化过程，也是一种文化系统的内部对话。”[②] 那么，在消费文化的市场法则之下，这种“内部对话”的进程似乎也是影响主旋律电影市场化道路的一个关键因素。

（原文刊载于《电影艺术》2015 年第 03 期）

① ［英］汤林森著、冯建三译：《文化帝国主义》，上海人民出版社 1999 年版，第 6 页。
② 郝建、邓双林：《主旋律电影创作与阐释的“主流化”趋向》，《文艺研究》2010 年第 6 期。

《推拿》:“盲视觉”与“看得见黑”的电影美学

陈 捷

提要:《推拿》是一部关于“黑暗”意象和讲述“黑暗”的象征性作品。如何呈现“盲视觉”是影片制作中最核心的美学问题，而“盲视觉”并不仅是模拟盲人的视知觉，更在于展现一个特定的、“看得见黑”的族群的精神世界。

如果说毕飞宇的《推拿》是写了一群盲人推拿师真实或带些虚构的世俗生活，娄烨的《推拿》则全然不是。尽管娄烨的电影语言几乎穷尽了一个盲人可能具有的视觉感知，但这依然不是一部仅仅书写盲人，书写他们日常生活的作品。这一点，在影片开头沙复明相亲失败后大声朗诵海子的诗歌开始，就已经很清楚了。这不是一部写实主义的作品，“黑夜一无所有，为何给我安慰。走在路上，放声歌唱”。影片《推拿》的气质，从头至尾几乎更接近于海子的这首《黑夜的献诗》。无论小说作者如何地不喜欢“象征”这一手法，电影《推拿》依然是一部关于“黑暗”意象和讲述“黑暗”的象征性作品。

“盲视觉”与“声音优先”的电影语法

导演说，“新浪潮之后，就没有所谓错误的语言了”，焦点不实、摄影机的晃动、影像的模糊不稳定性和“跳切”剪辑，都早已成为“娄烨式”风格。但他又说，《推拿》中“我希望保留一种叙事的感性,叙事的错误。这是和整体美学有关的”。这里的“错误”特指一种专为表现盲人而建构的电影语法,即影片所创造出的“盲视觉”与“声音优先”的语法，这一语法不仅与娄烨原有风格相契合，更显出恰如其分的作用。

陈捷，南京艺术学院电影电视学院，教授。

“盲视觉”的说法出自于影片摄影师曾剑，意指人眼对于“黑暗”影像的视知觉。曾剑说，《推拿》的制作过程中，他和娄烨一直探讨的是关于“盲视觉”的拍摄问题。“盲人的世界是黑色的，但电影是需要有具体的影像，需要有表现形式，我们一起讨论呈现效果，我来考虑技术解决方案。”在排斥了电脑特效处理方法之后，他们最终找到了一种特殊的拍摄方法，即同一场戏分别在白天和夜晚的场景拍摄两遍，得到“正常的白天画面、夜晚移轴镜头的正面补光画面、夜晚的 Lensbaby 正面补光画面”三种素材，在后期剪辑时可以随意转换，从而建立了影片最具特点的“盲视觉”效果。可以说，如何呈现“盲视觉”是《推拿》制作中最核心的美学问题，也最终成就了影片在电影语言上的最大贡献。

除去小说所建构的盲人生活细节和心理活动之外，影片的“盲视觉”重新建构了一个“盲人式的”感知世界：虚焦的环境与特写处理，黑夜与白昼的光影交替，主客观视点的交叉剪辑，晃动、晕眩、断裂……这些娄烨似曾相识的风格此次有了特定的含义，一面是模拟盲人视知觉的主观镜头，另一面，在观众视点的客观镜头中，观众体验到的仍是一种盲人与盲人间的相互“窥视”。在一部表现盲人的电影中，观众却毫无视觉上的优越感，他们和影片中所有的盲人一样，对“黑暗”感同身受。

因此，“盲视觉”在影片中的主要功能并非是模拟盲人视觉的主观镜头，即便是“小马复明”的华彩段落也是主客观镜头的交替剪辑，摄影机的眼睛成功地变成了小马的眼睛，又成功地变成了观众的眼睛，观众无暇辨别光影晃动间颠倒错乱的画面，究竟是小马所见，还是自己所见。整部《推拿》，这都是摄影机眼睛的基本工作原理，实践着“电影眼睛派”的先锋美学。在大量的黑暗场景中，影片成功地培养了观众对“黑暗”的耐受力，对微弱光线的感应，对声音的高度敏感。而在那些安静而光亮的画面中，一种反复出现的镜头在每个盲人的脸上缓慢扫过，每一幅安静祥和的表情下都是暗潮汹涌，只有体验过“盲视觉”的观众才能看见。此外，那些原本触目惊心和令人不安的画面，如王大夫自残，沙复明吐血，小马被打得流血满面，还有那些黑暗中的情欲场面，在一种“盲视觉”的感知中，这些画面都可以是“看不见”的，理解它们需要调动其他的感知器官。

娄烨说，《推拿》首先是一部“声音优先”的电影。他的意思并不是“视觉”在影片中的不重要，相反，正是因为“盲视觉”的表达，听觉、触觉、嗅觉以及其他一切非视觉的感知系统才会变得异常灵敏起来。《推拿》影像中扑面而来的力量常常像是并非源于视觉，这种语法被柏林电影节的影评人称之为“通感”。的确，影片中气若游丝的小提琴声总伴随着最隐秘的情感表白，没完没了的雨声带来湿漉漉的气息，环境音的嘈杂衬托着焦灼不安的心理，但旋即的笛声、风铃和突然的万籁俱静又将一切浑浊化为乌有，感官的刺激终归于灵魂的纯净。将一个看起来如此黑暗、丑陋、混乱、糟

糕的世界呈现得充满诗情画意，这是影片声音的最大魅力。就连贯穿全片、“零度情感”的旁白也不仅仅承担着说明文的功能，提示观众在看一部盲人电影，旁白穿插在那些叫人透不过气的故事之间，不是消解，而是形成了一种反差的张力。它意味着，你听说的故事和真实的故事，可能是两回事。

电影史中从来不缺晃镜头，也不缺好声音，但只有在《推拿》中，形式和文本的含义才形成了一次绝妙的呼应。

“看得见黑”的眼睛与人类

《推拿》中的“盲视觉”是一种电影语法，也是一种电影美学。在娄烨看来，这是一种“错误”语言下的“非正常”的电影美学，“是另一套美学系统”。

小说和电影都将人类分成了两个种类——“正常人”和盲人，但小说仍旧用着正常人的“全知视点”讲述着盲人的故事，电影则全然从“盲视觉”出发，无论主客观视点都是盲人式的感知系统。如影片中所说，“眼睛是有分工的，一部分眼睛看得见光，一部分眼睛看得见黑”，影片摄影机的眼睛正是“看得见黑”的眼睛，《推拿》的美学也正是关于“黑暗”和“不可见性”的美学。对于电影这一如巴拉兹所言是表现“可见性”的视觉艺术而言，《推拿》的美学是具有颠覆性的。

“看得见光”与“看得见黑”，首先是一种视知觉的差异，在心理学家看来，视知觉是人类全部心理学的支柱，视知觉的差异将导致人类行为法则和生存方式的差异。小说里的王大夫感受到沙复明的人情世故，说他“越来越像一个有眼睛的人了”，影片甚至将之上升为“物种”的差异。影片中说，“有眼睛”的人是另一种动物，是“更高级的动物”，是“无所不知的动物”，具有“神灵”的意味。毫无疑问，对这种动物，电影的态度和盲人一样，正是“敬鬼神而远之”。

在影片中，“有眼睛”的人类几乎是缺失的，与健全人有关的内容被大量删除，小说里关于“散客”们的详细描述在电影中镜头稀缺，一扫而过，漫不经心，常常是只闻其声，不见其人。在王大夫自残的一幕场景中，画面惨烈，而王大夫的家人竟完全没有反应镜头，全然成为“在场的缺席”。对“看得见光”的人，“看得见光”的地方，影片几乎都兴趣索然。推拿中心作为影片最重要的场景却总是缺乏客观清晰的全景，推拿的过程也缺乏把玩的眼光。无论是推拿中心还是公园、舞场、洗头房和任何一个街头巷尾，现实的物理环境对“看得见黑”的眼睛来说都别无二致，因此也都是可以忽略不计的。

唯一的重点是“看得见黑”的人类本身，只有他们配得上特写镜头，无论是黑暗还是光亮中，只有他们的面孔能吸引摄影机的目光，激发摄影机的兴趣和情感。但与小说全然不同，关于他们的故事，那些“原始积累”的、“生意经”的、“勾心斗角”的故事，都被巧妙地略去了。娄烨不需要交代故事的前因后果，他说，“我不在乎叙事的逻辑结构，从一个局部到另一个局部，从一个细节到另一个细节，像盲人摸象”。对娄烨来说，沙复明、都红、小孔、小马们不是故事，是一种特殊生物，是一种象征。因此，《推拿》里的人物不分主次，不独立成章也没有前史，但这丝毫也没有打乱他们情感的连续性，混淆他们的行为逻辑。观众正如偶尔闯入推拿中心的“散客”，无意中偷窥到他们的生活片断，却能在只言片语中领会到他们隐秘的心事和激情。黑暗中的小孔只需对王大夫说一句，“你要记住，我们是一个人”，他们是如何相识，如何相爱，便显得不那么重要了。小马、小孔、沙复明和都红的情感纠缠，电光火石之间便足以了然一切。而沙复明，当他悲伤地背诵着“如果有来生，要做一棵树”，他也绝不再是小说中那个勤学苦练，读诗只为“励志”，以为“一本书就是一层楼”一心融入“主流社会”的沙复明。

相比小说的情节铺陈和大量心理细节的描述,影像彰显的是一种“象征”的力量。“看得见光”和“看得见黑”,这二者间的差异,不仅是视觉的差异,更是全部精神世界的差异。“看得见黑”的人类是另一种精神层面的人类，他们最大的优势是拥有不为视觉所累的“灵性”和“感知”。因为“看得见的不一定是真实，看不见的才更真实。”相对于巴拉兹所言的电影美学在于其“可见的人”，影片《推拿》强调的是一种“不可见”的美学。视觉可以看见“美”，但也会阻碍美，阻碍更真实的情感沟通。当沙复明为都红“可见的美”所疯魔时，他便失去了与都红灵魂的沟通。

只有在黑暗中，心灵才更加发达。因此，影片中的“沙宗琪推拿中心”不是一个我们司空见惯的盲人社区，它象征着一个特定族群的精神世界，这个族群就是“看得见黑”的人类，绝非仅仅单指盲人。

“看不见”的世界

“丰收之后，荒凉的大地”，“我在丰收中看到了阎王的眼睛”。海子的这首《黑夜的献诗》带来了关于“黑暗”最为丰富的视觉意象。《推拿》里眼目所及的，是“看得见黑”的世界，在这个世界里，沙复明、王大夫、小马、小孔和都红们凭着本能和灵魂彼此摸索，彼此感知。但影片里还有另一重“看不见”的世界，在这个世界里，无论是“丰收”还是“荒凉”，无论是“看得见黑”还是“看得见光”的人类，无论是为了生计、情欲还是尊严，在上帝和命运的面前，他们都是“弱势群体”，都有“看不见”

的苦恼。

因此，尽管小说作者并不希望把一切的悲剧都推到“宿命”两个字上，希望盲人能作为一个特定的弱势群体受到社会的悲悯和关注，而电影中的社会，依然如他所不希望看到的那般“隔岸观火”和“袖手旁观”。盲人们仿佛与世隔绝，活在自己的爱欲之中。他们的精神世界自给自足，自成一体。如果说娄烨之前的作品都致力于表达对身体、爱欲、尊严、情感交流的障碍和限度的理解，《推拿》最终也不例外。

至于小说所着力追求的“平等”，影片明明白白地告诉我们，你无法追求平等，平等是个概念，就如同美是个概念一样。《推拿》里几乎所有的盲人，他们的焦虑与绝望并不来自盲本身，而是来自于爱而不得的绝望。是爱，而不是盲，导致了人性最根本的差异和灵魂深处的绝望。也只有在对爱的体验中，不同的人类才有可能真的弥合差异，彼此理解，达成平等。影片结束时，各人都有了归处，“一切都好像没有发生过一样”，只有小马获得了全新的生命。在影片最后漫长而虚晃的镜头中，“盲视觉”中呈现出的小蛮和小马在相视而笑，“如果时间可以倒流，我会在第一天就闭上眼，然后什么都看不见。”小马是影片最初最渴望看见的人，却在最后一刻选择闭上眼睛幸福地微笑，因为他明白，只有看得见黑，才能看得见光。

（原文刊载于《电影艺术》2015 年第 01 期）

《少女哪吒》：一场痛楚与愤怒的青春献祭

张斌宁

像很多人的处女作那样，导演李霄峰的首部剧情长片将目光聚焦在了痛感未消、余温尚存的青春书写上。虽然他在多个场合强调自己并不十分认同《少女哪吒》的青春片属性，但发生在片中两位女孩身上的故事确凿无疑地规定了影片作为青春类型电影的特征和气质。不过，与《匆匆那年》《同桌的你》和《万物生长》那一类显然是用来消费与怀旧的青春电影不同，《少女哪吒》呈现出国产青春电影中少有的，毅然决然与青春为敌，与生活本身为敌的狠劲儿。这是一部想要和自己过不去，想要和即便破釜沉舟也无法决裂的青春对峙，想要通过彻底的破坏来消解愤怒的青春献祭。所以，这部电影没有青春片常见的光滑外壳，没有精致细腻的叙事推进，没有恰到好处的煽情挥泪，它给观众提供的是随心所欲、支离破碎的片段回忆，是突如其来的现实转折和观影不适。它确实是一场关于青春的回忆，但却是刻意要戳痛伤疤的尴尬回忆，是试图将意识边缘的痛楚和无以化解的愤怒剖解给大家，好令我们认清青春真相的另一层含义，从而将自身摆上祭坛的一次人性裸呈。

也因此，整部影片在表达上有一种压抑与爆发共存、控制与宣泄并进的矛盾混杂特征。突兀、怪诞、惊悚、温和、唯美、浪漫等递次出现，为影片赋予一种奇怪的，既凌厉又温暖的独特气质，同时也为国产青春片带来一种目前尚难以……文化省思意味和审美特质。一方面，影片的问题意识和自我决断意识令……影片技巧上的刻意斧凿与用力过猛也不由得让人想要更深刻地……尴尬现状。

抽空的符号：作为决裂隐……

无论在哪种文化中，青春期于个人而言……

张斌宁，浙江理工大学，教授。

段惊心动魄的心灵成长史。青春的迷茫与骚动像是一组窃窃私语的化学元素，处理不当的话，随时可能引发出人意料的灾难。所以青春常常需要找到一个对手用来释放自己的能量，它可能表现为爱，也可能表现为恨，可能对抗家庭、社会、教育、法律等体制性的东西，也可能把矛头调转自身，将自己弄得伤痕累累，虽然它可能并不知道自己为什么要这么做。《少女哪吒》正是后一种情况。这部影片之所以与众不同，就在于导演绝望地看到了青春困境的魔咒属性——没有人可以轻松跨越青春的隐痛。它永远以不容分辩、不言自明的高冷方式表述自身，而承担结局的往往是脆弱的个人。所以，我们在《少女哪吒》中看不到被浪漫化的初恋与背叛以及那种矫饰唯美的果冻般的影像风格，能体验到的只是砂纸擦过身体的痛楚与隐忍。这其中既有青春的暴戾气焰与不谙世事，也有成人世界的捉襟见肘与无可奈何。

影片中，本来品学兼优的好学生王晓冰在遇到插班生李小路以后，内心中蛰伏的某些东西被引诱出来，她的行径似乎变得越来越不可思议，距离一个好学生的惯常标准渐行渐远。毋宁说，一直在伪装、一直在隐忍的她，其实一直在期待着另一个自己的出现。李小路的出现，就是她打开自身之门的一把钥匙，与李小路之间的亲密关系就是一个青春期少女试着发现自己、试着探索自身秘密的过程。李小路身上那些倔强纯粹和桀骜不驯就是她曾经对自己的压制与驯化。

但是，这种失去的东西也正是她珍视的东西。

不在于它的好坏与否，而在于成人世界的隐秘教化对那种东西的天然排斥，这才是真正让她受不了的地方，也是青春症结的核心所在，那就是试着对抗一切被禁止的东西。它的意义在于对抗的姿态，而非某个具体的目标对象。所以我们看到当王晓冰与李小路的关系达至亲密无间以后，紧接着就是不可避免的疏离与放逐。王晓冰无法理解或者无法接受李小路与男生徐杰的关系，是因为后者的异性关系落入了社会规范的窠臼，它相对于王晓冰叛逆的意义也就荡然无存。不过宿命的是，再逆反的姿态也无法抵御青春喷薄而出的原始欲望，王晓冰自身也堕入了与军训教官李丹阳的异性关系之中——这才是让她惊恐万分的事情，一直试图抵御的东西终究还是找上门来，而且看上去似乎毫无抵抗之力。这可能是《少女哪吒》中最令人心碎的一幕，眼看着王晓冰徒劳地骑车追随已经接到调令登上军车的李丹阳，那种无能为力与如梦方醒的青春顿感实在让人唏嘘不已。所以恨从心生，所以恼羞成怒，如果这一切都没有发生过，如果我从未来到这个世界……所以愤怒青春最后的战场永远只能是自己的家庭，因为只有在这里，你可以无往不胜，所以王晓冰当着所有家庭成员愤而割腕，哭喊着还给[illegible]但她比任何人都明白，那一刻自己输掉的是再也无法弥补的青春。

[illegible]这正是《少女哪吒》最出色的地方，因为它承认了我们每个人都曾[illegible]战争，因为它发现了青春真正的对手就是自己，它为青春类

型电影重新发掘了一个有价值的着力点，而所有那些爱情、初恋、背叛、社会、家庭等等不过是表面托词而已，也正是在这个意义上，王晓冰堪称是导演李霄峰的完美化身，这个角色借助电影这个媒介，安全实践了神话故事中哪吒剐肠剔骨的决裂姿态。但问题随之而来，在今天这个语境下，或者在电影故事的语境下，哪吒这个意象究竟该怎样理解？众所周知，《封神演义》中的哪吒在娘胎中三载有余，尚未出生就已经被父亲李靖视为怪胎，父子芥蒂早已埋下，才有了后来以死谢罪，而后重生的故事。他的决裂有着复杂的意识形态含义而远非少年叛逆那么简单。反观《少女哪吒》，王晓冰的家庭也好，学校也好，朋友也好，对她其实还是呵护有加的。但王晓冰对待他们的方式如出一辙，冷冰冰、硬梆梆。换句话说，她把青春的不如意以更加令人不快的方式掷还给周围。她可能是这个社会、体制和家庭的暴力承受者，但她同时也是一个不折不扣的施暴者。比之于母亲对她的亲情捆绑，她在母亲伤口上撒盐的行为也令人有唇亡齿寒之感。如果说，成人世界尚且勉力想要去理解青春，那么青春对成人的世界不仅不肩于顾，甚至是冷酷有加。这正是笔者对《少女哪吒》存疑的地方，愤怒或偏执只会带来更大的误解和灾难，王晓冰们是否有权利滥用青春赋予她们的权利，一次次地将冲动和率真当作惩罚社会、家庭、朋友和她们自身的借口呢？

而影片抽离了具体时空的手法，也让这种决裂的姿态变得更加虚无以及缺少指向性所带来的那种力量感。故事发生地是在虚拟的宝城，时间上似乎是 20 世纪 90 年代初，但具体的场景、道具、服装等却又飘忽不定，时空的不确定阻碍了观众对角色的心理认同，或许那种间离效果是导演的刻意追求，但如果不能贴近角色建立认同，观众又该如何精准领悟王晓冰们的青春之痛呢。譬如《风柜来的人》里，那一干好勇斗狠的少年，他们的迷茫青春是与那个时代的台湾社会背景息息相关，他们的行为有着社会压铸在少年身上的时代痕迹。再譬如同样无所事事、打打杀杀的《艋舺》，他们的迷茫又呈现出明显的新世纪的社会转型特征。而像金基德的《春来冬去》，少年的性觉醒是主题，但湖中孤寺、隐形门扉、水面和船只等符号，都可以帮助观众在抽象的时空中理解主题。《少女哪吒》发掘了一个不错的着力点，但缺少将它视觉化、影像化的符号建构，只在语言层面留下一丝模棱两可的意念，这一点殊为可惜。

矛盾的文本：作为窒息隐喻的社会空间

前面提过，这部影片最出彩的地方在于它明确定义了青春的对手即是青春本身，然而片中的文本设置却呈现出彼此矛盾与多重错位的属性，导演通过刻意的、甚至是怪诞做作的影像手段将家庭、学校等社会空间表现为扼杀青春的灰色力量，无形中消解

了影片的内在张力。《少女哪吒》开场，是一只底部印有花朵的搪瓷脸盆的特写，然后平静的水面被打破，那些颤颤巍巍的花朵像受惊的鸟群一般倏忽散去，这是否意味着脆弱的青春常常会被不由分说的外部力量搅得魂飞魄散？紧接着一组凌乱的脚步剪辑，观众意识到这可能是一个寻常家庭一天的开始，那些信息受损的特写镜头将一个普通家庭空间表现为令人窒息得如精神牢笼般的所在。这种处理为全片预设了一种紧张的基调，也在观众心里埋下一丝暴戾、压制，以及随时可能发生什么的隐隐不安的情绪。在导演眼里，《少女哪吒》中的室内环境似乎都是无形体制的有形存在，而户外自然场景无疑对应着无拘无束与自由生长。其实，通过对比不难发现，影片中所有的户外场景，譬如河堤、果园等，其影像设计都是开放式的，抒情的摇镜与开阔的取景好像犹疑不定的青春那样徘徊悱恻，时而雀跃惊喜、时而伤感凄恻。相反，在几乎所有的室内设计中，我们都能感到导演那种强行压制的愤怒甚至是不怀好意——他似乎是将室内环境当作一头体制怪物那样对待。事实上，通过分析不难看出，他也确实是在将它们的丑恶与力量进行妖魔化想象。

片中有这样一场戏，王晓冰的母亲身着戏装在楼梯间的镜子里打量自己，楼上，王晓冰和李小路正笨拙而投入地演绎在天愿作比翼鸟的段落。导演在这里运用了一个精心设计的场面调度表达了他对成人世界的厌恶感，以及他对青春飞扬一厢情愿的美好想象。起初，镜头凝重迟缓，从楼梯拐角处向下俯拍，画面很好地利用了银幕边框、因俯拍而夸张变形的楼梯扶手、门框、镜框等形式元素，将形单影只的母亲局限在毫无生气、诡异阴森的小世界中，然后镜头开始上升，画面一扫之前的灰暗阴郁，陡然之间变得开阔明亮，镜头追随王晓冰和李小路的节奏，用充满爱意与温情的眼光上下抚摸她们，毫无节制地表达了对青春恣意的爱恋和赞许。在这里，导演通过调度画面内的空间关系、色调的象征意义、镜头的运动方式以及对剪辑节奏的处理等，用直观的对比把以母亲为代表的成人世界表现得令人窒息，就好像它是悬挂在青春梦想脚下的一个秤砣那样令人生厌。

而在另外一个场景中，导演的处理更近乎于偏执。那是王晓冰当着所有家庭成员割腕自戕的一幕，应该说，这是一个形式感很强也非常戏剧化的场景，它在本质上就像是一个舞台剧被用影像记录下来那样，光效、表演、对白、调度都呈现出明显的舞台风格。画面中，王晓冰的父母、姥姥、舅舅、父亲的新女友以及母亲的新男友（也是王晓冰的语文老师）围拢在黑暗的客厅中恰似一群鬼魅魍魉，纷纷从自己的立场上指责王晓冰意气用事的从军选择，而王晓冰则在夸张的光效下，用夸张的表演和语调说着虚伪”，然后挥刀割腕。客观讲，单就这场戏而言，其影像张力还是值得赞叹的，但问题在于它与整部影片的关系：转折过于突兀、缺少必要的叙事铺垫，以及错将青春的对手设置为狰狞的体制本身等等。事实上，这也是《少女哪吒》整体上的问题，正是它们让影片的主题有些散乱、语义不够连贯、情绪不够流畅、节奏过于突兀等。而这些恰好也正是观影不适感的直接来源。

在笔者看来，这些弊病其实并非硬伤，可能只是处女作中常见的问题罢了，譬如过于沉溺于自我表达，以及表达过度等等。但在稍微冷静的处理中，我们就可以发现那些不仅能和影片主题相得益彰，而且在形式上也是浑然天成、令人眼前一亮的部分。譬如有一场戏，王晓冰去找李小路，俩孩子隔空相望，李小路大喊你怎么来了？是台风把你吹来的吗？”王晓冰只是伸直手臂对天比划，在全景对称构图中，两个女孩各自处于画面两端，前景处是纠缠在一起的各种电线，后景苍白的画面中，轮船缓缓驶过，发出沉闷的汽笛声，对女孩的发问置若罔闻。这是一个很高明的、镜像式的设计——王晓冰即使面对一个最率真的自己（李小路）时，也无非是两两相望，这才是青春的真相，既不可能做到真正的决裂，也永远无法靠近。从影像的角度而言，如果说《少女哪吒》有一处点睛之笔，那么这就是。因为它不仅从形式上完美诠释了影片的主题意念，也和影片的整体情绪高度吻合——因为这场青春回忆根本上就是导演任性”的个人选择，也是非现实的和天马行空的诗意表达。

可惜的是，这种表达在全片中只能偶尔见到。多数情况下，都是用力斧凿的痕迹，譬如对色彩的主观处理。在王晓冰家的客厅里，绿色墙壁和猩红色的沙发在低密度光效的作用下，呈现出令人愕然不已、触目惊心的视觉效果，室内环境的象征作用被夸张到丑陋不堪的地步。而她母亲与语文老师那种阴阳怪气的表演，以及王晓冰与父亲话剧式的对白都加深了那种奇怪的间离效果。应该说，影片越是刻意将社会空间表现为一个在精神上是窒息的所在，影片原有的主题就被稀释得更厉害。

很显然，这是一部优点和缺点同样突出的影片。导演足够敏锐，所以可以在青春类型的作品中挖掘到不同的面向，无形中也批判了当下国产青春电影中萎靡享乐的风气。正如他在北京首映式上说的那样 ：“中国电影，你的骨头曾经是硬的，而现在已经酥了。他是带着他的勇气与鲁莽冲进来，恼羞于明明看到问题的关键却又无能为力，最终只能做一个决断的姿态，但他又如此自负，不甘心于就此沉沦，所以他在影片中一直试图压抑、试图克制，却又时时禁不住想要爆发，以至于影片的节奏起落不定，甚至流露出一丝犹疑不定的撒娇和不被理解的怨气，就像王晓冰留给李小路那一盒烟蒂——如果你自己没有彻底打开心扉，又怎能指望这个世界全心全意去拥抱你呢！正是带着这种痛楚和愤怒的复杂情结，我们看到《少女哪吒》最终演变成了导演面向青春的一场自我献祭，带着几分悲壮与几分草率。

（原文刊载于《当代电影》2015 年第 08 期）

《万物生长》：双重凝视下的死亡美学

白惠元

提要：李玉导演的电影新作《万物生长》改编自冯唐同名小说，然而，电影与小说却呈现出迥异的性别气质。从文字到影像，“万物生长”的青春符号常常被“死亡”阻断。在所有情爱场景中，“死亡”永远在场，并且一以贯之地结构整部电影的视觉语法。电影《万物生长》的死亡美学构成了对男性主体的间离，影片中的死亡符号正是女性导演在“重译”父权意识形态文本时留下的裂隙。

李玉导演的电影新作《万物生长》改编自冯唐同名小说，然而，电影与小说却呈现出迥异的性别气质。在从文字到影像的“转译”过程中，那些肆无忌惮生长着的青春符号常常被“死亡”阻断。在所有充溢着青春荷尔蒙的情爱场景中，“死亡”永远在场，它抑或是头骨、尸体，抑或是福尔马林溶液中的人体器官，甚至是蹦极的绳索、满墙的拍立得照片、黑白影调中的初恋女友等等，总之，“死亡”一以贯之地结构了整部电影的视觉语法。于是，在“万物生长”与“死亡场景”之间，在雄性的日神精神与雌性的酒神精神之间，一种奇妙的张力随之浮现——未知死，焉知生？从“未死方生”到“虽死犹生”，电影《万物生长》的死亡美学构成了对男性主体的间离，那些秘而不宣的死亡符号，正是女性导演在“重译”父权意识形态文本时悄然留下的裂隙。

女导演的“直男视点”

讨论李玉这位女性电影作者，似乎无法避开“性别”：一方面，李玉鲜明的女性意识使她在当代中国影坛中占据着不可或缺的位置，她的电影总是以女性为主角，从女

白惠元，北京大学中文系，博士研究生。

同性恋（《今年夏天》）、早孕少女（《红颜》）到洗脚妹（《苹果》），她始终对那些社会边缘的、受压迫的女性保持着关注；另一方面，李玉近年来的创作实践呈现出明确的商业化诉求，从《观音山》到《二次曝光》，她越来越多地启用偶像明星出演，试图建构“有文艺情怀的商业片”（制片人方励称之为“主流艺术电影”），而电影中的女性形象也愈发中产阶级化。即便如此，《万物生长》仍是一次空前的尝试，因为李玉首度以成年男性视点展开叙事，这在其作品序列中无疑是异质性的。

所谓“视点”，指的是叙事人与故事之间的关系，它涉及到主体位置与观视方式两个基本问题。劳拉·穆尔维在《视觉快感与叙事性电影》一文中指出了三种“看”的基本方式：“摄影机在记录具有电影性的事件时的看，观众在观看最后的产品时的看，以及人物在银幕幻觉内相互之间的看。”[①] 叙事电影的成规是禁止观众对前两种“看”产生自觉，而使他们从属于第三种，防止产生间离意识。《万物生长》的小说本来具备一个相对自足完满的男性叙事视点，是典型的“直男文本”：秋水的雄性生命意志茁壮生长，而三个女人却是来去无踪，甚至其人物形象都是不完整的，是片断的、印象派的，而且除了柳青以外，另外两个女人都没有名字。然而，李玉在电影改编过程中极大加重了三个女人的戏份，使得那个原本封闭的男性视点变得破碎而分裂。导演将初恋命名为“小满”，又将女友命名为“白露”，再加上“柳青”，她们共同构成了秋水生命中的三种节气，为了配合不同的“节气”，电影在视听语言方面也辅以不同的温度、湿度、光照、色彩——小满的镜头永远是黑白默片效果，用以指涉“过去”，并契合着她最终死去的结局；白露出现时较多使用自然光与冷色调，突出校园恋情的写实性与清新感；而柳青的场景大多采取过度曝光，鲜明浓艳的红唇通常是视觉焦点所在，强化冷暖色调的对立，尤其是解剖室与沙漠两场情爱戏，在视听风格上极具表现主义特征，柳青由此被赋予了心理化的幻觉色彩。与此同时，李玉为三个女人的离去都找到了某种道德化的纯洁动机，小满的离去是病逝，白露的移情别恋是“我爱你所以我离开你”，柳青的消失则是“我要用尽我的风情万种，让你在将来任何不和我在一起的时候，内心无法安宁”，于是，三个女人的形象以“爱”之名而更趋崇高。这些丰满的、充满爱欲的、有能动性的女性形象拆解了秋水的男性视点，她们被导演赋予了“看”的能力，因而电影版本中的秋水也就成了她们眼中的秋水，他敏感、温柔、脆弱、细腻，毫无侵略性，鲜明地具有某种女性化特征。

所以，电影《万物生长》的性别观看结构不是单向的，而是双向的，这恰恰源于
重凝视”的观看机制：在电影内部，是一个男人（秋水）在凝视他的女
影外部，却是另一个女人（李玉/摄影机）在凝视这个男人。为了

① ［英］劳拉·穆尔维：《视觉快感与叙事电影》，载吴琼编、吴斌译：《凝视的快
中国人民大学出版社 2005 年版，第 16、17 页。

我们引入“凝视”（gaze）理论。美国电影理论家帕特里克·富瑞在《凝视：观影者的受虐狂、认同与幻象》一文中对“凝视”概念进行了深入阐释：“凝视这一概念所观照的，既是看的行为，也是被看的行为；既是知觉，也是解释；既是眼前呈现的事物，也是事实在光学的物理世界和人的主观世界中的呈现与消逝。”① 可见，“凝视”是一种主体—客体的观看结构，而当我们把女性主义理论与精神分析理论相结合，“凝视”的性别意味也就随之浮现，正如穆尔维所指出的，在“男人在看，女人被看”的观看机制背后，是菲勒斯中心主义的男权意识形态。具体到《万物生长》，情况更加复杂——由于李玉是极具女性意识的电影作者，那个摄影机也就不再是纯粹的父权制意识形态机器。在电影的某些时刻，摄影机是性别自觉的，它可能代替女人们去观看，于是，男主角秋水成了两种“凝视”的结点所在，他一边在“看”那三个女人，另一边又在被女导演观看。从这个意义上说，女导演的“直男视点”注定是分裂的、破碎的，无法自足的，但正是这种分裂让我们感知到了从女性主体出发的另一种“凝视”，因而弥足珍贵。

从“生长”到“死亡”

冯唐在小说后记中写道：“成长（时间）是长期困扰我的一个问题。在《万物生长》里，我尽力想描述一个成长过程，阐述过去、现在和将来的关系。我笔力有限，没能做到，我只表现出一种混沌状态，一个过程的横断面。”② 作者将一个男孩的成长过程描述为“混沌”，这种“混沌”在故事层面表现为男主人公秋水与他生命中三个女人纠结缠绕、不可断绝的情爱关系。而从小说的章节标题来看，“人体”“处男”“银楼”“肉芽肿的手指”“我肮脏的右手”“初夜”“包书皮”、“口会”“阴湖阳塔”等词条则直接将“性”的意味凸显出来，那些女人在秋水的生命中进进出出，共同织就了他的性经验史，“万物生长”之盎然春意也恰恰在此。

在当代青春文化的谱系中，冯唐与九把刀、韩寒、筷子兄弟一道成为“后青春期”③ 的重要旗手。作为一种理论话语，“后青春期”指涉着青春期已过却尚未真正成熟的心理状态。这里的“后”不是 after，而是 post，它既指向生理年龄层面与青春期的断裂，又指向心理年龄层面对青春期的绵延。进一步说，“后青春期”的文化症候通常表现为中年男性重返理想、寻回热血、集万千姑娘宠爱于一身的臆想式补偿，那或许是一群

---

① ［美］帕特里克·富瑞：《凝视：观影者的受虐狂、认同与幻象》，载吴琼编、黎萌译：《凝视的快感：电影文本的精神分析》，中国人民大学出版社 2005 年版，第 77 页。

② 冯唐：《万物生长》，天津人民出版社 2012 年版，第 234 页。

③ “后青春期”这一说法最早见于台湾乐团五月天在 2008 年发行的音乐专辑《后青春期的诗》，后来台湾作家九把刀又出版了同名小说。

老男人“飙车斗恶煞”（九把刀小说《后青春期的诗》），或许是一场“任岁月风干理想再也找不回真的我”的音乐选秀（筷子兄弟微电影《老男孩》），更或许是一部能让自己一夜暴红、屌丝逆袭的公路小说（韩寒电影《后会无期》），而在冯唐的《万物生长》中，这种臆想直接投射为“可以从此夜夜做鸡而同时为我守身如玉”的少妇柳青。

如果说，“万物生长”的“后青春期”指涉着一种蓬勃躁动的雄性生命意志，那么，女性对此的回应却是“青春期之后”（after），是死亡、毁灭与断绝，她们断定青春“终将逝去”（赵薇电影《致我们终将逝去的青春》），如此消极，如此悲观。这样，也就不难理解李玉的电影版本对《万物生长》极具性别意味的改写方式——开始于“死亡”，终结于“死亡”。影片的开场段落是“一地人头”，炎夏午后的人体解剖考试现场，厚朴由于紧张一直哆嗦，突然一个膝跳反射，他将泡有福尔马林溶液的玻璃缸踢碎，人头飞溅，师生乱作一团。这种“混沌”状态固然为整部电影奠定了生猛基调，可阴森恐怖的人头却又将那份“生猛”消解。在最具活力的青春年华，这群医学院大学生竟要学会面对“死亡”，这无疑是具有自反意味的。同样地，在影片的后三分之一段落，初恋女友病故，胡大爷也离开人世，这些哀婉悲恸的死亡场景终结了秋水的青春期，使整部电影接上了一个具有女性伤悼气息的尾巴，显得相当刻意。

与影片本身的“死亡”主题相应，《万物生长》在形式上也有着丰富的探索。首先，摄影师曾剑采取了不同以往的拍摄方式：他放弃了不加减震器的手持摄影，而是使用常规的轨道与摇臂。但是，李玉依然要求曾剑在不干扰演员表演状态的前提下进行自由捕捉与整条拍摄，也就是“拿摇臂当肩扛”。换言之，《万物生长》不再从晃动的单格画面中寻觅青春气息，而是更加依赖摄影机的运动方式与剪辑节奏，通过摄影机的“快与慢”来传达人物的“生与死”。同时，“拍立得”照相机成为电影改编的重要道具，除了铺陈人物性格、激化事件矛盾等叙事功能之外，在大银幕的三维空间中大量使用二维平面照片，这本身便具有安东尼奥尼式的媒介自反意味（《放大》）。若进行视觉哲学维度的深入讨论，运动的“时间—影像”（电影）与静止的“空间—影像”（照片）本身就可回溯为“生与死”的终极命题。更重要的是，在秋水与柳青的情爱场景中，“死亡”均以某种视觉方式在场：相拥蹦极的俯拍镜头仿佛跳海殉情，白露捉奸时吃虾吃到满嘴血红，而激情戏则发生在浸泡着各式各样人体器官的解剖室。可以说，爱欲与死亡在此不可分离，那些无孔不入的死亡符号阻断了观众的观影快感，因而成为了整个文本无法弥合的意识形态裂缝。

双重凝视下的死亡美学

作为一种叙事策略，《万物生长》从“生长”到“死亡”的电影改编不只是媒介问题，更是性别问题，尤其是那些情爱场景中反复出现的死亡符号。英国理论家休·索海姆（S.Thornham）曾将“激情的疏离”[①]视作女性主义电影理论的核心概念，这一概念同样出自穆尔维那篇著名的论文：“对传统电影成规的日积月累的第一个打击（激进的电影制作者已经在做了）就是让摄影机的看在时间和空间中获得物质性的自由，并且解放观众的看，使它成为辩证的和超脱感情的。”[②]由于摄影机的透视法焦点深处指向一种理想的观看主体，因此，若想实现“激情的疏离”，则必须使观看主体产生间离的自我意识，使他们意识到自己并不是故事的主角，并对“看”的行为产生自觉。

于是，全片的结尾镜头也就更加值得玩味：中年秋水与柳青的重逢定格于玻璃窗前，秋水在窗外伫立，柳青在窗内读着秋水曾经攒过的盗版武侠小说。整个画面一分为二——右半边是秋水透过玻璃所窥见的柳青，这暗示着它依然是秋水的主观视点镜头；而在左半边，则渐渐浮现出秋水映射在玻璃上的镜像。随后，柳青意识到窗外有人在看自己，便放下书，露出了自己的眼睛。从内容层面上说，如此的结局无疑是喜悦的，这一次四目交接的情爱凝视充满了性别上的“和解”意味；然而细察形式层面，这个结尾镜头却真正打破了“凝视”的幻觉，因为秋水的镜像并没有和柳青眼神交会，而是望向了同一个地方，也就是摄影机。在那一瞬间，影片内部的秋水与影片外部的观众同时看到了自己的凝视行为，至此，李玉完成了对双重凝视主体的间离，也就是齐泽克（Slavoj Žižek）在分析希区柯克电影时所提到的“他者”的凝视：“看见自己在看”（seeing ourselves seeing）[③]。

与之相仿，《万物生长》的各种死亡符号也实现了这种“间离”功能，那些头骨、尸体、福尔马林溶液和人体器官都使观众无法全身心投入于情色世界，而是尴尬地意识到“死亡”的终极在场，那或许才是“万物生长”背后的残酷真相。从“生长”到“死亡”，其本质上是在菲勒斯中心主义的直男文本中植入女性意识。诚然，在影片的后三分之一时间里，纷至沓来的死亡场景打乱了叙事节奏，从小满的病榻到胡大爷的葬礼，

① [英]休·索海姆著、艾晓明等译：《激情的疏离：女性主义电影理论导论》，广西师范大学出版社 2007 年版，第 1 页。

② [英]劳拉·穆尔维：《视觉快感与叙事电影》，载吴琼编、吴斌译：《凝视的快感：电影文本的精神分析》，中国人民大学出版社 2005 年版，第 16、17 页。

③ [斯洛文尼亚]斯拉沃热·齐泽克著、季广茂译：《斜目而视：透过通俗文化看拉康》，浙江大学出版社 2011 年版，第 190 页。

李玉执拗地把小说里的幽默戏谑改写为悲悼，让叙事风格发生自我断裂。但是若抱有一份“同情之理解”，我们或许可以说，“死亡”正是李玉冲破父权“生长”幻象的最后方式。

（原文刊载于《电影艺术》2015 年第 03 期）

时光流转浮生若梦：评电影《三城记》

李　相

筹拍多年的《三城记》终于在这个夏天的末尾上映了，在时下电影票房突飞猛进的中国电影市场，绝大多数的文艺片都因不合时宜而命运多舛。《三城记》也没能逃脱这样的宿命，尽管有实力不俗的演员阵容，影片的票房却差强人意。这部电影引起媒体和观众关注的最大亮点，在于其故事由成龙父母的经历改编而来，而关于电影本身的特色却被大家所忽略。实际上，熟悉香港电影的观众都知道，香港一直有着制作文艺片的传统。虽然香港文艺片没有欧洲艺术电影那样艰深晦涩，却在影像表现和叙事手法上形式独特，注重艺术风格与商业元素的结合。张婉婷是众多香港文艺片导演中的重要一员，她的这部新作《三城记》在题材、风格上既延续了她过去作品的特色，又体现出更多的历史家国情怀，是一部虽无太大突破性，但质量上乘的诚意之作。

一、大时代下小人物的爱情命运

作为一名善于拍摄文艺片的女性导演，对于人物性格和情感状态的细腻描写是张婉婷电影的一大特色。如片名所示，《三城记》讲述了在芜湖、上海、香港这三个不同地点、不同时间段，一对恋人情感命运的变化。由于故事发生的大背景是战争年代，人物的命运大起大落，上演了一出出生离死别的人间悲喜剧。也正是在这种极端的环境下，他们之间的情感才毫无水分，对彼此的爱才更加珍视。在生命转瞬即逝，一切处于离乱之中的年头，只有这种真实而炽烈的感情，才能够让人坚守，不惜颠沛流离，不惧身处险境。

刘青云饰演的警察房道龙是一介武夫，没有什么文化，手中有点小小权力。靠武力吃饭的他在那个战乱的年代，最起码能保护自己的家人，这对女主人公来说无疑是一

李相，中国电影艺术研究中心，助理研究员。

种吸引力。房道龙和汤唯饰演的陈月荣相识于一次检查货物。在战争中失去丈夫的陈月荣为生计所迫，只能干非法贩运烟土的生意。房道龙发现之后，出于同情而没有处罚陈月荣。这样一个五大三粗的汉子内心却充满善良，爱情的种子也在此时种下。房道龙有着诸多优良品质，健壮、勇敢、有担当、乐于助人，他本应和陈月荣顺利发展感情。但他身上也有明显缺点，没有文化，除了自己的名字，大字不识几个，而他所从事的工作也有点不"光明正大"，是特务组织的成员。这种人物设定反映出当时的时代特征，很多人虽本性淳朴，但因为文化程度所限，又有蒙昧的一面。因此当房道龙买了很多礼物兴冲冲前去陈月荣家提亲时，却遭遇兜头一盆冷水。陈月荣的母亲很容易就试探出房道龙不认识字，而她女儿却是知书达理的人。老太太的一句话"好男不当兵"就把房道龙全盘否定了。她不可能把女儿嫁给这样一个粗人。影片使用了倒叙的方式，先讲述了很多年后，陈月荣决心去香港找房道龙的情节。这个时候，她的母亲在经历了诸多的世事变迁后，才说了句公道话，房道龙这个男人虽然看似粗鲁，还是挺重情义的。

房道龙的个性相当鲜明。据创作者说，影片情节相当大程度上都是尊重于真实，也即是说当年成龙父母的经历的确就是这样。不仅是成龙的父母，在那个年代，很多人的经历也都有着共性。他们既简单又复杂，虽然读书少，却在险恶的环境中练就了一套超乎寻常的生存本领。在他们的身上很容易发生一些离奇的、戏剧性的传奇故事。刘青云准确演绎了人物的这种性格特征，他饰演的房道龙就像拉塞尔·克罗在《角斗士》中的表演一样，性格由极端矛盾的两面构成，集粗犷与细腻、野蛮与善良于一身，有时显得无比强悍，有时又像孩子般脆弱。这种极端环境下的极端人物性格，势必造成他们命运剧烈的跌宕。影片中人物的情感历程面临着诸多困境，先是月荣母亲极力反对，后是与特务组织纠缠脱险，而后又是战局动荡所造成的离别失散。在这样复杂的环境下，主人公克服重重阻力才走到了一起，使得故事非常具有可看性。

本片的情感描写具有一种梦幻般的氛围，然而这种梦幻并不完全是浪漫的。就像片中陈月荣曾说过的"打仗让一切都变得不真实"，这种描述准确地反映了处在战乱年代的人的心理感受。如果不是因为打仗，很少有人能有瞬间失去家庭和亲人的悲痛，也没人见过从天而降的炸弹把城市炸成废墟的惊怖，更不用说被押上刑场准备砍头的那种生死体验。这些特殊环境下才能发生的故事，让观众对那个时代有着直观的感受，从而能够更好地理解人物的情感状态；也唯有在这种极端处境下，人物的情感才能得到彻底的强烈爆发。

片中的一些配角，如仇肖玲、收买华、周师傅等人，虽然表面上都是一些不太善于表露自己真实情感的小人物，也都有着各自丰富的内心世界。正是因为在这种极端环境下，他们都知道生命和爱情的难能可贵，所以他们更希望自己的生命不要留下太

多遗憾，活就活得真实，爱就爱得轰轰烈烈。

影片所处的历史时代也颇复杂，各种政治力量盘根错节，既有国民党，也有共产党，还有日本人。但影片对各种政治力量并不做过多的评价与褒贬，甚至对于给中华民族造成深重灾难的日本军队也没有太明显的谴责控诉之意。这当然也可以说是影片的一种局限性，但转而思之，也可能恰恰是这种风格，才能让影片对于情感的描写更细腻、纯粹。导演显然无意对历史进行评判，而是静观地看待历史，唯有抛开了对于历史背景的过多阐述，才能更集中地表现人性和爱情。某种程度上来说，这部影片也和它的剧中人物有些相似。影片中的房道龙和陈月荣只是普通人，他们不明白这复杂时局背后的力量，无力改变现实，因此他们能够去把握的只有自己的情感。《三城记》这部电影也莫不如此，能在有限的银幕时空中构筑一段虽不是可歌可泣，却也算是荡气回肠的乱世儿女情就已经足够了，不能指望它既儿女情长，又大气磅礴。

二、逃港者的前世与今生

《三城记》虽然是一部主要描写爱情的电影，情节曲折，却真实地反映了当年从内地来到香港移民的普遍状况。香港市民几乎全部由移民组成。殖民地统治时期特殊的政治文化环境，使香港长期以来成为东西方之间的纽带，形成了东西方文化兼容并蓄、华洋杂处的局面。但从文化属性来说，构成香港文化的主体无疑是中国文化，因此很多香港电影人都有着比较明显的对祖国内地的故土意识。虽然有些人连普通话都不会说，也没有去过自己真正的老家，但他们却知道有河北唐山、山东聊城、广东台山等这样一些地名。这些地方在他们内心是神秘而遥远的故土，虽然好像隔着久远的岁月和茫茫的空间，令他们无法看清其真切的面貌，但却是他们心中隐秘的灵魂栖息之地。

这种感觉之所以对电影人来说更为强烈，是因为香港电影和上海电影更有着千丝万缕的关系。上海电影人的数次南下，不仅在时局纷乱之时保留了中国电影的传统，还在多年后开花结果，形成了香港电影的“黄金时代”，很多香港电影人如王家卫、关锦鹏、严浩、许鞍华等人，似乎都有着浓厚的“上海情结”和“内地情结”。他们多次在电影中构筑着对内地空间的想象，尤其是上海这个让他们熟悉又陌生的地方，更是很多人钟爱的城市。他们用镜头描绘着老上海的人和事，想象着香港与上海的“双城故事”。对于张婉婷这位擅长文艺片的导演来说，上海当然也是一个令她无法忽略之地。《三城记》通过对芜湖、上海的刻画，成为了她内心对故乡、国族、历史等诸多眷恋、想象的集大成者。

导演张婉婷曾有着在异国留学的经历，因此她对异乡漂泊的故事情有独钟，尤其是表现移民生活的无奈与艰辛，在她早年的很多电影中都有所体现，如《非法移民》《秋天的童话》等。当然张婉婷并不单纯描写人在异乡的苦涩和艰难，她更喜欢表达这些漂泊者在身处困境时内心的向往和追求，以及他们对感情的认真与期待。20 世纪 50—80 年代，因为社会制度的不同和经济发展的差异，很多内地人通过种种非正常方式逃到香港，被称为“逃港者”，他们成了当今香港人口的重要组成部分。成龙的父亲房道龙是在国共内战时为躲避战乱而来到香港，还不算是标准的“逃港者”，但陈月荣则是通过偷渡的方式来到香港，还险些丢了性命，就和很多“逃港者”的经历十分相似了。《三城记》虽然取材于成龙父母的故事，但折射出的却是很多香港人父辈的普遍经历——在战火纷飞、时局动荡时迫于无奈来到香港避难、讨生活。对于这些来到香港的内地人来说，他们前半辈子的生活和后来的生活几乎是完全断裂的。在当时的年代，内地和香港的交流还十分有限，像他们这样身份特殊的人，想要回内地去探亲几乎是不可能的事。因此对很多移民，尤其是偷渡到香港的人，都是一去就不能回头，过去在内地的生活让他们有了恍若隔世的感觉，难以跟亲人团聚和无法落叶归根的遗憾很容易给他们造成焦虑。《三城记》的开头描写的就是这种感觉。房道龙独自在香港生活，他整日在餐厅后厨打工，工作既无聊又挣不了多少钱。除了遭受老板的呵斥，还得克服生活习惯、语言的隔阂。影片很好地把握了人物处在这种颠沛流离状态下不得已离开故土的夹杂着无奈、希望等等的复杂心态。片中香港部分的描写并不太多，但不多的几场戏却让观众明确感受到这种前世今生般的断裂之感，因此当人物再次相遇时，这种隔世之感便跃然而出。这些从内地前来的第一代移民，有着对故乡深深的怀念之情。对于子一代香港人来说，他们对香港这座城市的归属感却是与生俱来的，并为自己是香港人而自豪。遥远而神秘的内地故乡，似乎只是个传说，有着无穷无尽的故事。对于一些香港文化学者和电影人来说，这反而激发了他们的想象力，让他们有着更迫切的想要知道自己父辈过去生活的好奇心。可以说张婉婷等导演，就是在这种强烈的心理冲动支配下，去拍摄那些表现故土情结、表现内地的电影。虽然她擅长的是情感描写，但当把故事放在这样一个大背景中来讲述，充分地展现了对故乡的历史想象，她的作品也就自然具有了一定程度上的家国情怀，而不再完全拘泥于纯粹的感情和人物的描写。她的这种创作倾向，从早期的《宋家王朝》等影片中也可看出。《三城记》在主题上与这些影片是一脉相承的。在拍摄《三城记》之前，张婉婷还拍摄了一部讲述成龙家世的纪录片：《龙的深处——失落的拼图》。片中有成龙、洪金宝等少年时代跟随于占元学艺的故事，成龙原名陈港生，而陈港生这个名字据说就是于占元起的。在《三城记》的结尾，导演还特地放了一张成龙小时候的照片，并告诉观众，这个孩子出生时重达 13 斤，创了香港的纪录；名字叫“港生”——这个名字充分体现出成龙父辈那一代香港人的客居者心态。

三、意象化的视听语言

作为一部温婉细腻、描写人物情感的文艺电影，影片除了吸引人的故事情节，影像所传达出的一些意象化的画面，则给与了观众更多感性的、情绪层面的感受。通过这些意象,影片将“时光流转”的感受具象地呈现出来。这其中“水”是一个重要元素。影片中有很多和水有关的场景和镜头，无论是两人之间感情的重头戏，还是房道龙险遭砍头的危险时刻，以及最后房道龙在海中营救陈月荣的高潮戏，都是在水边、水中展开。还有好几个镜头，更是从水中倒影缓缓摇上来。通过水的意象将这种时间流逝、空间转换的感觉恰当地表现出来。中国古代有“曲水流觞”这样一种风雅的游戏，把酒杯放在弯曲的水道中，用流水来形成空间与时间的错综与交叉，颇具深意。《三城记》的影像体系,也是用水的意象来表达时光流转、世事变迁的感觉。只是在不同的片段中,它所承载的功能是不同的。比如影片一开始就用了一个水中倒影的镜头，镜头缓缓摇上，看到的是一个人在与狗争食，表达出一种残酷性；两人坐在村里小河边的画面则显得唯美、浪漫到了有点不真实的感觉。这也再次呼应了陈月荣所说的那句话：“打仗让一切都显得不真实。”导演营造出残酷命运中的片刻温馨，在河边这场戏中，甚至还能听到远处的隐隐炮声,看到山后的火焰冲天,但两人全然不顾,他们淡定从容地闲坐,不疾不徐地聊天，似乎他们对爱情的执著已经超越了生死。

在片尾的高潮段落，更是用了近乎超现实的处理。在清澈的海水中，房道龙竟然奇迹般找到陈月荣，将她救起。整个段落既紧张激烈，又唯美虚幻，氛围感更加突出，成为影片终极的华彩乐章。

这种对于岁月流逝、人间沧桑感的描写，除了影像系统外，音乐也起到了很大的作用。片中用了陈歌辛的《永远的微笑》，让剧中人物多次反复吟唱，使整部电影带上了一股浓浓的怀旧感。同时，歌词也再次诠释出影片主题，虽然战火纷争、时局混乱，房道龙对陈月荣的爱情就像能驱散黑暗的太阳。爱使人温暖，给人力量，也让这对苦命的有情人永远相伴而行。

张婉婷的创作和她的搭档罗启锐是密不可分的。他们既是事业上的搭档，也是生活中的伴侣。两人相似的文化背景和创作理念，使他们能够相互帮助、相互促进。描写小人物情感，通过个人故事来折射时代变迁，是他们作品共同的特点。俩人都曾有不少佳作问世，而在他们的大部分作品里，都有彼此或多或少的参与。相对于其他创作者，他们在拍摄这部描写患难夫妻的《三城记》时，对于人物的情感状态具有更加默契的理解和把握。

略微让人感叹的是，曾几何时，香港电影如日中天，不仅类型片大行其道，文艺片作为一个相对小众的创作领域，虽然难称火爆，但多年下来，林林总总也累积了很多佳作。加上香港电影重视市场推广和类型包装，文艺片几乎已经成为一种“类型”，有着相对固定的观影人群，被观众所津津乐道。但近年来，随着内地电影市场的火爆，大部分影片都只为高额票房而竭尽全力，艺术完全沦为市场的“奴隶”，文艺电影的生产空间极度萎缩。香港文艺片为了生存，也必须迎合观众、迎合内地市场，因而越来越多地融入商业片元素。很多文艺片没有了过去香港电影那种轻松流畅的格调，变得瞻前顾后、犹豫不决。这从创作角度来说，很容易造成风格上的不统一。《三城记》同样也有着很多问题和缺憾，比如太倚重于情节性，以至于一些段落虚构成分太强，显得过于巧合。片名《三城记》也有点名不符实，对于香港的描写只是蜻蜓点水，而故事的前半段，也看不到芜湖作为一个城市的面貌。观众只知道这是主人公的家乡，却并没有明确的地理概念。影片的大部分故事情节都集中在他们早年还没有离开家乡之时，是因为这一段故事更具戏剧性，更“好看”。这都是为了迁就故事的情节性使然，但对于影片的整体结构和主题表达而言则未必是最适当的设计。包括收买华在临走之际忽然打算放弃，进而影片告诉大家，他实际上是个地下党，并偷运手表以支持自己的同志。这段情节显得异常突兀，好似天外飞仙。但影片总体上来说是成功的，它将一个并不算非常特别的故事讲得颇具韵味，准确地表现出那一代香港人的经历，为他们打造出一篇影像传记，具有非同一般的价值。

（原文刊载于《当代电影》2015 年第 10 期）

“剑”与“镜”:心灵的澄澈——《刺客聂隐娘》的美学追求

顾春芳

提要：本文力图从中国美学的视角，分析侯孝贤电影《刺客聂隐娘》的叙事特点和影像风格，由此探讨侯孝贤电影对于中国美学和中国艺术精神的自觉追求与表达，并重点论述其美学追求和美学意义。也对中国电影如何在全球化时代确立自身的美学坐标和文化诉求给出了深入的思考。

欣赏侯孝贤的《刺客聂隐娘》，观者大约需要一种欣赏山水画和昆曲的心态，才能品味其源自中国艺术和美学的精神与意趣。电影取材唐人传奇，叙事遵循主人公隐娘的意识、情感和心理的发展，影像风格则取法中国画“工写结合”（工笔和写意）的笔法，一方面由胶片拍摄所呈现的影像构图和色彩基调类似敦煌艺术中《张议潮夫妇出行图》一类的壁画风格，精致地呈现唐人画卷中的错彩镂金之美；另一方面对风景的把握又充满宋元水墨山水画的韵味，呈现自然造化的“出水芙蓉”之美。从影像风格、美感方式到情理表达，《刺客聂隐娘》显现出对中国美学的自觉追求。

电影通过刺客聂隐娘从“剑道无情”到“剑道有情”的觉解，从“杀一独夫贼子救千百人”到“慈悲仁恕”的良知的发现，再由磨镜顿悟而“涤除心尘”的三次心灵的转变，呈现出一种来自生命深处的惆怅和孤独，这种惆怅和孤独是侯孝贤电影中一贯的内在气质和生命情调。就像影片所提及的“青鸾孤飞，绝无同类，鸾见影悲鸣，终宵奋舞而绝……”，电影一开始就给出隐娘的宿命，也给出了侯孝贤的宿命——“不鸣”或“奋舞而绝”。影片注定要借一个孤独刺客的故事，追问生之意义，追问心灵的归程。

唐人传奇最富奇幻与想象，武侠电影经由西方电影观念的淘洗，渐已形成一种融英雄、想象、武打、商业和奇观于一体的影像范式。传奇和武侠的相遇，大大发酵了

顾春芳，北京大学艺术学院，教授。

观众对这部电影的审美期待。然而侯孝贤却端出了一个“武侠电影”的另类，甚至可以说《刺客聂隐娘》根本不是一部武侠电影，它借武侠电影的躯壳，顽强地表达了导演一贯的人文诉求。侯孝贤在作品中关注的是个体价值观的瓦解和再建，生命意义的顿悟，以及精神对于存在的超越。影片提炼了两个格外重要的意象——“剑”与“镜”，这两个意象也许正是解开这部颇具幽玄意味作品的关要。

“剑”的意象贯穿电影的前半部分。影片以聂隐娘被道姑送回魏博的一刻作为开端，道姑盗走年幼的隐娘为的是训练出一个可以“刺其人于都市，人莫能见”的刺客。技成而归的隐娘，一边是师父灌输的“剑道无情”，要她斩杀魏博主公田季安；一边是嘉诚公主（已故）和聂田氏（隐娘母亲）不忍见寇死贼生，天下大乱而教化她“剑道有情”，要她维护京师与魏博的和平。“剑道无情”与“剑道有情”的对峙是师徒间较量和冲突的重心，构成了全剧最具张力的内在矛盾，它所引发的内在冲突和张力，超越了隐娘与田季安、田元氏、空空儿等人恩怨情仇层面的冲突。导演对源于价值和精神层面冲突的倚重，使《刺客聂隐娘》越过了一般传奇的层面而上升到了心灵和精神的层面，从而使这部电影从美学意义上突破了一般武侠电影的内涵和价值。

刺客的寻找和解脱，也是侯孝贤在既定的历史境遇中的寻找和解脱，他在帮助主人公的同时也是帮助自己找到精神的超越之路，在此意义上他说：聂隐娘就是他自己。从怀疑“剑道无情”到遵循“剑道有情”，这是价值观的突围，也是电影深层矛盾结构的核心。在行刺怀抱孩子的大僚时她呈现了“情根未断”的一面；在面对田季安这个自小被嘉诚公主许婚于自己的男人时，更是一再地不忍和拖延；当她面对有夺夫之痛的田元氏之时，纵然有足够的理由复仇，但是她选择让历史迷案得以真相大白；她选择保护被田元氏所暗杀的瑚姬，选择可以杀田季安而不杀，选择识破凶手“精精儿”而不杀。能杀而不杀，师父认为她离刺客的最高境界只一步之遥，而她最终对剑道至境的领悟，也是她最终超越师父的地方，便是在不忍和慈悲中，在对人世间恩怨情仇的静观中，在对生命本身的悲悯中，悟出了剑道至深是有情，是不杀，是生，是仁，是恕。然而，侯孝贤并非意在做儒者层面的探讨，《刺客聂隐娘》也并非寻常意义上的武侠电影，导演无意与任何人在武侠电影的类型中较量一番，他所要表达的只和自我的生命体验有关，只和自我对于历史境遇、家国情怀、价值信仰的思考有关，他所要表达的是人如何实现对既定命运和精神困境的自我超越，其力量不是向外扩散的而是向内聚敛的。

“镜”的意象贯穿了影片的后半部分。观磨镜人磨镜的瞬间，聂隐娘得以涤除心尘，见性顿悟。虽然，此处所呈现的道家“涤除玄鉴”以及禅宗“应无所住，而生其心”的思想稍显理性和直露，但仍然可以感到导演有意将中国哲学的思致注入刺客的精神世界中去，以期完成对其精神境界的提升，并实现对电影“象外之旨”和“味外之韵”的言说。影片结尾聂、田二人的对照更是深化了生命层面的思考：一边是身处政乱和

煎熬的田季安，一边是心如止水归隐桃源的聂隐娘；一边是放不下，一边是彻底放下，而放下放不下只在一念之间，从放不下到放下，是一个刺客所能达到的最高境界。领会这一点我们也就领会了侯氏贯穿始终的“风的意象”，以及无声静默的湖泊山林的内在意蕴，也就领会了天地有大美而不言，万物有成理而不说，四时有明法而不议的美感境界，实际上是一片澄明的心灵的境界，是一个从有碍到无碍的境界。识破这一点，就是秋水长天、水气凌空，就是苍茫烟波、津渡在前，也就是找到了真正的心灵归程。从怀疑、追问、反抗、自赎到涤除心尘，作为刺客的聂隐娘完成了她对既定命运的超越，完成了她对心灵安顿和生命归途的完全意义上的确证。侯孝贤把最富传奇性的故事拍成了人的心灵世界不断澄澈的过程，回到了中国艺术纯粹的美感世界。

侯孝贤的电影因其冷静的视角、淡化主观情绪的融入、安静缓慢的节奏、恒定不变的长镜头的镜语风格，辅之以他自称为“气韵剪辑法”的电影观念，显露出一种“素面相对”的生命姿态。《刺客聂隐娘》依旧延续着长镜头和深焦距的运用，大量的“中景”和“远观”，水平固定机位的拍摄，显示出一种气定神闲、凝神寂照的影像美感。不同的是侯孝贤以往的电影很少运用主观镜头，而这一次却使用聂隐娘的主观视角来雕刻画面。他通过摄影机镜头，借刺客的眼睛来作各个角度的“看”，他要将刺客的“看”作为景别和镜头变化的依据，造成刺客始终在场而无人察觉的氛围，他以俯视镜头来“看”，以远观的“长镜头”来看，以“移动镜头”来看，刺客随光影出没的“隐身静观”与侯氏在电影中的“冷眼静观”构成了巧妙的重合，摄影机的“看”——刺客的“看”——作者的“看”三位一体，消融了主客观的界限。在美感的呈现方式上表现出“无我之境”的自在感和超脱感。

“禅”的表达和“淡”的追求以及安静缓慢的心理节奏与生命沉思也是侯氏电影一贯的内在气质。深焦距的使用，由空镜头造成疏林寂立，淡水平和，远岫淡岚的意境，不仅是影像化的比兴手法，更渲染出“发纤浓于简古，寄至味于淡泊”的中国艺术的妙处。苏东坡说中国画之妙在“孤鸿灭没于荒天之外”，闻一多形容孟浩然的诗，是淡到看不见诗，这是中国人独有的美感方式，这种方式截然不同于西方人的美感表达。《刺客聂隐娘》淡化了一切可以淡化的冲突，时空的转换没有连接镜头；搏杀的场面点到为止；刺客潜入屋内只需表现轻风掠过；轻功的刻画决不做过分渲染；聂隐娘和田季安的交手也只是蜻蜓点水；以远处群鸟惊散暗示人在坡林中的疾驰；不创造任何奇观以娱人耳目；与精精儿的交手，不见形影，只见群鸟惊飞，叶散枝断，篴片凄绝声摄人魂魄，纷扬的细尘微物不断飘止下来，唤起一种天昏地暗的激烈感；……中国艺术表现手法中的虚实结合，以一当十，于此可见。关于这一点，侯孝贤自己说：“在我看来，冲突没有什么好描写的，几下就可以拍完，但不直接就可以拍出一种韵味。这一点，小津安二郎的电影与我的想法非常接近。换句话说，我们对电影都秉持相似的态度。这大抵也可以看成是东方人看事情的角度与习惯、表达情感的方式。”①

在数码时代，侯孝贤依然我行我素，追求电影艺术三分人工七分造化的浑然天成。正如他对自己的期许：“……我希望我能拍出自然法则下人们的活动，我希望我能拍出天意。”为了拍出天意，他要用一次成像的胶片，为了拍出天意，他要慢慢等待风起云散，等待四时万物的相合；为了拍出天意，他要越发拉远镜头，拍摄远方浩森迷朦的湖水和葱郁的层岭，以及层叠淡逸的山影，用胶片把自然拍成具有灵性的水墨画，让影像裹挟着中国传统的美学和哲学，从而创造出一派中国美学的气象来。他依然偏爱镜头中的风，偏爱自然造化对艺术的参与。风使他的影像充溢着生意和空灵的气氛，就像墨滴落在水，任由造化自然氤氲成人工所不及的图像。风在《刺客聂隐娘》的镜语里是侯孝贤绘画的“水”，是影像中透出的“空气”，也是无所不在的“玄妙的道”，更是刺客的来无踪去无影、轻盈若猫、无声似影的绝妙暗示。人与自然共同创造出一种玄幻，一种神秘，一种气氛，也创造出有限的画面之外无限的那个宇宙。不过导演对刺客的侧面表现固然高明，倘若能更加重视刺客的行走，角色在步态上的职业特点，就能令人更加信服于眼前的行者是轻功了得的刺客。

侯孝贤的电影之美源于心灵世界的直接呈现。他的电影不是好莱坞式戏剧性冲突的思维，不是欧洲电影追求理念和形而上的思维，也不同于日本电影的影像气质，他意在呈现中国人的心灵世界，呈现中国人的美感体验，他是用中国人传统的水墨书画的心态在进行电影创作。“一片风景就是一个心灵世界的呈现”②，侯孝贤追求的正是电影的心灵化的呈现。电影的故事、画面、形式和内容对他而言，都是一种心灵境界的显现。这部电影比较彻底地体现了这种中国美学精神的追求。

艺术是心灵世界的显现。中国美学格外注重心灵层面的表达，而电影作为一种新的艺术媒介，是否可以像中国的诗画一样有效地传达中国美学精神，这是一个非常关键的美学问题，也是一个至关重要的理论问题。要拍出一部具有中国艺术精神和美学品格的电影特别需要两种修养，第一是中国文化和中国艺术的深厚修养，第二是要有纯粹精神性的追求，没有一种纯粹的精神追求是不可能拍出一部不为名利所染的电影的。《刺客聂隐娘》显示了侯孝贤难能可贵的创作心态，他不为票房所动，不为高科技所动，不为西方话语所动，更不放低精神的姿态来迎合某些观众低俗的追求，自信地呈现源于中国美学的电影观念，在全球化语境下怀着对中国艺术精神的自信和坚守，也彰显出他自身卓尔不群的“侠客精神”。

中国电影和中国美学究竟有何关系，影像如何表达中国美学精神。中国电影是中国文化的一个组成部分，它无法摆脱中国人的思维方法、人生经验、哲理思考，它总是

---

① 侯孝贤：《真实与现实》，《电影艺术》2008 年第 1 期。

② 宗白华：《美学散步》，上海人民出版社 1981 年版，第 59 页。

要受到民族文化和传统美学的深刻影响。如果说中国人都不爱看或看不懂自己的艺术，这是一种悲哀。中国电影比任何时候都需要确立其应该坚守的文化和美学坐标。中国电影不只是使用华语的电影，也不是使用华语的人拍的电影，而是指不管在何种历史情境和时代土壤中，它自身都能够体现一种稳定的中国美学的精神坐标。中国电影要在全球确立其应有的地位和价值，呈现其特有的气格和精神，也必须在美学层面重塑和实现自己的品格。一个国家的科技发明不能全部指向日用，更要指向高度指向未来，正像一个国家的艺术不能全部指向世俗娱乐，更要指向人类更高的审美追求。从某种意义上说，创作《刺客聂隐娘》这样的电影就是艺术世界的一次“揽月”，不是人人可为，侯孝贤在历史中看到了自己的位置，也看到了中国人文电影的方向，相信这部电影的意义会随时光的流逝而越发呈现出来。

（原文刊载于《电影艺术》2015 年第 06 期）

第七章

电影学著作中的电影批评问题

中国内地电影学著作的批评论述

毛珺琳

一、概述

电影作品的价值是在传播过程中产生，在电影评价机制中得以显现。中国的电影事业正在迅速发展，电影批评在引领观众和舆论导向、电影产业发展转型中起到的重要作用不容忽视。本年度有许多电影学专著涉及电影批评问题。相比较批评类学术论文，专著在批评的时效性上略有滞后，但其却有容量优势，可以对某一问题进行具体、深入且有系统性的论述。同时，读者更易于探究作者的思想脉络、研究体系，得出清晰而完整的观点，也更能够详细了解某一问题的背景与现状以及相关知识，是电影批评的重要形式。

据不完全统计，截止 2015 年 12 月 28 日，在国家图书馆收录的 2015 年度全部电影学专著中，以“电影评论”为主题词进行搜索，共得到电影批评类著作 53 部（不包括教材及电影介绍手册），总数量较 2014 年有所下降①。其中非学术类影评集 10 部。在学术类的 43 部专著中关于电影批评研究的专著 3 部，分别为《网络时代：中国电影批评辨析》《中国电影评价系统研究》《中国少儿电影理论与批评史研究》。关于电影批评理论与方法专著 5 部，分别为《电影批评的七张面孔》《影视批评：理论与案例》《什么是好电影：从语言形式到文化价值的多元阐释（修订版）》《电影批评（第二版）》《影视批评方法论（第二版）》。其他电影评论与研究类专著 35 部。此外还有数十部电影学专著涉及电影批评问题。纵观本年度的电影批评类及电影学相关专著，呈现出论题多样性、涉及领域广、视角立意新的整体特点。从批评方法上看，本年度的电影批评与研究多采用文化研究与电影理论相结合，并偏重于文化研究的理论批评方法。此趋势反映出新的理论批评方法得以不断拓展，中国电影批评正走向多元化。

毛珺琳，中国艺术研究院研究生院，博士研究生。

① 2014 年为 85 部，数据参考中国文学艺术界联合会：《2014 中国艺术发展报告》，中国文联出版社 2015 年版，第 121 页。

这些著作中，关于电影批评和研究的理论，虽然出现了不同的提法，比如《影视批评：理论与案例》的“大理论”、“大批评”，《类型电影的幻想》的“文本批评法”、“语境批评法”，《经典之后的荧幕奇景：当下好莱坞三位导演的创作与文化研究》的“经典电影理论”、“后现代文化理论”，《观看之难：猜想〈去年在马里安巴〉》的“形式研究”、“宏大理论”、“后理论”等等。在中国的批评与研究语境下解读，这些名词与术语都是用以区分传统的电影批评方法和八十年代以来的以文化研究为核心的批评方法。

对于电影批评的多元化发展趋势，学者们持不同态度。一些学者就电影批评的“泛文化”倾向表示担忧，例如《电影批评的七张面孔》认为电影批评中“美学价值让位于文化价值”、“电影批评被文化批评取代”。《电影观念史》认为“如果不想把电影研究弄成纯粹的市场营销学的一个分支，或者一般文化学的附庸的话，坚持电影的艺术本体性还是非常重要的。”[①]《网络时代：中国电影批评辨析》则提到“应坚持电影批评的电影特性，努力防止不经意间步入泛文化批评的误区。”[②]同时，一些学者还对外来理论的引进运用上显示出担忧，担心只关注理论使用而不与中国当代电影现状相契合。但这并不等同于否定文化研究，而是体现了作者的忧患意识，看到了文化研究可能存在的弊端。

而一些学者则对文化研究显示出欢迎与认同，他们认为在当下的多媒体网络时代，电影批评研究的多元化、跨学科发展是必然趋势。例如《影视批评：理论与案例》认为在“媒介化”的时代，影视批评的“大文化”、“大理论”、“大批评”是中国电影批评的必然选择。《中国电影评价系统研究》认为“电影批评应当从单一艺术学科转向综合考察”[③]。《网络时代：中国电影批评辨析》则提倡综合批评方法，“当下我们应运用各种新的思潮、观念和方法来充实电影批评的理论和批评模式，对经典电影批评范式进行继承和发扬。”[④]但无论采用何种批评与研究方法，在一点上所有学者都达成共识，即都强调电影本体分析的重要性。例如《类型电影的幻象》认为：“无论批评方法如何多样化，既然是电影研究，就无法也不应该脱离电影文本（类型影片）本身进行，因为影片不像物质产品那样是一个僵死的存在物，而是一种精神产品，它拥有自己的世界，是相对独立的存在物。”[⑤]《窥视与奇观：中国电影影像特征的视觉文化研究》：“以文本分析的方法来解释电影，对电影而言不仅不是一种伤害，反而是使电影影像完整化的一种手段。”[⑥]而《观看之难：猜想〈去年在马里安巴〉》则用一部电影的详细文本分析作

① 丁罗男：《电影观念史》，上海书店出版社 2015 年第 2 版，第 4 页。
② 刘卉青：《网络时代：中国电影批评辨析》，中国电影出版社 2015 年版，第 94 页。
③ 李亦中主编：《中国电影评价系统研究》，上海交通大学出版社 2015 年版，第 32 页。
④ 刘卉青：《网络时代：中国电影批评辨析》，中国电影出版社 2015 年版，第 92 页。
⑤ 杨世真：《类型电影的幻象》，广州教育出版社 2015 年版，第 4 页。
⑥ 张斌宁：《窥视与奇观：中国电影影像特征的视觉文化研究》，中国传媒大学出版社 2015 年版，第 25 页。

为全书的内容，以此强调文本分析的重要性。

从批评对象上看，本年度的专著以研究中国电影为主，具体研究对象范围较广，有类型电影研究、题材电影研究、电影文化研究、电影历史研究等等，视域不仅仅局限于电影本体，而是扩大到电影现象、电影市场、电影文化、电影观众等与电影相关的各个方面。也有不少对于外国电影、导演的研究以及中外电影的比较研究，体现出学者们的国际视野和理论水平。值得注意的是，学者们普遍在针对中国电影和外国电影的研究时侧重不同。其中一个突出的特点是对国产电影往往关注内容重于关注形式，偏向于文化研究，而对外国电影和导演的论述则倚重对影片进行电影理论分析。而这种对本土电影研究偏向文化研究的方式并不是内地学者独有的现象，香港地区的学者、影评人也是同样如此。在《银河映像难以想象》这本书中，就邀请了多个国家及香港本土的电影研究者、影评人分别撰写了电影评论，“在评论特色上，海外影评比较侧重形式主义（如镜头分析）、美学风格和导演比较，香港影评则更重视电影与社会的关系（如‘后九七’寓意、专业精神等）”[①] 从评论手法的不同，可以从中看出中国学者对电影文化价值更加重视，同时也显示出因为占有材料的不同而产生不同的批评路径。当学者们研究本土电影时，因其对社会、历史、政治、文化、经济等各项可能影响到电影的外界因素更加熟悉了解，所以会将电影置于文化语境、社会语境下进行综合研究。而研究外国电影时，电影本身相较于电影外部因素更具体可见，是研究中首选的“一手资料”。同时，对外国电影研究对象的选择上，学者们往往会选择大师作品或经典作品，其更具有艺术风格和美学特征，而西方的电影经典理论和“主体—位置理论”（subject-position）也更适用于进行影像本体及电影文本的分析。

总结本年度电影批评及相关专著的特征可以看到，这些专著中体现出的文化研究与批评多元化的趋势与电影批评的大环境密不可分。在市场化与网络化背景下，中国电影的学术批评，只有立足影像本体，并与电影之外的受众、市场、社会紧密结合，才能实现指导创作、指引舆论、对话受众的自身价值，这也是重构电影批评的关键所在。而在肯定文化研究的同时也需反思，文化批评虽然凸显了电影的社会价值，但批评界对于文化的重视，从某种程度上会使得艺术价值被逐渐边缘化。学者们在对中国导演作品的研究中，除了对第五代、第六代的作品会集中进行形式分析外，针对当下的电影却较少进行具体的影像本体分析。从批评指导实践的角度看，这样的趋势是否成为导致导演只关注文化表达，不重视或放弃影像语言的一种可能呢？从研究方法与文本本身特征息息相关的角度看，现在的电影是真的重内容轻形式了吗？这还需要电影学者们在今后的研究中进行思索和探讨。

---

① 潘国灵主编：《银河映像难以想象》，上海人民出版社 2015 年版，第 15 页。

本文重点选取今年电影学专著中批评观点较鲜明，具有较高学术价值的著作进行简要介绍。

二、电影批评的理论与方法

本年度有 3 部著作对电影批评进行了专门研究，分别为《网络时代：中国电影批评辨析》《中国电影评价系统研究》与《中国少儿电影理论与批评史研究》。

《网络时代：中国电影批评辨析》作者刘卉青将电影批评的研究置身于网络时代的技术背景和文化语境之下，从文化艺术思潮的转型、电影审美方式的变迁以及电影批评范式的演化等总体态势中，对于电影批评语境的变迁进行深入梳理。提出在互联网时代，传统的审美和艺术理念已被娱乐化和大众化趋向渗透，电影批评的权威性被消解，“电影的艺术批评和审美批评更多地让位于文化批评、产业批评等新方法”[①] 等观点，并针对电影批评在网络时代的症候，包括话语权的转移与争夺、批评主体的变迁、以及电影批评的“范式”解读三个方面进行问题剖析。关注了在多媒体时代下多个话语主体，包括学院批评、媒体批评、普通大众批评，认为中国电影批评已进入了多元化、开放性的时代。最后在肯定电影批评范式多样性的前提下，提出要在新的框架和理念下进行中国电影批评的话语重构及新的评价体系和评价标准的确立。作者认为，电影批评应适应时代需要和保持艺术批评内核，要根据电影的不同类型来进行不同的价值判断，主流电影批评应重视对指导创作、培育观众、引导市场的作用。学院批评应当相对独立自主，不迎合、不炒作、不人云亦云，要具有忧患意识，要敢于说真话，而媒体批评应当与学院批评相互学习、影响，媒介素养需要提升。而普通大众应提高自身文化艺术修养，提升大众话语批评的总体水平。作者提倡综合批评方法：“当下我们应运用各种新的思潮、观念和方法来充实电影批评的理论和批评模式，对经典电影批评范式进行继承和发扬。”[②] 也认为电影批评的研究者也要重视自身以及电影批评的重量：“应坚持电影批评的电影特性，努力防止不经意间步入泛文化批评的误区。”[③]

《中国电影评价系统研究》为李亦中主编的文集，全书分为三部分，第一部分为“研究报告”，主要研究中国电影评价系统的组成部分和形成机制。作者认为电影评价以精神效应和市场价值，也即是所谓的“叫好”与“叫座”构成电影评价的两大基准，但影片传播过程中，并不存在统一的标准，而受到电影从生产到上映的各个环节中多种

① 刘卉青：《网络时代：中国电影批评辨析》，中国电影出版社 2015 年版，第 96 页。
② 刘卉青：《网络时代：中国电影批评辨析》，中国电影出版社 2015 年版，第 92 页。
③ 刘卉青：《网络时代：中国电影批评辨析》，中国电影出版社 2015 年版，第 94 页。

因素的影响，电影批评呈现多元化格局。这些报告中将中国电影评价机制按照评价主体、评价导向、评价载体、评价环节划分，得出的结论有："中国影坛近一个世纪以来，在四个历史时期分别出现过某种强势话语，在电影评价起着主导作用：20 世纪 30 年代是'影评人说了算'；新中国 17 年及'文革'时期是'领袖说了算'；改革开放新时期是'专家说了算'；当下则是'媒体说了算'和'票房'说了算。"[①] 而"口碑数量和票房正相关。口碑正负性和票房并不正相关，口碑和票房之间存在'倒挂'"等等。[②] 第二部分"纵横坐标"，主要为学术论文，选择一些具有特征性的电影个案和电影批评研究为例，用于展现评价机制内在的制约与互动。其中《专题：中国电影在美国的口碑》研究了《纽约时报》从 2001 年到 2011 年间发表的中国电影影评，文章中的一些数据统计具有一定的研究参考价值。第三部分"评论文本"收录各类评论题材的文章，包括文本细读、短评、时评、杂文、随感等。本书由于是文集，缺乏系统性和深入论述，其中评论主体及其话语特征列举的较为丰富，但交互影响的论述有所欠缺。另外，书中收录的论文由不同作者完成，学术水平参差不齐。

《中国少儿电影理论与批评史研究》的作者彭笑远根据文献资料将"中国少儿电影的起始年确定在 1922 年，即由但杜宇编导的《顽童》为中国少儿电影创作史上的第一部儿童电影。"[③] "中国少儿电影理论与批评实践始于 1922 年后，主要兴起于 1928 年前后。"[④] 认为少儿电影的"教育性"是理论界贯穿始终的命题，而"教育性"与"艺术性"的关系，则是理论和批评关注的重要问题。作者以理论与批评的形态为依据，将 1922 年作为起点，将中国少儿电影从诞生至今划分为五个历史分期，即中国少儿电影理论与批评的发展期：1949—1976 年；中国少儿电影理论与批评的成熟期：1976—1990 年；中国少儿电影理论与批评的深化期：1990—1999 年；中国少儿电影理论与批评的深化期：1990—1999 年；中国少儿电影理论与批评的流变期：2000 年至今。每章根据一个历史时期的具体内容对其进行分类总结，对中国少儿电影的理论与批评史进行了全面的梳理。本书是国内电影研究中第一部专门研究少儿电影理论与批评史的著作，作者对大量的文献资料进行了爬梳、整理和阐释、整合，对后续研究者来说是一本较为全面的学术参考著作。

本年度以电影批评理论与方法为内容的专著共有 5 本，分别为《电影批评的七张面孔》《影视批评：理论与案例》《什么是好电影：从语言形式到文化价值的多元阐释（修订版）》《电影批评（第二版）》《影视批评方法论（第二版）》。其中《电影批评的七张面孔》

---

① 李亦中主编：《中国电影评价系统研究》，上海交通大学出版社 2015 年版，第 14 页。
② 李亦中主编：《中国电影评价系统研究》，上海交通大学出版社 2015 年版，第 66 页。
③ 彭笑远：《中国少儿电影理论与批评史研究》，中国文史出版社 2015 年版，第 3 页。
④ 彭笑远：《中国少儿电影理论与批评史研究》，中国文史出版社 2015 年版，第 3 页。

《影视批评：理论与案例》为新书，其余三本为第二版或修订版。五本著作都介绍了电影批评的理论与方法，并都以具体的影片分析作为批评方法运用示例。在电影的分析上，每本书的方法运用和切入视角各有特点。

《电影批评的七张面孔》为作者高力的学术论文选编，书名中的“七张面孔”即指书中的七个部分，不仅包括电影批评的方法，也包括电影研究及批评的对象（如第三讲中国电影代群研究）。书中选取的批评方法中既有传统的电影批评方法，如女性主义、叙事学、影像本体分析等，也有跨学科的批评方法，如生态学观点、新历史主义、西方文艺理论中的神话原型等。批评研究的对象也较广，包括了新中国女性电影史，第五代、第六代导演、新都市电影、战争片、谍战片等。其中不乏对中国电影现象和问题的思考，有一些观点较为鲜明，比如第一讲“电影女性主义研究”中指出“新时期电影中的女性依然是缺损的”[①]“迄今为止，黄蜀芹的《人鬼情》仍然是唯一的一部严格意义上的中国女性电影的孤例。”[②]在第二讲“影视生态批评研究”的《平坦的地球与流动的影像》中提出中国电影“要真正走向世界，就要把民族文化转化为世界文化，在电影创作中倡导世界多元文化的融合与普世价值的传达。”[③]全书收录的学术论文发表时间跨度从 1991 年到 2015 年，其中大部分集中在 2010 年之前，仅有一篇发表于 2015 年，时效性较弱。但第七讲“电影批评研究”中对中国电影批评存在问题的论述对于当下仍具有参考价值。作者在 1993 年的论文《苦涩反省：重提电影批评的无效性》中针对“娱乐片”风潮，提倡批评要综合考虑娱乐片的艺术性和娱乐功能，这和当下电影批评提倡社会价值和市场价值相统一的标准极为相似。作者在《批评的失落——电影泛文化批评本质透视》（2001 年）中指出了 20 世纪 90 年代以来电影批评的“泛文化”现象，认为这种游离于电影创作实践之外的批评现象，导致了批评的失落。而这种忽略了电影本体，将电影的美学价值让位于文化价值的批判方式，“更有导致整个电影创作美学水准集体性下降的危险”。[④]作者认为，在论文写作的时代，电影批评已经消失，取而代之的是“文化批评”。这些论述不仅揭示出彼时中国电影存在的问题，也体现了作者的学术敏感度和前瞻性。

《影视批评：理论与案例》作者杨矗将自己秉持的批评观称为一种“开放的、兼容的‘大批评观’，不同于用具体的影视理论从事影视批评的小‘批评观’”。[⑤]作者认为在“媒介化”的时代，影视批评的“大文化”、“大理论”、“大批评”是必然趋势。作者在

① 高力：《电影批评的七张面孔》，西南交通大学出版社 2015 年版，第 1 页。
② 高力：《电影批评的七张面孔》，西南交通大学出版社 2015 年版，第 21 页。
③ 高力：《电影批评的七张面孔》，西南交通大学出版社 2015 年版，第 39 页。
④ 高力：《电影批评的七张面孔》，西南交通大学出版社 2015 年版，第 196 页。
⑤ 杨矗：《影视批评：理论与案例》，三晋出版社 2015 年版，第 3 页。

具体的批评中则体现出“实用的价值关怀”[①]，不会为了追求所谓的“体系需要”而控制批评中理论的严密性和体系性，只在最基本的合理基础上体现随意化和个人化。全书上卷的写作体例类似于教材，不仅介绍了影视批评相关的影视艺术基本理论及其他理论，还详细论述了“什么是影视批评”、“我们为什么需要影视批评”、“怎样做影视批评”三个具体问题。下卷收录了作者的批评文字，包括长评、短评及批评提纲。

《什么是好电影：从语言形式到文化价值的多元阐释（修订版）》，选取了作者贾磊磊二十多年撰写的关于电影评论与导演分析的文章，书中将一部影片的具体分析与对这部影片导演创作的历史评述结合起来的方式，给出一个相互参照、比较的框架来探讨“什么是好电影”。作者认为人们虽然对电影的欣赏趣味不一致，但大多数还是能够在审美判断上取得共识，这也就成为了“大家对电影总能找到一种共同确认的价值标准”。[②]这种观点成为这本书之所以能成为对“好电影”探讨的基础。作者并不避讳对影片或导演前后评价的反差，认为恰是这种历史的评价方法才能够显现出客观面貌。这种反差也不仅仅表现了电影作者艺术创作的变化，也显示出评价方法逐渐从影像语言的形式层面转入影片的文化内容。作者也提出批评的变化正是因为其作为一个具有科学精神的知识分子所持有的学术立场，“我们并不认为那种始终如一的观点就是正确的观点”，“我们对于科学的信奉恰恰在于我们能够发起那些被事实证明已经失效的理论”。[③]作者也明确提出了好电影的评价标准：“好电影首先是从选择适合于电影表现的故事题材开始的，然后再确定与这个题材相适应的叙述形式，并在整个创造过程中逐步建立个性化的影像风格，最终创造出叙事与隐喻相融会的美学意境。好电影的达成是一个从电影的被表述层面到表示层面、从电影的艺术风格向电影的美学意境逐级提升的完整过程。”[④]

史可扬所著《影视批评方法论（第二版）》介绍了最具代表性的11种影视批评理论及该理论的方法论意义，包括美学批评方法、文化批评方法、意识形态批评、精神分析、结构主义－符号学、叙事学、作者批评、接受批评、大众文化批评、后现代主义、女性主义，并结合使用该理论的影视批评文章，具体阐释该理论的操作方法。

戴锦华所著《电影批评（第二版）》介绍了电影批评的基本理论如电影语言分析、电影作者论、叙事学理论、精神分析、女性主义、意识形态批评、寓言与荒诞等，并结合《小鞋子》《蓝色》《第五元素》《香草天空》《情书》《阿甘正传》《黑板》等电影文本，进行细致深入的分析。

---

① 杨矗：《影视批评：理论与案例》，三晋出版社2015年版，第4页。

② 贾磊磊：《什么是好电影：从语言形式到文化价值的多元阐释（修订版）》，中国电影出版社2015年版，第300页。

③ 贾磊磊：《什么是好电影：从语言形式到文化价值的多元阐释（修订版）》，中国电影出版社2015年版，第302页。

④ 贾磊磊：《什么是好电影：从语言形式到文化价值的多元阐释（修订版）》，中国电影出版社2015年版，第18页。

三、电影的文化与历史研究

本年度专著在电影的文化与历史研究方面，出现了一些不同以往的研究视角与切入点，体现了电影学者的学术创新精神。这些专著在电影拍摄的文化大背景下，还原电影当时的历史时空，以电影本体的分析，折射出彼时中国电影的创作氛围、社会背景、艺术思潮。学者在历史语境中对电影进行解读，使影像本身与社会现实产生勾连，从而以点带面、以小见大，编织起整个电影与社会的网络。

《窥视与奇观：中国电影影像特征的视觉文化研究》的作者张斌宁认为视觉文化研究是“一种从影像出发然后再回到文化的诠释过程，而不是在电影本体的框架内，对影像进行分析”。[①] 作者从视觉文化的角度出发，运用视觉文化的有关理论对中国电影影像进行分析，总结出中国电影近三十多年以来的阶段性影像特征，并结合电影文本对这些特征进行了详细论述。这些影像特征为：20 世纪 70 年代末 80 年代初以“视淫”为特征；80 年代中期是“第五代”导演文化热为背景的寓意复杂的画面造型（形式）；90 年代除了主旋律影片和重大题材影片之外是“第六代”朴素的现实主义风格；新世纪以来则是奇观化的视觉大片。作者指明，选择视觉文化的角度来研究电影，是“试图在电影影像的本体研究之外发现另外一种途径，反思西方电影理论如何恰当的用于中国电影的视觉现实”。[②]

丁罗男所著的《电影观念史》为再版，是一部电影理论史研究。但作者也强调，书中的“观念”并不仅仅包括电影理论，也包括了创作者用于指导实践的观念，而“不论这种观念是否形成清晰的理论”。[③] 对近年来电影研究出现的“文化”化趋势表示担忧，认为“如果不想把电影研究弄成纯粹的市场营销学的一个分支，或者一般文化学的附庸的话，坚持电影的艺术本体性还是非常重要的。”[④] 作者依据电影观念发展的历史，将其分为六大阶段，分别为电影本性的最初探索（1895—1916）；无声电影时期的造型观念（1917—1926）；有声电影第一个黄金时代的戏剧观念（1927—1945）；二战后电影时期的纪实性观念（1945—1957）；60 年代的新浪潮和现代主义（1958—1967）；70 年代以来当代电影的多元观念（1968 至今）。作者对每个分期进行作品、作者和思潮的分析，归纳出这一时期的电影观念和文化内涵，认为代际之间的更替特点“一是除了多

---

① 张斌宁：《窥视与奇观：中国电影影像特征的视觉文化研究》，中国传媒大学出版社 2015 年版，第 6 页。
② 张斌宁：《窥视与奇观：中国电影影像特征的视觉文化研究》，中国传媒大学出版社 2015 年版，第 25 页。
③ 丁罗男：《电影观念史》，上海书店出版社 2015 年第 2 版，第 3 页。
④ 丁罗男：《电影观念史》，上海书店出版社 2015 年第 2 版，第 4 页。

元综合的当代电影之外，每个阶段都有一个占主导地位的观念”，[①]“二是后一个阶段往往是对前一个阶段观念的反拨与纠正，但这种拨正是……建立在前人经验的基础之上”。[②]

《电影文化研究》的作者张冲以台词和情节作为切入点，对具体的电影文本进行文化研究。全书选择了十二部作品作为分析样本，其中包括大师经典影片、艺术电影、好莱坞商业电影、独立电影等。作者根据影片地域、风格、类型等的不同，选择了不同的文化研究方法，例如“研究《蓝色》使用的是存在主义与镜像理论等；研究《乡愁》使用的是东正教文化的‘牺牲’‘救赎’视点、‘知识分子’概念、‘圣愚’人群、索菲亚主义所代表的母亲形象及对异化社会的批判”[③]等等。作者在研究中也本着避免重复过往的前提下，开辟了新的研究视点、角度与内容，比如“从《骇客帝国》管窥好莱坞商业电影浅思维下的陈词滥调，为纷纷模仿美国大片的中国电影打一针清醒剂；分析《英雄》在价值观、人物形象及人物关系方面文化输出的失败”[④]等等。作者试图通过解释电影中的文化内涵和艺术张力，从而窥探影片背后导演的知识结构和创作思维，以及电影的生成语境与电影产生的意义。

王一川的《革命式改革：改革开放时代的电影文化修辞》从改革开放30年这一总体视点出发，集中探讨了改革开放时代中国电影文化的特质。作者提出了“革命式改革”的概念，“特定地指一种同时与暴烈革命和体制内自我造反有所区隔、但又同时带有其激进的和自我造反式倾向的社会变迁与文化变化过程”。[⑤]而“电影文化修辞”则是指“电影的影像符号系统的形式与意义组合同社会现实的复杂关联域……更多地指向电影的符号表意系统所呈现的对社会现实状况的调整策略及其效果”。[⑥]作者认为，改革开放时代的“革命”依然存在，只是内化于改革进程本身，表现为革命式改革的样式。而改革开放30年的电影作品的文化演变中，刚好透视出和这种革命式改革的互动关系，从而使对中国电影文化修辞的来由和特质提供了可供研究和阐释的可能。全书“从革命式改革视角去解读中国当代电影文化，同时，再从中国当代电影文化去解读革命式改革，从而使得这两者之间形成一种相互阐释的关联”。[⑦]作者从梳理电影文化及其相关理论问题开始，在社会历史的大背景下讨论中国电影文化从“改革、革命到革命式改革”的主调演变，并对“革命式改革”主调的具体特征和形成原因进行了分析。并从宏观的角度上对中国电影文化地形图、中国电影文化地缘文化景观等进行了大致的分析。书

① 丁罗男：《电影观念史》，上海书店出版社2015年第2版，第6页。
② 丁罗男：《电影观念史》，上海书店出版社2015年第2版，第7页。
③ 丁罗男：《电影观念史》，上海书店出版社2015年第2版，第8页。
④ 张冲：《电影文化研究》，北京大学出版社2015年版，第4页。
⑤ 王一川：《革命式改革：改革开放时代的电影文化修辞》，中国电影出版社2015年版，第17页。
⑥ 王一川：《革命式改革：改革开放时代的电影文化修辞》，中国电影出版社2015年版，第19页。
⑦ 王一川：《革命式改革：改革开放时代的电影文化修辞》，中国电影出版社2015年版，第15页。

中还穿插了一些案例分析章节,例如“在世共生型文化的空间维度——以《寻枪》和《两个人的芭蕾》为例”、“全球化时代的中国视觉流——张艺谋《英雄》与视觉凸现性美学的惨胜”等,进行电影文本分析,解释其与革命式改革精神相关的文化内涵和意义。

《消费文化语境下的中国电影改编》的作者周仲谋以消费文化语境下的电影改编出现的娱乐化、世俗化倾向为出发点,回顾了中国电影改编观念的发展史,认为当下在后现代主义和消费文化的哲学、文化基础下,娱乐化电影改编观念的本质是娱乐本位立场取代了艺术本位立场。针对电影改编中存在的问题,作者在消费文化语境下重新考察了20世纪90年代以来的电影改编理论和夏衍的电影改编理论,提出了相应的解决办法。例如针对文学名著改编会造成价值观和文化层面的缺失问题,作者提出了应“充分理解和尊重原著,在明确地主控思想和价值观念下讲述故事,注重电影的民族化审美品格”的观点。作者还以个案分析来具体评析改编作品的成功经验和失败教训,例如认为“《三毛从军记》开创了中国大陆电影娱乐化改编的先河”[①],其成功经验告诉我们“关键在于如何把握好娱乐的‘度’,如何在娱乐的同时进行积极的正面价值意义的建构”;[②]《大话西游》在颠覆解构《西游记》原著的同时,做出了“与现时代思想价值观念相契合的意义建构”;[③]电影《高兴》的失败则是因为其对底层苦难的遮掩与消解以及缺乏人道主义关怀等观点,具有自己的认知特色。但其认为《色戒》有“一种博大的悲悯情怀和超越原著的人性深度”以及认为《白鹿原》是“呈现原著复杂主题和浓郁人文色彩的优秀之作”的论断就明显有失偏颇。

《底层再现:中国当代电影中的城市游民》作者陈涛梳理了城市游民这一类艺术形象的当代谱系,借助具有典型特征的电影文本,详细探讨了二十世纪九十年代以来中国电影对城市游民的再现。例如其中“摇滚文化与叛逆精神:《北京杂种》和《头发乱了》中的流浪艺人、青春残酷物语;《十七岁的单车》和《苏州河》中的问题青少年、游的寓言与飞的童话;贾樟柯《世界》和《三峡好人》中的底层旅行”三章,通过对电影的艺术风格和美学分析,阐释了不同导演如何在市场、政府和西方三种力量作用下对同一类底边人群进行了不同方式的艺术再现,思考了中国当代城市化发展的文化症候。

《新疆电影研究》是一部电影史研究的专著,但作者张华不同于以往国内以影片评论和介绍主创人员为主体的电影史写作范式,而是在电影史的专业范围内尝试一种“电影史现象的生成机制研究”,采取以电影文本分析串联历史现实的方式,分析了当年的天山电影制片厂拍摄的几部影片在全国范围内颇有影响的原因,用历史眼光透视天山电影制片厂的生产脉络及影片的内在关联性。

---

① 周仲谋:《消费文化语境下的中国电影改编》,中国社会科学出版社2015年版,第108页。
② 周仲谋:《消费文化语境下的中国电影改编》,中国社会科学出版社2015年版,第139页。
③ 周仲谋:《消费文化语境下的中国电影改编》,中国社会科学出版社2015年版,第140页。

四、类型电影与题材电影研究

随着中国电影事业的发展，类型电影的研究越来越受到重视，本年度有两本专著对类型电影进行了详细的研究批评，分别为《类型电影的幻象》和《类型电影：叙事范式与形式风格》。两本书的侧重点各有不同，《类型电影：叙事范式与形式风》（主编：黄丹）重在介绍类型电影的风格特征。通过对美国类型影片包括喜剧片、苦戏片、家庭伦理片、武侠片以及外国类型电影包括动作片、歌舞片、家庭情节剧的分析，从家国政治、现代性、女性影像、社会文化等多个角度，解析类型电影创作的形成与发展。而《类型电影的幻象》主要对类型电影研究进行批评，其作者杨世真认为类型电影被视为是中国电影的必由之路，但引入类型概念以来的这二十多年，类型电影实践却并不成功。这是因为，一方面美国类型电影研究中的“类型化批评”存在局限，其只肯定制片体系等外部因素，忽视了创新和经典叙事的作用，并不能有限解释类型片成功的秘密。另一方面，中国电影界对类型电影的追捧，其本质不过是为了解决中国电影语言创新的问题，但却被“类型电影”的形式所蒙蔽。全书重点辨析了类型电影中“类型化—超类型化”的诉求矛盾，得出“超类型化”诉求才是类型片长久不衰的保证，而类型化叙事的真相是好莱坞经典叙事体系。从而印证了全书的论点，所谓“类型化”的追求不过是幻想，对中国电影语言进行创新才是中国电影真正的发展之路。

本年度的题材电影类研究著作包括了警匪片、少数民族题材电影、公安题材电影等等。

《银河映像难以想象》从银河映像在1996年至2005年之间出品的电影中选取了“十大电影”，大多为警匪片类型（《大只佬》《柔道龙虎榜》例外）。这些电影能够代表银河映像的创作特点，“始终与香港九七后大环境保持密切相扣的关系[①]”。针对这十部电影，书中给每一部都安排了电影介绍、电影人访问和专业评论三个部分。本书评论部分最大的特点是兼具香港及国际视野，评论撰写人分别来自香港、美国、加拿大、意大利、马来西亚五个国家和地区。而正如书中序言所说，“在评论特色上，海外影评比较侧重形式主义（如镜头分析）、美学风格和导演比较，香港影评则更重视电影与社会的关系（如‘后九七’寓意、专业精神等）”。[②] 除了本书主编潘国灵亲自撰写了《暗花》的评论外，篇首还收录了大卫·博德维尔撰写的《银河映像出品的电影》一文，分析了在杜琪峰和韦家辉两位领导人带领下的银河映像的创作特点和艺术风格，以及他们

① 潘国灵主编：《银河映像难以想象》，上海人民出版社2015年版，第14页。
② 潘国灵主编：《银河映像难以想象》，上海人民出版社2015年版，第15页。

对市场的精准把握。《银河映像难以想象》的外籍学者评论文章都附上了英文原文，是了解不同国家和地区电影评论风格的一手资料。而其中对电影人的访谈，也可以从侧面了解香港电影的制作模式和创作思路。

本年度有三本专著研究了少数民族题材电影，分别为《新疆电影研究》《中国少数民族电影文化》《蒙古族影视研究》（其中《新疆电影研究》为电影史研究，已在上节中介绍。）

《中国少数民族电影文化》相对于以上两部著作来说研究范围更广，视野也更开阔。作者乌尔沁以四十万字的篇幅对新中国成立以来的300余部反映中国少数民族生活题材的电影进行了梳理，对这些电影进行了一次比较全面系统和全方位的总结。包括对视觉艺术、文化内涵、美学风格、类型特点、人物塑造等方面的研究，不仅仅是少数民族电影的发展史、艺术史、创作史，更是少数民族社会和文化历史的全面观照。其中一些观点颇有新意，例如“依据中国少数民族题材电影的具体艺术内容，将文化大革命前后两个阶段的中国少数民族题材电影内容，划分为‘暖格调’与‘冷格调’两个历史时期”[①]等。最后一章还将中国少数民族影片与前苏联、印度、波兰、亚洲、中东、拉美和非洲等国家和地区的同题材或同类型外国电影进行艺术比较，分析其中的异同和各自优劣。

《蒙古族影视研究》为《2013年蒙古族影视展映暨国际研讨会》的论文集，记录了上海戏剧学院与蒙古国文化艺术大学的学术交流成果。论文集分为历史总览和艺术分析两辑，选取的文章分别论述了蒙古族电影及蒙古国电影的文化内涵、发展脉络、艺术政策以及电影的叙事、表演等各个方面。其中一些蒙古国电影研究者的论文，例如《蒙古国电影艺术政策的发展与改革》《影响蒙古国民族电影特征形成的基本条件》《关于在历史题材影视作品中保留蒙古族传统的问题》等可以为中国学者对蒙古国电影的研究提供思路和线索。

本年度有两部著作对公安题材电影进行了研究，其中《中国当代公安题材电影研究》主要研究了建国以来公安题材电影的发展历程和创作主题的演变轨迹，作者宋强以具体影片为案例，分析了公安题材电影具备娱乐性、强情节性、强动作性等特点。在最后一部分的经典解读中，作者从创作的角度分析了一些优秀电影的特点和成功经验。比如《寂静的山林》主要得益于在惊险样式下的现实主义创作原则；《冰山上的来客》是“多样电影类型元素的合成发挥和多种艺术表现手段的综合运用”[②]；《龙年警官》则是真实再现生活和娱乐大众的有机结合，等等。作者还比较分析了不同时代的公安题材电影，例如《今天我休息》与《警察有约》，体现出随着时代变迁，电影的主题表现和

① 乌尔沁：《中国少数民族电影文化》，社会科学文献出版社2015年版，第96页。
② 宋强：《中国当代公安题材电影研究》，中国社会科学出版社2015年版，第168页。

故事内容也随之变化。《中国电影理论与公安影视传播》为彭耀春编著的学术文集，第一编介绍评析了具有代表性的中国电影理论学说。在第二编中对选取具体影视作品的评论文章，借以展现当代中国公安题材影视剧的发展流变。第三编为公安影片传播探究，论文主要以传播学、社会学的方法考察新媒体时代中国公安的话语表达。

另外，还有《现代性语境的农民工电影研究》将农民工题材电影作为独立存在的艺术现象进行研究。作者张权生具体分析农民工题材电影的影像语言，建构了农民工的底层生存空间，凸显了日常生活的美学，体现了电影观念的现代性。作者将农民工形象塑造及其发展变化过程作为重点论述内容，关于农民工形象塑造的三个时期和三种农民工形象的概括，揭示了农民工题材电影发展变化的内在规律。作者认为农民工形象塑造变迁的原因，在于编导受多方面因素的影响对农民工的主观认识发生了改变。而电影中现代性的召唤与现代性的反思，是农民工电影蕴含的核心思想。

本年度电影批评专著对网络电影、微电影的关注度不足，今年只有少数几本书有所涉及，并以制作类书籍为多，仅有少数几本专著涉及了对网络电影或微电影的研究和批评。比如杨晓茹与范玉明所著《网络电影研究》中，就有专门的两章分别论述了网络电影和微电影的艺术特征、发展现状及问题对策；王健、王宜文主编的《网生代与中国电影》也有部分文章涉及网络电影的批评。网络电影和微电影，以其形态的特殊性及传播渠道的便利性已成为大众文化极为重要的一个类型，而缺乏艺术精神及文化价值导向的问题已成为大多数网络电影和微电影的通病，目前的研究多从现象着手，缺乏专门的研究方法及系统性、整体性的研究，希望以后有所改观。

五、外国电影及导演研究

本年度有多部研究外国电影及导演的专著出版，研究范围涵盖了日本、美国和欧洲。与研究中国电影的专著相比，这些著作呈现出不同的研究方法和研究视角，其紧密与电影文本相贴合的研究方法值得中国电影研究去借鉴和反思。

对外国导演及其作品的研究一直是学者们关注的方向，本年度的此类著作有《宫崎骏动漫作品研究》《不仅仅是好莱坞：细读伍迪·艾伦》《经典之后的荧幕奇景：当下好莱坞三位导演的创作与文化研究》《艺术之美与灵魂之思：英格玛·伯格曼电影研究》等。这些著作都无一例外的选择了某些导演典型或优秀作品进行细读，探讨导演的艺术风格和作品的美学特征。在研究与批评方法的选择上，与对国产电影的研究不同，学者们更倾向于使用传统的电影本体分析方法，更注重对镜头、叙事、结构、人物对白等等的解读。例如在林大庆、林睿所著《不仅仅是好莱坞：细读伍迪·艾伦》中，作者对其中几部电影使用“拉片子”的方式逐个梳理电影中重要的镜头与情节，从不同于好莱坞的镜头处理方法上解读伍迪·艾伦的导演“智慧”。而潘汝所著《艺术之美与灵魂之思：英格玛·伯格曼电影研究》就从结构主义符号学、精神分析法出发，对伯格曼电影中的符号、隐喻、宗教、信仰等方面进行解读。

从文本出发，引出电影背后的文化背景和社会现实的批评方法，这些著作中均有所涉及，比如秦刚所著《捕风者宫崎骏：动画电影的深度》中就详细论述了宫崎骏作品在批判社会现实的独到之处。在总论篇中作者用“捕风”这一贯穿导演创作生涯的主题，串联起宫崎骏整个动画创作历程和思想轨迹。用“病疾”和“母体空间”的隐喻为线索，对其作品进行了概述，从中窥视出在导演“营造的个性鲜明而意蕴丰富的想象空间中，倾注了深切的社会意识和高度的人文关怀，使作品呈现出深邃、幽远的思想内涵”。[①] 在“深读篇”中，选取《红猪》《千与千寻》《悬崖上的金鱼姬》《起风了》四部作品进行细读，论述寓意性和思想性“即是宫崎骏作品艺术魅力的有力保障，也是他能够将动画电影引领到前所未有的艺术高度的重要原因”。[②]

《经典之后的荧幕奇景：当下好莱坞三位导演的创作与文化研究》则通过电影透视了美国好莱坞的电影观念和文化现象。三位作者王诗秒、周钰棡、唐晓睿解释之所以选择克里斯托弗·诺兰、戈尔·维宾斯基、达伦·阿罗诺夫斯基这三位导演作为研究对象是因为这三位导演同处于好莱坞，同处于后现代文化的语境，并在取得巨大商业收益的同时都将好莱坞主流价值观与影片融合。并且“三位导演不仅仅注重对电影艺术价值的挖掘，而且具有敏锐的市场直觉”。作者论述了三位导演各自的独立风格和稳定特征，认为克里斯托弗·诺兰是好莱坞最后的“电影作者”，其特点是“碎片化”的叙事方式；戈尔·维宾斯基是以“游戏化”为标签，善于进行反英雄人物塑造；而达伦·阿罗诺夫斯基则是“风格化”的先锋，其对长镜头的运用独树一帜。对于这些正处于创作旺盛期的导演，作者除了进行电影作品的分析外，也较多的引入导演关于影片创作的言论，从导演本人角度进行直观展示。同时也搜集多渠道的观众、影评人评论，从影片实践和观众接受的角度讨论影片的传播影响力。

旅日电影学者刘文兵的《日本电影在中国》[③]，通过大量史料，回顾了日本电影在中国近百年的历史，从战前日本电影在上海的放映到80年代的日本电影、电视剧热一直到90年代的“日剧”流行，重在研究日本电影对中国社会、文化、电影及观众等各个方面带来的影响以及中日两国之间的电影交流。例如其中借助回顾改革开放后，因《追

① 秦刚：《捕风者宫崎骏：动画电影的深度》，三联书店出版社 2015 年版，第 26 页。

② 秦刚：《捕风者宫崎骏：动画电影的深度》，三联书店出版社 2015 年版，第 57 页。

③ 本书是旅日电影学者刘文兵同名专著的中文版（日文版于 2006 年在日本出版，此次中文版是在日本版内容的基础上增加了新的部分后出版）。

捕》的放映带来的服饰、发型、音乐的流行风潮，体现了日本电影中“20世纪初期的现代性体验，以《追捕》为媒介，再次冲击了‘文革’结束后的中国”。[①]而《望乡》则因为其表现阶级压迫和正确的历史观得到中国学者的肯定，引起了学术界的评论热潮。作者则认为这是因为《望乡》应和了“文革”后“解放思想的号召”，通过“电影媒体的视觉形象，成功地向民众传递了解放思想。发展经济的新信息”。[②]作者从社会的、历史的观点来评价日本电影在中国的传播和接受过程，使全书不仅仅记录历史，也成为中国社会思潮和文化变迁的一面镜子。

本年度对外国电影的研究中还有一部著作较为特别，即《观看之难：猜想〈去年在马里安巴〉》。整部书仅对一部电影进行了极为细致的文本分析和美学阐释。从片头厂标开始直到电影结尾黑屏，对电影进行了逐个镜头的解读和分析，可以称为文本细读中的“细读”。作者王彬在序言中强调了自己对文本研究的推崇，并对当下国内外电影研究者以宏大理论（Grand Theory）对电影进行文化分析的方法提出质疑。作者以《去年在马里安巴》为反例，认为传统的宏大理论和内容分析并不能对所有的文化文本同样有效，尤其电影美学分析更要避免重内容轻形式的做法，“回到电影本身，从最基本的观影体验和电影感性出发，探究电影文本的巨大容量和内在秘密”。[③]作者这种重视文本分析的观点值得学者们学习、借鉴。

① 刘文兵：《日本电影在中国》，中国电影出版社2015年版，第126页。
② 刘文兵：《日本电影在中国》，中国电影出版社2015年版，第141页。
③ 王彬：《观看之难：猜想〈去年在马里安巴〉》，中国电影出版社2015年版，第6页。

电影学译著中的电影批评论述

唐忠敏

电影学译著在 20 世纪 70 年代末 80 年代初被大量地翻译、引介到中国，这不仅为国内电影研究者解放了思想，拓展了研究视域，还为中国电影批评提供了理论参考和精神动力；可以说，电影学译著为中国电影的理论发展与学术研究立下了汗马功劳。为考察译著中的电影批评问题，我们对 2015 年度中国大陆出版的电影译著进行了全面搜集与整理，并选择其中对中国电影批评发展有实际价值的译著进行考量，力争准确地呈现相关问题，以供学术界参考。从选题的角度看，本年度出版的电影批评译著特别注重对经典电影作品进行叙事分析和类型研究，这对于我们了解国外电影艺术的真实历史形态和电影美学的精神实质具有重大意义。本文将这些电影批评问题分为电影批评方法、视听语言、社会问题批评、历史批评和美学批评五个方面并分别予以论述，以示 2015 年电影学译著中电影批评问题的基本样貌。

一、电影批评方法

电影批评几乎是与电影理论同步发展的，因此电影批评的方法与电影理论流派多有重合。经典电影批评理论如结构主义符号学、叙事学、精神分析学、女性主义批评和意识形态批评等，力图为“电影是什么”这个基本命题给出答案，所做的探讨颇有价值。1990 年代，美国电影学家大卫·波德维尔和诺埃尔·卡洛儿认为经典电影批评理论是一种僵化的“宏大理论”（Grand Theory），存在理论先行、过度阐释以及较少文本细读等问题，对于电影理论与电影批评的发展是一种障碍。他们从实证主义和经验研究方法的视角出发，试图建立电影研究的“后理论”（Post Theory）范式，主张从电

唐忠敏，中国艺术研究院研究生院，博士研究生。

影本体、认知理论、电影诗学、哲学等角度来研究电影。[①] 由世界图书出版公司北京公司在 2015 年 7 月出版的、王棵锁翻译的《电影瞬间：电影批评、历史、理论》中的部分评论文章便可以说是“后理论”范式的典型案例；这些文章从电影片段的形式与结构出发，运用认知理论、电影表演的本土理论、哲学理论等方法为时下电影批评提供了多样化的视角和方法。另外，由华东师范大学出版社于 2015 年 3 月出版的、方尔平翻译的《欲望的眩晕：通过电影理解欲望》一书专门从哲学的视角对经典影片的细节和精微之处重新进行了学理性的解读。用哲学的方法来解读电影，使得那些表面上看起来平淡无奇，甚至某些电影评论家可能不屑言及的影片便显得格外地深刻，至少有了一些值得咀嚼的味道。

亚利克斯·克雷顿（Alex Clayton）从电影表演的本体论角度（即对存在、生存和现实的研究）对《美国战队：世界警察》（*Team America*，2004）进行了解读。“表演”是指“对一个意识到观众存在的身体的调用”，就这点而言，木偶永远无法做到。克雷顿认为这部没有出现任何演员的、带有孩子气的木偶片是一部戏仿之作，它戏谑地批评了美国文化对知名演员的不断吹捧，同时也嘲讽了银幕表演本体。[②] 艾莉森·巴特勒（Alison Butler）考察让—吕克·戈达尔（Jean-Luc Godard）的影片《爱的挽歌》（*In Praise of Love*，2001）时，触及并质询了安德烈·巴赞的现实主义美学观与互文性的根本对立。[③] 戈达尔从大自然、文学和词语等方面借用声音、画面和台词来建构了一段关于“时间”与影像的对话。巴特勒认为我们应该从巴赞的“影像—事实”层面来认识戈达尔的借用，即利用了自然形态的现实碎片来支撑一个虚构的叙事。巴特勒证实：戈达尔的“互文性”电影创作风格并不是在直接反对巴赞的现实主义美学理念。

乔纳森·弗洛姆（Jonathan Frome）借助了认知心理学来考察观众对影片《异形》（*Alien*，1979）的接受活动。弗洛姆发现，观众对影片的理解、惊奇与疑问开始于演员的表演（如惊讶、震惊等）并贯穿于整部影片之中，但绝大多数意识层面的信息都是在知觉层面下进行的；也就是说，当我们反思自身对影片的个体反应时，只能接触到该反应中可意识到的元素。[④] 而丽萨·珀斯（Lisa Purse）把广义的“科学的”认知引入对《93 号航班》（*United 93*，2006）的分析之中，认为这部直接戏剧化呈现 9·11 事件的影片特意将人类身体放在焦点位置，并通过一系列美学策略激发观众的身体体验，

---

① [美]汤姆·布朗(Tom Brown)等编、王棵锁译:《电影瞬间:电影批评、历史、理论》,世界图书出版公司北京公司 2015 年第 1 版,第 276 页。

② [美]汤姆·布朗(Tom Brown)等编、王棵锁译:《电影瞬间:电影批评、历史、理论》,世界图书出版公司北京公司 2015 年第 1 版,第 287—294 页。

③ [美]汤姆·布朗(Tom Brown)等编、王棵锁译:《电影瞬间:电影批评、历史、理论》,世界图书出版公司北京公司 2015 年第 1 版,第 298—305 页。

④ [美]汤姆·布朗(Tom Brown)等编、王棵锁译:《电影瞬间:电影批评、历史、理论》,世界图书出版公司北京公司 2015 年第 1 版,第 371—380 页。

故而创造了一种直接干预9·11文化／政治论争主旨的修辞效果。[①] 另外，汤姆·布朗（Tom Brown）在分析影片《面带微笑》时把由莫里斯·切瓦利亚演绎的《左佐的帽子》作为一段“歌舞片曲目”来考察时，以及海伦·汉森（Helen Hanson）剖析《豹族》中的“公交车”片段时，都认为营造知觉感受的片段在很大程度上将观众从叙事中抽离出来，并引发多种情绪的或者情感的反应。[②] 认知论关注的是观众反应时的显性内容，这些反应极易理解也极易误解。而存在于观众反应中的隐性内容——那些被人们普遍认同的、复杂的反应，是电影批评今后需要关注的。

也有学者把观众接受学中的理论性和主题性研究的兴趣点与电影文本美学里的观众研究进行对接。例如，米歇尔·亚伦（Michele Aaron）运用种族伦理学的方法分析了观众对影片《卢旺达饭店》（*Hotel Rwanda*，2004）的参与策略。影片中保罗的旁观以及白人与黑人相互凝视的场景借助了一种伦理道德的审美观，将观众同影片所强调的内容紧密地联系起来。亚伦认为《卢旺达饭店》所拒绝的东西是西方白人世界长期持有的种族主义观念，恰恰是所谓的拒绝支撑了种族主义观念。[③] 同样，芭芭拉·克林格（Barbara Klinger）剖析了影片《钢琴课》（*The Piano*，1993）满含冲突与反转的结尾是怎样激发观众的阐释兴趣的。在影片结尾处，导演以一个回想落水段落的主观性镜头给观众留下了更多的问题而非答案，直接把富有意义的矛盾冲突摆上台面，同时将它们和复杂的符号以及暧昧性融为一体，这就找到了非确定结局如何能够激发观众的阐释兴趣提供了可靠的证据。[④] 相比而言，克里斯汀·汤普森（Kristin Thompson）研究《指环王：王者归来》（*The lord of the Rings: The Return of the King*，2003）的章节显得意义重大，不仅因为文章分析详尽，也因为它把潜在的理论方法同非传统的研究和评价方法整合在一起。[⑤] 汤普森对影片中烽火的应用策略、反常规叙事段落的分析在一定程度上与特定的认知理论原则相联系。同时，汤普森把她的认知引向一个更深的层次，首先转为小说中烽火台的影像改编问题，继而转向观众的接受层面。这种做法带来了一种多样化的探讨。某种程度上讲，这种理论融合的批评方法动摇了电影研究中许多现有的理论方法和准则。

---

① ［美］汤姆·布朗（Tom Brown）等编、王棵锁译：《电影瞬间：电影批评、历史、理论》，世界图书出版公司北京公司2015年第1版，第360—370页。

② ［美］汤姆·布朗（Tom Brown）等编、王棵锁译：《电影瞬间：电影批评、历史、理论》，世界图书出版公司北京公司2015年第1版，第222—230页。

③ ［美］汤姆·布朗（Tom Brown）等编、王棵锁译：《电影瞬间：电影批评、历史、理论》，世界图书出版公司北京公司2015年第1版，第356页。

④ ［美］汤姆·布朗（Tom Brown）等编、王棵锁译：《电影瞬间：电影批评、历史、理论》，世界图书出版公司北京公司2015年第1版，第307—316页。

⑤ ［美］汤姆·布朗（Tom Brown）等编、王棵锁译：《电影瞬间：电影批评、历史、理论》，世界图书出版公司北京公司2015年第1版，第283页。

伊丽莎白·考伊（Elizabeth Cowie）借用了窥淫论（voyeurism）的观点分析了《性感俱乐部》(*Exotica*,1994)如何通过片段以及场景的呈现方式来引导观众发挥想象力。[①]《性感俱乐部》采用平行剪辑、重复和再现了一系列包含着人物内在欲望的偶然事件，这些事件中的人物之间的凝视是一种内在交流，同时也是偷窥式的，是渴望发现真相为何物以及何以如此的叙事欲望支配下的窥视。考伊的批评方法和传统电影理论中一些相关批评理论存在关联，可见，为了评价特定影片而忽略掉更宽泛的理论框架不是明智之举。

电影理论发展进程中一个显著的进步便是针对媒介认知的哲学研究。威廉·罗斯曼（William Rothman）通过对影片《迷魂记》的闪回段落的细致分析，发现导演阿尔弗雷德·希区柯克阐明了这样一个事实：作为人类，他人要比我们自己更了解自己；这种不断思考人类思想和目的方面的问题的创作风格，证实了电影与哲学之间的融合趋势。[②]乔治·M.威尔逊（George M.Wilson）也从哲学的角度分析了电影《血红街道》(*Scarlet Street*，1945）的叙事策略。在罗斯曼和威尔逊看来，哲学家和电影理论家的区分仍旧是不明确的，而且恰恰相反，两者被认为是融为一体的。[③]

由华东师范大学出版社于2015年3月出版的、方尔平翻译的《欲望的眩晕：通过电影理解欲望》一书便是将哲学命题与电影阐释相结合的批评性著作。[④]作者以欲望这个哲学命题为主线，把多部电影串联在一起，同时在每一章中各援引一名著名的哲学家的理论来对影片进行分析。第一章围绕着欲望的对象所具有的普遍特质对《轻蔑》(让-吕克·戈达尔，1963)、《爱神》之《手》(王家卫，2004）等四部影片进行分析，并主要引用萨特的理论阐释了电影中的欲望对象：肉体、爱抚以及不灭的欲望。第二章引用黑格尔的理论对影片《盗火线》(迈克尔·曼，1995)、《天国王朝》、《百万美元宝贝》、《军中禁恋》与《愤怒的公牛》进行分析，考察了欲望的共有目标，即通过斗争得到认可。第三章引用勒内·吉拉尔来讲解《玩具总动员》(约翰·拉塞特，1995)、《放大》、《查理和巧克力工厂》、《金钱帝国》和《超级名模》等影片，分析了欲望的根本结构，即模仿。第四章引用勒内·吉拉尔的理论解读了《地狱》、《我美丽的守护天使》和《末世纪暴潮》三部影片，讨论了欲望的特征之一——疯狂。第五章利用柏拉图的理论阐释了影片《梦之安魂曲》和《美国丽人》，分析的欲望的第二个特征——时间。第六章主要借助德勒

---

① [美]汤姆·布朗(Tom Brown)等编、王棵锁译:《电影瞬间:电影批评、历史、理论》，世界图书出版公司北京公司2015年第1版，第320—328页。

② [美]汤姆·布朗(Tom Brown)等编、王棵锁译:《电影瞬间:电影批评、历史、理论》，世界图书出版公司北京公司2015年第1版，第391—399页。

③ [美]汤姆·布朗(Tom Brown)等编、王棵锁译:《电影瞬间:电影批评、历史、理论》，世界图书出版公司北京公司2015年第1版，第283页。

④ [法]奥利维耶·普里奥尔(Ollivier Pourriol,1971—)著、方尔平译:《欲望的眩晕:通过电影理解欲望》，华东师范大学出版社2015年第1版。

兹的理论对影片《赌城风云》(马丁·斯科塞斯, 1995)、《危险关系》和《欲望之翼》(维姆·文德斯, 1987)进行阐释,讨论了欲望的第三个特征——爱的眩晕。该书作者奥利维耶·普里奥尔(Ollivier Pourriol)把电影和哲学结合起来,造成了一种别样的蒙太奇。

大卫·波德维尔和诺埃尔·卡洛尔的电影研究的"后理论"范式,根植于美国的实用主义和经验主义哲学以及好莱坞发达的电影工业体系,是对来自欧洲大陆的经典电影理论的批判与反思。而奥利维耶·普里奥尔所采用的电影批评方法也证明电影批评越来越走向跨学科与多维度。毫无疑问,此类译著的引介为国内的电影批评提供了理论资料与方法参考,丰富了中国电影批评的国际视野。但值得注意的是,经典电影理论的传统与核心也同样在不断地给予我们鼓励与启发。

二、影片视听语言分析

对影片的视听语言进行分析即对影片的镜头语言以及镜头之间的关系进行阐释与解读,这就涉及到场面调度、摄影、声音、剪辑等元素。2015 年的译著中有专门针对视听语言进行分析的文章,也有的在视听语言分析的基础上对影片的深层含义进行个性化阐释。这些文章论述角度新颖、论证严密,内容详实,值得学习。

第一类是专门就视听语言进行分析的文章。艾德里安·马可(Adrian Martin)认为葡萄牙导演佩德罗·科斯塔(Petro Costa)的处女作《血》(*Blood*, 1989)是电影化微观运动的典型例证。在马可分析的大约五十秒的时间内,影片一步步地呈现了由对话、音乐、摄影构图、剪辑策略、慢动作和叠化等多重手法制造的电影化运动;这些运动的深层意义便是一种生活方式。[①] 史蒂夫·尼尔(Steve Neale)认为影片《梵高传》(*Lust for Life*, 1956)里摄像机取景框的宽度、画面的构图、对静止和移动影像的再取景,以及电影创作者对场景内容的选择与编辑等都对影片的美学效果起到了至关重要的作用,影片的美学旨趣也因此而巧妙地融在了故事之中。[②] 爱德华·格拉芬特(Edward Gallafent)认为影片《野草莓》(*Wild Strawberries*, 1957)的最后两分钟是为了给影片提供一个正面的结局。导演伯格曼通过这个海面上的双重风景设法传递出这样的理念:伊萨克逐渐学会了享受孤独。[③] 道格拉斯·派伊(Douglas Pye)认为影片《后窗》中的

① [美]汤姆·布朗(Tom Brown)等编、王棵锁译,《电影瞬间:电影批评、历史、理论》,世界图书出版公司北京公司 2015 年第 1 版,第 57—65 页。

② [美]汤姆·布朗(Tom Brown)等编、王棵锁译:《电影瞬间:电影批评、历史、理论》,世界图书出版公司北京公司 2015 年第 1 版,第 66—72 页。

③ [美]汤姆·布朗(Tom Brown)等编、王棵锁译:《电影瞬间:电影批评、历史、理论》,世界图书出版公司北京公司 2015 年第 1 版,第 73—81 页。

暗示手法不是在直接地暗示出人物成双的关系或梦境，恰恰相反，影片逐步揭示的动作和形象，要通过再现和联想才能呈现出意义；这种表达方式揭示出了人物主观世界与虚构世界之间相互交织的关系。[①] 苏姗·史密斯（Susan Smith）从人声、画面和音乐之间的互动影响方面分析了影片《秘密花园》（*The Secret Garden*，1911）的尾声段落。史密斯认为，影片通过这个尾声段落提出了这样一种需求：应当从早先主观化秘密花园向外扩展到对整个世界的体验之中；《秘密花园》总是开着的，开放、清醒，而且生机勃勃。[②] 安德鲁·克雷凡（Andrew Klevan）在对《龙国香车》（*The Band Wagon*，1953）的歌舞段落进行文本细读后指出：歌舞类型片形式的主观化过程，更多地由通过歌曲和舞蹈的浮华展现出来的。[③] 斯特拉·布鲁兹（Stella Bruzzi）从性觉醒和精神觉醒两个角度分析了影片《定理》（*Teorema*，1968）中脱去衣服的动作。他认为在这部缺乏传统叙事特征、人物性格发展、对话、逻辑化阐述和令人信服的情节的影片里，服装被渲染得具有十足的色情意味。[④]

有的文章专门讨论影片的声音设计。里克·阿尔特曼（Rick Altman）对《乱世佳人》（*Gone with the Wind*，1939）中的声画同步逻辑的分析和海伦·汉森（Helen Hanson）对《豹族》（*Cat People*，1942）的声音悬念设计的分析都提到了贯穿于电影中的声音的“纪录”和“重塑”、“逼真性”和“戏剧化”之间的区别。《乱世佳人》中的共时性风暴意在超越自然法则、重塑现实；将声音和画面有机地组合在一起，为观众提供了高水准的稳定性和舒适感，也发展了多套声画策略，以确保观众观景的同步感。[⑤]《豹族》的“巴士”片段借助一个极为规整的声画互动建构起来，并因其对角色和观众的了解，以及对猜测的把控被视为电影艺术声音手法的一个有力证明。[⑥] 查尔斯·巴尔（Charles Barr）审视了影片《城市之光》（*City Lights*，1931）里从视觉上的视点镜头过渡到听觉上的“听点镜头”的片段。探讨听觉和视觉之于电影声音叙事的戏剧化关系，即探讨如何把不可见之物电影化的问题。通过关注这些矛盾对立的抉择与优先归属权，里克·阿尔特曼和其他研究电影声音的学者向我们证实：电影技术和技巧的发展并不是必然的，

---

① [美]汤姆·布朗(Tom Brown)等编、王棵锁译:《电影瞬间:电影批评、历史、理论》，世界图书出版公司北京公司2015年第1版，第114页。

② [美]汤姆·布朗(Tom Brown)等编、王棵锁译:《电影瞬间:电影批评、历史、理论》，世界图书出版公司北京公司2015年第1版，第117—125页。

③ [美]汤姆·布朗(Tom Brown)等编、王棵锁译:《电影瞬间:电影批评、历史、理论》，世界图书出版公司北京公司2015年第1版，第28—37页。

④ [美]汤姆·布朗(Tom Brown)等编、王棵锁译:《电影瞬间:电影批评、历史、理论》，世界图书出版公司北京公司2015年第1版，第38—46页。

⑤ [美]汤姆·布朗(Tom Brown)等编、王棵锁译:《电影瞬间:电影批评、历史、理论》，世界图书出版公司北京公司2015年第1版，第212—221页。

⑥ [美]汤姆·布朗(Tom Brown)等编、王棵锁译:《电影瞬间:电影批评、历史、理论》，世界图书出版公司北京公司2015年第1版，第223—224页。

也不是自然发生的。[①]

第二类是在视听语言分析的基础上，对经典影片的深层含义进行个性化阐释。汤姆·冈宁（Tom Gunning）认为查尔斯·劳顿（Charles Laughton）执导的影片《猎人之夜》（*The Night of the Hunter*，1955）把视觉和表演风格上迥然不同的内容并置起来，激发了一种儿童式的安慰幻想，并认为该片是对大萧条时期社会现实的反抗，带有政治意识。[②]劳拉·穆尔维（Laura Mulvey）从人物动作、单个镜头和场面调度等方面分析了影片《烂心城市》（*Under the Skin of the City*，2001）。穆尔维认为，该影片交叉运用了现实主义和情节剧两种风格讲述了一个深深根植于当代伊朗社会的故事，涉及阶级压迫与性别危机。[③]电影《杀死比尔Ⅱ》（*Kill Bill Vol.2*，2004）借鉴了多种视听风格，因此往往被认为是拙劣的模仿之作。但詹姆斯·沃尔特斯认为该片是导演对现实——虚构世界的一次真诚的风格化探索，是个性与风格的结合，这种结合旨在说明：欲了解一部电影的故事，必先理解虚构世界是如何被呈现出来的。[④]黛博拉·托马斯（Deborah Thomas）认为《美丽人生》（*Life is Beautiful*，1997）的声音与画面将真实历史事件主观化，并用象征手法重构了大屠杀，而不是对大屠杀粗浅的重现。[⑤]

马丁·辛格勒（Martin Shingler）探讨了好莱坞明星贝蒂·戴维斯（Bette Davis）在影片《红衫泪痕》（*Jezebel*，1938）中的首次露面，证明这部杂乱无章的情节剧充分发挥了戴维斯作为一位演员的卓越才华。[⑥]约翰·吉布斯（John Gibbs）研究了影片《我爱哈比克》（*I Heart Huckabees*，2004）中的人物关系后发现，影片对寻找动态而有趣的复杂争论方式产生兴趣，同时，也认真考虑了颇有争议的、深切可感的表达方式，即片中人物表达自我的方式，由此形成了自身的特点。[⑦]史蒂芬·皮考克（Steven Peacock）从影片的构图、场面调度、色彩的运用和人物的举止方面分析了《苦雨恋春风》（*Written on the Wind*，1956）中一次富有戏剧化的会面。皮考克认为将心理元素应用

---

① [美]汤姆·布朗(Tom Brown)等编、王棵锁译:《电影瞬间:电影批评、历史、理论》,世界图书出版公司北京公司2015年第1版,第163页。

② [美]汤姆·布朗(Tom Brown)等编、王棵锁译:《电影瞬间:电影批评、历史、理论》,世界图书出版公司北京公司2015年第1版,第18页。

③ [美]汤姆·布朗(Tom Brown)等编、王棵锁译:《电影瞬间:电影批评、历史、理论》,世界图书出版公司北京公司2015年第1版,第21—27页。

④ [美]汤姆·布朗(Tom Brown)等编、王棵锁译:《电影瞬间:电影批评、历史、理论》,世界图书出版公司北京公司2015年第1版,第47—56页。

⑤ [美]汤姆·布朗(Tom Brown)等编、王棵锁译:《电影瞬间:电影批评、历史、理论》,世界图书出版公司北京公司2015年第1版,第91页。

⑥ [美]汤姆·布朗(Tom Brown)等编、王棵锁译:《电影瞬间:电影批评、历史、理论》,世界图书出版公司北京公司2015年第1版,第88页。

⑦ [美]汤姆·布朗(Tom Brown)等编、王棵锁译:《电影瞬间:电影批评、历史、理论》,世界图书出版公司北京公司2015年第1版,第144页。

于视听语言之中是这部情节剧的显著特色。[①] 雅各布·李（Jacob Leigh）从表演、机位、布景、对白、服装等元素分析了影片《夏天的故事》（*Conte dete*，1996）中的四次接吻。雅各布·李认为导演是在把他对人们内心深处的含糊、复杂与矛盾的深切关注，转为一种对人与人之间关系的深入探讨。[②] 理查德·戴伊尔（Richard Dyer）认为电影《八部半》（*Eight and a Half*，1963）的结尾场景有多种解读方式：可以是一番天堂景象；也可以是一种视觉等价物；还可能是一个电影理念。后一种可能性并不会使前者中的任何可能性消失：这个段落可能是电影白日梦的一种观念形态，或者是一种用视觉化方式表现的心理状态。[③]

三、电影的社会问题批评

影片与社会现实问题之间的复杂关联是电影批评者们关注的焦点之一。由世界图书出版公司北京公司出版的《好莱坞的犹太人》（2015 年 1 月出版）和《后 9 · 11 时代的恐怖片》（2015 年 6 月出版，原书出版于 2011 年）两本译著便是影片的社会问题批评方面的有力体现。

孙晴翻译的《后 9 · 11 时代的恐怖片》一书讨论了 9 · 11 事件之后恐怖影片的多种主题：电影所暗喻的具体事件，比如世贸中心的重建、伊拉克战争、巴格达中央监狱以及其他场所所发生的囚禁虐俘事件；性虐恐怖片的兴起；对经典恐怖电影的致敬以及传统怪物的重新使用（比如吸血鬼、B 级电影中的怪物，以及僵尸等）；同时还有利用电影技术来制造恐怖场景的新风尚。[④] 编者希望从不同的角度将恐怖电影阐释为一种带有寓意的流派，一种“产生意义的机器”。

《后 9 · 11 时代的恐怖片》一书分为三部分的内容：为什么恐怖片大行其道、恐怖片反观自身和恐怖片进行时。在第一部分里，劳拉·弗罗斯特、伊丽莎白·福特和亚当·温斯坦从各自的角度分析了恐怖片适合表现 9 · 11 之后全球的、国家的以及个人的创伤的原因。劳拉 · 弗罗斯特在其文章《黑色的银幕、遗失的身体》中讨论了媒体与电影对恐怖袭击表现的可见度问题。弗罗斯特将有意省略死亡与暴力影像的现实主义电影，

---

① [美]汤姆·布朗（Tom Brown）等编、王棵锁译：《电影瞬间：电影批评、历史、理论》，世界图书出版公司北京公司 2015 年第 1 版，第 128 页。

② [美]汤姆·布朗（Tom Brown）等编、王棵锁译：《电影瞬间：电影批评、历史、理论》，世界图书出版公司北京公司 2015 年第 1 版，第 105 页。

③ [美]汤姆·布朗（Tom Brown）等编、王棵锁译：《电影瞬间：电影批评、历史、理论》，世界图书出版公司北京公司 2015 年第 1 版，第 148 页。

④ [美]布瑞夫（Briefel,A.）等编、孙晴译：《后 9·11 时代的恐怖片》，世界图书出版公司北京公司 2015 年第 1 版，第 2 页。

如迈克尔—摩尔的《华氏9·11》(*Fathrenheit9/11*，2004)和保罗·格林戈拉斯的《颤栗航班93》(*United 93*，2006)，与重现当时场景的恐怖电影由吉姆—米柯所执导的影片《桑树街》(*Mulberry Street*，2006)和由马特·里夫斯所导演的电影《科洛弗档案》(*Cloverfield*，2008)进行了对比；通过对比这两个流派所采取的不同处理方式，作者发现恐怖电影是"一个善于表现禁忌题材的流派"。[①]伊丽莎白·福特所撰写的《勇往直前》以《颤栗航班93》为例进行分析。她认为保罗·格林戈拉斯的"冷静电影审美"来源于恐怖电影、色情电影和音乐剧的"类型电影"，而由大卫·R艾里斯和莱克斯·哈拉比执导的影片《航班蛇患》(*Snakes on a Plane*，2006)则暴露了企图贴近现实的电影虚构性。[②]亚当·温斯坦以名为《恐怖变形》的文章分析了大卫·柯南伯格的《暴力史》(*A History of Violence*,2005)和《东方的承诺》(*Eastern Promises*,2007)这两部后9·11时代的惊悚片。温斯坦认为，这些电影运用了导演早期执导恐怖片时的拍摄手法，如《毛骨悚然》(*Shivers*，1975)、《灵婴》(*The Brood*，1979)等，并发展出了一套新的视觉词汇，用来表现"暴力与全球化地理政治的结合"。[③]

在本书的第二部分，凯瑟琳·齐默、马特·希尔斯、荷美·金和阿维娃·布瑞集中探讨了恐怖片对主题、技术和文化地位的反思。凯瑟琳·齐默在《影像玄机》中分析了"电锯惊魂"系列电影(以及其他同类电影)将虐待与监视合二为一的手法，认为这些电影将这两者视为互助的权力机制；通过将类似虐待电影与迈克尔·哈内克艺术电影《隐藏摄像机》(*Caché* ,2005)进行对比,齐默认为监视也撼动了视觉与暴力之间的关系。[④]马特·希尔斯在《"反映主义"电影的终结？》一文中重新思考了"电锯惊魂"系列电影与现实之间的关系。他发现，这些电影颠覆了我们以往所熟悉的单方面的寓言模式：电影通过设置"陷阱"，"紧紧地围绕着当代政治议题展开，但并非直接表现出这些有争议的话题。"[⑤]荷美·金在《〈汉江怪物〉VS〈科洛弗档案〉》一文中也指出，恐怖片的惯例就是不直接涉及"真实"的事件,并认为恐怖片中的怪物是"历史创伤凝聚而成的、极易引起共鸣的视觉形式"；这个例子诠释了恐怖片处理题材的手法。[⑥]阿维娃·布瑞夫的《"买到手软！"》揭示了9·11后的恐怖片追溯乔治·A.罗梅罗的《活死人黎明》(*Dawn*

---

① [美]布瑞夫(Briefel,A.)等编、孙晴译:《后9·11时代的恐怖片》,世界图书出版公司北京公司2015年第1版,第9页。

② [美]布瑞夫(Briefel,A.)等编、孙晴译:《后9·11时代的恐怖片》,世界图书出版公司北京公司2015年第1版,第9页。

③ [美]布瑞夫(Briefel,A.)等编、孙晴译:《后9·11时代的恐怖片》,世界图书出版公司北京公司2015年第1版,第9页。

④ [美]布瑞夫(Briefel,A.)等编、孙晴译:《后9·11时代的恐怖片》,世界图书出版公司北京公司2015年第1版,第10页。

⑤ 同上。

⑥ [美]布瑞夫(Briefel,A.)等编、孙晴译:《后9·11时代的恐怖片》,世界图书出版公司北京公司2015年第1版,第149页。

of the Dead，1979）时期的历史传统，期待与后 9·11 时代的政治分庭抗礼。[①]

在本书的第三部分，斯蒂芬·汉克、林妮·布莱克、山姆·J. 米勒、特拉维·顿和哈里·M. 本少弗也从不同的影片中看到了恐怖片如何与 9·11 后美国日益高涨的保守主义相调和。斯蒂芬·汉克在文章《纵观布什政府》中认为《我是传奇》（*I am Legend*，2007）反映了"布什执政最后几年的主要舆论环境"，电影的剧情和视觉审美都重返冷战时期的悬疑风格和价值观。[②] 林妮·布莱克在文章《"我是恶魔，我来履行恶魔的职责"》中认为罗布·祖母比的两部充满怪异戏谑风格和技术创新的乡村恐怖片——《千尸屋》（*House of 1000 Corpsers*，2003）和《千尸屋 2》（*The Devil's Rejeccts*，2005），援引了二十世纪七十年代的蛮荒恐怖潮流，强力反击了后 9·11 时代中新保守右派所宣传的意识形态，抨击了当下排外的国家主义。[③] 特拉维·顿和哈里·M. 本少弗在《"永远的家庭"价值观》中分析了《暮光之城》的小说（*Twilight*，2005）和电影（*Twilight*，2008）是怎样将摩门教的文化和信仰与吸血鬼传奇结合起来，以及这一结合如何改变了吸血鬼传奇的部分特征，同时又保留了传统的性别和性欲等问题。[④] 山姆·J. 米勒的《同化与同性恋怪物》一文探讨了在同性恋运动日趋平淡保守的政治氛围中，恐怖片中同性恋怪物的消失。她呼吁历史上曾为激进的同性恋观众提供自我认同空间的怪物的回归，同时他还认为这些怪物潜移默化地促进了恐怖片自身的激进化。[⑤]

王诗源翻译的《好莱坞的犹太人》一书回顾了犹太人在美国电影中的杰作，对电影文本、视觉影像以及电影符号进行仔细的研究来探究 20 世纪美国犹太人的经历、文化以及身份认同。电影《爵士歌手》（1927）是一个犹太人美国化的经典故事，它包含了犹太人在美国生存的状态，展现了美国与犹太人交汇时产生的张力。[⑥]1940 年，查理·卓别林（非犹太裔）拍摄的电影《大独裁者》（*The Great Dictator*）展现了犹太人所受到的迫害。随着美国进入战争，犹太角色开始出现在各种战争片中，如影片《紫心勋章》（*The Purple Heart*，1944）和《海军陆战队的骄傲》（*Pride of the Marines*，1945），但出现的方式仍然小心翼翼，银幕上的犹太角色处于其他不同种族和宗教群体之中。[⑦]"二战"

① ［美］布瑞夫（Briefel,A.）等编、孙晴译：《后 9·11 时代的恐怖片》，世界图书出版公司北京公司 2015 年第 1 版，第 10 页。

② ［美］布瑞夫（Briefel,A.）等编、孙晴译：《后 9·11 时代的恐怖片》，世界图书出版公司北京公司 2015 年第 1 版，第 11 页。

③ 同上。

④ ［美］布瑞夫（Briefel,A.）等编、孙晴译：《后 9·11 时代的恐怖片》，世界图书出版公司北京公司 2015 年第 1 版，第 243 页。

⑤ ［美］布瑞夫（Briefel,A.）等编、孙晴译：《后 9·11 时代的恐怖片》，世界图书出版公司北京公司 2015 年第 1 版，第 11 页。

⑥ ［美］埃里克·高德曼（Eric A.Goldman）著、王诗源译：《好莱坞的犹太人》，世界图书出版公司北京公司 2015 年第 1 版，第 26 页。

⑦ ［美］埃里克·高德曼（Eric A.Goldman）著、王诗源译：《好莱坞的犹太人》，世界图书出版公司北京公司 2015 年第 1 版，第 5 页。

结束，美国电影开始探索反犹主义问题。1947年，《双雄斗智》（*Crossfire*）和《君子协定》两部电影对打击反犹主义起到了积极作用。爱德华·迪麦特雷克执导的影片《幼狮》（*The Young Lions*，1958）中的诺亚·阿克曼（Noah Ackerman）象征着真正的美国犹太人：对自己的犹太身份有安全感、为自己作为美国人的权利而战。他的爱情历程正好展现了演变中的犹太人正开始进入主流社会。奥托·普雷明格（Otto Preminger）的《出埃及记》（*Exodus*，1960）将以色列建国和战争恐怖放在一部电影，既展现了美国犹太人对自身跟以色列关系的认识，又体现了他们作为犹太人的感受。《出埃及记》展现了富有魅力、强壮而大胆的犹太人。

20世纪70年代的电影所描绘的犹太人形象包括：婚礼和犹太人成年礼上的暴食者，喜欢非犹太裔女人的好色之徒，甚至还有向非犹太人扔百吉饼的电影大亨这类符号化的形象。《再见，哥伦布》（*Goodbye, Columbus*，1969）和同类电影，比如依莲·梅（Elaine May）的《青涩恋情》（*The Heartbreak kid*，1972）、霍华德·奇耶夫（Howard Zieff）的《西部之心》（*Hearts of the West*，1975）都探讨了美国犹太人对新获得的社会接受度所感到的不安。20世纪70年代，好莱坞对美国社会做了进一步的自省。西德尼·波拉克（Sydney Pollack）导演的《往日情怀》（*The Way We Were*，1973）讲述了芭芭拉·史翠珊饰演的美国犹太人被一个英俊的美国男人吸引并自由地交往。在这里，犹太女人是局外人。而二十年后的《浪潮王子》（*The Prince of Tides*，1991）中，一个美国男人却被史翠珊扮演的美国式成功的犹太女人所吸引，美国男人成了局外人。通过芭芭拉·史翠珊扮演的这两个角色，我们见证了犹太人从局外人成为局内人的转变，而史翠珊本人的经历也是一处凭借自身能力成功的精彩故事。从七十年代到九十年代，电影纪录了犹太人在美国社会的登场并让他们从局外人进入了美国社会的中心。

在这个转变过程中，犹太人在美国的新地位让一些电影人很挣扎，其中最引人注目的伍迪·艾伦。作为犹太人，艾伦深深纠结于他的身份以及他在美国的处境，以至于在作品中反复出现矛盾与焦虑的主题。在《傻瓜大闹科学城》（*Sleeper*，1973）中艾伦似乎在发出疑问：即便由犹太人自身来引领，犹太人能否真正融入社会？《爱与死》（*Love and Death*，1975）的故事设在拿破仑战争时期，伍迪扮演的主角波瑞斯（Boris）跟他所生活的时代完全脱节。《安妮霍尔》（*Annie Hall*，1977）中的主角艾尔维会幻想自己是穿着哈西德教徒（Chassidic）服装的犹太人。《西力传》（*Zelig*，1983）反映了美国犹太人的很多经历——那种想要挤入主流社会，在里面找到自己位置并融入美国文化的急迫感。另外，《汉娜姐妹》（*Hannah and Her Sisters*，1986）、《爱与错》（*Crimes and Misdemeanors*，1989）以及《结构爱情狂》（*Deconstructing Harry*，1997）也都表达了相同的主题。仔细研究伍迪·艾伦的电影作品会发现，每部电影里都展现了他的个人挣扎和作为二十世纪末美国犹太人的困惑，也会发现其中包含着的关于美国犹太人

处境变化的风趣见解。

巴瑞·莱文森的《适者生存》是一部关于犹太人被美国同化，继而将美国变成自己宗教的影片，也是一部关于新的仪式、历史和记忆如何传给子孙后代的电影。1999年，莱文森在《自由高地》（*Liberty Heights*）里延续了《适者生存》的故事，讲述了"二战"之后那些真实存在的社会差异。《自由高地》在一定程度上探讨了社会和种族隔离，但它也通过浓厚的犹太传统、价值观和历史审视了一个犹太家庭。在《适者生存》里，犹太移民努力登上美国这个舞台，而由此对家庭造成的影响也让他们挣扎。而在《自由高地》里，移民记忆已经淡化了。莱文森在这两部电影里对记忆的搜寻，跟列维·施瑞博尔（Liev Schreiber）的电影《真相大白》（*Everything Is Illuminadted*，2005）里展开的旅程一样，都体现了犹太历史如何通过今日的美国电影重新得到诠释。莱文森的每部电影不仅仅是对现实的简单视觉记录，还是对二十世纪九十年代情感和态度的记录。

2005年，列维·施瑞博尔执导的《真相大白》讲述了一个美国犹太年轻人到乌克兰寻找自我身份认同的故事。主人公新发现的个人历史填补了老一辈去世留下的空白，这为他们的生活提供了全新而又独特的犹太养分。这部电影代表了过去几年美国电影的一个新方向——寻根。这个新方向带出了大量聚焦于犹太事件和犹太问题、讲述犹太历史重要时刻的电影，数量前所未见。

四、电影的历史批评

电影的历史批评即对影片所表述的过去之事进行评论。传统的历史批评观念认为影片所表述的历史是对过去之事的再现，而新历史主义则认为电影文本是在对过去之事进行想象。波兰电影从1989年进入了新的历史时期：政治审查消失，国家垄断被打破，全新的技术逐渐出现，电影市场逐渐发展。25年来，波兰电影不仅数量可观而且质量不错，其中不乏世界顶级艺术水准之作，波兰电影已成为国际电影制作与发行团队中不可或缺的一环。但令人费解的是波兰电影对于国际观众来说仍很陌生，仍处于一个需要被发现的位置。作为唯一一本专述波兰电影的图书，陈陟翻译的《波兰当代电影》（新星出版社2015年4月出版）在这个"发现"过程中起着非常重要的作用。该书汇编了11位波兰电影专家撰写的文章，内容涵盖了自1989年以来波兰的纪录片、历史片、动画片、女性主义及同性恋题材，以及独立电影的发展与现状；深度剖析社会变革前后波兰电影人面临的转型之痛与身份危机；如实讲述了在高度市场化的挤压与好莱坞文化的"入侵"之下，波兰电影商业化的成功与失败案例；以及颇享盛誉的波兰电影教育如何为世界与波兰电影做出卓越贡献。[①]

1989年后，波兰历史题材的电影获得了自由，理论上可以尽情地讨论之前被禁止的话题，但年轻人对此的兴趣却大不如从前。公众的集体意识期待着历史题材电影能够确认集体认同感。瓦伊达的影片《鹰冠戒指》（1992）展现了战争军人的悲惨命运，但它只表现过去，缺乏戏剧应有的敏感性，遭到观众冷遇。而《叛国者弗朗西斯科·克洛斯》（2000）中克洛斯是一个为占领时期德国军队服务的警察，他犯下了罪行，而让他犯罪的行为恰恰是他的职责。[②]这种呈现光荣事迹的影片是观众发自内心的渴求，也是历史真实本身所致。

纳粹占领时期波兰人与犹太人交织的关系也是历史题材影片关注的课题。瓦伊达的《科扎克》一片没有试图评判波兰人对犹太人居住区毁灭一事的集体态度，而是展现在这块恐怖地带生活所要遭受的非人的精神与肉体折磨。[③]也有些电影在对关系的探讨时把叙事的重点放在其他问题上，如罗曼·波兰斯基的《钢琴家》（2002）和扬·科尔斯基的《远离那扇窗》（2000）。《远离那扇窗》中，被占领的现实在电影中扮演了重要的角色，但更大的悲剧是躲在衣柜里的女孩在受到生命威胁之外所遭受的伦理侵犯。彼得·拉扎尔凯维奇的《在欧洲中部》重述了德国占领期间波德拉谢地区的大屠杀。约兰塔·德莱弗斯卡的长篇剧情片《波—林：记忆的碎片》（2008）展现了令人讶异的犹太小镇日常生活的温暖影像，被屠杀之前的宁静世界已经一去不返，这种美好事物被破坏的遗憾，极大冲击了目击者和观众的心灵。有少数电影把波苏关系和波俄关系作为主题。《欧洲大门》（1998）展示了1918年三位年轻护士在波兰东疆红军占领医院的戏剧化的遭遇。瓦伊达具有个人情怀的影片《卡廷惨案》（2008）也是展现这一主题。

波兰人民共和国的影像常以那些从历史中剥落、被人们遗忘的事件为主题。巴永的《波兹南1956》以非审视的方式讲述了1956年6月的一场遭到军队血腥镇压的工人抗议。库茨的《死亡就像一片面包》则采取了“一名工人的史诗”模式，纪念了武耶克矿工罢工和1981年12月宣布戒严后对其进行的残酷镇压。而他的另一部电影《皈依》（1994）讽刺地展现了为社会正义而斗争者的神话。

还有一些影片讲述了安全局和“所谓正义部”的阴暗历史。理夏德·布伽斯基的《尼罗河将军》就把人们重新带回了五十年代。克日什托夫·克劳杰1996年导演的《接头游戏》关注了1977年安全局对克拉科夫学生斯坦尼拉夫·佩雅思的谋杀。拉法尔·维申斯基的《波皮鲁兹科神父，自由是我们的》（2009），讲的是神父被安全部门谋害的

① ［波兰］马特乌什·维尔纳（Mateusz Werner）主编、陈陟译：《波兰当代电影》，新星出版社2015年第1版。

② ［波兰］马特乌什·维尔纳（Mateusz Werner）主编、陈陟译：《波兰当代电影》，新星出版社2015年第1版，第68页。

③ ［波兰］马特乌什·维尔纳（Mateusz Werner）主编、陈陟译：《波兰当代电影》，新星出版社2015年第1版，第71页。

故事。选择这些主题看上去都是公正的，但却清楚地表明了当局的压迫性质。这种压迫不是行政官员所致，而是邪恶的制度所致。这些影片严格地区分了当局与社会、他们与我们之间的对立，这种做法部分是合理的，但未能回答在之样的环境下长期生活会对精神造成怎样的后果这一问题。[①]

在格热戈日·克罗利凯维奇具有卓越原创性的心理剧电影《佩科辛斯基案件》（1993）中，主角试图重建自己并不知道的档案。德雷加斯的《听我哭泣》（1991）讲述了一则独特的事件：理夏德·西维茨于1968年在华沙"十周年纪念"体育场自焚，抗议华约国家入侵捷克斯洛伐克。该导演的另一部影片《人民波兰的一天》（2005）精彩地重建了人民共和国的日常生活。影片刻画的不是生活本身，而是官僚想象中的生活，再加上不放过任何会对国家运行产生影响的事件的警觉之心，结果使影片显得相当荒诞，但这种荒诞并非是编造的，也并非是为了让人相信而夸大其词。[②] 另外，瓦伊达还拍摄了两部基于波兰古典文学的电影：《塔德乌什先生》（1999）和《复仇》。在影片《复仇》中讽刺了波兰的贵族阶层，可以说，该片是对波兰民族性格的描绘。而在《塔德乌什先生》中，他以历史事件为背景，对波兰和波兰性的半神话进行提炼，充满了瓦伊达关于历史的所有影片中具有的复杂性，含有尖锐乃至痛苦的批判，以及最纯粹的形式表现再来的爱。[③]

还有的批评者从新历史主义的角度解读了电影史上的经典作品，给出了个性化的阐释。弗里茨·朗的电影《尼伯龙根：齐格菲尔德之死》（*Die Nibelungen: Siegfried*, 1924）把德意志民族的起源呈现为一个"手足相残"的故事，但由于复杂的历史以及其他方面的原因，该影片引起了多种批判性的解读。托马斯·艾尔塞瑟认为："影片中一段持续数秒的戏中戏实际上是在一部影片里呈现另一部影片，影片里的主人公在此时便成了观众，他并不知道这画面是用来观看的，是不可触摸的对象。这段戏中戏使有关商品拜物主义的寓言式植入得到更为明显的外化，也将影片从现代观众对其可疑的国家主义、复仇主义和反犹主义内涵的联想中转移开来，同时又不会让它从这种负担中解脱。"[④] 马克·布劳顿（Mark Broughton）认为电影片段可以"将历史呈现为重写本"。在文章《尾声中的雕塑——〈两个女孩与欧陆〉片段分析》中，布劳顿努力分析了在这部人物关系和文本/艺术品的关联颇为相似的影片中，导演是如何通过把罗丹的巴尔扎

① ［波兰］马特乌什·维尔纳（Mateusz Werner）主编、陈陟译：《波兰当代电影》，新星出版社2015年第1版，第79页。

② ［波兰］马特乌什·维尔纳（Mateusz Werner）主编、陈陟译：《波兰当代电影》，新星出版社2015年第1版，第80页。

③ ［波兰］马特乌什·维尔纳（Mateusz Werner）主编、陈陟译：《波兰当代电影》，新星出版社2015年第1版，第83页。

④ ［美］汤姆·布朗（Tom Brown）等编、王棵锁译：《电影瞬间：电影批评、历史、理论》，世界图书出版公司北京公司2015年第1版，第168—176页。

克雕像基于其他层面进行分层，并将历史视觉化的问题；而罗丹的雕塑形式本身，即是如何将个人的主观世界进行视觉化呈现的问题的回应。[①] 而乔纳森·比格纳尔（Jonathan Bignell）认为《星球大战》（*Star Wars*，1977）的开场片段中时间和空间的灵活塑造对电影史的过去和未来都有所指涉，它既是一种相信进步、自由、和谐的现代“宏大叙事”，也是一种后现代拼贴组合。[②] 也有的学者在阐释影片时还聚焦于具体的、局部的现象同更广泛语境之间的关系。帕姆·库克（Pam Cook）从语境化的角度解读了《雌雄大盗》（*Bonnie and Clyde*，1967）血腥的结尾片段，认为它揭示出一种道德核心理念的缺失；而该片真诚犀利的风格、含沙射影的结构、知识分子的趣味以及在性和暴力方面的精湛处理使它成为意义累计和神话融合过程中的典型代表，同时也成为描述历史研究与重建特征的有力证据。[③] 同样，吉内特·文森图（Ginette Vincendeau）从影片《衣冠禽兽》（*The Human Beast*，1938）的导演、演员和当时全球流行的黑色风格等诸多不同的视角进行了剖析，认为影片展现了劳工光明团结的世界与杀人者的孤寂之间的对立、轻松的娱乐与犯罪情节之间的对立以及法国自然主义小说与全球流行的黑色电影之间的对立；继而证明：历史和文本分析是一个汇聚学者或历史学家所呈现的、最具启发性的语境的过程。[④] 理查德·埃利斯（Richard Ellis）把影片《搜索者》（*The Searchers*，1956）的片段与带有创伤性的战争相联系，认为该片涉及饱受摧残的士兵的心理状态、退伍老兵无法适应战后生活，以及对种族“他者”的仇视等内容。[⑤]

五、影片风格的美学批评

大卫·林奇、小津安二郎和玛雅·德伦的电影都带有强烈的个人色彩，要对他们的影片风格进行深刻的评析不是易事。本年度的两本译著——《大卫·林奇的奇异世界》和《小津安二郎的反电影》，将为我们深度了解他们二人的电影风格特色提供很大的帮助。

由吉林出版集团有限责任公司于 2015 年 10 月出版的《大卫·林奇的奇异世界》（埃

---

① ［美］汤姆·布朗（Tom Brown）等编、王楳锁译：《电影瞬间：电影批评、历史、理论》，世界图书出版公司北京公司 2015 年第 1 版，第 250—261 页。

② ［美］汤姆·布朗（Tom Brown）等编、王楳锁译：《电影瞬间：电影批评、历史、理论》，世界图书出版公司北京公司 2015 年第 1 版，第 262—272 页。

③ ［美］汤姆·布朗（Tom Brown）等编、王楳锁译：《电影瞬间：电影批评、历史、理论》，世界图书出版公司北京公司 2015 年第 1 版，第 241-249 页。

④ ［美］汤姆·布朗（Tom Brown）等编、王楳锁译：《电影瞬间：电影批评、历史、理论》，世界图书出版公司北京公司 2015 年第 1 版，第 200-208 页。

⑤ ［美］汤姆·布朗（Tom Brown）等编、王楳锁译：《电影瞬间：电影批评、历史、理论》，世界图书出版公司北京公司 2015 年第 1 版，第 231-240 页。

里克·威尔逊（Eric G.Wilson）著，江鹏、鲜佳译）一书为我们开启了一扇深入认知林奇的大门。林奇通过反讽的运用搅乱了强有力且总令人窒息的意识形态，并将观众带入不可化约的模糊性或是一个无情的解释困境当中；然而，这个困境不是一个无谓的静止状态，却是一个通向虚无的深谷；从这个意义上说，林奇的反讽具有超验性。① 这本书仔细分析大卫·林奇的电影图像，认为每一张图像都是对原始的精神状况这个不同的宗教主题的探索。《橡皮头》是对最初的衰退的沉思，表现了陷入黑暗之中的物质和可以通过否定同样昏暗的质料来救赎的可能性；《蓝丝绒》认为陷入精神困境的男性只能通过一个精神上纯洁的女性存在才能得到救赎；《我心狂野》是关于浪漫的爱情的救赎力量的林奇式的讲述：是对一个观点的沉思，即敞开心灵才是通往上帝的方式；《迷失的高速公路》提出了大多数悲惨的宗教概念：否定神学，这种理论认为人们只能通过“上帝不是什么”这种方式来认识上帝，极度的困惑和孤独是通向知识和圣餐的唯一通道；《穆赫兰道》详尽地叙述了梦境中的景象，认为从睡梦中涌现的图像可以将灵魂抬高到神圣的境界，潜在的救赎的景象对清醒的意识是无效的。② 埃里克·威尔逊认为这些电影中的每一部都是诺斯替教的，而且都间接地改变了诺斯替教传统的某些主题。《橡皮头》的诺斯替教主义是显而易见的;《蓝丝绒》中的诺斯替主义元素要少一些，但是仍然吸收了诺斯替教的永恒的女性化这个观点。③ 在作者心里,《象人》《沙丘》《双峰：与火同行》和《史崔特先生的故事》是以一种偶然甚至是随意的方式来运用反讽；而《橡皮头》《蓝丝绒》《我心狂野》《迷失的高速公路》和《穆赫兰道》是有组织地将浪漫反讽引向它们真正的核心。④

日本导演小津安二郎几乎所有的作品都是家庭剧，而且是剧情极为简明的家庭剧。小津常常通过对结婚的描写向我们传达父亲与女儿的故事，这层含义容易把握，但一旦提起这些含义的表现手法，我们就会对它的奇特性感到困惑。由世界图书出版公司北京公司于 2015 年 6 月出版的《小津安二郎的反电影》（吉田喜重著、周以量译。原书出版于 1998 年）一书认为小津的作品之所以极其难以解读，是因为我们不知道小津致力于使用这种严谨、曲折的表现手法的真正意图。该书作者吉田喜重将小津的作品从各个角度加以分析，发现支撑小津电影的独特手法有：众多重复和变化贯彻到底的描写、并列链接起来的凡俗的故事情节、视线悬浮在半空中的演员、摄影机朝向正前

① ［美］埃里克·威尔逊（Eric G.Wilson）著、江鹏、鲜佳译：《大卫·林奇的奇异世界》，吉林出版集团有限责任公司 2015 年第 1 版，第 3 页。

② ［美］埃里克·威尔逊（Eric G.Wilson）著、江鹏、鲜佳译：《大卫·林奇的奇异世界》，吉林出版集团有限责任公司 2015 年第 1 版，第 28 页。

③ ［美］汤姆·布朗（Tom Brown）等编、王楳锁译：《电影瞬间：电影批评、历史、理论》，世界图书出版公司北京公司 2015 年第 1 版，第 28 页。

④ ［美］埃里克·威尔逊（Eric G.Wilson）著、江鹏、鲜佳译：《大卫·林奇的奇异世界》，长春，吉林出版集团有限责任公司 2015 年第 1 版，第 30 页。

方的低机位、独白似的节奏凝滞的台词。[①] 小津认为世界是无序的，他采用的表现手法也是无序的，但却建构了有序的世界。

作为美国先锋电影的先驱人物，玛雅·德伦自编、自导、自演了一系列以梦魇、偏执、超现实的具有神秘色彩的超现实电影。由吉林出版集团有限责任公司于 2015 年 10 月出版的《玛雅·德伦论电影》（玛雅·德伦著，张锦译）一书把玛雅·德伦的文章分为理论、技术与批评三个部分。玛雅·德伦无论是阐述电影的美学理论还是电影制作的技术程序都非常有说服力；另外，她总是将自己作为一名电影制作者的经历当做引用的例子，并且无论是概括还是细节，她都将自己的影片来举例说明自己的观点。[②] 玛雅·德伦在一篇名为《形式、艺术与电影相关想法的变位词》的长文中将电影重新构想为一种艺术形式，主张从其他艺术门类中去寻求概念元素：抒情诗中充满隐喻的意象，舞蹈中随时间展开的形式的非个人化表达，以及音乐中出现的韵律与主题结构；还强调电影艺术必须将艺术家的主观与道德智慧与摄影机相对尚未开发出来的潜力相结合。[③] 玛雅·德伦认为摄影技术不仅可以记录和反映现实，也可以创作和传达时空相对性的新体验。在批评方面，德伦认为电影批评应该直入本题，避免阐释。在她的定义中，电影的表现形式与其内容是密不可分的，并且形式是理解内容的唯一路径。

从以上总结我们可以看到，2015 年电影学译著中的电影批评问题主要表现出以下特点：一是我国学者一如既往地关注国外电影学著作，特别重视翻译和出版有关欧美电影的批评著作。这些书籍把关注的视点集中于对主流电影的研究，尤其是对大师巨作的分析与批评。这些文章对经典电影进行了跨学科和多维度的阐释，对于国内学者来说具有方法论上的指导意义。二是从引介的译著来看，阐释电影的视听语言、讨论作者论意义上的电影美学风格、解读电影与社会问题之间的关联，以及评析电影对历史事实的再现与想象仍是国外电影批评研究的主要范畴。三是具有国别史意义的电影评述，尤其是具有拓荒性质的评述开始引起国内学者的关注。此类电影学著作较少，所以译著也较少，其中涉及的电影批评问题更是值得国内学者关注和重视。

---

① ［日］吉田喜重著、周以量译：《小津安二郎的反电影》，世界图书出版公司北京公司 2015 年第 1 版，第 223 页。

② ［美］玛雅·德伦（Maya Deren，1917—1961）著、张锦译：《玛雅·德伦论电影》，吉林出版集团有限责任公司 2015 年第 1 版，第 4 页。

③ ［美］玛雅·德伦（Maya Deren，1917—1961）著、张锦译：《玛雅·德伦论电影》，吉林出版集团有限责任公司 2015 年第 1 版，第 8 页。

第八章

港台及国外电影批评概述

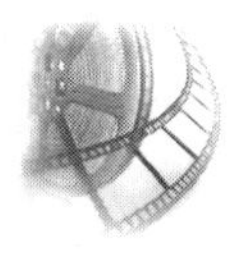

港台电影批评要览

周丹晨

一、港台电影批评现状

相较于80年代台湾异常活跃蓬勃发展的电影评论和理论黄金时期，如今的台湾电影批评伴随着台湾新电影运动的落幕逐渐走向平和发展。随着《台湾电影年鉴》2008年的最后一版的出版，在影迷中具有良好口碑和极高影响力的《影响》杂志也于2008年11月在封底打出"后会有期"的字样，虽然于2008年复刊并改版为简体后在大陆发行，但最终仍旧在发行七期之后销声匿迹。曾经作为台湾电影论争平台的《世界电影》杂志，也逐渐变成充斥着院线影片信息与花边新闻的娱乐杂志。时至2015年，台湾电影评论的专业期刊仅余《电影欣赏》一本。值得欣慰的是，虽然针对电影研究的专业期刊严重削减，但台湾其他一些文化艺术相关期刊上关于电影的文章发表量有逐渐上升的趋势。《印刻文学生活志》和《艺术观点act》就于今年分别以整本杂志的容量策划了有关电影的专题。

相较于台湾电影批评的另辟蹊径，香港电影批评一直呈现出一种青黄不接的状态。2007年1月，创刊28年，曾一手创办香港电影金像奖颁奖典礼，堪称香港唯一一本专业电影刊物的《电影双周刊》宣布停刊。其后同年创刊的由香港电影评论学会主办的《香港电影》杂志接过了香港唯一一本专业电影杂志的接力棒，但内容与质量也远不如《电影双周刊》。在内地电影期刊《看电影》杂志的冲击下，《香港电影》也于2013年无声夭折。于2008年创刊的香港电影评论学会内部期刊——《香港电影评论学会季刊》（*HKinema*）成为香港仅存的专业电影期刊，期刊内容格局较小，发表文章的主要人员也基本由香港电影评论学会成员组成。

2015年港台电影批评基本延续了现有的格局。随着《刺客聂隐娘》的获奖和台湾商业电影的回暖，台湾电影评论与批评也愈发活跃，在社会文化研究、美学风格、导

周丹晨，中国艺术研究院研究生院，硕士研究生。

演研究、电影理论方面均有所建树，研究对象也由台湾电影拓展至整个华语语系电影的研究。而香港电影批评的整体体量较小，研究对象多与华语电影大事件或香港资料馆主办活动相关，专业性与学术性相对较低。

二、社会文化研究

2015年台湾与香港就电影中的社会文化研究，展现出了较为不同的关注视野。台湾的研究目光从对自身电影发展历史的研究拓展至对马来西亚华人电影的研究上，而香港由于“香港电影百年”论争的影响，主要集中在对中国早期电影历史的发掘上。

台湾方面，国族认同问题、人物形象研究、电影文学改编以及台湾新电影依旧是台湾学界关注的重点。廖莹芝的《帮派、国族与男性气概：解严後台湾电影中的帮派男性形象》(《文化研究》2015年3月总号第20期）认为帮派题材之于台湾电影，有着凸显台湾文化与意义特殊性的作用，而帮派男性形象的背后往往存在着对国家意识形态的建构。文章先由列举日本、美国和香港的帮派电影类型影像中所反映的国族与文化差异入手，引出台湾黑帮电影与前者共同存在的特性——对于象征国族权威的公部门腐化的描绘以及将帮派叙述为国家社会底层的生存途径，从而使帮派斗争成为反映阶级困境的微型与寓言。随后指出《民国七十六年台湾电影宣言》中明确提出的“另一种电影”已经脱离了“台湾新电影”妥协的一面，进一步触及了台湾社会过往与现在的黑暗面，开始挑战台湾主流意识形态界限。作者认为，侯孝贤的《悲情城市》是台湾电影史上首次出现的文人电影与帮派题材交汇的影片，并赋予了帮会题材关乎生存的象征意义。作者最后通过与各国传统帮派类型电影的对比，总结了解严后台湾帮派电影类型中的各类特点：粗犷随性的草莽男性形象、帮派规模小且摆脱不了传统黑帮以暴力压榨换取低额利润的运作模式、非同性倾向的兄弟情谊的展现以及被现实或情感挫败的帮派男性，突显出帮派男性形象成为底层社会劳动者身份认同焦虑和国族认同困境的缩影。吴孟翰的《论〈孤恋花〉改编电影中的电影女性形象转换》(《文化研究双月刊》2015年1月总号第148期），对1985年林清介执导和2005年曹瑞原导演的两版《孤恋花》(以下简称《孤》)，从女性主义的角度进行了文本的分析与比较。作者认为林版的《孤》存在着任意改动文学原著，抹除原著中的女同志情节，使女性成为欲望客体而被消费等问题。相较之下，曹版的《孤》不仅保持了原著的面貌，更使其中的女性形象不再成为被消费、被凝视的对象，而是回归到本质的“人”的层面上。作者认为，这两部均由白先勇的同名文学作品《孤》改编而来的电影之所以在不同的历史阶段呈现出截然不同的面貌，是由于林版《孤》拍摄于八十年代台湾影坛对文学作

品的扭曲与消费，以及公众对于同志人群缺乏接受心理的社会背景下，而曹瑞原翻拍时，台湾已经历过女性与同志运动的洗礼，使得曹版的《孤》能够客观还原文学文本的原貌。

2015 年台湾评论界对于马来西亚华语电影的研究，主要建立在国族认同问题分析的基础上。关志华的《马来西亚国家电影下的马来西亚华语电影论述》（《长庚人文社会学报》2015 年 4 月第 8 卷第 1 期）对自二战以来华语电影在马来西亚的发展历程进行了梳理。作者首先指出在 1969 年马来西亚族群冲突后，马来国族主义者主导了国家权力，导致马来西亚华语电影受到"马来中心主义"国家电影文化的边缘化。但在 1990 年代末数码科技普及以及全球化的新的历史背景下，马来西亚华语电影大量涌现，马来西亚国家电影逐渐形成了"独立电影"和"主流电影"并存的文化形态。并由此折射出马来西亚国家阵线政治霸权的缓慢滑落，多元文化和多元族群性的国家电影文化艰难建立的过程。许维贤的《人民记忆、华人性和女性移民：以吴村的马华电影为中心》（《文化研究》2015 年 3 月总号第 20 期）分为三个部分，从人民记忆、华人性和女性移民三个角度分析了吴村的三部影片《新加坡之星》、《第二故乡》、《度日如年》。首先作者认为"马华"是"马来亚（或马来西亚）"与"华人"二词的结合，马华电影与马华文学共同展现了二战后马华受到帝国殖民与战争创伤的人民记忆。随后作者通过引用王赓武的理论对吴村的三部影片进行文本分析，探讨了马来西亚华侨的"华人性"与政治类型区别的具体表现。王赓武认为东南亚华人看待"华人性"的方式有两种：建立在孙中山民主观念之上的中国民族主义认同和建立在中华文化历史上的历史认同，并可根据政治意识形态划分出三类华人政治类型：A 类华人通常与中国保持政治上直接或间接的联系，自诩为华人社会的思想领导者；B 类华人多数精明而实际，认同金钱和组织为政治的基础，是东南亚华人的大多数；C 类华人则以马来西亚土生华人为核心，其中包括一些马来国族主义者。作者认为这三类华人在吴村的电影中均有与之对应的代表性人物。最后作者参照早期中国女性移民到南洋的历史材料，认为吴村的马华电影是对二战后马华女性的移民、遗民和夷民生活的再现。作者认为吴村的三部早期马华电影的华人性和意识形态具有"非马非华"的复杂性，以至于被当下主流的中国电影史、港台电影史和新马电影史所遗忘，深入研究这三部影片是对马华电影史的重新书写。

香港方面，《香港电影评论学会季刊》2015 年 1 月总号第 29 期，以"港片何年？"为题策划了专题，并以图表的形式罗列出了自 1997 至 2009 年间七次关于首部港片诞生的争论。香港电影资料馆研究员罗卡的《百年孤寂：静悄悄渡过了的香港电影百岁寿辰》，从 1909 年在港拍摄《偷烧鸭》的历史事件是否有真凭实据和是否有专家具体考证过香港电影的诞生年份这两个方面进行探讨，认为 2014 年才是香港电影真正百年生辰。并批评了香港电影业界并未经过证实就于 2009 年大搞庆祝的行为。林锦波的《香港影史足百年？》原是在《信报》发表的《香港影史百年？》的修订版，文章的观点与罗卡基本相同，其重要意义在于其是极少数公开质疑业界和政府整年庆祝活动的文章，对于庆祝香港电影百年的活动有整体的叙述，分析了各界组织活动的原因，也批评了这种不尊重历史史实的行为。罗卡翻译的《电影在中国的状况——去中国低薪工作、回时已是总监的旅客奇遇》是晓治贺夫曼对《庄子试妻》《瓦盆伸冤》《偷烧鸭》等第一批港片的摄影师万维沙的访问资料，原刊于《世界电影》，文章证实《庄子试妻》是香港所拍摄的第一部剧情片，《偷烧鸭》拍摄于其后，拍摄时间也为1914年而非1909年，具有极为重要的史料价值。

除"香港电影百年"的论争外，刘嵚的《太平山的夜幕——战前声影的研究启迪》（《香港电影评论学会季刊》2015年4月总号第30号）记录了2015年3月27日，在香港文化中心露天广场户外放映的影片《天上人间》和《蓬门碧玉》，并由此引出香港电影资料馆主办的"寻存与启迪——香港电影早期声影遗珍"的活动。叙述了活动选出的八部曾经遗失拷贝数十年未在香港公映的影片，现由美国三藩市经营华宫戏院的方创杰先生捐赠拷贝于香港电影资料馆。作者详细分析了这八部影片，并指出这些影片多数为香港影人在抗战前拍摄，具有很高的史料价值，且由此生发出认为香港电影研究缺乏学术性和专业性的思考。

三、美学风格研究

2015年台湾学界对于美学风格的研究仍聚焦在健康写实主义和台湾新电影上，对欧洲作者电影也有一定关注。香港方面则对此缺乏关注。

沈晓茵的《冬暖窗外有阿郎：台湾国语片健康写实之外的文艺与写实》（《台湾文学研究学报》2015年4月总号第20期）通过对三部1960年代中期之后的台湾国语片：李翰祥导演的《冬暖》、白景瑞导演的《再见阿郎》、宋存寿导演的《窗外》进行了细致的文本分析，阐释了这三部影片有别于同时期健康写实主义的影像风貌：《冬暖》的通俗技法的尝试、《再见阿郎》对健康写实框架的挣脱、《窗外》用朴素的手法来拍摄文艺爱情片，是对健康写实主义的一种突破，并拓展了当时台湾电影可能存在的美学风格。

《艺术观点 act》期刊于2015年7月版总号第63期策划了名为"'台湾新电影与当代艺术'地下根茎再生计划"的专题。在由龚卓军、孙松荣撰写的企划文中，将台湾新电影运动定义为一场电影的"自我认知生产"运动，并认为台湾新电影运动的浪潮已经趋于平静鲜有作品问世，但其具备的"现代性"与"当代艺术"的特质仍然具有

研究价值，且有待批判性论述的重新看待。"'台湾新电影与当代艺术'地下根茎再生计划"的目标就是为了从访谈、创作、策展提案与论述交织起来，将台湾新电影运动（以下简称新电影运动）在纸上如"地下根茎般漫延蔓生"[①]。

整个专题分为四个段落。第一个段落"场景"共收录了三篇文章，均是杂志编辑部由孙松荣、龚卓军、罗文岑、陈莘等人对不同对象进行访谈后，直接根据访谈内容整理出的第一人称进行叙事的文章，包含了新电影运动的一位摄影、一位演员、一位观众三重视角。第一篇文章《新电影之纪实摄影——张照堂的"片场现形记"》记录了台湾著名摄影家张照堂对于其参与纪录新电影运动发展的记忆。张照堂回忆了自己参与拍摄的《再见中国》（1978）、《杀夫》（1984）、《唐朝绮丽男》（1985）、《我们的天空》（1986）（原名：《淡水最后列车》）的具体情况，表达了其对于新电影运动的导演的崇敬之心，他倾佩女导演唐书璇不与商业妥协的胆识，认为《唐朝绮丽男》的导演邱刚健有着媲美费里尼的超现实想象力。作为新电影的重要摄影，张照堂肯定了新电影运动纪实风格的摄影，并以其与曾壮祥的合作为例谈新电影之于他的新奇体验。第二篇文章《新电影的工作方法——高重黎的演员经验及其思想》是高重黎的口述记录，高重黎是一名集摄影师、短片导演身份于一身的艺术家，并以一名演员的身份参与到新电影运动中。高重黎通过其身为演员的记忆总结了新电影运动的工作方法：选择非职业演员进行拍摄，使用标准镜头取其少变形的特质并佐以风格的长镜头。难能可贵的是高重黎并未如同张照堂一般完全从赞赏的角度看待新电影运动，而是其以一名艺术家的视角提出了其所认为的新电影运动的不足之处——除去制造新电影文本之外并未产任何美学和理论，造成了新电影运动缺少电影思考而依附于文学叙事的狭隘性质。第三篇文章《那种喜欢说不上来——第一次看〈风柜来的人〉》的叙述主角是画家林钜。他以一名观众的视角叙述了电影对他的生活所产生的影响（如年少时看李小龙的电影入迷而疯狂练武），从个人成长记忆地叙述引出其所认为的新电影运动的最大贡献——让个人的题材也能成立，并从自身与新电影的"巧遇"为开端，叙述了自己从新电影的观众到参与新电影制作（客串《悲情城市》等电影、担任《尼罗河女儿》的美术指导）的人生经历，表达自身对于新电影的发自内心的喜爱。整个段落除文字叙述外，收录了多幅三位受访者参与新电影制作过程时留下的摄影资料，从纪实摄影的角度再现了整个新电影运动的一隅。

专题第二个段落"分镜"设计了四个部分，主要内容是四位艺术家通过文字展现其作品并基本以模拟电影分镜的形式呈现。第一部分《延迟的刺点：堤2》以"纸上版首映"为噱头，用照片代替镜头并佐以文字旁白与字卡于纸上，再现了高重黎导演的

---

① 龚卓军，孙松荣：《"台湾新电影与当代艺术"地下根茎再生计划》，《艺术观点act》2015年7月版总号第63期。

新片《堤2》。第二部分是该段落唯一的一篇文章，艺术家曾御钦以《姿态的厚度，究竟能够“承受”多少国境的重量》为题，认为一部作品（不论是电影还是录像）中的任何素材都可以成为一种创作者的姿态的体现，创造者通过不断的“姿态”摆放，建构出一种可被观看的称之为“国境”的影像空间，随后列举了作者自己在创作三部作品时对于用影像创造“国境”的思考，认为一个导演不断强调的理念在他的作品中都可以梳理出一一对应的“姿态”。第三部分《那年夕张大雪》艺术家是牛俊强根据新电影《千禧曼波》创作的艺术作品的部分设计，以及作者对这部电影所塑造地两个并行时空创造出的幻影的感叹。第四部分《〈家庭式纸扎“屋中屋”〉前导》则直接展示了导演张徐展创作作品之前的准备手稿。整个段落以台湾新生代导演的创作现状直接呼应新电影运动对台湾电影整体发展的影响。

专题第三个段落“剪接”包含三篇文章，均是有关新电影运动展演的策划与介绍。第一篇是高森信男关于新电影运动的展览《再见了、荒芜的公园》的计划草稿。展览分别将新电影以来的代表作品，进行影响剪辑与声音编辑上的再次处理，依次来回顾新电影运动以来整个台湾电影的发展历程。第二篇文章是由策展人郭昭兰和艺术家周育正合作的《进入美术馆——美术馆作为造型艺术的场域,以电影〈郊游〉为例的提案》分析了蔡明亮的影片《郊游》与美术馆结合的成功实例，认为美术馆扩充了一部电影在空间中被阅读的可能性，并使美术指导再次确认了其在电影中的作用与功能。最后文章介绍了周育正将电影《郊游》设计为展览的具体提案。第三篇由策展人王耿瑜、庄依婷所撰的文章《记忆所系之处——台湾新电影》，首先介绍了为台湾新电影拍摄的纪录片《光阴的故事——台湾新电影》，并总结了这部纪录片对新电影运动具有重要意义的几处地标，如虎山、内双溪、蟾蜍山的影像描述，从新电影创作的现实空间回顾新电影。

专题第四个段落“论述”则具体到新电影的影像、文化、美学等方面进行文本分析或现象阐释。孙松荣的《台湾新电影的幽灵之旅——以张照堂担任摄影的〈杀夫〉与〈我们的天空〉作为一种影像跨域方案》分为三个部分。文章首先以“幽灵之旅”形容了关于台湾新电影的纪录片《光阴的故事——台湾新电影》，认为这部纪录片试图以重新组合新电影的蒙太奇的方法引发一种新的视觉冲动，从而以一种全新的视点来重新审视新电影运动，并认为这部纪录片为作者带来了想象新电影与视觉艺术之间可能关系的灵感。第二部分则先介绍了张照堂在参与新电影拍摄之前所拍摄或导演的纪录片，认为其摄影具有“杂糅着瑰异与变动、诡色与迷错的气息”[①] 的风格化影像，并认为其将这种影像风格和其对于田野生活的观察和视点带入了新电影的拍摄。并借由对于《杀夫》

① 孙松荣：《台湾新电影的幽灵之旅——以张照堂担任摄影的〈杀夫〉与〈我们的天空〉作为一种影像跨域方案》，《艺术观点 act》期刊于 2015 年 7 月版总号第 63 期。

和《我们的天空》两部电影的影像分析，阐释了新电影虽多为剧情片，但通过影像风格的转化呈现出纪录影片特征的观点。第三部分则以电影《恋恋风尘》中引用张照堂拍摄的纪录片《矿之旅》为例，探讨了纪录影片除去作为影像风格之外，还可以直接作为素材用于故事片中以还原真实历史轨迹和重建历史场域的作用，并将这种作用称为“眩晕考古学”。黄建宏的《新电影的一天——一段文化电影的寓言》，通过对笔者自身人生经历与新电影内容的结合阐释，认为台湾新电影所构成的台湾形象已经超出了地理、社会、历史、文化的概念，而是通过影像、声音和故事逐渐构成了一个连接自我与世界的“台湾”形象的观点。并以电影在世界范围内的影响为例，提出这样的“台湾”形象是一种在世界范围内可被分享的经验，即一种通过影片的观看察觉自身的生命状态的经验。最后作者谈起新电影运动和法国新浪潮运动的最大相似之处——作者电影的涌现，肯定了新电影运动内在的文化力量。陈莘的《1986年的恐怖恋恋风》从剪辑的角度切入，对《恋恋风尘》和《恐怖分子》两部影片进行了细致的文本分析，并通过《恋恋风尘》153个镜头与《恐怖分子》455个镜头的数量对比，阐释了艺术对于“真实”的表达并不一定依赖于对形式的摒弃。陈佳琦的《对抗、差异与美学再造——新电影论述的几点思索》，从介绍新电影运动的存续情况入手，对新电影运动进行三个方面的阐释。作者首先从对新电影运动的总体研究状况进行了梳理，认为台湾新电影从作为一个整体被提及逐渐转变为聚焦于杨德昌与侯孝贤二人作品的具体研究，是二人坚持自我风格且不向市场妥协的结果，同时也是对于新电影运动不断再解读再诠释的结果，伴随着研究的深化台湾新电影也被附加上更多的价值意义并走向更崇高的文化地位。随后作者谈到新电影运动之所以用“创作自由”、“艺术”等概念以及“人文性”、“人文精神”等说词区分自身与之前的台湾电影，在于受到了政治体制和商业市场两方面的阻力，并将对“大众”的审美简单的与庸俗化画上等号，从而通过对大众的批判使自身走到精英的姿态上去。最后作者认为关于新电影的美学争论经历了对现实主义美学的肯定到成为知识分子推崇的批判力量，再到现如今逐渐被论述为文化本质主义的美学体系三个阶段，并最终提出新电影的美学力量能够再次回对大众的凝视与关怀的期望。张世伦的《景框、银幕、观看的姿态，以及持相机的人》，首先具体分析了新电影中具有“观看”特征意象的应用，如对于约翰·托马森（John Thomson）拍摄的台湾“原风景”的引用（《郊游》《寻找木栅女》）、在影片中插入露天拉幕围观电影的画面（《恋恋风尘》《风柜来的人》）、拍摄主角观看电影的姿态（《好男好女》《你那边几点》）、在影片中设置一个持相机的人（《悲情城市》《一一》）等，阐释了新电影的以“观看”凸显问题意识的焦点议题。龚卓军的《我们自己可以成为自己的只是生产者——作为考现学与当代艺术的台湾新电影》，首先提出台湾新电影的发端与台湾当代艺术的开始存在着时间上的重合，认为二者的产生和发展有着相近的历史文化条件，并引用斯洛文尼亚评论者仁卡·帕朵维尼克（Zdenka Badovinac）认为当代艺术应当成为“抗衡宏大叙事、西方霸权体系与西方启蒙现代性的实践路径”[①] 的观点，由此提出“我们自己可以成为自己的知识生产者”[②] 的命题，认为台湾新电影与当代艺术的创作者正是这样一个自我知识生产的组织。随后作者通过提取出新电影文本中紧扣台湾历史发展进程的影像段落，阐释了新电影所具备的琼瑶三厅电影、军教片、健康写实片所欠缺的对现代生活经验的描述和内省，并认为台湾新电影运动是一次以电影为媒介的，台湾人自发的对台湾现代化场景、现代媒体场域的大型考现学运动以及对现代情动影像的触视与再调度。作者还认为，新电影从一开始就将自身视为“当代艺术”，并预示了当代艺术的自我组织知识生产的发展路径。

郑立明的《语言告别之后，是新的开始，还是结束？——高达〈告别语言〉、〈3×3-D〉的 3-D 反拨》（《电影欣赏》2015 年第 33 卷第 1 期总号第 163 期），从戈达尔对于文字嵌入、断语式的对白运用的热爱，以及对于印刷与书写的眷恋，探讨了戈达尔 3-D 电影的美学风格，并赞扬了其通过对于 3-D 技巧的破坏，打破 3-D 电影机器更为具有真实感的再现体制对观众的专制的勇气，以及不断突破自我和电影所能表现的界限的实验精神。吴尚育的《从感觉到政治——佩德罗·科斯塔“方泰尼亚三部曲”》（《电影欣赏》2015 年第 33 卷第 1 期总号第 163 期），介绍了葡萄牙导演佩德罗·科斯塔以里斯本的平民窟为题材的“方泰尼亚三部曲”：《托婴风暴》《在凡妲小姐的房间里》和《青春向前行》，并就此分析了导演的美学风格。作者认为佩德罗·科斯塔通过写实主义的美学风格，凸显了其展现“人的存在”的哲学思考，并以镜头语言带动观众身体的感觉经验与共鸣，从而“最终产生了由内部而生，希望改变现实的政治力量”[③]。

四、导演研究

2015 年港台电影导演研究的对象呈现出香港以王家卫为代表，台湾以侯孝贤为代表的格局。受到《刺客聂隐娘》上映的影响，侯孝贤导演更是成为了港台两地评论的聚焦点。

王家卫导演 2015 年没有作品出世，对于他的研究主要以对其过往作品的细致入微

① 龚卓军：《我们自己可以成为自己的只是生产者——作为考现学与当代艺术的台湾新电影》，《艺术观点 act》2015 年 7 月版总号第 63 期。

② 龚卓军：《我们自己可以成为自己的只是生产者——作为考现学与当代艺术的台湾新电影》，《艺术观点 act》2015 年 7 月版总号第 63 期。

③ 吴尚育：《从感觉到政治——佩德罗·科斯塔“方泰尼亚三部曲”》，《电影欣赏》2015 年第 33 卷第 1 期总号第 163 期。

的解析为主。台湾方面，何宝篮的《世俗·陷溺·历史魅影：王家卫电影〈东邪西毒终极版〉到〈一代宗师〉的去政治化书写》(《复兴岗学报》2015 年 6 月总号第 106 期)，通过对王家卫所拍摄的武侠电影《东邪西毒终极版》与《一代宗师》进行文本分析，探讨了王家卫武侠电影的美学特质，总结出“世俗”、“陷溺”与“历史魅影”三个概念。认为王家卫通过世俗化武侠人物与武林的形象，嵌入了香港的历史脉络，并以去政治化的手段反复追问了主体的可能性。刘永皓的《失衡的电影文本：分析王家卫电影〈我穿越 9000 公里为了把您点燃〉中的引用、省略、中断、断裂与删扣》(《文化研究》2015 年 3 月总号第 20 期)，对王家卫的短片作品《我穿越 9000 公里为了把您点燃》(*I Travelled 9000 km to Give It To You*，2007) 进行细致的文本分析，探讨了王家卫在创作文本时所使用文学创作手法。作者首先列举了短片对戈达尔的电影《阿尔法城》的引用，认为王家通过对影像与声音运用在对戈达尔作品引用的基础上发生了偏航，在致敬经典的同时创造出属于自身的艺术风格。其次,作者认为这部短片制造了许多的省略，在探索电影省略剪接可能的同时带动了电影观众的思考欲。再次，作者认为短片中的省略也造成了影片的中断与断裂，而王家卫也刻意扩大了这种断裂以思考看电影、拍电影既存在核心主题也存在冲突的多元性的特点。最后，作者引入 syncope 的概念并将其翻译为“删扣”以区分其与省略、蒙太奇的区别。作者认为短片中将某些影像省略删除的同时又将两个镜头扣结在一起即称为“删扣”，短片复杂呈现了这种删扣风格制造出的对影像的注视与影像的盲域交杂的晕眩感。

香港方面，由香港电影评论学会策划，黄爱玲、潘国灵、李照兴主编的《王家卫的映画世界》(香港：三联书店，2015 年版)(以下简称《王》)进行了再版。该书主要分为横移综论、大写特写和面对面谈三个章节。横移综论从王家卫电影中的时代、空间、美学、音乐、剧本等方面总结了王家卫电影的特质，大写特写则囊括了对于王家卫所有作品（包括短片和广告）的文本分析，面对面谈收录了与王家卫合作过的重要摄影、剪辑、美术指导、演员、编剧等人的访谈。相较于 2004 年 2 月的香港初版，再版增加了王家卫在这之后创作的《2046》《蓝莓之夜》《一代宗师》《穿越 9000 公里献给你》《东邪西毒终极版》五部作品的相关内容。

由于侯孝贤导演的最新作品《刺客聂隐娘》(以下简称《聂隐娘》)于戛纳荣获金棕榈所产生的话题热度，台湾和香港均有期刊专门为此设计了专题。这些专题一方面对《聂隐娘》进行了多方面的文本解读，一方面补全了对于侯孝贤的导演研究。台湾期刊《印刻文学生活志》(以下简称《印》)于 2015 年 7 月总号第 143 期以“三十年来最不耶阅世界的导演”为主题创作了专题。专题除去收录对于侯孝贤导演的专访《泼墨与工笔之外》(成英姝整理)、侯孝贤与谢海盟的对谈《景框只是一个真实世界里头若有若无的存在》(杨照主持)以及节选谢海盟撰写的《行云纪——〈刺客聂隐娘〉拍摄侧录》的部分内容发表外，还从作家专文、参与《聂隐娘》创作的艺术家以及评论家的多重视角阐释了侯导的这部新作。

作家朱天文、唐诺、林保淳以感性的文笔以及散文式的叙事抒发了观看《聂隐娘》之后的感想。朱天文的《剪接机上见》以《聂隐娘》文字剧本的创作到电影的拍摄再到剪辑时的取舍为线索，肯定了侯导对于自身电影风格的控制以及其艺术成就。唐诺的《千年大梦》认为侯孝贤使用其惯用的长镜头，展现了侠义世界的真实模样，并表现出其自《风柜来的人》以来一贯对影像真实的坚持，作者还认为《聂隐娘》呈现出了侯孝贤影片所具备的影像之外张力的极致以及其逐渐走向诗、走向电影本身的创作趋势。林保淳的《是“刺客”还是“侠客”——我看〈刺客聂隐娘〉》则从聂隐娘的身份解析入手,结合“刺客”与“侠客”身份的起源,认为聂隐娘是一名集“刺客”和“侠客”特征于一体的人物，突破了清朝之后的对于“刺客”身份的简单定位。

《印》相较其他有关侯孝贤影片的专题有所不同的是，以“艺术家札记”为标题对参与《聂隐娘》创作的主要艺术家进行了访问。其中包括丁名庆访摄影指导李屏宾的《“在，而不见”的目光》、侯季然访摄影师姚宏易的《为自己找到更多的限制》、美术服装设计黄文英的《等待〈聂隐娘〉——面对唐传奇的视觉想像》、卢慧心访剪辑师黄芝嘉的《剪出一个孤单的人形》以及黄芝嘉本人记录的《从两只驴子开始——黄芝嘉的剪接手记》、谢仲其访音乐创作林强的《文化之声的还原与传承》、李屏瑶访演员许芳宜的《不只穿上戏服，而是穿上新的肉身》、梁家瑜访演员毕安生的《戏里梦人生》。这些访谈直接反映了《聂隐娘》创作过程的细致入微，也从侧面体现了侯孝贤导演对于电影“真实”的极端严谨的态度。

“评家心得”这一部分主要聚焦于对《聂隐娘》的文本解读上。黄建业的《剑道已成，道心未坚——刺客聂隐娘的悲剧》总结了影片四个方面的特点：其一，《聂隐娘》是一次对于武侠类型电影的超越，在平缓的日常生活中突然爆发的动作段落，采用短分镜剪辑表现暴力场面，也是侯孝贤对自身的一次超越；其二，剧本准确的把握了安史之乱后藩镇割据的格局，用历史的思维打开了武侠电影的新的局面；其三，影片中的女性均具有强烈的行动力，但也都成为了政治斗争下的牺牲品；其四，影像表达对于自然外景的极简极美和对于内景藩镇宫苑的华丽压抑形成了对比，一方面清晰的体现隐娘的性格和其与师父的关系，一方面表现了藩镇割据的政治斗争的可怖，结尾隐娘归隐山林则进一步透露出影片的庶民价值。张小虹的《活捉聂隐娘》认为影片通过长镜头美学前所未有的将历史武侠片中的人物拍摄得“活”了起来。张士达的《背向观众，隐剑止杀》认为《聂隐娘》所表现的“不杀”，是对银幕上杀戮最高程度的节制，超脱出传统武侠片动辄尸横遍野的一般境界，体现了侯导对于民众审美形成的责任感。王派彰的《搞砸了又怎样》对比在不同时期对武侠片的发展做出重要贡献的《侠女》和《卧

虎藏龙》以及侯孝贤的以往作品，认为侯导坚持自身的风格不一味迎合市场是一件值得尊重的事情。

邓绍宏的《这次他开始旅行了：侯孝贤〈咖啡时光〉的阴性转向》(《文化越界》2015 年 3 月第 2 卷第 1 期）则分析了侯孝贤导演的一部具有过渡意义的影片。作者认为侯孝贤的电影自“台湾三部曲”终章《好男好女》起，独身的青年女性取代了原有乡村青年的角色地位，是侯孝贤电影阴性转向的开始，而《咖啡时光》中侯孝贤的女性视角在与日本文化接触中更为显著，并以母体隐喻了当代都会形象。随后作者对比了《咖啡时光》与其以往以女性为主角的电影中这类喻象表达的转变过程，整理出了侯导电影中时间与历史地表现转向晶体式的时间及阴性视角的整体脉络。

香港方面，《香港电影评论学会季刊》2015 年 8 月总号第 31 号也以“聂隐娘”为题创作了专题。相较于台湾评论界对于影片全方位的解析，香港的评论则更多从改编入手对《聂隐娘》进行了文本解读。蒲锋的《拨毛洗髓的改编》从原著本身对后世武侠小说的影响作为切入点，确立了《聂隐娘》作为武侠电影的定位。并认为电影通过对原著的大幅改编发掘了侯孝贤影片中一以贯之的人性关照。登徒的《成侠之力量，没有同类的境界》认为侯孝贤导演通过对原著的扩展、考据资料的整合和删减、从文字到影像的极致琢磨成就了《聂隐娘》的轮廓与张力，并通过“两生花”的构思，即嘉诚公主与道姑师父、田元氏与精精儿两对女性形象的植入，映照出朝廷与藩镇之间的政治角力，并通过聂隐娘与这两对女性形象的对比突显出“一个人，没有同类”的主题。张砚拓（台北）的《无情中见有情》富有感情的赞美了侯孝贤对于电影拍摄的认真态度，并总结了其影片的两大特点，一是“有情”，一是“求真”。杨元铃的《传奇，只在此身中》认为《聂隐娘》是前所未见的武侠美学艺术极品，将武侠片中常见的阴谋算计和人性挣扎以绝美的山林旷野和华丽宫廷影像所代替，终将成为华语电影史上的传奇。张伟雄撰文的《在凝在聆，在鸣》是这一专题中少见的直接从《聂隐娘》的视听美学出发进行阐释的文章，认为影片通过镜头与声音的运用从“凝视”和“聆听”两个方面塑造了聂隐娘的形象，并做出侯导以鸾以鸟比喻女性，并以“鸣”的方式如隐娘感叹嘉诚公主是“一个人，没有同类”，瑚姬“替窃七不平”等传达影片主旨的解读。

黄骏（香港）的《冷静与热情——寻找万玛才旦》(《电影欣赏》2015 年第 33 卷第 2 期总号第 162 期）是仅有的一篇研究对象为大陆导演的文章，总结了藏族导演万玛才旦作品的几点共同特征：平板的安多藏语的使用、父子关系元素的反复出现、以及藏族传统文化和现代文明之间的冲突与渗透，并视万玛才旦的作品为向世界展示藏区的一个第一身视角。

五、电影文本解读

2015 年台湾和香港的电影评论与对电影文本的解读呈现出大体相同的状态，电影评论界的目光大多聚焦在较新较热的影片上，且对于纪录片都有一定程度的关注。

2015 年港台对于华语电影的评论大多集中在王家卫的作品与侯孝贤的《刺客聂隐娘》文本解读上。除此之外，刘婉俐的《在缓慢崩坏中的家园怀想与低怆悲歌——陈可辛《亲爱的》追踪》(《电影欣赏》2015 年第 33 卷第 2 期总号第 162 期）则重点对陈可辛导演的影片《亲爱的》进行了解读。文章首先从电影中部分镜头的象征涵义的解析入手，结合陈可辛导演以往作品的分析，总结出陈可辛导演作品中的共性主题——“既对往昔纯真、美好岁月一去不返的感怀与伤悼”，以及在这一主旋律之下流露的出反映秩序崩毁与家园失落、身份认同错乱的家国寓言，并进一步论证影片中身份认同错乱的背后隐含着城乡差距与内心的距离。

台湾电影评论方面，值得一提的是一部分“部落格主”（即博客主）逐渐走上电影评论的主流平台。这些部落格主的文字风格通常通俗易懂且幽默风趣，为专业电影评论和普通观影大众之间建立起沟通的桥梁。《电影欣赏》开办的“台湾电影变幻时”专栏的负责人郑秉泓即是由部落格主逐渐成为专业影评人的典型案例。郑秉泓的文章非常关注台湾本土电影的发展状况，与电影中所展现出的台湾社会的历史变迁。郑秉泓的《〈爱琳娜〉——城市边缘狂想曲》(《电影欣赏》2015 年第 33 卷第 2 期总号第 162 期）借由自己年少时对家园的记忆引出了林靖杰导演的作品《爱琳娜》，以充满感性的笔触表达了自己对影片的喜爱，并为影片故事中的人物以及导演表现出的为群众抗争的精神所感动。

而在对西方电影的文本解读上，则呈现出了解读电影节获奖影片、纪录片以及采用跨学科跨文化为研究方法解读电影文本这三个方面的兴趣。

在电影节获奖影片的解读方面，傅纪钢的《英雄迟暮:从美漫英雄的脉络谈〈鸟人〉的缺憾》(《电影欣赏》2015 年第 33 卷第 2 期总号第 162 期)，从美漫英雄电影的源流与饰演超级英雄的演员代表的列举作为文章的开端，将目光聚焦到电影《鸟人》的饰演者，同时也是第一代《蝙蝠侠》的饰演者迈克尔·基顿的身上，表达了电影《鸟人》本可以借助迈克尔·基顿现实饰演蝙蝠侠的经历，与影片主角发生互文关系，从而深刻讽刺好莱坞明星与英雄片的虚伪，却最终流于一镜到底的炫技浮表的缺憾感慨。伊妮丝的《崩溃边缘：扎维耶·多兰的〈亲爱妈咪〉》(《电影欣赏》2015 年第 33 卷第 2 期总号第 162 期)，借多兰自己的话语与国外其他学者对多兰的评价，引出多兰电影中

的一贯主题——“不可能的爱”，并重点分析多兰的影片《妈咪》中镜框、光、音乐、语言等元素的运用来印证多兰独特的创作风格，和其影片中形成的人物关系与人物内心时时处在崩溃边缘的强烈张力。

香港方面，郑政恒的《〈修女伊德（修女艾达）〉与公路电影》(《香港电影评论学会季刊》2015 年 4 月总号第 30 期），简单介绍了波兰电影《修女伊德》的主要内容，从电影中的两位主角伊达和其姨妈二者“圣女”和“凡人”由二元对立到相互转换为切入点，以及通过公路片的类型化叙事探讨了家庭、信仰、罪疚和历史等问题。并由此而思及香港本土所拍摄公路片，大多也都关系到港人身份问题的讨论。

在纪录片的研究方面，女性导演创作的作品成为关注的对象。王远洋的《普拉娣巴·帕码的反身策略：〈真实之美：探索爱丽丝沃克〉评论》(《文化研究》2015 年 3 月总号第 20 期），从两个部分分析了这部纪录片。第一部分重点介绍了普拉娣巴·帕码（Pratibha Parmar）拍摄的纪录片《真实之美：探索爱丽丝沃克》(*Alice Walker：Beauty in Truth*）的主角艾丽丝·沃克（Alice Walker）的生平及其代表作《紫色姐妹花》(*The Color Purple*）。作者认为沃克将黑人内部社群暴力写入小说的行为，除了是其追求真相的责任感外也是一种反身性（self-reflexivity）策略的表现。第二部分则分析了影片导演帕码和影片拍摄对象沃克的作品所共同呈现出的反身性策略。作者认为《真实之美》并不是一部曲高和寡的纪录片，而是一部透过对沃克的拍摄表达自身对女性主运动的思考，并引起运动社群共鸣与反省的谏书。乔奕思的《打开或再度被打开的世界》(《香港电影评论学会季刊》2015 年 4 月总号第 30 期）通过对纪录片《人生也许》(*Life May Be*，2014）的介绍，探索了纪录片的主角曼尼亚·雅芭莉（Mania Akbari）的创作特点，总结了这名跨越多个艺术领域的女性的创作母题：用身体表达对性别的态度，发出一个离经叛道的女性的声音。

2015 年港台电影的部分文章以单个的电影文本为例，采用跨学科研究的方法阐释了自己的思想。杨乃女的《反乌托邦、後末日叙事与鬼魅时间——以〈末日浩劫〉为例》(《中外文学》2015 年 6 月第 44 卷第 2 期）旨在阐释西方文学中的世界末日想象主题在资本主义社会现代性的背景之下所产生的反乌托邦、后末日叙事与鬼魅时间。作者借由对电影《末日浩劫》(中译：《末日危途》）的文本分析将文章分为两个部分：第一部分讨论新旧两种末日叙事的差异以及在后末日叙事中时间所呈现出的鬼魅性，第二部分则通过解析《末日浩劫》中暴力与冲动—影像在电影中如何通过对原创世界的展现，塑造后末日叙事下产生的资本主义文明废墟与依靠暴力所推动的鬼魅时间，并探讨了其中存在弥赛亚时间与救赎的可能。黄玉兰的《兽性与人性的对比与重叠：解构〈驯龙高手〉中的古典与后现代》(《育达科大学报》2015 年 4 总号第 40 期），首先通过文本解读分析了影片中人类与龙族对立又共存的人性与兽性，随后作者根据对影片主角小嗝嗝与族中人物关系的分析，认为小嗝嗝的从“屠龙者”到“驯龙者”的行为符合古典主义的“人性中心”的精神内核，而整部影片的背景与情节设置则符合现代主义主题多元混杂、时空塌陷拼贴、去理智中心等特点。作者认为，正是影片对于人性与兽性的对比与重叠，古典主义与现代主义元素的交叉与对照，才使得《驯龙高手》得到专家与观众的青睐。

六、电影理论研究

2015 年港台有关电影理论的文章屈指可数。台湾方面，孙松荣的《面对影像：蔡明亮的跨影像实践对于台湾电影研究分析方法论的启迪》(《电影欣赏》2015 年第 33 卷第 2 期总号第 162 期)，分为三个部分，作者首先就文章议题提出了一个问题——“台湾电影研究需要什么样的影像分析？”[①]，以历史上多次关于华语电影研究方法的论争为借鉴，回归到台湾电影研究应该采取怎样的方法论的问题上来，提出在借助于西方电影理论提出的研究方法的同时，更要透过电影文本，思辨中西电影美学之间相互可能产生的共构性、穿透性、差异性的融合，并要从对影片文本的历史、文化、社会和政治脉络考察中来反思理论方法，并与之展开斡旋、抗衡、对话。第二部分则着重分析了蔡明亮影片中“正视影像”的三个环节：影像发生、影像空间及影像视听位置，并通过对《不散》《脸》《郊游》三部影片的深入剖析，阐释了蔡明亮运用银幕、展厅和墙面这三个元素使电影影像本身与台湾历史相互投射。第三部分则结合前两部分的观点，最终提出“电影无法以单一化或本质化的视野来解释其特殊性……也提醒了电影研究及分析方法不能老是将欧美电影概念、人物科学与社会学科理论范式视为最主要诠释的圭臬”[②]，而将影像作为对象前置在理念之前，由影像展开电影研究的思想。熊婷惠的《华语（语系）电影？ ：以邱金海之〈伴我行〉思考华语语系边界》(《中山人文学报》2015 年 7 月总号第 39 期）首先介绍了“华语语系”一词的诞生过程，认为“华语语系”（Sinophone）是一个由文学场域衍生而来的论述话语，作者接着列举了电影学界将这一概念引入到电影场域的尝试，并最终得出“华语（语系）电影”的概念。作者认为“华语（语系）电影”是相较于“中国电影”、“方言电影”或“华语电影”更为准确的表达方式，使港台电影在被东西方对整个华语地区的电影进行研究的格局之

---

① 孙松荣：《面对影像：蔡明亮的跨影像实践对于台湾电影研究分析方法论的启迪》，《电影欣赏》2015 年第 33 卷第 2 期总号第 162 期。

② 孙松荣：《面对影像：蔡明亮的跨影像实践对于台湾电影研究分析方法论的启迪》，《电影欣赏》2015 年第 33 卷第 2 期总号第 162 期。

下，不至于被大陆电影边缘化，同时也将马来西亚及新加坡等地区的话语电影纳入了研究范围，拓展了华语电影的研究边界。随后作者以新加坡导演邱金海的电影作品《伴我行》代表新加坡申请奥斯卡却以英文过多而被取消资格为思考的切入点，通过对《伴我行》具体的文本分析最终认为其应被视为华语语系电影，并提出华语语系除了以语言为维度串联华语地区的文化生产功能外，更可成为一个平台去挖掘探讨华语语系文化之间可供对话的议题。江凌青的《从雕塑电影迈向论文电影：论动态影像艺术的叙事倾向》(《艺术学研究》2015 年 6 月总号第 16 号)，选择从“叙事”来审视“艺术与电影的交汇”，一方面以此来作为框架重新检视叙事与动态影像之间的矛盾与冲突，另一方面也试图以不同的方法分析近年来出现的以“叙事”作为创作策略与目标的动态影像艺术。作者认为被展示于美术馆空间内的动态影像艺术与电影交会之后，有利于艺术家在全球化的当代艺术场域中展示在地性特色的叙事，同时也能使动态影像艺术共享电影作为大众娱乐文化形式的特征，从而在当代艺术领域发展出不同于其他艺术形式的具有世界性的叙事路径。

香港方面，刘伟霖的《公路电影：欧美的交点？》(《香港电影评论学会季刊》2015 年 4 月总号第 30 期）是仅有的电影类型研究，文章首先梳理了公路片发展的历史，列举了其中的经典影片。概括了公路片的特征：被延长的旅程、逃亡及追寻、寻找自由或寻亲，并认为欧美的公路片均具备这样的特征是欧美影片的交汇点。

《香港电影评论学会季刊》2015 年 10 月总号第 32 期以香港电影资料馆举办的“电影修复之路”展览为契机，以“修行——电影修复时代的思绪”为题就电影的数码修复策划了专题。家明的《对得起电影的数码修复》认为“经典修复”已经成为各类影展的重要类目，为影迷提供了更多更好资源的同时也“复活”了许多重要的文化遗产，但华语电影的修复依旧落后欧美很多，在电影的保护与教育上仍旧需要电影工作者的共同努力。张伟雄的《电影之魂魄舞步：数码修复》从数码技术的发展谈起，提出“数码是手段，修复才是目的”的观点。刘嵚所做的三次专访：《修旧如旧，修旧如新——电影资料馆思修复和展映》《修复最终会 One and Last——本地修复商说作法及前途》《尊重时代的特质和感觉——意国专家述原则及目标》分别访问了电影资料馆的节目策划傅慧仪和修复主任劳启明、美亚娱乐资讯集团有限公司辖下从事电影修复的“香港电影有限公司”行政董事罗国栋先生以及意大利博洛尼亚电影修复所（L'Immagine Ritrovata）的总监戴维德·波齐 Davide Pozzi。三篇专访分别从修复电影的节目策划的思考及方法、修复电影的放映与传播以及修复电影的专业过程与经验三个方面全面介绍了电影修复的相关工作。

英美电影批评概述

李佳瑛

一、英美电影批评概述

2015年英国、美国学术界电影批评总体上不乏对于类型电影的多方面解读阐释，以及经典电影理论、影片美学风格的探讨，且对于媒介与科技的发展给电影带来的影响、电影学研究新领域的探索、纪录片新的表现形式等内容的关注也颇为引人注目，而英美电影批评所显示出的理论化和较多的学科交叉形态，与当下主流电影创作的关系呈现出较为疏离的状态。

（一）英美电影批评聚焦点

英美电影类学术期刊一部分设有聚焦专栏，围绕本期聚焦主题，不同学者从不同的角度发表看法。从不同的聚焦主题一窥英美电影批评的关注点，2015年度所开设的聚焦专题既有对于经典电影理论如女性主义、性别认同、文学与电影之间转译问题的聚焦，亦有对于新的研究领域如非洲电影及媒介研究领域的开拓，和较为冷门前沿的邪典电影、银幕上的动物形象的关注。

美国《电影杂志》2015年冬季刊[①]的聚焦专栏主题为“当下非洲电影及媒介研究”，意在讨论当下发展中的非洲电影和媒介，因此领域在电影学中较少被研究，英美学者认为目前进行非洲电影及媒介研究面临的问题主要有：对研究对象身份的厘清、非洲电影研究与所谓“西方”理论的关系、在进行此研究时如何结合非洲文化的特殊性。而英美学者的关注点较多的集中在对诺莱坞、数字技术对电影传播（在线观看）、制作（众筹）及展览（电影节）多方面的影响、非洲电影实践的关注上。本期主题美国学者莫兰德·阿德朱莫比（Mordewun Adejunmobi）的《非洲电影的电视化转向》（*African Film's Televisual Turn*）关注了20世纪末到21世纪初尼日利亚和加纳出现的电视影片，

李佳瑛，中国艺术研究院研究生院，硕士研究生。

① *Cinema Journal*, Volume 54, Number 2, Winter 2015.

并认为电影这种虚构的叙事对于电视作为音像媒介的复兴做出了潜在的重大贡献；英国学者莉迪维·多维（Lindiwe Dovey）的《眼观电影节：从策展与观众到非洲屏幕与媒体研究》（*Through the Eye of a Film Festival: Toward a Curatorial and Spectator- Centered Approach to the Study of African Screen Media*）在非洲电影及媒介的研究对象的问题上，认为将电影节及其特定的观众作为研究对象可以使我们对特定的电影文化的批判性理解更加清晰；美国学者祖德·阿库迪诺比（Jude Akudinobi）的《诺莱坞：棱镜与范例》（*Nollywood: Prisms and Paradigms*）则强调诺莱坞是一个包含着文化、艺术、商业、跨国的复杂现象，并分析了其一直以来存在的危机：过度生产、盗版猖獗、对商业实践规范化及高质量产出的渴求，而诺莱坞也显示出正历经多方面的改变以完成向“新诺莱坞”的转变。

2015年《电影杂志》秋季刊[①]的聚焦主题为“性别认同与超级英雄”，结合漫画研究，选取了超级英雄作为主轴线，意在捕获当代超级英雄的跨媒介特性并探讨超级英雄的性别认同问题。美国学者卡伦·拉维尼（Carlen Lavigne）的《“我是蝙蝠侠”（且你也可以是）阿卡姆系列游戏中性别的狭隘扮演》（*“I’m Batman” (and You Can Be Too): Gender and Constrictive Play in the Arkham Game Series*）审视了蝙蝠侠阿卡姆系列游戏中的性别展现，认为其不但没有走出反而更加强了这种强调男性角色的力量与权威、女性作为性投射对象的刻板的性别套路；美国学者夏洛特·豪厄尔在《“狡猾”的暗示：作为DC品牌破坏者的神奇女超人》（*“Tricky” Connotations: Wonder Woman as DC’s Brand Disruptor*）从神奇女超人这一女性超级英雄的发展历程论证了DC公司更多地将神奇女超人作为市场推广和品牌的知识产权而非塑造此角色本身，认为DC公司在制作时有明显的男性偏向思维，而这种思维是创造女性超级英雄的障碍所在；英国学者埃伦·柯克帕特里克的《变形者：“身份”的妥协》（*TransFormers: “Identity” Compromised*）通过细致的读解论证了变身的超级英雄在跨性别理论（Trans Theories）[②]及性别认同视阈中的可读性。

2015年英国《影视学新评》第一期[③]推出“邪典电影与科技”的专题，意在探索科技的改变与新型媒介的发展对邪典电影的影响。英国学者K.J.唐纳利的《音乐邪典化电影：KTL与新默片》（*Music cultizing film: KTL and the new silents*）指出不管是电影节或其他活动上给默片进行现场配乐还是发行DVD时给默片重新配乐，新的音乐都重新定义了默片，特别是一些默片被新的音乐邪典化。以KTL配乐版本的《幽灵马

① *Cinema Journal*, Volume 55, Number 1, Fall 2015.

② 跨性别研究与跨性别理论被普遍认为是从1990年代早期，在女性主义及酷儿理论的碰撞和接合点中开始形成的一种理论景观。——原文作者注

③ *New Review of Film and Television Studies*, Vol. 13, No. 1,2015.

车》为案例分析，认为重新配乐将《幽灵马车》再语境化且显示了音乐家将电影视作邪典对象进行再定义的可能性，同时也一定程度上改变了电影的文化意义，使得旧的默片开放性地带给新的观众；英国学者杰米·赛克斯顿的《缓慢的衰退：邪典原声，剩余的媒介与数码科技》（*Creeping decay: cult soundtracks, residual media, and digital technologies*）首先纠正了学界将邪典电影原声的收集归于流行音乐研究而非电影研究的想法，认为音乐文化和邪典文化是相交叉的且邪典电影的地位可以在独立音乐文化中得到发展和加强。其后在数字技术发展对邪典电影的影响上，作者认为那些早已宣称被取代的媒介如唱片在怀旧文化进程中已不仅限于维持其“剩余媒介”的地位，而是可以在邪典电影原声收集的非主流领域承担一种邪典标志的作用；美国学者芭芭拉·克林格的《前邪典：1940 年代的卡萨布兰卡，广播剧改编与跨媒介》（*Pre-cult: Casablanca, radio adaptation, and transmedia in the 1940s*）指出在邪典电影研究中，学者们往往忽略了电影什么时期初次上映与后来是什么使其进入邪典范畴之间的联系，芭芭拉重新考虑了这个问题并将一部电影上映后但还未进入邪典范畴的阶段称之为“前邪典”（pre-cult）时期。并以古典邪典电影《卡萨布兰卡》为例研究邪典电影的生命周期，认为《卡萨布兰卡》的广播剧改编加强了其文本特征和亨弗莱·鲍嘉的明星效应，是《卡萨布兰卡》十年之后成为邪典电影的影响因素之一；英国学者凯特·伊根（Kate Egan）的《导演工作的珍贵镜头：构建、接近、使用并邪典化薇薇安库布里克的〈制造闪灵〉》（*Precious footage of the auteur at work: framing, accessing, using, and cultifying Vivian Kubrick' s Making the Shining*）阐释了《制作闪灵》这部纪录片本身是库布里克作为邪典电影作者重要的副文本，以及它从最初在电视中播出到在库布里克粉丝网站 amk 被传播和讨论再到 DVD 发行的过程，并认为这种科技变革已极大地影响了这部纪录片的传播史；英国学者马特·希斯（Matt Hills）的《邪典电影与科技变迁的“主流化”话语：用流动的现代性重看亚文化资本》（*Cult cinema and the 'mainstreaming' discourse of technological change: revisiting subcultural capital in liquid modernity*）审视了对于邪典电影旧技术的怀旧之情，特别是相对于线上资源的易得到性，午夜电影的不易得到性，而这种怀旧之情促进了一种亚文化资本的重新流行。结合社会学家齐格蒙特·鲍曼的“流动的现代性”观点，认为当下学者影迷和批评家制造出的“主流化”话语呈现出对于媒体消费的抵抗。

英国《银幕》杂志 2015 年春季刊[①] 的“档案”栏目主题为“银幕上的动物档案”，关注于银幕上的动物形象及动物在电影中的境遇，美国学者奥利弗（Oliver Gaycken）的《超现实主义的蔓延：〈吸血蝙蝠〉》（*Surrealist contagion: Le Vampire*）关注于让·潘勒维的

① *Screen*, Spring 2015.

影片《吸血蝙蝠》，指出这部影片虽以科学探究为基础，但并不是一部简单的科学纪录片，由于潘勒维的反法西斯政治态度，《吸血蝙蝠》用动物的吸血食性与猛烈的传染性来寓意法西斯主义；英国学者阿娜特·皮克（Anat Pick）的《叶凡·吉亚尼谦与安吉拉·里奇·鲁奇的〈罪恶的动物〉》（*Yervant Gianikian and Angela Ricci Lucchi' s Animali Criminali*）审视了《罪恶的动物》中重新使用一系列1920年代曾为法西斯服务的动物间互相攻击的镜头的用意：一方面揭露了法西斯的意识形态，另一方面更广泛地涉及到电影与动物所遭受的暴力之间的关系，之后作者指出并谴责了在电影媒介的捕食性之下使动物的生命遭受侵害的行为；英国学者劳拉·麦克马洪在《〈四次〉中的动物中介》（*Animal agency in Le Quattro volte*）分析了独立艺术电影《四次》中对于跨物种关系的民主化展现，认为在电影中导演没有将动物仅仅视作受控的活物，体现了一种非人类中心主义观；英国学者迈克尔·劳伦斯则在《近乎无限的可操纵性：家养狗，犬类表演以及数字电影》（*'Practically infinite manipulability' : domestic dogs, canine performance and digital cinema*）中关注了流行的合家欢影片如《大丹麦狗马默杜克》，指出当下对于犬科的数字形象创造是非常灵活的，人们拥有“几乎无限的可操纵性”来重新设计狗的形象，作者将这读解为人类对狗的驯养史的延伸。

《银幕》杂志2015年夏季刊[①]“档案”栏目主题为“银幕改编的开场”（the incipit in screen adaptation），探讨改编电影的开场。英国学者克里斯蒂娜·杰拉蒂的《开场的悖论》（*The paradox of openings*）在文中提出并细致分析了五种开场方式：承担结尾功能的开场、作为一个时间节点的开场、制造第一印象的开场、引导观众理解习惯的开场以及设置谜团的开场，并指出相较于电影的结尾，开场往往被忽略，而其实改编电影的开场有着不可取代的作用，承载着“熟悉的”与“不同的”，“原创的”与“传统的”之间微妙的平衡；而乔伊斯戈金的《开场镜头与不受束缚的老虎机：改编拉斯维加斯》（*Opening shots and loose slots: adapting Las Vegas*）分析了几十年来文学作品与电影中发生在拉斯维加斯故事的开场——拉斯维加斯所有经典的特征：霓虹灯、赌博、性交易等，认为被越来越多地视为美国最佳映像、美国梦中心的拉斯维加斯，其开场镜头需要一个更好的展现；美国学者埃米·萨金特的《与普希金博弈》（*Gaming with Pushkin*）分析了普希金诗体小说《叶甫盖尼·奥涅金》的第一章以及根据《叶甫盖尼·奥涅金》改编的影片《奥涅金》的开场，指出在电影中导演采用了将普希金与叶甫盖尼合并的方式，有选择地解释了叙述者的站位，从而曲解了原文本的主题。借此埃米也强调在两种语言、两种艺术形式之间转译的变化莫测性。

---

① *Screen*, Summer 2015.

（二）电影文本解读

对于电影文本的解读，2015 年度英美电影批评较为集中于对类型电影读解或通过电影的文本解读进行导演研究。

导演研究方面，美国学者艾伦 P. 巴尔（Alan P.Barr）的《阿伦雷乃〈你见到的还不算什么〉中的爱人传奇》（*The Play's the Thing: The Legend of Lovers in Alain Resnais's Vous n'avez encore rien vu*）[①] 细致解读了《你见到的还不算什么》，认为在此电影中阿伦雷乃将戏剧性从外围转移到电影的中心，用戏剧性展现他电影一贯的主题——爱情、记忆以及毁灭的共存，结合阿伦雷乃的其他电影，指出类似的主题在阿伦雷乃的电影中从未缺席；美国学者劳埃德·迈克尔斯的《伍迪艾伦关于遗憾的电影》（*Woody Allen's Cinema of Regret*）[②] 认为在伍迪艾伦四十年的影片制作过程中，关于"遗憾"的情绪是其非凡多样作品的来源所在，解读了伍迪艾伦作品中"遗憾"情绪的变换，并认为《甜蜜与卑微》是伍迪·艾伦最被忽视的"后古典"时期作品；英国学者詹姆斯·威廉斯在《视觉、神秘及反向领域的尝试：布鲁诺·杜蒙的〈小孩子〉》（*Vision, Mystery, and Release in The Reverse Field: Bruno Dumont's Li'l Quinquin*）[③] 通过对《小孩子》的读解细致分析了导演布鲁诺杜蒙，并将其电影实践的核心称之为"神秘自然主义"（mystico-naturalism）；罗伯特·阿内特的《认识托尼·斯科特：作者身份与后古典主义好莱坞》（*Understanding Tony Scott:Authorship and Post-classical Hollywood*）[④] 分析了托尼·斯科特获得后古典主义作者身份的过程，指出其作者身份与他的哥哥雷德利·斯科特的指导有着密不可分的关系，而托尼·斯科特从《怒火救援》开始超越了学徒期和同化阶段，罗伯特同时认为《危情时速》是被低估的作品且学界对于托尼·斯科特的研究远远不够。而 2015 年《电影季刊》春季刊[⑤] 聚焦于《少年时代》导演理查德·林克莱特，六位英美学者分别读解了《伯尼》、"爱在"三部曲、《半梦半醒的人生》等影片，指出林克莱特在制片策略、叙事独创性、角色选择等方面具有多样性，而在主题方面，林克莱特在其所有作品都中展现出的对于时间性的哲学思考的偏好。

对于类型电影的解读方面，美国学者勒内·索罗布鲁克纳的《"为什么你非要打开那个机器？"：穿越爱情片的回旋》（*"Why did you have to turn on the machine?" : The Spirals of Time-Travel Romance*）[⑥] 利用弗洛伊德、柏格森以及德勒兹的理论，以穿越电影的亚类型——穿越爱情片的为例解读电影的机制，认为不管是穿越到过去还是未来

---

① *Quarterly Review of Film and Video*, Volume 32, Issue 5, July 2015.

② *Quarterly Review of Film and Video*, Volume 32, Issue 5, July 2015.

③ *Film Quarterly*, Volume 69, Number 1, Fall 2015.

④ *Film Criticism*, Spring 2015.

⑤ *Film Quarterly*, Volume 68, Number 3, Spring 2015.

⑥ *Cinema Journal*, Volume 54, Number 2, Winter 2015.

都传达着强烈的欲望，而正是这样的欲望驱使时空穿越者打开穿越机器；美国学者查伦里·杰斯特则在《暴虐的母亲、父女乱伦以及恐慌的少女:〈珍爱〉作为恐怖电影的读解》（*Monstrous Mother, Incestuous Father, and Terrorized Teen: Reading Precious as a Horror Film*）[①]将并不是恐怖类型片的《珍爱》（2009）视作是恐怖片的延伸，通过与其他恐怖类型电影及小说的比较读解《珍爱》中暴虐的母亲及父亲形象，认为《珍爱》在描绘主人公噩梦般的遭遇时有意无意地借用了恐怖类型元素；美国学者李·克拉克·米切尔在《"这里真的有家乡吗？"在〈艾斯卡达的三次葬礼〉中相信所见》（*"Is There Actually Any Jim_enez?": Believing as Seeing in The Three Burials of Melquiades Estrada*）[②]解读了《艾斯卡达的三次葬礼》中一系列的对于经典西部片成规的拒绝——没有对质朴过去的怀念、没有描写规则和法制的胜利、没有对暴力的反思和男性气概的着重表现……但作者指出在拒绝经典西部片传统的同时，恰恰矛盾地证明了西部类型片的生命力并未消失；美国学者莫妮卡·蒙泰隆戈·弗洛里斯（Monica Montelongo Flores）的《海伦的旅馆房间：〈正午〉中作为去殖民地点的西部、旅馆及墨西哥女性》（*Helen's Hotel Room: The West, the Hotel, and the Mexican Female Body as Decolonial Sites in High Noon*）[③]中通过对《正午》解读，指出影片用海伦这个角色使在西部片中有着强烈殖民意味的墨西哥女性、代表着资本主义城市化进程及性色彩的旅馆空间去殖民化；美国学者卡罗尔·唐兰的《吸血鬼糟透了！暮光之城的规则！！！〈暮光之城〉电影中的神话与意义》（*Vampires Suck! Twihards Rule!!! Myth and Meaning in the Twilight Saga Franchise*）[④]通过对暮光之城系列电影的人物、情节等的解读，认为暮光之城只是将神话素（mythemes）勉强的拼凑在一起试图创造意义，而实际上这样的行为毫无意义；美国学者米歇尔·班尼特（Michel Renett）的《兄弟，最好的朋友与新型浪漫陪衬：初成年电影中的同性社交关系》（*Bros, BFFs, and the New Romantic Foil: Homosocial Relationships in the Emerging-Adult Film*）[⑤]指出初成年[⑥]电影中，同性陪衬角色已经不仅仅是传统的作为主人公性格及其爱情轨迹的副本，而是作为主角的好朋友或知己，在初成年电影中逐渐占据了越来越重要的地位。

（三）电影语言或美学风格讨论

在关于电影语言及美学风格的讨论方面，英美学者的电影批评呈现出了对经典影

① *Journal of Film and Video*, Volume 67, Number 1, Spring 2015.
② *Quarterly Review of Film and Video*, Volume 32, Issue 5, July 2015.
③ *Quarterly Review of Film and Video*, Volume 32, Issue 4, January 2015.
④ *Quarterly Review of Film and Video*, Volume 32, Issue 3, April 2015.
⑤ *Quarterly Review of Film and Video*, Volume 32, Issue 6, August 2015.
⑥ 初成年电影(Emerging-Adult Film)：表现人们成年初显期的电影。成年初显期(emerging adulthood)是指18—30岁之间，生活在工业化社会的年轻人所经历的与向成年期的转变做斗争妥协的时期。

片和当代影片的多元关注。

在对经典影片的关注方面，有一部分探讨了欧洲电影的美学特征：美国学者尼尔科塔·巴甘（Nicoleta Bazgan）的《城市中的女孩香特尔阿克曼的〈我饥肠辘辘，我寒冷难耐〉（1984）和〈1960年代末一个布鲁塞尔少女的肖像〉》（*Girls in the City: Chantal Akerman's I Am Hungry, I Am Cold (1984) and Portrait of a Young Girl at the End of the 1960s in Brussels (1993)*）[①]分析了香特尔·阿克曼的两部电影短片在描绘城市空间中少女时的电影美学，指出两部电影与当代女性主义城市问题的联系——从1980年代结构化空间的二分法争论转移到1990年代后结构视觉空间与碎片的、流动的、矛盾的认同；美国学者戴维·斯科特迪夫·里恩特的《收集城市的景象：片段式影片〈六大导演看巴黎〉与"明信片电影"》（*Collecting Views and Visions of the City: Episode Films, Paris vu par. . ., and "Postcard Cinema"*）[②]以《六大导演看巴黎》为主要解读对象，指出描绘城市的片段式影片显著的美学特征——明信片式书写——一方面给予城市样貌全景式的快速掠影，一方面通过不同人群的视点捕捉城市的社会政治因素；英国学者乔纳·森奥利弗的《早期哈默恐怖电影之诗：一次统计式分析》（*Poetics of early Hammer horror films: a statistical style analysis*）[③]分别选取了1957—1960年间七部哈默公司及同时期其他公司的七部恐怖片，通过对其镜头运用的统计数据分析哈默公司早期恐怖片的风格特征，得出以下结论：①电影放映时长上，哈默公司的恐怖片不仅长于其他公司恐怖片且长于哈默公司的非恐怖片。②平均镜头长度上，哈默公司恐怖片的镜头长度普遍长于其他公司。③景别的使用上，哈默公司比预期要少使用特写，较多的使用中景和中近景而其他公司较多使用中近景和特写。④镜头运动方面，哈默公司恐怖片大约20%的镜头有运动，却占据了影片50%的时长，而根据数据来看这在当时属于正常现象。⑤摄影角度上，哈默比其他公司使用更多种类的角度但避免使用极端角度。在电影语言分析方面，美国学者安德鲁·厄特森与英国学者汤姆·惠特克（Tom Whittaker）则关注了电影中声音的运用，前者在其文章《越线：奥逊威尔斯〈历劫佳人〉中的边界之声》（*Crossing Lines: The Sound of the Border in Orson Welles's Touch of Evil (1958)*）[④]中指出了《历劫佳人》中独特的美学策略——用音乐及声效构建美国与墨西哥边界的文化景观，不仅突出了边界的混杂状态也突出了国家间的差异，显示出奥逊威尔斯对于声音表现空间意义的探索；后者的《有关机械的和日常的：〈威士忌〉（2004）和〈蓝色眼影〉（2007）中》（*Of Machines and Routines: Mundane Rhythms and Sounds in Whisky (2004) and Blue*

① *Quarterly Review of Film and Video*, Volume 32, Issue 3, April 2015.
② *Quarterly Review of Film and Video*, Volume 32, Issue 7, October 2015.
③ *New Review of Film and Television Studies*, Vol.13 No.3 2015.
④ *Quarterly Review of Film and Video*, Volume 32, Issue 5, July 2015.

Eyelids (2007))①通过分析《威士忌》与《蓝色眼影》用电影的声音及节奏来展现日常生活的手法，指出两部影片在基调和主题上的相似性——都是另类的喜剧并同时具备吉姆·贾木许视觉上的朴素风格和阿基·考里斯马基阴郁的荒谬性，并强调电影中节奏的掌握对于揭露声音和画面、人物和社会间的关系有着至关重要的作用；美国学者埃里克·奥斯·汀托马斯的《摄影机的语法：鲁本马莫利安〈化身博士〉中的第一人称视角及分裂的"我"》(*Camera Grammar: First-Person Point of View and the Divided "I" in Rouben Mamoulian's 1931 Dr. Jekyll and Mr. Hyde*)②分析了1932年影片《化身博士》的镜头语言，指出一些学者认为《化身博士》中第一视角镜头的运用使得观众可以密切地分享主角的经验，而作者却反对这种观点，认为马莫利安电影中第一人称主观镜头的扩展使用，实际上拉大了观众与角色认同间的距离——主观镜头在叙事中既将主角心理上的变化无常内在化，而同时也强迫观众从叙事中抽离从而在看的过程中达到主动的理解而非被动的认同。

在对于当代的关注上，2015年英美主要集中在纪录片和实验电影两个方面，其中对纪录片表现形式及新发展的关注引人注目，一部分关注于纪录片的新表现形式的探索，美国学者莉萨·帕克斯的《遮住你的摄像头：解密劳拉·珀特阿斯的〈第四公民〉》(*Cover your webcam: Unencrypting Laura Poitras's Citizenfour*)③关注了第一部产生于数字加密的纪录片《第四公民》，细致分析了影片中所涉及到的监控及加密手段，并指出《第四公民》不仅是一部纪录片同样也是一种战略媒体；美国学者安杰拉·齐托在《记忆行为，记录的现场：中国民间记忆计划》(*The Act of Remembering, The Xianchang of Recording: The folk/Minjian Memory Project in China*)④中介绍了自己所关注和合作的北京草场地工作室的民间记忆计划，讲述了这个计划与众不同的记录方式——多位纪录片制作者返回自己的村子采访村民记录其口述的历史记忆，以找寻中国历史真实的样貌；美国学者帕特里·夏奥夫德·海德在《交互式纪录片：导航与设计》(*Interactive Documentaries: Navigation and Design*)⑤中写出了近年来关于交互式纪录片的分类方式：公开纪录片研究室按技术途径来分为网络纪录片、跨媒体项目以及交互式纪录片，而桑德拉·高登兹(Sandra Gaudenzi)根据观看者的参与方式来分为半封闭式、半公开式和公开式，玛吉·伯内特·斯托格纳也提供了一种将交互式纪录片分为参与式、集体式和移动式的分类方法。而在交互纪录片的性质上，一些学者认为是纪录片的革新，而一些学者认为交互式纪录片是一种新的艺术形式；美国学者南迪尼·斯坎德(nandini sikand)的《拍摄民族

① *Journal of Film and Video*, Volume 67, Number 2, Summer 2015.
② *Quarterly Review of Film and Video*, Volume 32, Issue 7, October 2015.
③ *Film Quarterly*, Volume 68, Number 3, Spring 2015.
④ *Film Quarterly*, Volume 69, Number 1, Fall 2015.
⑤ *Journal of Film and Video*, Volume 67, Numbers 3-4, Fall/Winter 2015.

志还是民族志电影？民族志、纪录片与女性电影中的关系结构》(*Filmed Ethnography or Ethnographic Film? Voice and Positionality in Ethnographic, Documentary, and Feminist Film*)[①] 讲述了自己制作《索马女孩》(Soma Girls) 的过程，同时作为一名人类学学者认为纪录片的制作与人类学田野考察有相似之处——都是通过对表现对象的细致考察和积极参与来记录和理解人类的经历，更倾向于将《索马女孩》称为“民族志电影”，并建议在纪录片的制作中模糊影片制作者、表现对象及观众之间的界线。亦有学者关注于表现真实历史或政治事件纪录片的伦理问题：美国学者约瑟夫·A. 克雷默的《〈和巴什尔跳华尔兹〉(2008)：动画纪录片中的创伤及展现》(*Waltz with Bashir (2008): Trauma and Representation in the Animated Documentary*)[②] 以及托马斯·帕特里·克普林格尔的《纪录片的泛灵论:〈杀戮演绎〉(2012) 中的物质政治与感知道德》(*Documentary Animism: Material Politics and Sensory Ethics in The Act of Killing (2012)*)[③]，前者通过《和巴什尔跳华尔兹》指出了动画纪录片这一新兴亚类型的混杂特性，并关注了影片对于战争所造成的创伤经历呈现的伦理问题，肯定了动画这种形式的表现力，但认为《和巴什尔跳华尔兹》商品化并消费了表现对象；后者指出，表现 1965 年印尼军事政变事件的纪录片《杀戮演绎》，用两位当年的屠杀者作为主角来讲述当年的事件，使得这部纪录片在表现复杂的政治事件时不能承担起应有的合法性和规范的道德品性；而美国纪录片制作者菲奥·娜奥特韦在《纪录片的不可靠叙述者》(*The Unreliable Narrator in Documentary*)[④] 将通常用于分析虚构电影的不可靠叙述者理论，应用于分析纪录片，通过对当代的几部纪录片进行分析后，论证了不可靠叙述者可以成为纪录片中使观众积极参与进影片中的强有力的工具。

也有一部分学者对于实验电影给予了关注：美国学者贾斯廷·雷米斯的《无边的本体：迈克尔斯诺、维特根斯坦与文本的电影》(*Boundless Ontologies: Michael Snow, Wittgenstein, and the Textual Film*)[⑤] 关注于迈克尔·斯诺的纯文字实验电影《雪》，指出其试图用一种维特根斯坦式否定本质的方法来否定电影本体论；英国学者金·诺尔斯的《呈现语言，赋活诗歌：实验电影中文本的活化》(*Performing Language, Animating Poetry: Kinetic Text in Experimental Cinema*)[⑥] 同样也关注了电影中将文字直接搬上银幕视化语言的做法，以彼得·罗斯的实验电影作案例分析，指出将文本作为图像的尝试是有意的通过强调文字的视觉性、感官性及表述性来颠覆刻板的语言理解结构。

---

① *Journal of Film and Video*, Volume 67, Numbers 3-4, Fall/Winter 2015.

② *Journal of Film and Video*, Volume 67, Numbers 3-4, Fall/Winter 2015.

③ *Journal of Film and Video*, Volume 67, Numbers 3-4, Fall/Winter 2015.

④ *Journal of Film and Video*, Volume 67, Numbers 3-4, Fall/Winter 2015.

⑤ *Cinema Journal*, Volume 54, Number 3, Spring 2015.

⑥ *Journal of Film and Video*, Volume 67, Number 1, Spring 2015.

（四）影片社会文化意义的阐释

在影片社会文化意义阐释方面，2015 年度结合意识形态批评对影片进行分析，构成了英美学者此类电影批评的主要部分之一。美国学者兰德尔·甘恩的《牛仔、转轮枪与马匹：美国西部的宿命与帝国》（*Cowboys, Six-guns, and Horses: Manifest Destiny and Empire in the American Western*）[①]，通过对《赤胆屠龙》以及《小镇疑云》两部西部片的分析，论证了关于“宿命”的目的论叙事在西部类型片中的反复出现，并指出了带有例外主义色彩的开拓经历在美国历史文化中强有力的持续存在；美国学者科里·哈迪（Corie Hardy）的《沉默的美国帝国主义：〈越战迷情〉中的欧美男性、异族情欲及维护大男子主义的逻辑》（*Quiet American Imperialism: Euro-American Masculinity, Interracial Desire, and the Logic of Masculinist Protection in The Quiet American*）[②]对《沉静的美国人》的原著小说及之后的改编电影进行分析，指出在描述越战或亚洲战争中白人男性与亚洲女性的爱情关系时，通过种族主义的意识形态建构了欧美男性的霸权；英国学者劳拉·克罗斯利的《国王的回归：指环王，亚瑟王的圆桌以及不神圣的寻找圣杯》（*The Return of the (Once and Future) King: Tolkien's Ring, Arthur's Round Table, and Unholy Grail Quests*）[③]关注了由英国传统故事改编而搬上银幕的《亚瑟王》和《指环王》，指出在当下英国政治文化语境中，根据流传已久的亚瑟王传说改编的《亚瑟王》和《指环王》，所包含的特殊话语是围绕着国家认同问题的意识形态重组之时在英国公共生活中的一次发声；美国学者迈克尔·索尔斯（Michael Soares）的《明日之人：从美国例外主义到全球化的超人》（*The Man of Tomorrow: Superman from American Exceptionalism to Globalization*）[④]，通过对美国电影中钢铁侠等代表美国例外主义的超人形象的分析，指出在当代全球化的语境之下，超级英雄的形象不应只代表着美国的文化认同而应寻找一种适用于全球的表达。

而从多个角度出发或结合其他学科，挖掘影片背后的社会文化意义，也是英美学者进行电影批评的重要部分，英国学者尼·克赫弗南的《我们的电影中没有父母，没有教堂，没有权威：探索电影，青年观众与罗杰·科曼的反文化三部曲》（*No Parents, No Church, No Authorities in Our Films: Exploitation Movies, the Youth Audience, and Roger Corman's Counterculture Trilogy*）[⑤]，通过对罗·杰科曼的反文化三部曲美学、市场及观众接受等方面的分析，指出反文化三部曲显示出青年观众逐渐增长的影响力以及其复杂、

① *Quarterly Review of Film and Video*, Volume 32, Issue 3, April 2015.
② *Quarterly Review of Film and Video*, Volume 32, Issue 3, April 2015.
③ *Quarterly Review of Film and Video*, Volume 32, Issue 7, October 2015.
④ *The Journal of Popular Culture*, Vol. 48, No. 4, 2015.
⑤ *Journal of Film and Video*, Volume 67, Number 2, Summer 2015.

断裂的文化认同；还有一部分学者将电影与社会学家或哲学家的观点联系起来进行电影批评，美国学者托马斯·舒尔在《早期的虚无：弗里兹朗的启蒙运动辩证法》(*Early Nothing: Fritz Lang's Dialectic of Enlightenment*)①将导演弗里·兹朗的电影作品与德国社会学家西奥·多阿隆(Theodor Adorno)的书《启蒙运动的辩证法》以及他们各自的经历结合起来，指出在第二次世界大战的时代，社会学家与电影制作者在作品中展现出的对家园与流放、神话与寓言等此类共同主题的理解；美国学者戴维·施特(David Sterritt)在《非常混合：〈肮脏的哈里〉，社会失范与健康思想信条》(*Bad Mixings: Dirty Harry, Social Anomaly, and the Gospel of Healthy-Mindedness*)②中结合哲学家威廉·詹姆斯所提出的"健康思想信条"分析了《肮脏的哈里》，并指出《肮脏的哈里》中现代社会所培育的心理和精神上的生存策略，是通过哈里自以为是的正直与暴力行为所保护和维持的特殊的、自满的"健康思想"。

（五）媒介及科技发展与电影

关于媒介或科技的发展与电影关系的讨论，也是2015年英美电影批评的一个关注点，一部分关注于科技的发展对电影本身表现形式的改变，英国学者尼克·琼斯的两篇文章《"从来没有真正的立体影像"：近观3-D媒介》(*'There never really is a stereoscopic image': a closer look at 3-D media*)③与《不变中的多变：数码3D与电影风格》(*Variation within Stability: Digital 3D and Film Style*)④，前者结合乔纳森·克拉里所指出的立体影像一词本身的矛盾性——立体影像所展现的内容是幻觉式的而非形象化的，识别了立体电影的非物质性、内在主观性以及对视觉变形的运用，后者通过对2D与3D电影的比较和分析指出，3D并不是一种短期的效果而应是一种贯穿整部电影的持续的美学风格，对3D电影的理解应该跳出新奇概念的局限而进入美学策略的范畴。而另一部分意在思考科技与媒介的发展对于电影文化的影响，美国学者贾丝明·努沙杜瓦·特赖斯(Jasmine Nadua Trice)的《马尼拉的新迷影》(*Manila's New Cinephilia*)⑤，指出在数字媒介环境转变环境下，马尼拉新迷影体现在一种在无功利性的寻求所期望电影的行为中；而美国学者科林·鲁特(Colin Root)在《拉伸银幕：水平状态，宽银幕电影与冷战》(*Stretching the Screen: Horizontality, the CinemaScope Film, and the Cold War*)⑥中关注了20世纪50年代科技发展所带来的宽银幕电影，指出宽银幕电影的实质是通

① *Quarterly Review of Film and Video*, Volume 32, Issue 4, January 2015.
② *Quarterly Review of Film and Video*, Volume 32, Issue 4, January 2015.
③ *New Review of Film and Television Studies*, 2015 Vol. 13, No. 2.
④ *Cinema Journal*, Volume 55, Number 1, Fall 2015.
⑤ *Quarterly Review of Film and Video*, Volume 32, Issue 7, October 2015.
⑥ *Quarterly Review of Film and Video*, Volume 32, Issue 5, July 2015.

过改变电影的比例与尺寸从而使观众和银幕之间的关系变得更为积极和参与度更高，而上世纪 50 年代好莱坞用宽银幕电影进行的西部类型片的宣传，通过对过去的向往显示了美国二战后和冷战前期的担忧氛围。

俄罗斯电影批评概述

陈　陟

2015 年，俄罗斯经济持续恶化，加上遭到西方制裁，社会发展各项指标走低，国内外发展动力全失，许多行业都影响陷入困境已成为俄罗斯举国上下不得不面对的“新常态”。在这样的大背景下，电影行业虽然偶有佳作，但总体发展平平，批评界也把更多的注意力放到了对三大国际电影节和国外新片的关注上。

本文资料来源主要有俄罗斯专业电影期刊《电影艺术》（ИскусствоКино）和专业电影网（wwww.proficinema.ru），将 2015 年的俄罗斯电影批评分为以下几大主题：

（一）对俄国早期和苏联时期电影和电影人的研究和评论

1. 对俄国历史上第一位女性电影人——编剧安娜·玛尔的研究。俄罗斯近年来对“无声电影的诗意”爆发出许多关注，1908—1918 年，俄国共拍摄了 1376 部长短故事片，其中比较有影响的主要是被搬上银幕的名著，如普希金、屠格涅夫、托尔斯泰、陀思妥耶夫斯基、契诃夫等文学大师的作品，另一些故事片成为被遗忘的盲点，在《电影艺术》杂志 2015 年第一期上，玛利亚·米哈伊洛娃发表了题为《安娜·玛尔——第一位女性从业者》的文章，以目前能找到影像的作品和早期安娜·玛尔在杂志上发表的作品作为资料，探寻了她创作的历程、主题和特点，文章提出，安娜·玛尔能够很好地游走在纯粹的文学创作和“为影像而创作的文字”之间，自发使用了场景变化、景别变化、镜头的运动和演员的动作表演等电影语言，使得文字描述的人物心理微妙变化等主观情绪得以在电影中展现，她的剧作不仅能够讲故事，还能够营造氛围、表达情绪，完成细微情感的差别化处理、主人公的心理潜台词等。她作品的主题大多关于女性，虽然有些因为对情色的露骨表述等原因遭到批评，但对当时女性处境的表述十分大胆、真实。作者认为，她在艺术上的发现也许并不是太多，但有一种“感伤的情调”，令人看后印象深刻。

陈陟，中国民族贸易促进会文化中心，主任科员。

2. 时值反法西斯战争胜利 70 周年，杰里米·希尔斯撰写的文章《头条新闻》介绍了 1938 年在苏联上映的电影《马姆洛克医生》以及研究了苏联反法斯西主题的电影。文章指出，这是电影史上第一部直接表现纳粹迫害犹太人主题的影片，同时，对这种迫害的表现之细致、明确，也是苏联反法西斯影片中鲜少出现的，该片 1939 年在美国上映时曾经引起热烈反响，同时也遭到纳粹分子的激烈抵制和禁映，此后就逐渐被遗忘。文章在把该片与短纪录片《行军路上：在纳粹德国内部》（*March of Time: Inside Nazi Germany*，英国，1938）和《一个纳粹间谍的自白》（*Confessions of a Nazi Spy*，美国，1939）进行比较，认为该片在道德和政治上对待纳粹的态度是明确的。当时的同类影片往往把国家背景虚化，或者虚拟化，而在这部电影中，故事确定的发生在现代德国，但马姆洛克医生的形象非常契合苏联当时的意识形态，体现了共产主义的思想，令当时欧美国家对影片的目的有所怀疑和反感，所以最终遭到了西方的禁映和电影史的遗忘。

3.2015 年适逢俄罗斯著名编剧、导演马林·胡齐耶夫[①] 九十岁生日，许多影评人的博客都发了对他创作历程的回顾文章，《电影艺术》杂志第九期刊发了《没有感伤——贺胡齐耶夫九十岁生日》的一组文章，包括著名导演瓦季姆·阿布德拉西托夫、巴库勒·巴库拉茨、亚历山大·米塔、亚历山大·泽尔多维奇、阿列克谢·普巴格列布斯基、伊利亚·赫让诺夫斯基和帕维尔·丘赫拉依等人，文章对胡齐耶夫艺术生涯进行了正面肯定，指出了他对后辈电影人有过具体而专业的帮助、指导和影响，并借由此，表达了对诗电影创作风格的怀念之情。

（二）对俄罗斯最新电影的研究和评论

《电影艺术》2015 年第三期中，电影记者叶莲娜·斯提肖娃撰写文章《在过去与过去之间——俄罗斯电影在柏林》，对《电子云层下》（导演：小阿列克谢·日耳曼）、《先锋英雄》（导演：娜塔莉亚·库德里肖娃）、《海鸥》（导演：艾拉·曼日耶娃）三部参加此次柏林电影节主竞赛单元的俄罗斯电影做了介绍。文章简要分析了这三部电影的主题、故事结构和影像特点，认为它们在近年俄罗斯电影创作中各具特色和现实意义。《电子云层下》在 2015 年第六十五届柏林电影节上获得银熊奖。作者认为该片用七个章节的故事、杂乱无章的环境和灰蒙蒙的影像营造出了诡谲的气氛和一个不存在的世界，是带有某种隐喻，虽然并未提到核污染，但镜头里雾霾般的灰色带有一种惩戒的意味，似乎是在针对俄罗斯过去二十多年历史处理核问题的态度。

安德烈·阿尔汉格利斯基撰文《“我们被教会了牺牲”——关于战争的新电影》，通

① 苏俄著名电影导演、编剧、演员和电影学院教师。曾获苏联人民艺术家称号（1986 年），功勋艺术家称号（1993 年）。

过分析近两年的新电影《通向柏林之路》《女狙击手》《这里的黎明静悄悄》和电视剧《青年近卫军》等作品，明确指出，这些影视作品对战争时期爱国主义和英雄主义的表现在一定程度上有失偏颇，强调了新时期关于战争的电影应该适度把握对英雄主义和牺牲精神的渲染，而是更多突出反战的主题："我们不是一味追求胜利，而是要追求和平之下的幸福生活。"

（三）对外国电影及电影人的研究和批评

《电影艺术》2015 年第三期做了柏林电影节专辑。影评人妮娜·切尔昆发表《视觉的还是社会的？柏林 2015》综述文章，对本次柏林电影节上较为引人瞩目的影片做了概览性质的简介，指出竞赛单元的影片有许多体现社会包容性的细节，这正如主席迪特·考斯里克所说的："电影不能改变世界，但它是试图帮助我们了解彼此的调解员。"

《电影艺术》2015 年第七期做了 2015 年戛纳电影节专辑，刊发综述文章《伤愈之后——戛纳 2015》（作者：丹尼尔·邓杜雷，列夫·卡拉汉，安德烈·普拉霍夫），简要介绍本次电影节竞赛单元的热门影片《迪潘》《山河故人》《龙虾》《索尔之子》等，认为戛纳电影节仍然是艺术影片的热土。

主要研究文章如下：

安德烈·普拉霍夫撰文《大城市里的幽闭恐惧症》介绍了伊朗导演贾法·帕纳西。文章从贾法·帕纳西获得 2015 年柏林金熊奖的影片《出租车》入手，详细分析了该片的结构，介绍了他从处女座《白气球》开始关注伊朗、书写伊朗的创作历程、伊朗方面对他的限制等，肯定了贾法·帕纳西的电影关注现实，对于让世界了解真实的伊朗有积极意义。

安德烈·瓦西连科撰文《王兵和他的激进美学风格》，介绍中国纪录片导演王兵和他以《铁西区》为代表的纪录片作品。文章以安东尼奥尼的纪录片《中国》作为类比对象，肯定了王兵作品的现实主义风格。

玛丽娜·德拉兹多娃撰文《马戏团·水仙花》，将同在柏林电影节亮相的电影《爱森斯坦在瓜纳华托》（获得 2015 年柏林电影节金熊奖提名，导演：彼得·格林纳威，英国）和《一步之遥》（导演：姜文，中国）放在一起比较。作者认为，《爱森斯坦在瓜纳华托》讲述的是世界蒙太奇之父谢尔盖·爱森斯坦在墨西哥度过的一段奇特岁月，影片实验性颇足，并极具视觉冲击力，是彼得·格林纳威极具代表性的作品。该片和姜文的《一步之遥》同样具有癫狂的叙事风格和犹如马戏表演般的影像风格。作者用"戏剧性兴奋"来总结概括这种风格，指出它们在电影节上焕发光彩或者遭到大量批评都是这种"戏剧性兴奋"。

贾樟柯访谈。戛纳电影节"导演双周"单元举办授奖仪式，授与中国导演贾樟柯

金马车奖。《电影艺术》杂志对贾樟柯做了访谈，回顾从《小武》《站台》至今的电影创作历程，围绕贾樟柯电影主题的遴选、重复出现的山西元素、《山河故人》多屏幕格式的意义以及经济发展、高新技术发展对他电影创作情绪的影响等展开话题。《电影艺术》2015年第七期中，扎拉·阿卜杜拉耶娃撰文分析了《山河故人》，认为贾樟柯放弃了此前作品中的晃动镜头（手持拍摄镜头）和完全写实的环境背景，用了一些更为商业电影的技法，但作品中对时空的处理令人感到迷茫，传统的故事模式却营造出了荒凉的乌托邦风格。

（四）学术论坛及海外俄罗斯电影节

1. 俄罗斯非官方的"艺术纪录片电影节"举办圆桌会议，以"战争中的纪录片人——参与，还是中立？"为主题，对以战争为表现主题、或以战争为时代背景的纪录片中，围绕"电影人是否应该有预设的政治立场"这一话题，从莱妮·里芬斯塔尔、吉加·维尔托夫电影中的意识形态到目前纪录片创作中导演应该更重形式上的美感还是更重影片的人文关怀；从艺术家应不应该远离政治到创作动机应该是政治、审美、人性还是伤痛，参与者们展开了激烈深刻的讨论。参与此次讨论会的有纪录片电影导演、编剧卡捷琳娜·格尔诺斯塔伊、安德烈·扎格但斯基、维克多·科萨克夫斯基、玛利亚·克拉夫琴科、维塔伊·曼斯基、皮奥特·莫斯托瓦伊、米埃利斯·穆胡、克里斯蒂娜·诺曼，以及评论家维多利亚·别拉波利斯卡娅、阿纳托利·戈卢博夫斯基、丹尼尔·邓杜里和妮娜·扎尔西。

2. 索契电影节是俄罗斯目前最大的电影节，只针对俄语电影，2015年索契电影节短片单元举办了圆桌会议，参加者有年轻编剧基里尔·普列特涅夫、达利亚·弗拉索娃、安东·乌特金、塔基亚娜·拉合曼诺娃、尼基塔·依可尼可夫、弗拉德列那·桑杜等，以及影评家叶莲娜·斯蒂肖娃、扎拉·阿布杜拉耶娃、伊丽娜·柳巴斯卡亚，电影节专家学者希托拉·阿里耶娃、斯塔斯·特尔金、安娜·古德科娃等，电影节主席亚历山大·罗德尼扬斯基，讨论主持人是文化社会学学者丹尼尔·邓杜雷。就俄罗斯近年来年轻人电影人的创作展开讨论，讨论中乐观的认为年轻电影人的创作热情和技术手段的普及是俄罗斯电影的新动力和电影工业上的新出路。

3. 第三十七届莫斯科国际电影节于2015年6月19—26日在莫斯科举办，邀请让—雅克·阿诺作为评委会主席。然而俄罗斯影评人尤里·格拉基尔希科夫发表评论认为这不是一个"真正的国际电影节"，因为它不同于其他国际电影节（戛纳、柏林、多伦多、威尼斯），从参展影片水平来看，并没有显示出国际一流水平。

4. 近年来俄罗斯电影创作多元化发展，多部作品在各大电影节上冲击奖项，在国际上整体关注度也不断提升。俄罗斯联邦政府和普京总统对电影业一再表示关注，强调电影的社会作用，采取了一系列措施扶持电影业发展，包括政府拨款支持拍摄；出资改造电影院、改革电影厂以及出台专门的法律对国产影视进行特别的优惠，来抵制廉价、低俗的进口片的泛滥等。在海外，通过合拍片和举办俄罗斯电影节、俄罗斯电影周等文化活动，提高国际声望。2015 年 9 月 8—14 日，由中国国家新闻出版广电总局与俄罗斯文化部电影局合作主办的俄罗斯电影节在北京举办，期间放映了《塞瓦斯托波尔保卫战》《第一小分队》《爱情大冒险》《敢死营》《生死 22 分钟》《铁人伊万》《黄金地带》等 7 部俄罗斯近两年拍摄的优秀影片。

第九章

中国电影学术论坛总汇

中国电影学术论坛总汇

付　强

一、第二十二届北京大学生电影节系列论坛

“反法西斯胜利70周年视野下的中国战争电影”学术研讨会

时间：4月16日

地点：北京师范大学艺术与传媒学院

主办单位：第二十二届北京大学生电影节组委会

会上从史学、类型意义、发展现状等角度针对中国战争电影进行了讨论。周星、詹庆生等认为战争题材作为电影类型中的重要组成部分，具有的重要的文化意义和产业价值。陈宝光将抗战电影划分为“1931—1949年”“1949—1966年”“新时期”三个阶段，分析了新时期抗日题材电影“正面表现国军抗战”、“表现无组织的自发抗战”、“直面民族惨痛的历史”、“主要采取悲剧形式”等特点。张智华则将中国战争电影史划分为“主旋律阶段、反思阶段、多样化阶段”三个阶段并进行了分析。张东认为当前战争电影的特点主要体现在“趋于平民记忆，展现士兵和老百姓在战争中的感受”、“把战争片列入类型化电影范畴，用电影特点规范电影创作”、“有纪念意义、主旋律色彩的影片会得到更多国家、政府的支持”三个方面。吕益都、刘帆等与会学者认为当前国产战争片在历史和哲理层面需要进一步挖掘，索亚斌认为应该借鉴国外经验，指出“更加类型化”是其出路。宋红岩解读了《战狼》个例中女性角色塑造情况。路春艳总结指出战争电影应体现思考，创作上要尊重历史史实和基本常识。

付强，中国艺术研究院研究生院，硕士研究生。

“中国电影与亚洲电影新格局”学术研讨会

时间：4 月 18—19 日

地点：北京师范大学艺术与传媒学院

主办单位：第二十二届北京大学生电影节组委会、北京师范大学亚洲与华语电影研究中心、上海大学亚洲电影研究中心、《当代电影》杂志社

会议围绕着亚洲文化跨界创作、日韩电影现象、港台电影创作、内地电影观察及其他亚洲地区电影等四个方面展开了深入探讨。黄会林、周星、聂伟、张文燕、刘军等与会者探讨了将亚洲电影纳入关照的现实语境、必要性和意义。左衡、郝延斌、黄望莉分别对“亚洲电影”这一表述的定义、划分依据及其发展可能性进行了讨论。周安华探讨了转型概念中的中国与亚洲新电影，孙柏则论述了亚洲电影主体性和文化自觉的问题。周星提出“分立观照、文化比照”的概括：将亚洲电影纳入比照视界，并在文化承袭、本土特色等诸多方面进行比较研究，扩大融合亚洲电影的发展路径。聂伟指出了在“后殖民”语境下“亚洲电影”乃至“泛亚电影”研究背后深层次的文化和产业意义。路海波、吴海清探讨了中国好故事的话题并分析了存在的问题，陈犀禾回顾了中国民营电影工业的历史发展脉络。姜乃英、支菲娜、谭政、陈晓达、徐文明、陈伟、崔军分别就韩国、日本、印度、泰国、伊朗、新加坡、越南等亚洲国家的电影新动态进行了阐述，罗卡、张侃侃则分享了对中国部分影人的研究。

“新媒体时代电影的边界与电影话语的重构”学术研讨会

时间：4 月 24 日

地点：北京师范大学艺术与传媒学院

主办单位：第二十二届北京大学生电影节组委会

论坛探讨在当前新媒体环境下电影的边界与电影话语的重构问题。中国艺术研究院张卫、中国网络视听节目服务协会周结、北京电影学院陈山、爱奇艺刘菲、中国艺术研究院张慧瑜分别表述了当前“受众群体的后结构主义化倾向”、“互联网时代出现的跨界电影现象”、“文化体系转型”、“发行放映方式改变”、“影像化”等外在环境出现的新趋势和新现象。

北京大学李道新进而表达了在当前文化和电影新状况频现的情况下，重新定义电

影的必要性，东海电影集团李玮表达了认同。中国农业大学陈刚从电影的产业性入手，认为对电影的判断应当放在历史与现实的范畴内。中国艺术研究院贾磊磊认同确立研究“边界”的意义，同时也指出尽管外在技术在变化，但电影终归要回到“人”本身。四川师范大学谢建华、北京电影学院马华则分别对新媒体环境下电影存在的时空关系问题和观影体验问题进行了讨论。

“立足新世纪·重读电影史”学术研讨会

时间：4 月 28—29 日

地点：北京师范大学艺术与传媒学院

主办单位：第二十二届北京大学生电影节组委会、中国高校影视学会、北京师范大学艺术与传媒学院、《现代传播》杂志社第二十二届北京大学生电影节组委会、中国高校影视学会、北京师范大学艺术与传媒学院、《现代传播》杂志社

会上围绕“电影史观与理论研究”、“内地电影史新探与电影专门史研究”、“港台电影史榷略与影人研究”、“电影传播与前沿现象探究”四个主题进行了论述。在电影史观与理论研究方面，李道新提出了“从整体史观的角度来重构中国电影史，通过在全球历史中定位中国的历史”的方法，并据此将中国电影史划分为三阶段。陈犀禾则提出中国电影史的书写应该进入一个强调文化史观的崭新的 3.0 时代。虞吉认为早期已形成以影像传奇叙事和良心主义为代表的具有“中国性”的电影观念美学体系。赵卫防分享了“中国电影编年史”的新写法。丁亚平阐述了电影史由 1.0 时代（政治史观）向 2.0 时代（艺术史观）再到 3.0 时代的过渡，将两岸三地华语电影纳入拓宽了中国电影史涵盖地域。刘小磊考察了 20 世纪 20 年代的早期影评人活动。在内地电影史新探与电影专门史研究方面，张同道采用纪录片的讲述方式重读历史，指出中国纪录片的语言现代化始于 20 世纪 40 年代初。张阿利考察了民国时期西安电影的放映活动，石川对虹口地区早期电影消费进行了考察。张华考察了《大众电影》初创时期形态。姚国强考察了新中国电影声音教育发展史和电影录音专业的发展脉络。杨世真将中国电影语言研究框架概括为基本观念、基本需求、基本元素三方面，并指出了目前存在的问题。杨宣华将中国电影音乐发展历史进行了划分，探讨了电影音乐的民族化问题。在港台电影史榷略与影人研究方面，廖金凤用跨国和修正的方法整合了国内外早期电影的相关史料，对中国最早期电影的状态进行了考察。黄爱玲指出了费穆电影的现代性特征。刘嵚分析了侯曜电影风格的发展及独特之处。魏时煜分享了拍摄《红日风暴》《金门银光梦》两部纪录片的心得和体会。何威梳理了香港武侠电影发展脉络，提出了

武侠电影的内功和外功的理论。梁良探讨了《海角七号》之后台湾电影现状。黄钟军梳理了台语片定义、发展、类型及存在的一些问题。彭静宜、苏涛分别梳理了卜万苍“上海时期”和“香港时期”的创作。在电影传播与前沿现象探究方面，王宜文教授提出了电影的认知实证研究的新路径并介绍了与北师大“脑认知所”合作的关于电影的功能性磁共振的测试工作。陶冶分享了南洋理工大学助理教授 Christabelle《关于中国武侠电影在新加坡的接受度研究》。林卉展示了部分史料，探讨了目前电影档案公众应用平台的搭建问题。

“新世纪、新电影、新导演、新势力”学术研讨会

时间：5月6日

地点：北京师范大学艺术与传媒学院

主办单位：第二十二届北京大学生电影节组委会、北京师范大学艺术与传媒学院

与会者就“新世纪以来两岸三地乃至亚洲电影创作环境下涌现出大量充满朝气与个人风格的新电影、新导演”这一现象展开了讨论。周星认为华语电影新景观的悄然来临是时代社会力量的积蓄，体现了社会文化期望的增高，并受益于传媒融合的增速。智黎明认为新生导演对市场和观众的把握更敏锐，面对电影市场的“二八现象”，智黎明表达了对好片和整体基础提升的愿望，希望电影创作者肩负起责任，引导市场与观影走向成熟。黄式宪以青春题材创作为例，表示在追求高票房的同时更要追求中国电影的文化宽度。司若认为当今的电影竞争是资源组群的竞争，随着“互联网+”时代的到来，电影营销进入了全面整合、以消费者为中心的阶段。陈捷以青春题材电影为例指出当前华语电影缺乏确定的、成熟的价值观。导演殷际辉、赵小溪分别结合自身经历探讨了青年导演融资的问题，表示电影市场高速发展给青年导演带来了机遇和希望。导演宣孟阳探讨了在华语电影创作低门槛背景下，青年导演的题材选择和创作方法问题。吴冠平剖析了华语电影的“新势力”对电影创作团队的冲击以及当下年轻观众的观影口味对电影创作的影响，认为青年导演要善于沟通、找准渠道、找到创作坐标。他还界定了艺术电影、商业电影、小众电影等概念。蔡盈洲认为在当今华语电影市场大产业背景下，青年电影的市场运作与宣发营销应具有新思维、新方法。毛琦分析了当前二次元构成的社会形态和电影产业发展的相互关系。

二、第五届北京国际电影节系列论坛

中外电影合作论坛

时间：4 月 17 日

地点：北京饭店国际会展中心

主办单位：国家新闻出版广电总局、北京市人民政府

论坛对中外电影合作现状与前景进行了分析，探讨国际合拍的新趋势以及中外电影合作的最佳通途。法国导演雅克·阿诺认为《狼图腾》的成功，证明“合拍”是中国电影走出去的一种可行的方式。美国导演汤姆·德桑托分享了《变形金刚》的创作经验，认为做系列电影，角色是最重要的。在中国故事的表达上，他强调要以国际视角引起全球观众共鸣，认为中美合拍应求同存异。英国电影学会首席执行官阿曼达·内维尔介绍了英国电影发展状况及英国鼓励中英合作的减税政策。韩国 CJ 娱乐公司总裁郑泰成认为中韩价值观共通，表达了进一步推动中韩电影交流的意愿。韩裔美籍导演余仁英介绍了《功夫熊猫》制作的经历，强调应保持开放的心态。徐克强调了好剧本的重要性，表达了将自己的电影与市场和产业结合的意愿。达伦·阿伦诺夫斯基强调电影之美，认为中国要培养更年轻的导演。

中国纪录片产业年度论坛暨《中国纪录片发展研究报告（2015）》首发仪式

时间：4 月 17 日

地点：中华世纪坛

主办单位：第五届北京国际电影节组委会

会上发布了《中国纪录片发展研究报告(2015)》一书。“政策、运营与生产”分论坛上，高长力表示政府在制播分离等关键性的大政策出台方面并不缺位，纪录片要形成良性机制，鼓励优秀作品实现价值。张同道表示平台是土地，政策是空气，但是运营才是庄稼。中国教育台陈宏认为纪录片横向的跨界经营和纵向的产业链还有巨大发展空间。北京纪实卫视陈大立指出了纪实频道完成制播分离后，其作为频道负责人尴尬的身份。

湖南金鹰频道陈杨分析了该频道在纪录片产业中担任的“投资者、制作者、播出平台”不同角色，强调内容产业重在人才，新兴力量需正确引导扶持。上海纪实卫视干超提到了上海纪实卫视制播分离的实践，相信纪录片有好的前景。“中国故事讲述与产业”分论坛上，五洲传播中心井水清强调推出中国故事必须借助新一代国际化制作人才的参与。美国探索集团张方提出应通过“用观众听得懂的话讲他们想听的故事”、对成功模式本地化借鉴、发挥娱乐性、选择适合国际传播的题材、提升视觉美学等手段帮助纪录片全球运营发行。清华大学尹鸿认为拍中国的故事形式上不应呈现国家，要打造自己的IP。美国国家地理祁冬介绍了在两百多个国家落地以实现本地化的经验。中国传媒大学张雅欣认为应挖掘好故事。张同道表示当前的纪录片不够纯粹，要避免技术缺陷。

国际影业集团高峰论坛

时间：4 月 18 日

地点：北京饭店国际会展中心

主办单位：国家新闻出版广电总局、北京市人民政府

论坛以“创新电影科技，缔造电影传奇”为主题，对技术与艺术在当下越来越紧密的结合状态进行分析。喇培康强调技术的力量，认为电影的每一次进步都是技术推动的结果，技术是电影存在的基础，技术是电影发展的动力和保障。梦工厂动画公司CEO杰弗瑞·卡森伯格，东方梦工厂董事长黎瑞刚分别致词。王为民表示巨幕良好的观影效果有助于电影票房的增长，孙周从导演角度也表达了技术对电影的支撑作用。中影集团林民杰、中国电影科学技术研究所杨雪培强调电影放映环节的重要性。

中国青年影评人论坛

时间：4 月 18 日

地点：北京饭店国际展览中心

主办单位：中国广播电影电视报刊协会、中国夏衍电影学会、中国电影评论学会

论坛围绕影评人群体的现状、责任、行业建设，探讨青年影评人的行业价值、研究青年影评人发展之路，引导青年影评人形成行业自律，提高青年影评人专业水平。张卫回顾了中国影评人和影评活动从“集体失语”到“百家争鸣”的发展历程。梅雪

风谈到了影评人对推动电影产业发展的意义和作用。张建勇指出国产电影与发达的海外电影工业相比，在制作水平、艺术层次方面存在差距。张卫表示应理性看待国产电影创作。木卫二也表达了对国产影片的担忧，“最怕的不是批评，而是无人问津”。张建勇认为影评人、特别是青年影评人担负着通过影评剖析导演的创作意图，传授艺术电影的赏鉴方法，普及电影艺术知识的责任。刘劲表示未来将继续组织青年影评人对当代优秀国产电影进行研讨和表彰，同时将加强与香港、澳门、台湾等地的青年影评人及海外华侨、华人影评人的合作。

“变革与融入”电影投融资高峰论坛

时间：4 月 19 日

地点：北京饭店国际会展中心

主办单位：北京天驰洪范律师事务所影视法律事务中心

论坛围绕电影项目和电影企业的国内外合作实务，聚焦近年投融资热点事件，总结境外资金、境外项目“引进来”的成功经验，探索中国电影“走出去”的先进模式，助力中国电影企业开拓中国电影在世界电影市场的新纪元。中美电影节主席苏彦韬回顾了中美电影的合作历史，中国影视产业研究中心周煊分享了电影企业如何构筑企业的核心竞争力。丁一岚分享了博纳在项目运作中的五种融资路径——独立出资、协作出资、银行信贷、文明基金筹资、吸纳房地产或矿产作业等散户资金。美国影片金融的叶禾卿引荐了好莱坞的完片担保准则。国华担保陈登伟表示电影业需要融资担保加完片担保，需要金融机构和影视制造公司对接机制。百思传媒岳云飞分享了互联网如何拓宽投融资路径与扶持青年影片创作者。张继志律师谈到了律师在影视项目投融资中的作用。王丛介绍了华策出资海外公司从事务和本钱两个层面双轮驱动、双轮获益的经历。合一影业刘开珞表示互联网金融的介入将在影视金融系统占首要的地位。钟文明表示将来三到五年想要在影视商场处于一个领先地位，必定要做影片工业链，对接互联网。中信证券屠正锋表示如今影视工业跟本钱密切接触，投融资及并购会对整个影视工业生态产生重要影响。

从荧屏回归银幕——纪录电影产业论坛

时间：4 月 19 日

地点：中华世纪坛 B 区剧场

主办单位：北京国际纪实影像创意产业基地、中国广播电视协会纪录片工作委员会

论坛探讨了“纪录电影是否能够创造市场价值与艺术价值的双赢”、“互联网电影营销时代的来临如何助推中国纪录电影市场”以及“艺术院线的建立能否为纪录电影产业发展注入强心剂”等话题。张雅欣指出纪录电影最重要的就是学会讲故事，而如何让观众走进电影院，就需要导演在个人的表达和观众的需求之间，更注重观众的需求。导演陈真在认为纪录电影要进入院线最重要的是“建立自己的营销团队”和“提高电影制作的水平”。导演杨书华谈到纪录电影的营销模式，提出要将纪录电影发展衍生为品牌。导演王一岩不仅强调“真实”的力量,还在纪录电影的推广和院线发行方面，特别强调网络的力量。腾讯纪录片主编黄平茂指出纪录电影的盈利空间很大，网络可以作为宣发的主要通道。纪录电影《飞鱼秀》的发行人徐广宇认为纪录电影的发行可以通过网络提供的数据有针对性地探索市场，准确地定位到观众。

“注目未来”国际青年电影论坛

时间：4 月 19 日
地点：北京电影学院中型放映厅
主办单位：第五届北京国际电影节组委会

该论坛力图在电影教育机构与专业组织的合作中，讨论电影新人的培养机制。菲律宾 Cinemalaya 电影节主席 Nestor O.Jardin 介绍了 Cinemalaya 电影节的相关情况。FIRST 青年电影展创始人宋文介绍了 FIRST 青年电影展的宗旨、开展的工作内容、资金来源及影响。宸铭集团执行董事陈爽先生分享了该公司扶持和帮助新导演完成处女作的经验和当前扶持的新导演项目情况。耶路撒冷 Sam Spiegel 电影电视学院的副校长和电影制作的总监 Akiva Tevet 先生主要介绍了该校的教学方式和理念。北京电影学院黄英侠教授介绍了 MFA 长片计划，穆德远教授介绍了毕业联合作业的基本情况。中央戏剧学院武亚军教授从自身教育、管理的经验谈起了中戏学生的教育情况。北京电影学院的王瑞、李忱、夏钢、许斌几位教授及中国戏曲学院杨超教授具体探讨了创作与培养中的实际情况。R ü nk Pille 、Stroo Jelle、Ari-yawansa Sanathana Kalpa、Devonshire Paula 分别探讨了电影新人创作的困境与期待。

产业圆桌高峰论坛暨《2015 中国电影产业研究报告》发布会

时间：4 月 19 日
地点：中华世纪坛
主办单位：中国电影家协会

论坛以电影产业发展原驱力为主题，聚焦于互联网破局、IP 透视与原创、电影众筹核心议题。在互联网与传统电影企业的关系上，珠影集团赵军认为是传统电影在破互联网的局。万达影视赵方谈到了互联网思维影响传统企业的经营模式、管理模式、产品模式和营销模式。大盛国际安晓芬表示电影制作公司在选材和宣传环节对互联网越发依赖，互联网介入售票环节也带来恶性竞争的问题，而当前互联网的潜力还未被充分开发。爱奇艺李岩松谈到了大数据在票房预测方面的应用。在 IP 的问题上，合一影业朱辉龙指出一个好的 IP 不一定会成功，但可以减少失败的概率。在电影众筹问题上闫于京、刘军、姜明吾等表示众筹对中小规模投资电影提供了新筹资方式，但当前众筹还面临着很多政策上的问题。

国际电影特效论坛

时间：4 月 19 日
地点：中信国安影视特效产业基地
主办单位：第五届北京国际电影节组委会

论坛就“好莱坞影视特效发展与中国特效电影的国际化之路”以及“电影特效工业发展与人才培养”两个论题展开讨论。特效电影制片人汤姆·德桑托首先分析了自己制作《变形金刚》的背景，他鼓励中国电影人在特效方面要“勇于创新，敢于坚持”。特效大师杰夫·克莱泽从中国电影和世界电影对接的角度出发表示希望中国的电影公司能汇集世界各国人才的智慧。马特·贝克表示，中国的文化博大精深，有数不胜数的优秀素材。中国电影人需要扬长避短，通过好莱坞的技术手段和叙事手法讲述地道的中国故事。他建议中国应该发掘更多有天赋的专业人才以帮助中国电影更快地走向成功。好莱坞特效大师宙奥·汉尼科则从人才培养方面提出“应该通过不同的课程帮助学生了解自己的特长是什么，让他们了解自己是否适合特效领域”。他认为应该将不同领域学科进行整合，以便让学生明白如何进行团队合作。

京剧电影论坛

时间：4 月 19 日

地点：北京饭店北京宫西厅

主办单位：第五届北京国际电影节组委会

就“京剧电影工程”所体现的艺术探索和成就进行探讨。表演艺术家尚长荣回顾了谭鑫培主演的中国第一部电影《定军山》的历史，肯定了“京剧电影工程”对于京剧传播的意义，认为京剧电影工程在电影与京剧结合方面做出了有益探索，在遵循传统模式的基础上提高了京剧文学性，保留了京剧本体的生命力，是对新时期戏曲传播的新尝试和新挑战。京剧电影《状元媒》的导演王好为回顾了影片的拍摄经历，指出了电影与京剧二者的相通性。戏曲评论家崔伟认为，京剧电影工程在对京剧舞台看点进行电影移植和展现方面做了更进一步的探索，每部影片都很好地传递了京剧的本质美，让京剧之美更加传神与鲜活，显示出新时代、新技术条件下的新水平。

中国电影编剧研讨会

时间：4 月 20 日

地点：中华世纪坛

主办单位：编剧帮

论坛就“中国编剧行业现状”、“什么是影视公司眼中的好项目”及“中青年编剧如何面对当下电影市场”三大话题展开了讨论。新影联周铁东指出中国电影的编剧目前还没有行业标准，合同也不规范，桎梏了中国编剧业的发展。董润年从中国电影的工业体制方面解释了编剧生存环境不佳的原因，强调明星中心制下电影的工业体制未建立起来，各大制片公司无法判断编剧的故事能否成功。陈舒则谈到了编剧行业的两个趋势，即编剧越来越受到重视，生存环境越来越好。在谈及翻拍问题时，束焕表示编剧最需要做到的就是不忘初心，翻拍时要不断去寻找原作中最基本的东西并把它生活化。张冀则认为，不管是改编还是翻拍，都要看项目的具体类型，只要确定目标受众，是翻拍还是原创都不重要。周荣扬认为有一些影片值得再度创作，但不必因此形成一种浪潮。冉甲男强调改编需要考虑到原著的质量和基础，而小说的改编不能仅仅考虑到粉丝效应，还要考虑人物关系、感情线、细节等。

腾讯主题论坛“一场电商与电影的约会，是蜜月还是危机”

时间：4 月 21 日

地点：北京饭店北京宫西厅

主办单位：腾讯视频

论坛探讨电商以终端的环节进入电影以后带来的影响和正在带来的改变。制片人王易冰、微影时代林宁强调了网络购票带来的便利。美嘉欢乐影城王志广认为网络购票不会取代柜台售票。在网络与电影院的相互关系上，格瓦拉 CEO 刘勇指出电影院和电商是协作关系，互联网无法取代电影院。林宁表示低价票是用户、影院、片方共同的选择，是一种促销手段。格瓦拉刘勇表示促销针对的不是刚需观众，而是中间层和游离层，其真正目的是把那些本来不打算看电影的观众吸引进影院。王易冰则表示，低价并不是单纯的低价，它一定是一套组合拳。面对电商积极进入制片、宣传和发行环节的现状，刘勇认为从目前的情况来看，电商和电影将是长期携手的关系，王易冰强调了电商参与投资和宣发的积极意义。

“电影新征程中国电影的海外发行和国际合作趋势”论坛

时间：4 月 22 日

地点：北京饭店北京宫

主办单位：《华语电影市场》杂志

论坛探讨中国电影的海外发行和国际合作趋势。阳光七星吴征表示本土制作“走出去”是伪命题，DMG 印纪传媒陈彬、华策影业周桦宸也以事实回应了这一观点。吴征建议中国电影扩大边界，将面向海外市场的中国电影定义为，购买全球 IP、以中国方式拍摄、能够在全球共通的主流英文电影。陈彬、程笳淇也认同“收购版权，研讨带有中国特色的故事”作为电影走向海外的方式。基美影业程笳淇认为，海外和本土没必要对立起来，电影最终还是会趋近于无国界的融合。陈彬认为，中国电影想要“走出去”，首先内容要符合别人的道德标准和宗教信仰，中国电影还可以将眼光放到电影品牌本身的塑造，例如衍生品市场。程笳淇提出了“泛娱乐化”的观点，她认为电影行业应该从点滴做起，逐渐实现健康化扭转，延展电影品牌的整体收益。吴征则为国际合作提供了一种称之为“群狼战术”的新思路：找到世界顶级的制片人，给其持股，做中国的IP，以此用较低的费用享用好莱坞的资源。

凤凰大影响论坛“原创还是IP？电影项目开发如何创新”

时间：4月22日
地点：北京饭店北京宫
主办单位：凤凰娱乐

论坛探讨电影项目开发如何创新。编剧张家鲁认为近年来电影市场的环境有很大变化，“大数据”、“IP”这些新议题不断涌现，但做的工作跟以往没太大差别。认为原创较之IP改编耗时长，IP是机会也是个陷阱，要理性对待。束焕表示自己历来做原创电影，较之依赖IP，他表示“好故事+公认的明星+编剧”组合的方式更易成功，指出成熟小说改编电影会很扎实，若小说很热但本身很薄或不太适合改编电影就可能隐藏着陷阱。导演黄斌表示“IP改编”电影和传统的“小说改编”电影本质上相同，只是IP更倾向青春或网络小说的类型。电影的成功靠的是综合要素，超级IP提供了很好的基础分。当前存在着热炒网络小说的问题，真正有价值的IP很少。导演郭帆认为IP更多的是品牌的意思，我们要把中国自己IP的品牌培养成系列，还有很大的空间。原创和IP并不矛盾，要挖掘一些新的土壤上找空间和机会。《咱们结婚吧》制作人王贵君对IP的理解是总结过去市场经验，开发未来更适应市场的、娱乐的电影。《战狼》出品人吕建民表示《战狼》的项目并没有IP的意识，而是一个原创开发的过程。与会者还探讨了中国电影类型补缺及衍生品开发的话题。

剪辑的力量：探寻电影之美高峰论坛

时间：4月22日
地点：中国电影博物馆中央圆厅
主办单位：第五届北京国际电影节组委会

与会者交流了当代电影剪辑的先锋观点，探寻中国电影表达艺术之美，展现电影的艺术魅力，传播剪辑电影，探寻剪辑人才培养规律。刘淼淼认为，剪辑的最高境界就是基本看不到剪辑痕迹。剪辑的力量，是剪辑对电影中人性、情感、故事的讲述方式所起到的力量，观现者被感动了，那就说明成功了。台湾电影剪辑师廖庆松表示剪辑需要实际操作经验，要敏感、不要懈怠，在电影面前要坦诚。美国剪辑师迪伦·提

契诺表示要听从对素材的第一感觉，与年轻的后辈一起学习。剪辑师周新霞认为主题是电影的灵魂，寻找和把控主题是创作中至关重要的问题。香港剪辑师麦子善强调剪辑师的功力。剪辑师杨红雨认为剪辑师等于半个后期导演，作为剪辑师，要用实际行动证明自我价值。剪辑师孔劲蕾表示剪辑师要有胆量在主席台上去做剪辑，敢于混剪，给观众留有思考和感受的时间和空间。

三、第十八届上海国际电影节系列论坛

大数据助推大电影：带你玩耍带你飞

时间：6月14日
地点：上海银星皇冠酒店金爵厅
主办单位：上海国际电影节

论坛探讨了大数据在电影项目不同阶段的应用。樊治铭结合淘宝电影在本次电影节票务销售的情况介绍了大数据的应用，认为大数据可以开发原来没有的市场，对电影院整个业务的提升有很大帮助，打通线上平台和影院会员间的数据连系能给消费者带来更大的实惠。新浪微博王高飞介绍了新浪微博以明星和粉丝为基础的大数据来源，表示依据中国电影市场票房总量可以判断喜剧片的票房占比，能对电影项目起到一定的参考作用，大数据在观影人群的选择和正面声音的传播上可以起到放大作用。徐峥展望了大数据在电影项目评估和预测方面的应用前景，认为大数据能对电影的各个环节提供指导，但艺术家也要有自己文化追求。杨向华表示爱奇艺会结合自己的大数据预测系统和专业宣发项目团队的评估结果来判断一部影片投资与否，介绍了大数据在“创作、营销、发行”不同阶段的应用，同时表示大数据离真正代替人决策或者提供更多的参考还有很长的一段路要走。优酷土豆朱辉龙结合具体案例介绍了大数据在电影宣发中的应用，表示数据是理性的、决策是感性的。真正有参考价值的是场景化的、参照历史数据的真正的大数据。电影的营销一方面应集中到一个点上来做好口碑，另一方面要摸清目标受众。UTA亚太区负责人MaxMichael介绍了UTA利用自主的社交媒体的追踪软件结合尼尔森地面评级进行营销的情况，表示艺术的直觉是选择好的人才、演员、导演合作的出发点。周黎明、王高飞、朱辉龙都强调了近年来三四线城市电影的增量，周黎明列举了大数据预测票房产生严重偏差的案例，指出不能盲目迷信大数据。

电影新常态：互联网 + 与产业升级

时间：6 月 14 日

地点：上海银星皇冠酒店金爵厅

主办单位：上海国际电影节

与会者讨论了互联网与传统电影产业加速融合的趋势，认为“互联网 +”已经成为电影产业的新常态。张宏森在开题发言中表示在当前互联网 + 和电影产业升级的背景下，“内容属性是电影的黄金属性”，“创新永远是电影的生命所在”，“电影和观众是骨肉关系”，“电影正在成为一个崭新的大众创业、万众创新的平台”。指出在做大做强电影产业的同时需要与之相匹配的电影文化。博纳于冬担忧近来的“粉丝电影”会导致电影工业水平下降，呼唤国产大片抵抗好莱坞。光线传媒王长田认为“套路化的电影标准”是好莱坞电影的问题所在，指出应实事求是打造高品质的能抗衡好莱坞的类型。阿里巴巴刘春宁认为互联网会给电影业带来的创新可以用“4+1”来总结，即“投资融资的创新”、“互联网营销和传统发行的创新”、“商业模式的创新”和“用户体验的创新”，“1”就是好的内容。游族影业林奇表示人才结构是电影行业升级必然要面临的问题，希望借鉴好莱坞经验搭建或联合同行来建立一个产业体系。

第二届全球电影产业链发展论坛

时间：6 月 15 日

地点：上海戏剧学院端钧剧场

主办单位：上海国际电影节、美国电影协会、上海戏剧学院

本届论坛的年度主题是“互联网 + 时代的全球电影大视野”和“互联网 + 时代的机遇与挑战”。美国电影协会主席克里斯多佛 J · 多德致辞并表示中国电影业还有很大的发展空间。上海市文化广播影视事业管理局胡劲军历数了上海近年来为发展电影事业做出的诸项重大改革，并宣告了上海市大力引进电影人才、强力打造电影产业的信念和雄心。博纳于冬表示互联网企业完成了电影产业闭环，但在互联网和粉丝经济裹挟下的中国影业缺乏工业依托，内容生产脆弱，在此情形下美国大片到中国掘金将成为常态。大盛国际安晓芬认为互联网作为渠道应该为内容服务，内容生产应顺应时代和观众心理。爱奇艺龚宇强调互联网将拓宽电影营收渠道，而对影院的前景表示担忧。万达文化产业集团叶宁则表示注重观影体验的影院作为社交场合在互联网时代依然有

其生存空间。上海国际电影节评委会主席安德烈·萨金塞夫鼓励电影新人发挥激情和才华，鼓励原创。

中国电影下一站：繁华往左，危机往右

时间：6 月 15 日

地点：上海银星皇冠酒店金爵厅

主办单位：上海国际电影节

论坛分上下半场探讨了当下中国电影大繁荣背景下的电影市场乱象与隐患。于冬坦言中国电影海外出口量很低，中文电影在北美市场大概只有一千万美元的年票房。指出国内电影市场在三四线、四五线城市存在“偷票房”问题。国内制片公司为了寻求更多排片惯用“返点”、“塞卡”、“降票价”等手段。他认为 BAT 巨头已经建立了一个庞大电影产业的生态系统，从融资、众筹到在线的营销、推广，包括粉丝流量的导入,及用支付功能改变商业电影院的业态。例如腾讯在生态系统上已经建立了一个闭环，只给电影的创意产业留了“内容创意”的一环。于冬表示自己选片时有个“三条腿理论”，即“剧本”“导演”“演员”，两好一差也没关系，两个都不行就比较危险。马克·施姆格表示中国电影没有全球发行，这也是中国电影人面临的一个很大的挑战。中外合作不仅仅是明星元素，应该深挖精神内涵。王海峰表示中国电影出问题，是因为没有按照市场走下去。指出院线排片和上座率挂钩，自己对票房的预估主要是靠推“知晓率”。江志强认为剧本最重要，对未来市场表示乐观。张猛表示最近的电影看不到“生活”。

“中国电影营销密码”产业论坛

时间：6 月 15 日

地点：上海银星皇冠酒店金爵厅

主办单位：上海国际电影节

论坛集中讨论了在“互联网 +”的大背景下受众分层的重要性及执行方向，同时对大数据、好莱坞大片的营销模式、小成本艺术片的长线策略进行了经验分享和前路窥探。蒙牛品牌中心陈颢结合实例提出电影 IP 的生命力可以赋予品牌情感价值。美国娱乐资源营销协会沈周全肯定电影元素定制化营销的价值。壹心娱乐陈洁肯定了将价值匹配叠加带来影片品牌双赢的效果。北京微影时代林宁认为互联网为文化及内容领域

带来的营销效果不仅仅是加法，而是乘法。瑞格传播戢二卫总结，从片方、品牌、宣传、发行到娱乐营销机构，环环相扣的多元营销手法在不同层面上满足了中国电影市场多变的营销需求。在信息更新迅速的今天，电影营销手段上各家很难再拥有秘密，有的只是整合的技巧与思维，从品牌与电影内容的价值传递，到互联网对营销效果的放大，都一再印证了这个“人和”的道理。

“互联网企业的影视新蓝图”高端论坛

时间：6 月 16 日

地点：上海银星皇冠酒店金爵厅

主办单位：上海国际电影节

论坛探讨与会各方今后影视制作战略以及这些新动向对未来中国电影产业的震动和影响。腾讯公司副总孙忠怀与爱奇艺影业总裁李岩松通过列举视频网站的付费用户增长速度的数据，表示视频网站的崛起为电影版权版提供了“第二条活路”。万达影视总经理赵方认为如影片影院下线后一个月上线播映并不冲突，并大胆预测“零窗口期”可能会成为常态。孙忠怀总结表示“窗口期”的调节需要版权方综合考虑、权衡利弊。

机遇和挑战——与中国电影政策对话

时间：6 月 16 日

地点：上海银星皇冠酒店金爵厅

主办单位：上海国际电影节

与会者就产业政策、资本运作、付费电影等话题展开讨论。南加大电影学院艾伦·贝克认为，“艺术性和学会讲故事”才是电影最应该关注的。上影集团任仲伦介绍了上影打造全产业链方面取得的成效。上海影视摄制服务机构于志庆介绍了上影在完善和建立影视摄制服务机制方面的工作。博纳影业于冬介绍了博纳在美国上市的尴尬境遇，以及回归国内上市的成长经历。优酷土豆朱辉龙介绍了中国网络付费电影市场的情况。导演黄斌回应了“跨界”、“影片质量差”等质疑，坦言电影是个门槛很高、对专业要求非常高的行业。

中外合拍片上海新出发

时间：6月16日
地点：上海银星皇冠酒店金爵厅
主办单位：上海国际电影节

论坛就“全球化制作”的概念，实际操作，跨境内容生产策略，以及中国电影海外发行现状与未来趋势进行了讨论。中国电影合作制片公司苗晓天在肯定合拍片成绩的同时也指出了合拍片国内外票房“冷热不均”的问题，建议“带着选题去国外，双方主创一起完成剧本”。STX 娱乐托姆·麦格拉斯坦言外国影视机构愿意与中国影视机构合作，就是看重中国巨大的市场，中国热衷于与外国合作，是看重外国的发行渠道和制作方面的经验。新西兰电影委员会戴夫·纪璞森强调了合拍片票房之外带动旅游业发展的经济效益。

Winston Baker 中外合拍论坛“与狮共舞：狮门影业与电广传媒合作案例分析”

时间：6月16日
地点：上海展览中心
主办单位：上海国际电影节

论坛以狮门影业与电广传媒合作案例为例分析探讨了中美合拍的现状、趋势和合作基础。面对中国电影走向国际市场的诉求遭遇很多现实问题阻碍，主持人斯凯勒·摩尔与电广传媒影业总经理荣阳、狮鼠影业总裁邱杰以及美迈斯律师事务所合伙人斯蒂芬·沙夫等与会者以狮门影业与电广传媒合作案例具体讨论了中外电影合作中的一些实际问题：探讨了中外合作的实现方式，交流了合作中关涉律师与合同的问题，分析了当前中国电影存在的知识产权的问题，探讨了中美合作的未来前景。

电影人才哪里来——中外电影教育互鉴

时间：6月17日
地点：上海银星皇冠酒店金爵厅

主办单位：上海国际电影节、凤凰娱乐

南加州大学艾伦·贝克（Alan Baker）介绍了南加州大学电影教育的情况，表示注重学生的写作能力，也关注新技术的研究。他介绍了学校通过和演员协会的合作使得学生可以免费使用演员，指出在培养年轻导演的时候比较困难的问题是怎么和演员沟通。表示不鼓励在跨国、跨校、跨级间的学生交换。温哥华电影学院詹姆斯·格里芬（James Griffin）介绍了温哥华电影学院类似于“电影工厂”的办学模式，表示最关注的是内容，也一直强调电影的娱乐性。他也介绍了温哥华和上海合作拍摄的制作机制。制片人徐小明表示国内电影教育注重培养艺术创作方面，比较缺乏理性思维，而建立一个好的工作系统需要打通系统的协调性。表示跨国教育背景可能会碰撞出不一样的火花。上海戏剧学院胡雪桦介绍了上戏开展电影专业教育的历程及“综合专业”、“创作实践”、“精耕细作”、“育人成才”的办学思想。表示教育的目的是培养人才，不是培养明星，但也尽量为他们创造条件。介绍了上戏双语课、全景讲座、更多的接触外界等国际视野的培养方式。北京电影学院吴冠平介绍了北京电影学院的办学状况及“摄制组模式”的科系设置情况，探讨了电影实践教学和理论研究的新变化，介绍了其“教学、创作、科研性大学”的定位。在人才培养上更希望培养专业的从业者，强调镜头前的表演。表示鼓励学生创作接触专业演员。介绍了该校的国际交流项目。中央戏剧学院武亚军回顾了中戏办学的历程，介绍了中戏在影视教育中的通识教育理念。认为明星的出现是正常且必要的，在教育上冷静地看待作为演员的明星，培养上在激励的同时要培养学生对艺术创作真正的热爱和情怀。

凤凰大影响之“新导演·新力量”

时间：6 月 17 日
地点：上海银星皇冠酒店金爵厅
主办单位：上海国际电影节、凤凰娱乐

论坛就“新导演·新力量”这个主题进行讨论，畅谈新导演的出现究竟能给中国电影市场带来多少新生力量，又会催生出哪些新的可能。大鹏、韩延、李睿珺、李霄峰、吴子云等与会导演先各自回顾了自己成长为导演的经历。李霄峰表示只拍有感的故事，董成鹏表示拍片的前提是打动自己，认为团队成员志同道合很重要，表示在艺术标准上不妥协，作品之外的可以妥协。韩延表示吃住能妥协，该花的钱不能省。在与明星的沟通问题上，韩延表示秉承真诚地交流原则，董成鹏表示为统一大家的喜剧风格必

须和不同演员沟通。吴子云分享教董子健台语的经历。李睿珺表示和大多数人做比较流行的元素不同，他做差异化经营。他认为电影扶持基金对于新导演创作很有帮助，对观众最大的尊重就是给观众不一样的东西。谈到对编剧的建议，董成鹏表示编剧应先把架子搭建起来再添砖加瓦，要多了解影像化表达的手法。他对IP持审慎态度，反对迷信大数据。面对抄袭质疑，他表示形式上的借鉴并非抄袭。而在宣发方面，李霄峰表示一种是基于内容的营销，一种是基于营销的营销，要找到喜欢你电影的宣发公司。戢二卫表示向好莱坞合、韩国学习对中国电影有借鉴意义。

互联网电影上海高峰会

时间：6月17日

地点：上海跨国采购会展中心多功能厅

主办单位：上海市文化广播影视管理局、普陀区人民政府、上海国际电影节

会议探讨互联网与电影业如何共谋互赢，会上发布了中国第一本《互联网+电影趋势研究报告》。互联网企业纷纷表达了对介入电影产业各个领域的意愿以及发展前景，传统影业公司也畅谈了在“互联网+”背景下与互联网深度融合的趋势。与会者就“互联网制作、发行、后产业”、“传统放映和互联网放映”、“未来市场格局、国际竞争”展开了讨论。张勇指出“互联网+”的“+”是一种深入融合。李岩松表示随着付费用户的激增和付费习惯的形成，使得一部电影完全可以通过在线播放的形式获得可观的收益。叶宁坚持电影院“那种黑盒子里的视听感受”依旧不可替代。与会者也强调“互联网+”电影最终还要回到电影本身，竞争目的是要帮助整个中国电影、中国电影产业走向世界。

互联网文学·影视剧剧本·新编剧人才

时间：6月18日

地点：上海银星皇冠酒店金爵厅

主办单位：上海国际电影节

会上探讨了互联网文学、影视剧剧本、新编剧人才等议题。李少红作为当日唯一的导演代表对网络文学表达了欢迎之情，但也表示对待网络文学应该坚持普遍的艺术标准。与会专家普遍认为，目前小说和电影处于一种“小说推进电影，电影推进小说”

共同发展的模式。阅文集团吴文辉表示会努力以更开放和合作的态度与影视公司合作，拍出更多优秀的作品。编剧张挺表达了在充分商业化之下的网络市场越来越难以找到好故事的担忧。上海网络作家协会陈村认为如何引导价值观导向正确的作品出现很重要。与会者表示网络文学的独特性应该得到重视，在影视改编过程中，应该真正将网络文学的优势发挥出来。

中国动画电影的思考与突破

时间：6 月 18 日

地点：上海银星皇冠酒店金爵厅

主办单位：上海国际电影节

与会者探讨了中国动画电影的思考与突破。原力动画的赵锐、Pure Arts 动画的雨果以及腾讯动漫业务部邹正宇、腾讯互动娱乐影视与版权业务刘富源、上海联合电影院线陈果等与会者从“动漫 IP”讲起，讨论目前国内动漫 IP 影视化的现状，在肯定部分影片取得不错市场表现的同时也指出了当前国产动画电影存在的问题：艺术与技术本末倒置，内容和情节上低幼化，无法满足全年龄段的需求，整体上缺乏优质作品，动画类型片的潜力与价值也尚待充分挖掘，较之国外动画电影尚有很大的差距，市场和投资商缺乏信心。与会者认为应当破除动画电影与低幼之间的约等号，培养更多会讲故事的编剧和导演，打造拥有较高完成力与执行能力的团队，在保护动漫和电影 IP 的同时，提升动画公司的品牌价值，立足本土市场和本土观众的需求，多多锻炼。

四、第二十四届中国金鸡百花电影节系列论坛

“中国电影论坛”圆桌论坛

时间：9 月 16 日

地点：吉林市雾凇宾馆

主办单位：吉林市政府、中国电影家协会、中国文联

本届论坛从政策解读、市场研究、互联网 + 三个角度探讨了面对全球化的市场竞争，中国电影如何走出质量瓶颈。

圆桌论坛一：电影产业新格局之战略篇。李春认为当前中国电影产业迈入了纵深发展阶段，指出了当前面临的市场生态和发展新问题及对策。梁明指出了当前电影理论研究迟滞的现状，强调应该通过理论创新、丰富和深化，引导、推动电影精品创作。谭政论述了亚洲大片助力中国电影走出去、推动中国电影发展的可行性。支菲娜探讨了以中日韩三国为核心的东北亚电影一体化发展的可能性并在“一带一路”战略构想下提出了建构东北亚电影共同体的对策建议。王纲从理论论证、方针导向和行动策略三个方面探讨了中国电影产业借助“一带一路”实现发展的可能性，提出了“强壮自身和积极参与国际合作并举”的跨国发展新路径。王坤探讨了“一带一路”背景下中国西部电影的开拓与传播问题。

圆桌论坛二：电影产业新格局之市场篇。刘嘉指出当前放映市场规模与实际运营水平的差距制约了电影行业整体盈利水平，以及投资路径及回收的模式建立。论证了放映市场格局对电影票房投资回收的影响，以及如何建立清晰电影盈利模式。刘帆对重庆地区青年电影观众消费模式进行了分析。倪祥保对苏州电影产业市场历史回顾与发展进行了探讨。盘剑论述了国产动画电影的产业定位与市场谋略。张阿利对西安电影发展现状进行了关照。周斌探讨了中小规模民营影视公司发展的现状、策略与前景。赵远探讨了全球化背景下中国动画电影的发展策略。陈咏研究了“小镇青年”与中国青春爱情片市场的关系。

圆桌论坛三：电影产业新格局之“互联网 +”。范志忠探讨了跨境电商时代中国电影出口贸易的挑战与对策。刘藩探讨了“互联网 +”变革下我国电影的产业链重塑和生态圈优化。聂伟分析了 C2B 时代华语电影营销新趋势。彭侃论述了互联网改变电影业的“5D”效应。项仲平探讨了“互联网 +”时代中国电影产业发展路径与机制创新。赵卫防分析了互联网语境下中国电影产业的嬗变与思考。张智华分析了互联网对中国电影产业发展的促进作用。周怡探讨了新媒体时代电影营销的社会化途径。舒克讨论了电商电影带来的产业变革与发展前景。

圆桌论坛四:国际视野与质量提升。陈犀禾分析了当代中国电影合拍片的三种模式。陈旭光探讨了中韩电影的“优势互补”与中韩合拍片的现状及未来。赵宁宇分析了市场博弈与电影变异的情况。蒲剑论述了我国电影制作专业人才现状及对策。万传法分析了美国独立制片的历史发展及其意义。杨晓林对中日动画电影产业进行了比较研究。

中国电影科技论坛

时间：9 月 17 日

地点：吉林市雾凇宾馆

主办单位：吉林市政府、中国电影家协会

论坛的主题是“电影声音艺术创作及技术发展前瞻”，分主题是“观念和创意：电影声音艺术创作新趋势”和“技术和工艺：电影录音技术制作新拓展”。北京电影学院姚国强考察了北京电影学院“电影录音”教育的历史。詹新探讨了产业环境之下的中国电影教育发展趋势，分析了上戏的影视声音教育情况。王旭锋探讨了声音专业课程在改善学生知识结构与提升学生作品品质等方面的作用和意义。梁婧强调“慕课”（MOOCs）对电影声音教育所面临的挑战和机遇应能起到很大的作用。王乐文、谷毅、侯明等与会者探讨了电影录音技术的现状、应用与创新，陶经、林临、姜燕、李涛、吕甍、吴丽颖、陈丽娟就电影声音的创作进行了分析、总结与批评，伍建阳、陈功、冯曦、张晋辉、孙亮、樊露雪则对电影声音理论方面进行了探讨。

“互联网 +”时代的中国电影产业高峰论坛暨电影教育和产业发展委员会 2015 年年会

时间：9 月 18 日
地点：吉林市雾凇宾馆
主办单位：吉林市政府、中国电影家协会、中国文联

会上探讨中国电影产业的互联网之路，探究中国电影产业如何借助“互联网 +”的国家战略，找到符合自身的独特发展路径。侯光明对“互联网 +”时代中国电影教育提出了“坚持高端复合型人才培养”、“以电影产业链为依据进行学科学位的延伸和拓展”、“以互联网为途径丰富全覆盖的电影教育体系”、“坚持构建突出时代特点的教育模式”、“双实践教育”、“国际化办学”的建议。饶曙光则表示互联网时代下中国电影的发展是个新命题，认为中国电影可以借助互联网赢得发展平台和技术资本，同时也要理性对待，不能夸大互联网及其产生的种种新概念，更多关注电影创作和生产的本体。汪天云表示新形势下中国电影该通过“集结互联网 + 金融热点 + 价值观”推动电影走出去，互联网 + 金融、理财 + 电影本体构成一种新的发行手段。崔保国探讨了电影与互联网融合带来的电影票房、营销模式、电影观众、产业结构的变化。周由强指出了当前中国电影内容创作上的不足和文化内涵的欠缺，呼吁影评家担起责任、积极引导。杨向华认为互联网视频的发展为内容制造业贡献了资金层面的力量。周铁东探讨了互联网和电影的关系，认为互联网内容与渠道平台是一种共生关系，互联网位于产业链下游，起着锦上添花的作用。刘军表示互联网可以驱动电影产业升级，带来价值提升。

涂子沛指出了未来大数据在预测方面的前景。张蕾探讨了电影 + 互联网对于制作的提升意义。张元林分享了互联网 + 影视作为新的产业链可能的机会。王禹媚认为互联网本质上带来了供需关系的效益提升，消灭信息了不对称的商业模式，助力电影产业兴起。

五、年度影片研讨会

电影《狼图腾》座谈会

时间：3 月 26 日

地点：中国电影资料馆

主办单位：中国电影资料馆、中国电影股份有限公司

座谈会围绕《狼图腾》7 亿票房背后的产业思考和创作启迪，就《狼图腾》的艺术水准、市场表现、观众口碑等方面进行了交流。王为民回顾了影片的筹拍经历。喇培康总结了该片产业化的成绩，肯定了中影负责独家宣发时的全产业链运作。凌红介绍该片是华语电影史上完全由中国电影企业主体投资打造、主导中法合作、携手“奥斯卡”导演完成的超大规模的制作。许兵、赖佚、蒋德富分别介绍了该片“定档、营销、发行三起三落”、“确保有效场次”及“‘中影’联动协调会机制”等具体发行经验。格瓦拉孙磊分享了跟“中影”深度合作的数据。章柏青认为该片兼顾艺术与市场，是一个创作多样化的范本。陈旭光认为该片有一种在时代加速度中慢下来的节奏，它以狼为镜反观人性和自身，反思人类的行为和观念，这个主题追求超题材、超文化，甚至有一种宗教感。饶曙光认为该片代表了中国电影工业化水平和国际化水平，是提升中国电影自身的水准和中国文化在国际间传播的新节点。指出该片对人与自然、人与动物、人与生态的表达更具有国际性视野，兼具民族情怀和人类情怀，在人文思考和人文表达上代表了中国电影的新水平。周铁东认为该片可作为今后中外合拍片的标准案例，认为它的成功是人文和商业元素相结合的结果。明振江指出该片切合时代主题，是一部建设生态文明的银幕交响曲，认为该片在市场表现上仍有潜力。周星认为该片在气度上回归自然和天地的锻造、在思想上回归历史和社会、在内涵上回归人文和艺术，通过狼和自然、狼和人的搏斗，展示对人性的期待和迷惑。

电影《战狼》研讨会

时间：4月28日

地点：中国电影资料馆

主办单位：中宣部文艺局、国家新闻出版广电总局电影局

会上就《战狼》在主题内涵、艺术水准、商业运作等方面的探索与突破进行了讨论。姜秀生认为《战狼》对我军形象反映不落俗套，传递出久违的铁血阳刚之气。张方军指出《战狼》的成功得益于类型化叙事风格的有效构建。李舫认为该片采用年轻人喜欢的表达方式捕捉观众诉求，把军旅题材英雄人物的物性还原为人性，是舍身取义和勇而有义的传统故事，也是现代中国和平崛起下为中国而战的宏大叙事。皇甫宜川认为该片作为以爱国主义为基调的超级英雄片把动作战争片提高到工业化标准高度上，也是对市场和观众接纳度的检验。指出以人物性格为核心来建构影片是本片成为现象级电影的重要原因，对创作上处理个体和群体及国家的关系也有启示。贾磊磊认为应寻求商业电影、主旋律电影和艺术电影的可通约性，该片的商业元素和价值观的整合赢得了观众认可，体现了建立在现实主义美学精神基础上的爱国主义传统和建立在传统文化精神上的英雄主义的中国电影传统。索亚斌认为战争片成功的根本是比较严格地遵循类型电影的创作原则。周星肯定了该片血性又个性的人物性格塑造及国家意识和责任气质的内涵融入。彭程指出该片最明显的突破就是运用了时尚的、与国际化接轨的电影表达手段展示出了我军军事现代化取得的成就，是主流电影和类型片在核心价值的表达和商业运作之间良好的结合。喇培康认为该片的出现是观众欣赏口味的一个拐点，引导观众的审美往阳刚的方向转变，使中国电影市场更加多元、成熟与丰富。李峰指出该片的延展意义在于，文艺作品坚守政治立场与尊重市场规律可以并行不悖。吴京表示《战狼》的成功是整个产业链共同作用的结果，得益于军队的支持。吴冠平认为《战狼》在整个主题意义的表达上“军人职责”和“个人感情”的“大”与“小”的平衡上拿捏十分到位。李洋认为应当通过军队与电影业合作以军旅影视作品彰显军人魅力与军人实力，打造文化软实力。党圣元认为该片是讴歌当代军人的精品之作，是对爱国主义和家国情怀思潮的一个正面的有力表达。刘藩认为《战狼》突破了以往国产军事题材影片的模式，主角的形象血肉丰满。张宏森希望通过《战狼》带来的新启示和思考推动中国电影在军事题材及其他类型题材创作上取得新进步，今后将配制更好的资源以拍出更好的影片。汤恒表示电影的辉煌离不开各级各单位的支持，期待在今后一如既往的支持中共同推动军事题材电影的繁荣发展。

戏曲电影《苏武牧羊》首映式暨影片研讨会

时间：5月18日

地点：中国电影资料馆

主办单位：《当代电影》杂志社

会上讨论了《苏武牧羊》在题材立意、创作手法等方面做出的积极探索，共谋国产戏曲电影未来的发展之路。饶曙光肯定了该片在“苏武”形象塑造上的突破，认为电影和戏曲的美学结合是电影人追求的目标。他同时介绍了当前筹划建立戏曲电影工作委员会的工作，探讨了推广戏曲电影的意义。皇甫宜川称赞了主演李树建在影片里的声音塑造，认为这种表演艺术形象带来了剧作和电影化的提升。章柏青肯定了该片的文化价值、戏曲魅力和这一戏曲片的电影化尝试。翟俊杰认为该片艺术化地传递了正能量，他也提出了当下戏曲电影在艺术创作上需注意镜头运用与戏曲艺术本源的关系，注意表演方式。王人殷赞扬了影片的文化价值和剧作的表现张力，肯定了该片故事创作上“当代性”方面的突破。赵葆华以“一个环境，一个思考点”带出了对当下喜忧参半的电影环境和如何在银幕上再现戏曲的思考，也指出了苦情戏过多易造成审美疲劳的问题。周星对戏曲艺术和戏曲电影对文化精神的传递意义表示肯定，也道出了当下主流观众和戏曲文化远离的现状，表示该片情节和设置尚可深挖，片中符号化意义豫剧唱腔略显不足。杨远婴通过对比1940年版的电影《苏武牧羊》认为这次的李陵和苏武成为一种对偶的关系，指出了个别舞美设计和结尾人物设置的问题。赵卫防肯定了本片在电影化与戏曲化有机融合方面保留了戏曲所固有的程式美。顾春芳认为《苏武牧羊》无论是从艺术的角度还是电影史的角度，或者是作为豫剧剧种的传承和发展，都极具价值。张文燕认为影片从场景设置到人物、情节，以及镜头把握，节奏感非常好，是一部场面震撼、情节动人的优秀影片。赵景勃认为戏曲电影作为一个新的品种要有独有的制作方法，他肯定了片中侍女阿云的人物设定以及对羊的处理。冉常建指出该片突破了舞台又高于舞台、电影化的拍摄手法弥补了戏曲舞台表演的不足，有了更大的升华。导演朱赵伟阐述了电影的创作理念与创作过程和对豫剧“电影化、艺术化”的努力。该片主演李树建和主创丁建英也各自回应了影片的一些问题。

《西游记之大圣归来》研讨会

时间：8 月 4 日

地点：中国电影资料馆

主办单位：中宣部文艺局、国家新闻出版广电总局电影局

研讨会深入剖析《大圣归来》在创作上的成功经验，及时总结它对于国产动画电影制作的启示与意义。童刚、刘志江、仲呈祥、王雷等与会领导与专家分别从国家政策、投资环境、市场培育等层面深度阐述了该片的成功经验。谈及影片在风格样式上的突出特点，田晓鹏、边静、仲呈祥等肯定了该片在传承和弘扬中华美学精神方面的努力，贾磊磊、陈旭光、彭程、左衡、张卫、虞昕、王群、皇甫宜川等与会专家则就该片开掘和转化传统文化资源的现代性方面进行了分析，予以充分肯定。景俊海总结了《大圣归来》的启示：认为中华传统文化具有强大的感召力，动画电影具有旺盛的生命力，中国电影繁荣发展具有无穷的潜力。就国产动画电影的繁荣发展提出四点意见：深刻学习领会习近平总书记文艺工作座谈会重要讲话精神；深入贯彻全国电影工作座谈会会议精神，加快建设电影强国进程；坚持艺术创新，融合先进技术，不断增强国产动画电影的生机活力;加大扶持力度，完善保障措施，为国产动画电影发展创造良好条件。

“《捉妖记》：国产大片的新标杆与新世代”研讨会

时间：8 月 6 日

地点：北京

主办单位：中国电影家协会、中国电影出版社

会议旨在总结《捉妖记》在国产电影创作、营销方面的经验。夏潮表示中国电影产业的繁荣需要大量有追求、有品质、有担当的国产电影，认为《捉妖记》是中国传统文化元素与技术的完美地结合。明振江表示该片是中国电影产业化的成功样本，是中国电影创作的新标杆。导演许诚毅回顾了该片的创作经历，江志强表示该片在海内外的票房成绩背后，许多人做了大量工作。编剧袁锦麟表示电影的类型和题材空的地方还很多，认为只要讲好动听的故事，从中国走出去的大片应该很快能实现。张晗介绍了该片策划中演员阵容调整、宣传片设定等具体经验。吴慧君介绍了“有步骤、分阶段地层层推进预热”“电影、电视双屏的嫁接”“宣传片多角度、多年龄层的覆盖”等

宣传经验。常斌介绍了腾讯视频参与《捉妖记》出品的过程的“为虎添翼”战略。叶宁表示该片最成功的一点就是塑造了胡巴这个可爱丰满的形象，呈现了栩栩如生的情感。侯光明表示该片的成功离不开艺术性、技术性、商业性、市场性的有效结合。尹鸿认为电影院的普及和作为电影市场主力的互联网一代的崛起促成了《捉妖记》成为电影产业的新标杆。共享的价值观、准确的定位、成熟的执行力、诚意的创作团队也是其成功的因素。周星表示《捉妖记》达到了一个新高度，跟中国的社会政治在世界上的地位和中国电影与好莱坞电影竞争的新局面是相辅相成的。这个“高度”的意义在于显示了中国电影潜力无穷，具有逼近世界第 - 的威力，技术的进步不言而喻。李迅指出该片将动作带进情节，将特效与滑稽场面相结合，符合某种“后情节电影”的特征。王旭东认为该片几乎具备了所有好莱坞奇观电影的元素,也指出影片“缺陷够多、成长不足”，以及“坏妖”为害人间的故事线不够完整，结尾升华不足的缺憾。

国产电影论坛 :《燃烧的影像》研讨会

时间 : 9 月 21 日

地点 : 中国电影资料馆

主办单位 :《当代电影》杂志社、《中国电影报》社

会议对《燃烧的影像》的一片从美学形态、历史观及传播角度进行了探讨。孙向辉介绍了该片的缘起，张乃金赞扬了该片及主创人员。陆亮指出这是发展艺术性电影的良好方式，是将研究与实践相结合的发展道路。与会者就该片的美学形态选择进行了探讨。导演黎涛分享了创作中的难点。李镇解释了片中全景式叙述的现实原因。贾磊磊表示外景镜头的缺失是一种遗憾。尹鸿肯定了该片的形式风格，认为其增强了客观性和真实感，也指出了一些不足。杨远婴肯定了该片叙事建构的方式。左衡认为，纪录影像用转喻悬置了如今主流电影面临的历史虚无主义和陈旧的宏大叙事之间的历史表达困境的问题，肯定该片影像和真实存在的价值。肖裕声认为纪录片的创作应该加入解读和点评,要分析历史影像背后隐含的内涵与本质。与会者认为该片全景式的展现、全民族抗战的视角，达成了符合历史与逻辑统一的平衡。而在具体表述层面，该片尊重历史、理性克制，表达了主流历史观的同时避免了过多的煽情，解说词的使用弥补了敌后战场影像资料不足的缺憾，影片所体现的平衡史观受到一致赞许。林思玮介绍了影片的放映和宣传工作，探讨了此类纪录片及艺术类影片的推广和艺术院线发展的问题。康伟认为该片应该挖掘学校的传播渠道，并通过对解说词的调整和翻译，进行国际性的传播。陈山建议通过互联网传播使影片的传播力度最大化。沙丹提出通过现

场互动和衍生品将影片放映打造成社交性活动以吸引高校学生的关注参与。尹鸿建议中国电影资料馆应该利用新媒体，打造具有识别度和区分性的品牌平台，分离艺术电影、商业电影、主旋律电影等不同的电影信息，以更好地吸引和引导观众。艺术院线应通过拓展引进全球的影片资源保证足够的供给。

"电影《九层妖塔》暨中国奇幻类电影的探索与前景"学术研讨会

时间：11月1日

地点：北京大学英杰交流中心

主办单位：北京大学影视戏剧研究中心

研讨会就《九层妖塔》展开探讨，针对如何做出与国际接轨的华语视效大片，如何应对互联网和全球化趋势下新的观众群体等问题进行交流。尹鸿教授认为该片为中国奇幻类电影打开了一条崭新的路，在制作水平上体现了中国电影已达到世界一流的水准。赵卫防研究员将《捉妖记》《指环王》等影片与该片进行了对比分析，认为该片在类型上突破了中国现有的电影类型。张颐武教授针对该片提出了"架空式的高概念电影"生产与"网络文学超级IP的电影转换"理念。张智华教授论述了"奇幻"、"魔幻"与"科幻"三种电影类型之间的关系，认为中国奇幻类电影的发展应该具有相应的文化基础。皇甫宜川研究员则认为《九层妖塔》界定了一种新的电影类型，一种融合了科幻与玄幻的类型。陈宇、索亚斌、王纯等肯定了影片的创新性意义也指出该片在叙事上存在断裂、美学风格上不够统一、类型融合上太过混杂、定位不明确等问题。陈旭光总结认为该片是在奇幻类电影的历史缺失和一代人对奇幻和想象力的消费的现实需求中出现的，既是中国亚文化、次文化的张扬也是对西方电影文化的融合，是文化意义上的一次新建构，在类型探索上也有新意。也提出了该片在类型杂糅 、忽视原著及原著粉丝、故事情节清晰度方面的不足。

六、电影论坛荟萃

2015中国电影长江论坛

时间：1月23日

地点：武汉东湖宾馆

主办单位：湖北长江电影集团、清华大学新闻与传播学院

论坛以“把握新常态，探索新趋势"为主题，旨在总结我国每年电影全产业链的热点现象，并对下一年电影行业市场发展环境、创作走势等进行预测分析。刘汉文探讨了“新常态”背景下中国电影发展的总体情况及其影响，指出在提升观影环境和专业化方面仍要努力。于冬结合自己入行20年来的从业经历回顾了电影产业化的历程，指出未来十年所面临的好莱坞围攻与电影公司互联网化的挑战。皇甫宜川援引2014年中国电影的相关数据总结了该年度出现的“青春历史类领跑，喜剧片卖座”、“新导演崛起”、“优质IP发力”、“粉丝观众带动票房”等现象，分析了中国梦的内涵实质及其与中国电影的关系，并结合影片实例从题材、人物、类型创新、文化传承、大片创作几个角度分析了中国电影如何体现“中国梦”。尹鸿指出当前互联网与电影融合趋势下，以小镇青年为代表的网生代观影群体的观影趣味逐渐作用于票房上，使得电影市场呈现出口碑与票房不相匹配的状况，提出在文化上应重点解决娱乐化及价值观方面的问题。刘勇认为互联网作为效率工具和引导工具连接院线与用户，而价格是催化剂。侯涛表示希望大数据能够帮助应对激烈的院线竞争，认为电影企业跟资本市场的结合能优胜劣汰。

跨国与跨文化：华莱坞电影理论的建构

时间：5月4日
地点：浙江大学宁波理工学院
主办单位：浙江大学传播研究所、浙江大学宁波理工学院华莱坞电影研究中心

会上探讨了跨国视角下中国电影研究的主体性及民族性问题，好莱坞在中国电影的建构和发展中的作用，影像、资本、人员和技术的流动性如何不断形塑着我们对跨国和跨文化的视觉想象。邵培仁阐述了议题提出的缘由，提出了华莱坞电影主动实施跨国与跨文化“三阶梯”和“三步走”的发展策略和传播路径。林松辉讨论了跨国作为方法的可能性，认为“亚洲”作为方法最核心的目的，是在用主体性的多元转化，通过新的亚洲/第三世界想象，更多的参照点及参照架构能够进入研究者的视野，使得主体性的构造更为多元复杂。石川以“从隆昌公寓到猪笼城寨”为切入点，讨论沪港电影中的城市经验与集体记忆。陶东风则以张艺谋的电影《归来》为具体案例，讨论电影内容跨时期表达的问题。孙绍谊对跨国电影研究中的“中莱坞”、国族电影范式的转型、现象学的互主客体论等电影理论进行了述评。伦敦大学Sarah Wright讨论了关于

"世界电影中的儿童与国家"的全球研究网络与华莱坞进行深度合作的可能性。在分会场讨论中，与会学者就"华莱坞、话语电影与中国电影论争"、"跨文化和华莱坞电影"、"华莱坞与中国梦"、"多学科视角下的华莱坞电影"、"儿童与国家"等主题进行了讨论。

首届长三角影视传媒研究生学术论坛

时间：5 月 16 日

地点：上海大学延长校区

主办单位：上海大学影视艺术技术学院

本次论坛五个单元，主题涵盖"华语电影研究"、"视屏文化研究"、"新媒体：新趋势、新话题研究"、"影视传媒产业研究"、"艺术与城市创意研究"等领域。主题报告专场中，上海交通大学博士生高凯就新媒体语境下影评人的"批评"与导演的"反批评"及"弹幕影评"进行分析。上海大学博士生郑炀就日本冲绳地区的民族电影进行了考察。中国艺术研究院博士生魏晨捷从合拍片的角度探讨了"华莱坞"电影的跨国主体性及其对策。吉林大学博士生赵翊羽就阮玲玉事件中《大公报》和《申报》的新闻评论进行了比较性的历史研究。中国人民大学博士生李云翔解读了奥尔特加的著作《大众的反叛》。"博士专场"中，来自不同高校的 5 名博士，分别探讨了《战狼》、美国在线行为广告的自律规制、媒体融合发展中电视合理使用的法律调适、二战时期美国战争电影海报以及画家手稿等主题。"新闻传播专场"中张岩松、王悦琳等学子从当下的诸多新闻热点与媒介现象入手，分析了传媒领域的发展现状，并就新媒体时代的新闻伦理、媒介素养等问题进行了充分探讨。"华语电影专场" 8 名硕士对当前华语电影界的诸多现象和趋势以及华语电影的发展路径进行了分析。"艺术与视屏文化专场"中朱祥虎、冯万磊、赵博翀等 8 位硕士分别就微电影文化、《奔跑吧，兄弟》、3D 戏曲电影的审美特征、民国电影、《色戒》、多时空电影的叙事结构、"陌生化"叙事思路等话题进行了探讨。陈犀禾、郑涵、敖柏、王冬冬、齐青、韩秋月分别对各专场发言进行了点评。

"华莱坞影视的中国梦"学术研讨会暨 2015 浙江传媒学院戏剧影视研究院首届学术论坛

时间：5 月 29 日

地点：浙江传媒学院下沙校区浙江传媒学院下沙校区

主办单位：浙江传媒学院戏剧影视研究院

论坛讨论全球化语境下“中国梦”影视传播的理论与方法，深入展开对华莱坞影视“中国梦”的实践探索、发展现状及现实困境的思考。贾磊磊认为华莱坞研究关涉国家文化产业建设与社会意识形态、价值取向等多重层面的重大问题，指出应把握当下影视产业发展动向、对比分析，为华莱坞影视的“中国梦”找寻更广阔的理论空间。周星从华莱坞的概念出发，探讨华莱坞电影发展的现实与趋势。胡智锋从全球格局切入探讨了华莱坞影视提升的背景与形式，肯定了华莱坞概念的现实意义和战略意义。彭吉象从华莱坞影视的发展浪潮出发，探讨华莱坞影视的建设路径。邵培仁指出华莱坞研究的初衷是不断丰富世界电影艺术，着力建设一个文化多元化的世界，共创和谐、友好的全球电影新格局，实现华莱坞影视的“中国梦”。范志忠从国际影视传播格局展开剖析，分析当前华莱坞影视的“中国梦”。陆地以“梦之魂”、“梦之体”、“梦之境”、“梦之魅”作比探讨“中国梦”影视的建设。刘浩东研究员由媒介地理概念出发，具体分析了全球影视产业市场与中国影视产业的发展现状。袁靖华认为应当将“中国梦”这一软实力与华莱坞影视的艺术巧实力结合起来进行对外传播，打造“想象的文化共同体”，开拓“中国梦”叙事空间。王锋、诸葛达维探讨了建构电视艺术质量评估体系及电视剧的收视预测的话题。向宇探讨了华语语系（ sinophone）理论存在的问题。吴鑫丰探讨了全球化在多个层面都对中国电影产生的影响。王冰雪探讨了互联时代电影传播与跨地参与的话题。毛璐璐表示北美市场不再是中国电影西进的唯一出路，提出要以多样化的题材投入到更广阔的拉丁美洲和非洲国家市场。郭晶从华莱坞概念演化的脉络出发，重新审视电影名称的界定与争论。姚锦云探讨了好电影的“原型”之真、形式之美、隐喻之善。韩程分析了以乡村为拍摄地的社会体验类真人秀。张汝杰认为了“中国梦”的实质就是实现中国现代化。韦小波对“主流商业电影”进行了探讨。王昀表示“中国”这一核心概念呈现了新的现代性改造结果，并进一步指出“亚洲电影”这一概念依然为探讨地方性知识、共同体记忆以及区域文化权力再生产提供了可供适用的框架。袁爱清对居住在星光村的弱势群体进行了个案研究。孟岩分析了浮世绘艺术风格对台湾电影画面塑造的影响。陶赋雯就新的历史条件下扩大“非遗”传播范围进行了讨论。郭小春以《绣春刀》为例分析了全球化传播语境中华莱坞电影彰显本土文化价值和文化主体性的问题。李涛阐述了海洋强国与动漫海洋文化符号传播的关系。姜滨讨论了文化创意产业运营的本土性特征。张梦晗对信息社会下的微电影进行了关照。马珂认为面对现代技术对传播媒介的重塑和新的媒介生态的建构，应当以文化担当意识，在技术与文化传播之间找到平衡。王小利对微电影进行了文化分析。王誉俊认为应当借鉴好莱坞系列电影的模式延长电影的品牌，完成系列影片生命力的拓展。许咏喻探讨了中国电影跨国、跨文化传播的问题。

第三届中国影视青年论坛

时间：5 月 30 日

地点：上海大学

主办单位：中国高校影视学会

论坛围绕“中国影视艺术发展新图景”的主题，呈现了对“泛屏”与“跨界”两大问题的多维而深入的讨论。中国传媒大学胡智锋肯定了历届中国影视青年论坛的作用，从“政治、经济、社会层面、传媒层面、艺术层面”探讨了当前中国影视发展的的新背景。北京师范大学周星、上海大学吴信训、上海交通大学李亦中等与会者探讨了媒介融合时代下影视艺术“信息生产方式、传播渠道、传播终端以及信息生产者与消费者关系”的多维变化，对新形势下的跨国合作与电视节目创新以及传媒教育和人才培养应有之变进行了深入探讨。何小青、张应辉、孟建分别介绍了主办方及会务的一些情况。西南大学曹怡平探讨了 BAT 三巨头对电影行业的影响。上海大学张斌认为在“元媒介”语境中，“看电影”正在经历从“观看”到“游戏”的历史性跨越。河海大学易前良考察了若干媒体近年来的融合实践。山东大学孔令顺指出“影像”只有策略性地运用影像文化的硬实力和软实力，才能形成影响深远的巧实力。上海大学黄望莉对上海影戏公司为代表的电影制作机构进行了历史回望。深圳大学战迪探讨了“网生代导演”呈现出的“用户至上”的网络气质。西南政法大学陈笑春对视频节目模板进行了考察。北京师范大学张燕表示在地文化表达、尊重观众的类型创作与商业运作是台湾新锐电影成功的关键。中国人民大学陈涛探讨了“幻影之旅”（phantom ride）作为一种特殊的运动镜头的美学特征。华中师范大学孟君梳理并考察了中国电影史上的小城镇电影。专场分论坛“跨国合作与电视节目创新”针对电视综艺节目《叮咯咙咚呛》展开讨论。该节目出品人邹琳及总导演周聪分享了原创节目实践中的挑战以及中韩合作的成功经验。华南理工大学李幸表示戏曲与“真人秀”的结合带来了新奇而独特的体验。清华大学尹鸿肯定该节目差异化创新和海外输出的成果，提出更“简单、极致、朴实”的建议。南京大学张红军表示该节目有机融合了传统文化与流行文化。西南大学何晓燕探讨了真人秀如何更好地传承和传播中国传统文化。上海大学张斌认为该节目为原创真人秀提供了本土资源的国际化的发展路径。四川大学欧阳宏生进行了点评，指出该节目的首创性、跨文化性、专业性、趣味性和故事性等特点都值得肯定。本次论坛的分论坛，刘俊担任主持的第四届传媒艺术论坛上来国内各高校的祁林、吴雁、王明端、齐伟、周云、俞锫、郝娴贞等就传媒艺术研究、教育教学与学科建设等问题进行了探讨。

第21期电影学博士论坛

时间：5月30日

地点：北京师范大学艺术楼

主办单位：《当代电影》杂志

本届论坛的议题是“新媒体语境下的电影明星、明星制与当代中国电影”，力图通过对于当下媒介环境下电影明星的生产、消费、粉丝文化等角度的分析来梳理明星制与当下中国电影遭遇到的困境及新的话语空间。中国艺术研究院魏晨捷从当下多元的文化视域和新媒体的大众传播语境中，阐述了新千年以来产业过程中的明星制造和明星消费。中国传媒大学巩杰指出“小鲜肉”男明星身上体现出的“去男性气质”特征是女权时代文化消费逻辑所带来的结果。北京师范大学朱怡璇讨论了在新媒体语境下，电影明星形象的建构是如何由电影明星的银幕形象和多场域话语中建构的生活形象相叠加和互作用形成的，以及二者如何共同构成了一个粉丝凝视与想象下的电影明星形象。上海大学周旭认为跨界导演的出现是媒介、市场与观众共谋的结果，如何理性地看待是我国明星制建设和电影产业发展所要面临的一个重要问题。中国艺术研究院陈雅舟以20年代的女明星殷明珠为研究案例来研究中国电影表演理论里对明星媒介形象建构的方法，从而探究殷明珠在当时媒介环境中如何完成形象建构。厦门大学焦仕刚认为新中国建立初期，具有巨大群众影响力的电影艺术一直作为重要的革命宣传教育工具被严格控制和再造，阐释了新中国“明星”生成机制的二律悖反独特本质。从个案研究的角度，上海大学王玉良表示新媒体时代电影明星已经打破了人物的“真假”和“实虚”的界限，与真人明星相对应的虚拟明星的影响和地位也日渐突出。王玉良从“合法性构想、特殊性观照和价值与意义”几方面切入，建构出一个电影明星研究的新视角。中国传媒大学李艳讨论了新媒体时代明星对自我形象的主动建构和积极维护所产生的影响，指出明星不仅利用传统媒体时代集聚起人气，还借助网络平台实现自我形象构建及营销。北京师范大学王平以文化研究的方式考察了明星私人事件在新媒体时代的公共传播这一现象。中国艺术研究院刘子杨认为明星学是与时代相携而生的学术研究领域，在互联网时代对电影明星的研究也进入了电视及新媒体领域，带来了其符号性的、社会学及文化批判的多重视野。北京师范大学李金秋指出在新媒体时代，电影明星的形象建构与营销走向了先通过新媒体进行营销以获得关注，形成一定的认知度和认可度后再进行电影形象建构的道路。该校王晓旭认为新媒体技术带来的文化工业化的加速发展使电影明星的塑造方式、明星粉丝对电影和明星的评价模式发生了显著变化。该校陈伟考察了明星颠覆形象对观众认知造成的影响。中国传媒大学韩晓强认为,电影发展的过程正是一个马克斯·韦伯所述的“祛魅”的过程，在电影本身的神秘性流逝中，被大众崇拜的电影明星也受到了直接的影响。该校的颜汇成从社会学的角度，以马克斯·韦伯的“卡里斯玛型权威”概念为依托来审视明星的形象建构等问题。该校庞博讨论了社会政治、文化影响下的明星形象对于电影潮流变迁的回应以及对“中国想象”的构建作用。厦门大学张经武认为电影明星的城里人身份能凝聚电影所需要的创造力和注意力，能帮助扩散和传播城市的名声。中国艺术研究院毛珺琳指出消费文化视域之下明星跨界做导演不过是电影产业化进程中的阶段性繁荣，也暴露出了中国电影产业的不成熟与制度的不健全。中国传媒大学林吉安以徐静蕾为研究个案，借助明星研究、表演研究等相关理论分析了她在戏里戏外所展现出来的独特的明星形象。北京师范大学路春艳、张智华，北京大学李道新分别进行了点评，北京师范大学陈晓云与《当代电影》张文燕进行了总结发言。

第七届两岸影展两岸电影交流论坛

时间：6 月 10 日

地点：北京

主办单位：中国电影基金会、台湾两岸电影交流委员会

论坛就两岸电影票房表现相互“水土不服”的现象展开了讨论。吴功认为“配额限制”“网络下载”“美国大片挤占台湾市场”“内地和台湾电影文化上的隔阂”是主要原因，指出合拍片是培养台湾观众的好方式。台北市影片商业同业公会陈俊荣表示既有文化隔阂的原因，也有配额制度政策上的不完善，认为台湾电影进入内地市场，可以寻求在内地找到有意愿映演台片的影院长期放映。台湾电影文创产业协会理事长陈志宽提出台湾电影进入内地市场可尝试着先打入几个城市、省份。导演李思源指出现在的大片缺少的恰恰是情感，所以所谓的在地性、区域性、本土化只是手段而不能作为目的。导演易智言认为透过香港作为中转站，加入某些中和性的因素是个大陆电影进入台湾市场的可行策略。导演江丰宏认为合拍片的行销必须要考虑内地市场，所以要有取舍、妥协。中国电影评论协会秘书长张卫认为全球性也是在地性，两岸的电影院都是放美国电影，这是惊人相似的！满足人性欲望是类型片的本质，电影市场永远有对类型的需要。中国艺术研究院赵卫防表示两岸双方在对方的市场上票房表现不甚理想是“在地性”造成的，建议将影片进行一定的商业化处理，增加普适性的元素。北京大学张颐武指出当前中国内地电影市场三四线城市的观众释放了很强的增量，表现出对青春片强烈的观影需求，产业开始向着内向化、本地化、关系切身的趋势发展。

指出电影产业内不同调性、路径分合的深度整合是极其迫切而重要的。北京电影学院吴兵表示内地电影市场和观众审美习惯发生了变化，理想主义者是最容易被观众所抛弃的。北京师范大学张燕建议部分台湾影片针对其目标受众借助互联网进行高校范围内的推广，建议台湾影片采取类型片的样式，结合电视剧进行跨媒介的创作，用通行的讲述方式。中国传媒大学索亚斌表示两岸电影在旨趣方面有一定差别，而人情的东西是两岸人民相通的。中国艺术研究院张慧瑜指出台湾地区的流行文化一向对内地产生很大影响，两岸在可以共享的文化经验上有很大的合作空间。《大众电影》杂志梅雪风则认为，在地性不利于台湾电影进入内地市场，可以向香港电影取经摸清观众口味。影评人赛人表示很少看到反映职场生活或有着政坛背景的台湾影片，最成熟类型之一的青春片也给人一种畏惧长大的感觉。中国农业大学陈刚建议台湾电影进入内地市场时要考虑内地观众的类型意识和经验性等方面。

“华莱坞电影发展战略研究”高端论坛暨华莱坞电影研究联谊会

时间：6 月 18 日

地点：浙江大学紫金港校区圆正启真酒店

主办单位：浙江大学

与会者回顾了“华莱坞”电影研究的历程与现状，介绍了“华莱坞”研究的成果，探讨了“华莱坞”作为批评话语体系的可能性和意义。邵培仁提出了“中国电影 4.0”的说法：认为从 2013 年开始正在进入中国电影 4.0 的时代，亦即华莱坞电影的新时代。美国明尼苏达大学彭增军表示“华莱坞”为华人创造了建树新的话语体系的可能，指出在研究方向的拓展中还需突破现有的规范性研究较多的现状，开展更多的经验性研究、应用性研究。浙江大学宁波理工学院华莱坞电影研究中心何镇飚介绍了该研究中心“一个核心、两个支撑、三个辅助”的科研建制。浙江传媒学院袁靖华教授表示要通过打造学术联盟来推进华莱坞研究。来自意大利罗马大学的 Marelina、华东师范大学的刘秀梅等国内外华莱坞电影研究中心的学者分别介绍了各自所在研究中心的建设情况和研究工作，上海大学海阔认为有待于进一步强化内容生产。江苏师范大学徐明教授强调了“区域特色”在华莱坞电影研究中的重要性。浙江大学邱戈认为要正确认识华莱坞电影必须从城市文化入手。浙大宁波理工学院付永春认为可以从观众史、社会史、新闻报道、跨国传播等不同视角来深入中国电影工业史研究。浙江大学沈华清指出互联网正为电影发展带来重要契机。

“互联网思维下的中国电影国际传播暨《大电影的互动——中国电影海外市场竞争策略可行性研究 2》发布研讨会

时间：7 月 14 日

地点：北京

主办单位：中国艺术研究院电影电视艺术研究所

会上发布了《大电影的互动——中国电影海外市场竞争策略可行性研究 2》，并围绕互联网思维与中国电影国际传播问题进行了深入的学术研讨。该书系统研究中国电影海外市场竞争与传统问题，加强案例分析和实证研究，从六个不同角度探讨了中国电影海外传播的现实问题及前景，详尽分析了 2014 年度中国电影国际化传播的现状及问题，提出了许多具有针对性的对策。参加研讨会的专家就中国电影海外市场竞争展开了探讨，强调海外传播要研究国产电影生产的特点，考虑自身的文化品性和文化品位，通过电影传播中华文化。与会者还探讨了“互联网 +”对于电影艺术的意义，认为它不仅在技术层面上使艺术形式发生了改变，还改变了艺术生态环，使艺术内部也发生了变化。互联网思维是对传统企业价值链的重新组合，研究海外竞争策略就是为了互动、融合，为了参与一体化全球经济的大循环。

“北大学人电影研究自选集丛书”首发式暨“北京大学的电影研究”研讨会

时间：7 月 15 日

地点：北京大学影视戏剧研究中心

主办单位：北京大学影视戏剧研究中心、北大培文

会上发布了由陈旭光主编的《北大学人电影研究自选集》丛书，探讨中国电影的发展现状，电影批评与艺术批评的态势，电影批评的方法论、学院性、独立性、现实有效性，北京大学电影学者的批评特色和批评追求等重要学术问题。王一川在致辞中回溯了北大影视戏剧研究中心的发展历程，围绕“北大学人的电影研究”这一主题，提出了“学群自觉”的概念。高秀芹表示希望通过该丛书的出版，建构起北大“学群”的“高原”。黄会林、张同道、吴冠平、张颐武、皇甫宜川、肖鹰、江耀进、朱玉卿、周铁东、杨晓华、高小立、耿琴等与会者肯定了北大在电影研究领域中的重要地位，也肯定了该丛书对于电影研究的积极意义，彰显了北大的学人气质和学术担当。

“可见的左翼”——纪念夏衍逝世二十周年暨30年代反法西斯电影研讨会

时间：7月18日

地点：中国人民大学

主办单位：中国人民大学文学院、《当代电影》杂志社

论坛旨在缅怀夏衍及左翼文化人、电影人的卓越贡献，以新的史料及观念重探左翼文化及反法西斯电影，并试图对当下的各种文化问题做出切实有效的回应。中国人民大学副校长洪大用强调了左翼文化人在民族救亡运动中的重要作用及其留下的宝贵文化遗产。人大文学院陈奇佳教授阐述了研讨会的意义，人大原副校长杨慧林表达了对夏衍先生的缅怀和敬意，肯定了当下宽容的学术环境。北京师范大学黄会林肯定了左翼电影运动的意义。夏衍电影学会张建勇介绍了夏衍的重要贡献及中国夏衍电影学会的基本宗旨。陈坚教授阐述了夏衍创作的功利性与审美性、政治倾向性与艺术个性之间的矛盾和平衡，把握其中十分重要的人道主义内涵，意欲以此建构一个新的分析框架。沈旦华、邹建文分享了生活与工作中的夏衍。中国社会科学院汪朝光分析了左翼遗产在当下的影响力和左翼文化诞生的时代背景。北京电影学院陈山指出了夏衍在中国电影艺术现代化进程中的重要作用。北京大学李道新认为“先天不足，后天失调”是夏衍与中国电影的历史叙述中最值得关注的问题。戴锦华在总结中指出了夏衍、左翼电影与文化乃至世界反法西斯战争的互动关系，提出了左翼运动的世界性维度。海南大学张硕果分享了他对《懒寻旧梦录》解放后部分的研究，重庆工商大学张华对《懒寻旧梦录》所涉的电影史实进行了考证。中国电影资料馆黄德泉考证得出“丁谦平并非蔡叔声”的初步结论。批评家臧杰论述夏衍与许幸之、沈西苓之间深挚的关系。中国电影资料馆沙丹从影片探讨了以夏衍为代表的20世纪30年代左翼影人的启蒙理想和大众文艺观。上海交通大学王宇平探讨了夏衍与香港左派电影的关系。南京艺术学院秦翼探讨了20世纪30年代由理论到实践的电影艺术革新。澳门大学戎琦探寻了夏衍剧作《芳草天涯》在上海的演出情况。中国人民大学陈楚湘探讨了《上海屋檐下》的空间设定及其与人物生存状态的关系，而李粲认为夏衍对女性问题的讨论从女性的个体解放层面延伸到更广泛的社会革命领域。南京大学葛飞考察了1938年版《鲁迅全集》在编纂过程中所体现的“鲁迅观”。中国社会科学院程凯认为必须结合复杂的历史因素来看待“群众创造”和自发的政治觉悟。南通大学杨菊分析了20世纪30年代左翼取得文化领导权的原因，认为阶级意识、革命意识和民族意识是该时期左翼电影所表达的核心价值观。浙江工业大学包燕论述了孙瑜电影如何借助女性叙事策略在民间、

官方、商业之间悖反性游走。中国传媒大学副教授李玥阳通过分析孙瑜的作品，揭示被抽象的左翼话语遮蔽的其他可能的面向。首都师范大学胡谱忠分析了《武训传》的“左翼叙事”。上海大学黄望莉以郑君里“十七年”时期的五部作品为例，探究了电影与政治文化的互动关系。中国社会科学院李娜剖析了台湾社会运动中的左翼文艺实践。北京师范大学博士苏岩认为本雅明的“艺术政治化”不仅是一种“策略”,更是一种“战略”。在反法西斯电影专题分会场上，上海社会科学院孔海珠回顾了“孤岛”时期上海的基本环境和“荒芜”的文化状况。上海大学徐文明探讨了1931—1945年间，国族意识如何通过电影广告和影片内容的传播起到“询唤”作用。中国人民大学孙柏认为，中国现代化历史的结构性悖论使得阶级斗争在大众文化上的投射造成了“内部敌人”的银幕景观。首都经济贸易大学张祖群就历史真实与影视真实的关系进行了探讨。浙江工商大学丁莉丽探讨了当下电影生产在历史创伤和记忆方面的再现，认为对左翼电影的弘扬应当作为对商业电影的一个重要参照。湖南商学院曾耀农以《美丽人生》为例分析了导演所表达的和平愿景。华东师范大学黄金城梳理了“二战”后德国思想史的基本事件和德国学界左翼与右翼的攻防交锋。上海戏剧学院曹树钧分析了夏衍的婚姻、政治等方面对其剧作的影响。上海社会科学院孔海珠论述了“新文委”对上海抗日民族统一战线的历史贡献。中国电影资料馆陈墨探讨了1959年之于夏衍的重要意义。西南大学教授刘宇清则分析了“30年代电影”这一术语的命名和叙述方式。中国人民大学刘小枫从具体的观影经验出发阐发了他对左翼的理解，提出了对左翼和右翼界定问题的新思考。浙江大学教授范志忠剖析了左翼电影在竞争和资本的压力下获取“启蒙”与“娱乐”共赢的生存之道，强调其对当下电影发展的借鉴意义。中共上海市委党史研究室吴海勇在肯定左翼电影的使命感及其对电影教化功能的之余，认为不应过高评估左翼电影。中国人民大学范方俊希望反法西斯战争题材的影视作品能突破固化的认知和反映模式。中国传媒大学胡克在点评中肯定了此次讨论的意义。华东师范大学陈子善在总结中肯定了发言者的思考。中国人民大学陈阳认为左翼文化留下的平等思想是值得弘扬的宝贵财富，并从夏衍和反法西斯电影两大议题中延伸出人民、民族、人性、战争、革命等关键词，呼吁当代电影应重视民族精神。

“新学院派电影教育与电影学理论的拓展”学术研讨会

时间：7月25日

地点：北京电影学院

主办单位：北京电影学院、“中国电影与文化软实力提升”协同创新中心

会议探讨了“新学院派”电影教育的框架下，如何进行电影学理论的拓展，以适应新的时代形势的问题。北师大周星指出，应将“新学院派”落实为理论的探讨，尤其要体现出理论对于现实的超越性。陈山从传统学院派的创作在新环境下所面临的高科技的介入、观众群体与创作形态的变化、全球化的挑战等几个方面的情况入手，着重讨论了由此带来的电影学院学科体系调整问题。陈旭光指出在当今喧嚣的时代某些学院派的坚守恰恰也是非常重要的，讨论了电影教育培养模式的调整和对于学术研究品格的坚守。王志敏表示“新学院派”的人才培养要求我们对当前形势有清醒认识，第一教育模式要改变，第二现有的认证体系要进行根本的改造，第三电影手段要运用到电影教育改革当中。杨远婴对世界主要电影教育模式进行了详细介绍。陈晓云从对于电影的概念辨析出发，探讨了“新学院派”的界定问题。皇甫宜川对新学院派电影教育提出了教育的普及化和结构的开放化这两个特征，指出在“新学院派”电影理论的建构中，北京电影学院及其电影教育应当承担更多的责任。赵卫防认为“新学院派”理论是一种对当下理论的新整合，特别是在变化剧烈的当下，“新学院派”电影理论更值得我们思索。赵正阳分享了他正在进行的电影学学科建设的最新研究成果。赵斌向大家介绍了他参与编写的《电影学》一书的基本理论构架。会上还举行了《电影学》新书发布及赠书仪式，王志敏及出版方代表高秀芹向北京电影学院图书馆赠送了新书。

2015 年中国影视艺术高层论坛暨中国高教学会影视教育专业委员会年会

时间：9 月 21 日

地点：吉林大学新闻与传播学院

主办单位：中国高教学会影视教育专业委员会、吉林大学新闻与传播学院、《电影艺术》杂志社、《艺术百家》杂志社

会议围绕电影的工业原则与艺术精神以及影视艺术与教学研究展开了讨论。在电影工业原则与艺术精神探讨方面，黄会林指出了中国电影走向“唯票房论”的极端趋势，认为应着重考量电影的商品性与艺术性、电影的工业原则与艺术精神之间的关系。倪祥指出票房指标主义的产业之“淫”与观众之“躁”是造成这种现象的重要原因。曲春景表示“唯票房论”和“去伦理化”是导致中国电影高票房、低口碑的重要原因，提出“伦理关怀”是协调商业电影与艺术电影的有效途径。张同道教授从纪录片产业发展角度入手，探讨了纪录片工业化的问题。黎风从历史维度对电影的工业性与艺术性的发展与流变进行了梳理，认为电影艺术性的评鉴标准应更新为包括“技术”“奇观”“大

众”“传统”的新艺术性美学标准。张智华论述了互联网进入电影行业对促进中国电影产业与艺术发展的积极作用。高力分析了国产电影工业化生产规模的扩大与艺术精神丧失悖论的成因，指出要丰富和完善国内电影制作的工业化进程、持续推进电影收入方式的多元化探索，在总体上提升电影观众的审美趣味和审美水平。张冲认为中国电影的影响力与文化力也日渐凸显，正迎来了前所未有的繁荣。王纯指出当今应尊重市场、关注消费者、培养优秀制片人，建立良好的理论与实践互动的生态。在影视艺术与教学研究方面，虞吉探讨了战时中国电影所呈现的纪实性革命和电影与话语深度交切所构成的“复调效应”，认为纪实性成为大后方电影为代表的战时中国电影的美学显面。厉震林对上世纪 90 年代电影表演进行了分析。周安华指出了青睐喜剧是后工业社会典型的观影现象。庚钟银探讨了历史题材纪录片应有的对历史真负责的态度。孔朝蓬从社会文化学视角论述了新世纪以来越发鲜明的“消费名流”现象。陈犀禾则从文化功能和社会作用入手对电影进行界定并由此论证电影性质的“本体论”是中国电影理论历史中一个非常重要的传统。王宜文对 20 世纪 80 年代以来在电影领域兴起的认知主义研究进行了梳理，分析了其特点。彭吉象指出当前影视教育既要强调技术，又应重视人文内涵。姚国强对新中国成立以来艺术类高校中录音艺术专业的发展及演变进行了分析。高欢欢指出将影视艺术教学与微课、慕课、翻转课堂相结合，进行教育教学模式改革，是“互联网＋”时代下高校的必然选择。王翠艳分享了中国劳动关系学院探索的戏文专业教育模式。

第二届海峡两岸微电影高峰论坛

时间：9 月 23 日

地点：华中师范大学武汉传媒学院

主办单位：湖北省台湾事务办事处、湖北省宣传部、两岸关系杂志社、共青团湖北省委和武汉市宣传部

论坛围绕“海峡两岸微电影挑战与未来”这一主题展开研讨。华中师范大学武汉传媒学院院长沈振煜表达了对主办方与台湾师生代表表示了感谢与欢迎，探讨了该活动对于该校传媒教育的意义。湖北省台办涂阳斌肯定了海峡两岸微电影赛事对促进两岸文化交流与融合的意义。国台办《两岸关系》杂志王龄娇表达了对两岸关系的美好愿望。方英海分析了微电影对传统媒体商业模式的冲击，认为微电影的未来是个“全民的时代”。尚宏玲介绍了台湾电影艺术人才的培养方式及自己电影制作的经历。屈定琴介绍了该校编导人才的培育措施。朱骐表达了借由海峡两岸微电影大赛促进海峡两

岸的年轻人、制作人、演员相互了解的初衷。谢人杰、吴占勇分别探讨了微电影的狂欢化和后现代视阈下微电影的价值构建两个话题。解坤城分享了自己编剧、导演的微电影作品与制作微电影的经验。张以庆播放了自己拍摄的“台北印象”短片《前世今生》并作了主题发言。

“新中国少数民族影视文学创作回顾与展望”全国学术研讨会暨中国电影文学学会剧作理论委员会2015年学术年会

时间：10月9日

地点：西藏民族大学

主办单位：中国电影文学学会剧作理论委员会

研讨会的主题为“新中国少数民族影视文学创作的回顾与展望”。扎西次仁回顾了西藏民族大学与少数民族电影的不解之缘，介绍了该校电影文学学科方向和科研的情况，表达了学校对少数民族影视学科方向和科学研究的大力支持，并代表学校向与会者表示热烈欢迎。丹增指出了当下我国少数民族电影创作的现状和存在的问题，探讨了民族电影产业的新趋势。王兴东强调少数民族电影创作应以内容为王、创意致胜，表达了对研讨会的期望。周斌指出了少数民族电影评论与研究相对滞后的问题，希望这次研讨会能更多从剧作角度探讨少数民族电影。主题发言环节王兴东、刘浩东、厉震林、盘剑、李晓红、杨晓林、王军君、尹晓丽、孙红云、彭慧媛等与会者围绕少数民族电影剧作主题进行了深入探讨。分组讨论环节中与会代表从少数民族题材电影文化、少数民族题材电影剧作与产业、少数民族题材纪录片、少数民族题材电视剧作、藏族题材影视剧作研究等角度进行了广泛研讨，杨晓林、尹晓丽对发言进行了点评。

“走人民之路，开艺术之花——长影成立70周年电影创作研讨会”

时间：10月12日

地点：北京

主办单位：吉林省委宣传部

研讨会回顾长影创作历程，并对长影正在拍摄制作的电影《老阿姨》提出了相关修改建议。刘丽娟简要介绍了长影的发展情况。张宏森从新中国成立之后、改革开放进程中、中国从电影大国迈向电影强国的伟大征程三个不同历史时期回顾了长影70年历程。总结了当前中国的电影文化正在形成崭新的现象，指出了走中国特色的崭新电影发展道路的目标。高福平对长影70年历程所取得的成果给予了高度评价，分析了新形势下电影文化发展环境，对长影未来发展提出了“客观、清醒、理性地定位”的三点期望。李雪健、张和平、明振江、李国民、苏小卫、赵葆华、曹寅、陆亮、魏健等专家学者，陶慧敏、雷献禾等长影新作《老阿姨》主创人员参与了研讨。

世界电影院校校长论坛暨第二届电影教育国际论坛

时间：10月17日

地点：北京电影学院新图书馆报告厅

主办单位：北京电影学院

来自20个国家和地区的31位著名电影院校校长在讲坛演讲，共同探讨“电影发展与人才培养”的经验，达成了七点《北京共识》。董伟肯定了电影和电影学院的重要贡献，强调了繁荣发展以电影为代表的文化创意产业的意义，勉励与会者为人类文明的共同进步不懈努力。徐青森阐述了艺术教育对国家发展的促进作用。侯光明分析了当前电影发展中日益呈现出的“电影艺术与科学技术深度融合、电影产业与其他文化产业门类广泛融合、电影文化不断全球化的”的几大趋势，指出了电影教育的努力方向。MariaDoraMourao探讨了全球化背景下电影教育的意义。Jan Schuette阐述了美国电影学院从实践中学习的核心理念。StanislavSemerdjiev提出了数字化和互联网大背景下，电影教育应由强调职业导向的专长教育转变为多功能的全面教育的观点。巴特·罗默以荷兰电影学院通过技术手段实现远程执导的案例，阐述了科技进步对电影拍摄及传播的影响，提出国际化应该成为所有电影学院课程中重要且固定的一部分。伊丽莎白·戴丽强调了故事人文内涵对于电影教育的重要性。弗拉基米尔·马雷舍夫通过一个短片介绍了俄罗斯国立电影大学的情况。佐藤忠男强调了培养学生在“集体讨论”中互相学习的重要性。Silvio Fischbein强调重视视听媒介发展的同时，既应了解传统叙事模式，也必须进行全面的电影教育。简·罗斯科绍了英国伦敦电影学院的课程安排情况。马克·尼古拉斯表示电影人应时刻保持一种艺术的心态，不为市场大潮所左右。Adriano De Santis介绍了一种COSTA表演技法。奥姆雷·莱维对如何实现自我表达的目标提出了自己的看法。Bruce Sheridan认为国际合作是电影教育的未来。Jeff Zabudsky探讨了电影教育为行业提供更广泛的服务与专业培训的话题。Bert Beyens精准分析了CILECT全球范围内学生竞赛短片的类型、主题、风格等方面的分布情况。Robert Sabal探讨了电影教育中的教学合作的话题。Robert Bassett表示“制片人中心论”更加适合当前的

电影体系。俞剑红介绍了北京电影学院实践教学的特色体系，不断强化学生实践与合作创作的创新理念。

2015 年中国电影史年会

时间：10 月 22 日

地点：北京怀柔益田影人花园酒店

主办单位：中国电影艺术研究中心（中国电影资料馆）、上海戏剧学院

论坛的主题为“世界反法西斯战争与中国电影”，与会者从“理论前沿”、“反思与批评”、“影视探析”、“文化传播”等角度交流了最新研究成果。主论坛环节，李道新、石川、陈犀禾、周星、虞吉、史博公、安燕、邵瑜莲、陈亦水等与会者探讨了中国电影里抗战叙事存在的深度不足和角度单一的现状，总结了抗战题材电影的叙事模式，探讨了其背后的时代背景与文化心理原因。针对反法西斯电影对于历史呈现中表现出的真实度不足、思维认知简单化进行了批评。对抗战电影的美学、集体主义性格和反法西斯电影体现的流动的主体性、地域景观与身份认同，上海沦陷区的电影创作等进行了观照。“反思与批评”分论坛檀秋文、张燕、李淼分别就该类影片“建构南京大屠杀的集体记忆”、“面临叙事转型发展”、“建构中华民族集体认同”方面存在的问题进行了分析。袁海燕则提出该类影片关注的焦点已上升到反思历史、反思人性的阶段。秦翼谈了战后对“附逆影人”的检举与清算问题。“影史探析”分论坛上，陈墨、陈山、伊莎贝拉、赵卫防、吕晓明、李春、李镇、李莉、杜巧玲、张丹、徐沁逸分别对“大地影业公司”、“抗战时期的文化大西迁”、“《世界儿女》”、“抗战后香港抗战电影”、“中国电影再现抗战”、“抗战主题植入”、“抗战动画片《农家乐》”“1931—1945 年间苏联电影在中国的传播”、“局部抗战期间中国影人和电影创作”、“西北电影公司”、“沦陷时期的南京电影业”进行了观照。“满映与华影”分论坛上，胡克、彭琨、崔雨竹、康婕、尹鹏飞、石贤奎、王腾飞先后分享了对“日本侵华期间的电影文化国策”、“国策电影及战时台湾电影生态”、“1944 年汪伪政权时期政治文化社会形态”、“满映对东北电影业影响”、“沦陷时期上海电影政策与下层制片操作的分裂性”、“满映拍摄的新闻纪录电影”、“李香兰的死亡与社会的话语生态”的研究。“电影人物”分论坛上，黄望莉、李九如、臧杰、郑舒文、林吉安分别对“但杜宇”、“北平李丽”、“沈西苓”、“黄柳霜”、“冯小宁”进行了分析。在“文本个案”分论坛中，袁庆丰、丁珊珊、李焕征、田莹、杜宜浩分别对影片《二对一》《万紫千红》《一江春水向东流》《到自然去》《东亚之光》进行了个案分析，郝丹分析了南京大屠杀题材电影的“真实性”问题。在“文化传播”

分论坛中，石嵩认为英语世界学者对20世纪30年代的中国电影的关注研究在一定程度上拓展并加深了这一时期中国电影的研究视野与理解深度。徐文明梳理了中国抗战电影在新加坡的传播脉络及影响表现。孙佳山从新世纪中国电影中侵略者形象的变迁出发，探讨了后冷战格局下的民族主义内在限定。游溪就“孤岛”电影刊物如何在复杂环境中表达抗战救亡思想提出了见解。李一君谈了中国抗战电影的海外传播与国际银幕上的中国抗战问题。王玉良以《中华万岁》为例讨论了抗战时期中美电影的跨文化交流。在“题材与类型”分论坛的发言中，苗壮分析了“十七年”抗战电影的创作史观和电影类型化的艺术表现手段。郭海通提出了现代民族国家意识下社会空间的整合问题。赵小青分析了抗战题材电影从表现“人民战争”到表现“国族抗战”的演变，分析了相关的原因和影响。蒙丽静、侯凯探讨了抗战纪录片的创作和价值意义。张耀婷指出当前反法西斯题材的献礼片存在话题摇摆的问题。“更多视角”分论坛的发言中，姚国强分析了新中国“十七年”时期拍摄的六部抗战电影中的音乐艺术创作。黎锡向与会者介绍了其父黎民伟制作《十九路军抗日战史》和《淞沪抗战纪实》的过程与影片内容。宫浩宇以上海为中心，对沦陷时期中国电影表演理论进行了探讨。季晓宇阐述了联华歌舞班对中国有声片发展的作用。王培雷就“三人行”视点的历史叙事与《等待黎明》的“后新浪潮”表演发表了见解。黄瑞璐解读了1949—1979年的香港抗战电影中存在意识形态斗争的因素。

“跨文化制作与中国电影暨海外传播研究”大型学术研讨会

时间：10月24日

地点：上海戏剧学院

主办单位：上海戏剧学院电影学学科、《当代电影》杂志社

本次研讨会以“跨文化制作与中国电影暨海外传播研究”为主题。陈山回顾费穆导演的创作经历，提出了中国电影跨文化制作的策略。朱枫以“满映与中国电影导演”为例探讨了跨文化的命题。倪震将改革开放三十年来中外电影的交流进行了划分研究。周斌探讨了当下合拍片需要解决的问题以及创作、生产和传播的策略。陈犀禾以经济和文化双重视野观照中国当前合拍片，将其归纳为“香港模式”、“美国模式”、“法国模式”三种主要模式。刘浩东指出电影国际化是产品意义上的国际化，因而电影的跨文化制作更应从“一带一路”等战略层面研究中国电影工业的发展取向，建立中国的电影工业体系。冯果探讨了把握近亚合拍、把文化差异性和同质性之间的张力转化为国产电影内生性增长动力的可能性。饶曙光指出，中国电影“走出去”必须上升到战略和全局层面，建构中国电影对外传播兼容性、包容性的评价体系。占有更多市场份额，

取得话语权和主导权，讲好中国故事，实现中国文化的深层表达。黄式宪强调将中国的智慧和文化贡献给世界是推进跨文化电影交流与合作的主旨所在，探讨了推动国际合作拍片的先决条件。金丹元指出了当下中国电影的海外传播出现“泛文化”化倾向，探讨了全球化语境下中国电影海外传播策略。支菲娜探索了以中、日、韩三国为核心的东北亚电影一体化发展的可能性，并在“一带一路”战略构想下提出建构东北亚电影共同体的对策建议。赵卫防探讨了中国电影海外传播的路径。赵宁宇结合实例叙述了跨文化制作亲历与体验，认为大预算、高科技、高效有序的管理制度是合拍片制作的必要条件。谭政追溯了印度电影海外输出的历史，通过印度电影海外输出与中国海外电影输出的对比，分析了其对中国电影海外输出的借鉴意义。王方以中国电影为立足点，探讨了法国国际合拍片体制的优势和中国电影的努力方向。鲁晓鹏探讨了中国电影史书写的模式和阶段，指出“后华语电影”时期，建立理性、真实的公共空间非常重要。厉震林探讨了“交织化”的表演文化命题。宫林指出当代中国电影的美学探索必须置于全球化语境中，指出在融合与跨越中当代中国电影美术在空间造型和视觉语言上出现了装置艺术场域化特征的发展趋势。李果探讨了电影音乐跨文化传播的可能性。周星指出中国电影跨文化制作的态势已经展开，文化多元性的影响越来越大，针对不同文化品格的电影提出了不同的应对策略。周安华认为合拍不仅是国产大片越来越倚重的制作方式，更是国产电影走向全球市场的一大捷径。认为应采取“和而不同”的主流商业制作，瞄准海外主流市场。刘宇清分析指出当下“国家”依然可以作为人们理解（从事）电影文化和产业的根本出发点。杨弋枢探讨了消费文化语境下的中国独立电影。黄望莉分析了新世纪以来“华语电影圈”合作及其市场整合的现状及其原因，探讨了“泛亚”电影意识的崛起与变化。倪祥保认为中外合拍是中国题材纪录片更好走向世界并影响世界的成功路径。李亦中、刘晓静指出了长期以来存在于中国人及中国国家形象的刻板成见和对中国电影及产业环境形成的偏颇认识构成了中国电影海外传播的壁垒，唯有改变刻板成见，中国电影才能在跨文化国际传播中获得突破。于滨探讨了华语类型片跨文化传播的文化混合策略。钱春莲提出通过“资本走出去”“合拍”“跨界融合的传播与营销”来促进内地电影跨文化传播。李道新、王亦蛮、万传法都以电影《狼图腾》为案例，分别“从跨国电影作者论”、“生态电影”、“跨主体—地域间性”的不同视角进行了解读。李彬以影片《消逝的星星》为例探讨了跨文化的问题。汤惟杰以三部影片个案研究阐述了“移动性”视野下的“跨文化制作”。李春分析了华谊兄弟电影跨文化制作经历的三个阶段。唐佳琳认为中国电影走向海外市场真正的难题是文化折扣的问题。

“中国电影新力量”论坛

时间：10 月 25 日

地点：中国电影资料馆

主办单位：国家新闻出版广电总局

本次论坛聚焦中国电影的新生力量，特别是逐渐成长起来的青年电影群体，以及他们的艺术创作观点和推动电影市场发展的新思维新模式，对新力量标志，美学特点，产业表现等各方面进行了系统的梳理和总结。童刚肯定了当前中国电影发展的整体态势，肯定了“一大批新的电影工作者”“青年观众”及“中国电影”三个新力量的崛起。张宏森肯定了举办此次研讨的意义，指出了“中国电影新力量”研讨的背景：近年来电影投资主体多元化的发展带动了一批新人才、新作品、新类型、新方法，并且这种新现象、新热点正在以新的形式出现，形成电影创作和电影产业新格局。王一川、尹鸿、皇甫宜川、林宁等与会者探讨了当前互联网时代背景下电影产业结构、服务理念、观影群体、创作方式等方面的变化，认为电影的创作要适应观影群体的变化，电影观众面临“用户”的细分和多样化趋势。谈及创作，陈思诚坦言年轻导演电影面对的是国内、国际双重竞争。吴京结合自己创作《战狼》的经历，表示动作电影必须要对人物、情节有更深层次的思考和挖掘，要与文学、美学更深层次地结合。田晓鹏表示在创作《大圣归来》中融合了美国和日本动画的优势，还加上了中国本土的美学、哲学。左衡表示《大圣归来》古典的情节与属于网络时代的创作方式的结合，成就了一种对经典文本的延续。陈旭光认为面对传统与当下、本土与外来的文化融合，我们应当给予宽容。李迅则将本土化趋势进行了细分。叶宁强调了好故事的重要性，索亚斌也认为未来考验新导演的恰恰是他们对电影本体的理解。张冀认为创作者应该多去拍真正的普通人，徐峥表示自己的创作会带着自身对生活的感悟。宁浩表示自己创作上“忠于自我、忠于本土，忠于当下”。毛羽总结发言表示电影创作要“以人民为中心，塑造中国梦”、“提高质量与水平”、“把握继承与创新关系”、“建立电影与观众的持续、密切、广泛的关系”、“推动电影产业跨越式发展”。

新媒体时代的影像教育与创作教学研讨会

时间：11 月 2 日

地点：北京师范大学

主办单位：北京师范大学新媒体影像研究中心、北京师范大学艺术与传媒学院、《当代电影》杂志社

会议讨论了新媒体时代背景下影像教育观念转型与人才培养格局转变的问题。周星从互联网影像传播的角度对“新媒体”概念进行了界定，论述了影像教学方式转变的必然性，同时也强调教学中对影像的基本观念秉持传承与发展理念，在分析艺术与影视学科发展现状的基础上，对影像教育的发展趋势作了展望。皇甫宜川研究员指出“新媒体”不仅意味着传播手段的更新，更意味着行为、思维方式与哲学观念的转变，与新媒体的互动也必将影响影像教育自身的发展进程。认为美学观念的建构是新媒体时代影像教育的核心，应该站在美学与哲学的高度重新思考影像与人、影像与生活的关系，指出“对电影受众本身的理解”、内容创作、故事建构、文本创作都是电影教育的重要内容。在教学的方式方法上可以多作探索尝试。李道新肯定了当前时代背景下影像知识体系与学科重建的意义，指出影像研究必然需要对自身的理论与历史有体系化的梳理，应该在整体观的基础上，探寻学科内部的关联性，跨学科阐释的可能性，推动新的影像知识的产生与传播。马华对新媒体时代的特征进行了概括，认为以往单向的以知识为基础的师生关系必然需要新的调整，新的创作理念、新的传播理念也必然渗入传统教学。刘军列举了新媒体发展在教育领域的影响，继而追溯了中国电影教育发展的不同阶段，并在此基础上论述了中国电影高等教育结构性调整的必然趋势。周结认为当前大学生影像创作最大的瓶颈便是影像叙事能力不足，进而提出培养具有影像叙事能力的创作者才能推动行业发展，针对影视 IP 化等新现象，他认为有必要思考传统教学思维在新媒体时代受到的挑战和启发。刘智海强调对视听语言与影像叙事本质规律的传承恰恰是影像教学的重要问题。马华从工具与内容两个层面对创作教学进行了思考。刘硕认为影像创作教学首先要强化学生的影像思维，同时应从内容上和创作观念上对学生进行引导。谢建华结合当前学生作品在叙事、视听语言与思想层面的普遍问题，反思了新媒体时代对影像教育带来的新挑。

第二届中韩影视国际论坛暨韩国电影展

时间：11 月 20 日
地点：华中师范大学逸夫国际会议中心
主办单位：华中师范大学新闻传播学院

论坛围绕“国际传播视域下的新世纪中韩主流电影”的主题，就中韩主流电影的叙事、现实主义道路、跨文化传播、导演及文本研究展开了讨论。金是戊认为历史剧电影始终是最具韩国特色的电影，但由于缺乏本土的理论框架及参考标准等多种原因，目前相关研究停止不前这就要求韩国电影学界重新界定历史剧的定义和范畴。李道新指出在互联网时代，必须正视中韩两国电影的独特境遇，寻求搭起一个跨国际、跨地域的时空分析框架。身心创愈与文化散聚成为中韩电影史共同的关键。林大根提出“跨身份叙事”非常适合阐释现实人类的生活与重构。谭政指出文化亚洲的价值观相通，为亚洲电影的整合、亚洲大片的打造提供了以柔克刚、文化相融的必要基础。姜乃碤认为2015年韩国电影票房的成功主要基于韩国电影企业的垂直合并机构、类型电影、选择政治社会素材三个方面。孟君对中国青春片的怀旧症候进行了剖析。文宽奎认为韩国电影发展史分为“政治主导期”、“资本主导期”、“制片人主导期”三个阶段，当前谋求亚洲电影之间的合作发展是亚洲电影发展的关键。刘军指出好莱坞电影之所以在全球都能取得胜利，主要是因为其注重影迷文化和全球化电影制作，而中韩电影合作可以学习成功的综艺节目，加强中韩双方文化多层次多角度的交流。贾磊磊从市场开放性、注重本土文化保护、注重国家形象表达、“无政治边界、无宗教边际、无情色界线”、叙事策略、怀乡情结、集体意识和民族归属感等方面探讨了韩国电影成功的因素。金明石探讨了电影《观音山》的空间意义。张燕探讨了“后海角时期”的台湾新锐电影。曹峻冰从经济的向好、观众的理性回归、审查制度及制作体制的完善、创作人才辈出、创作的类型化与多样化、电影营销策划的成功等因素探讨了韩国电影的振兴的因由。葛刚岩指出中国电影的共同弱点是哲学高度不够。

第二届全国电影学青年学者论坛

时间：11月27日

地点：北京电影学院中型放映厅

主办单位：北京电影学院研究生院

本论坛有“作为类型和方法的科幻电影：感喟现实的未来想象”和“国际电影节与电影的文化身份：意识形态与艺术语言”两个主题。作为本论坛的主题论文，中央民族大学赵柔柔的《“人”的修复与陷落——科幻电影叙事与人文主义话语的终结》从叙事层面出发，指出了近些年科幻电影人文主义话语的失效与现代主体的危机。中国艺术研究院苏佳山以《最激进的“保守”形态——生态话语在当代科幻题材影片中的起源、功能和困境》为题，回溯了生态话语在科幻电影中的历史，并剖析其意义与时代症候。复旦大学施畅和同济大学鞠薇通过对科幻电影中反复出现的母题“城市毁灭”的分析，发掘出其所折射的人类恐慌与欲望。四川大学骆世查、北京大学林超、上海大学

王玉良和北京师范大学陈亦水，则从不同角度对中国科幻电影和华语科幻电影进行了观照。

第三届北京大学电影学博士生国际论坛

时间：12 月 19 日

地点：北京大学

主办单位：北京大学艺术学院、《当代电影》杂志社、北京大学影视戏剧研究中心

本届论坛以“电影史研究理论与方法：新材料、新思路、新方法”为主题，与会博士围绕“早期电影史研究”“新中国电影史研究”“区域电影史研究”和“电影史理论研究”进行论述。檀秋文考察了中国电影史研究领域中外学者的研究思路，在从历史维度分析中国电影史研究的主体性，尝试对全球化视野下建构中国电影史研究的主体性做出思考。朱洋洋分析了画报与电影二者间的互动与渗透关系，反思了中国早期电影在文化场域中所承载的生成机制、视觉特征和文化价值。魏马江分析了中国早期电影中儒家道德的运用和体现。王乐和郭燕平分别考察了“满映”和新中国成立初期的农村电影放映活动，以新材料和新方法带来了巨大的启发性。石小溪分析了市场与非市场力量在电影业生产与分配场域中的角力。马丽琳对“国片复兴运动”中的感性解放与主题性想象进行了分析，探讨了在亚洲语境、世界语境中重新书写中国电影史的可能性。郑炀则以译者身份分析了 30 年代的日本国策电影在殖民地的放映情况、日本国内的评论思潮以及时局背景。焦仕刚对新中国“22 大电影明星”的源流考进行了分析。陈雅舟探讨了五六十年代“邵氏”女明星的媒介形象建构。李鹰分析了台湾电影史上瞬时存在过的“社会写实片”。周旭从文化修辞的维度重新审视了 80 年代的“娱乐片之争”。刘一谨阐释了中国早期电影在空间上的表意功能。郑睿通过分析郑君里的《现代中国电影史略》的历史研究方法，探讨了马克思主义史观观照下的中国早期电影史学写作。段善策主要论证了恢复时期（1977—1979）年革命历史题材电影中的“返回”主题。刘晓希通过对电影技术的历时性发展进行梳理，力求说明电影与技术之间相互依存但又彼此独立的关系，从而为中国电影接下来的发展寻找一条可持续之路。王伟以美国电影网站 IMDb 为对象，做出了深入研究，为电影史写作提供了一条新的思路。赵益从传播学角度对电影史的传播做出了独特的思考。陈剑青试图通过阐释“收藏”概念以理解本雅明的历史唯物主义历史学，并进而探索其作为电影史学研究新思路、新方法的可能性。陈旭光、李道新肯定了本次论坛启发意义，李洋、皇甫宜川希望青年博士们开拓出新思想、新方法和新理论，拿出让自己骄傲让学界振奋的作品。

纪念中国电影110周年高端论坛

时间：12月28日

地点：北京长白山国际酒店

主办单位：中国艺术研究院电影电视艺术研究所

在电影史学新视野与新叙述方面，饶曙光肯定了通过重新审视《中国电影发展史》在“新史料”和“人物新评价”方面取得的成果，认为迫切需要将已达成共识的研究成果纳入电影史的叙述。指出要从电影文化和电影综合的角度建构新的电影史，进行整体性推进优化。强调今后的电影史研究需要有共享意识、问题意识和当下意识。郦苏元肯定了当下电影史研究在“微观研究、注重史料的研究和运用以及研究主力的年轻化”方面的突破。章柏青指出电影史写作应呈现出时代特征和时代矛盾，对中青年电影史写作者提出了“避免个性化”和“拓宽视野,具有全面的和创新的意识”的建议。李道新指出在当前全球化的语境中电影史写作应该以国族想象和民族性的确立为主导力量。陈犀禾认为目前电影史的写作进入了文化史观主导下的3.0时代，指出了华语电影本身具有的三种主体性，认为华语电影有助于把两岸三地的电影视为整体，强调语言和文化主体性以及中华共同性。虞吉指出中国电影的中国性在于“良心主义”和影像叙述观念的美学，认为良心主义下电影导演的史传意识与电影史写作者的臧否权利一起构成的自律和他律效应是解决当下电影人急功近利的良方。张宗伟提出中国电影史的经济维度和社会美学维度分别可以采用“西学为体、中学为用”和“中学为体、西学为用”方式进行书写，指出“中学为体”的核心是周易美学传统。在电影新史料及个案研究方面，翟俊杰围绕赵丹和黄宗江的艺术人生讨论了中国电影民族化的特点，指出要汲取国外优秀的艺术理念和制作技术进行类型本土化创作以促进国产电影的发展。杨远婴探讨了“十七年”电影与苏联电影的关系。罗卡以《海角诗人》《太平洋上的风云》等新发现的影像资料为依据重新解读了导演侯曜的经历和创作。陈山分析了现存的影像资料《春闺断梦》，提出费穆对长镜头的运用早于《公民凯恩》，指出费穆电影前卫的现代性特征源于他打通了中国传统和现代性之间的关系。李镇以新发掘的史料更新了研究者对石挥的认识。陈墨运用“拟剧理论”分析了新发现的夏衍《在文化部整风中的检查》一文。周安华对“老三战”影片进行读解并分析了“老三战”的经典性来源。秦喜清对美国早期的“白珍珠”（宝莲，Pearl White）电影的中译片名进行了修正核对，并指出了宝莲系列长片中的动作戏对中国早期女侠形象的塑造的影响。在中国电影史的当下语境与启示方面，尹力批评了当前的浮躁之风，指出创作上应贴

近现实，注重发扬“真善美”的创作态度。丁荫楠表示中国电影需要情怀，认为传承和责任是未来中国电影的首要任务，需要标志性的电影提供范例。赵卫防分析了上世纪五六十年代至今的台湾电影的在地性问题。聂伟探讨了合拍片在市场表现及“协同影人、制片人生态”方面的问题，并以影缘政治理论分析指出中国参与国际的合作发展的主题依然是合作、竞争和共鸣。高小健分析指出了戏曲电影对古典戏剧中中华文化和民族传统传承的价值和意义。黄德泉表示中国电影诞生的准确日期有待考证，应努力发掘史料。

第十章

大事记：年度中国电影批评的重要事件

大事记：年度中国电影批评的重要事件

董丹丹

一、“互联网＋”中国电影

自从“互联网＋”概念被写入《政府工作报告》后，习近平总书记与李克强总理分别在不同场合都曾谈及“互联网+”，“互联网+”与国家经济、社会各层面的产业结合被正式提出。“互联网+”与中国电影的交汇碰撞，在电影界掀起了一股新的热潮。所谓“互联网+”，就是利用互联网的平台和信息通信技术（包括移动互联网、云计算、大数据技术等），把互联网和传统行业结合起来。其本质是传统产业的在线化、数据化，它对传统产业不是颠覆，而是升级换代。[①]“互联网+”不仅是信息传播方式的改变，更是人们思维及认知方式的拓展。2014年是中国电影产业的“网生代”元年，互联网巨头全面进军电影界。2015年，中国电影产业将“互联网＋”作为实现升级换代的最佳工具，发现只有通过对互联网、大数据等高科技手段的有效运用，中国电影才能在时代的浪潮中取得长足的发展。“互联网＋”对电影产业带来了诸多改变，使中国电影的面貌焕然一新。首先，互联网为电影的融资提供了新的方式，众筹作为电影融资的新方式，改变了传统融资的单一模式，实现了互联网与电影的深度融合。其次，互联网大数据可以充分挖掘用户的需求，捕捉观众兴趣，与观众形成良好的互动，降低了影片的投资风险，同时准确的把握了市场导向。最后，互联网为电影产业带来了丰富的创作题材，特别是带有互联网基因的IP正成为电影创意开发的新热点。虽然“互联网+”与电影产业的融合碰撞带来了欣欣向荣的局面，但互联网+”概念下电影创作生产仍面临着许多问题。《2015年中国电影艺术报告》指出：“随着大数据、粉丝、社交化等因素对电影的影响越来越深入，电影如何在满足大众的文化消费需求的同时，防止过度迎合所带来的娱乐无度、伦理无度的偏向，使电影坚守基本的文化底线，这正在

董丹丹，中国艺术研究院研究生院，硕士研究生。

① 饶曙光、鲜佳：《“互联网+”与中国电影格局的提升》，《北京电影学院学报》第3、4期（双月刊）。

成为对电影文化未来发展的新考验。”① 我们既要看到互联网为电影业的发展带来的强大助力，又要认识到在这其中存在的不可忽视的问题。这就要求在互联网时代下，必须充分发挥政府的科学指导作用，确立中国电影人的主导地位，实现“互联网 +”与电影产业的的横向整合与纵向重塑，只有这样，才能推动电影产业的全面升级与良性发展。

二、青春电影引发讨论

青春一直是人们热衷讨论的话题，以青春为题材的电影也一直在电影市场中占据一席之地。近年来，随着电影行业的不断发展，青春电影再次掀起了一股收视狂潮，引起了电影界广泛的讨论。所谓“青春电影”就是讲述与青春有关的故事，反映青少年及青年特有的生活状态、心理特征和精神世界的影片。青春电影的题材和风格多样，目标受众也不局限于青少年和青年。② 纵观青春电影的发展历程，我们发现青春电影的热映并不是近年才出现的现象，早在第五、六代导演就曾拍摄过如《北京杂种》《头发乱了》《长大成人》《阳光灿烂的日子》等影片，引起人们对青春的缅怀和祭奠。2012 年台湾影片《那些年，我们一起追的女孩》上映后引起巨大反响，电影界再一次掀起了青春电影的收视狂潮。从 2013 年《致我们终将逝去的青春》《中国合伙人》到 2014 年《后会无期》《同桌的你》《匆匆那年》，再到 2015 年《左耳》《何以笙箫默》以及《小时代》系列等影片的上映都为这股观影热潮注入了新的力量。青春电影的票房奇迹，是时代背景下国内电影的新宠，由此形成了一种新的消费观。青春电影能取得如此高的票房，是有其原因的：首先，当下观影的主流人群是 80、90 后，他们正面临人生中最艰难的时段，承受着巨大的就业、结婚、买房等压力，当现实打破了他们心中的幻想，他们急需从回忆中找到慰藉，青春电影的主题正好引起了他们心中的共鸣，给予他们生活的勇气和力量。这种深入观众内心的创作，牢牢把握住了当代主流青年的需求，青春电影在市场中的火爆也就不言而喻了。其次，青春电影多改编自风靡一时的青春小说，经得起检验的高口碑和粉丝效应带动了电影的高票房。最后，诸如电影上映之前进行的官微造势活动等多元化电影营销也为青春电影的宣传贡献了巨大力量。青春电影同样还存在着许多问题：青春电影的精神内核正被商业化的娱乐行为所逐渐替代；青春电影的抚慰多流于形式，忽略了内容的丰富与充实；而且青春电影把高票房作为唯一的追求标准，割断了与现实的内在联系。良好的解决青春电影所面临的问题，发

---

① 尹鸿、梁君健《2015 中国电影艺术报告：第一章 2014 年度中国电影创作备忘》，世界图书出版公司北京公司 2015 年版。

② 厉震林：《导演的律动：华语电影、实验电影和作者电影研究》，上海书店出版社 2011 年版。

挥其巨大的市场优势，是青春电影自身发展的需求，更是整个中国电影市场良好发展的重中之重。

三、优秀国产动画电影赢得好评

一直以来，国产动画电影始终处于一种不温不火的尴尬局面，特别是国产动画电影呈现的低幼化倾向，使之难以具有像美、日动画电影一样的巨大票房号召力，因此，国产动画电影一直在谋求改变，希望打开国产成人动画的市场。直到2015年7月10日上映的《西游记之大圣归来》，才真正拉开了国产动画电影的序幕：影片取材于中国传统神话故事，在此基础上赋予人物新的特征，通过高质量的后期制作，影片取得了绝佳的口碑，成功“倒逼排片”，掀起国产动画电影热映的高潮。7月16日上映的《捉妖记》通过中西合璧的方式，主打“真人动画”，再加上好莱坞水准的制作，使其成为真正的黑马，首日就取得1.62亿元的票房，成为国产单片单日最高记录，此后连续28天占据单日票房首位，连续五周收入过亿元，累计票房收入超24亿元[①]，直观反映出市场对品质过硬的国产动画电影的消费需求。动画电影的热映不但成功表明中国动画电影的巨大市场潜力，也引发了学术界对这一现象的热议。国产动画电影的火热是有一定原因的。首先，2015年电影局举办了“中国电影新力量国产电影推介会”，以及国产动画电影“动画你早”活动，这一系列活动大力宣传了优质的国产动画电影，使人们关注到了国产动画电影新的发展，激发了人们的观影热情。其次，国产动画电影利用IP电影天然的口碑与粉丝优势，提高了影片的制作水准，改变了其低幼化的倾向，找到了电影市场的突破口。最后，国产动画电影借助互联网大数据，准确把握电影市场的需求状况，将网络营销、影片点映、口碑传播等多种营销方式相结合，产生了很好的宣传效果。如今在《捉妖记》和《西游记之大圣归来》等片的影响之下，业内又开始了新一轮的追逐，一些此前无人问津的动画电影项目，近期开始得到投资者的热捧。比如光线传媒以2000万元火速投资《西游记之大圣归来》团队，正是这一心态的典型写照。虽然近期热映的国产动画电影带有好莱坞的工业化色彩，但影片的故事内容都来自中国传统文化，情节构造、故事内涵等也都深刻反映了中国传统文化的思想与精神。我国动画电影的发展必须始终秉承这一原则，学习国外先进技术，立足于中国传统文化，拍摄出独具中国特色的动画电影。这不仅是我国动画电影永葆生命力的要求，更是繁荣我国电影市场的根本所在。

① 赵梦然、范炀：《2015年暑期档电影市场盘点》，《当代电影》2015年第10期。

四、中国电影与好莱坞电影的市场博弈引起讨论

长久以来，好莱坞电影凭借其精彩的故事与精美的特效制作牢牢占据着中国电影市场的一席之地，居高不下的排片率和票房占有率，与后期消费者群体中的高口碑形成良性循环，成功打造了“好莱坞出品必属精品”的品牌特性，给予中国本土电影极大地压力，本土电影的票房自然受到好莱坞电影的稳稳压制。在不断的借鉴与反省后，中国电影也正在慢慢发展，逐渐向好莱坞电影在中国电影市场上的霸主地位提出挑战。2015 年暑期档，国产电影终于厚积薄发，《捉妖记》《煎饼侠》和《西游记之大圣归来》三部影片以极其迅猛的势头席卷暑期档，中国本土电影第一次在整个档期成功超越了好莱坞电影所创造的的票房记录。《捉妖记》打破了《速度与激情 7》保持的 24.26 亿元的票房纪录成为内地票房新冠军，《煎饼侠》凭借 2000 万元的投资收获近 11.6 亿元的票房成为华语影史最赚钱影片，而《西游记之大圣归来》则以 9.5 亿元的票房超越《功夫熊猫 2》成为中国市场最卖座动画片。[①] 三部影片的票房成绩一路走高，不断打破记录，而这也就使 2015 年 7 月成为成为华语影史首个单月破 50 亿元的月份。在整个暑期档中，可以清晰的看到，国产片占比高达 95.6%，而一直由好莱坞电影占据的中国电影暑期档在 2015 年成功反转，与之前的情形判若云泥。本土电影在中国电影市场出现叫板好莱坞电影的盛况并不是一蹴而就的，经过多年探索，中国电影形成了独特的市场策略。一方面中国电影积极向好莱坞、宝莱坞等影视圣地学习，借鉴先进的技术手段和拍摄经验，提升了自身的电影层次；另一方面中国电影终于找到了属于自身的精神内核，即立足于富有中国特色的传统文化进行电影创作，中国的文化宝库给予了电影人无穷无尽的创作素材。还有重要的一点是，互联网平台为国产电影的发行、营销、互动等环节起到了重要的助力作用，通过在线购票、网络预售等手段，大大刺激了观影需求，拉动了观影热情，从而实现了观影人次的突破。虽然中国本土电影正在飞速发展中，也取得了令人欣喜的表现，但我们应该正视自身的实力，不能因为一点小的成就就目中无人。从整体上看，中国电影与好莱坞电影仍存在较大差距，好莱坞电影的稳定性也使其一直成为国产电影的劲敌。中国电影必须发挥自身的文化积淀优势，博采众长，紧跟时代步伐，才能进一步赢得更加广阔的市场。

① 田亦洲:《互联网助力下的中国电影市场——2015 年暑期档电影市场观察》,《当代电影》2015 年第 10 期。

五、"华莱坞"电影与中国梦

"华莱坞"概念自2012年底由邵培仁教授提出并界定以来，以其独特的视角和内涵引起了学术界的广泛关注和讨论。近几年，随着华莱坞影视的蓬勃发展，与好莱坞、宝莱坞、瑙莱坞等一起构成全球影视产业的有机整体。特别是2015年6月18日"华莱坞电影发展战略研究"高端论坛在浙江大学的召开，使"华莱坞"的讨论再次成为电影界关注的焦点。会议上，邵培仁教授丰富了"华莱坞"的内涵，提出了"中国电影4.0时代"的说法。他回顾了中国电影发展的三个重要阶段，分别是民国电影（1948年前，中国电影1.0）、民族（国族）电影（1949—1971年，中国电影2.0）和华语电影（1972—2012年，中国电影3.0），而中国电影4.0的时代，亦即华莱坞电影的新时代。华莱坞电影的新时代，在全球化的浪潮中必然会带来新的挑战，但对中国电影来说更是一次巨大的机遇。在全球文化的交流中，以兼容并包的理念实现中国电影的多元化发展是我们一直的期望。而华莱坞作为一面文化旗帜，不仅在特定社会环境或社会规范下能被广泛接受与认可，而且具有很强的涵盖性、统合性、包容性和辨识性，甚至有可能形成一种全球性的电影话语权，这将成为华人电影史上的一个新的里程碑。[①] 华莱坞电影的新时代，同样是"中国梦"蓬勃发展的新时代，二者的交汇不仅是电影界讨论的热点，而且也是开拓电影新局面的关键点。2015年5月29日在浙江传媒学院成功举办了华莱坞影视的"中国梦"学术研讨会暨戏剧影视研究院首届学术论坛，会议以华莱坞影视的"中国梦"为核心，与国内影视专家学者共同讨论全球化语境下"中国梦"影视传播的理论与方法，并深入展开对华莱坞影视"中国梦"的实践探索、发展现状及现实困境的思考。"中国梦"需要紧紧把握中国艺术的核心精神，即道、气、心、舞、悟、和，并用现代艺术语言表现中国优秀的传统文化，共同助力华莱坞影视走出国门，真正实现影视"中国梦"的海外传播。[②] 影视"中国梦"的海外传播并不是华莱坞以它的文化形态在世界范围内称霸，而是希望各国共同努力，在世界范围内形成良好的交流互动，构建多元化的世界电影新格局。在此基础上，鼓励各国开展平等互利的文化交流，实现世界文化的大繁荣大发展。

---

① 王昀、潘戎戎:《中国电影进入4.0时代，华莱坞版图走向融合——"华莱坞电影发展战略研究"高端论坛暨华莱坞电影研究联谊会综述》,《东南传播》2015年第8期。

② 王冰雪:《以影释梦，共论影视传播新时代——浙江传媒学院戏剧影视研究院"华莱坞影视的'中国梦'"学术研讨会综述》,《浙江传媒学院学报》2015年第10期。

六、纪念夏衍逝世 20 周年

2015 年是电影艺术家夏衍同志逝世 20 周年。为了缅怀夏衍同志对中国电影发展所做的巨大贡献，中国人民大学文学院联合《当代电影》杂志社，于 2015 年 7 月 18—19 日在北京举行“可见的左翼：纪念夏衍逝世二十周年暨 30 年代反法西斯电影研讨会”，会议得到中国夏衍电影学会的合作支持。会议在众多电影业界人士的演讲下，重新回忆了 20 世纪 30 年代的左翼文化，缅怀了以夏衍为代表的一众左翼电影人的先进事迹与崇高精神，强调了左翼电影运动对于整个中国电影业的突出贡献，并试图以史为鉴，通过对左翼文化的讨论，找到当下现实文化问题的解决之道。会议上，洪大用肯定了夏衍等左翼文化人的努力在民族救亡运动中的重要作用以及左翼电影人给予中国电影的现实意义。黄会林指出了左翼电影的民族创作特征，肯定了夏衍将民族文化与电影创造进行了充分融合的这种形式。陈坚着重描绘了夏衍在学术思路上走出的新境界，阐述了夏衍创作的审美性与平衡性。沈旦华作为夏衍的家属，诉说了一个在生活与工作中都保持着高尚情操的艺术家形象。会议研讨始终以“夏衍研究”为核心，从夏衍的创作出发，突出夏衍对于整个中国电影业的突出贡献，寻求与现实艺术问题的契合点。通过对《憩园》改编、《芳草天涯》、《上海屋檐下》等剧作的探讨，展示了夏衍独特的艺术思路和博大的民族情怀。在夏衍多年的创作生涯中，形成了独具个人特色的创作风格，他往往将鲜明的政治态度赋予在市井小人物的身上，通过平凡人物的描绘彰显时代的特色，代表作有《狂流》《春蚕》《祝福》《林家铺子》等创作改编的电影剧本。夏衍先生不但精于创作，更有着高洁的民族大义，他永远是我们学习的榜样。

七、电影界纪念抗日战争胜利 70 周年

为纪念中国人民抗曰战争暨世界反法西斯战争胜利七十周年，广东卫视自 5 月 4 号起播出共 138 集的大型文献纪录片《大抗战》。这部纪录片被国家新闻出版广电总局列为纪念世界反法西斯战争暨抗日战争胜利 70 周年活动的三大推优影片之一。《大抗战》以时间为经、以事件为纬，以国内研究的最新成果和大量珍贵影像资料、历史图片为基本素材，用新视角、新观点、新资料，对“九一八”事变开始至日本投降为止的 14

年的抗日战争，进行全面系统、客观生动的历史回顾[①]；6月2日，《当代电影》期刊特邀几位专家学者，探讨世界范围内的反法西斯影片创作，深刻分析了中国的同类影片与世界优秀电影的差距，对如何才能拍摄出更多高质量的国产抗战（反法西斯）电影提出了宝贵意见，并以史为鉴，展望中国电影发展的美好未来；7月18—19日，中国人民大学文学院联合《当代电影》杂志社，在北京举行“可见的左翼：纪念夏衍逝世二十周年暨30年代反法西斯电影研讨会”，此次研讨会以新的史料及观念重探20世纪30年代的左翼文化及反法西斯电影，并试图对当下的各种文化问题做出切实有效的回应；8月21日，由国家新闻出版广电总局电影局主办，CCTV-6电影频道和华夏电影发行公司承办的“气壮山河——纪念中国人民抗日战争暨世界反法西斯战争胜利70周年重点电影推介典礼”在京举行。活动集中推介了《百团大战》《战火中的芭蕾》《诱狼》《根据地》《开罗宣言》《穿越硝烟的歌声》《报国忠烈之赵一曼》《燃烧的影像》《黄河》《抗战中的文艺》《犹太女孩在上海2——项链密码》《铁血残阳》《受降前夕》等13部抗战题材和反法西斯题材国产重点献礼影片。这13部影片主题鲜明、寓意深刻、内容丰富、制作精美，电影频道希望通过推介这些优秀的国产影片，来纪念中国人民抗日战争暨世界反法西斯战争胜利70周年的伟大时刻，提醒人们铭记历史，继续为中华民族伟大复兴而奋斗。

八、关注微电影

2015年2月14日，由中央新影集团、亚洲微电影艺术节组委会等联合主办的2015全国首届微电影春晚在北京民族剧院举行。晚会以爱情、家庭、公益为主题，将微电影元素融入到了节目形态中，这是史无前例的创新，更加表明微电影已经具备了巨大的影响力。“微电影”作为人类传播活动进入“微时代”的鲜明标志，是指制作周期短、投资较少，在网络平台上传播并具备娱乐商业功能和文化艺术内涵的视频短片。自从2010年末《一触即发》诞生后，微电影已经取得了长足的发展，2014年是微电影发展的高潮期，整个市场的占有量突破100亿元，而在今年微电影更成为影视文化产业强大的生力军，取得了突破性进展。特别是诸如国际微电影节、亚洲微电影节、中国微电影节等的成功举行，将微电影的发展引领到一个新的高度。微电影取得了如此迅速的发展关键在于它顺应了“微时代”背景下的碎片化趋势，把握住了人们在快节奏生活中的需求，以贴近生活的微时长短片满足了受众闲暇时的精神享受。并且微电

① 《纪念中国人民抗日战争暨世界反法西斯战争胜利七十周年——大型文献纪录片 大抗战》，《南方电视学刊》2015年第2期。

影以其微周期、微投资的特性得到了生产者的青睐，打破了传统电影拍摄机构和制作体系的“霸权性质”，是影像话语权民间化的一大进步。微电影的发展过程中同样产生了很多问题。良莠不齐的作品、市场监管的不规范和单一的盈利模式是制约微电影继续发展的巨大阻力。因此，开发新的赢利点是微电影持续发展的动力所在，我们同样不能忽视创作者自身的审美表达，在关注人文情怀的前提下赋予微电影商业价值，是未来发展的道路所在。重点是国家可以在资金和平台上对微电影的发展进行支持，引导微电影的发展，增强微电影作品的深度和对大众的吸引力，从而促进微电影的可持续性发展。[①] 当今是兼容并包的时代，我们需要大电影的方向指引，也需要微电影发挥它的话语权。因此，我们必须克服微电影发展道路上的重重阻碍，不断寻求进步，为整个电影界注入更新的活力，使微电影真正成为“下一代的社交语言”。

九、“现象电影”的讨论

“现象电影”是近两年电影界出现的新词汇，一经提出，就引起了学术界广泛的讨论，而对“现象电影”应该如何解读，学者们纷纷给出了自己的解释。其中最具有代表性的是周安华教授提出的解释，他指出“中国‘现象电影’几乎不约而同选择了‘卖点化’和‘话题化’，由此走向了包孕当代青春神话和世俗传奇的“新都市电影”道路。以新鲜丰沛的网络和手机话语的高关联性走近当下并包含了四个本质的东西：梦想、焦虑、虐心和成长，造成很强的‘带入’效果。这是一种以国人的精神原点为半径的银幕新文化复归，一种兼具娱乐和疗救的视觉盛宴，它们以商业化的意识形态和国际化的民族意趣，摧毁国产电影陈旧的单一、凝重和自恋，直入当下观众的心田，实现对于人、人的生命和青春的救赎，对记忆与现实鞭辟入里的书写”[②]。我们可以从两个层面进行理解，一是起初不被看好却引发票房奇迹的电影，如《失恋 33 天》；二是上映之后引发了巨大的价值冲突，成为社会热议话题的影片，如小时代电影系列。可以说，“现象电影”是历代电影人经过探索，在新的时代环境下形成的具有鲜明特色的电影种类。“现象电影”的火热是电影向以大众文化为主导的新型艺术形式转变的现象，它以 80、90 后作为主要的市场群体，以青春文化作为影片的精神内核。“现象电影”脱离了标准电影的创作套路，是新一代导演群体个性的抒发。“现象电影”重视城市乌托邦的构建，将都市元素深刻融入到影片的情节塑造中。“现象电影”的出现和发展，填补了中国电影在都市题材上的缺失，以充满个人智慧的艺术表现手法完成了一次新的蜕变，是中国电

① 卢伟、张昆：《中国微电影发展困境及出路》，《今传媒》2015 年第 7 期。

② 《新世纪的“现”与“象”——“新世纪中国‘现象电影’大型学术研讨会”综述》，《当代电影》2014 年第 2 期。

影在追求艺术和商业之后的一次华丽转身，实现了艺术与商业的共赢。[①] 我们不难看出，随着“现象电影”在电影市场中占据地位的不断提高，它的美学风格与审美情趣已经对受众产生了重要影响，特别是其催生的带有新的创作风格的导演群体，将是未来中国电影界的骨干力量。同时，“现象电影”产生的电影创作“三俗”倾向不能不引起大家重视，时代强调的是通俗的大众文化，并不是降低艺术品位的电影作品。因此，我们必须正视“现象电影”的产生与壮大，顺应时代的潮流，给予“现象电影”最大的宽容，同时在鼓励与监管之间找到平衡。

十、中国电影新力量的崛起

2015 年 10 月 25 日，由国家新闻出版广电总局电影局主办，中国电影艺术研究中心、《当代电影》杂志社承办的“中国电影新力量”论坛在京举行。这次论坛聚焦近年来兴起的新的电影创作模式和思维方式，着眼于新的中国电影导演群体与观众群体，讨论在当今环境下中国电影所具备的优势，展望中国电影的发展之路。“中国电影新力量”作为一个与时俱进的话题，被赋予了鲜明的时代特性，从最初所指的中国电影导演群体，到如今代表整个中国电影界，它的内涵一次又一次丰富，对中国电影的影响也越发深刻。“中国电影新力量”的时代内涵在于，它是随着电影改革的不断深化，推动社会主义文艺繁荣发展的新的重要力量；是随着近年来涌现出的一大批新导演、新编剧、新演员等年轻一代电影工作者，已经逐步形成的电影文化薪火相传、电影人才生生不息的新力量；是随着电影与观众的相互促进，青年观众已经成为电影文化消费的主要群体，形成的促进中国电影健康发展、不断进步的新力量；是随着中国电影创作实力、竞争力和产业规模的不断提升，形成的影响世界电影格局的新力量。[②]“中国电影新力量”论坛的成功举办，不仅表现了电影界追求创新性发展的迫切需求，要关注新的人才、作品，要重视时代赋予电影的新的思维模式，找到可持续发展的路径。更重要的是，论坛体现的是电影界积极响应国家一系列文艺政策，投身于建设中国特色社会主义新文化的行动，这是“中国电影新力量”所应具备的责任感与使命感。但“中国电影新力量”成长的过程中并不是一帆风顺的，我们可能会面临一系列的问题，比如体系不成熟带来的美学迷乱，过度娱乐化的倾向，电影沦为赚钱工具的风险。因此，我们必须摆正观念，以兼容并包的态度迎接挑战，完善电影市场体系，形成良好的人才培育机制，提升观众的审美水平，净化消费者的文化需求。只有这样，“中国电影新力量”才会在

① 朱雁翎、曲德煊：《中国“现象电影”探究》，《赤子》(上中旬) 2015 年第 10 期。
② 童刚：《“中国电影新力量”论坛讲话》，《当代电影》2015 年第 11 期。

考验中走向成熟，真正成为实现电影强国的核心力量。

十一、新学院派的命名

“新学院派”是指在当今文化界平面化浪潮下对影像的深度重构者，以北京电影学院为主导的中国电影“学院派”，经过长时间的发展，已经形成了以曹保平、王竞、薛晓路、张辉和梅峰等年轻编导为主体的“新学院派”，其坚守的核心是，在顺应商业价值的前提下，弘扬人文主义价值观，体现现实主义关怀。“新学院派”与“学院派”相比，创新特性在于：“新学院派”要解决的是虚拟现实、交互性以及体验电影的问题。[①] 学院派关注的是影像的现实性问题，“新学院派”改变了荧幕上一切影像都与现实的人、物相符的特征，呈现了一种以虚拟空间为依托，以高科技为手段，以虚拟表现现实的新电影形态。学院派关注的是电影的认同感问题，“新学院派”改变了观众被动的观看影片，重视观众的参与感，与电影产生互动，导演不但是视觉设计师，更是交互设计师。学院派关注的是经验电影的问题，“新学院派”模拟日常经验的电影形态，着眼于瞬间让观众接收到新奇的画面影像，体验千变万化的视觉快感。因此，“新学院派”呈现了新的美学特征，即美学自觉性、原创性和自反性。[②] “新学院派”充满了对影像美学与电影美学的自觉追求，将实践融入影片的创作过程中，在原创的基础上进行“否定之否定”的创新探究。在新的时代，一方面“新学院派”要继承“学院派”的特性，发扬中国传统文化的独有魅力，取其精华，继续弘扬现实主义的人文关怀；另一方面，“新学院派”要在学院理论的指导下进行中西文化的融会贯通，采百家之长，最终形成创新性的学院文化新局面。

---

① 陆邵阳：《学院派”传统与“新学院派”的突破》，《北京电影学院学报》2015 年第 3、4 期。

② 王一川：《平面化浪潮下的深度重构——中国电影界的“学院派”与“新学院派”》，《北京电影学院学报》2015 年第 3、4 期。

后记

在全体编辑团队经过近一年的努力之后，历经数稿，《中国电影批评年鉴·2015》终于完成了。作为第一本将年度“电影批评”作为研究对象的学术工具书，“中国电影批评年鉴”一书从构想到落地既有赖于编辑团队的通力协作，也得益于北京电影学院领导的大力支持。

回想一年以前，贾老师与侯书记谈及了“电影批评年鉴”这一构想，意图通过这一学术成果，为中国电影理论批评史填补空白。侯书记深以为然，并最终促成了这一课题的顺利完成。

“中国电影批评年鉴”一书通过对当年电影学术批评的总结梳理，力图在宏观上反映年度电影批评的整体状况。同时，也希望通过对典型批评事件和现象的关注来反映年度电影批评的特点和趋势。我们相信这样一项带有很强基础性的梳理工作能够为关心电影批评的后续研究者提供文献性的参考价值；同时，通过对“电影批评年鉴”编著工作的持续性推进，也会慢慢呈现出该书对于历史研究方面的价值；而对于电影批评学科而言，这样的一项工作是对电影批评本体的关注，对于完善电影批评研究具有学科建设上的积极意义。

在本书写作过程中，编辑团队面对着丰富的相关资料进行了诸多单调的基础性整理工作。以中国电影学研究中有关电影批评的专著整理为例，本年度共有相关著作近 60 部，且不说对它们进行细读，单从中整理出涉及电影批评的内容，再进行归纳整合即需大量精力的投入。即便是看似轻松的图书搜集工作也需花费大量时间。由于书籍的出版与进入流通环节有一定的时间间隔，而图书馆采购至上架更加滞后，因此搜求年度新版书籍费时较长。在本书定稿之前，需不断前往国家图书馆等处查阅最新上架的相关研究专著。同时，又经图书市场等途径获取图书馆暂未上架的书籍，设法尽力保证基础资料的全面性。总之，这一工作远比预想的更为复杂。

而更多的困难是在写作之外，数不清的那些琐事常常会让我们焦头烂额！好在北京电影学院给了我们非常人性化的支持，让我们能更安心的投入工作。

课题中的作者有电影批评领域的专家教授，也有热爱电影和电影研究的博士及硕士研究生。正是出于对电影的热爱和对学术的向往，编辑团队在本书写作过程中不敢丝毫懈怠，希望用自己的专注和勤奋尽可能的提高工作的质量！既如我们对电影的热爱和执着。

回想学习电影的路途中，我们曾无数次受到过前辈的回馈。我们不敢希翼眺望前人的项背，却一直在电影研究的道路上视他们为明灯。前辈曾以他们的研究成就照亮了我们这些后来者，我们也希望本书及后来编著的“年鉴”也能为关注中国电影批评的研究者提供必不可少的助力！

以上，与大家共勉！

编　者

2016 年 3 月 18 日

附录 2015年电影批评学术论文精选目录

王玉辉

中国电影批评

1、当下电影批评的格局与再建构，饶曙光、尹鸿、杨远婴、李道新、周黎明，当代电影2015年第01期

2、2014年台湾电影贫乏的一年，涂翔文，当代电影2015年第03期

3、《十二公民》：十二个中国人，十二亿声音，当代电影2015年第05期

4、从“感光时代”到“小时代”——论90年代以来青春电影的精神走向，丁莉丽，当代电影2015年第06期

5、真是的还原 同情式理解——论许鞍华《黄金时代》中萧红女性知识分子形象塑造，当代电影2015年第06期

6、《少年班》：天才也有青春期，王群，当代电影2015年第07期

7、中国电影中的五行八作，黄瑞璐、杜冬凯、史博公，当代电影2015年第07期

8、《捉妖记》：物联网思维与影像新元素，赵卫防，当代电影2015年第08期

9、《少女哪吒》：一场痛楚与愤怒的青春献祭，张斌宁，当代电影2015年第08期

10、用普世的手法讲好中国故事——《西游记之大圣归来》的启示，蒲剑，当代电影2015年第09期

11、类型开拓、身体呈现与全球想象——评析电影《破风》，李宁，当代电影2015年第09期

12、成长主题的自我裂变与成长叙事的局限——徐静蕾导演电影研究，孔朝蓬，当代电影2015年第11期

13、中国电影品牌定位研究，杨晓茹，当代电影2015年第11期

14、怀旧的双重时间——《匆匆那年》与 80 后青春怀旧片，唐宏峰，当代电影 2015 年第 02 期

15、“受众为王”时代的电影新变观察，陈旭光，当代电影 2015 年第 12 期

16、新观众的崛起：中国电影的新空间，张颐武，当代电影 2015 年第 12 期

17、学院派导演的创作特点——以曹保平导演的创作为例，陈宇，当代电影 2015 年第 12 期

18、全媒体语境下电影类型研究的“互文性”建构，王玉良，北京电影学院学报 2015 年第 01 期

19、电影与物是否存在一种以客体为导向的电影理论，杨北辰，北京电影学院学报 2015 第 02 期

20、《〈十二公民〉：跨文化文本移植中的虚拟感与在地性》，叶航，电影艺术第 03 期

21、电影《万箭穿心》视听语言解读，邱雨，电影评介 2015 年第 08 期

22、电影《万物生长》的主题意蕴分析，李婕婷，电影评介 2015 年第 16 期

23、当下电影批评的格局与再建构饶曙光，尹鸿、杨远婴、李道新、周黎明，当代电影 2015 第 01 期

24、中国电影批评场域的脉络流变研究，刘卉青，当代电影 2015 第 01 期

25、建构电影理论批评的中国学派，饶曙光，电影新作 2015 年第 05 期

26、中国电影理论批评的新态势，李建强，电影新作 2015 年第 01 期

27、中国当代学术刊物与电影批评及其价值取向，张智华、朱怡璇，艺术百家 2015 年第 01 期

28、注重美学的当代中国电影批评及其价值取向，张智华、王晓旭，艺术百家 2015 年第 02 期

29、对近年来网络影评发展新态势的再思考，金丹元、田承龙，电影新作 2015 年第 01 期

30、重建网络时代的电影批评，李道新，中国艺术报 2015-03-23

31、迷影：网络影评的时代，唐宏峰，电影新作 2015 年第 03 期

32、青年亚文化视野中的网络影评，蒋桢，电影文学 2015 年第 09 期

33、中国手机发展与电影批评及其价值取向，张智华，李金秋，艺术百家 2015 年第 04 期

34、迷影偏好、观影取向与票房制衡——网络电影评分现状研究，齐伟，当代电影 2015 年第 11 期

35、电影批评的纯度，蓝凡，艺术百家 2015 年第 02 期

36、影视评论岂能脱离作品本身，曹华飞，光明日报 2015-01-06

37、论中国微电影研究的缺憾，李建强，电影新作 2015 年第 03 期

38、文化批评视域下的商业电影批评问题，李云凤，电影文学 2015 年第 01 期

电影本体论

1、《失孤》：素材致胜与当下国产电影的叙事困境，陈晓云，当代电影 2015 年第 05 期

2、形势与政策：当代中国电影类型化发展研究，王婧雅，当代电影 2015 年第 06 期

3、试论接受者制约下 3D 电影美学理论的构建，邱章红、张锐，当代电影 2015 年第 05 期

4、试论作为电影类型的战争片，洪帆，当代电影 2015 年第 08 期

5、成长的隐喻：当下青春题材电影的叙事策略与审美表达，罗俊、王相辉，当代电影 2015 年第 08 期

6、论互联网语境下电影 IP 转化的现状、问题与对策，丁亚平，当代电影 2015 年第 09 期

7、“互联网 +”时代电影的新媒体发行，司若、姜鹏亮，当代电影 2015 年第 09 期

8、拼贴与反讽：互联网文化下中国电影的叙事策略，顾广欣，当代电影 2015 年第 11 期

9、洪深：审美超越还是伦理觉悟？，安燕，当代电影 2015 年第 02 期

10、再论巴赞的“完整电影”——本体论还是意向性？，王志钦，电影艺术第 03 期

11、再论电影是什么，李康生，电影艺术第 03 期

12、国家理论视野下的电影本体论，陈犀禾，电影艺术第 03 期

13、当数码叠加民权——关于当下“电影本性”的几点思考，余纪，电影艺术第 03 期

14、浅析电影语言的魅力——以电影《无人区》为例，张帆，电影评介 2015 年第 05 期

15、再论巴赞的“完整电影”——本体论还是意向性？，王志钦，电影艺术 2015 年第 03 期

16、将电影还原为“移动影像”——新旧“电影本体论”的交替，刘悦笛，电影艺术 2015 年第 03 期

17、理想电影的艺术之旅：在虚实之间游荡——以法国观念电影为例，范军，电影评介 2015 年第 13 期

18、国家理论视野下的电影本体论，陈犀禾，电影艺术 2015 年第 03 期

19、当数码叠加民权——关于当下“电影本性”的几点思考，余纪，电影艺术 2015 年第 03 期

20、“华语电影”讨论背后——中国电影史研究思考、方法及现状，李道新，当代电影 2015 年第 02 期

21、两种现象学“真实”向度中的巴赞电影——以《电影语言的演进》为中心的思考，吴键，当代电影 2015 年第 09 期

电影批评的流派与方法

1、影像美学与意向性分析，侯军，当代电影 2015 年第 03 期

2、类型电影美学视域下的类型电影批评——解读犯罪警匪片《解救吾先生》，于忠民，当代电影 2015 年第 11 期

3、顺从的反抗者——齐泽克视野下的意识形态批评与文本读解，陈彦均，北京电影学院学报 2015 年第 02 期

4、“后伯明翰”视阈下的“朋克电影”，朱晔祺，北京电影学院学报 2015 年 Z1 期

5、21 世纪社会符号学的多模态影片分析入径，齐隆壬，电影艺术 2015 年第 04 期

6、当代英国电影研究中的青年亚文化理论视角，朱晔祺，电影艺术 2015 年第 02 期

7、反法西斯的征象，刘允华，电影艺术第 04 期

8、马戏团美学与国族政治：埃米尔·库斯图里卡电影评析，符晓，电影艺术第 04 期

9、等待归来——从符号学角度浅析电影《归来》，魏兰骄，电影评介 2015 年第 04 期

10、顺从的反抗者——齐泽克视野下的意识形态批评与文本读解，陈彦均，北京电影学院学报 2015 年第 02 期

11、21 世纪社会符号学的多模态影片分析入径，齐隆壬，电影艺术 2015 年第 04 期

12、当代英国电影研究中的青年亚文化理论视角，朱晔祺，电影艺术 2015 年第 02 期

13、新世纪中国少数民族电影批评的话语模式，顾广欣，族文学研究 2015 年第 01 期

14、中国生态电影批评的现实空间维度，陈阳，当代文坛 2015 年第 02 期

15、生态批评的影视新思维——以宫崎骏电影为例，钟义，陈达，影文学 2015 年第 07 期

16、生态批评视角下雅克·阿诺的动物电影，吴艳华，电影文学 2015 年第 16 期

17、论意识形态批评语境中国产电影的“引进来”与“走出去”问题，徐红，当代电影 2015 年第 09 期

18、“后伯明翰”视阈下的“朋克电影”，朱晔祺，北京电影学院学报 2015 年第 03 期

19、被消解的电影维度——关于新媒介的一种可能的意识形态批判，韩晓强，当代电影 2015 年第 02 期

20、基于建筑现象学视域的安东尼奥尼电影的空间哲学分析，王冬冬，当代电影 2015 年第 04 期

21、黑暗阴影中的欲望与现代性——图像学视野下的黑色电影，冯欣，当代电影 2015 年第 04 期

22、对后现代主义语境下抗日剧影像抒写的反思，苏米尔，电影评介 2015 年第 18 期

23、明星研究：维度与方法，陈晓云，当代电影 2015 年第 04 期

24、波德维尔为什么错了——论齐泽克对大卫·波德维尔的批判，刘昕婷，北京电影学报 2015 年第 01 期

25、全媒体语境下电影类型研究的“互文性”建构，王玉良，北京电影学报 2015 年第 01 期

26、电影与物是否存在一种以客体为导向的电影理论，杨北辰，北京电影学报 2015 年第 02 期

27、罗伯特·麦基的叙事理论批判，康尔，江苏社会科学 2015 年第 02 期

28、“严肃艺术的一个新来者”：苏珊·桑塔格论电影，柯英，北京电影学报 2015 年第 03 期

29、数字时代背景下电影美学观念之重思，田亦洲，当代电影 2015 年第 06 期

30、电影研究中的认知主义取向，王宜文，当代电影 2015 年第 09 期

31、影像的生成与政治：德勒兹的电影美学思想，查鸣，电影评介 2015 年第 02 期

32、从电影符号学到中外电影中的俄狄浦斯情节，崔宁，电影评介 2015 年第 03 期

33、国外电影认知理论初探，徐昊、齐青，电影新作 2015 年第 03 期

34、中国化解读与祛魅性阐释——1930—1960 中国电影蒙太奇批评史论，郭学军，电影文学 2015 年第 16 期

电影文化批评

1、记忆、伦理与“前进”的文化力量——从《奇怪的她》到《重返 20 岁》的文化改写，李九如，当代电影 2015 年第 03 期

2、中国电影的网众自娱时代——当前中国电影新力量观察，王一川，当代电影 2015 年第 11 期

3、“明星文本”与“粉丝电影”——2014 年度中国电影粉丝亚文化现象观察，陆嘉宁，北京电影学院学报 2015 年第 01 期

4、告别叙事：当下国产电影中的“后情节电影”与“景观电影”，陈琰娇，北京电影学院学报 2015 年第 02 期

5、“80”后编剧们的“小叙事”，陈林侠，电影学院学报 2015 年第 02 期

6、电影《少年班》的文化反思及局限，张慧瑜，北京电影学院学报 2015-03/4

7、想象的“第三世界”：论当代中国都市电影中的异域之旅，陈亦水，电影艺术 2015 年第 01 期

8、从“背面”认知电影：一个中国角度的再思考，张颐武，电影艺术第 03 期

9、围观“审判”：法庭片中观众主体身份的认同，李鹰，电影艺术第 03 期

10、魂殇——文化视域中的世界反法西斯战争电影，贾磊磊，电影艺术第 05 期

11、电影《南京！南京！》的新历史主义解读，卢絮，电影评介 2015 年第 07 期

12、影片《赛德克·巴莱》中的文化分析，吴林博，电影评介 2015 年第 19 期

13、从后殖民视角阐释电影《追风筝的人》，韩玉洁，电影评介 2015 年第 22 期

14、从女性意识觉醒看《鱼缸》中少女的解放，武静，电影评介 2015 年第 24 期

15、当代社会的新审美构型——2014 年度中国电影的文化景观，王一川，当代电影 2015 年第 03 期

16、中国电影的全球化想象与自由流动身份建构，张建珍、吴海清，电影艺术 2015 年第 01 期

17、从文化的主体性走向文化间性——对当下中外合拍片的一种文化反思，金丹元，当代电影 2015 年第 01 期

18、商业类型现象：论当代中国电影文化的构建与提升，李剑，电影新作 2015 年第 05 期

19、消费时代明星形象的媒体建构与现实批判，陈旭光，电影文学 2015 年第 07 期

20、“明星文本”与“粉丝电影”——2014 年度中国电影粉丝亚文化现象观察，陆嘉宁，电影学院学报 2015 年第 01 期

21、影视“韩流”盛行于东亚还是全世界？，张祖群，电影评介 2015 年第 08 期

22、少数民族电影多样化及其多元文化价值，饶曙光，当代文坛 2015 年第 01 期

23、告别叙事：当下国产电影中的“后情节电影”与“景观电影”，陈琰娇，电影学院学报 2015 年第 02 期

24、“互联网 +”下我国艺术电影发展的新出路，唐玲玲、梁辰凌子、王冠，电影学院学报 2015 年第 03 期

25、电影与中国城市形象传播，黄鹤、卓伯棠、方志鑫，电影学院学报 2015 年第 02 期

26、历史车轮的碾压——新世纪文学与电影的角色互换，卢翩翩，电影评介 2015 年第 08 期

27、身体政治与文化语境的合谋——20 世纪 80 年代高仓健在中国流行的文化分析，魏建亮，电影艺术 2015 年第 01 期

28、魂殇——文化视域中的世界反法西斯战争电影，贾磊磊，电影艺术 2015 年第 05 期

29、抑制的精神创伤与断裂的历史记忆——中国抗战电影的身心呈现及其文化征候，李道新，当代电影 2015 年第 08 期

30、《左耳》：青春的飞扬与隐痛，周夏，当代电影 2015 年第 06 期

外国电影批评

1、普细化与升级重构：好莱坞超级英雄电影的概念设计与奇观复现，李刚，当代电影 2015 年第 09 期

2、黑帮电影的重塑与再造——从意大利黑手党电影与文化谈起，洪帆，当代电影 2015 年第 12 期

3、《狼图腾》的跨文化制作及其界定——兼对“跨主体性—地域间性”中文电影的命名，万传法，当代电影 2015 年第 12 期

4、波德维尔为什么错了——论齐泽克对大卫·波德维尔的批判，刘昕婷，北京电影学院学报 2015 年第 01 期

5、后现代电影先行者的魔法宝典——论彼得·格林纳威的电影美学，王珺，北京电影学院学报 2015 年第 01 期

6、西方科幻影片中的语言、性别与族裔——基于东方语境的《超体》解读，石嵩，电影评介 2015 年第 19 期

7、正在消失的主体性——欧洲电影中移民叙事的后殖民理性批判，欧阳春雪，当代电影 2015 第 06 期